U0693441

全 世 界 无 产 者，联 合 起 来！

列宁全集

第二版增订版

第四十七卷

1914年8月—1917年10月

中共中央 马克思 恩格斯 列宁 斯大林 著作编译局编译

人民出版社

《列宁全集》第二版是根据中国共产党中央委员会的决定，由中共中央马克思恩格斯列宁斯大林著作编译局编译的。

列宁全集

第二版增订版

第四十七卷

1914年8月—1917年10月

中共中央 马克思 恩格斯 列宁 斯大林 著作编译局编译

人民出版社

《列宁全集》第二版是根据中国共产党中央委员会的决定，由中共中央马克思恩格斯列宁斯大林著作编译局编译的。

凡　例

1. 书信卷正文和附录中的文献分别按篇或组的写作或签发时间编排并加编号。

2. 在正文中，文献标题下括号内的日期是编者加的，文献本身在开头已注明日期的，标题下不另列日期。

3. 1918 年 2 月 14 日以前，在俄国写的书信的日期为俄历，在国外写的书信则为公历；从 1918 年 2 月 14 日起，所有书信的日期都为公历。

4. 目录中标题编号左上方标有星花 * 的书信，是《列宁全集》第 1 版刊载过的。

5. 在正文中，凡文献原有的或该文献在列宁生前发表时使用过的标题，其左上方标有五角星☆。

6. 未说明是编者加的脚注为写信人的原注。

7. 著作卷《凡例》中适用于书信卷的条文不再在此列出。

目　　录

前言 …………………………………………………………………… I—X

1914年

* 1.致米·韦·科别茨基(8月2日) ………………………………… 1
2.给克拉科夫市警察局长的电报(8月7日) ……………………… 2
* 3.致维·阿德勒(9月5日) ………………………………………… 2—3
* 4.致维·阿·卡尔宾斯基(9月6日) ……………………………… 3—4
5.致维·亚·吉霍米尔诺夫(9月9日) …………………………… 4
6.致格拉纳特出版物编辑部秘书(9月15日) …………………… 5
7.致雅·斯·加涅茨基(9月28日) ………………………………… 5—6
* 8.致维·阿·卡尔宾斯基(不早于9月28日) …………………… 6—7
9.致伊·费·阿尔曼德(10月11日以前) ……………………… 7—9
*10.致维·阿·卡尔宾斯基(10月11日以前) …………………… 9—10
*11.致维·阿·卡尔宾斯基(10月11日) ………………………… 11
*12.致维·阿·卡尔宾斯基(10月15日以前) …………………… 12
*13.致维·阿·卡尔宾斯基(10月17日) ……………………… 12—13
*14.致亚·加·施略普尼柯夫(10月17日) …………………… 14—17
*15.致亚·加·施略普尼柯夫(10月17日) …………………… 17—18
*16.致维·阿·卡尔宾斯基(10月18日) ……………………… 19—20

17. 致维·阿·卡尔宾斯基(10月20日) …… 20—21
*18. 致维·阿·卡尔宾斯基(10月23日) …… 21—22
*19. 致亚·加·施略普尼柯夫(10月27日) …… 23—25
*20. 致亚·加·施略普尼柯夫(10月31日) …… 26—28
*21. 致《前进报》和维也纳《工人报》编辑部
(11月11日和21日之间) …… 29
22. 致卡·伯·拉狄克(11月13日以后) …… 30
*23. 致亚·加·施略普尼柯夫(11月14日) …… 30—33
24. 致维·阿·卡尔宾斯基(11月14日) …… 33—34
*25. 致格拉纳特出版物编辑部秘书(11月17日) …… 34—37
26. 致维·阿·卡尔宾斯基和索·瑙·拉维奇
(11月18日) …… 38
27. 致维·阿·卡尔宾斯基(11月20日) …… 38—39
28. 致维·阿·卡尔宾斯基和索·瑙·拉维奇
(11月21日) …… 39
29. 致维·阿·卡尔宾斯基(11月22日) …… 40
30. 致维·阿·卡尔宾斯基(11月25日) …… 40—41
*31. 致亚·加·施略普尼柯夫(11月25日) …… 41—42
32. 致维·阿·卡尔宾斯基(11月26日或27日) …… 42
33. 致维·阿·卡尔宾斯基(11月26日或27日) …… 43
*34. 致亚·加·施略普尼柯夫(11月28日) …… 44—45
35. 致维·阿·卡尔宾斯基(11月28日) …… 45—47
*36. 致亚·米·柯伦泰(11月28日和12月8日之间) …… 47—48
37. 致维·阿·卡尔宾斯基(12月1日) …… 48—49

*38. 致维·阿·卡尔宾斯基(12 月 5 日和 12 日之间) ………… 49—50

*39. 致亚·米·柯伦泰(12 月 5 日和 16 日之间)………………… 50—51

*40. 致维·阿·卡尔宾斯基(12 月 9 日) ……………………………… 51—52

41. 致亚·加·施略普尼柯夫(12 月 11 日) …………………… 52—53

42. 致米·韦·科别茨基(12 月 11 日) …………………………… 53—54

43. 致 B.Л.博格罗娃(12 月 28 日) …………………………………… 54—55

*44. 致亚·加·施略普尼柯夫(12 月 28 日或 29 日)…………… 55—56

1915 年

*45. 致维·阿·卡尔宾斯基(1 月 3 日) …………………………………… 57

46. 致亚·加·施略普尼柯夫(1 月 3 日) ……………………… 58—59

47. 致维·阿·卡尔宾斯基(1 月 3 日和 9 日之间) ………… 59—60

*48. 致亚·加·施略普尼柯夫(1 月 3 日和 17 日之间)………… 60—61

*49. 致格拉纳特出版物编辑部秘书(1 月 4 日) ……………… 61—62

50. 致达·波·梁赞诺夫(1 月 9 日) ………………………………… 62—63

*51. 致巴索克(1 月 12 日)……………………………………………… 63—64

*52. 致伊·费·阿尔曼德(1 月 17 日) ……………………………… 64—65

*53. 致亚·加·施略普尼柯夫(1 月 20 日和 2 月 1 日之间)…… 66—67

54. 致维·阿·卡尔宾斯基(1 月 21 日以前)……………………… 67—68

*55. 致伊·费·阿尔曼德(1 月 24 日)………………………………… 68—71

*56. 致亚·加·施略普尼柯夫(1 月 30 日或 31 日) ……………… 72

57. 致维·阿·卡尔宾斯基(2 月 1 日以前) ……………………………… 73

58. 致维·阿·卡尔宾斯基(2 月 3 日) ……………………………… 73—74

59. 致《我们的言论报》编辑部(2 月 9 日) ……………………… 74—77

*60. 致亚·加·施略普尼柯夫(2月11日)……………………… 78—80
61. 致雅·斯·加涅茨基(2月17日)……………………………… 80—81
62. 致维·阿·卡尔宾斯基(2月20日以前)…………………………… 81
63. 致维·阿·卡尔宾斯基(2月20日以前)…………………………… 82
64. 致维·阿·卡尔宾斯基(2月24日)……………………………… 82—83
65. 致格·叶·季诺维也夫(2月27日和3月4日之间)……… 83—84
66. 致索·瑙·拉维奇(3月9日)………………………………………… 84
67. 致维·阿·卡尔宾斯基(3月9日和23日之间)……………… 85
68. 致戴·怀恩科普(3月12日)…………………………………………… 86
69.致维·阿·卡尔宾斯基(3月23日)…………………………………… 87
*70. 致《我们的言论报》编辑部(3月23日)…………………… 87—90
71. 致戴·怀恩科普(5月5日)……………………………………………… 91
72. 致赫·哥尔特(5月5日)………………………………………… 92—93
73. 致索·瑙·拉维奇(5月13日)………………………………… 93—94
74. 致维·阿·卡尔宾斯基(5月21日以前)……………………………… 94
75. 致伊·费·阿尔曼德(6月4日以后)………………………… 95—96
76. 致伊·费·阿尔曼德(6月4日以后)………………………… 97—98
*77. 致卡·伯·拉狄克(6月19日和7月5日之间)……………… 98—101
*78. 致戴·怀恩科普(6月19日和7月5日之间)……………… 101—103
79. 致格·李·什克洛夫斯基(6月21日)……………………… 103—104
80. 致格·叶·季诺维也夫(6月24日以前)…………………… 104—105
81. 致维·阿·卡尔宾斯基(6月24日)……………………………… 105—106
82. 致格·叶·季诺维也夫(6月24日以后)…………………… 106—107
*83. 致亚·米·柯伦泰(7月5日以前)…………………………… 107—109

84. 致格·叶·季诺维也夫(7月5日以前)…………………… 109—110
85. 致格·叶·季诺维也夫(7月5日以后)…………………… 110—113
86. 致格·叶·季诺维也夫(7月11日以前) ………………… 113—114
87. 致格·叶·季诺维也夫(7月11日以后) ………………… 114—116
88. 致格·叶·季诺维也夫(7月11日以后) ………………… 117—118
* 89. 致亚·米·柯伦泰(7月11日和26日之间) …………… 118—120
90. 致卡·伯·拉狄克(7月12日和18日之间)……………………… 120
91. 致格·叶·季诺维也夫(7月13日以后) ………………………… 121
* 92. 致卡·伯·拉狄克(7月15日) ………………………… 122—123
93. 致戴·怀恩科普(7月15日)…………………………………… 123—125
94. 致维·阿·卡尔宾斯基(7月15日以后) ………………………… 125
95. 致约翰奈斯·胡贝尔(7月18日以前) ………………………… 126
96. 致维·阿·卡尔宾斯基(7月21日以前) ………………………… 127
97. 致维·阿·卡尔宾斯基(7月21日) …………………………… 128
98. 致戴·怀恩科普(7月22日)………………………………… 129—130
99. 致格·叶·季诺维也夫(7月23日以后) ……………… 130—131
100. 致维·阿·卡尔宾斯基(7月24日) ………………… 131—132
101. 致格·叶·季诺维也夫(7月24日以后) ……………… 132—133
*102. 致戴·怀恩科普(7月24日以后)……………………… 133—136
*103. 致亚·米·柯伦泰(7月26日) ……………………… 136—137
104. 致格·叶·季诺维也夫(7月26日以后) ……………… 137—139
105. 致格·叶·季诺维也夫(7月26日以后) ………………………… 139
106. 致格·叶·季诺维也夫(7月28日以前) ……………… 140—141
107. 致维·阿·卡尔宾斯基(7月28日) ………………… 141—142

108. 致格·叶·季诺维也夫(7月28日以后) …………………… 142—143
109. 致格·叶·季诺维也夫(7月28日和8月2日之间) … 143—145
110. 致维·阿·卡尔宾斯基(7月28日和8月2日之间) ………… 145
111. 致戴·怀恩科普(7月30日)…………………………… 146—147
*112. 致卡·伯·拉狄克(8月4日以前) ……………………… 147—150
113. 致格·叶·季诺维也夫(8月4日和19日之间) ……… 150—151
*114. 致亚·米·柯伦泰(不早于8月4日)…………………… 152—153
115. 致维·阿·卡尔宾斯基(8月10日以前) ……………… 153—154
*116. 致维·阿·卡尔宾斯基(8月11日以前) ……………… 154—155
117. 致维·阿·卡尔宾斯基(8月11日) …………………… 155—156
118. 致戴·怀恩科普(8月15日以后)……………………… 156—157
*119. 致索·瑙·拉维奇(8月16日) ………………………… 157—158
*120. 致索·瑙·拉维奇(8月16日以后) …………………… 158—159
*121. 致亚·米·柯伦泰(8月19日以前) …………………… 159—160
*122. 致卡·伯·拉狄克(8月19日) ………………………… 160—161
*123. 致弗·米·卡斯帕罗夫(8月19日) ……………………………… 162
124. 致戴·怀恩科普(8月19日和9月5日之间)…………… 163—164
*125. 致亚·米·柯伦泰(8月19日和9月5日之间)………… 164—165
*126. 致E.И.里夫林娜(8月19日和9月5日之间) ………… 165—166
*127. 致扬·安·别尔津(8月20日) ………………………… 166—167
128. 致维·阿·卡尔宾斯基(8月21日) ……………………………… 167
129. 致格·叶·季诺维也夫(8月23日) …………………… 168—169
*130. 致亚·加·施略普尼柯夫(8月23日) ………………… 170—171
131. 致维·阿·卡尔宾斯基(8月23日以后) ……………………… 172

132. 致维·阿·卡尔宾斯基(8月23日以后) …………………… 172—173
133. 致索·瑙·拉维奇(8月23日以后) ……………………………… 173
134. 致索·瑙·拉维奇(8月26日) ……………………………………… 174
135. 致格·叶·季诺维也夫(8月26日和30日之间)……… 175—176
*136. 致亚·加·施略普尼柯夫(8月26日和30日之间)…… 176—177
137. 致索·瑙·拉维奇(8月27日) ……………………………… 177—178
138. 致保·果雷(8月28日)…………………………………………… 178
139. 致格·叶·季诺维也夫(8月30日以前) …………………… 179
140. 致格·叶·季诺维也夫(8月30日) ……………………… 179—180
141. 同参加齐美尔瓦尔德国际社会党代表会议的一位代表互递的便条(9月5日) ………………………………………… 180
142. 致格·叶·季诺维也夫(9月5日以后)…………………… 181—183
143. 致伯尔尼国际社会党委员会(9月5日以后) ………… 183—184
*144. 致亚·米·柯伦泰(9月8日和13日之间)………………… 184—185
145. 致格·叶·季诺维也夫(9月8日以后)…………………… 186—187
*146. 致格·李·什克洛夫斯基(9月13日) …………………… 187—188
*147. 致维·阿·卡尔宾斯基(9月13日) ……………………… 188—189
148. 致格·叶·季诺维也夫(9月13日以后) ………………… 189—190
*149. 致格·叶·季诺维也夫(9月16日以前)………………………… 190
150. 致格·叶·季诺维也夫(9月19日以前) ………………………… 191
*151. 致卡·伯·拉狄克(9月19日) ……………………………… 192—193
152. 致维·阿·卡尔宾斯基(9月19日) ……………………… 193—194
153. 致维·阿·卡尔宾斯基(9月19日) ……………………… 194—195
*154. 致莫·马·哈里东诺夫(9月19日) ……………………… 195—196

*155. 致亚·加·施略普尼柯夫(9月19日) …………………… 196—198
156. 致亚历山德罗维奇(9月19日) ………………………… 198—200
*157. 致格·李·什克洛夫斯基(9月19日和24日之间)…… 200—201
*158. 致卡·伯·拉狄克(不晚于9月20日) ………………… 201—202
*159. 致卡·伯·拉狄克(9月21日以后) …………………… 202—203
160. 致格·叶·季诺维也夫(不早于9月24日) …………… 203—204
161. 致格·李·什克洛夫斯基(9月26日) ………………… 204—205
162. 致格·叶·季诺维也夫(9月26日和10月5日之间) … 205—206
*163. 致亚·加·施略普尼柯夫(9月26日以后) …………… 206—207
164. 致维·阿·卡尔宾斯基(10月1日和6日之间) ……… 207—208
165. 致维·阿·卡尔宾斯基(10月1日和6日之间) ……… 208—209
166. 致维·阿·卡尔宾斯基(10月1日和6日之间) ……… 209—210
*167. 致维·阿·卡尔宾斯基(10月6日) …………………………… 211
168. 致维·阿·卡尔宾斯基(10月7日) …………………………… 212
*169. 致亚·加·施略普尼柯夫(10月10日)………………… 212—214
170. 致维·阿·卡尔宾斯基(11月9日以前) ……………………… 214
171. 致格·李·什克洛夫斯基(11月9日以前) …………… 215—216
*172. 致亚·米·柯伦泰(11月9日) ………………………… 216—218
*173. 致维·阿·卡尔宾斯基和索·瑙·拉维奇
(11月20日以后) …………………………………………… 218—219
174. 致莫·马·哈里东诺夫(11月21日和25日之间) …… 219—221
*175. 致亚·米·柯伦泰(11月22日) ……………………… 221—222
176. 致格·叶·季诺维也夫(11月27日以前)…………… 222—223
*177. 致索·瑙·拉维奇(12月16日以前) ………………… 223—224

178. 致格·雅·别连基(12 月 27 日以后) …………………… 224—225

1916 年

*179. 致阿·马·高尔基(1 月 11 日) …………………… 226—229
180. 致伊·费·阿尔曼德(1 月 13 日) …………………… 229
181. 致伊·费·阿尔曼德(1 月 15 日) …………………… 230—231
182. 致伊·费·阿尔曼德(1 月 19 日) …………………… 231—233
183. 致伊·费·阿尔曼德(1 月 21 日) …………………… 233—234
*184. 致罕丽达·罗兰-霍尔斯特(1 月 21 日以后) …………………… 234—235
*185. 致莫·马·哈里东诺夫(1 月 27 日) …………………… 235—236
*186. 致莫·马·哈里东诺夫(1 月 29 日) …………………… 237
187. 致莫·马·哈里东诺夫(1 月 29 日) …………………… 238
188. 致莫·马·哈里东诺夫(1 月 30 日) …………………… 238—239
189. 致莫·马·哈里东诺夫(1 月 31 日) …………………… 239—240
*190. 致阿·马·高尔基(1 月 31 日) …………………… 240—241
191. 致伊·费·阿尔曼德(2 月初) …………………… 241—242
192. 致卡·伯·拉狄克(2 月 1 日以后) …………………… 243
193. 致格·叶·季诺维也夫(2 月 12 日) …………………… 243—244
*194. 致索·瑙·拉维奇(2 月 13 日) …………………… 244—245
*195. 致索·瑙·拉维奇(2 月 17 日) …………………… 245—246
196. 致格·叶·季诺维也夫(2 月 18 日以前) …………………… 246—247
*197. 致维·阿·卡尔宾斯基(2 月 24 日) …………………… 247
198. 致伊·费·阿尔曼德(2 月 26 日) …………………… 248
*199. 致索·瑙·拉维奇(2 月 27 日) …………………… 249

200. 致格·叶·季诺维也夫(3月4日和25日之间) ……… 249—251
201. 致罕丽达·罗兰-霍尔斯特(3月8日) ……………… 252—255
202. 致亚·加·施略普尼柯夫(3月11日) …………… 256—257
*203. 致亚·加·施略普尼柯夫(3月11日以后) ……… 257—262
*204. 致尤·拉林(3月13日) …………………………… 262
205. 致索·瑙·拉维奇(3月16日) ……………………… 263
206. 致格·叶·季诺维也夫(3月16日以后) ………… 263—264
207. 致格·叶·季诺维也夫(3月19日以前) ………… 264—266
208. 致伊·费·阿尔曼德(3月19日) ………………… 266—267
*209. 致亚·米·柯伦泰(3月19日) …………………… 267—269
210. 致格·叶·季诺维也夫(3月20日以前) ………… 270—271
211. 致格·叶·季诺维也夫(不晚于3月20日) ……… 271—272
*212. 致亚·米·柯伦泰(不早于3月20日) …………… 272—273
213. 致格·叶·季诺维也夫(3月20日或21日) ……… 273—275
214. 致格·叶·季诺维也夫(3月21日以前) ………… 275—277
215. 致格·叶·季诺维也夫(3月21日) ……………… 277—278
216. 致格·叶·季诺维也夫(3月23日以前) ………… 278—279
217. 致格·叶·季诺维也夫(3月23日和25日之间) … 280—281
218. 致格·叶·季诺维也夫(3月23日以后) ………… 281—282
219. 致伊·费·阿尔曼德(3月31日) …………………… 282
220. 致格·叶·季诺维也夫(3月底) ………………… 283—285
*221. 致亚·米·柯伦泰(4月4日) ……………………… 285—286
222. 致格·叶·季诺维也夫(4月4日) ……………… 286—287
223. 致格·叶·季诺维也夫(4月4日以后) ………… 287—289

224. 致伊·费·阿尔曼德(4月7日)…… 289
225. 致格·叶·季诺维也夫(4月10日)…… 290
226. 致达·波·梁赞诺夫(4月10日)…… 291
227. 致格·列·皮达可夫、叶·波·博什、尼·伊·布哈林(4月10日以后)…… 291—293
228. 致格·叶·季诺维也夫(4月18日以前)…… 293—294
229. 致格·叶·季诺维也夫(4月18日以前)…… 295—296
230. 致格·叶·季诺维也夫(4月18日)…… 296—297
231. 致格·李·什克洛夫斯基(4月18日以后)…… 297—298
232. 致格·叶·季诺维也夫(4月18日和24日之间)…… 298—299
*233. 致亚·米·柯伦泰(4月19日和5月7日之间)…… 299—300
234. 同厄·格拉贝互递的便条(4月27日或28日)…… 300—301
235. 致格·叶·季诺维也夫(5月2日和6月2日之间)…… 301—302
*236. 致亚·加·施略普尼柯夫(5月6日和13日之间)…… 302—305
237. 致俄国社会民主工党中央委员会俄国局和彼得堡委员会(5月7日以后)…… 305—306
238. 致格·李·什克洛夫斯基(5月11日)…… 306—307
239. 致亚·加·施略普尼柯夫(5月16日)…… 307—308
240. 致格·叶·季诺维也夫(5月17日以前)…… 308
*241. 致维·阿·卡尔宾斯基(5月17日)…… 309
242. 致格·叶·季诺维也夫(5月17日)…… 309—311
243. 致亚·加·施略普尼柯夫(5月19日)…… 311—312
244. 致格·叶·季诺维也夫(5月19日)…… 313—314
*245. 致格·叶·季诺维也夫(5月21日)…… 314—319

*246.致亚·加·施略普尼柯夫(5月23日) …………………… 319—322

247.致格·叶·季诺维也夫(5月24日) …………………… 323—324

*248.致亚·米·柯伦泰(5月28日以后) …………………… 324—325

249.致索·瑙·拉维奇(5月31日) …………………… 325—326

*250.致亚·加·施略普尼柯夫(6月3日和6日之间) ……… 326—328

251.致格·叶·季诺维也夫(6月3日和6日之间) ……… 328—329

252.致亚·加·施略普尼柯夫(6月3日和6日之间) ……… 329—330

253.致索·瑙·拉维奇(6月3日以后) …………………… 330—331

254.致维·阿·卡尔宾斯基和索·瑙·拉维奇
(6月4日以后) …………………… 331—332

*255.致亚·加·施略普尼柯夫(6月4日以后) ……… 332—333

256.致格·叶·季诺维也夫(6月6日) …………………… 334

257.致米·尼·波克罗夫斯基(6月8日) …………………… 335

*258.致亚·加·施略普尼柯夫(6月17日以前) ……… 335—338

*259.致亚·加·施略普尼柯夫(6月17日) ……… 339—344

*260.致格·叶·季诺维也夫(6月17日) …………………… 344

261.致格·叶·季诺维也夫(6月17日和25日之间) ……… 345

262.致格·叶·季诺维也夫(6月20日以后) ……… 345—346

263.致伊·费·阿尔曼德(6月27日以前) …………………… 347

*264.致索·瑙·拉维奇(6月27日) …………………… 348

*265.致兹·约·利林娜(6月27日以后) …………………… 349

266.致伊·费·阿尔曼德(6月30日) …………………… 350

*267.致米·尼·波克罗夫斯基(7月2日) ……… 353—354

268.致伊·费·阿尔曼德(7月2日) …………………… 354—355

269. 致伊·费·阿尔曼德(7月4日)…… 356
270. 致格·叶·季诺维也夫(7月4日)…… 357—358
271. 致伊·费·阿尔曼德(7月7日)…… 358—359
272. 致伊·费·阿尔曼德(7月14日)…… 359
273. 致米·尼·波克罗夫斯基(7月14日)…… 360
274. 致伊·费·阿尔曼德(7月20日)…… 360—361
275. 致格·叶·季诺维也夫(7月21日)…… 361—362
276. 致格·叶·季诺维也夫(7月23日以后)…… 362—363
277. 致格·叶·季诺维也夫(7月24日)…… 363—365
278. 致米·尼·波克罗夫斯基(7月24日)…… 365
279. 致米·格·茨哈卡雅(7月24日)…… 366
280. 致格·叶·季诺维也夫(7月24日以后)…… 366—367
281. 致伊·费·阿尔曼德(7月25日)…… 367—368
*282. 致亚·米·柯伦泰(7月25日)…… 368—369
283. 致格·叶·季诺维也夫(7月26日以后)…… 369—370
284. 致格·叶·季诺维也夫(不早于7月30日)…… 371—372
285. 致格·叶·季诺维也夫(7月30日以后)…… 372—373
286. 致莫·马·哈里东诺夫(7月下半月)…… 373—374
287. 致伊·费·阿尔曼德(8月1日)…… 374—375
288. 致格·叶·季诺维也夫(8月2日)…… 375—376
289. 致格·叶·季诺维也夫(8月2日和11日之间)…… 376
290. 致米·尼·波克罗夫斯基(8月5日)…… 377
*291. 致格·李·什克洛夫斯基(8月5日)…… 377—378
292. 致米·尼·波克罗夫斯基(8月5日和31日之间)…… 379—380

293. 致格·李·什克洛夫斯基(8月5日以后)…………………… 380—381
294. 致格·叶·季诺维也夫(8月10日和20日之间)……… 381—382
295. 致格·列·皮达可夫(8月10日和20日之间)………… 382—383
296. 致维·阿·卡尔宾斯基和索·瑙·拉维奇
(8月18日)……………………………………………………… 383—384
297. 致格·叶·季诺维也夫(8月22日以前)……………… 384—385
298. 致格·叶·季诺维也夫(8月23日)…………………… 385—386
299. 给社会科学文献中心的信(8月23日)……………… 386—387
300. 致格·叶·季诺维也夫(8月27日和31日之间)……… 387—388
*301. 致格·李·什克洛夫斯基(8月31日以前)……………………… 388
302. 致莫·马·哈里东诺夫(8月31日)…………………… 389—390
303. 致米·尼·波克罗夫斯基(8月31日)………………… 390—391
304. 致格·叶·季诺维也夫(8月)……………………………… 391—392
305. 致格·叶·季诺维也夫(8月)……………………………… 392—393
306. 致格·叶·季诺维也夫(8月)……………………………… 393—394
*307. 致格·叶·季诺维也夫(8月)……………………………… 394—396
308. 致格·叶·季诺维也夫(8月)……………………………… 396—398
309. 致格·叶·季诺维也夫(8月)……………………………… 398—399
310. 致格·叶·季诺维也夫(8月)……………………………… 399—400
311. 致格·叶·季诺维也夫(8月)……………………………… 400—401
*312. 致尼·伊·布哈林(8月—9月初)………………………… 401—403
*313. 致格·叶·季诺维也夫(8月—9月初)…………………… 403—404
314. 致格·叶·季诺维也夫(8月—9月初)…………………… 404—406
315. 致伊·费·阿尔曼德(9月15日)……………………………… 406

316. 致格·叶·季诺维也夫(9 月 15 日) …………………………… 407
317. 致伊·费·阿尔曼德(9 月 26 日) ………………………… 407—408
318. 致弗·米·卡斯帕罗夫(9 月 26 日) ………………………… 408
319. 致亚·加·施略普尼柯夫(10 月 3 日) ……………………… 409
320. 致格·叶·季诺维也夫(10 月 5 日以前) …………………… 409—410
321. 致格·叶·季诺维也夫(10 月 5 日以前) …………………… 410—411
322. 致格·叶·季诺维也夫(10 月 5 日以前) …………………… 411—412
323. 致格·叶·季诺维也夫(10 月 5 日以前) ………………………… 412
324. 致格·叶·季诺维也夫(10 月 5 日) ……………………… 413—414
325. 致维·阿·卡尔宾斯基(不早于 10 月 5 日) …………………… 414
326. 致维·阿·卡尔宾斯基(10 月 5 日以后) ……………………… 415
*327. 致亚·加·施略普尼柯夫(10 月 5 日以后) ………………… 415—420
328. 致伊·费·阿尔曼德(10 月 9 日) ………………………… 420—421
329. 致尼·伊·布哈林(10 月 14 日) ………………………… 421—426
330. 致伊·费·阿尔曼德(10 月 21 日) …………………………… 426
*331. 致弗·科里乔纳(10 月 25 日) ………………………… 427—429
*332. 致格·雅·别连基(10 月 26 日) ……………………………… 430
333. 致伊·费·阿尔曼德(10 月 28 日) …………………………… 431
334. 致伊·费·阿尔曼德(10 月 30 日) ……………………… 431—432
335. 致伊·费·阿尔曼德(10 月 31 日) ……………………… 432—433
*336. 致尼·达·基克纳泽(不早于 10 月) …………………… 433—434
337. 致伊·费·阿尔曼德(11 月 4 日) ………………………… 434—436
338. 致伊·费·阿尔曼德(11 月 7 日) ………………………… 436—438
*339. 致伊·费·阿尔曼德(11 月 20 日) ……………………… 438—440

*340. 致伊·费·阿尔曼德(11月25日) …………………………… 440—441
341. 致伊·费·阿尔曼德(11月26日以前)………………………………… 442
342. 致伊·费·阿尔曼德(11月26日) …………………………… 442—443
343. 致伊·费·阿尔曼德(11月28日) …………………………… 443—444
*344. 致伊·费·阿尔曼德(11月30日) …………………………… 445—451
345. 致美·亨·勃朗斯基(11月底) ……………………………… 451—452
*346. 致阿·施米德(12月1日) …………………………………… 453—455
347. 致米·尼·波克罗夫斯基(12月6日)…………………………… 455
348. 致恩·诺布斯(不晚于12月10日) ………………………… 456—457
*349. 致尼·达·基克纳泽(12月14日以后) …………………… 457—460
350. 致伊·费·阿尔曼德(12月17日) …………………………… 461—462
*351. 致伊·费·阿尔曼德(12月18日) …………………………… 462—465
352. 致维·阿·卡尔宾斯基(12月20日)………………………… 465—466
353. 致格·叶·季诺维也夫(12月20日以后)…………………… 466—467
*354. 致米·尼·波克罗夫斯基(12月21日)……………………… 467—468
*355. 致伊·费·阿尔曼德(12月23日以后) …………………… 469—470
356. 致伊·费·阿尔曼德(12月25日) …………………………… 470—474
357. 致格·李·什克洛夫斯基(12月26日)……………………… 474—475
358. 致格·李·什克洛夫斯基(12月26日以后) ………………… 475
359. 致伊·费·阿尔曼德(12月30日) …………………………… 476—477
360. 致维·阿·卡尔宾斯基和索·瑙·拉维奇
(12月31日) ……………………………………………………………… 478

1917年

361. 致米·尼·波克罗夫斯基(1月3日) …………………………… 479

362. 致伊·费·阿尔曼德(1月6日) …… 480—483
363. 致伊·费·阿尔曼德(1月7日) …… 484
*364. 致伊·费·阿尔曼德(1月8日) …… 484—485
*365. 致维·阿·卡尔宾斯基(1月8日) …… 486—488
366. 致米·尼·波克罗夫斯基(1月8日) …… 488—489
*367. 致某人(1月9日和13日之间) …… 489—490
368. 致维·阿·卡尔宾斯基(1月10日和22日之间) …… 490—491
369. 致伊·费·阿尔曼德(1月12日) …… 491—492
370. 致伊·费·阿尔曼德(1月14日) …… 493—495
371. 致伊·费·阿尔曼德(1月15日) …… 496
372. 致维·阿·卡尔宾斯基和索·瑙·拉维奇(1月15日) …… 497
373. 致伊·费·阿尔曼德(1月16日) …… 497—498
374. 致戈·伯杰(1月16日) …… 498
375. 致伊·费·阿尔曼德(1月19日) …… 499
*376. 致伊·费·阿尔曼德(1月19日) …… 500—503
377. 致维·阿·卡尔宾斯基(1月19日) …… 503—504
378. 致伊·费·阿尔曼德(1月20日) …… 504—505
*379. 致伊·费·阿尔曼德(1月22日) …… 505—507
380. 致伊·费·阿尔曼德(1月22日) …… 507—509
*381. 致伊·费·阿尔曼德(1月22日和30日之间) …… 509—510
*382. 致伊·费·阿尔曼德(1月30日) …… 510—513
383. 致伊·费·阿尔曼德(2月2日) …… 513—514
384. 致伊·费·阿尔曼德(2月2日) …… 514—515

* 385. 致伊·费·阿尔曼德(2月3日) …… 515—517
386. 致卡·伯·拉狄克(2月3日) …… 518
387. 致伊·费·阿尔曼德(2月7日) …… 519—520
* 388. 致索·瑙·拉维奇(2月12日以后) …… 520—521
389. 致伊·费·阿尔曼德(2月14日) …… 522—523
390. 致维·阿·卡尔宾斯基(2月15日) …… 524
* 391. 致亚·米·柯伦泰(2月17日) …… 524—527
* 392. 致伊·费·阿尔曼德(2月19日) …… 527—529
393. 致伊·费·阿尔曼德(2月19日和27日之间) …… 529—530
394. 致伊·费·阿尔曼德(2月25日) …… 530—531
395. 致伊·费·阿尔曼德(2月27日) …… 531—532
396. 致索·瑙·拉维奇(3月4日) …… 533
* 397. 致亚·米·柯伦泰(3月5日) …… 533—537
398. 致伊·费·阿尔曼德(3月8日) …… 537—538
399. 致伊·费·阿尔曼德(3月13日) …… 539—540
400. 致卡·伯·拉狄克(3月13日) …… 540—541
* 401. 致伊·费·阿尔曼德(3月15日) …… 541—542
* 402. 致亚·米·柯伦泰(3月16日) …… 542—544
* 403. 致亚·米·柯伦泰(3月17日) …… 544—546
404. 致伊·费·阿尔曼德(3月18日) …… 546—547
* 405. 致维·阿·卡尔宾斯基(3月19日) …… 547—548
406. 致伊·费·阿尔曼德(3月19日) …… 548—550
* 407. 致维·阿·卡尔宾斯基(3月19日以后) …… 550—551
408. 致维·阿·卡尔宾斯基(3月21日) …… 551

409. 致雅·斯·加涅茨基(3月22日) …… 552
410. 致瑞典《社会民主党人报》编辑部(3月22日) …… 553
411. 给雅·斯·加涅茨基的电报(3月23日) …… 554
*412. 给雅·斯·加涅茨基的电报(3月23日) …… 554—555
413. 致伊·费·阿尔曼德(3月23日) …… 555—556
*414. 致维·阿·卡尔宾斯基(3月24日) …… 556—557
*415. 致阿·瓦·卢那察尔斯基(3月25日以前) …… 557—558
*416. 致维·阿·卡尔宾斯基(3月25日) …… 558—561
*417. 致伊·费·阿尔曼德(3月25日和31日之间) …… 561—562
418. 致维·阿·卡尔宾斯基(3月26日) …… 563
419. 致伊·费·阿尔曼德(3月27日) …… 564
420. 致索·瑙·拉维奇(3月27日) …… 565
*421. 给雅·斯·加涅茨基的电报(3月28日) …… 566
422. 致雅·斯·加涅茨基(3月30日以前) …… 566—567
*423. 给雅·斯·加涅茨基的电报(3月30日) …… 567—568
*424. 致雅·斯·加涅茨基(3月30日) …… 568—573
*425. 给罗·格里姆的电报(3月31日) …… 573—574
426. 致恩·诺布斯(3月31日) …… 574—575
427. 给雅·斯·加涅茨基的电报(4月1日) …… 575
*428. 致维·阿·卡尔宾斯基(4月2日) …… 576—577
429. 致布尔什维克苏黎世支部(4月2日或3日) …… 578—579
430. 致伊·费·阿尔曼德(4月4日以前) …… 579—580
431. 致维·阿·卡尔宾斯基和索·瑙·拉维奇
(4月4日) …… 580—581

*432. 给雅·斯·加涅茨基的电报(4 月 5 日) …………………… 581
*433. 给昂·吉尔波的电报(4 月 6 日)………………………………… 582
434. 给维·阿·卡尔宾斯基的电报(4 月 6 日) ………… 582—583
435. 给维·阿·卡尔宾斯基的电报(4 月 6 日) ………………… 583
436. 给维·阿·卡尔宾斯基的电报(4 月 6 日) ………… 583—584
437. 给维·阿·卡尔宾斯基的电报(4 月 6 日) ………………… 584
438. 给美·亨·勃朗斯基和卡·伯·拉狄克的电报
(4 月 6 日) ……………………………………………………… 585
439. 给雅·斯·加涅茨基的电报(4 月 7 日) …………………… 586
440. 给雅·斯·加涅茨基的电报(4 月 7 日) …………… 586—587
441. 给莫·马·哈里东诺夫的电报(4 月 7 日) ………………… 587
442. 致维·阿·卡尔宾斯基(4 月 9 日) ……………………… 588
443. 致弗·米·卡斯帕罗夫(4 月 9 日)……………………… 588—589
444. 给雅·斯·加涅茨基的电报(4 月 12 日)………………… 589
445. 给维·阿·卡尔宾斯基的电报(4 月 14 日) ……………… 590
446. 致维·阿·卡尔宾斯基(4 月 15 日) ……………… 590—591
*447. 给玛·伊·乌里扬诺娃和安·伊·乌里扬诺娃-
叶利扎罗娃的电报(4 月 15 日) ………………………… 591
448. 致亚·加·施略普尼柯夫(4 月 5 日〔18 日〕) ………………… 592
*449. 致维·阿·卡尔宾斯基(4 月 12 日〔25 日〕) ………… 592—594
*450. 致雅·斯·加涅茨基和卡·伯·拉狄克(4 月 12 日
〔25 日〕) ……………………………………………………… 594—596
451. 致伊·费·阿尔曼德(4 月 20 日〔5 月 3 日〕)………… 596—597
452. 致雅·斯·加涅茨基(4 月 21 日〔5 月 4 日〕)………… 597—598

453. 致前线代表大会主席团(4 月 29 日〔5 月 12 日〕) …………………… 599
454. 致伊·费·阿尔曼德(5 月 12 日〔25 日〕) …………………………… 600
455. 致伊·费·阿尔曼德(5 月 12 日〔25 日〕以后) ……………………… 601
456. 致卡·伯·拉狄克(5 月 29 日〔6 月 11 日〕) ……………… 602—603
457. 致法律委员会(6 月 13 日〔26 日〕) ………………………… 603—604
458. 给中央委员会国外局的电报(6 月 16 日〔29 日〕) ……………… 605
459. 致卡·伯·拉狄克(6 月 17 日〔30 日〕) ………………… 605—607
*460. 致列·波·加米涅夫(7 月 5 日和 7 日〔18 日和 20 日〕之间) ……………………………………………………………… 607
461. 致中央执行委员会常务委员会(7 月 7 日〔20 日〕) ……………… 608
*462. 致中央委员会国外局(8 月 17—30 日〔8 月 30 日—9 月 12 日〕) ………………………………………………… 609—616
463. 致古·罗维奥(9 月 27 日〔10 月 10 日〕) ……………………… 616
464. 致古·罗维奥(9 月 27 日〔10 月 10 日〕以后) …………………… 617
465. 致玛·瓦·福法诺娃(10 月 24 日〔11 月 6 日〕) ………………… 618

附　录

1915 年

1. 给阿尔曼德和叶戈罗夫的证明书(4 月 3 日) ……………………… 619

1916 年

2. 致伯尔尼国立图书馆(4 月 8 日) ………………………………… 620

1917 年

3. 取道德国的过境者的具结(4 月 9 日) …………………………… 621

4. **给塞·霍格伦的电报**(4月13日) …………………………… 622
5. **给霍格伦同志的贺电**(4月23日〔5月6日〕以前) ………… 622—623
6. **致某人**(7月或8月) ……………………………………………… 623

注释 ……………………………………………………………… 625—722
人名索引 …………………………………………………………… 723—796
文献索引 …………………………………………………………… 797—867
编入本版相应时期著作卷的信件和电报的索引 ………… 868—870

插　图

弗·伊·列宁(1914年) ………………………………………………… X—1
1914年11月17日列宁给格拉纳特出版物编辑部秘书的信的
　第1页 ………………………………………………………………… 35
1916年1月11日列宁给阿·马·高尔基的信的第1页 ……………… 227
1916年7月2日列宁给米·尼·波克罗夫斯基的信 …………… 351—352

前　　言

本卷收载列宁在1914年8月至1917年10月期间的书信和电报。这一时期的列宁著作编入本版全集第26—32卷。

第一次世界大战于1914年8月在欧洲爆发。列宁为了便于进行革命活动,从奥地利移居到中立国瑞士。列宁到达瑞士后随即写了《革命的社会民主党在欧洲大战中的任务》(即关于战争的提纲)和俄国社会民主工党中央委员会的著名宣言《战争和俄国社会民主党》,表明了布尔什维克党对这场战争的态度。列宁想方设法恢复了同俄国的党组织的联系。从10月起,列宁通过党中央委员会和彼得格勒委员会驻斯德哥尔摩的全权代表亚·加·施略普尼柯夫同俄国保持着联系。本卷中给施略普尼柯夫的书信有很大一部分应看做是给中央委员会俄国局的。与此同时,列宁竭力恢复党的中央机关报《社会民主党人报》,使该报在停刊近一年后于1914年10月19日(11月1日)在国外复刊。在大战期间,该报在反对国际机会主义和沙文主义、宣传布尔什维克的思想和策略、提高俄国工人阶级和劳动群众的觉悟方面发挥了非常重要的作用。收入本卷的给维·阿·卡尔宾斯基的大批书信反映了列宁对《社会民主党人报》复刊倾注的心血和对该报一些具体工作问题的精心指导。

大战爆发以后,各交战国政府在“保卫祖国”的幌子下煽动沙文主义狂热。各交战国社会民主党的机会主义领导集团第二国际的大多数领袖纷纷站到本国资产阶级一边，支持本国政府进行帝国主义战争，成为社会沙文主义者。俄国的孟什维克也支持沙皇政府进行战争。列宁从大战开始就组织并领导俄国布尔什维克党和各国社会民主党内的左派，反对俄国和国际社会民主党内的社会沙文主义和中派主义。这是本卷书信的主要内容。

1914 年 10—12 月期间列宁给施略普尼柯夫的书信着重解答了当时最迫切的基本问题，指明了布尔什维克的斗争道路。列宁在这些书信中表明了布尔什维克党对待战争、和平和革命的态度与策略，说明了变帝国主义战争为国内战争、使本国政府在战争中失败的口号，谴责了欧洲各主要国家社会党领袖的叛卖行为。列宁明确指出：目前最重要的是坚定不移地和有组织地同资产阶级沙文主义和社会沙文主义作斗争，为此首先要同本国的沙文主义作斗争；和平口号在目前是荒谬的和错误的，不利于宣传革命无产阶级的思想，不利于利用战争来加速资本主义崩溃的思想，只能帮助各国机会主义者和沙文主义者摆脱困境；要本着变帝国主义战争为国内战争的精神和方向去进行群众性的宣传工作，引导人们最终实现这种转变。列宁希望布尔什维克在战争的情况下也应当仍然是无产阶级革命者。

列宁的若干书信指出国际社会主义运动在分裂。列宁在 1914 年 12 月给亚·米·柯伦泰的信中说："欧洲战争给国际社会主义运动带来了莫大的好处，它把机会主义的腐朽、下流和卑鄙揭露无遗，从而大大推动了对工人运动在几十年和平时期所积聚的污垢的清洗。"(见本卷第 51 页)列宁反复指出，在第二国际机会主义者中间，以卡·考茨基为首的德国"中派"即隐蔽的社会沙文主义者最为危险，因为它“是巧加粉饰不易发觉的，它能迷惑工人的视线、理智和良心”，“目前我们的任务是无条件地和公开地同国际机会主义及其庇护者们（考茨基）进行斗争”（见本卷第15页）。列宁在1915年2月11日和9月19日给施略普尼柯夫的信中指出，无论在俄国还是在全世界，社会民主党的内部都正在形成新的主要派别，即沙文主义者（“爱国主义者”）和反沙文主义者。这种划分大体上是同机会主义者和革命的社会民主党人的划分相符合的。两派分歧太大，势不两立，根本不可能相互接近。

列宁除了领导俄国布尔什维克同社会沙文主义者格·瓦·普列汉诺夫、格·阿·阿列克辛斯基等人以及中派分子列·达·托洛茨基等人进行毫不调和的斗争，还组织并指导各国出现的一些左派社会民主党人和左派团体反对机会主义的斗争。在写给荷兰社会民主党人戴·怀恩科普、安·潘涅库克和赫·哥尔特、德国社会民主党人卡·拉狄克、瑞典社会民主党人塞·霍格伦等等的大量书信中，列宁论述了马克思主义关于战争与和平的理论、无产阶级革命斗争的策略以及无产阶级政党的纲领和组织的原则性问题，以使他们采取更彻底更坚决的立场来反对机会主义。列宁在1915年7月24日以后给怀恩科普的信中写道：“我们目前**最重要的**任务就是严格划清马克思主义左派同机会主义者（和考茨基派）、无政府主义者之间的界限。”（见本卷第134页）列宁强调指出，欧洲工人运动的全部斗争都应当针对机会主义，因为机会主义当时已经成为资产阶级在工人运动内部的有组织的工具。列宁希望各国左派社会党人详细地研究、讨论、考虑和检验革命斗争的各种问题，并通过秘密报刊向群众解释。列宁在1916年10月25日给弗·科里乔纳的信中评论奥地利社会民主党领袖之一弗·阿德勒枪杀奥匈帝国首相事件时，要求把阿德勒的行为作一个教训告诉工人们：不能用恐怖主义，而应当有步骤地、长期地、忘我地进行革命的宣传鼓动、游行示威等等来反对机会主义政党，反对帝国主义者，反对本国政府，反对战争。

1915 年 9 月在瑞士齐美尔瓦尔德举行的国际社会党第一次代表会议，是列宁在把各国党内的左派团结成有组织的力量方面所取得的重大成就。列宁在这次会议之前同布尔什维克的代表和各国社会党的左派的频繁通信反映了列宁为筹备会议所作的大量的思想工作和组织工作。在给怀恩科普、拉狄克、柯伦泰等人的信中，列宁希望各国左派社会党人能在革命策略的基础上团结一致，不让中派分子左右会议。在 7 月 11 日和 26 日之间给柯伦泰的信中，列宁认为左派应当发表一个有思想性的共同宣言，谴责社会沙文主义者和机会主义者、提出革命的行动纲领、反对“保卫祖国”的口号等等。列宁在 7 月 22 日给怀恩科普的信中又写道：“重要的是我们要旗帜鲜明地、通俗易懂地表述出革命的策略，更明确地揭示出战争的帝国主义性质，捍卫马克思主义使之免遭考茨基和普列汉诺夫之流的篡改。”(见本卷第 129 页)

随着欧洲许多资产阶级政府从进行帝国主义战争转向主张缔结帝国主义和约，社会和平主义在欧洲各国的社会民主党内大大抬头。在 1916 年下半年和 1917 年初的书信中，列宁揭露了齐美尔瓦尔德联盟的中派多数在空洞的和平主义词句的基础上同社会沙文主义者沆瀣一气。列宁在 1917 年 1 月 14 日给伊·费·阿尔曼德的信中写道：“当前最迫切要解决的问题正是**和平主义**。正是**在这一点上**，也就是在这个问题上，现在应该教导人们(特别是吉尔波和法国人)按照马克思主义的观点加以对待。”(见本卷第 495

页)列宁在2月3日给阿尔曼德的信中再次指出,革命马克思主义者同社会和平主义和中派的区别的主要点和实质在于:革命马克思主义者“同**自己的**国家的社会爱国主义和中派作斗争,把反战斗争同反对机会主义的斗争,同**为**社会主义革命而进行**全面的、刻不容缓的革命**工作联系起来”(见本卷第516页)。列宁在3月5日给柯伦泰的信中指明,齐美尔瓦尔德右派已经在思想上埋葬了齐美尔瓦尔德联盟,多数派全都转到和平主义方面去了,联盟主席罗·格里姆又同瑞士社会爱国主义者结成联盟反对左派。列宁认为,需要帮助左派认清社会和平主义和考茨基主义极其庸俗,齐美尔瓦尔德多数派极其卑鄙;需要帮助左派制定新政党的正确的纲领和策略。列宁从大战开始就在许多书信中一再提出,左派社会党人的任务不是恢复旧国际,而是同机会主义者决裂,并在这个基础上建立新的国际。列宁在1917年6月17日给拉狄克的信中写道:“不管怎样,一定要埋葬可恶的齐美尔瓦尔德联盟(“格里姆的”,因为它仍然是格里姆的)而建立**专门**由左派组成的、**专门反对考茨基分子的真正的**第三国际。”(见本卷第606页)

列宁在整个大战期间非常重视理论战线上的斗争。在1915年和1916年,许多左派社会党人,尤其是尼·伊·布哈林、格·列·皮达可夫和叶·波·博什,否定帝国主义时代民主斗争的必要性。他们否定民族自决权,要求放弃最低纲领,在对国家的态度上提出不正确的观点。列宁在1916年10月5日以后给施略普尼柯夫的信中写道,在理论战线上,目前摆在日程上的,不仅要继续贯彻已经确定的反对沙皇制度等等的路线,而且要清除“那些非常荒谬和非常糊涂的否定民主的东西(这里包括废除武装,否定自决,在理论上错误地“一概”否定保卫祖国,在国家的作用和意义问题上摇摆不定等等)”(见本卷第416页)。列宁把这种思潮称为“帝国主义经济主义”。列宁在1916年的许多书信特别是11月和12月给阿尔曼德的三封信中剖析了这种思潮,批判了它的主要错误。列宁指出,帝国主义同民主和最低纲领的关系问题愈来愈广泛地提出来了,必须阐明这个最重要的根本性的问题。列宁写道:“我们社会民主党人始终拥护民主,但不是‘为了资本主义’,而是为了给**我们的**运动扫清道路。”(见本卷第441页)一般地说,离开争取民主的斗争,就不可能进行社会主义革命,“应当善于**把**争取民主的斗争和争取社会主义革命的斗争**结合起来**,并**使**前者**服从于**后者”(见本卷第472页)。在完全拒绝民主要求的条件下进行夺取政权的直接斗争的提法,是模糊的、轻率的和自相矛盾的。列宁在一些书信中批驳了那种认为民族自决在帝国主义制度下不能实现的论点,说明了民族自决权的要求同整个争取民主权利的斗争有着不可分割的联系,指出民族自决在帝国主义条件下完全能够实现。

许多国家特别是瑞典、挪威、荷兰、瑞士的一些左派社会党人提出了“废除武装”的口号,主张取消社会民主党的最低纲领中的武装人民的条文。在他们看来,要求废除武装就是最彻底地反对任何战争。列宁在1915年下半年和1916年上半年给怀恩科普、柯伦泰、罕·罗兰-霍尔斯特的几封信中批驳说,反对民兵制而主张废除武装的人是站在小国的小资产者、机会主义的立场上否认阶级斗争的观点,具有决定意义的是大国的革命斗争的观点,因为“没有革命,几乎整个最低纲领都无法实现”(见本卷第136页)。列宁要求向工人们说明一个真理:“或者是支持方兴未艾的革命风潮并促进它的发展(为此就需要革命口号、国内战争口号、秘密组

织等），或者是扼杀它（为此则需要和平口号、对“兼并”的“指责”，也许还需要裁军等等）。”（见本卷第 102 页）

一些左派社会党人否定帝国主义时代的民族战争，认为马克思主义者在帝国主义时代一般应该反对保卫祖国。在 1916 年 8 月给格·叶·季诺维也夫的一封信中，列宁批判了布哈林的“在帝国主义时代不可能有民族战争”的论点，并针对季诺维也夫的糊涂观念论述了正确地确定时代同当前的战争的关系问题，指明不能由当前的帝国主义战争是帝国主义时代的典型现象得出“在帝国主义时代不可能有民族战争”的结论，不能笼统地反对“保卫祖国”，因为在帝国主义时代也会有正义的、防御的、革命的战争。在同年 11 月 20 日和 30 日给阿尔曼德的两封信中，列宁深刻地分析了阿尔曼德抓住《共产党宣言》中“工人没有祖国”这句话来否定民族战争所犯的错误。列宁写道：“马克思主义的全部精神，它的整个体系，要求人们对每一个原理都要（α）历史地，（β）都要同其他原理联系起来，（γ）都要同具体的历史经验联系起来加以考察。”（见本卷第 445 页）《共产党宣言》不仅仅指出工人没有祖国，还指出在民族国家形成的时期，无产阶级的作用有些不同。“工人没有祖国”说的是：“（α）他们的经济地位（雇佣劳动制）不是民族的，而是国际的；（β）他们的阶级敌人是国际的；（γ）他们解放的条件也是国际的；（δ）他们的国际团结比民族团结**更为重要**”（见本卷第 439 页）。如果只抓住这一原理，而忘记了它同另一个原理（工人组织成为民族的阶级）的联系，那将是极大的错误。“这种联系就是，在**民主**运动中（在这样的时期，在这样的具体情况下）无产阶级不能拒绝支持这个运动（因而，也不能拒绝在民族战争中保卫祖国）。”（见本卷第 446 页）在 1916 年 12 月 14 日以后和 12 月 25 日分别写给尼·达·基克纳泽和阿尔曼德的信中，列宁说明了他们否认帝国主义战争转化为民族战争的可能性的看法为什么是错误的。列宁还指出：“**不**区别战争的类型，在理论上是错误的，在实践上是有害的。”（见本卷第152页）列宁在1917年1月19日给阿尔曼德的信中写道，在当前的两个帝国主义联盟之间的战争中“我们应当反对‘保卫祖国’，因为：(1)帝国主义是社会主义的前夜；(2)帝国主义战争是盗贼争夺赃物的战争；(3)在**两个**联盟中，都有**先进的**无产阶级；(4)在两个联盟中，社会主义革命都**已经成熟**。**只是**因为如此，我们才反对‘保卫祖国’，**只是**因为如此!!”（见本卷第502—503页）

本卷收载的1916年有关出版《共产党人》杂志和《〈社会民主党人报〉文集》的一批书信，也反映了上述的思想斗争。《共产党人》杂志是由《社会民主党人报》编辑部协同皮达可夫和博什在日内瓦出版的，布哈林也参加了编辑部。该杂志只在1915年9月出了第1—2期合刊。在这个合刊准备出版的过程中，就出现了《社会民主党人报》编辑部同布哈林、皮达可夫和博什在党的纲领和策略的一些最重要问题（如民族自决权问题、民主要求和一般最低纲领的作用问题等）上的意见分歧。这些分歧在合刊出版后更加尖锐化。在这种情况下，列宁认为必须停止出版《共产党人》杂志，用《〈社会民主党人报〉文集》取代。列宁在1916年上半年写给施略普尼柯夫和季诺维也夫的许多书信中，指出布哈林等人的帝国主义经济主义性质的错误思想，批评季诺维也夫和施略普尼柯夫对他们采取的调和态度。由于列宁的坚持，《共产党人》杂志没有恢复出版。1916年夏《社会民主党人报》编辑部开始筹备编辑《〈社会民主党人报〉文集》。

本卷收入的有关列宁批评布哈林在国家问题上的不正确观点的书信,有助于读者了解列宁深入研究马克思主义国家学说的过程。在1916年7、8月间,布哈林为《〈社会民主党人报〉文集》写了一篇题为《关于帝国主义国家理论》的文章。列宁拒绝把它收入文集。列宁在1916年8月—9月初给布哈林的信中指出,该文对马克思主义者和无政府主义者在国家问题上的区别所作的说明根本不正确,其所作的"社会民主党应该坚决强调自己在原则上敌视国家政权"的结论是错误的。季诺维也夫和布哈林不同意列宁的批评意见。列宁在同时写给季诺维也夫的两封信中驳斥了季诺维也夫的不同意见,坚持认为布哈林的文章有原则性的缺陷。列宁在10月14日给布哈林的回信中指出,布哈林断章取义地引用马克思和恩格斯的话,以致错误地表达原意,或使人得出不确切的结论。同年12月布哈林在《青年国际》杂志第6期上发表了他的另一篇文章《帝国主义强盗国家》。列宁在当月写了一篇短评《青年国际》予以批评。1916年夏天至冬天,列宁针对布哈林的上述两篇文章中的错误观点,准备写文章阐述国家的作用问题。在广泛收集材料、深入研究马克思主义对国家的态度问题之后,列宁的想法改变了。他在1917年2月17日和2月19日分别写给柯伦泰和阿尔曼德的信中说,他得出的非常重要的结论虽也针对布哈林,但主要是针对考茨基。他很想写一篇文章,分析一下布哈林的错误以及考茨基将马克思主义大肆歪曲和庸俗化的情况。列宁后来在收集的材料的基础上撰写了系统阐述马克思主义国家学说的名著《国家与革命》一书。

1917年3月(俄历2月),俄国发生了推翻沙皇政府的资产阶级民主革命。列宁得悉后在3月16日和17日连续给负责党中央国外部分同俄国布尔什维克的联系的柯伦泰写去的两封信中指出，二月革命是“第一次革命（由战争引起的革命中的第一次革命）的第一阶段”，布尔什维克要继续反对保卫祖国，不要卷进同社会爱国主义者联合的尝试，要建立自己的特殊政党，要有更革命的纲领和策略，要把合法工作同秘密工作结合起来，要像从前一样进行革命的宣传、鼓动和斗争，要把新的阶层发动起来，不要信任和支持资产阶级政府，要作好由工人代表苏维埃夺取政权的准备，只有武装的工人代表苏维埃掌握了政权，才能有和平。列宁在3月25日和31日之间给阿尔曼德的信中指明：“我们所面临的革命完完全全是**另一种**革命。”（见本卷第561—562页）

本卷收入1917年3月18日—4月15日期间一批有关列宁和俄国政治侨民从瑞士返回俄国的书信和电报。

本卷所收最后一份文献是列宁在10月24日（俄历）晚去斯莫尔尼宫直接领导十月武装起义之前在玛·瓦·福法诺娃的秘密住所留下的便条：“我走了，到您不愿意我去的地方去了。再见！”这句简单的告别语，却充分表现了列宁义无反顾的坚强意志和坚定信念。

在《列宁全集》第2版中，本卷文献比第1版相应时期的文献增加322篇。其中大多数译自《列宁全集》俄文第5版，27篇选自1970—1985年间出版的《列宁文集》俄文版第37—40卷。

在本增订版中，本卷文献比《列宁全集》第2版新增一篇列宁书信《致格·叶·季诺维也夫(1916年3月21日以前)》。

致党的敬礼!

列宁(弗·乌里扬诺夫)

从苏黎世发往维也纳

原文是德文

载于 1924 年《列宁文集》俄文版
第 2 卷

译自《列宁全集》俄文第 5 版
第 49 卷第 2 页

4

致维·阿·卡尔宾斯基

9 月 6 日

亲爱的同志:在奥地利被短期拘留后,昨天总算全家平安来到了这里。季诺维也夫也要来。本想住到日内瓦去,过去的好印象使我们向往那个城市,可是到这里后又犹豫起来,想留在伯尔尼。听说现在又有一批法国流亡者自巴黎、布鲁塞尔等地涌往日内瓦。物价,尤其是房租是不是涨得很厉害? 此外,我们只准备暂住,能不能找到按月出租的有家具、提供厨房的房间(两小间)呢?

还有一个问题:如不麻烦,请到读者协会(大街 11 号)去要一份该会章程来;应当看一看其中有没有什么改变。特别吸引我到日内瓦去的就是这个协会[4],虽然这里也??? ……它收费很贵…… 印刷所的情况怎样? 可有俄文印刷所? 现在能不能印传单等? 俄文的? 我们可以特别谨慎地印发,或者像以前那样(传单的内容当然是反对战争的,也反对从哈阿兹到王德威尔得和盖得的新型的民族主义者,所有这些人尽干下流的事情!)。所有这些问题,如能尽快答复,十分感谢。在日内瓦是否还有布尔什维克同志?包括要回国的同志?我们大家向您、奥丽珈同志和所有的朋友致热切的敬意!

您的　**尼·列宁**

从伯尔尼发往日内瓦

载于1926年4月22日《真理报》第92号

译自《列宁全集》俄文第5版第49卷第3页

5

致维·亚·吉霍米尔诺夫

9月9日

亲爱的朋友:我们已安抵此地,并将留居伯尔尼。岳母身体健康。她大概将取道热那亚——萨洛尼卡(或阿尔汉格尔斯克)返国。[5]您的母亲应通过外交部给您汇钱来,以便在这里付还德沃莎·什克洛夫斯卡娅女士(伯尔尼,法尔肯路)。然后请您的母亲按上述地址发一份电报,说明她给您汇了多少多少。我们再给您的母亲复信。但愿您和全体朋友平安无事。请来信谈谈您的健康及著作的情况。

我们全家向您和全体朋友致衷心的敬意!!

您的　**弗拉·乌里扬诺夫**

从伯尔尼发往波罗宁

载于1930年《列宁文集》俄文版第13卷

译自《列宁全集》俄文第5版第49卷第4页

弗·伊·列宁

（1914年）

1914 年

1

致米·韦·科别茨基

(8月2日)

亲爱的同志:我们没有走成[1]。不知您收到了信没有。如果收到,请回信,以便了解是否通邮。您现在也许可以说是绝无仅有的住在非交战国的人,所以只要您和我们之间通邮,请务必经常告诉我们一些情况,并将我们得不到的报纸上的消息通知我们。当然,只是一些最重要的消息(特别是关于国内的)。

您是否会(或者现在已经)同斯德哥尔摩取得很好的联系,能不能转寄信件,提供从国内汇钱去的地址等等,请来信告知。

敬礼!

您的 **弗·伊·**①

从波罗宁发往哥本哈根

载于 1930 年《列宁文集》俄文版第 13 卷

译自《列宁全集》俄文第 5 版第 49 卷第 1 页

① 在信的上端,列宁写道(看来是写给房东的):"阁下:这封信请转交给科别茨基先生!"——俄文版编者注

2

给克拉科夫市警察局长的电报[2]

(8 月 7 日)

此地警察局怀疑本人搞间谍活动。本人在克拉科夫住过两年,先后住在兹韦日涅茨街和卢博米尔斯基耶戈街 51 号。证明材料曾亲手交给兹韦日涅茨分局警官。本人系侨民,社会民主党人。请电告波罗宁以及新塔尔格的地方长官,以免误会。

乌里扬诺夫

从波罗宁发往克拉科夫

载于 1924 年《列宁文集》俄文版第 2 卷

译自《列宁全集》俄文第 5 版第 49 卷第 2 页

3

致维・阿德勒

1914 年 9 月 5 日

尊敬的同志:我们全家已平安到达苏黎世。[3]证件只是在因斯布鲁克和费尔德基尔希要我出示过,可见您的帮助对我很有用处。在瑞士入境时需要护照,但是我一提到格罗伊利希,没有护照也让我入境了。致最崇高的敬礼和最衷心的谢意!

6

致格拉纳特出版物编辑部秘书

1914 年 9 月 15 日于伯尔尼

尊敬的编辑部秘书:现通知您我的地址有变动。我在奥地利被短暂拘留后刚刚获释,目前将在伯尔尼居住。此信收到后请来信告知,并请告知词条[6]交稿的时间(我想,战争的爆发是延期交稿的相当充分的理由)。如果急需交稿,请电告,电文中用一个词(俄历的月份)表示交稿时间。目前手稿是否能安全送达,我还没有充分的把握。

愿为您效劳的

弗・伊林

发往莫斯科

载于 1959 年《苏共历史问题》杂志第 4 期

译自《列宁全集》俄文第 5 版第 49 卷第 4—5 页

7

致雅・斯・加涅茨基

1914 年 9 月 28 日

亲爱的朋友:今天才收到您的来信及转寄来的全部东西。非常感谢。这里只要有可能搞到一点钱,我当然会借给您。但很抱歉,现在毫无可能。维克多(他现在在热那亚,9月30日或10月1日将回国)答应一定给我寄钱来。我一收到就立即给您寄去。这里没有什么新消息。俄国报纸老是到得很迟。格里戈里一家早已在这里,他们向您问候!我们大家向您全家致衷心的敬意!希望不久便能收到您的消息。

您的　**弗拉·乌里扬诺夫**

附言:如果您偶然遇见新塔尔格的地方长官先生,请您问问他,我的手稿是否已经往这里寄了?

从伯尔尼发往波罗宁

原文是德文

载于1930年《列宁文集》俄文版第13卷

译自《列宁全集》俄文第5版第49卷第7—8页

8

致维·阿·卡尔宾斯基

(不早于9月28日)

亲爱的卡·:您的明信片收到了,我这就回信。关于您(和我们)所希望的事情[7],可以而且必须做些什么,我们会通知您的,请稍等一等。顺便说一下,不要忘记,合法性目前在这里是很特殊的,这一点您是否同洛桑来的朋友们谈过?一定要谈一下。

我们留在伯尔尼。地址:栋内尔比尔路 11a 号 乌里扬诺夫。

关于专题报告[8]我还不知道。应该考虑和商量得周密一些。你们那里能邀请到多少人?

握手!大家向您问好!

您的 **列宁**

附言:批评和我的反批评作为讲题是否会更好些?总之一句话:不能形式主义地看问题,去给德国人的卑鄙的沙文主义辩护。有过不好的决议,有过不坏的决议,有过这两种类型的声明。但是什么事都毕竟有个限度!**而现在已经超出限度**。不能容忍,不能要外交手腕,必须竭尽全力反对无耻的沙文主义!!

从伯尔尼发往日内瓦

载于1929年《列宁文集》俄文版第11卷

译自《列宁全集》俄文第5版第49卷第5—6页

9

致伊·费·阿尔曼德

(10月11日以前)

亲爱的朋友:我们大家**热切地**向阿布拉姆问好!让他到洛桑去,找一下朋友。他在那里会获得一些重要材料①,我请您把这些

① 这封信大部分是用英文写的。信的开头是用俄文写的。——俄文版编者注

材料译成法文并寄给《哨兵报》(然后托便人把全部材料带给我)。[9](这家报纸是哪个党办的？在何处出版？这个机关报是否编得不错？请将这份报纸最有代表性的几号各寄一份给我。)

欧洲社会党人在目前战争中的立场使我焦急不安。我深信，所有的人——首先是，而且主要是德国社会党人——全都成了"沙文主义者"。德国的和法国的(《人道报》[10]!!)社会党报纸简直叫人读不下去!! 彻头彻尾的"沙文主义"！我担心目前的危机已迫使许多的、非常多的社会党人晕头转向(如果可以这样说的话)；恐怕欧洲社会主义运动这次蒙受的前所未有的"耻辱"最终要归罪于机会主义。有人对我说，马尔丁诺夫(取消派)在苏黎世召开了一个会(我看是非正式的)，他先是攻击德国社会党人，可是后来(讨论到第二天)改变了主意(受了阿克雪里罗得的有害影响)，把原先所讲的话全推翻了!!! 可耻!! 我们应该设法说出我们的意见，但是在这种时候，这样做极端困难，非常困难。请让阿布拉姆到洛桑去并把消息带给您。

格里戈里已带着全家来了。我们将留在伯尔尼。这是一个寂寞的小城，不过……毕竟比加利西亚要好，何况也没有更好的地方!! 没关系，我们会适应的。我现在常到几个图书馆走走，因为非常想找些书看。① 致最良好的祝愿，并热烈握手！请来信，多谈点您自己的情况。

忠实于您的　**弗·列宁**

但愿我们不久能见面，您说呢？

---

① 本段头几行是用俄文写的。——俄文版编者注

附言：莱阿旺天气如何？您常散步吗？

您现在吃得好些了吗？您有书看吗？有报看吗？

应当在洛桑做好收集报纸的工作，瑞士出的法文报纸，**凡是**登载了有社会党人评论战争和评论德法两国社会党人等内容的文章的，都要收集。让阿布拉姆去张罗此事。应当竭尽全力收集材料！！！①

从伯尔尼发往莱阿旺(瑞士)

原文是英文

载于1960年《苏共历史问题》
杂志第4期

译自《列宁全集》俄文第5版
第49卷第6—7页

10

致维·阿·卡尔宾斯基

(10月11日以前)

亲爱的卡尔宾斯基：借有便人捎信的机会跟您无所顾忌地谈一下。

有**充分的**根据可以预料，瑞士警察局和军事当局(只要俄国或者法国以及其他国家的大使**一打手势**)会以破坏中立等罪名交付军事法庭审判或驱逐出境。因此您在来信中不要公开写什么东西。如果有什么事必须通知，请用化学药水书写。(化学信的标

① 最后一段是用俄文写的。——俄文版编者注

志:信上的日期加着重号。)

我们决定不印行不易读懂的提纲,而印行**附上的**宣言[11]。收到后即回信,信中可称宣言为《资本主义的发展》。

应当印行。但是我们的意见是:在采取(和**有可能**采取)极严密的预防措施的情况下才能这样做!!

谁也不应知道,**在何处**由何人印行。所有草稿必须烧掉!! 印出后**只能**存放在有威望的瑞士公民,如议员之类人物的家里。

如果这一点做不到,就**不要**印。

如果不能排印,就油印(同样要采取极严密的预防措施)。回信写:我收到(**多少多少**)份资本主义的发展=我要翻印多少多少份。

如果排印、油印都不行,请即回信。再想其他办法。回信要详细些。

(如果能印,**托便人**把印好的¾带来;我们能找到保存的地方。)

盼复!

您的　**列宁**

注意　附言:印刷费可以筹到。只是事先来信说明需要**多少**,因为钱**很**少。能否把国外组织委员会[12]拿出的170法郎用于此项开支?

从伯尔尼发往日内瓦

载于1929年《列宁文集》俄文版
第11卷

译自《列宁全集》俄文第5版
第49卷第8—9页

11

致维·阿·卡尔宾斯基

(10月11日)

亲爱的朋友:今天我在这里普列汉诺夫的专题报告会上发了言,批驳他的沙文主义。[13]我准备星期二在这里作专题报告,星期三在日内瓦作专题报告(欧洲战争和欧洲社会主义运动)。[14]您在安排时先全面考虑好,尽可能搞得秘密些,就是说不用取得许可(当然,同时希望听众尽量多)。至于怎么办,您更清楚。既要使听众尽量多,又要使警察的张扬和警察的干涉(或警察的威胁)尽量少。在伯尔尼我给小组组员和由他们介绍来的来宾(120—130人……)作了专题报告,没有贴海报和作其他宣传。这种做法不是更好吗?

请马上回信,寄洛桑河畔谢利鲁日蒙别墅里夫林先生。由他转交给我。星期二我在洛桑这里作专题报告,因此您的回信一定要在星期二白天寄到。见面时再详谈我们的事儿吧。总之,如果在日内瓦必须取得许可,那就请您再三考虑一下,专题报告会是不是秘密进行更好些。当然,一切由您决定。如果星期三可以(即星期三晚上可以举行专题报告会),那星期三早上我就到。

握手!

您的　列宁

从洛桑发往日内瓦

载于1929年《列宁文集》俄文版第11卷

译自《列宁全集》俄文第5版第49卷第9—10页

12
致维·阿·卡尔宾斯基

(10月15日以前)

亲爱的朋友:来信收到了,知道您已就出版物问题同西格商谈过。[15]这好极了!请在160法郎里支取需要用的钱(当然应该尽量节省,因为我们还想出版一本文集),印**宣言**(**不是提纲而是宣言**)要**非常谨慎**;印数不宜过多(200—300份),并且**必须**把它们**藏**在瑞士议员的家里。

如果没有宣言的文本而只有提纲,则请到洛桑去取。

盼复。

您的　**列宁**

印出的东西我们将寄往巴黎和国内:100份寄国外,200份寄国内。怎么寄,寄什么地方,再函商。

从伯尔尼发往日内瓦

载于1929年《列宁文集》俄文版第11卷

译自《列宁全集》俄文第5版第49卷第10—11页

13
致维·阿·卡尔宾斯基

(10月17日)

亲爱的卡·:正当我在日内瓦的时候,得到了来自国内的**令人**

兴奋的消息。俄国社会民主党人给王德威尔得的答复的文本[16]也来了。因此我们决定出版中央机关报《社会民主党人报》[17]下一号，来代替单独印行的宣言。今天这个决定可以说将最后确定下来。

总之，请采取一切措施，尽快物色一位法裔瑞士人当责任编辑，并确定经费预算。我们计划出两版，版面大小同巴黎的《呼声报》[18]差不多。**不**定期——开头**每月**至多出两三号。印数不多，因为要贯彻我们的方针，就不能指望一般居民订阅(500份?)。价格——10生丁左右。这一切还是**初步打算**，但是您应该知道这些，以便和排字工人谈。

您看，价格定多少?

出版(排版等等)这样一号需要多少时间?

其次，铅字呢?是否只有一种大号铅字，还是小号的(即八点铅字)也有?像《呼声报》那样的版面排两版要几千(1)大号铅字和(2)小号铅字(8点铅字)?

已排好的宣言不要拆掉，我们可以把它拼到报纸里去。星期一我们将给您寄去宣言的几处不大的改动和**更换了的**署名(因为同国内取得联系之后，我们就可以**比较正式地**发表了)。

多多致意!

您的 **列宁**

附言:请注意我的信是否完全按时(没有耽误)给您送到。

从伯尔尼发往日内瓦

载于1929年《列宁文集》俄文版第11卷

译自《列宁全集》俄文第5版第49卷第11—12页

14

致亚·加·施略普尼柯夫

1914年10月17日

亲爱的朋友：昨晚才从外地作专题报告回来，看到了您的几封来信。热切地向您并通过您向国内所有的朋友问好！给王德威尔得的答复昨天送去翻译了，所以我还没有看。看后马上给您写信谈对它的看法。

照我看，目前最重要的是坚定不移地和有组织地同沙文主义作斗争，同那支配着整个资产阶级和大部分机会主义的（以及跟机会主义妥协的——像考茨基先生那样的！）社会党人的沙文主义作斗争。而为了完成这一斗争的各项任务，首先要同**本**国的沙文主义作斗争，——具体到我们，就是要同马斯洛夫和斯米尔诺夫之流的先生们（见《**俄罗斯新闻**》和《**俄罗斯言论报**》[19]）作斗争（我曾经看过他们的"著作"[20]），或者同索柯洛夫、梅什科夫斯基、尼基京等先生作斗争（您见过他们或听说过）。似乎已经有人写信告诉过您，普列汉诺夫成了亲法的沙文主义者。看来，取消派乱作一团①。**据说**阿列克辛斯基是亲法派。科索夫斯基（崩得分子，右派，我听过他的专题报告）是亲德派②。取消派先生们同阿列克辛斯基和普列汉诺夫的

① 我们在巴黎的知识分子（在支部里被占多数的工人所压倒的人）都去当了志愿兵（尼古·瓦西·、安东诺夫及其他人），并且同社会革命党人一起发表了愚蠢的不分党派的呼吁书。[21]该呼吁书已有人寄给您了。

② 马尔托夫在《呼声报》上比所有的人都规矩。但是马尔托夫能坚持下去吗？**我不信**。

整个"布鲁塞尔联盟"[22]的中间路线看来就是迎合目前**为害最大**的考茨基。考茨基用花言巧语来掩饰机会主义者的丑行(在《新时代》杂志[23]上),他的这种诡辩术已经到了非常有害和卑鄙的程度。机会主义者的危害一目了然。而以考茨基为首的德国"中派"的危害则是巧加粉饰不易发觉的,它能迷惑工人的视线、理智和良心,因而也最危险。目前我们的任务是无条件地和公开地同国际机会主义及其庇护者们(考茨基)进行斗争。这也是我们在即将出版(大概是两版)的中央机关报上将要采取的方针。目前必须竭力支持有觉悟的工人对德国人的恶劣行为所表示的正当的憎恨,并从中得出政治结论:要**反对**机会主义和任何纵容机会主义的行为。这是一项国际任务。承担这项任务的只有我们,别无他人。这是义不容辞的。"简单地"恢复国际这个口号不正确(因为根据考茨基—王德威尔得路线通过的糟透了的调和性决议的危害性非常非常之大!)。"和平"这个口号不正确,——我们的口号应当是变民族战争为国内战争。(这个转变可能需要很长时间,可能需要而且势必需要许多先决条件,但是必须**根据实行这种**转变的**方针**,本着实行这种转变的精神和方向去进行整个工作。)不是暗中破坏战争,不是本着这种精神去进行单独的个人的活动,而是进行群众性的宣传工作(不只是对"非军人"),引导人们最终把战争变为国内战争。

在俄国,沙文主义利用"法国很美好"而比利时很不幸(而乌克兰呢?等等)这样的说法或者利用对德国人(和对"凯撒制度")的"民众普遍的"仇恨来作掩护。因此跟这些诡辩作斗争是我们义不容辞的责任。为了使斗争能以一条正确和鲜明的路线为指导,就需要一个集中反映这条路线的口号。这个口号就是:对我们**俄国人**来说,从**俄国**劳动群众和工人阶级的利益考虑,丝毫不容置疑、绝对不容置疑的一点就是，沙皇制度在这场战争中现在马上**失败**带来的损失**最小**，因为沙皇制度比凯撒制度坏百倍。不是暗中破坏战争，而是跟沙文主义作斗争，竭力宣传无产阶级的国际团结(接近、声援、协商，视情况而定)以便进行国内战争。无论是号召采取狙击军官之类的**个人**行动，还是认为我们不想帮助凯撒制度之类论据有道理，都是错误的。前者是无政府主义倾向，后者是机会主义倾向。我们应当为在军队中采取大规模的(至少是集体性的)行动作准备，并且不只是在一个国家的军队中作这种准备，而且还应当根据这个方针来进行**全部**宣传鼓动工作。根据变民族战争为国内战争的精神来指导工作(顽强地、系统地、也许是长期地)——这就是整个实质。何时实行这种转变是另外一个问题，现在还不清楚。应当使这个时机成熟和有步骤地"促使它成熟"。

先写到这里。今后会常写信。您也要多来信。

要较详细地谈谈彼得堡委员会的传单。

要**较详细地**谈谈工人的意见和反应。

圣彼得堡"各派"**力量**的对比如何？就是说，与我们相比，取消派是否壮大了？壮大的程度如何？

唐恩没有被捕吧？他的态度如何？契尔金、布尔金及其一伙的态度又怎样？

要详细一些。

您替谁给谁寄了100卢布？

紧紧握手！

您的　**列宁**

我认为，和平口号在目前是不正确的。这是庸人的、神父的口号。无产阶级的口号应当是:国内战争。

客观上是这样:从欧洲局势的根本改变中必然得出这样一个适应于大规模战争时代的口号。从巴塞尔决议[24]中也必然得出同样的口号。

我们既不能"许诺"国内战争,也不能"用法令宣布"国内战争,但是我们必须按照**这个方针**进行工作——必要时甚至进行很长一个时期。详情可看中央机关报上的文章[25]。为了我们能步调一致,暂时提出这几个基本观点。

从伯尔尼发往斯德哥尔摩

载于 1924 年《列宁文集》俄文版
第 2 卷

译自《列宁全集》俄文第 5 版
第 49 卷第 12—15 页

15

致亚·加·施略普尼柯夫

1914 年 10 月 17 日

亲爱的朋友:给王德威尔得的答复看过了,随信附上我对这个答复的见解。

要是在召开杜马时(据说杜马在一个月后召开[26],**确实吗**?)我们的党团已能作为一个不结盟的党团出现,并宣布**彻底的**观点,那就再好不过了。请马上回信:(1)杜马是否召开;(2)你们跟杜马党团[27]的联系是否很好,联系一次需要几天时间。

1914 年 10 月 21 日

现在接着写没有写完的信。我对答复的评论当然**纯系朋友之**

间为了达到相互间的充分了解而作的随便交谈。中央机关报日内出版,我们会给您寄去。

关于国际的事您不要太乐观,要当心取消派和机会主义者的阴谋。尽管马尔托夫现在也在往左倒,可这只是因为他现在是单枪匹马,而明天又将怎样呢?明天他就会和他们合污同流:用橡皮性决议来堵工人的嘴(蒙蔽他们的理智和良心),像考茨基那样为一切的一切进行辩护。考茨基比谁都伪善,比谁都恶劣,比谁都有害!所谓国际主义,原来就是要一个国家的工人以"保卫祖国"为名去屠杀另一个国家的工人!!!

让他们只管去搞阴谋吧。这只不过是卑劣的阴谋。在目前这个具有世界历史意义的时刻,竟然想用机会主义来耍外交手腕,想建立"德国的"社会党国际局[28]!现在应该执行原则路线。彼得格勒的工人具有可贵的感情——仇恨德国社会民主党的叛徒。应当全力保持这种感情和觉悟,使之成为跟国际机会主义作斗争的坚定决心。以前德国社会民主党是权威,而现在**它已经是个不该这么办的样子了**!

您需要留在斯德哥尔摩。同俄国的通信要组织得更好些。请把我的信转寄给那个用铅笔写便条交给您的人[29](这能做到吗?),我们必须同他更细致地协商,以求步调一致。这非常重要。我们开始出版中央机关报了。

请常来信!

您的　**列宁**

从伯尔尼发往斯德哥尔摩

载于1924年《列宁文集》俄文版第2卷

译自《列宁全集》俄文第5版第49卷第15—16页

16
致维·阿·卡尔宾斯基

(10月18日)

亲爱的维·卡·：

寄上宣言一份,因为要作**5处**修改。30请您在校样上细心地修改一下。

另寄上《答王德威尔得》,**可付排**。

应当将尽可能多的文章**用8点铅字**排版。我们必须使两个版面的容量达到最大限度。遗憾的是在宣言付排时没有注意到这一点。

现在的整个问题是,两个版面一共能容纳多少万个字母?中央机关报的版面**必须照旧**(日内瓦没有报头,最好做一个新报头,要经济一些,尽量少占版面,例如把报头放在角上,而不要"占去"整整三栏)。

我们等候你们精确计算版面:8点铅字能容纳多少。

最好把宣言的校样(二校样)和各种铅字(直到最小的铅字)的样子寄来。

我想,报头(这当然是指**下一号**中央机关报的)上还应当附印价目:10生丁。无论如何**必须**把**已经拼好**版面的报纸校样寄给我们。

如果保持中央机关报原有的版面,能把**所有材料**都用8点铅字排印,那么两个版面约可容纳4万个字母。这样,就还可以把我们正在撰写的两三篇短文也排进去。(如果宣言**已经**排好而且是用不合适的铅字排的……那我们就另外单出这个宣言。)

您花的邮费会很多,因为所有的东西必须封口邮寄,不能当印刷品寄。请把邮费的账目记下来,从"基金"(160法郎)中支取,否则您就要破产了!

请谢马到崩得分子那里给我们弄到《**社会主义月刊**》[31](战争爆发后所有各期):如果必要,我们可以付钱并**保证**(必要的话,甚至可以用抵押品作保)如期归还。

握手!

您的　**列宁**

附言:请来信告知,什么时候**可以**把一号两版的中央机关报准备好?我最近(还不知道什么时候)将在蒙特勒作报告。[32] **如果**必要,我可以顺便到您那里去一趟。

从伯尔尼发往日内瓦

载于1929年《列宁文集》俄文版第11卷

译自《列宁全集》俄文第5版第49卷第17—18页

17

致维·阿·卡尔宾斯基

(10月20日)

亲爱的维·卡·:

寄上其余的几篇文章。全部用8点铅字排印。

中央机关报的版面**照旧**。

最好能排下48 000个字母。

次序:(1)中央的声明①

① 即俄国社会民主工党中央委员会宣言《战争和俄国社会民主党》(见本版全集第26卷)。——编者注

(2)俄国社会民主党人的回答

(3)**反潮流**

(4)关于国际的文章①

(5)国际和保卫祖国

(6)**圣彼得堡** 圣彼得堡来信

(7)罗·瓦·马林诺夫斯基。

付印前务必把报纸的**大样**寄来。

我**星期一**到蒙特勒去作专题报告:可以顺便到您那儿去一趟吗?或者是还能提前作好准备?

请将您的短评寄来,恐怕不能符合**头一号**的要求。是否可以放到下一号刊登?

您的 **列宁**

从伯尔尼发往日内瓦

载于1929年《列宁文集》俄文版第11卷

译自《列宁全集》俄文第5版第49卷第18—19页

18

致维·阿·卡尔宾斯基

(10月23日)

亲爱的维·卡·:

排字工人真是误了大事!! 原答应星期一以前把宣言排好,而

① 即《社会党国际的状况和任务》(见本版全集第26卷)。——编者注

今天已经星期五了。真糟糕！

难道老是这样下去吗??

关于印在报上的地址，是否值得用**邮政信箱**？要知道，这样(1)会害得您白跑一百趟，(2)结果当局还会知道邮箱是**谁**的。请考虑一下，地址用俄国图书馆**交中央机关报编辑部**岂不更好些？

让我们对这个问题考虑一下。

据说，尼科勒那里**不能**存放和转送款子和其他东西。

我已把各篇文章的次序寄去了，请把校样一部分一部分寄来。这样就不必花费**两天**(太多)时间来邮寄拼好的大样了(寄**特快**邮件，一天绰绰有余)。

我们焦急地等着校样。

星期一我要在蒙特勒作专题报告，星期二在苏黎世作专题报告。日内瓦不去了。

敬礼并致良好的祝愿！

您的　**列宁**

刚刚收到您的信。关于饶勒斯和弗兰克的问题[33]，我们暂时搁一下。需要等一等。单纯责骂并不恰当。赞扬也不必要。我们决定稍微沉默一个时期。

校样的情况怎样???难道经常都要这么多时间吗？上一号中央机关报是在1913年12月出版的——第**32**号。就是说，现在应当是第**33**号了。

从伯尔尼发往日内瓦

载于1929年《列宁文集》俄文版第11卷

译自《列宁全集》俄文第5版第49卷第19—20页

19

致亚·加·施略普尼柯夫

1914年10月27日

亲爱的朋友：刚接到您的第二封信，现在坐下来跟您谈谈。

承蒙寄来关于圣彼得堡事件的信，非常感谢。[34]中央机关报从中可以得到一篇出色的通讯。中央机关报不日就要出一号，我们会给您寄去。请等着吧。也请等着下一号。您必须待在斯德哥尔摩，直到把**通过**斯德哥尔摩运送(1)信件、(2)人员和(3)书刊的事宜**完全**安排好。为此必须有步骤地培养和**考察**可靠的驻斯德哥尔摩的联络员。斯科夫诺同志做这个工作合适吗？她是一个布尔什维克，就这一点来说很合适。不会投敌。但不知她是否能干，是否机警，是否细心？

要是柯伦泰同志站在我们的立场上，我由衷地感到高兴，就像马尔托夫在巴黎卓越地(总的来说)主持《呼声报》使我高兴一样。但是我非常担心，马尔托夫(以及和他一路的人)会跑到……考茨基—特鲁尔斯特拉的立场上去。我现在最憎恨最鄙视的是考茨基，他总是采取卑鄙下贱的、恶劣不堪的和自鸣得意的伪善态度。他说，没有出什么事，原则没有遭到破坏，谁都有权保卫祖国。原来，国际主义就是要世界各国的工人"为了保卫祖国"而互相残杀。

罗·卢森堡很早以前写道，考茨基有"理论家的阿谀逢迎的本领"，简言之，善于奴颜婢膝——在党的多数派面前，在机会主义面前奴颜婢膝。卢森堡说得很对。对无产阶级的**思想**独立来说，目前世界上没有**什么东西**能比考茨基的这种恶劣的自鸣得意和卑鄙的伪善态度更有害和更危险的了，他总想什么都捂着盖着，总想用诡辩和似乎博学的废话来麻醉工人们已经觉醒了的良知。考茨基如果在这一点上能够得逞，那他就会沦为腐朽的资产阶级在工人运动中的主要代表。而特鲁尔斯特拉会拥护他——啊，这个特鲁尔斯特拉是一个比"好心肠的"小老头考茨基更滑头的机会主义者！为了把正直的人和马克思主义者(哥尔特、潘涅库克、怀恩科普)赶出荷兰党，这个特鲁尔斯特拉要了多少手腕！！我永远也不会忘记，罗兰-霍尔斯特有一次在巴黎的我家里说这个人是"坏小子，坏蛋"(法国话是：gredin)……　很遗憾，您还对牛弹琴[35]……特鲁尔斯特拉＋德国社会民主党执行委员会中的那帮机会主义败类正在搞见不得人的阴谋，想把一切都掩盖起来。您要特别留神，不要不知不觉地成为这个阴谋的牺牲品！！不要无意中去帮助工人运动中这些坏透了的敌人，这些在危机时代"从理论上"维护沙文主义并玩弄低劣的、可恶的外交手腕的人。只有一个人把真理告诉了工人，——尽管说得还不理直气壮，有时也还不十分高明；他就是潘涅库克，他的文章[36]我们已给您寄去(请把译文转寄给国内的人)。他说，如果被机会主义者和考茨基所扼杀的国际的"领袖们"现在准备去"粘补"裂缝，这"将是毫无意义的"，——这是**无比卓越的**社会主义的言词。这是**真理**。逆耳，但却是真理。而工人目前比任何时候都需要真理，全部真理，而不是卑鄙的外交手腕，不是玩"粘补"的把戏，不是用橡皮性决议掩盖丑事。

我很清楚，考茨基、特鲁尔斯特拉加上王德威尔得(也许加上x＋y＋z或者减去x、y、z，这都无关紧要)为了达到这种目的，目前正在搞阴谋。把国际局迁往荷兰，同样是那帮坏蛋的阴谋。

我会躲开他们,避开这种阴谋,——我要建议我们驻社会党国际局的代表(李维诺夫,伦敦西北区 汉普斯泰特 高地街76号)这样做,我也劝您这样做。

"不从恶人的计谋",不要相信特鲁尔斯特拉等等,等等[37],而是要向他们提出一个简短的最后通牒:这就是我们中央委员会关于战争问题的宣言(修改过的提纲;日内我们即把印好的寄给您),愿不愿意用你们的语言刊印?? 不愿意? 好吧——那就再见,我们走的不是一条路!

要是柯伦泰站在我们这一边,那就让她用其他文字来帮助"推行"这个宣言。您去结识一下**霍格伦**,他是个年轻的瑞典社会民主党人,"反对派"领袖,请把我们的宣言念给他听(请提到我,因为我们在哥本哈根就认识了[38])。试探一下,在这件事上**思想**是否接近(他不过是一个幼稚的温情的反军国主义者,然而正是应该对这样的人说:要么赞同国内战争的口号,要么继续跟机会主义者和沙文主义者为伍)。

在俄国,目前任务的全部中心是对国际的机会主义者和考茨基组织思想上的回击。全部中心就在这里。在这种情况下马尔托夫不会投敌吗?? …… 我很担心!……

紧紧握手!

您的 **列宁**

从伯尔尼发往斯德哥尔摩

载于1924年《列宁文集》俄文版第2卷

译自《列宁全集》俄文第5版第49卷第20—22页

20

致亚·加·施略普尼柯夫

(10月31日)

转亚历山大

亲爱的朋友:过两三天您就能收到我们的中央机关报,希望到那个时候我们的观点已经完全"一致"。坦白地说,我有些担心您的某些做法会被人解释为您无视我们驻社会党国际局的合法代表——李维诺夫先生,伦敦西北区　汉普斯泰特　高地街76号。当然,这样的解释是一种恶意歪曲,但您毕竟还是要小心一些。

特鲁尔斯特拉欺骗了您,或者说把您引入了迷途。他是个极端的机会主义者,是最卑鄙的机会主义者——德国社会民主党人这个最卑鄙的中派(以卑鄙地保护机会主义者的考茨基为首)及其最卑鄙的执行委员会所搞的阴谋的代理人。不管什么会议,不管什么行动,只要是这类恶棍发起的,我们概不参与,而要远远避开。让他们自己去出丑吧!他们既然出了一次丑,以后就还会出下去的。法国人已经拒绝参与他们的阴谋,而没有法国人,那只能是一出由卑劣的坏蛋演出的卑劣的丑剧。

看样子,拉林在肆意欺骗你们。既然他对德国执行委员会表示"信任",那我认为,特鲁尔斯特拉一定会把这"记下来了"。

当然啦!! 竟然信任最下流的机会主义者!! 能改正的务必要改正,千万不要对任何一个机会主义者——德国的也好,法国的也好——表示丝毫的信任,不论是直接的还是间接的。潘涅库克说得对:第二国际已经寿终正寝。致它于死命的是机会主义者(而不是像不高明的潘涅库克所说的那样是"议会制")。"粘补"分歧只是一种卑劣的阴谋,**我们决不**参与这种阴谋,不论是直接还是间接。

我们争取不久给您寄去一些传单。您不要走,忍耐一下吧。请把我在信中向您说的一切安排好,请您等到中央机关报到了俄国,等到国内同事收到中央机关报之后我们同他们(既同加米涅夫,也同其他人)的观点也**完全**一致了再说。不把这一切做好,您不要想走的事。我们的迁移目前为时过早。[39]顺便提一句,请了解一下,在瑞典能否刊印社会民主主义的东西(类似我们的中央机关报)。

可怜的高尔基! 多么遗憾,他玷污了自己,竟在一群俄国自由主义者的那张龌龊的烂纸上签了名。[40]滚到他们中间去的还有梅什科夫斯基,也有普列汉诺夫等人(马斯洛夫和斯米尔诺夫也在内)。

您一定要找到考茨基的《取得政权的道路》,把它仔细地读读(或者请人给您翻译一下),看看他在那里谈到当前的革命时都是怎样说的吧!!

而现在他竟如此卑鄙,否认所有这一切!

现在我们的任务就是同遮掩起来的(用保卫"祖国"之类的谰言遮掩起来的)沙文主义,特别是同普列汉诺夫、盖得、考茨基(这伙人当中,他是最卑鄙的家伙,伪君子!)及其一伙的"社会主义的沙文主义”进行无情的战斗。我们捍卫革命(在俄国是资产阶级革命,在西方是社会主义革命),也就要在战争中宣传革命。我们的口号是国内战争。说这一口号不相宜,等等等等,都是彻头彻尾的诡辩。我们不能“制造”国内战争,但我们可以鼓吹国内战争,并根据这一方针进行工作。在每一个国家里,首先是反对**本**国的沙文主义,激起对**自己的**政府的仇恨,号召(反复地、顽强地、不厌其烦地、始终不懈地)交战国工人团结一致,**共同**进行反对资产阶级的国内战争。

谁也不敢**担保**鼓吹这种主张在什么时候和在何种程度上会为实践所“证明是对的”,**问题不在这里**(只有卑鄙的诡辩家才由于不知道革命什么时候到来而放弃革命鼓动工作)。问题在于这种工作**路线**。**只有**这件工作才是社会主义的,而不是沙文主义的。**只有**它才会结出社会主义的果实,革命的果实。

和平口号在目前是荒谬的和错误的(**特别是**在包括盖得、普列汉诺夫、王德威尔得、考茨基在内的几乎所有的领袖**叛变**之后)。这个口号实际上只意味着小市民的灰心丧气。而我们**就在战争的情况下也**应当仍然是革命者。就是在军队里也要宣传**阶级斗争**。

握手!请常来信。

您的　**列宁**

从伯尔尼发往斯德哥尔摩

载于1924年《列宁文集》俄文版第2卷

译自《列宁全集》俄文第5版第49卷第23—25页

21

致《前进报》和维也纳《工人报》编辑部

（11月11日和21日之间）

尊敬的同志们：

最近《前进报》针对我在苏黎世所作的关于战争和社会主义的专题报告[41]发表了一篇简讯，完全歪曲了我的报告。简讯给人一种印象，好像我只抨击了沙皇制度。的确，由于深信同本国（而不只是敌对国）的沙文主义和爱国主义进行无情的斗争是各国社会党人的义务，我激烈地抨击了沙皇制度，并附带谈到了乌克兰的自由。但是，简讯只字没有提我谈到了第二国际的破产，谈到了机会主义，谈到了反对德国和奥地利社会民主党的立场，我的意思就完全被歪曲了。我两小时的专题报告有十分之九是进行这种批判的。

我非常感激你们，如果你们能把上述内容补登在《前进报》上（按照……）的话。

致社会民主党的敬礼！……

从伯尔尼发往柏林和维也纳

原文是德文

载于1930年《列宁文集》俄文版
第14卷

译自《列宁全集》俄文第5版
第49卷第25—26页

22

致卡·伯·拉狄克①

(11月13日以后)

亲爱的同志：

我终于找到了简要介绍我们宣言的那一号《哨兵报》。用完请退我。

可否将**这样一篇**东西用德文登出来？这个问题将反映出你们(即你们杂志[42])的合法程度。

致以最崇高的敬意！

您的　**列宁**

译自《列宁文集》俄文版第37卷
第29—30页

23

致亚·加·施略普尼柯夫

1914年11月14日

亲爱的朋友：您来信说中央机关报已经收到并且将送往应送

① 列宁在信的上方写着：伯尔尼　迪斯泰尔路11号　弗·乌里扬诺夫。——俄文版编者注

的地方,我非常高兴。

关于您在瑞典社会民主党人代表大会[43]上的发言,我可以建议的只有一点:或者干脆不讲话,或者就说您向兄弟的瑞典工人的党致敬并祝它**在开展国际革命社会民主主义运动方面**取得圆满成就。如果不能**这样**说,那就根本用不着说什么,如果可以的话,当然最好再说几句:俄国工人(1)通过社会民主党党团**没有**投票赞成预算表达了自己的观点;(2)他们正在圣彼得堡、里加、莫斯科、高加索印发**秘密**传单;(3)他们党的机关,即中央委员会和中央机关报,反对国际机会主义。

这样做是否"得体"呢?嗯…… 布兰亭当然不喜欢这些,但是我们并不要讨机会主义者的"喜欢"。如果他们给您10—12分钟**自由**发言的机会,那就应当发言**反对德国的**(和别国的)机会主义,当然,不要有一句话触及瑞典社会民主党人和他们的"青年派"等等。关于重建国际的问题,我建议无论是直接地还是间接地都**不要**谈。寄上一篇有关这一问题的文章(文章非常好!请把它译出来并转寄到国内去)。我们对重建国际的问题将保持沉默并采取旁观态度。应该等待。德国人那里有**左派**在活动[44],**如果**他们发生分裂,**那么**国际就可能免于腐烂……

您认为"和平"的口号似乎资产阶级连听也不想听,这不对。今天我看了英文版的《经济学家》杂志。先进国家的**聪明的**资产者是**拥护**和平的(当然是为了**加强**资本主义)。[45]我们不应该让别人把我们同小资产者、多愁善感的自由派等等混同起来。**刺刀**的时代已经来临。这是事实,就是说,**也**必须用**这种武器**进行斗争。

德国资产阶级,特别是**机会主义者**明后天就会接过和平口号。我们必须维护能够为**自己的**目的而进行**斗争**的**革命无产阶级的**口号,这个口号就是国内战争。这也是个**很**具体的口号,**只有根据这个口号**才能准确无误地判明各个基本派别:是拥护无产阶级事业的还是拥护资产阶级事业的。

关于欠瑞典人债款的问题,我和娜捷施达·康斯坦丁诺夫娜一点也记不起来。但是,我也**完全**可能是不知道或者忘记了。[46]所以,如果写一封亲切的感谢信,使这笔债款变为"捐款",那就好极了。我想,您自己完全可以做到这一点——例如以彼得堡委员会的名义,再加上**几个**在彼得堡授与您全权的社会民主党代表。我看,这是最好的方式。关于借款,我想您也可以这样处理。我建议不要用我的名义写信(会发生"**派别性的**"纠纷!!!)。如果您一定要这样办,我就写一封信,不过我建议不要这样办。**没有**我,他们会**更痛快地**借钱给您,这是真话! 您可以指靠彼得罗夫斯基,从他那里(如果必要)弄一封信,这样更好些,的确是这样!

紧紧地、紧紧地握手并祝一切都好!

您的　**尼·列宁**

附言:如果柯伦泰把中央委员会的宣言(中央机关报第33号)译成德文,是否可以给我们抄一份寄来?

关于"和平"口号问题。伯恩施坦在最近一期《新时代》杂志上发表的一篇有意思的文章中指出,在英国这个资产阶级最聪明、最自由的国家里,现在有一种抱着极端机会主义的观点来**拥护和平**的潮流。就是说,认为和平能够更好地保证"社会和平",也就是保证**使**无产阶级**服从**资产阶级,使无产阶级驯服,**使**资本主义**继续**存在下去。这一点伯恩施坦没有加以发挥。但是很清楚,在各国自由派**资产者**和激进派**资产者**中间,**这样的**和平使者很多。您还可以说:(1)**所有的**沙文主义者也拥护和平(只是在**某些**条件下)——不过,在受检查的报刊上**不允许**谈我们的条件!!(2)德国和俄国的**宫廷**同样也(今天是秘密地,明天是半公开地)拥护彼此间的特殊和平;(3)所有多愁善感的资产者和庸人从"反对革命"、只求苟安、甘当顺民的角度来"拥护和平",如此等等。

试问,和平口号现在**客观上**对谁有利?无论如何不是有利于宣传**革命**无产阶级的思想!不是有利于**利用**战争来**加速**资本主义崩溃的思想!

此外还可以说,几乎所有国家的机会主义者-沙文主义者都将取得胜利,因为和平口号只能**帮助**这些人**摆脱**困境!又及。

从伯尔尼发往斯德哥尔摩

载于 1924 年《列宁文集》俄文版
第 2 卷

译自《列宁全集》俄文第 5 版
第 49 卷第 26—28 页

24

致维·阿·卡尔宾斯基

(11 月 14 日)

亲爱的维·卡·:

我一直在忙于为格拉纳特出版物编辑部赶写词条,很久没有给您回信,请多加原谅。我可以告诉您一个令人愉快的消息。中央机关报已送到离国境线不远的一个地点,看来不久即将转运过去。我表示祝贺！再一次衷心地感谢您为报纸付出的劳动！我们即将考虑下一号的出版问题。头一号销售情况很好。(您那篇关于瑞士选举的文章，我**担心性质**不适合，已交同事讨论。)日内寄上拉绍德封出版的《哨兵报》第265号(1914年11月13日)。上面摘要刊登了中央机关报上的宣言。要是日内瓦的报纸也登就好了!!

娜捷施达·康斯坦丁诺夫娜和在此地的全体朋友向您致以崇高的敬礼。

您的　**弗·乌·**

从伯尔尼发往日内瓦

载于1929年《列宁文集》俄文版第11卷

译自《列宁全集》俄文第5版第49卷第28—31页

25

致格拉纳特出版物编辑部秘书

1914年11月17日于伯尔尼

尊敬的同事：

今天按挂号印刷品寄上为词典撰写的那个关于马克思和马克思主义的词条。把词条限制在75 000个字母左右这样一个难题，我已经完成，至于完成得怎样，那就不能由我来评定了。我要说的是，由于不得不大大压缩参考书目(顶多15 000个字母)，所以我必须选择各派的(当然是以**赞成**马克思的为主)**最重要的东西**。对

Секретарю редакции
изданий Гранат.

Берн, 17/XI 1914.

Многоуважаемый коллега

Сегодня я отправил Вам заказной бандеролью статью для словаря о Марксе и марксизме. Не могу судить, насколько мне удалось решить трудную задачу. Пришлось изложение в рамках 75 тыс. букв или ок. того. Замечу, что литературу приходилось усиленно сжимать (15.000 было ультимативно), и я должен был выбирать *существенное* разных направлений (конечно, с преобладанием за Маркса). Трудно было решиться отказаться от многих *цитат* из М-са. Но полагаю, для словаря цитаты очень

1914年11月17日列宁给格拉纳特出版物编辑部秘书的信的第1页

于引用的马克思的许多**话**,实在难以割舍。在我看来,引文对一部词典来说是非常重要的(特别是在那些争论最厉害的马克思主义问题方面,其中首先是哲学和土地问题)。我认为,词典的读者应能很方便地读到马克思的**所有**最重要的言论,否则编纂词典的目的就没有达到。我还不知道,从书报检查的角度来说您是否认为还过得去,如果不行,也许可以对某些地方按书报检查的要求进行**修改**。从我这方面说,如果没有编辑部的坚决要求,是不敢按书报检查的要求来"修改"引文和马克思主义的原理的。

希望接到词条后能立即通知我,哪怕用明信片也好。我应得的稿费,务请尽快按以下地址寄出:**彼得格勒**希腊大街17号18室马尔克·季莫费耶维奇·**叶利扎罗夫**先生(战争时期寄钱到我这里会因兑换造成太大损失,对于我也很不方便)。

我愿为您效劳!

弗·伊林

附言:由于战争,我的藏书搁在加利西亚了[47],所以我无法找到马克思著作俄译本的某些引文。如果您认为这有**必要**,那是否托人在莫斯科找一下?我看这是不必要的。另外,假如您认为有可能把词条的校样寄给我,并告诉我能否在校样上作**部分**修改,那我将非常高兴。如果校样不能寄来,希望能把清样寄来。

我的地址:伯尔尼 迪斯泰尔路11号 弗拉·乌里扬诺夫。

发往莫斯科

载于1923年《无产阶级革命》杂志第6—7期合刊

译自《列宁全集》俄文第5版第49卷第31—32页

26

致维·阿·卡尔宾斯基和索·瑙·拉维奇①

(11月18日)

亲爱的朋友们:铅字(未拆版的)[48]还在吗？看来,印数少了。如果**尚未**拆版,请回信(立即回信);我们再决定怎么办。

你们的　**列宁**

从伯尔尼发往日内瓦

载于1929年《列宁文集》俄文版第11卷

译自《列宁全集》俄文第5版第49卷第32页

27

致维·阿·卡尔宾斯基

(11月20日)

亲爱的维·卡·:

请安排再印1 000份。然后要他们立即拆版,并请来信告我,

① 这是写在娜·康·克鲁普斯卡娅信上的附笔。——俄文版编者注

下一号[①]何时可以开始排版。该号已有一半脱稿。

敬礼！

您的 **列宁**

从伯尔尼发往日内瓦

载于1929年《列宁文集》俄文版
第11卷

译自《列宁全集》俄文第5版
第49卷第33页

28

致维·阿·卡尔宾斯基和索·瑙·拉维奇[②]

(11月21日)

刚收到你们的信。猪猡是谁——是西格还是普列汉诺夫？或者是两者？请详告。鉴于普列汉诺夫进行卑鄙的民族主义煽动，**务**请你们竭尽**全**力安排好伊涅萨用**法**语作《俄国社会党人在战争问题上的各种派别》的专题报告。

你们的 **列宁**

从伯尔尼发往日内瓦

载于1929年《列宁文集》俄文版
第11卷

译自《列宁全集》俄文第5版
第49卷第33页

① 《社会民主党人报》第34号。——编者注

② 这是写在娜·康·克鲁普斯卡娅信上的附笔。——俄文版编者注

29

致维·阿·卡尔宾斯基

(11月22日)

亲爱的维·卡·：

我不知道您那儿有多少薄纸(这种纸对我们来说很便宜)。一半请用薄纸印。请来信告知,你们现有的薄纸**够印多少号**。如果有很多(我们大概还能从巴黎搞到),**如果**在本地使用效果还不算太坏,我们就增加薄纸印数的百分比。

祝一切都好!

您的　**列宁**

材料明天寄上。反正拆版还得费些时间。

《哨兵报》收到了吗?文章能够刊登吗?

从伯尔尼发往日内瓦

载于1929年《列宁文集》俄文版第11卷

译自《列宁全集》俄文第5版第49卷第33—34页

30

致维·阿·卡尔宾斯基

(11月25日)

亲爱的维·卡·：

寄上第34号的一部分材料(约为45 000个字母中的25 000

个)。其余的明后天寄出。

(我们手头材料大大增多了,想立即出第35号。)

敬礼!

您的　**列宁**

从伯尔尼发往日内瓦

载于1929年《列宁文集》俄文版第11卷

译自《列宁全集》俄文第5版第49卷第34页

31

致亚·加·施略普尼柯夫

11月25日

亲爱的朋友:昨晚获悉11人(其中包括俄国社会民主党工人党团的5个人)在彼得格勒附近被捕[49],今天致电布兰亭,要您查明(如果有机会可以通过芬兰人)俄国社会民主党工人党团的5个人是不是被带走,是不是被逮捕了。

如果确实如此,那就糟了!

因此,您到丹麦去更是不能许可的。我坚决反对这种搬家。恰恰是现在需要您本人留在斯德哥尔摩,把联系工作安排得更正常、更经常、更广泛。这件工作很艰难,需要1个至少掌握一种外国语的有经验的人来做。**不能**把这件工作扔给"随便什么人"。

如果您在斯德哥尔摩会受到限制(警察的),那就应当躲到斯德哥尔摩**附近**的小村庄里(这很容易,他们那里到处都有电话)。我想,柯伦泰也能够很容易秘密地来到斯德哥尔摩或城郊的小地方。

我们很快就要出版中央机关报第34号了，接着还要出版第35号。

请赶快回信。您的来信都收到了。取消派的文件(**他们**对王德威尔得的答复)[50]也收到了。谢谢。

紧紧握手！等候您的消息。

您的　**列宁**

从伯尔尼发往斯德哥尔摩

载于1924年《列宁文集》俄文版第2卷

译自《列宁全集》俄文第5版第49卷第34—35页

32

致维·阿·卡尔宾斯基

(11月26日或27日)

亲爱的同志：

现寄上给中央机关报用的稿件。

如果排不下全部稿件，则请排字工人**准确地**告诉我们多出多少。有些东西我们可以删掉，——先把论王德威尔得的短评(已寄去了)压下来。

致最深切的敬意！

您的　**列宁**

从伯尔尼发往日内瓦

载于1929年《列宁文集》俄文版第11卷

译自《列宁全集》俄文第5版第49卷第35页

33

致维·阿·卡尔宾斯基

(11月26日或27日)

亲爱的维·卡·:

再寄上一些材料。

我们将接连出两号。稿件绰绰有余。关于俄国社会民主党工人党团参加的那一会议与会者被捕事件的文章已经写好,而且一定要刊登在第34号上,不过目前要把这篇文章压一下,因为已发了一份电报去询问(我们不知道5名代表是否被捕)。

我相信您说的**铅字够印两号**。因此,请全部发排,我们日内将把第34号和第35号的内容编排好寄上(如果铅字不够印两号,请**立即**来信)。

您的 **列宁**

请将校样寄来。

从伯尔尼发往日内瓦

载于1929年《列宁文集》俄文版第11卷

译自《列宁全集》俄文第5版第49卷第36页

34

致亚·加·施略普尼柯夫

1914年11月28日

亲爱的朋友:今天布兰亭来电报说,“各报均已**证实**5位代表被捕”。恐怕被捕一事现在已是无可怀疑的了!

令人震惊的事情。看来,政府决定向俄国社会民主党工人党团进行报复,而且什么坏事都干得出来。要估计到最坏的情况:假造文件、捏造事实、制造莫须有的“罪状”、伪造证据、秘密审判等等。

我认为,政府不施用这些手段,就无法定罪。

能否设法打听到被捕的6个人的姓名?

加·是否安然无恙?

总之,现在我们党的工作更是百倍地困难了。但我们一定要把工作进行下去!《真理报》[51]已经培养了成千上万有觉悟的工人,不管有什么困难,从这些人中一定会重新形成领导集体——国内的党中央委员会。目前特别重要的是,您要留在斯德哥尔摩(或者斯德哥尔摩**附近**),并想尽一切办法跟彼得格勒接上关系。(请来信告知,借到钱没有,关于此事我在上封信里给您附了一张便条。要是没有借到,又无从筹划,那么我们也许能给您多少寄上一些;请详告。)

《评论报》(想必是取消派+托洛茨基)有可能从12月起在苏黎世出版。社会革命党人的日报《思想报》(**庸俗透顶的**空话加上玩弄“左的词句”)已开始在巴黎出版。[52]大量的报纸,知识分子的空话,今天是最最革命的知识分子,明天……?(明天他们就会同考茨基、普列汉诺夫,同俄国的取消派的“爱国主义-沙文主义-机会主义的知识分子”**握手言和**)……

他们在俄国的**工人**阶级中过去没有任何影响,现在也是如此。对他们一点也信任不得。

紧紧握手并祝**精神愉快**!日子很艰难,但是……我们一定能度过!

您的 **列宁**

从伯尔尼发往斯德哥尔摩

载于1924年《列宁文集》俄文版第2卷

译自《列宁全集》俄文第5版第49卷第36—37页

35

致维·阿·卡尔宾斯基

(11月28日)

亲爱的维·卡·:

现逐项答复如下:

(1)随信附上第34号和第35号用的文章的编排方案

(2)校样**请寄来**

(3)各印**2 000**份

(4)用薄纸各印250份

(在巴黎的薄纸尚未运到之前)

(5)钱**请勿**寄来。

请来信告知,我们该付多少钱。

请立即来信告知,第 34 号和第 35 号何时**可以**出版?

注明这两号的出版日期大约相隔一周。

现在应当立即出版。

敬礼!

您的 **列宁**

第34号 千

(1)战争与俄国社会民主党工人党团(在战斗岗位上)……… 8

(2)革命的社会民主党的暗语 …………………… 15

(3)德国人的评论① …………… 4

(4)约尔丹斯基………………… 4

(5)高尔基② …………………… 2

(6)妇女和战争③ ……………… 5

(7)圣彼得堡**新闻**(取消派的文件和评价) ………………… 5½

第35号 千

(1)沙文主义和社会主义④ ……………… 12

(2)大俄罗斯人的民族自豪感⑤ ………… 9

(3)跪着的学生界 …… 3

格鲁吉亚决议**53** … 2

花边小品:

国际和"保卫祖国"…14

圣彼得堡**新闻**

10月10日和11日圣彼得堡来信 …… 5½

① 即《一个德国人对战争的评论》(见本版全集第26卷)。——编者注

② 即《寄语〈鹰之歌〉的作者》(见本版全集第26卷)。——编者注

③ 第2—6点不知是谁写的。——俄文版编者注

④ 即《死去的沙文主义和活着的社会主义(怎样重建国际?)》(见本版全集第26卷)。——编者注

⑤ 即《论大俄罗斯人的民族自豪感》(见本版全集第26卷)。——编者注

如果**不得不**抽掉一些稿件,则从第34号抽出《德国人的评论》,从第35号抽出《格鲁吉亚决议》,推迟发表。如果我们的计算误差很大,请立即来信。

从伯尔尼发往日内瓦

载于1929年《列宁文集》俄文版第11卷

译自《列宁全集》俄文第5版第49卷第37—38页

36
致亚·米·柯伦泰

(11月28日和12月8日之间)

敬爱的同志:多谢您寄来传单[54](我暂时只能把它交给这里的《女工》杂志[55]编辑部成员——她们已寄了一封信给蔡特金,内容大概同您的信相同),多谢您提议给中央机关报寄送英国的消息。我和伦敦的一位同志(李维诺夫先生)有通信联系,他是我党中央委员会驻社会党国际局的代表。不用说,同国际中的左派代表的联系愈多愈好。我完全同意您的意见。这些代表必须更加接近,互相联系。也正是为了实现这一目的,我才不揣冒昧地利用您亲切来信的机会,继续由您提起的话题。

看来您并不完全同意国内战争这一口号,而只是把它放在和平口号之后,使它处于一种可以说是从属的(甚至也许是受到限制的)地位。您还着重指出,"我们应该提出一个能够**团结**一切人的口号"。

老实说,我现在最怕这种笼统的团结,据我看,这种团结对无产阶级最危险最有害。考茨基在《新时代》杂志上就杜撰了一种大"团结"论[56],这……①

从伯尔尼发往哥本哈根

载于1924年《列宁文集》俄文版第2卷

译自《列宁全集》俄文第5版第49卷第39页

37

致维·阿·卡尔宾斯基

(12月1日)

亲爱的维·卡·:

现寄上我们今天刚收到的关于逮捕一事的政府公告(务请**退**我)。

应当**把它加到**社论中(代替我们原寄上的),并从文章中删去我们不知道代表是否被捕等等句子。

请回信,哪怕明信片也好(说明此信是否收到)。

何时能出版第34号

和第35号。

现在应当尽量加快进度,因为收到了一份关于组织委员会的"发言"的**特别重要的**材料[57]。

① 这封信到此中断。——俄文版编者注

这一点——暂时保密。

格鲁吉亚决议**请删去**。

敬礼！

您的　列宁

从伯尔尼发往日内瓦

载于1929年《列宁文集》俄文版第11卷

译自《列宁全集》俄文第5版第49卷第39—40页

38

致维·阿·卡尔宾斯基

(12月5日和12日之间)

亲爱的维·卡·：中央机关报收到了。您的出版工作搞得非常好。向您致以热切的敬意和谢意！

第35号上还要加一篇短文，随信附上。我想，能排进去吧？

也许还能再排进一些东西？

敬礼！

您的　列宁

附言：谢马常看《前进报》，是吗？他能不能费心把最重要的东西**摘录**(简短地)下来寄给我们？比方说，关于《前进报》编辑部同工会中央委员会的冲突[58]，关于我在苏黎世作的专题报告[59]，关于瑞典机会主义者的胜利等等。只要最重要的新闻，三言两语，供我们观察《前进报》的动向。

对在美国出版的德国社会民主党人的报纸**也照此办理**。

他看这类报纸吗?

从伯尔尼发往日内瓦

载于 1929 年《列宁文集》俄文版第 11 卷

译自《列宁全集》俄文第 5 版第 49 卷第 40—41 页

39

致亚·米·柯伦泰

(12 月 5 日和 16 日之间)

尊敬的同志:收到了您的来信和英文附件[60]。

十分感谢!

今寄上您来信要的那两件小东西。如果您译出来并送去发表的话,就请告知事情的结果。

据说,《汉堡回声报》[61]上发表了一篇社论《论我们对国际的背叛》,其中说,德国人(即德国的机会主义坏蛋)——全部背叛了国际,**拥护他们**的有普列汉诺夫、马斯洛夫和齐赫泽。

真的吗? 您对此有什么看法?

敬礼并致以良好的祝愿!

弗·伊林

附言:您让亚历山大去同科别茨基认识一下(科别茨基的地址

是:哥本哈根 VI 卡佩路 51[4] 号),并从他那里索取我给他(亚历山大)的信。

如果不同时提出而且首先提出宣传建立秘密组织和进行无产阶级反对资产阶级的国内战争,那么提出祈求和平的美好纲领则是徒劳无益的。

尼·列宁

欧洲战争给国际社会主义运动带来了莫大的好处,它把机会主义的腐朽、下流和卑鄙揭露无遗,从而大大推动了对工人运动在几十年和平时期所积聚的污垢的清洗。

尼·列宁

从伯尔尼发往哥本哈根

载于1924年《列宁文集》俄文版第2卷

译自《列宁全集》俄文第5版第49卷第43—44页

40

致维·阿·卡尔宾斯基

(12月9日)

亲爱的维·卡·:

现在把校样寄上。

第36号不得不暂缓一下……还没有写好,而且也需要稍微等一等……

致崇高的敬礼！

您的　**列宁**

附言：我兴致勃勃地看完了关于"民族自豪感"的评论[62]，但是……不能同意。必须**从各个不同的方面**"说明"沙文主义。

暂缓刊登一事必须加以说明①。

#请补入：

由于篇幅不够，一部分材料，如李卜克内西的声明[63]等等暂缓刊登。

写得非常匆忙，请原谅！！

稿子，即文章，已经删节。

从伯尔尼发往日内瓦

载于1929年《列宁文集》俄文版第11卷

译自《列宁全集》俄文第5版第49卷第41页

41

致亚·加·施略普尼柯夫

(12月11日)

亲爱的朋友：

来信收到了，知道您将去哥本哈根(星期日动身，今天是星

① 手稿的这个地方注有"见#"字样，表明见另写在一张纸上的注："#请补入"。内容就是附在下面的增补。——俄文版编者注

期五)。

请来信告知:(1)您转告的消息和传闻**来自何处**?来源是什么?谁转告的?

(2)您**现在**有自己的消息来源吗?在圣彼得堡哪怕有一个通讯处也好,有没有?您是否同什么人保持着使用密码和化学药水的通信联系?还是目前与任何人都没有这种联系?

如果没有联系,您**能**建立吗?

如果不能建立联系,就让我们想个办法,看看能够**怎样**联系以及通过什么人联系。此外,您和伦敦的李维诺夫是否建立了通信联系?

别列宁在瑞典会议上的发言效果**极好**。关于在哥本哈根(1915年的一月代表会议)的发言,我们现在就着手通信商量吧。

您的　**列宁**

伯尔尼(瑞士)　**迪斯泰尔路**11号　**乌里扬诺夫**

发往斯德哥尔摩

载于1924年《列宁文集》俄文版第2卷

译自《列宁全集》俄文第5版第49卷第42页

42

致米·韦·科别茨基

(12月11日)

亲爱的同志:

附上一封给“亚历山大”同志的信。

如果他还未到过您处,则请通过市邮局给他写一封信(地址:哥本哈根　留局待领　亚历山德拉·柯伦泰女士),就说您处有一封给**亚历山大**的信,请他**什么什么时候**上您处去一趟。

为什么不来信谈谈斯堪的纳维亚工人运动有什么**新消息**?**有什么人**和**用什么方式**对社会党人的沙文主义提出了抗议?

请来信。

您的　**列宁**

从伯尔尼发往哥本哈根

译自《列宁全集》俄文第 5 版第 49 卷第 42—43 页

43

致 В.Л.博格罗娃

1914 年 12 月 28 日

亲爱的朋友:接到您的来信非常高兴。您怎么这样多病?谁允许您这样?如果您这么不注意自己的身体,怎能认真地学习音乐呢?望您彻底恢复健康,——那时您很快就会产生旅行的欲望,——我们就能在什么地方见面,我就能听您唱歌了。

关于中央机关报的事,我已转告别人(铅字和印刷所您就不用张罗了,现在已经不需要了)。

总**有一天**,想必您会为了革命的利益而举办音乐会的,不是吗?①

① 列宁在明信片上写着:"意大利　米兰　莱奥帕迪街 21 号　博格罗娃太太"。在信的前面,列宁写了自己的地址:"伯尔尼　迪斯泰尔路 11 号　乌里扬诺夫"。——俄文版编者注

致崇高的敬礼!

您的　**弗·乌·**

译自《列宁文集》俄文版第37卷
第30页

44

致亚·加·施略普尼柯夫

(12月28日或29日)

亲爱的朋友:

我(和娜捷施达·康斯坦丁诺夫娜)收到了柯伦泰一封信。我们准备给她回信。

我写给您的几封信大概丢失了,要不就是耽误了时间。我不止一次写信到科别茨基那里去。请您再打听一下。

您的手稿[64]已经收到,我们想发表在中央机关报上(或出一个小册子)。

您看《呼声报》吗?从这一报纸上现在已经可以看出马尔托夫的转变[65],——可以看出阿克雪里罗得正在为(马尔托夫同休特古姆即普列汉诺夫)"和解"拼命,托洛茨基却在一旁"**反对**""赦免"!

真是一团糟!可是他们还责骂我们进行"派别活动"(他们自己为了进行派别活动,已经同社会沙文主义讲和了!!)。真是又可恶又无聊。

如果您参加代表会议[66],要谨慎一些。如果要发言,我建议您

重讲在斯德哥尔摩讲过的内容,另外再**加上**一点:比利时人和法国人参加内阁同样是一种叛变行为(即使情节**轻微**)。否则,人们会以为我们是从**俄国**沙文主义出发**单单**责骂德国人。

我看,**不值得**把**汇报**寄去,**也不应当**寄去。

为了交换情况(只是这样),可以用**李维诺夫**(伦敦西北区　汉普斯泰特　高地街76号　李维诺夫)的名义把宣言和5人(和11人)被捕的公告的全部译文寄去。想您现在已经同李维诺夫联系上了,是吗?

紧紧握手!

您的　**列宁**

附言:柯伦泰对"文件"和最近几号(第80—86号等)《呼声报》的态度如何?

刚刚知道代表会议将在1月17日召开,瑞士党**拒绝参加**。我想,既然这样,最好**干脆**不参加。又及。

考茨基在《工人领袖》上**拥护和平口号**。[67]这就是我给柯伦泰同志的答复!难道她现在还拥护这个口号?? 又及。

从伯尔尼发往哥本哈根

载于1924年《列宁文集》俄文版第2卷

译自《列宁全集》俄文第5版第49卷第44—45页

1915年

45

致维·阿·卡尔宾斯基

1915年1月3日

亲爱的朋友们：多谢你们的祝贺。我们大家（特别是我和娜捷施达·康斯坦丁诺夫娜）也向你们表示良好的新年祝愿！

有一个巴黎排字工人向我们建议，愿到日内瓦去，如果能找到一家印刷所并供给他铅字，每排一号中央机关报只收**35法郎**。[68]

这件事请你们**全面**商讨一下（便宜一些很好，因为我们决定每周出一号中央机关报）并请赶快答复。

其次，请你们讨论一下：稿件应在什么时候寄去，一切准备停当要在哪一天，为了有利于发行，中央机关报应在哪一天出报？看来，每逢星期六发行最合适。如果是这样，是不是应在星期三或星期四出报？星期五到这里，星期六全瑞士都可以得到报纸了，对吗？

紧紧握手！

你们的 **列宁**

从伯尔尼发往日内瓦

载于1929年《列宁文集》俄文版第11卷

译自《列宁全集》俄文第5版第49卷第46页

46

致亚·加·施略普尼柯夫

1915年1月3日

亲爱的朋友:您的两封来信收到了,知道您已经动身。

您用来反对我的想法(能否不去哥本哈根,不离开斯德哥尔摩)的那些理由,完全使我信服。我发觉,我忽略了确实很重要的东西。如果您生我的气,我愿意深致歉意,并希望您不要过于见怪。

真的,农村目前比城市要危险得多(**并对工作更加不便**)[①]。

总而言之,情况就是这样:与沙皇制度的斗争现在要求格外谨慎小心——尤其从保存后备力量这一点考虑。一下子(在我们遭受**巨大**损失之后)再消耗很多的力量,就会使自己在需要对沙皇制度采取比较果断的行动的时刻完全无能为力。因此,我万分恳切地请求您要格外格外保守秘密,(1)**或者**仅限于写信请人到瑞典去,(2)**或者**仅限于作最短时间的出访。无论如何请您只采取第一种办法而不采取第二种办法(第二种办法只要能不用就尽量不用)。

最好不去参加斯堪的纳维亚人的代表会议(1月16日):我刚和格里戈里再次讨论过这一问题。瑞士人不去了。就是说,这显然是德国人和特鲁尔斯特拉+布兰亭的阴谋。他们必然会竭力造

① 见本卷第31号和第34号文献。——编者注

成混乱局面。而且**不会让您讲在瑞典讲过的内容**。如果不能**绝对**保证您讲**这样的**内容,最好干脆不去。我们将寄出(通过李维诺夫)以下材料:(α)我们的宣言的译文全文,(β)关于逮捕俄国社会民主党工人党团成员的政府公告的译文——这些材料不作为报告,不作为**汇报**(以免造成我们**承认**代表会议的印象),而作为**通报**寄出。

紧紧握手并祝一切一切都好!**谨慎小心**并让我们忘掉过去的争执吧,好吗?

您的 **列宁**

从伯尔尼发往哥本哈根

载于1924年《列宁文集》俄文版第2卷

译自《列宁全集》俄文第5版第49卷第46—47页

47

致维·阿·卡尔宾斯基

(1月3日和9日之间)

亲爱的同志:

现将校样寄上。

为了早些见报,请立即出版这一号①(不再寄上新的稿件了)。反正文章顺序已经编排好了,对吧?如果没有,请立即来信。

① 《社会民主党人报》第36号。——编者注

库兹马能应付得了每周出一号中央机关报吗？

下一号的稿件要什么时候寄？下一号已排版的有多少？

附言：日内瓦有没有可以查询拘押在德国的俄国战俘的机构？

敬礼！

您的　**列宁**

从伯尔尼发往日内瓦

载于 1929 年《列宁文集》俄文版第 11 卷

译自《列宁全集》俄文第 5 版第 49 卷第 48 页

48

致亚·加·施略普尼柯夫

(1 月 3 日和 17 日之间)

亲爱的朋友：我们再次(顺便提一下，昨天同格里姆也谈过)决定劝您要不从恶人的计谋，让取消派去参加哥本哈根代表会议吧。我们**最好**干脆不去参加他们的会议。

连瑞士人也不去。

从一切迹象看来，这是德国人的阴谋。我甚至认为，这是德国总参谋部的阴谋：它想通过别人来试探“和平”……

我们在那里了解不到任何情况。对那里的事情我们也毫无办法。我们唯一要做的就是把宣言寄去。

非常匆忙,请原谅。

您的　**列宁**

从伯尔尼发往哥本哈根

载于1924年《列宁文集》俄文版第2卷

译自《列宁全集》俄文第5版第49卷第51页

49

致格拉纳特出版物编辑部秘书

1915年1月4日

尊敬的同事:

昨天接到您的来信后已经给您去电表示"consens"——同意。[69]编辑部把有关社会主义和有关策略的部分(没有这些马克思就不成其为马克思)统统删掉了,不管多么令人难过,我仍然只有表示同意,因为您所提出的理由("绝不可能")是无法反对的。

如果您能把清样寄给我,或者写一张明信片告诉我**什么时候**清样可以寄来,我将不胜感激。顺便请问一下:辩证法一节如果再作若干修改是否还来得及?也许您会费神告诉我:什么时候付排,提出修改最迟在什么时间?最近一个半月以来我正好在研究这个问题,我想,如果时间允许,我可以再作一些补充。

其次,如果词典的后面几卷还有未分配出去的词条,我愿为词典的编纂工作效劳。在利用德文图书和法文图书方面,我现在在伯尔尼的条件非常优越,但是写作方面的条件却非常不利。因此,如果能在政治经济学、政治、工人运动、哲学等方面的问题上承担一些词条,我是非常乐意的。我的妻子名叫娜·克鲁普斯卡娅,她曾为《俄罗斯学校》和《自由教育》[70]两杂志写过教育学方面的文章,她着重研究的是“**劳动学校**”问题和过去的教育学经典作家。如果在这些问题方面有什么词条,她很乐意承担。

愿为您效劳的

弗·乌里扬诺夫

伯尔尼　迪斯泰尔路11号　弗拉·乌里扬诺夫

发往莫斯科

载于1930年《列宁文集》俄文版第13卷

译自《列宁全集》俄文第5版第49卷第48—49页

50

致达·波·梁赞诺夫

(1月9日)

亲爱的同志:昨晚收到了您的文章。还没来得及看和讨论。

捎信人动身在即,时间非常紧迫。因此,请原谅我的信写得十分简短。国内没有消息来,您可从第35号和第36号①上了解情况。

① 《社会民主党人报》第35号和第36号。——编者注

我们没有《现代世界》杂志[71]。

《**我们的曙光**》**杂志**[72]在伯尔尼只有一份,因此,十分抱歉,无法寄给您。

关于《呼声报》及其他情况,您似乎还不完全清楚,请从头至尾把《呼声报》看一遍。

我们无法把合订本寄给您。我们试试是否能请在巴黎的人做这件事,尽管这很不容易。

没有见到帕尔乌斯!

我和娜捷施达·康斯坦丁诺夫娜以及全体在伯尔尼的人向您致崇高的敬礼!

尼·列宁

附言:附上给您妻子的一封信。[73]

从伯尔尼发往维也纳

译自《列宁全集》俄文第5版第49卷第49—50页

51

致巴索克[74]

1915年1月12日托特里亚转交的回信的**抄件**

亲爱的公民:

特里亚已把您1914年12月28日的信转交给我了。

显然您是搞错了:我们所持的是国际革命社会民主党的观点,而您所持的则是资产阶级民族主义的观点。我们竭力促使各国

(特别是**交战国**)的**工人**相互接近,而您,看样子,是在同"自己的"国家的资产阶级和政府接近。我们走的不是一条路。

尼·列宁

1915 年 1 月 12 日于伯尔尼

伯尔尼　迪斯泰尔路 11 号　乌里扬诺夫

发往君士坦丁堡

载于 1924 年《无产阶级革命》杂志第 3 期

译自《列宁全集》俄文第 5 版第 49 卷第 50 页

52

致伊·费·阿尔曼德

(1 月 17 日)

亲爱的朋友:恳切建议您把小册子的提纲[75]写得详细些。不然,很多地方意思不明确。

有一个意见现在就应该提出来:

建议把第 3 节"(妇女)要求恋爱自由"全部删掉。

这的确不是无产阶级的要求,而是资产阶级的要求。

实际上,您是怎样理解这个要求的呢?这个要求**可以**理解成什么呢?

1. 在爱情上**摆脱**物质上的(钱财上的)考虑?

2. 同时**摆脱**物质上的操心?

3. 摆脱宗教偏见?

4. 摆脱父母等等的限制?

5.摆脱"社会"的偏见?

6.摆脱(农民或者小市民或者资产阶级知识分子的)小天地?

7.摆脱法律、法院和警察的束缚?

8.摆脱爱情上的严肃态度?

9.摆脱生育子女的义务?

10.通奸的自由?等等。

我列举了许多(当然不是全部)不同的理解。您所理解的当然不是第8—10点,而是第1—7点,或者**类似**第1—7点的东西。

但是,如果是指第1—7点,那就应当选择另一种说法,因为恋爱自由这种说法不能确切地表达这个意思。

小册子的广大读者**必然**会把"恋爱自由"理解为类似第8—10点的东西,以至**违背您的本意**。

正因为在现代社会里那些最能说会道、爱吵爱闹、"高高在上"的阶级所理解的"恋爱自由"是第8—10点,所以这不是无产阶级的要求,而是资产阶级的要求。

对于无产阶级说来,最重要的是第1点和第2点,其次是第1—7点;其实这并不是"恋爱自由"。

问题不在于您**主观上"想"**把这种要求"理解"成什么。问题在于爱情上的阶级关系的**客观逻辑**。

亲切握手!

弗·伊·

发自伯尔尼(本埠信件)

载于1939年《布尔什维克》杂志第13期

译自《列宁全集》俄文第5版第49卷第51—52页

53

致亚·加·施略普尼柯夫

(1月20日和2月1日之间)

亲爱的朋友:现在寄上一些盖有印章的纸[76]。如果一定还需要印在上端的,请告知,我们可以马上向印刷所订制。

关于代表们的照片问题,昨天我打听过了:这里已经订制,本星期内就可以印好。印好后立即给您寄去。[77]

第36号早已出版并已寄上。

第37号正在印刷中。

关于报纸发寄份数的指示已经转达。

我完全同意您对集资凭证及其他许多问题的打算。关于您的地位问题,您会从第36号上看到,您是中央委员会的正式全权代表,过去担任这个职务,现在仍然不变。[78]我认为,您的这种地位是十分清楚的。我们看不出有什么理由和可能在现在(在弄清俄国国内的情况以前)来改变这种地位。其他姑且不谈,我完全相信您的来信是真诚的,因此我希望您能以同样的真诚来信告诉我,是否仍然感到有不便之处,如果有,都是哪些。请坦率告知(如果您觉得更方便,就写给我个人)。

《呼声报》被封闭了。组委会分子[79]中间发生了明显的瓦解。一些人(阿克雪里罗得+马尔丁诺夫+谢姆柯夫斯基+崩得分子)在苏黎世把马尔托夫拉**向右**转,让他同普列汉诺夫和休特古姆之流“和解”。崩得分子出版了《情报公报》[80]第7号,平淡无奇,全力主张同休特古姆派(其中也包括考茨基;他比休特古姆派好在什么地方呢?)和解。

衷心祝愿您在艰巨的工作中获得成功!多谢您寄来的消息。哥本哈根的决议[81]已经收到了。

您的 **列宁**

从伯尔尼发往哥本哈根

载于1924年《列宁文集》俄文版第2卷

译自《列宁全集》俄文第5版第49卷第53—54页

54

致维·阿·卡尔宾斯基

(1月21日以前)

亲爱的同志:

现将校样寄上。

时间拖得太久了!

请仔细考虑一下怎么办。库兹马想必替崩得分子排字了。

要每周出版一号该怎么办?

第36号和第37号用的**全部**稿件是否都收到了?

我曾请您把版面**大致**编排一下。如果您不方便,这事就由我们在这里做,不过,那就要请您把**全部**文章和短评的**目录**寄来。

致兄弟般的敬礼!

您的 **列宁**

关于《呼声报》被封一事,我们将寄上一篇四五行的短评。请来信告知准确的被封**时间**。[82]

从伯尔尼发往日内瓦

载于1929年《列宁文集》俄文版第11卷

译自《列宁全集》俄文第5版第49卷第53页

55

致伊·费·阿尔曼德

(1月24日)

亲爱的朋友:恕我回信迟了:昨天想写,但因事耽误,没有时间坐下来写信。

关于您的那本小册子的提纲,我说过,"要求恋爱自由"这句话是不明确的,而且,不管您的本意和愿望怎样(我曾强调:问题在于客观的阶级的关系,而不在于您的主观愿望),在现代的社会环境里,这种要求毕竟是资产阶级的,而不是无产阶级的。

您不同意。

好吧。让我们再来谈谈。

为了使不明确的思想变得明确,我曾大致列举了10点**可能的**(在有阶级纷争的环境下也是必然的)不同解释,同时指出:在我看来,第1—7点的解释在无产阶级妇女中有代表性,而第8—10点在资产阶级妇女中有代表性。

要反驳这种看法,就必须指出:(1)这些解释是错误的(那就必须代之以其他的解释,或指明错处);或者(2)这些解释是不全面的(那就应当补充不足的地方);或者(3)不应把解释这样划分为无产阶级的和资产阶级的。

可是不论第一、第二或第三,您都没有指出。

第1—7点,您根本没有提到。这就是说,您承认它们(总的说来)是正确的了?(您在谈到无产阶级妇女的卖淫和她们的从属地位时说"不能说个不字"。这个意思完全包含在第1—7点中。这方面丝毫也看不出我们有什么分歧。)

您也没有否认这是**无产阶级的**解释。

现在剩下第8—10点。

对这几点您"不大理解",并"反驳"说:"我不理解怎么**能够**〈您是这样写的!〉把恋爱自由和"第10点……"**混为一谈**〈!!??〉"。

结果倒是**我**"混为一谈",而您想要责备**我**,驳斥**我**,是吗?

为什么呢?这是怎么一回事呢?

资产阶级妇女所理解的恋爱自由就是第8—10点,——这是我的看法。

您否认这种看法吗?那么请谈谈**资产阶级**太太们所理解的恋爱自由究竟是什么?

您没有谈到这一点。难道文学著作和实际生活没有**证明**资产阶级妇女正是这样理解恋爱自由的吗?完全证明了!您也默认了这一点。

既然如此,那么问题就在于她们的阶级地位,因而"驳倒"**她们**恐怕不可能,而且未免太幼稚。

必须**把**无产阶级的观点同她们的观点截然**分开**,**把**二者**对立起来**。必须考虑这样的客观事实:如果不这样做,**她们**就会抓住您这本小册子里的适合她们口味的东西，按照她们自己的看法加以解释，利用您的小册子助长她们的声势，在工人面前歪曲您的本意，**“使”**工人**“困惑莫解”**(在工人的内心引起忧虑：**您**是不是在向他们灌输**异己的**思想)。何况她们手里还掌握了许多报纸等等。

但是您却完全忘掉了客观的阶级的观点，竟反过来“攻击”**我**，好像我“把”恋爱自由和第8—10点“混为一谈”了……　难以置信，真是令人难以置信……

“甚至片刻的情欲和姘居”都比(庸俗不堪的)夫妇间“没有爱情的接吻”“还富有诗意，还纯洁”。您是这样写的，而且打算这样写在小册子里。妙极了！

请问这是合乎逻辑的对比吗？庸俗的夫妇间没有爱情的接吻是**低级的**。我同意。但和这种接吻对比的应该是……什么呢？……　看来应该是**饱含爱情的**接吻吧？但是您用“片刻的”(为什么是片刻的呢？)“情欲”(为什么不是爱情呢？)同它对比，结果从逻辑上看来，似乎是把没有爱情的(片刻的)接吻同夫妇间没有爱情的接吻相对比……　真奇怪。对一本通俗的小册子来说，把小市民、知识分子和农民的(似乎我在第**6**点或第5点中说过)没有爱情的、低级庸俗的婚姻同无产阶级的有爱情的自由同居加以对比，岂不是更好吗？(**如果您一定要加的话**，还可加上一句：甚至片刻的情欲和姘居，可能是低级的，也可能是纯洁的)您所谈到的并不是阶级**典型**的对比，而是某种当然可能发生的“偶然事件”。但是问题难道在于偶然事件吗？如果要把正式配偶的低级的接吻和片刻的姘居中的纯洁的接吻这种偶然事件、个别情况作为主题，那么这个主题应当放在小说里去发挥(因为在小说里全部的**关键**在于描写**个别的**情况，在于分析**特定**典型的**性格**和心理)。

难道在小册子里可以这样做吗?

您很好地理解了我对从凯的著作中摘出的那段不恰当的引文的看法,说扮演“恋爱教授”的角色是“荒谬”的。的确如此。但是,扮演片刻情欲等等的教授的角色,是不是“荒谬”的呢?

其实,我根本不想进行争论。我情愿不写这封信,留待以后面谈。但是我希望这本小册子成为一本好书,谁也**不能**从中摘出令您不愉快的语句(有时仅仅**一句**话就能成为毁坏一桶蜜的一勺焦油),谁也**不能曲**解您的本意。我相信您在这方面写的也是“违背本意”的,我写这封信给您,纯粹因为信件或许比面谈更能使您把提纲思考得周密些,而提纲确实很重要。

您有熟悉的法国女社会党人吗?请把我提的第1—10点以及您“片刻的情欲如何如何”等说法翻译给她听(就说是从英文翻译过来的),留心观察她,注意听她讲。这是一个小小的试验,从中可以看到**旁**人对这本小册子有什么反应、印象和期望。

握手并祝您头痛好转,早日恢复健康!

弗·乌·

附言:关于博日[83],我不知道……　可能,我的朋友作了过多的承诺……　不过承诺了些什么呢?我不知道。事情搁下了,就是说,冲突延缓了,但**没有**消除。必须斗争,再斗争!!能劝得住他们吗?您的意见怎样?

发自伯尔尼(本埠信件)

载于1939年《布尔什维克》杂志第13期

译自《列宁全集》俄文第5版第49卷第54—57页

56
致亚·加·施略普尼柯夫

(1月30日或31日)

亲爱的朋友:您的4月旅行计划和这次旅行的准备[84],我认为**完全**正确。的确,对于这个计划应当仔细斟酌,尽量周密地进行准备。

谢谢您几次来信。我们已经给您写去几封信,还寄去了盖有印章的纸。这些想已收到。

今天我们收到了代替被封闭的《呼声报》在巴黎出版的一号《我们的言论报》[85]。在这一号《我们的言论报》上登载了马尔托夫(和唐恩)关于同《我们的曙光》杂志发生分歧的声明。

看来,他们(取消派)十分涣散,结果如何,还不知道。阿克雪里罗得显然在使德国派(和崩得)沙文主义者同亲法派(和普列汉诺夫)"和解"。马尔托夫在去苏黎世之后曾同阿克雪里罗得唱一个调子,现在他"往左倒"长不长得了,我们不知道。

《社会民主党人报》第37号日内即将出版。

紧紧握手并祝一切顺利!

您的　**列宁**

4月以前我们竭力(和您一起)安排好通信和其他某些联系。您也应当**事先**张罗一下。

从伯尔尼发往哥本哈根

载于1924年《列宁文集》俄文版第2卷

译自《列宁全集》俄文第5版第49卷第58页

57

致维·阿·卡尔宾斯基

(2月1日以前)

亲爱的同志：

再寄上一篇文章——供第38号用。

但愿现在大概已够出两号(第37号和第38号)了。

我早就问过您,稿件是否够两号用。但是,您没有回信。

库兹马真是岂有——此理!!!

敬礼!

您的　**列宁**

从伯尔尼发往日内瓦

载于1929年《列宁文集》俄文版第11卷

译自《列宁全集》俄文第5版第49卷第58—59页

58

致维·阿·卡尔宾斯基

(2月3日)

亲爱的同志:刚才收到第37号(以后一印好就请**立即**从印刷所拿两三份寄给我——因为对编辑部来说,早一点拿到是很重要的)。

为什么对第36号的出版日期不作更正?[86]

务请立即回信:

(1)第38号排版情况如何?

(2)何时排完?

(3)何时可出版?

(4)何时应寄上第39号用的稿件?

(5)这一号的稿件是否容纳得下?

问题在于,由于第37号无限拖延,许多东西应该加进去。

请把**现有文章目录**寄来。

您和排字工人商量过吗?每周出版一号的可能性是否**完全**摸清楚了?

急等回音!

致崇高的敬礼!

您的　**列宁**

附言:附上《再论社会沙文主义》一文,供发排。

从伯尔尼发往日内瓦

载于1929年《列宁文集》俄文版第11卷

译自《列宁全集》俄文第5版第49卷第59页

59

致《我们的言论报》编辑部[87]

1915年2月9日于伯尔尼

尊敬的同志们:

由于正在筹备召开参加三国协约的各"协约国"社会党人伦敦

代表会议[88],你们在2月6日的来信中向我们提出了反对"正式的社会爱国主义"的斗争计划。我们一向主张进行并正在进行这个斗争,这一点你们当然可以从我们的机关报《社会民主党人报》上看到。因此,我们看到你们的来信感到非常高兴,并愉快地接受你们关于讨论一致行动的计划的建议。

据说代表会议原定2月15日召开(关于代表会议的文件,我们一份也没有收到),但可能延迟到2月25日或更晚些(因为据胡斯曼来信说,2月20日举行执行委员会会议,执行委员会委员(书记)打算同法、英、俄三国社会党人进行私人商谈)。同时,正在筹备的代表会议很可能不是社会党国际局正式委员参加的会议,而是一些"著名"社会党人的**非正式的**会议。

因此,你们提出而我们也完全同意的用"鲜明的革命国际主义"观点反对"正式的社会爱国主义"的建议,就应当适用于**一切可能发生的情况**(不论是各党正式代表参加的代表会议还是各种形式的非正式会议,也不论是在2月15日举行还是在更晚的时间举行)。

根据你们的愿望,我们提出一个坚持这种斗争的宣言草案(以供宣读和刊印):

"我们这些在下面签名的俄国(英国等等)社会民主党组织的代表深信:

目前的战争,不仅从德国和奥匈帝国方面看,而且从(同沙皇政府采取联合行动的)英国和法国方面看,都是帝国主义战争,也就是说,是资本主义发展到最后阶段的时代,资产阶级的民族疆界内的国家已经过时的时代的战争,是专为侵占殖民地、劫掠竞争国家,为削弱无产阶级运动而唆使一国无产者反对另一国无产者的战争。

所以,各交战国社会党人的无可推卸的职责,就是立即坚决执行巴塞尔决议,即:

(1)打破一切国家中的举国联合和国内和平;

(2)号召一切交战国的工人坚决进行阶级斗争,包括经济斗争和政治斗争,以反对自己国家的资产阶级,反对从军事订货中大发横财、在军事当局支持下封住工人嘴巴、加紧压迫工人的资产阶级;

(3)坚决谴责一切投票赞成军事拨款的行为;

(4)退出比利时和法国的资产阶级内阁,并宣布参加内阁和投票赞成拨款是和德奥两国社会民主党人的全部所作所为一样的对社会主义事业的背叛;

(5)立即同德国社会民主党内拒绝投票赞成军事拨款的国际主义者携起手来,和他们一起成立一个国际委员会以宣传停战,但不是以和平主义者、基督徒及小资产阶级民主派的精神进行宣传,而是把这种宣传同鼓动和组织每一国家的无产者反对自己国家的政府和资产阶级的群众性革命行动这一工作紧密地结合起来;

(6)支持各交战国社会党人不顾英、德等国军事当局的禁令在军队和战壕中相互亲近和举行联欢的一切尝试;

(7)号召各交战国的社会党人妇女按上述方针加紧进行宣传工作;

(8)号召整个国际无产阶级支持反对沙皇政府的斗争,支持那些不仅拒绝投票赞成军事拨款、而且不顾遭受迫害的危险正在以国际革命社会民主主义的精神进行社会主义工作的俄国社会民主党代表。”①

---

① 见本版全集第26卷第131—132页。——编者注

* * *

至于俄国某些社会民主党著作家(如普列汉诺夫、阿列克辛斯基、马斯洛夫等)为正式的社会爱国主义辩护,在本宣言上签字的代表对他们的言论概不负责,坚决反对,并声明,根据现有的一切材料来看,俄国社会民主主义工人并不采取那样的观点。

不言而喻,是否作这样那样的局部性修正,谈判的一些步骤如何,这一类问题我党中央驻社会党国际局的正式代表李维诺夫同志都能独立决定(他的地址[①]。我们将你们的信及我们的回信抄件寄给他。凡有急事,请直接同他接洽)。我们可以声明,在**一切**根本问题上我们同这位同志是**完全**一致的。

至于有正式代表参加社会党国际局的组织委员会和崩得,我们有理由担心他们**拥护**"正式的社会爱国主义"(亲法、亲德或对这两种趋向抱调和态度的正式的社会爱国主义)。如果你们不拒绝把你们的答复(你们的修改意见、宣言反草案等等)和你们曾写信去或将要写信去的那些组织(组织委员会和崩得等等)给你们的答复告诉我们,那我们一定会感到非常高兴。

致同志的敬礼!

列　宁

我的地址是:[②]

发往巴黎

载于1931年《列宁文集》俄文版第17卷

译自《列宁全集》俄文第5版第49卷第60—63页

① 手稿中没有马·马·李维诺夫的地址。——俄文版编者注

② 手稿中没有地址。——俄文版编者注

60

致亚·加·施略普尼柯夫

2月11日

亲爱的朋友:您2月4日和5日的两封信都已收到。十分感谢。关于寄送《社会民主党人报》一事,已将来信交发行委员会秘书看过。明天我再亲自催他一下,想必他们会把一切都办理妥当。

巴黎人答应给您寄一本普列汉诺夫的小册子[89]。您没有收到,我们感到很奇怪。我们再去要一次,并且自己把书拿到,亲自给您寄去。

您来信谈到的那两个普列汉诺夫分子[90]曾在这里待过。我们同他们聊过。您要注意那个皮肤白一点的(他们走原路回去),看样子,他比皮肤黑一点的更厌恶普列汉诺夫。后者看来是个不可救药的空谈家,而前者总是沉默不语,不知道他在想什么。

今天,我们接到《我们的言论报》(该报代替《呼声报》在巴黎出版)的来信,信中提出了共同反对"正式的社会爱国主义"的计划(由于正在筹备召开参加三国协约的各国社会党人伦敦代表会议)。这次代表会议是否举行,不得而知。日前,李维诺夫转来一封胡斯曼的信。胡斯曼有些莫名其妙的主意,他打算2月20日在海牙召开社会党国际局执行委员会会议,2月20—25日在那里同英国代表、法国代表和俄国代表进行私人商谈(!!)!! 真令人难以置信!! 这像是要为某种亲法派式的爱国行动作一些准备(顺便说说:您说的完全正确,现在"亲×派"很多,而社会主义者却很少。在我们看来,亲法派也罢,亲德派也罢,都是一丘之貉=爱国者、资产者或他们的走狗,而不是社会主义者。例如,崩得分子大部分是亲德派,都希望俄国失败。他们比普列汉诺夫好在哪里呢? 两者都是机会主义者,社会沙文主义者,只不过色彩不同而已。阿克雪里罗得也是如此)。

我们给《我们的言论报》写了回信,对它的建议表示高兴并寄去了我们的宣言草案。① 和他们达成协议的希望不大,因为听说阿克雪里罗得在巴黎,而阿克雪里罗得(见《呼声报》第86、87号和《社会民主党人报》第37号[91])是个社会沙文主义者,想在社会沙文主义的基础上使亲法派和亲德派和解。我们要看一看,对《我们的言论报》说来,究竟何者更为珍贵,是反沙文主义,还是阿克雪里罗得的好感。

我认为,无论在我们俄国还是在全世界,社会民主党的内部都正在重新进行基本组合,即沙文主义者("社会爱国主义者")及其朋友、保护人——和反沙文主义者。这种划分大体上同机会主义者和革命的社会民主党人的划分是相符合的,但是它更为准确,代表了可以说更高级的、更接近于社会主义变革的发展阶段。在我们党内,旧的派别组合(取消派和真理派)也日益过时,代替它的是新的比较合理的派别组合:社会爱国主义者和反爱国主义者。顺便谈谈:听说,唐恩=**德国**派"社会爱国主义者",即亲德派,即**考茨基的追随者**。这是真的吗? 很像是真的。组织委员会的分裂是**资**

① 见本卷第59号文献。——编者注

产阶级路线上的分裂:亲法派(普列汉诺夫+阿列克辛斯基+马斯洛夫+《我们的曙光》杂志)和亲德派(崩得+阿克雪里罗得+唐恩?? 等等),这真是怪事。

如果您从瑞典人那里弄不到钱,请来信,我们将寄给您 100 法郎。请您好好考虑一下,在哪里等候比较合适(就是说对事业比较有利,对您也比较安全,这很重要,您应该保重自己!!),在伦敦还是挪威或其他什么地方。能把运送工作安排得好一些是极为重要的。再过两三个星期,普列汉诺夫分子将到您那里去,应当同他们见见面,把所有这些事情谈妥。

紧紧握手并祝您精神愉快,一切都好!

您的　**列宁**

从伯尔尼发往斯德哥尔摩

载于 1924 年《列宁文集》俄文版第 2 卷

译自《列宁全集》俄文第 5 版第 49 卷第 63—65 页

61

致雅·斯·加涅茨基

(2 月 17 日)

尊敬的同志:

刚给斯卡雷特写完信(关于海杜凯维奇的事)。但是因为您未将海杜凯维奇的地址告诉我,所以我在给斯卡雷特的信上说,海杜凯维奇将以取我的明信片为理由**去找他**。总之,请立即写信给海杜凯维奇。

我患了流行性感冒,现在尚未痊愈;因此,迟迟没有亲自复信,望能谅解。

果然不出所料,伦敦代表会议开得坏透了。当然,要阻挡这种事是不可能的。向您全家和苏黎世的全体朋友们致以衷心的敬意!

您的　**列宁**

从伯尔尼发往苏黎世

译自《列宁全集》俄文第5版第49卷第65页

62
致维·阿·卡尔宾斯基

(2月20日以前)

亲爱的同志:

现寄上第39号用的稿件。

请来信告知,是否够这一号用。

您的　**列宁**

从伯尔尼发往日内瓦

载于1929年《列宁文集》俄文版第11卷

译自《列宁全集》俄文第5版第49卷第66页

63

致维·阿·卡尔宾斯基

(2月20日以前)

亲爱的同志：

没有收到您的消息和校样，我们感到非常不安。难道说排字工人又“大喝起酒来了”？或者他又干别人的活了??现在极为重要的是**毫不拖延地**出版(因为有关于伦敦代表会议的极为重要而紧急的稿件[92])。看在上帝的面上，快些回信，这是一。(2)全力以赴尽快搞出这一号。校样快些搞出来。(3)召集您的小组，齐心协力采取一切措施**彻底**解决中央机关报正常出版的问题。这种耽误确实是不能容忍的：会挫伤工作热情!!

敬礼！

您的 **列宁**

从伯尔尼发往日内瓦

载于1929年《列宁文集》俄文版第11卷

译自《列宁全集》俄文第5版第49卷第66页

64

致维·阿·卡尔宾斯基

(2月24日)

亲爱的同志：寄上校样和**新的材料**。关于**伦敦代表会议**的文章,**务必**要在这一号上发表。

请您千万尽**一切**可能加快出版速度。(如果在我们的会议[93]前**不可能**出版,)则请您**务必**把**校样**随身带来(特别是关于保卫祖国的那几篇文章)。

注意:论马尔托夫的文章[94]**要压一下**。不要忘记!! 也就是说,不要发表。

再见!

您的 **列宁**

从伯尔尼发往日内瓦

载于1929年《列宁文集》俄文版第11卷

译自《列宁全集》俄文第5版第49卷第67页

65

致格·叶·季诺维也夫

(2月27日和3月4日之间)

第3项[95]我看不合适。我看要**换成**通俗的说明:应该**如何**通过撰稿来帮助中央机关报(特别强调现在缺乏撰稿人的帮助),应该**如何**创造条件使它**出得更经常些**。

对博日派应放开手脚,并要保留一点与他们和解的余地。这样做对我们没有害处,我们完全主动。

"**出得更经常些**(直到每天都出)"——这样提够不够?

每日出报,或者甚至另出一份平行的报纸。对这两种意见我们**都**要说说。

"出平行的报纸"是绝对有害的,因为这等于帮助他们**挤掉**姐妹报纸。

写于伯尔尼

译自《列宁全集》俄文第5版第49卷第67—68页

66

致索·瑙·拉维奇①

(3月9日)

亲爱的同志:现寄上附有简短前言的几项决议[96],请务必**加快发排**!!

伦敦代表会议上发表的声明排好没有?

快点把校样寄来。

关于对俄国社会民主党工人党团进行审判的文章[97],日内将寄上。他们表现**不好**,这点应当坦率承认。

敬礼!

您的　**列宁**

从伯尔尼发往日内瓦

载于1929年《列宁文集》俄文版第11卷

译自《列宁全集》俄文第5版第49卷第68页

---

① 这是写在娜·康·克鲁普斯卡娅信上的附笔。——俄文版编者注

67

致维·阿·卡尔宾斯基

(3月9日和23日之间)

亲爱的维·卡·：

校样**马上**寄上。请改正。

说真的,您不收抄写费,这样做可不好。第一,您未**严格**按照条件办事,这在同志之间实在是不应该的,您可是同意过把收费价格表寄来的啊!

第二,您现在究竟要逼我怎么办呢?

是要逼我今后不再寄东西给您抄写吗?

请您在不生气、不激动的时候想想这件事。我相信您会确认自己不对。不能这样啊!

致崇高的敬礼!

您的　**列宁**

从伯尔尼发往日内瓦

载于1930年《列宁文集》俄文版第13卷

译自《列宁全集》俄文第5版第49卷第69页

68

致戴·怀恩科普

1915年3月12日于伯尔尼

尊敬的同志：

附上伊涅萨同志寄来的信[98]，她受我们的委托进行工作，促进左派社会党人妇女互相接近。务请您物色一位观点和您相同的荷兰女同志，委派她代表你们党出席社会党人妇女代表会议(如果不能当面委派，通过书面也行)。

最衷心地祝贺哥尔特的小册子[99]的出版，这本小册子对机会主义分子和考茨基的抨击好极了。

如果您能尽快给我回信，我将不胜感激。

致兄弟般的敬礼！

尼·列宁(弗拉·乌里扬诺夫)

伯尔尼(瑞士)　迪斯泰尔路11号　弗拉·乌里扬诺夫

发往阿姆斯特丹

原文是法文

载于1960年《苏共历史问题》杂志第4期

译自《列宁全集》俄文第5版第49卷第68—69页

69
致维·阿·卡尔宾斯基

(3月23日)

亲爱的维·卡·：

现将已经编好的这一号①寄上。请出版!!

如果万一还有版面,我就再寄一篇有关拉脱维亚的短文[100]给您。

请来信告知何时出报。

敬礼!

您的　列宁

附言:您的信火气实在大,不是吗??

不太过分吗?

从伯尔尼发往日内瓦
载于1929年《列宁文集》俄文版
第11卷

译自《列宁全集》俄文第5版
第49卷第70页

70
致《我们的言论报》编辑部[101]

(3月23日)

尊敬的同志们:我们完全同意你们的意见,团结所有真正的社

① 《社会民主党人报》第40号。——编者注

会民主党人国际主义者，是当前最迫切的任务之一……　在回答你们的实际建议之前，我们认为有必要坦率地弄清几个先决问题，这样才能知道我们的意见是否真正基本上一致。阿列克辛斯基和普列汉诺夫之流在外国报刊上把自己的声音冒充为“俄国无产阶级或有影响的无产阶级团体的声音”，你们因此感到愤慨，这完全是对的。**应当**同这种行为作斗争。但是，要斗争，就要找到祸害的根源。毫无疑问，没有什么再比这种由一些臭名远扬的国外“流派”充当代表的所谓常规更为腐朽的了。在这一点上，我们恐怕没有权利责备外国人。回想一下不久以前的事情吧。难道在那个布鲁塞尔会议上（1914年7月3日）没有让阿列克辛斯基和普列汉诺夫（不单是他们这两个人）把自己装扮成“流派”么？既然如此，外国人直到现在都把他们当做“流派”的代表人物，又有什么奇怪的呢？想用这样或那样的宣言来消灭这种祸害是根本办不到的。必须作长期的斗争。要使斗争获得胜利，就要斩钉截铁地说：我们只承认与工人群众有多年联系的、由可靠的委员会委派的以及其他等等的**组织**，我们痛斥欺骗工人的那种常规：半打知识分子，出了两三期报纸或杂志，就自称为“流派”，就要与党“平起平坐”。

尊敬的同志们，在这方面我们的意见是不是一致呢？

其次，谈谈国际主义者。最近，你们报纸的一篇社论列举了那些你们认为是站在国际主义立场上的组织。列在前面的几个组织中竟有……崩得。我们想知道，你们究竟根据什么把崩得算做国际主义者呢？崩得中央委员会的决议[102]丝毫没有明确地谈到社会主义运动的迫切问题。这个决议散发着毫无原则性的折中主义气息。崩得的机关报（《新闻小报》）无疑是站在亲德沙文主义立场上的，也可说它是法德两种沙文主义的“合成”。无怪乎科索夫斯基的文章点缀《新时代》杂志的版面，其实这个杂志现在已是所谓“社会主义”机关刊物当中最不像话的一个（我们相信，这一点你们是同意的）。

我们衷心主张国际主义者的团结。我们很希望国际主义者多些。但是不能自己骗自己，不能把那些在国际主义方面明明成了“死魂灵”[103]的人物和组织也算做国际主义者。

什么叫国际主义呢？比如说，可不可以把赞成在相互“赦免”的原则上重建国际的人算做国际主义者呢？正如你们所知道的，“赦免”论的最著名的代表人物就是考茨基。维克多·阿德勒也持同样的主张。我们认为，主张“赦免”的人是国际主义的最危险的敌人。在“赦免”原则上重建起来的国际会使社会主义运动的声望大大降低。绝不容许对考茨基之流作任何让步，作任何妥协。同“赦免”论进行最坚决的斗争，是国际主义存在的不可缺少的条件。没有同主张“赦免”的人彻底决裂的愿望和决心，谈论国际主义是徒劳无益的。请问，在这个根本的问题上，我们的意见是不是一致呢？你们的报纸有一次透露了一点好像要否定“赦免”政策的意思。但是，你们一定会同意，在采取任何具体步骤之前，我们有权利请你们把你们对这个问题的看法详细地告诉我们。

与此有关的是对组织委员会的态度问题。我们在给你们的第一封信①里就认为必须坦率地告诉你们，我们有重大的理由怀疑这个机关不是国际主义的。对于这个看法，你们无意作任何解释。我们再问你们一句，你们根据什么认为组织委员会是站在国际主义立场上的呢？要知道，谁也不可能正式出来否认：帕·波·阿克

① 见本卷第 59 号文献。——编者注

雪里罗得的立场,从他发表的几次见之于文字的言论看,显然是沙文主义的(准普列汉诺夫的)立场。而阿克雪里罗得无疑是组织委员会的最著名的代表人物。再拿组织委员会正式的言论来看吧。它给哥本哈根代表会议所写的报告的调子很坏,连最极端的德国沙文主义者也加以转载了。[104]组织委员会"国外书记处"的言论也是一样。至少他们什么肯定的意见也没有发表过。另一方面,拉林不是代表什么国外书记处,而是代表组织委员会正式发表了旨在给沙文主义辩护的声明。哪有什么国际主义呢?组织委员会是完全主张相互"赦免"的,这还不明显吗?

其次,凭什么说组织委员会是俄国的一种力量呢?现在,在《我们的曙光》杂志发表意见以后,这个问题特别应该提出来。《我们的曙光》集团多年来一直在实行自己的路线,它办了一种日报,进行了群众性的鼓动工作来宣传自己的主张。而组织委员会呢?

我们都承认,问题不决定于苏黎世、巴黎等地的国外团体的力量对比,而决定于在彼得格勒工人和全俄工人中间的影响。这一点,我们在采取任何步骤的时候,都应该注意到。

这就是我们想告诉你们的我们的看法。所有这些问题,如能得到详细清楚的答复,我们将非常高兴。那时就可以考虑进一步的问题了。

发往巴黎

载于1931年《列宁文集》俄文版
第17卷

译自《列宁全集》俄文第5版
第49卷第70—73页

71
致戴・怀恩科普

(5 月 5 日)

尊敬的怀恩科普同志:

随信附上伊涅萨同志的信。谨向您和马克思主义党的全体同志热烈致敬,请把附上的信①转交给哥尔特同志。

致崇高的敬礼!

您的　**尼・列宁**

伯尔尼　瓦尔德海姆街 66 号　弗拉・乌里扬诺夫

发往兹沃勒(荷兰)
原文是德文

载于 1960 年《苏共历史问题》杂志第 4 期

译自《列宁全集》俄文第 5 版第 49 卷第 73 页

① 见下一号文献。——编者注

72
致赫·哥尔特
(5月5日)

致赫·哥尔特同志

尊敬的哥尔特同志：

拉狄克同志把您的信给我看了。

要是能创办一种由潘涅库克主编的国际社会民主党杂志，那无疑是太好了。我们应该反对《新时代》杂志靠诡辩术来为最坏的机会主义辩护的卑鄙手法。

问题仅仅在于：我们是否有足够的资金和写作力量来立即创办杂志？

如果没有，那么我们不等战争结束就一定要出一本(或两本)德文小册子。小册子应该收进俄国的、荷兰的、德国的(拉狄克)、法国的(可能是梅尔黑姆)、英国的(可能是罗特施坦)同志的文章，这些同志都认为必须对叛徒们即机会主义分子(包括考茨基)进行最无情的斗争。

我认为，这件事我们**无论如何**也不应当拖延。**现在**，趁战争还在进行的时候，就必须说明全部真相——当然，不是在德国，而是在瑞士进行这项工作，以便有可能自由地论述革命斗争，而不遭受书报检查。

如果一下子找不到法国的或英国的撰稿人，那就不要等了；最好自己(即没有法国人和英国人参加)出第一本小册子。能把梅尔黑姆的见解(即认为谈论“解放战争”就是**骗人**)翻译出来,我们就感到满意了。

拉狄克说,您的小册子已**用英文**出版。我很高兴,因为这样我就能把它读完并且也能完全看懂了。荷兰文我大约只懂30%—40%。您对机会主义和考茨基所作的抨击很出色,我向您祝贺。托洛茨基的主要错误就在于他不抨击这伙强盗。

致衷心的敬意!

您的　**尼·列宁**

我的地址:伯尔尼　瓦尔德海姆街66号　弗拉·乌里扬诺夫。请给我写一张明信片,说明您**什么时候**来。

发往兹沃勒(荷兰)

原文是德文

载于1960年《苏共历史问题》杂志第4期

译自《列宁全集》俄文第5版第49卷第74—75页

73

致索·瑙·拉维奇

(5月13日)

亲爱的奥丽珈同志:

明天我还要寄一篇文章给中央机关报。希望库兹马或者库兹米哈能再等一天,不要甩开中央机关报不管,不要转向“敌人”。

致最深切的敬意!

您的　**列宁**

关于赦免一文[105]的校样在您那里吗?您收到关于莫尼托尔的文章了吗?我们在等校样。

从伯尔尼发往日内瓦

载于1929年《列宁文集》俄文版第11卷

译自《列宁全集》俄文第5版第49卷第75页

74

致维·阿·卡尔宾斯基

(5月21日以前)

亲爱的维·卡·:

寄上这一号①的稿件。格里戈里硬说登得下,我看不行。

如果登不下,就请您把第一版上论"德国社会民主党"的那篇文章加以压缩(依我看,这里可以去掉20行之多,在摘自《**普鲁士年鉴**》的那段话之前的开场白几乎全部可以去掉)。

紧紧握手并致崇高的敬礼!

您的　**列宁**

从伯尔尼发往日内瓦

载于1929年《列宁文集》俄文版第11卷

译自《列宁全集》俄文第5版第49卷第75—76页

① 《社会民主党人报》第42号。——编者注

75

致伊·费·阿尔曼德

(6月4日以后)

亲爱的朋友:

我给您写过两三次信,但这里新闻确实很少。从国内传来的消息不坏,不过我想不久,在您来这里后,自己就能全部读到的。为什么您来信只字未提您的牙科医生给您预约的治疗日期——哪怕是大致的时间?您要么得乘邮车(到弗吕利,每天有两班,上午9时和下午4时,从许普夫海姆出发。而到我们这里,即到**泽伦堡**,每天只有一班,上午9时从许普夫海姆出发)。赶早班邮车(即邮政马车),**大概**要在**早晨**5时30分从伯尔尼出发,并在许普夫海姆等**1个半小时**。但如在2时05分从伯尔尼出发,像我们那样,邮车只能到弗吕利,再往前走,就要租马车了(要从许普夫海姆**打电话租**——那里的车站对面有一家饭店。付10分尼,饭店老板会打电话到我们这里(泽伦堡 **马林塔尔饭店**),说有人**要到我这里来**,让派马车去。这样正好来得及把马车从这里派到弗吕利,再从弗吕利把您接到这里来)。

邮车费:到弗吕利1.2法郎,从弗吕利到泽伦堡2法郎。

这里的马车从弗吕利到泽伦堡1个人收4法郎(2个人收6法郎)。

您的信不知为什么竟送到卢塞恩去了!我不明白是什么原因。是不是您把泽伦堡写在一行里了?或者是否要写明**经由许普夫海姆**等字样?

握手!

盼早日见面!

您的　**列宁**

附言:关于邀请格里姆参加《**共产党人**》**杂志**[106]一事,昨天我写过一封信给格里戈里。今天我看了托洛茨基在《**我们的言论报**》上的回答(《致〈共产党人〉杂志》)。[107]如果邀请格里姆,可要**特别小心**,以免遭到拒绝。请将这一点告诉格里戈里。

还有一个请求:有一个负责向在德国的俄国战俘转交**钱**(转交钱,也转交信,但主要是转交钱)的机构,您见到卡斯帕罗夫时,要他弄到那个机构的**正式**地址(是在日内瓦,还是在伯尔尼?)。有一个正式的地址是很重要的,这样我才好向那个机构查问,才放心钱不致丢失。

还有一件事相托(唉!我们这里一大堆事情和委托简直要把您累死了,是吗?):请买一些柠檬酸精(Zitronensäure)。到别墅比别人**晚**真糟糕!!

纳沙泰尔那边**仍然没有回音**。[108]

真是怪事!再见!

您的　**列宁**

动身前请顺便问问拉狄克想不想来。如想来,我们就**邀请**他。请带15—20份《共产党人》杂志的《通知》[109]来。

从泽伦堡(瑞士)发往伯尔尼

译自《列宁全集》俄文第5版第49卷第77—79页

76

致伊·费·阿尔曼德

(6月4日以后)

亲爱的朋友：

好些日子没有得到您的音信，我感到惊奇。但愿这是因为您快要来了的缘故。还有一件事相托——委托您为别墅办的事如果已使您很厌烦的话(我感到很过意不去，这些事已经够麻烦您的了)，那就把它们丢开不管吧，我可以从这里函购——如果您路过恺撒商店，请要一些邮寄厚手稿的大信封**样品**(大小如附上的一张纸，**或者**是它的**长向**对折，要不然宽向对折也可以)。请买几十个这样的信封，**30个**吧。这家店里有**各种**信封的样品，标有每10个、50个、100个的价格(我需要**结实的**，而且要便宜的)。

我们这里又是阴雨连绵。但愿老天爷在您来之前把所有多余的雨水都下光，等您来时，就会是好天气了。

您在图书馆(市立图书馆)是否找到过法国的好小说？我在这里读了雨果的《**惩罚集**》，很满意。纳沙泰尔图书馆**仍然没有回音**，令人气愤!!

再见！

您的　**列宁**

还有一件事相托：考虑到咱们可能一道去**远足**(这不太有把握，但偶尔也有机会)，最好能知道许滕的山上小屋(Cabanes)的条件如何，瑞士“登山运动员”俱乐部在山上这些小房子里设有床位。请到伯尔尼这个俱乐部的办事处去一趟(地址我不知道，可到铁路局问讯处去问，他们会告诉您)，索取几份说明书，并且比较详细地打听一切有关情况。我经常翻阅贝德克尔的旅行指南，并“在留意”离我们不远的2 500—3 000米的高地上的这样的小屋。

为什么不告诉我牙科医生对您说了些什么？您什么时候来？

如果您常去市立图书馆，**请仔细**查查图书目录，找找法国古典作家(诗人和散文作家)的作品。

附言：到“瑞士登山运动员俱乐部”去询问的目的是：

1.了解**非**俱乐部成员住“茅屋”的费用。

2.了解是否常有**集体的**登山活动(攀登3 000—3 500米的高山)，如何进行、何时进行等等。

从泽伦堡(瑞士)发往伯尔尼

译自《列宁全集》俄文第5版第49卷第79—80页

77

致卡·伯·拉狄克

(6月19日和7月5日之间)

尊敬的同志：

我们两人的信显然互相错过了。在您给我写信的时候，我也在给您写信(明信片)，同时寄去文集[110]。想已收到！

关于左派代表会议：

从1912年起，我就不是社会党国际局的委员了(从1912年起，由住在伦敦的马克西莫维奇代表中央参加社会党国际局)。[111]不过，在这里我和格里戈里当然可以代表中央处理一切必要的工作。

您来信说，“格里姆这样做〈＝撇开中央委员会?〉不是故意的……”

嗯，嗯！我觉得这不大可能。难道格里姆真的是小孩子？**在**伯尔尼开过两次代表会议[112]**以后**??

当然，您在伯尔尼看得更清楚，如果事实证明我搞错了，您是对的，那我倒很高兴。

总之，**如果**格里姆**这样**做不是故意的，那事情就很简单：格里姆**应当写封信给**中央委员会(在我们的中央机关报上有正式的地址——**日内瓦**　雨果·德·桑热路7号　俄国图书馆交中央委员会收)。

(当然，也可以寄到我这里来，这样更直接些。)

格里姆如果**不**这样做，就是**不诚实**(因为写信给**伦敦**的马克西莫维奇，就等于耗费时间和甘冒信件被没收的危险：警察局会扣留信件!)。

强求对我们来说是不体面的：我们并不想勉强别人。我们**不能**这样做!

现在谈谈问题的实质。您在信中说：“在这种情况下，格里姆，可能〈?? 据我看，一定!〉还有别人，想要这样来改变工作〈仅仅如此吗? 确切些说：破坏和出卖!〉，就是在目前只提出行动的纲领〈确切些说：消耗的纲领，放弃斗争的纲领，使工人**离开**革命的纲领,用**左的**词句**安抚**工人的纲领〉。”

我认为考茨基＋伯恩施坦＋他们的一伙人(＋500＋1 000＋??)的“转变”是败类(＝Dreck)的转变,他们已经感到群众不会再忍耐下去了,“必须”向左转,以便继续**欺骗**群众。[113]

这是很明显的。

《人道报》的列诺得尔也“在向左转”!!

败类们将聚集一堂,他们将说他们“反对8月4日的政策”[114],他们“主张和平”,“反对兼并”和……和……这样来**帮助**资产阶级消灭革命情绪的萌芽。

我根据您的来信断定,您也是这样看的。

因此,我们的纲领应当是:

(1)有人请,我们就去;

(2)**预先**把“左派”,**即**主张采取**革命行动**反对**自己的**政府的人团结起来;

(3)向考茨基之流的败类提出**我们的**决议草案(荷兰人＋我们＋德国左派＋0,这样也不要紧,**以后**将不是零,而是所有的人!);

(4)推派两三个人在代表会议上发言(如果您**争取**参加获得成功,那就可以办到)。

能不能集合**几个**德国左派**反对**考茨基之流?**支持类似的**纲领?

请来信说明您对这个纲领的看法。纲领的实质＝反对愚蠢的、背叛性的和平口号。

请来吧!

您的　**列宁**

组织委员会将同看风使舵的考茨基之流站在一起,这还不**明显吗**??? **是不是**?

说格雷+贝特曼-霍尔韦格没有向休特古姆+王德威尔得"暗示":弟兄们,该**争取**和平了,否则将发生革命,——您有把握吗???

附言:我们住的饭店马林塔尔饭店有**电话**(111号)。有急事可打电话来,早晨8点半**总**在家。

附信[①]阅后请转寄出去。又及。

从泽伦堡(瑞士)发往伯尔尼

载于1930年《列宁文集》俄文版第14卷

译自《列宁全集》俄文第5版第49卷第80—82页

78

致戴·怀恩科普

(6月19日和7月5日之间)

尊敬的同志:

看风使舵(Drehscheibe)的考茨基及其同伙,现在想利用左的词句和仅仅在口头上放弃"8月4日的政策"的手法"扼杀"方兴未艾的革命风潮。现在我们主张和平,——这群老爷和列诺得尔及

① 见下一号文献。——编者注

其同伴们会这样说,企图以此满足革命群众的要求。

关于左派代表会议,据说(**非常可能**)伯恩施坦—考茨基之类的卑鄙小人正在利用这样的代表会议,以便借助所谓"消极的激进主义"再一次欺骗群众。

现在,**两个交战集团**的聪明的政治家们**丝毫**也不反对用愚蠢的"和平纲领"来扼杀方兴未艾的革命风潮,这是完全可能的。

我不知道,德国左派现在是否已有足够的力量挫败这些消极的(和伪善的)"激进派"的阴谋。但是你们和我们都是**独立的政党**。我们应当做这样一些事情:拟定革命纲领,揭穿和驳斥愚蠢的和伪善的和平口号,坦率地向工人们说明**真理**(不是玩弄第二国际的权威们的卑鄙的外交手腕)。真理就是:或者是支持方兴未艾的革命风潮并促进它的发展(为此就需要革命口号、国内战争口号、秘密组织等),或者是扼杀它(为此则需要和平口号、对"兼并"的"指责",也许还需要裁军等等)。

历史会证明,正确的是我们,即革命者,不一定是**甲**或者**乙**。

我想知道,你们(你们的党)能否派一位代表(懂三种主要语言当中的**一种**)?另外,你们是否认为我们两**党**有可能正式(书面或口头,最好**还要用口头**)提出共同宣言(或决议)?

假如困难**只**在钱财方面,那么请确切告诉我们需要多少,或许能给予帮助。

致崇高的敬礼!

您的　**尼·列宁**

我的地址:

瑞士　**泽伦堡**(卢塞恩州)

马林塔尔饭店

弗拉·乌里扬诺夫

发往兹沃勒(荷兰)

原文是德文

载于1949年1月21日《真理报》第21号

译自《列宁全集》俄文第5版第49卷第83—84页

79

致格·李·什克洛夫斯基

(6月21日)

亲爱的朋友们:3个星期过去了。我再一次邀请2位小姐到我们这儿做客,游览一下山区。请带爸爸来,如果他学习得好的话。还可以带别人来。

可乘车到许普夫海姆车站(伯尔尼—卢塞恩一线,途经朗格瑙)。单程票价:3法郎20生丁。从那里改乘马车——邮车。从许普夫海姆(上午9时和下午4时)到**弗吕利**(8公里),邮车票价1法郎60生丁。从弗吕利再到泽伦堡(2法郎)。最后这一段路(10公里)可以步行。道路很好,可以走车,沿途有电报线路。从弗吕利到泽伦堡每天有一班邮车,上午9时从许普夫海姆发车。如果下午2时5分在伯尔尼乘车,就可以赶上许普夫海姆下午4时的车(从许普夫海姆车站对过的饭店可以而且务必打电话到**马林塔尔饭店**找我们,告诉我们或者派马车去,或者我步行去接你们)。

这里山多,有小山,有大山(罗特霍伦山高2 351米,如果小姐们要想登山,一定要得到爸爸、妈妈的允许,否则带她们到山里去,路远山高,我担心她们会累着)。有鲜花等等。

天气一好转,就请光临!!(近日来天气不太好,阴雨连绵,且有暴风雨。)

向大家致崇高的敬礼!

您的　**弗·乌里扬诺夫**

译自《列宁文集》俄文版第37卷第31—32页

80

致格·叶·季诺维也夫

(6月24日以前)

亲爱的朋友:

寄上给《共产党人》杂志的短评一篇[115],如果有"书报评介"栏,就放在该栏,否则就作为单独的评论发表。

请把《**组织委员会通报**》[116]第**2**号寄来,我没有。

文集(立宪民主党人的)和柯伦泰的文章[117]均**未收到**。

我很乐意把《新时代》杂志寄给您,但有个条件:必须抛弃您那令—人—气—愤—的**利己主义**。我把所有的新书书名都写信告诉您了,可是您连一本书(从弗兰克那里买来的)的书名也**没有告诉我**!!!

昨天我给尤里发了一张明信片,寄到弗里德里希街。要是没收到,那就让他到邮局去索取。尤里不回信,而我又看不到给《共产党人》杂志的文章,这使我很生气。

敬礼!

您的 **列·**

附上一信,**请退我**。

请把国际主义者俱乐部的决议[118]和我寄去的**另一份**材料退我。

关于中央机关报,我不了解,所以想看看《**通报**》。

彼·巴·的地址我**没有**。

另一个地址是:**蒙彼利埃** J.德拉帕尔诺街6号 **美舍利亚科夫**先生。

从泽伦堡发往黑尔滕斯泰恩(瑞士)

译自《列宁全集》俄文第5版第49卷第84—85页

81

致维·阿·卡尔宾斯基

(6月24日)

亲爱的维·卡·:

您能否把《组织委员会通报》第2号寄给我?非常非常需要。给我们寄日内瓦出版的**所有**新书刊的钱我想是有的。如果没有,请来信,当即汇上。

您是怎样安排度夏的?您骑不骑自行车?我建议您多骑车(如果可能,还要游泳)——这样,您一定会痊愈的。向奥丽珈致最深切的敬意!娜·康·也问候她。

您的　**列宁**

附言:我们在这里给娜嘉治疗的情况看来不坏。

从泽伦堡(瑞士)发往日内瓦

载于1929年《列宁文集》俄文版第11卷

译自《列宁全集》俄文第5版第49卷第85页

82

致格·叶·季诺维也夫

(6月24日以后)

亲爱的朋友:

寄上《**新时代**》**杂志**。

《**通报**》已看过。妙极了!特别是那篇评论《**我们的言论报**》的文章[119]。中央机关报现在是必不可少的。

请来信告知题目的分配方案。我打算写的题目是论"失败",论波特列索夫+组织委员会+齐赫泽的联盟和《我们的言论报》。

提到"利己主义",您耍了一个……小花招。您**从您原来有的书名**中选了一些寄给我。而我当时什么也没有!!我已把全部新书的书名都寄给了您,可您**到现在为止连一本新书的书名**也不告诉我。

《我们的事业》杂志[120]第2期已收到。我看完用毕后,立即寄上。

拉狄克的文章是怎么一回事?他是在搞鬼吧?和亚历山大的谈判,我们正在进行。您呢?

所有的人(不仅是女士们)都将非常感谢您送的樱桃。您对来这里攀登罗特霍伦山一事,为什么默不作声?

致最深切的敬意!

尼·列宁

从泽伦堡发往黑尔滕斯泰恩(瑞士)

译自《列宁全集》俄文第5版第49卷第85—86页

83

致亚·米·柯伦泰

(7月5日以前)

亲爱的同志:对您在最近一封来信中所提到的您操心和帮助的一切,非常感谢。

您给《我们的言论报》和《共产党人》杂志写的一些关于斯堪的纳维亚问题的文章使我产生了这样一个问题:

能不能对斯堪的纳维亚左派社会民主党人否定武装人民的立场加以赞扬并肯定它是正确的呢?关于这个问题,我在1910年曾和霍格伦争论过并向他证明:这不是左倾,也不是革命性,这简直是孤陋寡闻的小市民的庸俗观点。[121]这些斯堪的纳维亚一个个小国里的小市民差不多一头扎进北极,还以鞭长莫及引为自豪!怎么能设想一个革命阶级竟会在社会革命的前夕**反对**武装人民呢?这不是同军国主义进行斗争,而是怯懦地企图回避资本主义世界的一些大问题。既然不懂得在一定时机阶级斗争转变为国内战争的必然性,怎么能"承认"阶级斗争呢?

我觉得,应当收集有关这个问题的材料,并在《共产党人》杂志上撰文,坚决加以**驳斥**。为了教育斯堪的纳维亚人,希望您以后把这些都用瑞典文以及其他文种刊印出来。

关于此事,很想知道您的更详细的意见。

在我看来,布鲁斯·格莱西尔是个不中用的撰稿人:虽然他还有点无产阶级的禀性,但他毕竟是个不可容忍的机会主义者。几乎没有办法和他共事:待上两天他就会痛哭流涕,说他是被"引诱"来的,说这样的事情他既不愿意也不认可。

大卫的书[122]和他对我们宣言的评论您看过没有?

在斯堪的纳维亚各国,在如何对待战争这个问题上的**两个派别**的斗争有没有什么材料?关于两个派别的倾向,能不能收集一些用**事实**进行明确对比的可靠材料(反应、评论、决议)?这些事实能否证明(据我看,能):总的来说,机会主义者作为一个**派别**,在更大程度上是沙文主义者,而不是革命的社会民主党人?您看,能不能给**《共产党人》杂志**收集和整理一些这方面的材料?

握手并祝一切顺利!

尼·列宁

附言:在斯堪的纳维亚各国作专题报告的肖-德斯蒙德是个什

么样的人？他的专题报告有没有英文稿？他是个自觉的革命者呢,还是爱尔威之流的人物？

从伯尔尼发往克里斯蒂安尼亚
(现称奥斯陆)

载于1924年《列宁文集》俄文版
第2卷

译自《列宁全集》俄文第5版
第49卷第76—77页

84

致格·叶·季诺维也夫

(7月5日以前)

亲爱的朋友:文章收到了,我已看完,现在就给布哈林寄去。

在评论托洛茨基的文章中,提到《**共产党人**》**杂志**内部各种不同意见的地方,现在当然应该删去。但是谈到齐赫泽党团[123]的地方,该不该全部删去呢？要知道,齐赫泽党团正是政治形势的**症结**所在,而且这种局面还会持续很久!

大家都特别感谢您送的樱桃!

我**既没有**法文新书,也**没有**任何其他文字的新书,因此,在这一点上,无论您怎么兜圈子,也是推脱不了的。

"书名":**拉谢奈**著《帝国国会的一批社会党人与宣战》(1915年巴黎《人道报》出版,1.5法郎)。我**请格里沙寄**。

现寄上拉狄克的信。我给他写信①说,**格里姆应当写封信给**

① 见本卷第77号文献。——编者注

中央委员会。我们不应强求。考茨基一伙的转变是败类的转变，是想用左的词句**诱使**工人们**脱离**革命。这很明显。

我已给叶·费·发了电报，叫她到这里来，还写了信。不给她职务，但当然应该同她和解，其实我们早就在“和解”了。如果您骑自行车到这里来，那就再好不过了。经过许普夫海姆，**完全**不成问题(下坡路骑20分钟就到弗吕利!!)。请把您的(或邻居的)电话号码告诉我，我就可以把叶·费·到达这里的时间打电话告诉您。我们的电话号码是**111**(马林塔尔饭店)。

早上8点半打电话最方便。如果您**不**把您的电话号码寄来，我就给您发电报(某日来)，表示请您来与叶·费·会面。

向大家问好！

您的　**尼·列·**

从泽伦堡发往黑尔滕斯泰恩(瑞士)

译自《列宁全集》俄文第5版第49卷第86—87页

85

致格·叶·季诺维也夫

(7月5日以后)

亲爱的朋友：您——不知什么原因——不重视这次见面，我感到非常奇怪！

和解活动已无必要，因为客人们都非常心平气和(只是有一位客人想把加米涅夫开除出党)。交谈的结果很好(没给职务)。[124]

拉狄克那篇文章的译文不太好(第一部分很枯燥)[125](但为了充实内容,还是需要)。已寄给尼·伊·。

还有一件事不要忘记!客人们说服了我,**在刊物上**谈论我们在《共产党人》杂志编辑部内部的分歧(指我和您投票反对托洛茨基)**没有必要**。他们是对的。**请删去**!!

至于齐赫泽党团,对它的**进攻**应该开始了。为此我(在删掉有关投票问题的内容以后)**重新**提出关于我那篇短文《有益的教训》的问题(和客人们的谈话再次证明,目前**全部症结**就在于齐赫泽党团)。

注意:我们谁也不想回答马斯洛夫!!拉狄克能否写点什么?哪怕是写点评论也好。[126]

致崇高的敬礼!

您的　**列宁**

拉狄克不知为什么默不作声!!我再等等看。

您收到了《我们的事业》杂志第2期和《通报》第2号吗?

是否从哥尔特论考茨基及其一伙的文章中翻译一章?**应该**!

寄上阿布拉姆的文章[127]。我**赞同**。十分需要的是**事实**,而不只是"策略"。**他列举了事实,这很有益**。有的地方我稍微修改了一下。为了保密(考虑到作者的安全),我建议署名阿·布·。

附言:

我再补充几句沿途情况供来时参考:许普夫海姆——720米,弗吕利(离许普夫海姆8公里)——893米,泽伦堡(离弗吕利10公里)——1 165米。这段路是**车**路。从弗吕利到泽伦堡可以骑

自行车走三分之一的上坡路(到弗吕利的路是下坡,骑20分钟自行车就行了)。

在同尤里交涉运费时您采取什么立场?亚历山大正在作准备。请来信告知:可以收到**多少,什么时候**可以收到。又及。

卡尔宾斯基的撰稿问题结果怎样?他好像很**委屈**。又及。

以上是昨天写的。

信昨天没有来得及发。《前进报》+阿德勒的作品收到了。**非常感谢!**

尼·伊·要阿布拉姆的文章。

寄上尼·伊·的文章和书评[128](内附意见)。

建议把书评放到**评论栏**。当然,如果**要**选择,我赞成**尼·伊·**的,不赞成选阿布拉姆的。

寄上拉狄克的来信[129],我认为必须大力支持出版小册子的想法。**我马上给拉狄克写信**。

建议出版小册子《俄国社会民主党对战争的态度》,内容包括:(1)宣言;(2)决议;(3)专门论述口号等等的文章;(4)专门论述俄国社会民主工党的分裂史和关于**俄国社会民主党工人党团**((中央机关报的文章**完全**不适用))。让我们赶快商量并**分配题目**吧。

尤里是否会给钱出版这本小册子?此事**很重要**。

向大家问好!

您的　**列宁**

您有没有《保险问题》杂志[130]第3期和第4期?如果没有,当即寄上。

从泽伦堡发往黑尔滕斯泰恩(瑞士)

译自《列宁全集》俄文第5版第49卷第87—89页

86

致格·叶·季诺维也夫

(7月11日以前)

致格里戈里

您那篇文章的结尾(伦贝格)等等部分务请**大大**改写(**这里写得**激昂慷慨**不好——语气不对头**)。

对第2号(《通报》)的答复,请就以下几点予以补充:“组织委员会”调和法国派社会沙文主义者和德国派社会沙文主义者,(**特别是**)高加索骗子们(赞成同阿恩“**统一**”!!)的崩得沙文主义(**骗子**约诺夫)运动中的这两派沙文主义者(注释或附言)。

娜嘉感到非常惊奇,您怎么不把(中央机关报)**必需的**信件寄还给她,也不**回信**!??!

就**齐赫泽党团**问题答托洛茨基一文[131],我想要求在《**共产党人**》杂志编辑部进行表决。让他们否决吧!

(那时再放到《社会民主党人报》去)

关于旅途情况再补充一点:从许普夫海姆到卢塞恩**也是**下坡路——骑自行车大概可以**不用脚蹬**!

现寄上3篇东西给中央机关报。谁将和印刷所联系?请函告。

从泽伦堡发往黑尔滕斯泰恩(瑞士)

译自《列宁全集》俄文第5版第49卷第89—90页

87

致格·叶·季诺维也夫

(7月11日以后)

柳德米拉在我们这里做客(她将回国)。从巴黎传来消息说,托洛茨基一伙想在国际左派代表会议结束后立即举行一次俄国的代表会议(看来是组织委员会+中央+《我们的言论报》)。先在左派代表会议上通过一个"共同的左派"决议(以此来证明《我们的言论报》和组织委员会是左派,而组织委员会,可以预料,它**对一切**都会赞同——这个娼妓),然后就建议我们("当着大家的面"?)和他们一起去参加俄国的共同代表会议,并利用我们的拒绝来反对我们……

阴谋很巧妙!请**立即**把拉狄克的草案[132]复制一份供自己用(草案请迅速退我!),让我们好好考虑考虑我们的策略。

是立即向拉狄克提出**修改意见**？(+同机会主义者**坚决**斗争;+国内战争;+同机会主义者决裂。)还是提出自己的草案，如果这项草案被否决，就投票赞成拉狄克的草案？或者双管齐下？

对《我们的言论报》参加会议，要提出书面抗议(理由有二：(1)允许党派——他们**不是**一个党派——或"党派的一部分"参加。让他们去说他们是组织委员会的一个组成部分吧。(2)双重代表资格：马尔托夫既是组织委员会的代表，又是《我们的言论报》的代表)。

这一点一定要做到。①

应当着手选派中央委员会的代表团。要配备懂**各种**语言的：选伊涅萨负责法文和英文。而德文呢？如果金克尔走了，要不要从苏黎世把哈里东诺夫找来？(柳德米拉看来是想去的，但是……)经费呢？代表会议在哪里举行？时间长吗？我们要预先加以周密考虑。

要仔细搜集有关齐赫泽一伙的所有文件(反对他们的)。如果左派(拉狄克+塔尔海默+怀恩科普+??)**要求**私下集会与《**我们的言论报**》"座谈"，大概不总是都能拒绝的吧？(一般说来，各种各样的文件也要全部搜集。我们要预先在信中商定。)

是着手起草一份自己的宣言草案，像拉狄克的那样详尽，但要包括向机会主义宣战的内容，还是以拉狄克的草案作为基础？

---

① 或者与国外组织委员会的3名代表一起出席(中央委员会的3名不算在内)，要求给**他们**以表决权。他们有哪点不如《**我们的言论报**》集团呢？妇女组织也应派代表参加。

我给柯伦泰女士和布拉戈耶夫写了信。① 正要给怀恩科普写信,他如不干,就算了,我是要履行自己的义务的。

请写信给格里姆,如果**还要**开预备会议,让他发**电报**通知**您**(可能他们会开的,否则,那又在什么地方,由谁,以及什么时候决定代表团成员等等呢?)。还要不要告诉格里姆,说他**应该**立即通知(以防万一)挪威和瑞典的左派呢? 应该!!(地址:挪威　**克里斯蒂安尼亚**　霍尔门科伦旅行者之家　亚·柯伦泰女士转)

敬礼!

您的　**列宁**

附言:代表会议上大概考茨基会和列诺得尔"沆瀣一气",利用会议为他们的"和平"服务,有这种可能吧?? 那么,到那时,我们就提抗议,大闹一场,然后离开。

我的那几篇短评(给《共产党人》杂志的)请全部寄给尤里。把卡缅斯基的寄给我。我建议第1期(共96页)1915年8月出,第2期(1915年9月出)也是96页。哥尔特的文章放在第2期。瓦林的文章[133]十分之九我都坚持未动,对他们是要施加压力的,这样他们才会退却。这是给第3期用的。

从泽伦堡发往黑尔滕斯泰恩(瑞士)

载于1960年《近代史与现代史》杂志第2期

译自《列宁全集》俄文第5版第49卷第91—93页

① 给亚·米·柯伦泰的信见本卷第89号文献。——编者注

88

致格·叶·季诺维也夫

(7月11日以后)

亲爱的朋友：

您是否收到了阿布拉姆的文章(寄回的)和给中央机关报的文章?

再寄上几篇给《**共产党人**》**杂志**的小文章。(我认为不必受篇幅限制。**一定要把阿布拉姆的文章也放进去**。需要事实。面要广。最好使第1期更充实一些。如果需要,可以增加5%,可以再用一个排字工人。)

寄上给中央机关报的材料。

请计算一下篇幅(中央机关报现在不是要缩小一些吗?),让我们结束这一号的工作。

我想,现在左派代表会议**不**会开了,因为考茨基之流将召开**共同**代表会议。

拉狄克一直**默不作声**。

您的文章(关于《我们的言论报》)的结尾部分我不同意。《**我们的言论报**》对"和平"的提法应该受到百倍尖锐的抨击。不是要替自己辩解("问题不在这里","我们承认"),而是要加以抨击,因为我们的言论派在"和平"问题上说了许多空话,**他们是在寻求与社会沙文主义者之间的和平**。作为他们口号实质的和平是**与社会沙文主义者之间的和平**。应该指出(并加以发挥),**无条件**的和平是废话,是空话,是**胡言乱语**。然后还要进一步阐明,和平对于蒙

昧的群众具有另一种意义(“加邦请愿”[134]之类的东西),然而,把和平作为党的口号就是招摇撞骗。我们**赞成**参加加邦式的联盟,但反对“加邦式的”口号。这件事我建议还要再写信商定。

您的 **列宁**

寄上弗里多林的信。我建议**邀请**他。请来信告知,是您给他写信,还是要我给他写。((请把拉狄克、弗里多林等人的**全部**信件退我))……

您的新书“书名”好像还**没有全部**告诉我,是吧??

我认为,应该把阿列克辛斯基那本《俄罗斯和战争》搞到。

您以为如何?

照我看,最好**不要**在《**共产党人**》**杂志**的“书报评介”栏里署名(为了多样化,避免老是那几个人的名字)。

请把这一建议付诸表决。尤里**如果想署名**,就让他署名吧(用“彼得·基辅斯基”),我建议把他的评论[135]列入那一栏。

从泽伦堡发往黑尔滕斯泰恩(瑞士)

译自《列宁全集》俄文第5版第49卷第93—94页

89

致亚·米·柯伦泰

(7月11日和26日之间)

亲爱的同志:关于召开“左派”代表会议一事正在进展。第一次预备会议举行过了,具有决定性意义的第二次**即将召开**。争取瑞典的左派(**霍格伦**)和挪威的左派参加会议极为重要。

烦您来信简要地谈谈(1)我们之间的意见(或者您和中央的意见)是否一致,如不一致,分歧在哪里,(2)您是否要争取斯堪的纳维亚"左派"参加会议。

关于第一点,我们的立场您可以从《社会民主党人报》上了解到。在国内问题上,我们**不**主张同齐赫泽党团保持统一(这种统一是托洛茨基、组织委员会、普列汉诺夫及其同伙所希望的。见《战争》文集),因为这是掩护和保护《我们的事业》杂志。在国际问题上,我们**不**主张同哈阿兹—伯恩施坦—考茨基接近(因为他们**在实际上**希望同休特古姆派保持统一并掩护他们,想用左的词句来支吾搪塞,而在陈腐的老党内不作任何改变)。我们不能赞同和平**口号**,因为我们认为这种口号是极其含混的、和平主义的、小市民的,是为各国政府效劳(现在这些政府想举一只手"拥护和平",以便摆脱困境)并阻挠革命斗争的。

我们认为,左派应当发表一个**有思想性的**共同宣言,它(1)必须谴责社会沙文主义者和机会主义者,(2)提出革命行动的纲领(是提国内战争还是提群众性的革命行动,这并不十分重要),(3)反对"保卫祖国"的口号,等等。以几个国家的"左派"的名义发表一项有思想性的宣言会有**重大的**意义(这当然不同于蔡特金在伯尔尼妇女代表会议上所发表的庸俗见解——蔡特金**回避**谴责社会沙文主义的问题!! 是希望同休特古姆派+考茨基"讲和"吗??)。

如不同意这种策略,请即简复。

如同意,请把(1)中央委员会的宣言(《社会民主党人报》第33号)①和(2)伯尔尼决议(《社会民主党人报》第40号)②译成瑞典文

---

① 见本版全集第26卷第12—19页。——编者注

② 同上书,第163—169页。——编者注

和挪威文,并同霍格伦联系一下,问他们是否同意在这个基础上(当然我们不会因枝节问题而破裂)起草共同宣言(或是决议)。此事要**尽**快进行。

好吧,等您的回信。

致最深切的敬意!

您的　**列宁**

从泽伦堡(瑞士)发往克里斯蒂安尼亚(现称奥斯陆)

载于 1924 年《列宁文集》俄文版第 2 卷

译自《列宁全集》俄文第 5 版第 49 卷第 94—95 页

90

致卡·伯·拉狄克

(7 月 12 日和 18 日之间)

第二次预备会议定于 **8 月 7 日**召开。此事我在信里不敢谈,怕信落到不可靠的人手中。也许您能通过**特别途径**写信吧?或者暗示一下(尽快)?总之,应当慎重考虑,怎样做才不致泄密。

从泽伦堡(瑞士)发往伯尔尼

载于 1930 年《列宁文集》俄文版第 14 卷

译自《列宁全集》俄文第 5 版第 49 卷第 95—96 页

91

致格·叶·季诺维也夫

(7月13日以后)

寄上笔记本,伊涅萨要求抄好后**退**给她。

寄上怀恩科普的信。阅后**请立即退我**(如果有好处的话,请给尤里看看)。我要紧紧抓住**这个**左派"国际"的"核心"。要**全力**和他们接近。我要催促拉狄克把伯尔尼决议翻译出来。

寄上小册子[136]**草稿**的开头部分,以便"协调一致",便于进一步工作并使两个作者的东西融为"**一体**"(**如果有好处的话**,就给尤里看看:出版**这样的**东西,他们可能会给一点钱?如果他们不会给,草稿就不必给他们看)。

意见请**另**纸写上寄来。

草稿**请迅速退我**。

我想,经过改写之后可以成为一本通俗而重要的(对俄国和欧洲而言)论据和材料汇编。

敬礼!

列　宁

让**季娜**再复制几份关于预备会议的工作报告[137],因为要散发!!

从泽伦堡发往黑尔滕斯泰恩(瑞士)

译自《列宁全集》俄文第5版第49卷第90—91页

92

致卡·伯·拉狄克

(7月15日)

尊敬的同志：

附上一封关于"预备会议"的信[138]。

请复制一份给《光线》杂志——或者托怀恩科普(**如果您相信**他办事认真的话)转给他们。

注意 这一切都要保密。请保证不告诉格里姆、巴拉巴诺娃、托洛茨基,不告诉任何人!

我给怀恩科普的信①,阅后请寄出去。上一封信想已寄出!请写信告诉我。

德国左派除非现在就团结起来(即使以**匿名的**"明星"集团的名义发表**原则性**意见,或者采取其他任何方式都可以:工人将来会**靠拢**这个集团的),否则应该唾弃他们。

(《光线》杂志不能直接出面,这一点我理解。但是为什么**由X+Y+Z组成的**"明星"集团不能发表**决议**或者**宣言**?? 然后私下暗暗地散布这些东西呢?)

我真不懂,您怎么竟**错过了**伯尔尼预备会议呢!?! 而您还劝过我一定要去呢!?

您的　**列宁**

① 见下一号文献。——编者注

附言:您看俄文有没有困难?**都**能看懂吗?

伯尔尼决议(译文)或者直接寄给怀恩科普(如果您有副本),或者寄到这儿来,我们复制一份下来。

我们和您同一部分德国左派进行私下的协商是极为重要的。这件事您是否能办妥?顺便问一句,您到不到这里来?又及。

从泽伦堡(瑞士)发往伯尔尼

载于1930年《列宁文集》俄文版第14卷

译自《列宁全集》俄文第5版第49卷第96—97页

93

致戴·怀恩科普

1915年7月15日于泽伦堡

尊敬的同志:

现寄上我党代表季诺维也夫同志关于伯尔尼预备会议的报告。请让潘涅库克和哥尔特两同志看一下报告,并尽快把您和你们党的意见(或决定)告诉我。

在我看来,这次预备会议之所以非常重要和有益,仅仅在于会议**充分**表明了某些德国"左派"(特别是克拉拉·蔡特金女士)的"奇特的"(说得委婉些)作用。几个月前,我当着拉狄克同志的面问过一位德国"左派",如果事情发展到了分裂地步,克拉拉·蔡特金会跟老党走还是跟新党走(新党即革命的党,而不是像现在这样的民族主义自由派政党)。**这位**“左派”毫不犹豫地回答说:“她跟老党走。”

拉狄克同志对这位左派很生气,并向我断言,说这个人错了,蔡特金肯定会真心实意地同卑鄙的德国社会沙文主义者作斗争。

现在这个争论已彻底解决,拉狄克输了。蔡特金想**和**哈阿兹—考茨基一道走,而哈阿兹—考茨基想保持“统一”(与休特古姆保持统一,按我们俄国的说法,这叫“走狗的统一,革命者的分裂”,也就是与本国资产阶级的统一,国际工人阶级的分裂)!! 我确信,**有**蔡特金和哈阿兹**参加**而**没有**“光线派”和“论坛派”**参加**的这个“左派”代表会议,是一次虚伪透顶的会议。从客观上来讲,这次会议的意义仅仅在于借“左派”(蔡特金之流)同“右派”(当代英国的辉格党和托利党!)的**虚假的斗争**来巩固卑鄙无耻的老党。

我们如果不想错过这个极其重要的时机,就应当(与论坛派及**某些**德国左派一起,**不是蔡特金之流**——可能的话,还同拉脱维亚党和波兰社会民主党(即所谓的反对派)一起)**赶紧**采取某种措施。

拉狄克同志答应把我们的决议[139]译成德文。我们的宣言(中央委员会的)您已知道(遗憾的是,你们的《论坛报》[140]只刊登了摘要)。大卫在他的一本书里**非常**忠实地援引这个宣言(几乎是以机会主义者所不可能有的那样一种忠实的态度来援引)。日内将把拉狄克的译文寄上,请**尽快**告知,你们认为起草共同决议和发表共同宣言**抗议**“左派”代表会议(蔡特金之流)有无可能,是否妥当?我的意见是,不论采取什么形式,这件事我们是一定要做到的。

致最崇高的敬礼!

尼·列宁

附言:此事也请向吕特兰同志介绍,我们曾同他一道反对过"泥潭派"(中派)(当然,如果**您**认为把这封信也给吕特兰同志看看有好处的话)。

瑞士　**泽伦堡**(卢塞恩州)　弗拉·乌里扬诺夫。这一切要绝对保密!

发往兹沃勒(荷兰)

原文是德文

译自《列宁全集》俄文第5版第49卷第97—98页

94

致维·阿·卡尔宾斯基

(7月15日以后)

亲爱的维·卡·:现将您的文章[141]的抄件寄上。我很欣赏这篇文章。原稿我将转给《共产党人》杂志的其他编辑。

致以衷心的敬意!

您的　**列宁**

从泽伦堡(瑞士)发往日内瓦

译自《列宁全集》俄文第5版第49卷第99页

95

致约翰奈斯·胡贝尔

(7月18日以前)

圣加仑州　**罗尔沙赫**　基尔希街17号

律师胡贝尔博士

尊敬的同志：

兹竭诚推荐来人**巴戈茨基**同志，请给予指点。巴戈茨基同志很长时期以来一直都是俄国社会民主工党党员。

受俄国社会民主工党中央委员会委托

尼·列宁

泽伦堡(卢塞恩州)

弗拉·乌里扬诺夫

致党的敬礼！

弗拉·乌里扬诺夫

原文是德文

载于1973年《欧洲社会科学评论》(日内瓦)第13卷第29期

译自《列宁文集》俄文版第40卷第44—45页

96

致维·阿·卡尔宾斯基

(7月21日以前)

亲爱的维·卡·：寄上给中央机关报的文章。请来信告知，能否很快出版(哪怕告诉个大致**时间**也好)。

如果最近出版绝无可能，那么我们就争取到伯尔尼的印刷厂去印出来。

致最深切的敬意！

您的　**列宁**

附言：请将您的图书馆目录寄来，给我用一段很短的时间也好！

我们的格鲁吉亚布尔什维克没有把阿恩(科斯特罗夫)的文章[142]的译文交给我们，真遗憾。**请提醒斯捷普科！**

您能否批评他两句？

从泽伦堡(瑞士)发往日内瓦

载于1929年《列宁文集》俄文版第11卷

译自《列宁全集》俄文第5版第49卷第102页

97

致维·阿·卡尔宾斯基

(7月21日)

亲爱的同志：

寄上校样。

如果这一号稿件已收齐(即材料足够了),请立即出版。(文章的顺序请自行安排:《关于失败》[①]作为社论。)

如果还空出一小块版面,请把寄上的附言加在《关于状况》[②]一文的后面。

这一号出版之后,我们立即出下一号,把评和平主义一文(排好了吗?)放进去。请速来信告知,该号(即下一号)的稿件已经有了几篇,还缺多少?

敬礼!

您的　**列宁**

从泽伦堡(瑞士)发往日内瓦

载于1929年《列宁文集》俄文版第11卷

译自《列宁全集》俄文第5版第49卷第99页

---

① 《关于自己的政府在帝国主义战争中的失败》(见本版全集第26卷)。——编者注

② 《关于俄国社会民主党内的状况》(见本版全集第26卷)。——编者注

98
致戴·怀恩科普

1915年7月22日于泽伦堡(卢塞恩州)

尊敬的怀恩科普同志:

现将拉狄克同志翻译的我党决议寄上。我看了你们的决议之后,觉得我们之间在原则上无疑是一致的。

拉狄克同志给我来信说,我们应当共同拟定的是提纲,而不是决议(所谓我们,是指荷兰社会民主党、我们党、波兰社会民主党"反对派",可能还有拉脱维亚社会民主党)。我认为,是提纲还是决议,这并不重要,重要的是我们要旗帜鲜明地、通俗易懂地表述出革命的策略,更明确地揭示出战争的帝国主义性质,捍卫马克思主义使之免遭考茨基和普列汉诺夫之流的篡改。

遗憾的是,拉狄克至今尚未把他的宣言草案给我寄来。我希望您看过我们的决议后**火速**答复我,您原则上是否同意我们的意见。8月7—10日之前一切都应当准备就绪。

如果您能**十分**肯定地告诉我,8月7—10日这段时间你们当中有人能在伯尔尼,那么,看来有可能在伯尔尼举行一个规模不大的会议,并共同拟定提纲。如果没有人去,就只好通信协商,这就要花费**许多时间**了。

致最崇高的敬礼!

您的　**尼·列宁**

附言:拉狄克告诉我,您同**芝加哥**的出版商**查理·克尔**关系很好。我们正在用俄文(然后再用德文)出一本载有我们的决议和说明的小册子[143](大约10万个印刷符号)。您能否问问查理·克尔,他同不同意(并且有什么条件)用英文出版我们的小册子?

我将尽力把草案写好并给您寄上。您建议同其他左派(英国、瑞典、法国等等的)建立联系,我们百分之百地赞成。又及。

发往兹沃勒(荷兰)

原文是德文

载于1960年《苏共历史问题》杂志第4期

译自《列宁全集》俄文第5版第49卷第100—101页

99

致格·叶·季诺维也夫

(7月23日以后)

寄上怀恩科普的文章。

请即退我。怎样对待这些文章呢?这些文章显然闪烁其词,不值一驳——不表态似乎还好些,您说呢?

寄上柯伦泰女士的文章。**请退我**。这个女人真能干!

寄上论联邦一文。不必退我。**如果不同意,请立即打电话给我**(您自己打或者由季娜或什克洛夫斯基打)。

您是否记得**柯巴**的姓?

敬礼!

乌里扬诺夫

注意:请把载有对马斯洛夫著作的评论的那期《保险问题》杂志[144]寄来。

从泽伦堡发往黑尔滕斯泰恩(瑞士)

译自《列宁全集》俄文第5版第49卷第101页

100

致维・阿・卡尔宾斯基

(7月24日)

亲爱的同志:今天给您发了一份电报,请您将这一号中央机关报上我的《关于社会民主党内的状况》①一文抽掉,换上论和平主义一文(格里戈里的)。如果已来不及,就请把其他稿件全部送去发排,我们**立即**再出一号中央机关报。

小册子[145]的情况怎么样了?库兹马能否把它排好?(约10万个字母,最好能**节省一些**——排成两栏,可以少用些纸张!请他提出精确的预算和限期。)

致崇高的敬礼!

您的　**尼・列宁**

① 《关于俄国社会民主党内的状况》(见本版全集第26卷)。——编者注

斯捷普科寄来的译文已收到。非常非常感激。

从泽伦堡(瑞士)发往日内瓦

载于1929年《列宁文集》俄文版第11卷

译自《列宁全集》俄文第5版第49卷第102—103页

101

致格·叶·季诺维也夫

(7月24日以后)

您未按我的要求给奥丽珈发电报是不对的,现在她可能要迟到了。

我已收到寄回的阿布拉姆奇克的文章。不寄了,因为不适用。

现将草案(我们的决议摘要)寄上,这是一份左派的宣言草案①。这份草案已给荷兰人和拉狄克等人寄去。

阿恩那篇文章的结尾部分的译文收到了,即将寄上。

哥尔特的译文也收到了。现寄上。

敬礼!

列　宁

附言:蘑菇想必已顺利送到了吧?

现将小册子中我这个部分的结尾寄上。请尽快退我。

① 见本版全集第26卷第294—296页。——编者注

注意:在伊涅萨所用的地址(转《共产党人》杂志的)中以下地址**作废**:

克·莫·在热那亚的地址,

索罗金在图卢兹的地址。

从泽伦堡发往黑尔滕斯泰恩(瑞士)

译自《列宁全集》俄文第5版第49卷第103页

102

致戴·怀恩科普

(7月24日以后)

尊敬的怀恩科普同志:

我们现在开始进行的工作,即起草马克思主义左派的国际原则宣言的工作,是十分重要的。因此我们不能拖延,必须胜利完成,并且要尽快完成。如果我们拖延,那是很危险的!

《**伯尔尼哨兵报**》(7月24日)上登载的安·潘·关于荷兰社会民主党代表大会的文章[146],对我们相互之间的了解大有帮助。我怀着极其喜悦的心情欢迎您以及哥尔特和拉维斯泰因在民兵制问题(我们的纲领里也谈到了这个问题)上所采取的立场。被剥削阶级如果不**尽力**取得武器,学会使用武器并且掌握军事知识,那只能是奴仆阶级。反对民兵制而主张废除武装的人(这类"左派"在斯堪的纳维亚也有。我在1910年就曾和霍格伦争论过这一点)是站在小国的小资产者、和平主义者、机会主义者的立场上的。但对我们来说,具有决定性意义的应当是**大国**的和**革命斗争**(**也包括国内战争**)的观点。无政府主义者会根据社会革命(脱离时间和地点的社会革命)的观点来反对民兵制。可是我们目前**最重要的**任务就是严格划清马克思主义左派同机会主义者(和考茨基派)、无政府主义者之间的界限。

安·潘·的文章中,有一个地方简直使我很生气,他说,罗兰-霍尔斯特女士的原则宣言[147]"完全符合社会民主党的观点"!!

就《**伯尔尼哨兵报**》和《**国际通讯**》**杂志**上登载的这篇原则宣言看来,我认为**我们无论如何**也不能赞同罗兰-霍尔斯特女士的观点。在我看来,罗兰-霍尔斯特女士是荷兰的考茨基或者是荷兰的托洛茨基。这些人**在原则上**对机会主义者"坚决不同意",而**在实践中**,在一切重要问题上却表示**同意**!! 罗兰-霍尔斯特女士反对保卫祖国的原则,即反对社会沙文主义,这是好的。**但是她不反对机会主义**!! 在这么长的一篇宣言中竟未讲过一句反对机会主义的话! 也没有明确地、不含糊地讲过一句关于**革命的**斗争手段的话(可是关于"理想主义"、忘我精神等倒讲了很多。而对这些话,任何一个卑鄙家伙,包括特鲁尔斯特拉和考茨基在内,都会举双手赞成)! 同机会主义者**决裂**一事只字未提! "和平"口号完全是考茨基式的! 她不讲决裂,却建议和社会民主党**以及**社会民主工党合作(从罗兰-霍尔斯特女士的无原则的"原则宣言"的观点来看是完全合乎逻辑的)!! 这就是说,要和机会主义者保持统一。

她和我们的托洛茨基先生完全一样:"在原则上**坚决**反对保卫祖国",在实践中却**赞成**同俄国杜马中的齐赫泽党团(即同我们被流放到西伯利亚的党团的敌人,同俄国社会沙文主义者的**最要好的朋友**)保持统一。

不,不!我们在原则上无论如何不能同意罗兰-霍尔斯特女士的宣言。这是一种十分轻率的、纯粹柏拉图式的、虚伪的国际主义。十分不彻底。这只适用于(从政治上说)在旧的腐朽卑鄙的奴仆政党(自由主义工人政党)中建立"左翼"(即"不足为害的少数派","用马克思主义点缀门面的装饰品")。

当然,我们并不要求这个或那个党例如瑞典、德国、法国的党**立即**分裂。很可能,再过些时候,实现这一点的时机会更为有利(例如在德国)。但是**原则上**我们应当坚决要求和机会主义完全决裂。我们党的(和欧洲整个工人运动的)**全部**斗争都应当针对机会主义。它不是一种思潮,不是一种流派,它(机会主义)现在已经成为资产阶级在工人运动内部的有组织的工具。其次,对革命斗争的各种问题(策略、手段、军队中的宣传工作、战壕中的联欢**等等**)无疑应当**详细地**研究、讨论、考虑和检验,并通过秘密报刊向群众解释。否则,无论怎么样"承认"革命,也只是空谈。夸夸其谈的(按荷兰的说法是"消极的")激进派跟我们走的不是一条路。

亲爱的怀恩科普同志,希望您不要因为我的这些意见而见怪。须知,要共同进行**艰苦的**斗争,我们就必须把话说透。

请您把这封信给潘涅库克同志及其他荷兰朋友们看看。

您的　**尼·列宁**

附言:最近我将寄给您一份我们党关于一切民族的自决权问题的正式决议(19**13**年)①。我们是**拥护这个决议**的。目前,在同社会沙文主义者进行斗争的时候,我们比任何时候都更要拥护这

① 见本版全集第24卷第60—62页。——编者注

个决议。

从泽伦堡(瑞士)发往兹沃勒(荷兰)
原文是德文
载于1949年1月21日《真理报》
第21号

译自《列宁全集》俄文第5版
第49卷第104—106页

103

致亚·米·柯伦泰

(7月26日)

亲爱的亚·米·:明天就把钱给您汇去。多谢您告诉我国内的消息。关于商谈,在原则上我们毫不反对,希望十分谨慎从事。

关于武装人民和废除武装问题,我仍然觉得,我们决不能改变纲领。假如关于阶级斗争的议论不是自由主义的空话(即机会主义者、考茨基和普列汉诺夫所说的那种空话),那么怎么能够反对这种斗争在一定条件下会转变为国内战争这一历史事实呢?其次,一般说来,被压迫阶级怎么能反对武装人民呢?

否认这一点就意味着对帝国主义采取半无政府主义态度。依我看,甚至我们的某些左派也有这种情形。有人说,既然是帝国主义,那就不需要民族自决,也不需要武装人民!这真是天大的错误。正是为了进行反对帝国主义的社会主义革命,才既需要前者又需要后者。

"实现"得了吗?这样的标准是错误的。没有革命,几乎整个最低纲领都无法实现。这样来谈实现的问题就会陷入小市民的观点中去。

我觉得这个问题(也像现在社会民主党的**一切**策略问题一样)如果要提,就**必须**对机会主义作出评价(和估计)。“废除武装”作为一种策略口号,显然是机会主义,而且是偏僻地区的机会主义,它散发着小国哲学如置身于斗争之外、“事不关己”这种狭隘观点……的臭气。

寄上一份国际左派的宣言草案(个人的)[148]。务请翻译出来,并转告瑞典和挪威的左派,以便**切实**地推动同他们商谈。请把您的意见或者反草案寄来,并请**征求**斯堪的纳维亚左派的意见或反草案。

致以最崇高的敬意!

您的 **列宁**

从泽伦堡(瑞士)发往克里斯蒂安尼亚(现称奥斯陆)

载于1924年《列宁文集》俄文版第2卷

译自《列宁全集》俄文第5版第49卷第106—107页

104

致格·叶·季诺维也夫

(7月26日以后)

(怀恩科普的文章请退我:啃,真了不起!)

俄文书(目录)即将寄上。

法文书的问题我还在犹豫:如果请一个伯尔尼人向日内瓦图书馆和纳沙泰尔图书馆去订,很大一部分可以搞到(有许多书毫无价值,我在巴黎看到过一部分)。钱的问题和下面谈的情况有关。

附上尤里的信(请退我),真是一帮厚颜无耻、愚蠢糊涂的富农。在这里时已**正式决定**发表评论果雷的文章和瓦林的文章[149]。"出版委员会"**有责任**执行这个决定。而他们却一意孤行!!"我的钱包,由我做主。"这样做工作显然是不行的。让他们走吧,见鬼去吧。出版(如果他们想搞的话)只能在这里搞,离开这帮富农愈远,我们**愈轻松**。

在这里时就**正式**决定:他们付一半运费,而且**过一星期**写信告诉我们交费的期限。

现在却**只字不提**!——简直欺人太甚!

布哈林的信(请退我!)表明,在这样困难的条件下我们要走是**不可能的**[150](用别人的护照吗?人家会发现**我们**,并**为了替**沙皇**效劳**把我们投入监狱!)。钱愈来愈少,两号中央机关报+小册子将把我们剩下的1 000法郎耗掉很大一部分。而路上的费用呢?斯德哥尔摩物价昂贵又怎么办呢?那里的工作条件(图书资料)也要**差些**。

要再三斟酌。

让这帮沾染富农习气的笨蛋们头脑清醒清醒岂不更好吗?

请把评论果雷的文章寄给中央机关报(这篇文章**应当**刊登)。对尤里,我连信都不想回。他那封愚蠢的、像商人般厚颜无耻的来信令人无法忍受。还有个完没有?一个个诺言,一次次正式决定——可是,"我是当家的,我不付钱"!!不行,凡事总得有个分寸！这已经是一种无耻到了极点的骗术！

向大家问好！

您的　**列宁**

我们**没有**这一号《言语报》[151]。是否在尤里处？

从泽伦堡发往黑尔滕斯泰恩（瑞士）

译自《列宁全集》俄文第5版第49卷第108页

105

致格·叶·季诺维也夫

（7月26日以后）

我**赞成**增辟“书报评介”栏。[152]多花费100—200（不到）法郎又算得了什么呢？

重要的是有一本**完整的**刊物。重要的是**四面八方**（果雷、辛克莱、**《国际》杂志**[153]）都有反对社会沙文主义者的**呼声**。

怎么，尤里和日本人[154]要走吗？什么时候？

从泽伦堡发往黑尔滕斯泰恩（瑞士）

译自《列宁全集》俄文第5版第49卷第109页

106
致格·叶·季诺维也夫

(7月28日以前)

现寄上潘涅库克的文章[155]。我极力主张加上信后附的编者按(并把该按语转寄作者)。

另寄上小册子[156]的提纲草稿一份(请退我)。我建议立即着手(由我们两人)逐句斟酌、修改、压缩,然后**用俄文**出版(在战争一周年的时候)。以后再用**三种**文字出版。

我认为下述两个目的可以结合起来:

(1)供俄国社会民主党人、鼓动员及"工人领袖"做指南之用。鲜明、通俗、确切。是**全部**论据的**摘要**。结论要明确:开除《我们的曙光》杂志是正确的;要同该杂志作斗争;要同组织委员会+**齐赫泽**作斗争[作为国家杜马选举指南]。

(2)为国外作明确的叙述。对第三国际的团结而言,这是一件很重要的**政治**工作,其意义胜过同一打格里姆、蔡特金之流以及其他穿裤子和穿裙子的饶舌妇举行一打座谈与会见。

请速回信。如同意,我们即可对**提纲**作**更为详细的**商讨,然后分配题目。

(3)催促组织委员会的败类拿出"自己的东西"来,而他们是**没有**自己的东西的!

您能否剪一些《**汉堡回声报**》上的**佳作**寄来?在维也纳的《工

人报》上有一篇**佳作**——一封俄国来信,信上说**阿克雪里罗得正在**向“机会主义者”**让步**。[157]此件我随即寄上。

附在信中的一段话

编者按:我们在所有基本的和实质性的问题上完全赞同安·潘涅库克同志的这篇出色的文章,但认为文章的最后几行写得过于悲观。拥护我们的是大多数,而跟着机会主义者、社会沙文主义者及“考茨基派”走的是少数,而且往往是为数极少的一些官吏、贵族、小市民和庸人。只要有反对机会主义者的正确策略,即将他们开除出去并与之进行坚持不懈的斗争,那么,无论是大组织,还是革命政党的公开和秘密的机构,都会拥护我们。

从泽伦堡发往黑尔滕斯泰恩(瑞士)

信末附的编者按载于1915年《共产党人》杂志第1—2期合刊

译自《列宁全集》俄文第5版第49卷第109—110页

107

致维·阿·卡尔宾斯基

(7月28日)

亲爱的维·卡·:

库兹马的条件**我们接受**。小册子现**已全部**脱稿。我**甚至**可以**提前**寄出手稿,如果这样做能加快出书的话。要是能早点将小册子寄去，请发电报(或打电话——最好在上午8时30分至9时——给卢塞恩州　**泽伦堡**　马林塔尔饭店)。对我们说来**极为**重要的就是要加快。

总之，我们再出一号中央机关报(论和平主义一文作社论；其他材料我再寄)，接着就立即出小册子。(小册子大约115 000个字母。不过这个出入不大。)

紧紧握手！

您的　**列宁**

从泽伦堡(瑞士)发往日内瓦

载于1929年《列宁文集》俄文版第11卷

译自《列宁全集》俄文第5版第49卷第110—111页

108

致格·叶·季诺维也夫

(7月28日以后)

小册子我即将寄往日内瓦(那里排10万个字母收150法郎，而且出得很快)。

您改动的地方，我差不多全都同意。

对您那部分我作了**一些小的**修改，我将在校样里改好后寄上(如果您需要，我们还可提前要)。

这一号中央机关报要**尽全力加快出版**。您的文章将占**375**行!!! 新闻简讯(几乎)没有。您写半栏评《战争》文集的文章好吗？我则写一篇论自决和一篇论欧洲联邦的文章[158]。如果日本人不同意把**评论果雷的文章**登在《共产党人》杂志上,就**应发表在中央机关报上**,因为一定要为果雷**大造**舆论!

关于中央机关报,请快点回信,**尽量赶一赶**。

我那篇论克瓦尔克的短评[159]值得发表吗?

宣言草案怎么会遗失(要知道该草案=决议的提要)?? 是放在给您的信里的啊!!!

我们再从拉狄克那里要一份来。如果您找到了,请速**退我**!!

附上给尤里的信和瓦林的文章。

敬礼!

您的　**列宁**

我的校样已**全部**寄给**本特利**①。如信已遗失,让他们**再寄一次**。

从泽伦堡发往黑尔滕斯泰恩(瑞士)

译自《列宁全集》俄文第5版第49卷第111—112页

109

致格·叶·季诺维也夫

(7月28日和8月2日之间)

奥丽珈来信说,应**火速**把中央机关报赶编出来,否则库兹马就

① 指本特利印刷厂。——编者注

要接受别的工作了！

但材料少啊！！真糟糕！！

我今天就把《论欧洲联邦口号》这篇短文直接寄给印刷厂(要求把校样寄给您)——(该文按我们所商谈的精神写成。务必要在小册子出版前改正错误，并在小册子里对宣言加一条注释[160])。小册子里我还要增补1913年关于民族问题的决议。

现寄上一篇论民族纲领的文章(我想改写；觉得文章不理想，宁愿推迟发表)[161]。奥丽珈手里的材料为400行＋欧洲联邦125行，而这一号一共**736**行！！

请务必在星期一早晨以前再寄点材料给奥丽珈(而且请随**第一班邮件**寄去)。我看不值得把论克瓦尔克的文章同您的文章并排在一起。

《我们的言论报》第111号上登过[162]	布劳恩的文章是否在《**我们的言论报**》上登过？ 娜嘉查过以后说，**登过**。

要写一篇论述俄国的文章，即使不长也行。

(我病了一场，直到昨天才能工作。)

向大家问好！

您的　**列宁**

附言：谢谢您寄来了小册子。

如果没有什么材料可寄，请把评论果雷的文章寄给中央机关报。

您忘了在小册子里加进“我们的”和取消派的省份的工人的数

字。**请寄来**。

从泽伦堡发往黑尔滕斯泰恩(瑞士)

译自《列宁全集》俄文第5版第49卷第112—113页

110

致维·阿·卡尔宾斯基

(7月28日和8月2日之间)

亲爱的同志:寄上第44号用的稿件一篇[163](这篇东西的校样请务必给格里戈里和我同时各寄一份(论和平主义的文章也照此办理),请吩咐打两份清样。格里戈里的地址是:**卢塞恩州 黑尔滕斯泰恩** 拉多梅斯尔斯基先生(阿施万登夫人转))。

格里戈里在星期一以前还要寄材料给第44号。

无论如何(甚至给库兹马支付计日工资等也在所不惜)要不停地工作,争取立即把第44号印出来,接着就开始排印小册子。再说一遍,小册子已完全脱稿,在我这里摆着。下星期三以前我就寄去,如能加速出版,那我马上就寄上。视您的电报而定。

第43号的出版工作做得好极了!非常感谢并致敬礼!

您的 **列宁**

从泽伦堡(瑞士)发往日内瓦

载于1929年《列宁文集》俄文版第11卷

译自《列宁全集》俄文第5版第49卷第113—114页

111

致戴·怀恩科普

1915年7月30日

尊敬的同志:您的来信和明信片收到了。现寄上我们的宣言的法译本全文。拉狄克翻译的我党决议的译文我已给您寄去。您那里文件现已齐全(至于"欧洲联邦"问题,我认为我们可以采纳哥尔特的观点)。

我感到十分高兴的是,我们的意见基本一致。我们需要的不是某些领袖人物冠冕堂皇的声明(潘涅库克对他们的批判写得真好),而是彻底的革命的原则宣言,以帮助工人找到正确的道路。这是极端必要的。特别使我高兴的是,您已和比利时朋友们有了联系(保·果雷的小册子如果您以前的确没有见过,我们可以寄上,由您转交他们)并准备**亲自**找另一个国家的某些左派谈谈。假若比利时匿名的"明星"集团再加一个德国集团能同我们两党共同发表一篇原则宣言,那就是一个良好而重要的开端。以霍格伦为首的瑞典左派站在我们一边,我今天收到的一封信谈到这个问题。您如能写信到英国去说服那里的某一个集团(即使人数不多)同意制定一个联合声明,那就太好了。

致衷心的敬意并祝成功!

您的　**尼·列宁**

附言:第二次预备会议原定8月7日举行,但可能推迟。

从泽伦堡(瑞士)发往阿姆斯特丹

原文是德文

载于1960年《苏共历史问题》杂志第4期

译自《列宁全集》俄文第5版第49卷第114—115页

112

致卡·伯·拉狄克

(8月4日以前)

亲爱的拉狄克同志:

您给怀恩科普的信收到了,将随第一班邮件发出。我们信上附笔告诉他,如果愿意写声明的话(更不用说写新的《共产党宣言》了),就应该立即动手。

我们已经寄上(1)宣言,(2)决议,(3)声明草案。请赶快把修改意见或者反草案寄来。快一点!! 我们要误事了!!

我个人反对《我们的言论报》参加,但是不打算把这一点当做最后通牒。为什么反对?(1)这是堕落,因为《我们的言论报》**自己**并没有宣布它是在俄国工作的第三个(除中央委员会和组织委员会外)**独立的**派别或者集团;(2)在《我们的言论报》中有若干**组委会分子**,其人数群众无从知道。双重代表资格!!(组织委员会+《我们的言论报》)。(3)《我们的言论报》拥护齐赫泽党团(**组织委员会和**普列汉诺夫+阿列克辛斯基**也**拥护它)。这不是堕落吗???

把《光线》杂志当做一个**集团**,并认为它比蔡特金集团重要,这并**不**可笑。

在这个集团中有博尔夏特+拉狄克+《光线》杂志的撰稿人。这就够了。

这个集团有一个好的杂志。(而蔡特金之流没有。)

博尔夏特第一个公开声明:社会民主党**背叛了自己的主张**。[164]这不是宣传,而是最重要的政治行动。**这是行动**,而不是许诺。

清楚的、全面的、明确的原则宣言对我们(即所有的左派)最为重要。如果没有它,一切所谓"行动纲领"都是空话,都是欺骗。在伯尔尼通过的蔡特金的"行动决议"[165]得到什么结果呢?在行动方面**毫无结果**!在原则方面毫无结果!

如果博尔夏特集团[166]作为一个匿名集团(用"明星"或"箭"或其他任何名称),发表(同我们一起或单独)明确的原则宣言+采取**革命**行动的号召,它将起具有世界历史意义的作用。

可是蔡特金这帮人,他们掌握着**一切**(报纸、杂志、同《伯尔尼哨兵报》的联系、去瑞士的可能性等等),在10个月中却没有为团结国际左派做**任何一点**事情。可耻。

祝一切都好!

您的　**列宁**

附言:我**不**赞成您去参军。帮助敌人是荒唐的。您会为谢德曼之流效劳的。最好出国侨居。确实这样做最好。现在迫切需要左派工作人员。

“德国的反对派是群众不满情绪的产物,**而**布尔什维克只代表少数革命家的方向。”

这不是马克思主义的说法。

这是考茨基主义——或者是一种遁词。

1847年的《共产党宣言》及其小组是什么??是群众不满情绪的产物?还是只代表少数革命家的方向??还是**既**是前者**又**是后者?

而我们中央委员会呢?难道俄国社会民主党工人党团没有证明,我们是同群众有联系的吗?而**彼得格勒的**《无产者呼声报》[167]呢?难道俄国**没有**“群众的不满情绪”吗?

德国的左派如果以“他们是群众不满情绪的产物”(他们=蔡特金、劳芬贝格、博尔夏特、塔尔海默、敦克尔!!! 哈哈!)作为口实,拒绝发表原则宣言(以匿名的“明星”等集团的名义。工人将来总会**赞同**并且加以**考虑**的),德国的左派就要犯历史性的错误。

需要左派的宣言和纲领,是**为了**发展“群众的不满情绪”。需要它们,是**由于**有这种不满情绪。需要它们,是**为了**把“不满情绪”变成“运动”。**需要它们**,是**为了**发展腐败的国际中的“不满情绪”。

而且要立即进行!!!

您完全**错**了!

您给怀恩科普的信写得不明确。8月20日到底是规定的日期还是建议的日期?关于这一点,请写封信简要地告诉我**和格里戈里**(如果紧急的话)。

拉柯夫斯基(见他的小册子[168])**赞同**保卫祖国。我认为我们同这些人走的不是一条路。又及。

从泽伦堡(瑞士)发往伯尔尼

载于1930年《列宁文集》俄文版第14卷

译自《列宁全集》俄文第5版第49卷第115—117页

113

致格·叶·季诺维也夫

(8月4日和19日之间)

《人民报》[169]请退我。关于王德威尔得,写得妙不妙?他们**所有的人**都会采取这种**策略**。

没有收到拉狄克和卡尔宾斯基的片言只语。真不明白!我现在就给他们去信。

格里姆来电话说,预备会议推迟到9月5日举行,蔡特金从狱中捎信,请他将伯尔尼代表会议上少数派的决议[170]送去。我已将俄文本寄去了。您如有德文本,请寄给格里姆。

论饶勒斯一书[171],我们看完就寄上。

《我控诉》[172]我已给了**拉狄克**。

科尔布的小册子[173]请退我。

没有收到荷兰人的**任何东西**!!

附言:建议把德文词句翻译出来再出版(见原文)。

您为日本人辩护完全是多余的。亚历山大写了几封**气愤的**

信,他也有权感到气愤。应当执行通过的决定:当时(3个星期前)决定**过1个星期**!! 而现在**还要再过1个月**!???

这是一伙骗子,既然他们招摇撞骗,我对他们决不留情。我有权要求也一定要求他们提出**书面**声明并由共同决议的记录员**如实记录下来**(使**那些**妄图撕毁决议、嫁祸于我们的骗子无法抵赖!)。

他们要走吗?何时走?还是不走?两个笨蛋算账,连100卢布折合多少法郎或者一期要花费多少,也要算上3个月。这都是些**毫不足信的**托词,听了令人**发笑**。他们按10法郎的价格从国内订购,而向我们空口许愿,并愚弄运送者!! 把决定当儿戏!! 不行,他们搞这一手是要自食其果的。

列 宁

注意:布哈林**有的地方**(第133、132、**129**页的小标题)仍然沿用社会国家托拉斯这个旧术语(其他地方已改为国家资本主义托拉斯)。[174]

这是疏忽还是故意??

您来信说已注意到了,"希望达到目的"。达到执行**过去的决定**的目的?? 通过什么方式?? 通过"谈话"吗?

我不同意这种做法。

附言:要写小报(和传单),而且要寄给亚历山大。

从泽伦堡发往黑尔滕斯泰恩(瑞士)

译自《列宁全集》俄文第5版第49卷第123—124页

114

致亚·米·柯伦泰

(不早于8月4日)

亲爱的亚·米·:看到挪威人的声明和您对瑞典人的关怀[175],我们十分高兴。**左派**马克思主义者采取国际联合行动是极为重要的!(发表原则声明则是主要的、目前唯一可能的行动。)

我看,罗兰-霍尔斯特同拉柯夫斯基(看过他的法文小册子吗?)、托洛茨基一样,**都**是为害最大的“考茨基分子”,因为他们都通过各种不同的形式主张同机会主义者保持统一,通过各种不同的形式**为**机会主义**涂脂抹粉**,推行(采取各种不同方式)折中主义,以代替革命的马克思主义。

据我看,您对宣言草案的批评并没有表明(假如我没有弄错的话)我们之间有严重分歧。我认为**不**区别战争的类型,在理论上是错误的,在实践上是有害的。我们不可能反对民族解放战争。您以塞尔维亚为例。那么,如果塞尔维亚人**单独**抗击奥地利,难道我们就不**支持**塞尔维亚人吗?

目前,问题的实质是大国**之间**为了重新瓜分殖民地和征服小国在进行争斗。

如何看待印度、波斯、中国等国同英国或者同俄国进行的战争呢?难道我们不应该**支持**印度抗击英国等等吗?把**这种战争**称为“国内战争”是不确当的,是明显的牵强附会。过分地扩大国内战争这个概念极为有害,因为这样就**掩盖了**问题的实质:雇佣工人反对**本**国资本家的战争。

看来正是斯堪的纳维亚人笼统地否定"战争",从而陷入了庸俗的(偏僻地区的、小国特有的)和平主义。这不是马克思主义的态度。必须反对这一点,就像反对他们否定民兵制一样。

再一次对挪威宣言表示敬意和祝贺!

您的　**列宁**

从泽伦堡(瑞士)发往克里斯蒂安尼亚(现称奥斯陆)

载于 1924 年《列宁文集》俄文版第 2 卷

译自《列宁全集》俄文第 5 版第 49 卷第 117—118 页

115

致维·阿·卡尔宾斯基

(8 月 10 日以前)

亲爱的同志:

现寄上一篇文章[176]给中央机关报,**万不得已**时(即稿件实在不够时)才用。这篇文章我想**放一放**。**请退我**。

格里戈里答应寄一篇谈国内情况的文章。这篇文章最好刊登出来。

总的说来,我认为第 44 号已编完,**请尽快出版**。

注意:现寄上小册子[177]的开头部分。其余部分明后天寄上。

请将小册子的校样寄给我。

从泽伦堡(瑞士)发往日内瓦

载于1929年《列宁文集》俄文版第11卷

译自《列宁全集》俄文第5版第49卷第118—119页

116

致维·阿·卡尔宾斯基

(8月11日以前)

亲爱的维·卡·：

现寄上小册子中偶然漏掉的几页。请检查一下，现在您那里是不是都全了。昨天我已经写信告诉您，在小册子里还要**转载**哪些材料。

第44号情况如何？

敬礼！

您的　**列宁**

附言：附上的宣言注释是要收在小册子里的。请加进去！

注　　释

中央委员会的宣言在提出建立欧洲联邦这一要求的同时，号召推翻俄、奥、德三国的君主制度，所以这个要求同考茨基等人对这个口号所作的和平主义的解释是有区别的。加在中央委员会宣言(《社会民主党人报》第33号)讲到欧洲联邦的那一段。

我们党的中央机关报《社会民主党人报》第44号上发表了一篇编辑部文章,论证了"欧洲联邦"这一口号从经济上来说是不正确的。它要么是一个在资本主义制度下无法实现的口号,因为它不仅意味着交出殖民地,而且意味着在一些国家瓜分殖民地和势力范围等情况下确立世界经济的计划性。它要么是一个反动的口号,因为它意味着欧洲列强为了掠夺发展得更快的日本和美国而建立暂时的联盟。(《社会民主党人报》编辑部注。)

请快点退我!

从泽伦堡(瑞士)发往日内瓦

载于1929年《列宁文集》俄文版第11卷

译自《列宁全集》俄文第5版第49卷第119—120页

117

致维·阿·卡尔宾斯基

(8月11日)

亲爱的维·卡·:

我对小册子很不放心。全部材料(全部原稿和宣言的注释)想必已收到了吧?排版进度如何?可望何时出版?**我等您寄校样来**。(各章的小节标题最好是或者用斜体,或者用最小号的铅字即

6点铅字排印,但决不要用黑体。)

中央机关报第44号的情况怎样?我没有收到校样,我想这是由于您打算加速出版的缘故(正如我们曾经谈过的那样)。论联邦一文排进去了吧?

请来信说两句。

敬礼!

您的　**列宁**

您那里是否找到了1913年关于民族问题的决议?

从泽伦堡(瑞士)发往日内瓦

载于1929年《列宁文集》俄文版第11卷

译自《列宁全集》俄文第5版第49卷第120页

118

致戴·怀恩科普

(8月15日以后)

尊敬的同志:

随信附上挪威青年联盟寄给我们的一份宣言。保加利亚社会民主党人("紧密派")在第二次巴尔干代表会议[178](今年7月举行)上所作的发言,原则上也是这个精神。可见,提出左派的国际原则宣言**是可能的**。此事应于8月20日前准备好。

急等您的回信和草案。

致最良好的祝愿！

(签字)

从泽伦堡(瑞士)发往阿姆斯特丹

原文是德文

载于1959年《德国工人运动史论丛》杂志第2期

译自《列宁全集》俄文第5版第49卷第121页

119

致索·瑙·拉维奇

(8月16日)

亲爱的奥丽珈同志：

我不敢写信给维·卡·，因为"催促的"信会使他的神经系统的病更恶化。第44号怎么回事？难道库兹米哈彻底同我们翻脸了？为了第44号，我曾经大忙了一阵，来不及把文章改完，也没有看校样——可是突然都停顿下来了。而库兹马在**两个**星期前就要求排小册子[179]呢！！

第44号和小册子有没有出版的希望？？请写封信简要地告诉我。都在什么时候出版？？

小册子中某些地方还想加以补充和修改。

校样是必不可少的。

向维·卡·问好！

您的　**弗·乌里扬诺夫**

附言:好一个《人民报》,是不是?? 它竭力**拥护**王德威尔得!!

从泽伦堡(瑞士)发往日内瓦

载于1929年《列宁文集》俄文版第11卷

译自《列宁全集》俄文第5版第49卷第121—122页

120

致索·瑙·拉维奇

(8月16日以后)

亲爱的奥丽珈同志:

乌拉! 您把库兹米哈这个人都打败了!! 您真是一位女英雄!

寄上校样和小册子的**两处**补充。请督促一下,**加在应该加的地方**(如果耽搁出版,就不必把**这两处**补充的校样寄给我,请自己处理)。

我要写信告诉格里戈里,我准备出版小册子(如果他有不同意见,他可以给我打电话)。

小册子后面应该有**三个**附录:

一、俄国社会民主工党中央委员会关于战争的宣言[①](摘自第**33**号。随信寄上)。

把我**已经寄给**您的注释(关于联邦口号的)加进去(您把副本寄给利亚林没有?)

① 见本版全集第26卷第12—19页。——编者注

二、摘自第**40**号的决议[①],现在寄上。

三、19**13**年(有党的工作者参加的中央委员会会议)**关于民族问题**的决议[②]。我这里没有这个决议。我将请人从伯尔尼寄给您。(但在你们的图书馆中**一定**有。)

小册子请用最便宜的纸印2 000册(如果有薄纸,则印1 000册薄纸的)——用最便宜而又最便于封寄的开本。

敬礼!!

您的 **列宁**

附言:如果能立即办到,请**再**寄一份小册子的**全部**校样来(以便寄给正要回国的一位同志)。

从泽伦堡(瑞士)发往日内瓦

载于1929年《列宁文集》俄文版第11卷

译自《列宁全集》俄文第5版第49卷第122—123页

121

致亚·米·柯伦泰

(8月19日以前)

亲爱的亚·米·:

预备会议(第二次)推迟到9月5日。

---

① 俄国社会民主工党国外支部代表会议决议。见本版全集第26卷第163—169页。——编者注

② 见本版全集第24卷第60—62页。——编者注

霍格伦和挪威左派(丹麦人怎样?)**应该**自己争取被邀请。而他们的申请、要求、声明,应该用三种国际语言之一写成并签名盖章,然后**寄给我们(给中央委员会)**。

热切地向亚历山大(他怎么**只**批评我的草案[180]? 请把您的修改意见寄来!)和您问好,因为你们在斯堪的纳维亚左派中进行了卓有成效的工作。

您的　**列宁**

我想代表会议即使召开也未必会立即召开。不过要让霍格伦认真地**赶紧准备**。

他们是否同意我们的各国左派共同宣言(不管代表会议召开与否)?

从泽伦堡(瑞士)发往克里斯蒂安尼亚(现称奥斯陆)

载于1924年《列宁文集》俄文版第2卷

译自《列宁全集》俄文第5版第49卷第124—125页

122

致卡·伯·拉狄克

(8月19日)

亲爱的拉狄克同志:

随信寄还您的草案[181]。其中对社会沙文主义和(=)机会主义以及同它们的斗争只字未提!! 为什么要这样粉饰各社会民主党内的丑事并向工人群众隐瞒他们在社会民主党内的主要敌人呢?

关于同机会主义作无情的斗争,您是不是下定决心不同意公开讲一句话?

如果您告诉我德国人也去的话,我打算**提早两三天去**(即9月2—3日)(不然季诺维也夫一个人去)。

(您的草案太“学究气”,既不是战斗号召,也不是战斗宣言。)

您能否把您的草案寄一份给怀恩科普? 您**是否要求**他们(荷兰人)也去?

请把**我的草案**(您给怀恩科普的信中谈到的那个)的译文(德文)和1913年我们的决议(民族问题)的译文马上寄来。一共**两件东西**。

我们必须**全**力争取在9月5日之前出版我们的小册子(用德文)。我今天给卡斯帕罗夫去封信,请他帮助您再找一个翻译(在伯尔尼有金克尔同志)。您是否能(和卡斯帕罗夫)用“特快的速度”把这本小册子在一周内译出? 印刷呢? 能否在三四天内印出? 我们必须**全**力以赴,完成这项工作!

请立即回信。

您的 **尼·列宁**

从泽伦堡(瑞士)发往伯尔尼

原文是德文

载于1930年《列宁文集》俄文版第14卷

译自《列宁全集》俄文第5版第49卷第125—126页

123

致弗·米·卡斯帕罗夫

(8月19日)

亲爱的卡斯帕罗夫：

9月5日将在伯尔尼召开左派代表会议。

使我们小册子的德文本在这个日期**以前**出版，是**极为**重要的事情。

您能促成这件事吗？

——第一，到拉狄克那里去，帮助他念原稿，督促他坐下来翻译(俄文校样到那时还**不会**到手，很遗憾)；

——第二，同德国印刷厂订立合同(拉狄克知道是怎么一回事)；

——第三，到金克尔那里去，把这封信给他看，**请他帮忙翻译**(负担一部分)。

我知道，金克尔因为我请他翻译，快恨死我了。但事关紧要，迫切需要帮忙，也许他不至于过分生气。

请尽快用明信片答复我。

致最深切的敬意！

您的　**列宁**

从泽伦堡(瑞士)发往伯尔尼

载于1930年《列宁文集》俄文版第14卷

译自《列宁全集》俄文第5版第49卷第126—127页

124

致戴·怀恩科普

(8月19日和9月5日之间)

尊敬的怀恩科普同志:

拉狄克来信说,他已写信通知您代表会议(不是预备会议,而是正式会议)定于9月5日举行。拉狄克的草案您大概也知道了吧。我觉得这个草案太学究气(当然,这个意见并不要紧),而且——要紧得多的是——在最重要的一点上不能令人满意,而这一点,比如在哥尔特的小册子里,就提得很明确,也就是:要同机会主义作坚决的斗争。我们如果在工人面前对此默不作声,那就是故意隐瞒为取得**任何**切实结果所必需的情况。

请把您的意见以及你们中央委员会的意见告诉我。其次,你们党的代表是否一定来(如果不来,你们是否把委托书交给拉狄克,还是寄一份声明之类的东西?)。只要可能,就请写信到英国给英国社会党少数派,让这个少数派派出一名代表,或者至少寄一份声明。如果通过这次代表会议我们不仅能领教到某些领袖人物的外交伎俩(这类伎俩潘涅库克辛辣地嘲笑过),而且能制定一个马克思主义左派的国际原则宣言,那将是一件非常有益的事。

您知道的那个比利时国际主义者小组也应寄一份声明,或者把委托书交给您(一些党派的**一部分**来参加无疑也会是许可的)。能有一个反对王德威尔得的反沙文主义的反对派——即使人数极少——是非常重要的。凡事只是开头难!

听候您的回音。

致社会民主党的敬礼！

尼·列宁

附言：附上一份声明草案(法文本)——我还没有时间同朋友们一起讨论。这个草案我明天还要给拉狄克同志寄一份去。

从泽伦堡(瑞士)发往阿姆斯特丹

原文是德文

载于1960年《苏共历史问题》杂志第4期

译自《列宁全集》俄文第5版第49卷第127—128页

125

致亚·米·柯伦泰

(8月19日和9月5日之间)

亲爱的亚·米·：

原来9月5日不是开预备会议，而是开正式会议。这样一来，时间就很紧了。

您必须竭力设法派霍格伦或者最左最可靠的挪威人来，要他们一定不迟于9月3日到这里(应当从伯尔尼打电话给我：泽伦堡马林塔尔饭店(**卢塞恩州**)，电话**1.11**——(1.11))。

如果他们中间谁都**绝对**不可能来，那就叫他们立即(使我**一定**能在9月2—3日收到)把委托书用挂号信寄给或者把委托书转给我们中央委员会(正式的(德文或法文)委托书),或者(如果他们不同意出委托书)寄来自己的关于同中央委员会团结一致的声明+自己的原则宣言+(一定要)给代表会议的信并委托我们中央委员会代为宣读(同时,要是可能的话,代为投票表决)。

斗争的关键将是:在原则宣言中是不是宣布对**机会主义**=社会沙文主义进行无情的(直到分裂)斗争。正是在这个问题上,务必要把话讲得**尽可能**明确果断。

您是不是收到了这封信,是不是相信(是不是有信心?)会做到某项某项事情,请立即回我一张明信片。

敬礼!(向亚历山大问好!)

您的 **列宁**

从泽伦堡(瑞士)发往克里斯蒂安尼亚(现称奥斯陆)

载于 1924 年《列宁文集》俄文版第 2 卷

译自《列宁全集》俄文第 5 版第 49 卷第 128—129 页

126

致 E.И.里夫林娜

(8 月 19 日和 9 月 5 日之间)

亲爱的同志:前几天写给您一封谈到果雷的信。目前事态可以说是在从另一方面发展。定在 9 月 5 日召开的左派(国际)代表会议**不是**预备会议,而是正式会议。**梅尔黑姆**将从巴黎来(当然,这一切不要对别人说)。"我们的言论派"也要出席。瑞士法语区社会主义运动的左派代表果雷和奈恩为什么不出席(既然比他们两个人不彻底得多的格里姆都要出席)?请赶快设法去看看他们两个人,谈谈心里话,并且尽快地简复一信,告诉我这两个左派法兰西人的情绪怎样。您自然懂得,**目前正是**法兰西人反沙文主义者会在代表会议上产生非常重要的影响,而且由于梅尔黑姆的出席,影响就更大。

好吧,赶快回信!

向里夫林问好!

您的　**列宁**

从泽伦堡(瑞士)发往洛桑

载于1930年《列宁文集》俄文版第14卷

译自《列宁全集》俄文第5版第49卷第129—130页

127

致扬·安·别尔津

(8月20日)

亲爱的别尔津:

委托书[182]收到,非常感谢。请您别怕麻烦,**马上**寄给我一份同样的法文或德文的委托书,按照全部规格盖上印章等,并且务必在委托书的正文中补充一点:你们的党不仅一向是(现在也是)加入社会党国际局的一个党(而且在国际局还有自己的具有发言权的代表)。火速寄来。

致崇高的敬礼!

您的　**弗・乌里扬诺夫**

附言:如果您收到了我们寄去的手抄的俄文简短声明草案[183],请尽快转交给李维诺夫,请他译成英文立即寄给我。请回我一张明信片,告诉我您已经收到这封信。

从泽伦堡(瑞士)发往伦敦

载于1930年《列宁文集》俄文版
第14卷

译自《列宁全集》俄文第5版
第49卷第130页

128
致维・阿・卡尔宾斯基

(8月21日)

亲爱的维・卡・:现寄上200法郎。是不是请您再给库兹米哈"加一点油水"。有劳奔忙,非常感谢。奥丽珈的信收到了。柯巴来信问候并说他身体健康。关于小册子的事,请您随时用明信片告知,有无进展的"希望"(校样我还来得及作某些修改)。

敬礼!

您的　**列宁**

从泽伦堡(瑞士)发往日内瓦

译自《列宁全集》俄文第5版
第49卷第131页

129

致格·叶·季诺维也夫

(8月23日)

第1期(8月号)和第2期(9月号)①我同意。50页的文章——对不起,这只是您的幻想而已。

不要尤里参加代表团[184]。他语言不通。毫无必要。奉承他们只有害处。我们现有一位"女编辑"——您还想要一名"中央委员会代表团的代表"?不必了。

关于国内情况的报告我无法写。请把布哈林的信寄来。从报纸上**我什么也看不出来**。(只有一份《言语报》。)

可惜拉狄克的草案没有抄下来。既然要提修改意见,那就还应作如下补充:(1)要提到巴塞尔[185]

(2)秘密组织及其他。可是值得把修改意见给**他**寄去吗?(转托洛茨基?)

尤里来信说,《**我们的言论报**》只派托洛茨基**一人**去。这就更便于他们招摇撞骗了。

卡缅斯基会去吗?**我怀疑**!! 请立即给他去信,因为**您**同他谈过。

记得您讲过,格里姆希望代表会议**不要**在伯尔尼召开,是吗?那还去不去伯尔尼?如果去,9月1日嫌**早**。(或者您早些去,也

① 《共产党人》杂志第1期和第2期。——编者注

许您在那里有一些特殊的事情要办。)

亚历山大想回国去。我这就给他写信,支持他这个计划[①]。可惜缺少中央委员。假如柯伦泰女士不行(她将到美国去作专题报告并进行国际主义鼓动),就增补他吧。

柳德米拉**竟弄得**没有钱也没有护照!!(确实如此!)我看她哪里也去不成。

她带来一些法文书,我们阅后当即寄上(拉波波特的书请您一**看完**就退我,因为我没有来得及看完就寄给您了)。

敬礼!

您的　**列宁**

卡尔宾斯基给《共产党人》杂志写的文章怎么样了?

关于决议草案:我不是已经给您寄去了吗(=决议提要的草案)?您是否复制了一份?如果没有,我可以寄上。如果您要准备自己的草案,就要抓紧。

附言:《300年》一文我看不适用。必须改写,供公开刊物发表。

从泽伦堡发往黑尔滕斯泰恩(瑞士)　　译自《列宁全集》俄文第5版第49卷第131—132页

① 见下一号文献。——编者注

130
致亚·加·施略普尼柯夫

1915年8月23日

亲爱的亚历山大：

对您的旅行计划，我在远处很难提出确定的意见。我们的经济状况您是知道的，娜捷施达·康斯坦丁诺夫娜写得很详细(除了已汇的以外，答应在10月10日之前再汇600法郎＋然后过一个月再汇400法郎。合计1 000法郎。更多**目前**是没有希望的)。

一方面，需要特别谨慎。您有完全可靠的证件等等吗？

另一方面，正是现在，有一个非常熟悉情况而又能独立工作的人走访两三个中心城市，接上关系，建立联系，并**立即**返回瑞典向我们转交全部关系并讨论一下今后的局势，无疑将有利于事业。这件事极为重要。

《共产党人》杂志第1期过8—10天就可出版；然后再过同样的时间第2期也将出版(或出第1—2期合刊)。过一两天中央机关报第44号将出版。**附有全部文件的**论战争的小册子大约两个星期之后也将问世，现已付排。

俄国的事态已经充分证实我们的立场是对的，而社会爱国主义者蠢货们(从阿列克辛斯基到齐赫泽)竟然污蔑我们的立场是失败主义。事实证明我们是正确的!! 军事上的失败加速了沙皇制度的崩溃，也促进了俄国和其他各国革命工人的联盟。有人说：假如“你们”革命者战胜了沙皇制度，“你们”会有什么作为呢？我回答:(1)我们的胜利将使德国"左派"运动百倍迅猛地开展起来;(2)假如"我们"完全战胜了沙皇制度,我们就向各交战国提议在民主的条件下媾和,如果它们拒绝,那就进行**革命的**战争。

尽管真理派工人这个先进阶层(它是我们党的支柱)的队伍遭到了很大的破坏,但是它仍然保全了下来,这是很清楚的。极为重要的是,要使两三个中心城市的领导集团团结起来(**极其秘密地**),同我们建立联系,在国内恢复中央委员会俄国局(据说在彼得格勒已经有了)和中央委员会本身。要同我们建立牢固的联系(**如果需要**,可以带一两个人到瑞典来做这件事);这样我们就能寄送小报和传单等等。最重要的是建立牢固的、经常性的联系。

齐赫泽及其同伙很明显是在耍花招。他们是《我们的事业》杂志的忠实朋友,阿列克辛斯基对他们很满意(想必普列汉诺夫+阿列克辛斯基+他们的同伙已经看过《战争》文集了吧?真是可耻!!),他们在托洛茨基的导演下"扮演着"左派的角色!!我认为他们骗不了有觉悟的真理派。

如何决定请来信!敬礼!

您的　**列宁**

附言:亚·柯伦泰是否会答应帮助我们在美国出我们的小册子[186]的英文版?

从泽伦堡(瑞士)发往斯德哥尔摩

载于1924年《列宁文集》俄文版第2卷

译自《列宁全集》俄文第5版第49卷第132—134页

131

致维·阿·卡尔宾斯基

(8月23日以后)

亲爱的同志：

现将校样寄上。

是否还需要看第二次校样？如果需要，请寄来。

您是否能到日内瓦**资产阶级的**印刷所(有**德文**铅字和排字工的)打听一下，出这样一本小册子**估计**需要多少钱，96 000个字母，用8点铅字排两栏，每栏大约4 500个字母(如同您寄给我的《国际通讯》杂志一样)，用价格便宜的纸张，不加封面。请来信。

您的　**列宁**

从泽伦堡(瑞士)发往日内瓦

载于1929年《列宁文集》俄文版第11卷

译自《列宁全集》俄文第5版第49卷第134页

132

致维·阿·卡尔宾斯基

(8月23日以后)

亲爱的同志：

现寄上我对小册子所作的一处**极其**重要的补充[187]。务请督促补入,勿出差错。小册子如能在星期二或星期三出版,请用**快件**给什克洛夫斯基寄10—20本去。

致崇高的敬礼!

您的　**列宁**

从泽伦堡(瑞士)发往日内瓦

载于1929年《列宁文集》俄文版第11卷

译自《列宁全集》俄文第5版第49卷第134—135页

133

致索·瑙·拉维奇

(8月23日以后)

亲爱的奥丽珈同志:

现寄上校样。

您是否找到了19**13**年关于民族问题的决议?如未找到,我从这里给您寄上(决议尚未译成德文)。

敬礼!

您的　**列宁**

从泽伦堡(瑞士)发往日内瓦

载于1929年《列宁文集》俄文版第11卷

译自《列宁全集》俄文第5版第49卷第135页

134

致索·瑙·拉维奇

(8月26日)

亲爱的奥丽珈同志：

关于选举问题，我很难答复。初步印象似乎是，为什么在共和国不普遍进行选举？但除去初步印象我便一无所知：既不知道应当选人进去的那个机构是什么性质，也不知道这个机构中各个政党的态度；既不知道问题的来龙去脉，也不知道以往的经验教训。在这种情况下难于作出判断，因为单凭“初步印象”当然不够。

敬礼！

您的　**列宁**

附言：200法郎给库兹米哈加油是否起了作用？请经常用明信片告知“库兹米哈情绪变化的情况及成功的可能性”。您(我们也一样)讨厌库兹马，我是理解的，可又有什么办法呢？

从泽伦堡(瑞士)发往日内瓦

载于1929年《列宁文集》俄文版第11卷

译自《列宁全集》俄文第5版第49卷第135—136页

135

致格·叶·季诺维也夫

(8月26日和30日之间)

这样,我们增加了一名中央委员,特此致以祝贺!(亚历山大已被增补,今天得到通知。)

拉狄克和格里姆**根本不回信**!连给拉狄克的**清付回电费的**电报也未见回电……

(**您的**信,我早已寄给格里姆了。我想,您**已经**(或者就要)让什克洛夫斯基去当面质问他?)

小册子的事情突然有了进展(库兹马得了200法郎,发了慈悲……)……今天收到了一批校样。

如果以后您有**不同意见**(务必不要**讲左派**垮台。我们要保持沉默!有机会讲的!何况要垮台的是伊万和彼得,**而不是**左派),**就请打电话**给我,因为我已同奥丽珈谈妥,让她同我联系,出版的事由我负责。

敬礼!

您的　**列宁**

附言:如果围绕代表会议有什么急需的事情要做,请来电话。

托洛茨基在《**我们的言论报**》上为齐赫泽百般开脱,您看到了吗？您要作好准备**全力以赴**反对齐赫泽。要收集材料。

译自《列宁文集》俄文版第37卷第33页

136

致亚·加·施略普尼柯夫

(8月26日和30日之间)

转亚历山大

亲爱的朋友：

请您设法见到别列宁并转告他，他已被增补为俄国社会民主工党中央委员会委员。您当然明白，此事必须严守秘密。转告别列宁之后，您也应该把它“置诸脑后”(由于很明显的原因，我不直接给他写信了)。在这次旅行中，他的作用很重要，因为托洛茨基及其伙伴，即国外机会主义奴仆们正在拼命利用粉饰和吹捧齐赫泽党团(=《我们的曙光》杂志的最忠实的朋友)的手法来“遮盖”分歧和“挽救”《我们的曙光》杂志的机会主义。在俄国应当成立一些小组(由干练的、精明的、对战争问题有**充分**了解的真理派老工人组成)，其中的优秀分子(2—3人)应吸收到中央委员会中来。如有困难或怀疑，那就只成立**类似的**集体领导机构(例如，“全俄工人领导小组”或“委员会”等等，当然，问题并不在于名称)。

您手中的关系和对有经验的老工人的了解可以使您更好地协

助别列宁,当然,他会非常认真而谨慎地处理事务。目前最重要的是让他保重自己,去的时间**不宜过久**,并把**一切关系**都捎来。

致崇高的敬礼!见信后,请立即回信。

您的 **列宁**

附言:小册子的出版比我预想的要早。我已收到一部分校样。大概再过1—1½星期小册子和《共产党人》杂志第1—2期合刊就可出版。

目前在国外**将有**3个中央委员。在国内有一些候补中央委员(工人)和被捕的中央委员(也是工人,真理派的领袖)。

明天您将收到娜捷施达·康斯坦丁诺夫娜的更详细的信。要格外小心。又及。

从泽伦堡(瑞士)发往斯德哥尔摩

载于1924年《列宁文集》俄文版第2卷

译自《列宁全集》俄文第5版第49卷第141—142页

137
致索·瑙·拉维奇

(8月27日)

亲爱的奥丽珈同志:

请您办一件事:我们那本小册子的译本(德文的)必须加进宣

言的注释(关于欧洲联邦口号)。这个注释的原文[①]我已寄给您了,麻烦您复制一份,要清楚点(供译者用),并寄往下述地址:**伯尔尼**自由街15号利亚林先生(艾歇·米勒太太转)(附上一封信,说明是我请您寄去供小册子的德译本用的)。

敬礼!

您的　**列宁**

从泽伦堡(瑞士)发往日内瓦

载于1929年《列宁文集》俄文版第11卷

译自《列宁全集》俄文第5版第49卷第136页

138

致保·果雷

1915年8月28日

亲爱的同志:

从您来信中知道您基本上同意我的草案,我感到非常满意。代表会议应于9月5日举行。我们希望能有一些法语区左派社会党人出席会议。这一切工作由格里姆和莫尔加利组织。我看您如出席会议,会大有好处,因此,我请您立即写信给格里姆。

致衷心的敬意!

从泽伦堡(瑞士)发往洛桑

原文是法文

译自《列宁全集》俄文第5版第49卷第136—137页

① 见本卷第116号文献。——编者注

139

致格·叶·季诺维也夫

(8月30日以前)

请给美舍利亚科夫回信。

我建议叫什克洛夫斯基去当面质问格里姆(如果他9月1日去的话),或者给他打电话。一定要得到格里姆的答复。

工作报告(或关于国内情况的报告)[188]由您来执笔吧(如果需要,我就把《言语报》寄上)。

我认为我们有决议就够了(草案已有,是"提要",可以修改)。还要宣言干什么?如果我们同拉狄克能协调一致,那时我们再写不迟。如果不能协调一致,而只有我们一方,那么一再发表宣言给谁看呢?

向大家问好!

您的 **列宁**

从泽伦堡发往黑尔滕斯泰恩(瑞士)

译自《列宁全集》俄文第5版第49卷第137—138页

140

致格·叶·季诺维也夫

(8月30日)

今天——星期一早晨——仍未见拉狄克对已付回电费的电报

有什么答复!! 莫非"格里姆周围"有人在搞反对拉脱维亚人的阴谋?? 难道可能不邀请他们吗!? 如果我明天动身[189],会发电报给您,那时您就乘**第一班**火车赶来。请随身带上**全部**材料(什么也不要忘记:《**保险问题**》杂志,《**我们的事业**》杂志,《**我们的言论报**》,**挪威人的信**,以及所有有关的材料)。

柯伦泰女士有明信片来。她正在大力活动。

敬礼!

列　宁

从泽伦堡发往黑尔滕斯泰恩(瑞士)

译自《列宁全集》俄文第5版第49卷第137页

141

同参加齐美尔瓦尔德国际社会党代表会议的一位代表互递的便条[190]

(9月5日)

你们想要开除**唯一的**采取**左派**观点的德国集团,可又不愿公开说出这一点。

但你们留下来了!而且留了你们三个!你们可是左到了极点!我们并没有驱逐你们!

原文是法文

译自《列宁文集》俄文版第38卷第167页

142

致格·叶·季诺维也夫

(9月5日以后)

寄上格里姆的来信和给他复信的草稿(背面)①。

给日本人的复信,如果您不愿自己修改(也不愿以您个人的名义给他们写信)的话,请寄给我修改(末尾部分)。

爱国主义者的宣言我**没**有。

要提醒组织委员会,在1911年沙·拉波波特+格·普列汉诺夫的(不是我们的)刊物上谈到:取消派拿了钱"才承认党,每个月只有一天承认党"。要知道这是历史文献,为什么我们要保持沉默?

我们还有1912年1月的决议[191]和**能证实我们有权的**社会党人律师的结论。

为什么我们要保持沉默?

> 再写一篇评论登在中央机关报上:为了在决议上**签个名**,还居然伸手要钱!

(真的,这样做比较好:大家都会读到的)

或者,最好**写得详细一点**(让这帮恶棍挨一记**久久难忘的**耳光)。

(他们不敢!)

① 见信末附录。——编者注

(1)我们有一项**决议**(1912年1月决议)。他们**一项也没有**(因为他们知道他们的要求是**不正当的**)。(尽管1912年9月他们召开过代表会议[192]。)

组织委员会根据什么决定伸手要钱呢?我们根据1912年1月的决定!!而他们呢?他们是1912年9月才选出来的。而决议在哪里呢?

(2)我们有**社会党人**律师的结论(通知过蔡特金)。

(3)我们要痛斥他们签署决议(对照1910年1月)**就伸手要钱**的卑鄙手法。

(4)他们为要得到**别人的**钱而争辩不已,却使国际社会党委员会[193]得不到**经费**。

(6)①组织委员会同《**我们的曙光**》**杂志**从资产阶级那里得到数以千计的经费,却还想从我们这儿窃取钱款!

(显然,组织委员会想提出**新建议**:由仲裁法庭即**国际社会党委员会**裁决。应明确回复,我们不会同意搞什么仲裁法庭。)

致罗·格里姆的信的草稿

尊敬的同志:

我们乐于从**我们的**经费中(即从克拉拉·蔡特金女士无理地非法地扣留的那笔钱[194]中)拿出5 000法郎给伯尔尼国际社会党委员会,但是须由组织委员会的先生们及其朋友和友好团体根据

① 手稿上没有(5)。——俄文版编者注

文件公开声明,这笔经费(对此这些先生十分清楚)属于我们,只属于我们;并且得等到这笔钱归还原主即我们以后。

致党的敬礼!……

原文是德文

译自《列宁文集》俄文版第38卷第167—169页

143

致伯尔尼国际社会党委员会

(9月5日以后)

尊敬的同志们:

很遗憾,在目前战争时期,我们党的经费非常非常不足,致使我们党在国内的活动都受到损失。尽管如此,我们还是决定提供为数仅200法郎的钱给国际社会党委员会使用。这笔钱将尽快寄给你们。

至于说到"共有的"党的经费,这只不过是组织委员会先生们玩弄的骗局。根本没有什么同样也属于这些先生的"共有的"党的经费。有一笔党的经费,它直到现在还为克拉拉·蔡特金女士非法地扣留着,但是这笔经费**只属于我们党,即中央委员会**。1912年党的一月代表会议在一项专门决议里已表明了它对这笔党的经费的态度。其他任何代表会议(甚至那个产生了所谓组织委员会的代表会议)都不敢奢望染指于**我们**这一笔党的经费。由法国**社会党人**律师组成的委员会根据证据对此案作了审查,并建议蔡特金同志把钱归还原主,**也就是归还我们**。如果说这还没有付诸实现,那只是由于组织委员会的先生们提出了不合理的无根据的奢望。

假如现在蔡特金同志终于把我们这一笔党的经费归还我们,那么我们愿拿出更多的钱款给国际社会党委员会使用。但是,关于上述经费是否确实属于我们或者还属于其他什么人的问题,我们当然是不屑于同任何人争论的。

致党的敬礼!

代表中央委员会

尼·列宁

原文是德文

译自《列宁文集》俄文版第38卷第170页

144

致亚·米·柯伦泰

(9月8日和13日之间)

亲爱的亚历山德拉·米哈伊洛夫娜:要是您的旅美计划完全落空了,可是非常遗憾的。我们对这次旅行寄予不少的希望,希望在美国出版我们的小册子(《社会主义与战争》;这几天您就会收到),希望同芝加哥的出版商查理·克尔建立联系,希望团结国际主义者,最后,希望得到财政方面的帮助,而为了进行您来信谈到的所有那些**俄国国内的**迫切工作,我们非常需要这种帮助(您也正确地强调了这些工作的迫切性,指出我们最好能更接近俄国,但在这一点上,**首先**遇到的是财政方面的障碍,其次是警察方面的障碍,不知能不能安全到达……)。

如果您这次完全肯定去不成了,就请您仔细考虑一下:您能不能(通过同查理·克尔等人联系)帮助我们用英文出版我们的小册子?这**只有**在美国才有可能办到。我们这本小册子的德文本就给您**寄去**。请尽量在斯堪的纳维亚国家中出售(即使收回该书的一部分费用,对我们也是极其重要的,否则我们就**不能**出版该书的法文本!)。

请您**更详细地**、具体地、经常地告诉我们(如果您不到美国去的话),国内到底出现了哪些具体问题,是谁提出的,怎样提出的,在什么情况下、什么处境下提出的。所有这一切对于刊印传单极其重要,而刊印传单,正如您正确指出的,是件**迫切的**工作。关于左派代表会议[195]的情况(在代表会议上虽然我们也在宣言上签了名,但是我们紧密地团结成了反对派),一部分将由**您**派来的代表[196]告诉您,一部分我们还要写信告诉您。

(没有钱,没有钱!! **主要的**困难就在这里!)

致崇高的敬礼!

您的　**列宁**

从泽伦堡(瑞士)发往克里斯蒂安尼亚(现称奥斯陆)

载于1924年《列宁文集》俄文版第2卷

译自《列宁全集》俄文第5版第49卷第138—139页

145

致格·叶·季诺维也夫

(9月8日以后)

关于代表会议的中央机关报**专**号应当着手准备了。**题目**或**文章**[197]大致是：

1. 会前情况以及第三国际。
2. 工作报告(**突出**巴尔干国家)。
3. 同累德堡的辩论(原则性的争论)。(德国人的三种不同意见。)
4. 代表会议的意义(走向第三国际的第一步，**朝着**同机会主义**分裂**的方向走出的畏缩而又不彻底的一步。“旧病复发”的可能性)。(同妇女代表会议对比)
5. 我们的决议和我们的宣言草案，我们关于宣言的声明。
6. 崩得和组委会分子+托洛茨基(群众行动)。
7. 正式宣言。

您是否同意第3项和第4项由我来写？

让我们把这一号中央机关报赶快搞出来吧。

现寄上鲍威尔的文章。

请**务必**寄来：

(1)列金文集+……①

① 手稿中此处的一个词无法辨认。——俄文版编者注

(2)论李卜克内西的小册子。

拉狄克的信**请退我**。

传单的提纲已拟好,明天就寄,是一份详细的提纲。

敬礼!

您的 **列宁**

附言:荷兰人给中央委员会的信[198]被我**遗失了**!信中提到反对参加代表会议的极其重要的理由。

从泽伦堡发往黑尔滕斯泰恩(瑞士)

译自《列宁全集》俄文第5版第49卷第139—140页

146

致格·李·什克洛夫斯基

(9月13日)

亲爱的格·李·:请尽快把德文版小册子和法文版决议各寄3份给我。(什么价钱?有没有希望便宜一些?在瑞士发售德文版小册子的合同签订了没有?请函告。)

请按下述地址寄10本德文版小册子和2份法文版决议:挪威**克里斯蒂安尼亚** 霍尔门科伦旅行者之家 亚·柯伦泰女士。(请函告寄出的**日期**。)

请催拉狄克快点把正式通过的宣言[199]的抄件寄给我。有急用。请到拉狄克那儿去一两趟,一定要把这件事办好。应当同他谈谈(不光是谈,还要**认真地**安排、张罗、办理、检查)在瑞士发售德文版小册子的事情。应当设法弄到各城市(包括日内瓦)的**德国**工人协会和工人俱乐部的地址,取得联系,通通信,做出成绩。**这都是您的事情**。请加紧进行。

敬礼!!

您的　**列宁**

从泽伦堡(瑞士)发往伯尔尼

载于1929年《列宁文集》俄文版第11卷

译自《列宁全集》俄文第5版第49卷第142页

147

致维·阿·卡尔宾斯基

(9月13日)

亲爱的维·卡·:我因事离开了几天(我请求把所有的东西寄往日内瓦,只是指这一段时期;现在仍请把**所有的东西**——包括小册子——寄到泽伦堡来)。[200]

我回来的时候,才看到您问及罗兰那些文章的来信。您没有收到这些文章,这使我非常不安。大约两星期以前,也许更早些,我已经把这些文章**放在信里**寄给了您![201]而且丢失平信的事,直到现在,在瑞士还没有发生过。会不会搞错了?会不会是您**不在的时候**别人收下了这些文章?请写信告诉我。如果没有人收下也不会搞错,如果您没有这些文章,我当然要尽一切办法替您搞到

(既然是我把它们弄丢了)。或者我去买这一份报纸,或者(如果买不到)在图书馆里借了**替您抄一份全文**。千万请您原谅,并且请您尽快地回信告诉我情况。如果您需要抄本,**是不是很急**?请**坦率地**告诉我。

敬礼!

您的 **列宁**

为什么我收不到《生活报》[202]了?难道不交换了吗?能不能请您打听一下?还有《前进》杂志[203]呢?关于组委会分子的文集[204]和崩得的刊物,听见些什么消息?《共产党人》杂志第**1—2**期合刊**出版了**。**这是真的**。

从泽伦堡(瑞士)发往日内瓦

载于1929年《列宁文集》俄文版第11卷

译自《列宁全集》俄文第5版第49卷第143页

148

致格·叶·季诺维也夫

(9月13日以后)

现寄上拉狄克的信和他的**报道**[205]。后一件请尽快退给他(附上批评意见:报道写得不够有力,对我们的小册子,对阿克雪里罗得等人为《我们的曙光》杂志所作的辩解只字未提)。

您有许多助手,请组织人复制拉狄克的报道。

寄上传单提纲[206]，**请尽快**退我。

敬礼!

列　宁

注意 ‖ 请问一下伊涅萨，她是否从我这儿拿走了登有罗曼·罗兰的文章的《日内瓦日报》!

请您务必仔细找找，一定要找到。

从泽伦堡发往黑尔滕斯泰恩(瑞士)

译自《列宁全集》俄文第5版第49卷第143—144页

149

致格·叶·季诺维也夫

(9月16日以前)

寄上拉狄克的信。(我给他回信时表示了赞许。)请退我。

我要写一篇关于代表会议的报道[207]，请把您的**全部**材料寄给我。

我是不是把我的**全套中央机关报**忘在您那里了?

敬礼!

您的　**列宁**

最好叫伊涅萨把小册子译成法文。[208]

从泽伦堡发往黑尔滕斯泰恩(瑞士)

载于1930年《列宁文集》俄文版第14卷

译自《列宁全集》俄文第5版第49卷第140页

150

致格·叶·季诺维也夫

(9 月 19 日以前)

寄上尤里的回信,还有一篇给中央机关报的文章(我要再改一遍)。我已写信给奥丽珈。恐怕那里没有指望。请从本特利那里摸摸情况。

寄上小册子一本,是我刚收到的。

两本德文新书怎么样了?

敬礼!

您的 **列宁**

附上社会革命党人的两封信[209]。

很有代表性,是吗?

这两封信给大家看过后请退我。

我无法从拉狄克那里得到决议草案。

从泽伦堡发往黑尔滕斯泰恩(瑞士)

译自《列宁全集》俄文第 5 版第 49 卷第 145 页

151

致卡·伯·拉狄克

(9月19日)

亲爱的拉狄克：

很感谢您给我寄来了宣言和报告[210]。

(1)能不能**免费**弄到20份这一号《**伯尔尼哨兵报**》，以便分送给我党各小组？

(2)宣言上面，“**革命的**无产阶级的阶级斗争”这句话中换上了“**不可调和的**”一词。难道格里姆这样做是**光明正大的**吗？

(3)报告中**没有**谈到有一部分($\frac{1}{10}$)**德国**代表(和$\frac{1}{3}$瑞士代表)在我们的决议草案上签了名。

难道格里姆这样做是光明正大的吗？

请谈谈您的意见：我们是不是应当**正式**写信给格里姆谈谈这一点？

(4)格里姆是不是保证，我们的草案和我们的声明将全文收集在**详细的**报告(会议记录)中？

是，还是不是？

(5)报告中有许多不确切的地方，关于表决情况(对我们的草案)**一字未提**!!

关于分裂和解散**这个**执行局(格里姆及其同伙)的问题[211]，并

没有进行表决。

我们应当采取某种行动。

您的　**列宁**

附言:请您把我们的草案和我们的声明[212]寄给我。

格里姆**一字不提**我们的小册子[213](=报告)！真是滑头!!

从泽伦堡(瑞士)发往伯尔尼

原文是德文

载于1930年《列宁文集》俄文版第14卷

译自《列宁全集》俄文第5版第49卷第145—146页

152

致维・阿・卡尔宾斯基

(9月19日)

亲爱的维・卡・:小册子我们尚未收到。我们想出版一号中央机关报合刊,刊登关于国际左派伯尔尼代表会议的报道。库兹米哈最近怎么样?是否能通过付清小册子排版费的办法再给她加点油水(你们会计处不是还有钱吗)?还是毫无指望?因而最近**无法**出版?请来信告知,能否了解到一些情况,还是什么情况也了解不到。

叶戈尔的信都收到了,**日内给他回信**,请您转交。

握手!

您的　**列宁**

从泽伦堡(瑞士)发往日内瓦

载于1929年《列宁文集》俄文版第11卷

译自《列宁全集》俄文第5版第49卷第146页

153

致维·阿·卡尔宾斯基

(9月19日)

亲爱的维·卡·:现寄上《日内瓦日报》——原来是我动身前放起来的,后来忘了。现已找到,真使我高兴得要命,否则太对不起您了。

关于中央机关报,如果指望不了库兹米哈,格里戈里建议就在伯尔尼出版(这一号——合刊——共4版,是谈左派代表会议)。"为了万无一失",请就此事来封短信(因为我深知在库兹米哈面前我们大家都无能为力)。

关于专题报告,我希望大约在10月上半月作,题目是:《1915年9月5—8日国际社会党代表会议》[214]。**如果合适**,我们就**事先**安排(或许您也**给其他城市**印一些海报,城市名称和日期空着)——这能否提供一笔收入(我极需钱用),时间是否适当等等。关于代表会议,**各个方面**(社会革命党人,《我们的言论报》以及其他方面)**都**会**发表文章**,而我则要讲讲会议的**详细情况**。

我马上写信去苏黎世给哈里东诺夫。①

致崇高的敬礼!

您的 **列宁**

附言:附上给社会革命党人"叶戈尔"的一封信。**阅后**请转给他。如果方便,请和他谈谈并来信告诉我,您对他和他的朋友们有什么看法。这都是些什么人?

从泽伦堡(瑞士)发往日内瓦

载于 1929 年《列宁文集》俄文版第 11 卷

译自《列宁全集》俄文第 5 版第 49 卷第 147 页

154
致莫·马·哈里东诺夫

1915 年 9 月 19 日

亲爱的同志:我想大约在 10 月上半月在苏黎世作一次关于"1915 年 9 月 5—8 日国际代表会议"的专题报告[215]。如果题目合适,并且能得到一笔哪怕是微小的收入,请来信。(关于这一点我也写信通知日内瓦;应当事先商定**日期**,我请他们在日内瓦印好一些通用的海报,城市名称和日期空着。)请赶快把您的意见通知我。

顺便问一句,能不能把新近在苏黎世出版的阿克雪里罗得论

① 见下一号文献。——编者注

国际社会民主党的任务的德文小册子寄给我？很想看一看。

(我们将在中央机关报上登载关于代表会议的文章——以后《**我们的言论报**》和**社会革命党人**等等也会发表文章。但是我要比报纸谈得详细，而且作出评价和结论。)

致崇高的敬礼！

您的　**列宁**

从泽伦堡(瑞士)发往苏黎世

载于1930年《列宁文集》俄文版第14卷

译自《列宁全集》俄文第5版第49卷第147—148页

155

致亚·加·施略普尼柯夫

9月19日

亲爱的亚历山大：您那些报告运输情况良好的信我们已经收到，这使我们非常高兴。关于在瓦尔德发现的书刊，请您尽力保护并且**全部**抢救出来——把全套《**无产者报**》和《**前进报**》寄给我们，小册子(1905年的老版本)我们也有用处，既然一般讲来有运输的可能，那就值得把它们运回国内。[216]

昨天已经从外国报纸上看到"解散"杜马的消息[217]。显然，反动派不是被左派联盟吓坏了，就是想利用某种"军事上的"机会(或者利用单独媾和?)进行投机。我们对待革命沙文主义者(如克伦斯基和一部分社会民主党人取消派或爱国主义者)的态度，我想不能说成是“支持”。在革命沙文主义者(为了战胜德国而革命)和革命的无产阶级国际主义者(为了唤醒各国的无产阶级,使他们在共同的无产阶级革命中团结起来而革命)之间的分歧太大了,根本谈不到支持。我们应当**利用**一切抗议(甚至像高尔基那样胆小和混乱的抗议),我们也要**利用**沙文主义者的革命活动,偶尔也不拒绝“共同行动”(根据1907年我党伦敦代表大会的决议和1913年我们的会议的决议[218]),但是不能越出这个范围。在目前的实践中,我们不会同革命爱国主义者一起发表共同的号召和宣言,**避免**同他们结成杜马中的“联盟”,避免在各种代表大会上,在游行示威的时候同他们“联合”行动,如此等等。但是,**技术上的**互相帮助——如果爱国主义者要求的话,——也许是可能的(像1905年以前同自由派那样),我们也不会拒绝。态度应当**明确**,你们想推翻沙皇制度是为了战胜德国,我们是为了无产阶级的国际革命。

我们很少得到国内来的消息。同国内保持秘密通信这样比较简单的事情(这在战争时期也是完全可能做到的)竟搞不好,真是气人。这是一件迫切的工作。(我想您同**娜捷施达·康斯坦丁诺夫娜**已经在信里商量过这件事的**一切细节**,并且还会尽可能更详细地写信协商。)建立正常的联系,写信从国内至少请两三位做领导工作的工人来,哪怕只是到瑞典来,仔细地谈谈和通通信,好使大家完全“协调一致”,这是一件最迫切的工作。我希望别列宁的这一趟旅行[219]能使这方面的情况得到重大的改善,在短期内办妥此事,收集关系,收集消息——这是目前全部工作的关键,做不到这一点就谈不到考虑今后的事情。

我们正在考虑印一批运往俄国的宣言和传单的计划。还没有确定在这里还是在斯堪的纳维亚国家印。应该选择费用最低的地方,因为远近并不重要。[1]

紧紧握手并祝一切都好!

您的　**列宁**

从泽伦堡(瑞士)发往斯德哥尔摩

载于1924年《列宁文集》俄文版第2卷

译自《列宁全集》俄文第5版第49卷第148—150页

156

致亚历山德罗维奇

1915年9月19日

尊敬的同志:您的信已由柯伦泰同志转寄给我。我看了一遍,又仔细地看了一遍。您对侨民们表示强烈不满,这一点我理解,因为他们显然使您大失所望。但是,据我看,1905年的经验已经证明,侨民并不全是一样的。有一部分侨民在1905年以前就制定了革命社会民主党的口号和策略,1905—1907年立即与工人阶级的**各种**形式的革命群众运动紧密地结合在一起。我认为,目前也会这样。只要口号对头,只要策略正确,那么工人阶级群众在革命运动发展到一定阶段时就必然会在这些口号下**聚集起来**。您信中谈到,对人民来说,"普列汉诺夫徒有虚名"。我不能同意这点,尽管在这一点上我们之间的分歧也许只是表面的。普列汉诺夫是现时十分流行的"人民"爱国主义最突出的和在俄国**享有声望的**代言人

① 在手稿中,最后两句已删掉。——俄文版编者注

(这种声望是资产阶级和取消派的报刊吹捧出来的)。我们揭露普列汉诺夫,实质上就是在回答人民中间所产生的一大堆问题、想法、怀疑等等。当然,一个聪明的宣传鼓动家应该用**另一种**语言来**传达**革命的马克思主义者-国际主义者同普列汉诺夫的争论,应该用另一种方法来处理问题,应该考虑到周围环境的特点,等等,等等。

其实,您自己大概也是这样看的,因为您只把"左派"(社会革命党人和社会民主党人中间的)分出来,而我们同普列汉诺夫之流进行争论正是在确定和区分各种派别。

您认为派人去俄国是一项迫切任务,这个意见完全正确。我们最近在这方面正在**尽力而为**。

几天前我还收到一个社会革命党人的来信,他说在俄国劳动派+人民社会党人+社会革命党人的代表会议[220](沙文主义者的代表会议)开过之后,他对社会革命党已不再抱什么希望了。我也认为,**该党**未必有生气勃勃的分子。不管怎样,我认为事实是,俄国现在存在着两大**革命**派别,即:革命沙文主义者(推翻沙皇是为了战胜德国)和革命的无产阶级国际主义者(推翻沙皇是**为了**援助无产阶级的国际革命)。除了个别情况下偶尔采取一些"共同行动"外,这两派之间的相互接近我看是不可能的,也是有害的。战争已把欧洲**各**大国的无产阶级联系在一起,战争已把实现无产阶级团结的任务提上**议事日程**。这无疑是一项艰巨的任务,然而这是现实生活提出来的,也是无法回避的。

如果您将去俄国工作并想帮助左派社会革命党人和左派社会民主党人,那么我建议您分别对他们两方面给予帮助,帮助他们各自的小组——无论是各地的小组之间,还是与国外中央机关之间——**建立联系**①。分别地帮助社会民主党人和社会革命党人。那样做**效果**将是肯定的,纠纷将会**少一些**。**当有条件的时候**,相互之间的接近将会正常一些,信任将会增多一些。

祝一切顺利和一切都好!

致社会主义的敬礼!

列　宁

附言:给我写信可用我们在日内瓦的《社会民主党人报》上刊登的地址。

从泽伦堡(瑞士)发往克里斯蒂安尼亚(现称奥斯陆)

译自《列宁全集》俄文第5版第49卷第150—152页

157

致格·李·什克洛夫斯基

(9月19日和24日之间)

亲爱的格·李·:

我实在不明白,拉狄克到底是怎么一回事。我好几次请他寄给我:

(1)我们(即中央委员会+拉脱维亚+波兰社会民主党+瑞典+挪威+博尔夏特+普拉滕)的决议草案的抄件(德文的);

① 由于建立这种联系,无论是社会革命党人还是社会民主党人的出版物都会**得到好处**,都会办得更加生动,更有成效,更接近人民。

(2)我们(上面那些集团)在代表会议上关于表决的声明(说明我们不同意宣言但是投了**赞成**票的理由)的抄件;

(3)我们(上面那些集团+罗兰-霍尔斯特)对累德堡的最后通牒表示抗议的声明[221]的抄件。

拉狄克却一直不答复!

但是我为了中央机关报**需要**这些东西。

看在上帝的面上,请您走一趟,把事情查问清楚。(如果拉狄克那里没有,难道格里姆**不**让他**转抄**?真是太可耻了!)

敬礼!

您的　**列宁**

从泽伦堡(瑞士)发往伯尔尼

载于1929年《列宁文集》俄文版第11卷

译自《列宁全集》俄文第5版第49卷第152页

158

致卡·伯·拉狄克

(不晚于9月20日)

亲爱的拉狄克:

给怀恩科普的信已经寄出。

报道**和您的**信也给格里戈里寄去了。

您大概没有**我们的声明**(表明我们不满意宣言,指出它的不彻底性等等的声明)**的抄件**吧?我们把声明交给了执行局,格里姆还宣读过。我们**十分需要这个声明的抄件**。格里姆会不会不让您转抄？如果他不让，那简直是胡闹!!!

附言：这就是格里姆的“保密”！全世界已经什么都知道了！还有《前进报》[222]的那批愚蠢的意大利人。真是太可耻了！

您的　**列宁**

从泽伦堡(瑞士)发往伯尔尼

原文是德文

载于1930年《列宁文集》俄文版第14卷

译自《列宁全集》俄文第5版第49卷第144页

159

致卡·伯·拉狄克

(9月21日以后)

亲爱的拉狄克：

谢谢您寄来了公报[223]。

关于钱的问题，我将同格里戈里商量。我们现在正陷于贫困当中!!

但最要紧的事情是：您为什么不提我们的(**您的**最近的)**决议草案**？我**现在迫切**需要它(还有我们在表决宣言时发表的声明)!!!

您那里一定有一份！您为什么不给我寄来？

还是因为格里姆？难道他不让您转抄？**请回信**。

格里姆的“**光明正大**”只是空话。他故意不提博尔夏特的名字[224],真不像话。

敬礼!

您的 **列宁**

从泽伦堡(瑞士)发往伯尔尼

原文是德文

载于1930年《列宁文集》俄文版第14卷

译自《列宁全集》俄文第5版第49卷第152—153页

160

致格·叶·季诺维也夫

(不早于9月24日)

现将阿克雪里罗得的文章①、《**新时代**》**杂志**(请勿遗失,请勿转借)和《公报》第1号寄上。我在等德文版小册子。

给日本人的信我看这样写不合适。这是决裂的语气,要决裂也不能因为这个决裂。这封信要么您以个人的名义发出,要么我们彻底改写(用善意规劝和**谨慎**指出错误的语气)。

寄上拉狄克的信(请退我)。他天真到了极点。格里姆是个坏蛋,对他可要特别当心。(我至今仍然得不到我们的决议草案!!!)

① 真是个白痴!“策略的国际化”=工人立法的国际化!! 这种提法马尔土什卡在《**我们的言论报**》上也悄悄地用过,不过巧妙得多。我真想在《共产党人》杂志上狠狠地揭露阿克雪里罗得。

附上加米涅夫的信。我已给他回信指出情况(恶化)严重,要认真加以纠正。

请您为中央机关报写社论,**但不要超过10 000个字母**。(否则容纳不下!)一定要在社论里加进严厉驳斥组织委员会传单(1915年9月3日《俄国无产阶级的任务》一文)中**立宪会议**口号(自由派的口号)的内容。要支持我们的**三条鲸鱼**,反对立宪民主党人,反对革命沙文主义者,支持无产阶级的国际革命。①

请您再等一天(暂且不要给中央机关报写关于国内的文章)。

明天我给您寄去《俄国无产阶级的任务》一文,也许还有我自己写的草稿。

敬礼!

列　宁

从泽伦堡发往黑尔滕斯泰恩(瑞士)

译自《列宁全集》俄文第5版第49卷第153—154页

161

致格·李·什克洛夫斯基②

(9月26日)

亲爱的格·李·:

(1)请您给柳德米拉**50**法郎。等我到达后再同您结算。

---

① 本段在手稿中已删掉。——俄文版编者注

② 这是写在娜·康·克鲁普斯卡娅信上的附笔。——俄文版编者注

(2)是否能再弄到5—10份《公报》(格里姆的)第1号?如果要不到,就请买5份。

从泽伦堡(瑞士)发往伯尔尼

载于1929年《列宁文集》俄文版第11卷

译自《列宁全集》俄文第5版第49卷第154页

162

致格・叶・季诺维也夫①

(9月26日和10月5日之间)

现寄上格里姆的信和复信的草稿[225]。

我们应该**加紧干,发挥自己的作用**。

中央机关报出了麻烦。已经寄去的约有75 000个字母(共计84 750个字母),我把法国人+德国人的宣言[226]**忘了**。

加上这篇宣言,全部篇幅就占满了。

我建议:本号作为代表会议专号(下一号专谈国内情况)。

已出版的《生活报》附刊中只有《公报》第1号的译文。**《我们的言论报》全部开了"天窗"**。[227]

敬礼!

列　宁

① 这是写在娜・康・克鲁普斯卡娅信上的附笔。——俄文版编者注

我已详细地答复了布哈林。

注意‖　应当给他写得详细些,经常写。

您如同意我给格里姆的复信,请寄给**什克洛夫斯基**,让什克洛夫斯基去找拉狄克,要**他**翻译出来。如不同意,请退我。

我们将在星期日或星期一去伯尔尼。

寄上日本人的一封信。**请退我**。编辑部会议怎么办?(在《共产党人》杂志第3期上最好登两篇关于代表会议的文章。)

从泽伦堡发往黑尔滕斯泰恩(瑞士)

译自《列宁全集》俄文第5版第49卷第154—155页

163

致亚·加·施略普尼柯夫

(9月26日以后)

亲爱的亚历山大:传单的事[228]您准备搞,太好了。我们正在拟定传单的详细提纲,很快就会寄给您和尼·伊—奇。但请您记住,尽管如此,还是务必要请尼·伊·写传单时一式两份(用复写铅笔和黑色复写纸),第二份请您(或者他自己)马上寄给我们。由于传单是**很**重要的、**最**难写的一种文件,因此必须仔细加以考虑和集体进行商量。在排字、印刷和运输都很缓慢的情况下,由于邮寄此地而造成的时间上的损失,比较起来就不算很大,这无论如何不能同经过深思熟虑的号召的重要性相比。

你们打算在传单上怎样署名？您忘了提这一点。

柯伦泰写小册子[229]的意图很好。但这是一个很难写的题目；写得这样通俗也很不容易。我看需要修改。我已经给她去信谈到这一点，请她同意修改。如果她答应，我已经准备好一个修改的方案，那时事情会进行得很快。

关于我们到贵国旅行[230]一事，一因财力不足(路费和那边的生活费都很昂贵)，二因警方的态度可疑，因此还没有作决定。也许我们得等别列宁回来，听听从家乡带来的消息再说。

紧紧握手！

您的 **列宁**

从泽伦堡(瑞士)发往斯德哥尔摩

载于1924年《列宁文集》俄文版第2卷

译自《列宁全集》俄文第5版第49卷第155—156页

164

致维·阿·卡尔宾斯基

(10月1日和6日之间)

亲爱的同志：苏黎世的专题报告定于10月(十月)23日，星期六举行。

如果有可能，请您把日期定在大约前两天或者后两天(关于题目…… 我目前还没有别的…… 如不合适，则是否暂缓作出决定?)……

寄上给中央机关报第**45—46**号(合刊,4版)的材料。

其余部分日内再寄上。

敬礼!

您的　**列宁**

[剩下的活字版请勿拆掉。]

从泽伦堡(瑞士)发往日内瓦

载于1929年《列宁文集》俄文版第11卷

译自《列宁全集》俄文第5版第49卷第156页

165

致维·阿·卡尔宾斯基

(10月1日和6日之间)

亲爱的同志:现寄上一些给中央机关报的材料。我估计,已寄上的约有74 750个字母(总共是4版,84 750个字母)。还将寄上一份声明和一篇文章。

请寄两份校样来:我一份,格里戈里一份。

您看第45号何时可以出版?

22日和20日将分别在苏黎世和日内瓦作专题报告。那么,就算定下来了?

已附去的给叶戈尔的信,阅后请转交给他。

敬礼!

您的 **列宁**

从泽伦堡(瑞士)发往日内瓦

载于1929年《列宁文集》俄文版第11卷

译自《列宁全集》俄文第5版第49卷第157页

166

致维·阿·卡尔宾斯基

(10月1日和6日之间)

亲爱的同志:

现寄上余下的材料。文章编排顺序附后。校样及给我的所有东西请按新地址寄来:

弗拉·**乌里扬诺夫**先生

伯尔尼 留局待领邮件

请把全部校样寄给格里戈里。

敬礼!

您的 **列宁**

第45—46号合刊的文章顺序:

1.宣言。

(1[a])　　　　(1[b])

补1:表示同情的决议+　　**再补1**:法国和德国代表团的声明(**宣言**)。**此**宣言请按附上的《生活报》发表的文本**排版**。

注意:

2.战争与俄国的革命危机。

3.第一步①。

4.第一次国际代表会议。

5.革命马克思主义者②。

6.工作报告选登。

7.决议草案。

8.宣言草案。

9.我们俄国的所谓国际主义者。

10.普列汉诺夫及其伙伴。

从泽伦堡(瑞士)发往日内瓦

载于1929年《列宁文集》俄文版第11卷

译自《列宁全集》俄文第5版第49卷第157—158页

① 《第一步》(见本版全集第27卷)。——编者注

② 《1915年9月5—8日国际社会党代表会议上的革命马克思主义者》(见本版全集第27卷)。——编者注

167
致维·阿·卡尔宾斯基

(10月6日)

亲爱的同志:今天收到校样(好像是最后一批),我们今天就寄出去。文章编排顺序已经寄出,因此我想合刊(定价20生丁)能很快出版。究竟何时出版,请来信告诉我。

我写这封快信,是为了一件十分紧急的事情:从国内得到了一些非常重要的(也是非常好的)消息。我们想马上再出一号中央机关报(印2版),而且要使它**真正**马上出版。231 如果这一次居然**能够**保证,库兹马和库兹米哈会履行诺言(即马上开始排并且毫不延误地出版),请电复:**"有保证"**。如果不能保证(这种可能性自然更大,因为我们都知道,不管您怎样努力,库兹马总是靠不住的),请电复(赛登路4a号)**"不行"**。

关于专题报告的事,明天写信告诉您。

敬礼!

您的　**列宁**

从伯尔尼发往日内瓦

载于1929年《列宁文集》俄文版第11卷

译自《列宁全集》俄文第5版第49卷第158—159页

168

致维·阿·卡尔宾斯基

(10月7日)

亲爱的同志:请**立即**按下述地址寄去(一定不要迟于本星期六清晨寄到)可印2 000份中央机关报(每份2版)的薄纸。

伯尔尼　比姆普利茨　本特利印刷厂

我们将在**这里**出下一号报纸[①],星期六,即后天可出版。请**立即**写明信片告诉我,你们究竟在何时(哪一天)出合刊(第45—46号),您已给这一号标了**什么日期**(好知道**我们**该标什么日期)。

敬礼!

您的　**列宁**

从伯尔尼发往日内瓦

载于1929年《列宁文集》俄文版第11卷

译自《列宁全集》俄文第5版第49卷第159页

169

致亚·加·施略普尼柯夫

1915年10月10日

亲爱的朋友:明天我们一下子就出两号中央机关报——第

① 《社会民主党人报》第47号。——编者注

45—46号合刊(齐美尔瓦尔德代表会议专号)和刊有国内消息以及关于策略的“要点”[①]的第47号。这个要点的部分内容回答了在我们的通信中和您与尼·伊·等人的谈话中所涉及的问题。期待您的意见。

您是否收到了《社会主义与战争》这本小册子的**俄文**本?

(附带谈谈:亚·米·寄来了对德文本文字的批评,我给她往美国写了一封详细的回信。如有兴趣,请她把信寄给您看看。关于她的传单,我已给她往卑尔根写了一封信,请求允许修改。至今未见回信。我担心又得寄往美国了,这就要拖很久了。)

来自国内的消息说明,革命情绪和革命运动正在日益增长,尽管看起来这还不是革命的开始。

目前,对我们来说最重要的是建立联系并使之经常化(利用通信完全可以做到这一点;请你们商量一下,能否将报纸和传单包装在薄封皮里邮寄,每包各一份)。我们希望别列宁能把这件事安排妥当。否则经常保持联系的工作是不可设想的。

请特别注意要点中关于工人代表苏维埃那一点。应当慎重地对待这个问题,以免二三百个领袖遭到逮捕!!脱离起义,工人代表苏维埃的“力量”就是个**幻想**。不要陷入这种幻想。

紧紧握手!

您的　**列宁**

为了尽快地把《11个要点》这样的中央机关报文章寄到彼得

---

① 《几个要点》(见本版全集第27卷)。——编者注

格勒，能否安排用化学药水书写？请好好考虑一下！

从伯尔尼发往斯德哥尔摩

载于1924年《列宁文集》俄文版
第2卷

译自《列宁全集》俄文第5版
第49卷第159—160页

170

致维·阿·卡尔宾斯基

(11月9日以前)

亲爱的维·卡·：

现寄上校样。

务请奥丽珈对我昨天发出的明信片给予**比较详尽的**答复。

恳请打听一下(向斯捷普科或米哈等人)“**柯巴**”的姓氏(约瑟夫·朱·……?? 我们忘了)。此事很重要!!

能否给我买一本(从中央机关报经费中开支)罗曼·罗兰的小册子《超乎混战之上》?

这本小册子在日内瓦有没有?

致最崇高的敬礼！

您的　**列宁**

谢谢您寄来了《向理智呼吁报》[232]!!

这种报纸请寄得**经常一些**!

从伯尔尼发往日内瓦

载于1929年《列宁文集》俄文版
第11卷

译自《列宁全集》俄文第5版
第49卷第161页

171
致格·李·什克洛夫斯基

(11月9日以前)

亲爱的格·李·：

请立即按下述地址**以最省钱的办法**寄去(写明寄件人，并寄挂号)500本小册子[233]：

美利坚合众国　纽约市　(纽约州)　斯普鲁斯街15号
社会党德语联盟　**路·洛雷**先生(转亚·柯伦泰)。

根据您的统计，订购总数就是500＋500＝1 000(是免费赠给德国国际社会党人，还是每本收10个分尼？)＋青年派[234] 1 500＝2 500＋美国500＝3 000。

趁版未拆，最好能出第2版，**但是我们没有钱**。是否目前只给青年派500，而不是1 500本，以便促使他们**自己**去跟伯尔尼的印刷厂交涉再版？(再版一次需多少钱？如果花钱很少，如果可以确信青年派不会骗人，那么，也许我们可以借钱自己出？)

务请仔细斟酌，妥为办理。

敬礼！

您的　**弗·乌里扬诺夫**

附言：请把附上的信转交**那位拉脱维亚人**(1915年9月5—8日左右他曾向您要去了我的地址，并于9月10日或11日到泽伦堡我的寓所来过)。此事很急,务请尽快找到此人,并把信转交给他。

一个戈比**也**不要再花了。**谁都不要给**。

发自伯尔尼(本埠信件)

载于1929年《列宁文集》俄文版第11卷

译自《列宁全集》俄文第5版第49卷第161—162页

172

致亚·米·柯伦泰

1915年11月9日

亲爱的亚·米·:您10月18日从密尔沃基寄出的信,昨天才收到。信件路上走得太慢了!迄今您还未收到我那封关于齐美尔瓦尔德和答复您的全部问题的信(和《社会民主党人报》第45—46号合刊和第47号);而那封信还是在一个多月以前写的。您尽可能估计一下(大约再过一个半月之后)您将在何处,把到您那里最近的地址(便于给您去信)告诉我们。

关于纽约《人民报》[235],格里姆今天肯定地对我说,他们都是彻头彻尾的考茨基分子!这是真的吗?我想,我们的那本**德文本**小册子能够帮助您判断他们的国际主义的"坚定性"。您有这本小册子吗?(我们给您寄去了500本。)

最近我们就要在此地以**齐美尔瓦尔德左派**的名义出版(用德

文,以后**想**出版法文本,假如经费没有困难,再出版意大利文本)一本小册子[236]。我们用这个名义出版,是想使我们的齐美尔瓦尔德左派(中央委员会+波兰社会民主党+拉脱维亚人+瑞典人+挪威人+1名德国人+1名瑞士人)以及它的**决议草案**和**宣言草案**(发表在《社会民主党人报》第45—46号合刊上)尽可能广泛地为国际所熟悉。这本小册子(20 000—30 000—35 000个字母)将包括这两个文件和一篇简短的导言。希望您能在美国出版这本小册子的**英文**本(因为在英国出版不可能,应当**由**美国运往英国),如有可能,还可以用其他文字出版。这应当是**各**国**左派**社会民主党人的**核心**第一次表态,他们对怎么办和向何处去的问题有着清楚的、准确的、完满的**答案**。假如能在美国出版这本小册子,能广泛地发行并且能和**出版界**(芝加哥的**查理·克尔**(**注意**);**堪萨斯**的《向理智呼吁报》①,**等等**)**建立牢固的联系**,这将是异常重要的,因为一般来说,我们极需用各种文字发表东西(在这方面您可以做**很多**事情)。

从您的信中得知,您为中央委员会筹款一事迄今还没有任何结果,这使我感到难过。也许这个"左派宣言"会有所帮助……

希尔奎特将拥护考茨基,甚至会比他**更右**,这一点我没有怀疑,因为我在斯图加特(1907年)见过他,**听说**他**后来**赞成不准黄种人进入美国的禁令(一个"国际主义者")……

---

① 请您试和他们联系一下,假如您不去堪萨斯,就写信到那里去。他们的小报有时办得**不坏**。您一定要试探一下他们对我们"齐美尔瓦尔德左派"的决议的看法。尤金·**德布兹**是个什么人?他在文章中有时是很革命的。或者也是个考茨基之类的废物?

您**何时再**去纽约,住**多少**天,请来信告知。您应设法在**各地**会见一下(哪怕是5分钟也好)当地的**布尔什维克**,使他们"精神振奋"并**建立他们同我们的联系**。

齐美尔瓦尔德宣言本身有**不足之处**:考茨基及其同伙打算在"不再越出一步"的**条件**下容忍它。我们**不干**,因为这是**十足的伪善**。所以,假如在美国有人**甚至**害怕齐美尔瓦尔德宣言,那么您就不要理睬他们,只挑选那些**比齐美尔瓦尔德宣言左**的人。

紧紧握手并祝一切顺利!

您的　**列宁**

(**伯尔尼**(III)　赛登路4a号　乌里扬诺夫)

从伯尔尼发往纽约

载于1924年《列宁文集》俄文版第2卷

译自《列宁全集》俄文第5版第49卷第162—164页

173

致维·阿·卡尔宾斯基和索·瑙·拉维奇

(11月20日以后)

亲爱的朋友们:寄上第1号传单小报。[237]

请你们帮助传播。

快报上有出版者的地址(请留底后把它擦掉)。请向法国人、吉尔波等介绍。

瑞士的全党表决进行得怎样?对于"保卫祖国"的反对者和拥护者的斗争有没有反应(在日内瓦)?[238]

致崇高的敬礼和良好的祝愿！

你们的　**列宁**

从伯尔尼发往日内瓦

载于1929年《列宁文集》俄文版第11卷

译自《列宁全集》俄文第5版第49卷第164页

174

致莫·马·哈里东诺夫

(11月21日和25日之间)

亲爱的同志：

我对您在阿劳的发言[239]感到**非常高兴**，并衷心祝贺您的成功！我认为效果妙极了。

(如果您能得到代表大会的速记记录全文，请寄给我用一下，哪怕短时间也好。)

拉狄克告诉我，**他**曾建议您不要第一个发言。他说，因为俄国人发言"不策略"(**结果证明拉狄克完全**错了)，并说最好由普拉滕等人先发言。

结果证明您完全正确！

我看，犯不着为"顽固分子"之类的事同拉狄克争吵。鸡毛蒜皮！不值一提！造谣诽谤——组委会分子、德姆卡等人从来就是这样干的，而现在梁赞诺夫则干得特别起劲(拉狄克也说，他十分恼火。真是一个怪人！他干吗钻到他自己搞不清楚的地方去呢?)。

不要理睬那些流言蜚语,对一潭死水的苏黎世侨民界要少花些时间,**要多多注意同普拉滕联系**和关心《国际传单集》的出版和发行工作(如果您对组委会分子+其同伙少花些时间,就会有更多的时间去关心《国际传单集》)。

请把《国际传单集》的款子(370份?)和**账目**(剩余多少?赊销多少?总数等)直接寄给**我**(普拉滕的地址只供外人使用)。

关于把《国际传单集》第1辑译成意大利文一事,我想,我们大家的那位女友会帮助您。她和季费尔特已找到几个意大利人的地址,她已找到一个意大利人来校订译稿,您也找到了。据我看,目前首先要译成意大利文,并让意大利人校订译稿。随后(**不通过巴拉巴诺娃**,因为她显然成事不足,败事有余)着手找一家能同意提供经费出版的意大利人在瑞士办的小报或协会。我认为,这不是空想,因为出版2 000份才花80法郎,而每份卖10生丁也就可以有进款了。

如果找不到出版人,我们就设法自己出版,但那样就要格外努力做好发行工作,我们大家的那位女友在这方面将会帮忙,我这就给她去信。

您务必要**千方百计地**保持和发展您与普拉滕的"亲密关系":对出版《国际传单集》来说,现在他是**极为重要的**。

普拉滕出席党的执行委员会的会议吗?他有没有记录?有没有表决权?他是否同意**贯彻**关于**"革命行动"**的决定,以使其不致成为一纸空文?(那就要办好刊物、小册子以及瑞士报纸上的附刊,使"革命行动"的概念具体化,并把所有这些东西秘密地运进德国。)他是否同意帮助把《国际传单集》第1辑运进德国?

《社会主义与战争》这本小册子的销售情况如何？请来信。不要去理会苏黎世的侨民，把齐美尔瓦尔德左派的工作开展起来！

祝一切都好！向您的妻子和全体朋友们问好！

您的　**列宁**

附言：来信请直接寄给我，地址是：

伯尔尼（III）　赛登路4a号

弗拉·乌里扬诺夫（施奈德夫人转）

发往苏黎世

译自《列宁全集》俄文第5版第49卷第165—166页

175

致亚·米·柯伦泰

1915年11月22日

亲爱的亚历山德拉·米哈伊洛夫娜：我因为记性不好，竟没有把今天寄给您的那封信写完。现在写给您这个地址：**马萨诸塞州贝弗利市**贝克街20号"社会主义宣传同盟"[240]书记C.W.菲茨杰拉德先生。

我以前说他住在波士顿，那是我弄错了。但在他的传单上印有该同盟所有18个成员的通讯处，其中也有住在波士顿的。希望您竭力把他们的一切情况尽可能详细地打听清楚，同时设法使他们(或者**就**使这些人,或者使他们当中的一部分)成为"齐美尔瓦尔德左派"在美国的一个据点。

紧紧握手!

您的　**列宁**

从伯尔尼发往纽约

载于1924年《列宁文集》俄文版第2卷

译自《列宁全集》俄文第5版第49卷第167页

176

致格·叶·季诺维也夫

(11月27日以前)

我的意见,应去找格里姆,请他**明确指出**(用红铅笔)他"希望删去"的地方![241]

会引起争论吗?

而托洛茨基和《工人生活》杂志[242]呢?

难道援引龙格—普雷斯曼的话比援引齐赫泽的话争论就会**少些**?根据何在?托洛茨基和《**工人生活**》**杂志**也有类似情况。

我怀疑,同格里姆谈判有什么用处?假若他只限于作一些完全是微不足道的修改,那我赞成让步。但这是不可想象的。

那么,二者必居其一:或者根本拒绝在《公报》上发表而出版专页。

或者就按格里姆要求的样子在《公报》上刊登,同时出专页刊登**全文**,并**注明**:"本版未经书报检查"。

不管怎样,现在**主要的**就是要让格里姆**用铅笔**作记号,看他删去的到底是**什么**。这是首要的。做这件事语气要**委婉**。

其他问题我将在今晚或明天答复,我还**没有来得及**全部看完。

敬礼!

列　宁

发自伯尔尼(本埠信件)

译自《列宁全集》俄文第5版第49卷第167—168页

177

致索·瑙·拉维奇

(12月16日以前)

亲爱的奥丽珈同志:请原谅我在这么一小片纸上写信。

我觉得您做得很对。的确,不同《我们的事业》杂志决裂,其余的一切都是骗局。现在,当组委会分子告密者同黑帮结成联盟在彼得格勒"取得胜利"(搞了一场弄虚作假的选举)[243]之后,这一点再清楚不过了。

请您把对弄虚作假的**第二次**选举的谴责补充进决议[244]。而在论据部分指出:既然战争具有帝国主义性质,即侵略性质、掠夺性质、压迫性质,那就不容许参加"**护国**"勾当(总的来说,我建议**根据**《**社会民主党人报**》,从有关的文章和彼得格勒工人的决议中找出若干理由,精心地写出论据)。

信将转给伊涅萨。

紧紧握手并向大家问好!

您的　**列宁**

附言:托您办一件事。据伊涅萨说,日内瓦有一位少女,曾经在**阿拉斯**住过。您认识她。还说她精通法文。她是否愿意做一点从德文译成法文的工作?(给罗兰-霍尔斯特的杂志[245]翻译,该杂志是在我们参加下在这里出版的)。是否需要报酬?需要多少?请您打听一下。

从伯尔尼发往日内瓦

载于1929年《列宁文集》俄文版第11卷

译自《列宁全集》俄文第5版第49卷第168—169页

178

致格·雅·别连基[①]

(12月27日以后)

如果您那儿有一个**采取**齐美尔瓦尔德左派**立场**的法国人小组,哪怕是很小的小组,**务必**请这个小组**立即**给杂志寄一篇即便很短的文章(或声明)。请抓紧!!

其次,必须要有一些这个小组的通讯稿。千万!

① 这是写在娜·康·克鲁普斯卡娅信上的附笔。——俄文版编者注

最后,还需要以下发言的**完整的记录**:

(1)布尔德朗和梅尔黑姆在塞纳联盟的发言;

(2)全体反对派在 12 月 27 日党的**代表大会**上的发言。

从伯尔尼发往巴黎

译自《列宁全集》俄文第 5 版第 49 卷第 169 页

1916 年

179

致阿·马·高尔基

1916 年 1 月 11 日

尊敬的阿列克谢·马克西莫维奇：

我把一本小册子的手稿给您寄到《年鉴》杂志，但不是给《年鉴》杂志用的，而是给出版社的，希望予以出版。[246]

关于美国的新材料，我尽可能解释得通俗一些，我相信，这些材料对于普及马克思主义并用事实加以论证特别有帮助。我想我已经把这些重要材料给俄国那些日益增多的、渴望了解世界经济进展的新读者叙述得明白易懂了。

可能的话，我还打算继续写下去，然后出版第二编——论德国。

目前我正在着手写论帝国主义的小册子[247]。

由于是战争时期，我急需稿酬。所以，如果有可能而又不使您过于为难的话，希望这本小册子早日出版。

尊敬您的　**弗·伊林**

1916年1月11日列宁给阿·马·高尔基的信的第1页

地址:**伯尔尼**(瑞士)　赛登路**4a**号　弗拉·乌里扬诺夫先生。

发往彼得格勒

载于1925年《列宁文集》俄文版
第3卷

译自《列宁全集》俄文第5版
第49卷第170页

180

致伊·费·阿尔曼德

1916年1月13日

亲爱的朋友:仍然得不到您一点消息。不知旅途是否平安,近来可好。[248]您安顿下来没有?在图书馆里工作得是否顺手?我们收到了一个战俘给您的信。这封信被误投到另一幢房子,交给另一个俄国人了(您寄信时是否把我们的地址写错了?是否忘了写门牌号上的那个字母?)。

我们得到了来自祖国的一些好消息。您当然已经特别注意到《我们的言论报》第5号和第6号。请再看一遍!

紧紧握手并衷心祝您工作顺利!

您的　**伊万**

从伯尔尼发往巴黎

译自《列宁全集》俄文第5版
第49卷第173页

181

致伊·费·阿尔曼德

1916年1月15日

亲爱的朋友:今天,此地收到了退回的文件邮包——3个小本子。这个邮包是用挂号从伯尔尼寄往巴黎给别林斯基①的。寄件人忘了写门牌号,该死的邮差就把它退回了!! 我当即又用挂号把它寄给了别林斯基。

我们同那位波兰朋友[249]开始有些“摩擦”,看来,他为争论而“见怪”了,企图不让我们的提纲[250]在杂志第2期上发表。这预示着可能同他发生一场**战争**。罗兰-霍尔斯特来了一封十分亲切的信,说她的荷兰同盟已于1916年1月2日一致同意加入齐美尔瓦尔德左派! 托洛茨基又失去了一个同盟者!! 荷兰—德国的杂志已在排版;特别需要其他国家的撰稿人,但一切东西只能寄给我,一切关系也只能交给我,只能给我或者我的年轻的**俄国**朋友(绝不能给那个非俄国人,您明白吗?)。

下面换个话题吧:

今天天气很好,出了太阳,飘着小雪。流行性感冒好了后,我和妻子第一次在通往圣母院的路上散步。您记得吗,有一次我们三人也在那条路上散过步,多么开心啊! 我老是回忆起当时的情景,为您不在这里而感到惋惜。

① 格·雅·别连基的代号。——编者注

顺便说一下,我有些奇怪,为什么得不到您的消息。同时,我悔不该曾闪过——说来遗憾——一个念头:会不会是您动身那一天,我没有去送行,您就“见怪”了呢?不该,不该,真不该,所以又否定了这些想法。现在已经把这些想法抛到九霄云外去了。

我这是在给您写第二张明信片。第一张是不是遗失了?再说一遍我那个重要的建议:把《我们的言论报》第5号和第6号再看一遍,要看得非常非常仔细!!柯伦泰从美国寄来了**好**消息,她在**出版**《国际传单集》。国内也有**好**消息传来。紧紧握手!

您的　**弗·列宁**

从伯尔尼发往巴黎

译自《列宁全集》俄文第5版第49卷第173—174页

182

致伊·费·阿尔曼德

1916年1月19日

亲爱的朋友:

这是我寄给您的第三张明信片了。如果信件迟到是检查官们造成的话,这次我用法文写,以便给他们的工作提供方便。老实说,几天来我一直忐忑不安,因为没有得到您的任何消息!假若您生我的气,想必您会给其他朋友去信。但据了解,您没有给任何人去信!如果我在最近几天还收不到您的来信,我就要写信向我们的朋友们打听您是否病了。我已不止一次去询问有没有留局待领信件,结果总是空手而归。

同我们年轻的波兰朋友的冲突已经顺利解决了,不过是某种“误会”而已(这是他的说法)。目前一切都很顺利;杂志[251]的编辑工作已经开始,1月份就要出版。

我们已写信到瑞士罗曼语区的一个城市,给“你们的”编辑[252]。他根本没有任何答复。很奇怪,不是吗?我们大家都焦急地盼望您能设法在巴黎把长篇小说和短篇小说的事办好,在那里您一定能找到许多人——著作家、出版商等等——帮忙,因为您在国立图书馆工作,很熟悉这些人。

天气好极了。上个星期日我们登上“我们的”小山,痛痛快快地散了一次步。阿尔卑斯山的景色异常美丽,我非常惋惜您没有同我们在一起。

不久前的一天,卡米尔·胡斯曼在荷兰党的代表大会上作了一次很长的“外交家式的”发言。[253]不知道您是否能在巴黎报纸上找到这篇发言。如果找不到,这里有。他“顺便”提了一下九月代表会议,极其强烈地抗议各种“抢劫活动”(这个书记不愿做“被抢劫者”!),等等,等等。一个十足的外交官、政客!…… 多拙劣的手法!

您身体怎样?是否满意?感不感到寂寞?很忙吗?您不让我知道您的任何消息,这使我太难过了!…… 您住在哪里?在哪里吃饭?在国立图书馆的“小吃部”吗?

我再去问一问,有没有“留局待领”信件。

您的、忠实于您的　**巴季尔**

附言:还是一无所获! 没有您的来信。

从伯尔尼发往巴黎

原文是法文

译自《列宁全集》俄文第5版第49卷第174—176页

183

致伊·费·阿尔曼德

(1月21日)

星期五

亲爱的朋友:

今天才收到您的一封长信,这使我们非常高兴。我现在给您写的是第四封信:前三张明信片都是留局待领信件。如果您没有收到,就意味着不是丢了,就是留局待领信件有了某些特别的规定(再不就是出了差错)。托洛茨基写信给我们那位年轻的波兰朋友说,他自己也不准备给荷兰的杂志[254]写文章,自然也不能建议他居住的那个国家的朋友们这样做。可见,即使在这个问题上,与托洛茨基的斗争也是无法避免的!!

今天收到您兄弟[255]的明信片。令人十分高兴的是,他收到了一样东西(不知是信,还是我们3月底出的一号报纸),还谈到"同情"问题。说在他那一带,同情比他所预期的要多。

对了,我差点忘了(因为我忙着赶火车)。如果留局待领信件出了什么意外差错,那么您写信我也可能收不到(您的来信我**连一封也**没收到过)?请立即来封短信。如果您在日期下画两条线,就表示,您**一直收到**我的信,并**写信**给我。来信请寄到您这封长信所寄的地址。

紧紧握手!

您的　**列宁**

为什么您没有早一点把您的地址告诉我???

从伯尔尼发往巴黎

译自《列宁全集》俄文第5版第49卷第176—177页

184

致罕丽达·罗兰-霍尔斯特

(1月21日以后)

尊敬的同志:

拉狄克同志刚才给我们看了潘涅库克同志的信和《导言》。

这封信和《导言》从本质上**改变了**原先商定的《先驱》杂志的宪章。原先已经协商好,《先驱》杂志将作为**两个**集团的机关刊物出版:(1)罗兰-霍尔斯特和托洛茨基集团(或罗兰-霍尔斯特以及她的除托洛茨基以外的——如果他不想参加的话——朋友们);(2)齐美尔瓦尔德左派集团(它的常务局由拉狄克、列宁和季诺维也夫三位同志组成)。潘涅库克同志被指定为这第二个集团的代表。

现在,上述文件(信和《导言》)改变了宪章:《先驱》杂志成了潘涅库克和罗兰-霍尔斯特这**两位同志**的机关刊物。

如果潘涅库克和罗兰-霍尔斯特两位同志都已经决定作这样

的改变,那么,我们就以此为准了。《先驱》杂志的所有者是有全权作这种改变的。

我们并不拒绝在这种新的条件下合作,但是我们必须要求有一定的保证。《先驱》杂志是第一个齐美尔瓦尔德左派的机关刊物或者“拥护齐美尔瓦尔德左派纲领的”刊物。我们是由出席齐美尔瓦尔德会议的所有的齐美尔瓦尔德左派成员(普拉滕除外)**选为**这一派的代表的。所以我们认为(在**这一**点上我们3个人已经一致作出决定),给予我们保证是理所当然的事,而且您毫无疑问会这样做。这个保证就是:如果在我们之间发生了原则性的分歧,那么……的文章…… 由俄国社会民主工党中央委员会(……代表),编辑部……①

从伯尔尼发往拉伦(荷兰)

原文是德文

载于1924年《列宁文集》俄文版第2卷

译自《列宁全集》俄文第5版第49卷第177—178页

185

致莫·马·哈里东诺夫

(1月27日)

亲爱的同志:为了写一本书[256],我很想到苏黎世去一趟,在各

① 手稿到此中断。——俄文版编者注

个图书馆里工作两三个星期。妻子也想去。目前,我们还没有领到签证,但我们希望很快就能领到。问题是:我们能不能克服经济上的困难。务必请您坦率地、**毫不夸大地**回答以下几个问题:

(1)一次专题报告可以得到多少**纯**收入(即给我的)?最少多少?最多多少?题目是《两个国际》:全世界日益加剧的同社会沙文主义者的分裂。作两次专题报告是不是可以增加收入?增加多少?[257](2)当地的同志是不是能为我们两人安排便宜的食宿?具体地说(3)房间(住两人的,即使只有一张床也可以)**一星期**要多少钱?最便宜的房间呢?最好是在工人家里。(4)在食堂里吃一顿午餐要多少钱,如果有这样的食堂的话(我们在这里的大学生食堂里付65生丁)?(5)早点和晚上的咖啡呢?因为在苏黎世,我们当然不能自备这方面的用具。

路上的开销是7×4=28法郎;住在别的城市在生活上的超额开销还要有多少?问题就在这里。这里的房间问题很糟糕。您有没有熟识的能认真地提供便宜食宿的工人家庭?

我将非常感谢坦率的回答,只是不要夸大其词的许诺。

致以最崇高的敬意!

您的　**列宁**

附言:有没有廉价的自助食堂等等?每餐多少钱?

从伯尔尼发往苏黎世

载于1929年《列宁文集》俄文版第11卷

译自《列宁全集》俄文第5版第49卷第178—179页

186

致莫·马·哈里东诺夫

(1月29日)

亲爱的同志:非常感谢您迅速而又详细地写了回信。我们将在2月**4日**到达。如果可能的话,请给我们找一个**双人**房间,**按周计租**,每天不超过1个法郎;最好是在**普通**工人家里(要有火炉,天气可能还很冷)。

如果办不到,您也许能给我们介绍一家**便宜的**旅馆(每天1个法郎,能再便宜一些更好)。在我们自己找到房子以前,先住在这家旅馆里。关于作专题报告的日期和其他事情我们再议。

希望能在星期一早晨收到您的译文(寄**快件**等等的开支,总之,邮寄等项费用,请您先支付,并专门记一笔账,因为这些钱由我们偿还)。

致以最崇高的敬意!

您的　**列宁**

从伯尔尼发往苏黎世

载于1929年《列宁文集》俄文版第11卷

译自《列宁全集》俄文第5版第49卷第179页

187

致莫·马·哈里东诺夫

(1月29日)

亲爱的同志：我刚给您发出一张明信片，说4日到达①，可是一到家就接到了新的通知[258]，于是不得不改变行期。我不能在10日或者11日前到达。确切的日期再写信告诉您(因此，暂时请**不要**租房间，是不是请“**打听一下**”，看是否有合适的地方)。

敬礼！

您的　**列宁**

从伯尔尼发往苏黎世

载于1929年《列宁文集》俄文版第11卷

译自《列宁全集》俄文第5版第49卷第180页

188

致莫·马·哈里东诺夫

(1月30日)

星期日晚

亲爱的同志：刚刚才知道，**星期三**将在苏黎世举行各国青年联盟执行委员会国际代表会议。挪威人和瑞典人一定会出席(您知

① 见上一号文献。——编者注

道,那里的青年联盟已经加入齐美尔瓦尔德左派)。

恳请您:(1)把下列各点详细打听清楚(**注意方法**:一切都要**保密**):日期、地点、会期多长、有哪些代表参加;(2)弄清楚我们党的代表是否也可以出席;要力求能够参加,而且是**您亲自参加**;(3)想办法尽快地专门打听一下,从斯堪的纳维亚来的究竟是谁,同他们取得联系,见见他们,并尽快地使他们与我们**建立起联系**。

请来封短信,说明此信已经收到,并谈谈打算做什么。

敬礼!

您的 **列宁**

附言:请代我向季费尔特致谢,谢谢他给我的书,并告诉他,我希望在**苏黎世**从他那里收到《社会民主党评论》杂志[259]。

我可能在 10—11 日以前,也许在 7—9 日之间到达。**又及**。

从伯尔尼发往苏黎世

译自《列宁全集》俄文第 5 版第 49 卷第 180—181 页

189

致莫·马·哈里东诺夫

(1 月 31 日)

亲爱的同志:我极为惊讶的是竟没有译文[260]!!! 这究竟是怎么回事?? 请您务必在今天(星期一)晚上以前用**快件**把译文寄来,明天清晨我**一定**要拿到手。

即使没有译完,**也还是**一定要寄来!

(如果已经译完,或者译出了一部分,请在信中附笔说明,您能否**保证**译文的质量,能否**直接**付印?)

敬礼!

您的　**列宁**

附言:我妻子请您**立即**把书刊归还,您没按时归还,她非常生气,并吓唬说,以后再也不寄了。

昨天给您寄了一封信,谈到青年联盟的事。[①] 此信想必收到了吧? 又及。

从伯尔尼发往苏黎世

载于1929年《列宁文集》俄文版第11卷

译自《列宁全集》俄文第5版第49卷第181页

190

致阿·马·高尔基

(1月31日)

转阿·马·高尔基

最尊敬的阿列克谢·马克西莫维奇:

我用挂号印刷品把我妻子写的《国民教育和民主》一书寄给您。[261]

---

① 见上一号文献。——编者注

作者研究教育学很久了,有20多年了。书中既有亲身考察的结果,也有关于欧美新学制的材料。您从目录中可以看到,该书前半部还写了民主主义者观点的演变概况。这也是很重要的,因为其他作者一般都是不正确地叙述或用不正确的观点叙述过去一些伟大民主主义者的见解。我不知道您自己能不能抽出时间并且是不是有兴趣阅读这本书。第2节和第12节可以作为范例。现代即帝国主义时代学制的变化是根据最近几年的材料概括的,为俄国的民主派提供了十分生动的说明。

如果您直接或间接协助出版这本书,将不胜感激。现在俄国对这方面的书籍的需要想必大大增加了。

致崇高的敬礼和良好的祝愿!

弗·乌里扬诺夫

伯尔尼　赛登路4a号　弗拉·乌里扬诺夫

发往彼得格勒

载于1925年《列宁文集》俄文版第3卷

译自《列宁全集》俄文第5版第49卷第182—183页

191

致伊·费·阿尔曼德

(2月初)

关于玛莎等情况的长信[262]收到了。我更清楚地看到,玛莎不可救药,并且,不应从上层(更准确些说,不应仅从上层),而(**主要**

的)应**从下层**采取行动,来筹建**自己的**、纯法国人的组织。什么名称并不重要("法国国际社会主义者","法国革命国际主义者"等等)。重要的是实质:不怕分裂,懂得分裂不可避免,**反对**托洛茨基和梅尔黑姆,同齐美尔瓦尔德左派合作。

实质就在这里。这样的组织(即便是两三个法国人)比几十个几百个梅尔黑姆的朋友**更为重要**。

如果要出版《社会主义与战争》,必须要有一章论述法国反对派。如果您在巴黎不能写,请告诉我们确切的期限和篇幅,我们将尽量寄去。

关于去"那个国家"旅行,我看这对事情是有益的;主要的目的是在那里也建立起**自己的**组织(同它建立秘密联系)。关于齐美尔瓦尔德派会议的情况,我们自己原先不了解。格里姆故意最后才告诉我们。

如果玛莎原来是**这样**的人,那么,此人和……拒绝参加我们杂志的工作,**我**本人是非常高兴的。

只要能有**我们**自己的组织,我们就要建议它出版给法国工人的信。

对于像梅尔黑姆这样的……不值得花费许多时间:很清楚,没有希望。在**一切**国家里,**只有**公开反对考茨基主义的人,**只有**不怕分裂的人,才是我们感兴趣的。

附言:对格里沙来说,关键是如何对待**齐赫泽**之流。在这种情况下,要打击……《我们的言论报》和托洛茨基之流。

译自《列宁文集》俄文版第37卷
第35页

192

致卡·伯·拉狄克

(2月1日以后)

我个人认为,自从那一号《**工人报**》[263](1916年2月)出版,我们在俄国和波兰问题上的共同斗争**已不复存在**。这并不是由于对"失败主义者"进行了"抨击"(这只是一种征兆),而是由于波兰社会民主党就俄国问题作出了决议[264]。如果说波兰社会民主党在1916年2月不愿公开地、明确地表示赞成俄国的分裂,那么这只不过是在准备重演1914年7月16日的把戏。

总之,我的意见是在俄国、波兰和德国报刊上开展争论,而在瑞士(这里的民族问题完全不是当务之急,因此要尽**可能**把这个问题撇开)采取联合行动(至少是我主张这样)。

这是我个人的意见,所以我要把您的**全部**来信都寄给格里戈里。

发自伯尔尼(本埠信件)

原文是德文

译自《列宁全集》俄文第5版第49卷第181—182页

193

致格·叶·季诺维也夫

(2月12日)

亲爱的朋友们:请**尽可能**快些把载有拉狄克论哥尔特的文章

和**两篇**谈澳大利亚工人运动文章的《哨兵报》寄来。我还在等:(1)我给中央机关报写的文章的校样;(2)德文提纲[265]的校样(在没有得到我的答复以前,这个提纲请**不要**付印,因为我还想作一处小改动)。

我还在等您为中央机关报写的文章和本号报纸的详细计划。

请将我的地址转告拉狄克,并要他把**答应**给我的1916年1月12日《前进报》的剪报(吕勒谈分裂的文章和编辑部的回答)寄来。星期三我要在此地作演讲,因而时间很紧。这里有人议论纷纷,说"五个书记"[266]的地位岌岌可危(国内反对他们),还说,他们的全部希望就在于齐赫泽在"讲台"上大喊一声:**拥护**齐美尔瓦尔德!!

致以最崇高的敬意!

您的　**列宁**

从苏黎世发往伯尔尼

译自《列宁全集》俄文第5版第49卷第183页

194

致索·瑙·拉维奇

(2月13日)

亲爱的同志:我把我们的新地址通知您。[267]请把*一切*都寄到这里来。这个住宅我们租了一个月。星期四(2月17日)我要在这里作第一个专题报告(《两个国际》),过一些时候要作第二个专题报告(《和平的条件和民族问题》或者与此类似的题目)。

请写信告诉我:什么时候可以在日内瓦作专题报告(作第一个专题报告或者两个都作?)以及是否能抵偿这次旅费?最少的纯收入可能是多少?这一点我必须弄清楚,因为我手头非常拮据,我应当非常仔细地计算一下,是从这里去(费用更大)呢,还是迟一些从伯尔尼去(如果我喜欢的话,我在这里逗留的时间也可能不止一个月)。等着您的详细和可靠的指点。或者,您也可以写信到洛桑去问一问,是否值得到那里去一个晚上?

握手并向维·卡·和所有的朋友致崇高的敬礼!

您的 **弗·乌·**

娜嘉再三问候您!

从苏黎世发往日内瓦

载于1929年《列宁文集》俄文版第11卷

译自《列宁全集》俄文第5版第49卷第184页

195

致索·瑙·拉维奇

(2月17日)

亲爱的同志:对您告诉我详细情况,非常感谢。

2月25日和26日我在这里有事。

所以,请您**自己**把作专题报告的日期定在25日以前或26日以后,并请提早通知我。同时恳请您同洛桑联系好,让我能在**两天**

内全部结束，就是说，我到洛桑去讲演的日期要么在日内瓦作专题报告的前一天，要么在日内瓦作专题报告的后一天。

我同意这次报告的题目为：《"和平的条件"(加引号)和民族问题》。那么题目就算定了。握手！向维·卡·和所有的朋友问好！

您的　**列宁**

有一趟方便的火车：**晚上**9时**15分**到达日内瓦。我能不能坐这趟火车去？如果不能，是否可以**前一天**先在洛桑作专题报告？[268]请答复！！！

从苏黎世发往日内瓦

载于1929年《列宁文集》俄文版第11卷

译自《列宁全集》俄文第5版第49卷第184—185页

196

致格·叶·季诺维也夫

(2月18日以前)

现将柯伦泰女士的小册子[269]**连同修改方案**一并寄上。

请逐点研究。(我已征求她的意见，问她对修改之处是否同意，正等待回答。)

亚历山大来信说，他愿意在那里出版她的小册子。我看值得出,**但要修改**。

敬礼!

列 宁

译自《列宁文集》俄文版第37卷第34页

197

致维·阿·卡尔宾斯基

(2月24日)

亲爱的维·卡·:对不起,我有件事要麻烦您。我作专题报告需要用一号巴黎《呼声报》(《我们的言论报》的前身),在这号报纸上**谢姆柯夫斯基**曾就民族自决问题反驳过我,并且在一个**注释**(我记得是一个注释)中专门谈到把民族分离权和**离婚权作比较**的问题。什么时候您需要,我会立即把这份报纸退给您。如果这份报纸不能寄来,能不能把这个注释抄下来寄给我(注释不长)。[270]您的图书馆里或者日内瓦的什么人那里也许有全套《呼声报》?后天星期六,我就要在这里作专题报告了。所以,如果不能在星期六早晨寄到我手里的话,那也就完全不必寄了。

敬礼,再见!

您的 **列宁**

从苏黎世发往日内瓦

载于1929年《列宁文集》俄文版第11卷

译自《列宁全集》俄文第5版第49卷第185页

198

致伊·费·阿尔曼德

(2月26日)

亲爱的朋友:我知道,您感兴趣的是科学,而不是政治。但您毕竟同情法国,我不怀疑这一点。德国社会党人的分裂,正如一位法国部长说过的,对法国不是没有关系的。所以应当帮助使法国人和俄国人了解这方面的情况。议员奥托·吕勒在《前进报》上直截了当地主张分裂。但必须补充一点,主张分裂的不只是奥托·吕勒,还有“德国国际社会党人”**集团**(《**人道报**》也谈到了这个集团)。您给彼得格勒去信时,请写上这一点。还要写上:**只有**奥·吕勒和“德国国际社会党人”才直言不讳地主张分裂,反对“泥潭派”;而国际派(德国的一个派别,**霍莫**在《**人道报**》上也谈到过这个派别,多出色的报纸呀!)——正在动摇不定:其中大多数人明显地又转向泥潭派。从这一派不久前发表的《提纲》[271]中,从施特勒贝尔发表在《新时代》杂志上的言论[272]中以及从《平等》杂志[273]上都可以清楚地看出这一点。请不要忘记加上这一点!对您来说,科学就是一切,但您肯定有点同情法国,甚至**非常**同情法国。

致以衷心的敬意!

列　宁

从苏黎世发往巴黎

译自《列宁全集》俄文第5版第49卷第186页

199
致索·瑙·拉维奇

(2月27日)

亲爱的同志:在俱乐部[274]里讲那次会议[275]的情况是**不可能的**,那样会宣扬出去,而会议组织者对此怕得要命,特别关照要尽量避免。就是说,必须另换讲题。我不大清楚会有**哪些人**到国际主义者俱乐部去听讲,所以也很难选择讲题。我建议这样做:如果一定要事先宣布讲题,就请您选择一个什么也说明不了的题目(《当前的问题》或《工人运动的当前问题》等等),这样**不论讲什么**都可以。具体内容我到日内瓦后再商量,2日早晨我可以准备一个**不长的**报告或辩论的开场白。

再见!

您的 **列宁**

从苏黎世发往日内瓦

载于1929年《列宁文集》俄文版第11卷

译自《列宁全集》俄文第5版第49卷第186—187页

200
致格·叶·季诺维也夫

(3月4日和25日之间)

《自卫》文集[276]已寄出。

我同意第52号要出版,我来写一篇文章论述4月23日代表会议的任务(或论"和平纲领"等等——总之是写一篇论述当前的任务的社论)。[277]

宣言[278]已由娜嘉译好。日内寄上。请您把为第52号写的文章和短评的手稿寄来。我们将把手稿加工完毕,然后一下子送去发排。

报道2月5—8日会议情况的文章应当压缩,同时再增加一篇短评,评论《我们的言论报》第51、52号上刊登的一篇关于**奥尔纳**·的文章[279],以至评论整个《我们的言论报》(我正在写)。

请把《**日报**》[280]评我们在保险理事会中的胜利一文的剪报寄来①(**并希望您提醒**卡斯帕罗夫密切注意《**新时报**》[281]和**其他报纸**,同时请阿布拉姆和其他人也这样做,以便搜集有关这方面的全部材料)。

极为重要的是了解一下齐赫泽是否在国家杜马谈过**齐美尔瓦尔德**。我**只**看过《莱比锡人民报》[282]刊登的他的发言,那儿**只字未提**齐美尔瓦尔德。请设法通过拉狄克**比较全面地**注意德国社会民主党的报刊对齐赫泽发言的**报道**(马尔托夫之流正在利用齐赫泽说过的或者将说的**拥护**齐美尔瓦尔德的话进行投机)。

我正在起草我们将在4月23日提出的论"和平纲领"的《提案》的提纲。

是否要吸收拉狄克参加这项工作?我认为不需要。拉狄克的行为太卑鄙了!**直到现在**②,**我**拿到的提纲份数不**多**,既然拉狄克**想**闹纠纷,我**很不愿意**给他写信。

---

① 我只有《言语报》的剪报。

② 1916年2月10日就答应过!!真是岂有此理。简直是**捉弄人**。

您为什么没有答复,是否已把我对提纲的增补部分送去排字了？您完全可以**亲自**把它送到印刷厂去,并**亲自**从那儿取校样(而且**多要**些。让拉狄克这个下流坯见鬼去吧!)。我们是作者,有**权**要提纲的校样。

应在格里姆那儿**多**拿几份法文和德文的第3号《公报》[283],分送**各处**,顺便也分送我们**所有的**国外小组。**这里也要送**。

您**没有**把载有**不来梅人**决议的那一号《**伯尔尼哨兵报**》[284]寄给我,您根本就没有给我寄过《伯尔尼哨兵报》,我这里也没有订。

关于在拉绍德封出版**法文版**《国际传单集》第1辑一事,阿布拉莫维奇写了些什么？这件事是怎样安排的？

敬礼!

列　宁

附言:在日内瓦时雷巴尔卡来看过我,说**所有的**钟声派[285]全都转向爱国主义了,关于这点,《斗争》杂志[286]第6期上将要谈到。(您有第1—5期吗?)而列文斯基却说,雷巴尔卡一派胡言!!??

请把拉脱维亚的材料[287]寄来。这份材料如何处理？是否出版？怎样出版？

从苏黎世发往伯尔尼

译自《列宁全集》俄文第5版第49卷第187—188页

201

致罕丽达·罗兰-霍尔斯特

1916年3月8日

亲爱的同志:请原谅我,这样迟才给您复信。我到瑞士的一些城市作报告去了。

我很感激您的亲切的回信。我们的合作今后如不产生摩擦,我将十分高兴。

坦率地说,您和潘涅库克同志,像您说的那样,是"作风正派的人",这是毫无疑问的。我们不安的是**编辑部条例**突然作了修改。按第一个草案规定,我们有编辑权(编辑部=您这一派(您+托洛茨基)**和**"齐美尔瓦尔德左派"的联盟;而在这个左派常务局里,正如您已经知道的,我们在3票——拉狄克、季诺维也夫和我——之中占了两票)。草案修改后,我们失掉了编辑权,成了撰稿人。我们当然不能对您制定章程的权利提出异议。但是,我们作为撰稿人,总还是想得到某些**权利上的保障**吧?这毕竟是很自然的,不是吗?

我希望这件事现在已经澄清并已得到彻底解决。

一收到您的来信,我就**立即**指示发行员将我们的机关报(《社会民主党人报》是**不定期的报纸**,战争爆发后已从第33号出到第51号)寄给您,您收到没有?

借此机会,讨论一下涉及我们合作的几个重大问题。

(1)我们的提纲(论自决权)已由拉狄克寄给您(阅后请再寄给哥尔特,因为我将给他去信就他的小册子详细谈谈这个问题)。我认为,荷兰—波兰的观点在理论上是极其错误的,在实践上则是小国政策的结果。难道我们为反对旧的和新的**兼并**(什么是兼并呢?)而进行的共同斗争,就不能使我们稍微接近一些吗?德国人、英国人和俄国人的观点总比荷兰人和波兰人的观点重要些(客观上也**正确些**)!哥尔特要求给荷属印度以"民族独立"。好极了!可是要知道这**恰恰**就是自决权!!如果说考茨基和俄国的考茨基分子(包括托洛茨基)对问题的提法不正确,那也只不过又多一条反驳考茨基分子的论据而已!(如果您对这个问题感兴趣,请要求哥尔特把我的信寄给您。我将十分乐意同荷兰马克思主义者更详细地探讨这个问题。)

(2)德国国际派。您是否看过它刊登在格里姆公报第3号上的提纲[288]?

依我看,这是《国际》杂志第1期以后**向右转**的决定性的一步。提纲只字不提反对考茨基"中派"——而这对德国党来说是首要问题。提纲只字不提分裂(奥托·吕勒完全正确。可是,在**他的**文章**发表以后**竟然保持沉默!!)。提纲只字不提**大家都清楚的**那些斗争手段,如建立**秘密**组织等等。

提纲里有一句话:"在帝国主义时代,不可能再有民族战争了"!这在理论上是不正确的。殖民战争**就是**民族战争(印度反抗英国等等)。这——在实践上——是**沙文主义**:我们,大国的代表,**禁止**被压迫民族进行民族战争!!

我的结论是:国际派想和考茨基分子**同流合污**。对这个提纲不能再作别的解释。还要补充一点:施特勒贝尔竟在《新时代》杂志上**为**伯恩施坦**叫好**!蔡特金在《平等》杂志上**反对**"齐美尔瓦尔德左派",用一种外交辞令来反对"布尔什维克的宗派主义"(!!)。

她的外交辞令如此玄妙,以至谁都弄不懂我们的"宗派主义"**究竟是怎么一回事**!!蔡特金主张在累德堡和"齐美尔瓦尔德左派"之间搞"中庸之道"。但是**怎样**做到这一点,却只字未提。我们的错误在哪里?这个问题至今连一句话、一行字也未提过,尽管瑞士不存在书报检查制度。

除了想和考茨基之流同流合污,您还能对此作别的解释吗?

(3)由您和社会民主党拟定的《草案》[289](《公报》第3号),我看蹩脚透了。拉狄克本人也无法为这个草案辩解。搞这样一个党纲摘要有什么用呢?是社会主义革命的纲领吗?今天还不需要它,何况在这样的纲领中缺少论述夺取政权的条文。这样的纲领的第6节(1)和第5节(2)非常古怪,第6节(2)也很离奇,因为正是在社会主义革命的情况下,我们才需要民兵来**保卫**新秩序。要知道,我们不是和平主义者。我们不能指望立即在全世界取得胜利(不经过国内战争行吗?不经过战争行吗?)!关于殖民地问题的纲领根本没有。

只有当我们**完全相信**我们直接处于**这一**革命的前夜时,我们才需要这样的纲领。即便如此,纲领也要完全改写。

可是,现在我们需要的却完全是另一种东西:工人运动需要一些明确的观点,即必须同社会沙文主义者及考茨基分子决裂的观点,建立秘密组织的观点,运用群众斗争的各种手段和方法的观点,等等。

(4)我们即将把我们对第二次代表会议议程第5—8项的意见①寄给您。如果我们能达成协议,那就很好;即使不能就各项而

① 见《俄国社会民主工党中央委员会向社会党第二次代表会议提出的提案》(本版全集第27卷)。——编者注

只能就其中几项达成协议,那也很好!

(5)我们和托洛茨基的分歧何在?这或许是您感兴趣的问题。简言之:他是一个考茨基分子,就是说,他想同"国际"中的考茨基分子,同俄国的齐赫泽党团保持统一。我们坚决反对这种统一。齐赫泽用空谈(说他拥护齐美尔瓦尔德。请看看他最近一次发言吧。3月5日的《前进报》)**掩盖**他与"**组织委员会**"和**参加军事委员会**[①]的人观点相同的事实。托洛茨基目前反对"组织委员会"(阿克雪里罗得和马尔托夫),但却赞成和齐赫泽杜马党团保持统一!!

我们坚决反对。

向您,向潘涅库克同志和其他荷兰同志致以崇高的敬礼!

您的 **尼·列宁**

我的地址:**苏黎世 I**

明镜巷12号(许拉登居室)

弗拉·乌里扬诺夫。

附言:报纸上关于《新评论》杂志[290](纽约)和《先驱》杂志建立联系的报道真实性如何(请看《国际通讯》杂志第69期)?

您是否认为,3月份就出版《先驱》杂志第2期非常重要?

原文是德文

译自《列宁全集》俄文第5版第49卷第189—192页

① 军事工业委员会。——编者注

202

致亚·加·施略普尼柯夫①

1916年3月11日

亲爱的亚·:我也向您致以热切的敬意!盼望您的长信。关于《共产党人》杂志,情况现在又有了变化,因为波兰人(包括拉狄克在内的反对派)在他们的报纸第2号[291]上(如果您手头没有这一号,我们可给您寄去,并让尼·伊·给您翻译)采取了极卑鄙的立场。**不可避免地**要揭露他们,因为他们又像在布鲁塞尔时那样动摇起来了。既然这样,那么《共产党人》杂志**反正**是失掉了意义(因为杂志不能给他们版面,也不能刊登他们的拒绝信)。就是说,《共产党人》杂志停刊是不可避免的。我们将出版(我们有经费)《**〈社会民主党人报〉文集**》[292],您在同斯德哥尔摩人交谈时要注意到这一点(现在谈这件事**还早**)。过几天我再写信详谈。

我有这样一个同尤里和叶夫根尼娅·波格丹诺夫娜和解的"计划"(这是我个人的想法,您暂时**不要**说出去,只要注意这一点就是了):将《共产党人》杂志停刊。《**〈社会民主党人报〉文集**》由《社会民主党人报》编辑部出版,邀请他们做撰稿人。他们愿意提供三分之一至二分之一的经费——最好。不愿意,也不要紧。运

① 这封信写在娜·康·克鲁普斯卡娅的信的后面。——俄文版编者注

送小组等工作还是让他们做。

敬礼!

您的　**列宁**

译自《列宁文集》俄文版第37卷第36页

203

致亚·加·施略普尼柯夫

(3月11日以后)

亲爱的朋友:由于您的来信和信中提起常有人指责我“不让步”,我想同您较详细地谈一谈。

詹姆斯这个人,向来对政治一窍不通,始终反对分裂。詹姆斯是个很好的人,但是**在这些问题上**他的看法是极端错误的。

在我们俄国(以及现在在新的国际里),分裂问题是个**根本**问题。在**这个问题上**作任何让步都会是一种犯罪行为。我很清楚,有许多好心人(詹姆斯、“加廖尔卡”、彼得格勒知识界的一些“朋友”)**反对**杜马党团的分裂。所有这些人都大错特错了。过去分裂是必要的。现在跟**齐赫泽及其同伙**分裂也是**绝对**必要的。所有在这个问题上动摇不定的人都是无产阶级的**敌人**,对他们是让步**不得**的。

究竟谁动摇了呢?不仅有托洛茨基及其同伙,而且还有**尤里**+叶夫根·波·(他们早在去年夏天就因齐赫泽而“大吵大闹了一场”!!)其次还有**波兰人**(反对派)。他们的《工人报》第25号上载有他们的决议,他们像1914年7月3—16日在布鲁塞尔那样又**动摇起来了**。

对他们千万**不能**让步。

拉狄克是他们当中较好的一个;同他**一起**工作是有益的(就是对齐美尔瓦尔德左派来说也是如此),我们这样做了。但是**拉狄克**现在也**动摇了**。所以,在这方面我们的做法是**双管齐下**(这是尤里+尼古·伊万·**根本**不想或不能理解的):一方面,**帮助**拉狄克向左转,为齐美尔瓦尔德左派**团结**一切可能团结的人。另一方面,**在根本问题上丝毫**不允许有动摇。

所谓根本问题就是跟组织委员会即跟齐赫泽及其同伙分裂。

波兰人**动摇了**,他们竟**在**《共产党人》杂志第1期出版**之后**发表了一项极其卑鄙的决议。

结论呢?

可否还保持《共产党人》杂志这一名称,**为无谓的争吵和动摇**——给编辑部写信(拉狄克、勃朗斯基,可能还有潘涅库克等人),埋怨、哭诉、造谣,如此等等——**大开方便之门呢**?

绝对不能。

这对事业是有害的。

这样做就是助长组织委员会的恶棍们齐赫泽及其同伙的气焰。

绝对不能。

《共产党人》杂志曾经是为达到特定目的而结成的一种暂时的同盟。目的已经达到,杂志出版了,互相接近了(**当时**,**在**齐美尔瓦尔德代表会议**之前**,这是可能的)。现在应当通过**另外的**途径继续前进。

《共产党人》杂志已成为**有害的东西**。应当**停刊**并用**新的**名称《〈社会民主党人报〉文集》(由《**社会民主党人报**》**编辑部**编辑)取而代之。

只有这样,我们才能避免无谓的争吵,避免动摇。

在国内也有意见分歧吗?当然有啊!**但是扩大这种意见分歧不是我们的任务**。让齐赫泽及其同伙、托洛茨基及其同伙扩大这种分歧吧(这是他们的"本职"),我们的任务是执行**自己的**路线。**这项**工作的成果已经很明显:彼得格勒的工人要比彼得格勒的知识分子(以至"同情者们"……)强一百倍。

我们曾经不得不向"三人集团"(尤里+叶夫根·博什+尼古·伊万·)作**暂时的**让步,因为**当时**不能用别的办法出版杂志(现在能了);而主要的是,当时还不了解叶夫根·博什+尤里**在工作上**的表现,还可以指望**工作**会使他们**向上**。

但是,他们走了下坡路。

所以,暂时的同盟**必须**解散。只有这样**事业**才不致遭受损害。只有这样**他们也**才会得到教益。

我们本来并不反对**争论**。我们反对的是那些表现出不可饶恕的动摇(难道是由于年幼无知?那我们就等一等,过5年也许会有所转变)的人掌握**编辑**权。

尼古·伊万·是个还在勤奋学习的经济学家,**在这一方面**我们一向是支持他的。但是他(1)轻信流言蜚语,(2)政治上极**不坚定**。

战争使他沾染了半无政府主义的思想。在作出伯尔尼决议[①]的会议(1915年春)上,他提出了一个**提纲**(我这里有一份!)——

① 见本版全集第26卷第163—169页。——编者注

荒谬绝伦;可耻;半无政府主义。

我痛斥了他一顿。尤里和叶夫根·博什听了,以为我不主张倒向左边,对我很满意(当时他们表示完全不同意尼·伊万·的意见)。

半年过去了。尼古·伊万·一直在学习经济学。不搞政治。

可是就在自决问题上**他**又向我们提出了**同样**无聊的东西。叶夫根·博什+尤里在上面签了名!!(请查看他们在尼·伊万·那里的"提纲"和我给他的答复。[293])

问题是重要的。问题是紧迫的。这个问题同**兼并**问题密不可分,是人们极为关注的问题。

他们没有考虑,没有阅读,也没有研究。光听拉狄克(这个人患有"波兰人的"老毛病,他在这一点上糊涂了)讲了两三遍,就**草草签了名**。

这是丢丑。这是耻辱。他们不是编辑。必须驳斥和揭发这些人,让他们有学习和考虑的时间,不要匆忙地迎合他们:给你们编辑权,向工人们散布你们的胡说吧!!

这样的话,他们就会在报刊上**引起**论战;那时我就不得不称他们为"帝国主义经济派",指出他们的极端的空虚、**极端的**轻浮和草率。报刊上的论战会使他们同我们疏远**许多年**。

如果现在停办《共产党人》杂志,他们就会多加思考而不再胡说八道,就会多读些东西而心悦诚服。如果你们要宣布政治(你们根本没搞过政治,又毫无研究)上的"分歧",那么,亲爱的,就请你们写出一本像样的**小册子**来吧!他们一想就**不**会写了。过不了几个月就会"不了了之"。

过去如此。将来还会如此。

我们在兼并(和自决)问题上的立场(1913年的决议)①已经被战争**完全**证实。这个问题已经成为人们普遍关注的问题。而拉狄克+荷兰人(哥尔特和潘涅库克)在这里显然是弄糊涂了。我们将在《〈社会民主党人报〉文集》上重新说明。

应当设法:

(1)停办《共产党人》杂志;

(2)在关于犹太人状况的文集[294]出版方面给予尤里+叶夫根·博什以尽可能**多**的方便、权利和特权(**在这方面**这样做对**事业**无害)。详细条件应在书面合同中规定;

(3)关于他们的运送小组问题(请向他们索取他们的章程和我们对它的修改意见)也这样处理;

(4)我们出版由"《社会民主党人报》编辑部"编辑的《〈社会民主党人报〉文集》。

我们邀请他们做撰稿人。要对他们说:有不同意见吗?那就请写本像样的小册子吧!**我们一定发表**。(他们是不会写的,因为他们对问题甚至还没有开始认真地思考,甚至还没有摸过!!)

这将是一种**切实的**做法。

叶夫根·博什总想回国;在那里她可能起些作用;在这里**她无事可做**,只能**想出**事情来做。

您是否了解国外的这种**不幸**:让待在国外的人"想出"事情来做?可怕的不幸。

就此搁笔。请把所有的文件收集起来并了解一下情况。再谈。

您的 **列宁**

① 见本版全集第24卷第60—62页。——编者注

附言：随信寄上我给尼·伊·布哈林的关于新“分歧”的意义的复信抄件一份。

从苏黎世发往斯德哥尔摩

载于1929年《无产阶级革命》杂志第7期

译自《列宁全集》俄文第5版第49卷第192—196页

204

致尤·拉林

(3月13日)

转尤·拉林

尊敬的同志：

很遗憾，撰稿人的构成，文集性质的不明确，对撰稿人提出的限制条件，以及对一部分撰稿人不了解——所有这一切都使我不得不拒绝参加撰稿。[295]

致社会民主党的敬礼！

列　宁

从苏黎世发往斯德哥尔摩

载于1930年《列宁文集》俄文版第13卷

译自《列宁全集》俄文第5版第49卷第196—197页

205

致索·瑙·拉维奇

(3月16日)

亲爱的同志:我已请格里戈里把苏汉诺夫的小册子寄给您了。如尚未收到,有机会时请您给他去信提提这件事。

关于《共产党人》杂志的事,是继续办下去还是出版《〈社会民主党人报〉文集》,目前尚未决定。由于这个问题没有定下来,很遗憾,我无法告诉您更详细的情况。说实话,只好请您稍微等等! 就连我们也还不知道结果将会如何!

致以衷心的敬意!

弗·列宁

从苏黎世发往日内瓦

载于1929年《列宁文集》俄文版第11卷

译自《列宁全集》俄文第5版第49卷第197页

206

致格·叶·季诺维也夫

(3月16日以后)

我非常高兴,同格里姆谈的事已有了结果。

他想必会把**针对组织委员会国外书记处的声明**[296]**也**刊登出

来吧？您竟不提此事！请回答。

我曾**两次**询问过有关**苏汉诺夫**(小册子)的事,您却没有答复(给奥丽珈寄去了吗?)。

《先驱》杂志第2期怎么样了？何时出版？有无批判国际派决议的文章？

注意‖　如有,可否给我看一看**手稿**?

尤尼乌斯的小册子[297],我**尚未**见到,能否寄来?(我向普拉滕要要看。)

究竟哪一些问题我没有答复？我已经给柯伦泰**写了信**,并且还要写。

(如果您看到给《先驱》杂志的手稿,能否寄来用半天?)

敬礼！

列　宁

从苏黎世发往伯尔尼

译自《列宁全集》俄文第5版第49卷第197—198页

207

致格·叶·季诺维也夫

(3月19日以前)

现将稿件寄上,供发排。论"和平纲领"等等一文(作社论用)①即将脱稿,明日寄出。

① 《论"和平纲领"》(见本版全集第27卷)。——编者注

国际社会党委员会的《文告》应当附上会议议程、准许出席会议的条件等等的**简短**叙述。[298]

我们绝不能披露"斯巴达克"这个**笔名**的底细。[299] **绝对**不能。否则就等于让《国际通讯》杂志**从我们这儿**转载过去。那我们**就帮了**告密者的**忙了**。

一定要把我们在投票**赞成**文告时的声明(2月5—8日)即"保留意见"全部加进去。

"卖身投靠的无耻文人"这种提法不行。我提出一个修改方案(从**1**、**2**、**3**起)。[300]要尽量少骂,充分**说理**。最好是列举事实,**搜集**组织委员会国外书记处(《公报》第2号)(+《通报》第3号)**援引萨马拉**、**高加索**等地情况和**纳德**等人文章的**材料**,**证明**在国内全体组委会分子都是参加者。务请把这篇文章**再修改两三遍**,然后**再次寄给我**,不过要力求阐述得清楚、准确,这一点**非常重要**。

请把《自卫》文集给什克洛夫斯基、卡斯帕罗夫及其伙伴用两三天,然后请您**立即**退我。

我**至今没有**清样(德文的论自决提纲)。还要等到什么时候???

如果拉狄克拖延出版《先驱》杂志第2期,那就是他那方面在**捣鬼**。应当考虑好**怎样**对付。我们不该联名写封信寄给罗兰-霍尔斯特吗?为什么不呢?有什么好顾虑的呢?就说这是违背诺言,对事业有害,不正派,是在为进行讨论制造障碍。这恰恰**对**四月代表会议[301]来说是如此,恰恰是对这次代表会议**上**的讨论制造障碍!

我的提纲(论和平及其他)[302]**请立即**退我:需要改写。改写**前**

最好不给拉狄克看。

敬礼！

列　宁

为什么不把《**我们的呼声报**》[303]寄来？自从马尔托夫论“自决”的两篇文章发表之后，我再没有看到过这份报了。报上有没有登过许诺给他的答复？

齐美尔瓦尔德左派常务局的问题怎么办？它不是应当为四月代表会议准备一个报告吗？还有提纲呢？？怎么办？

从苏黎世发往伯尔尼

译自《列宁全集》俄文第5版第49卷第198—199页

208

致伊·费·阿尔曼德[①]

(3月19日)

亲爱的朋友：今天我们收到了您的怒气冲冲的明信片，我们那封长信[②]已对它(确切些说，不仅是对它)作了回答。无论如何，即使是在发火的时候，也不该说出像“一堆废话”(许多信中都有)这样粗暴的话来，因为这不利于我们继续通信。如果在您提出的问

① 列宁在明信片上写着：“法国　巴黎　索菲亚杰尔曼街16号　贝尔佛特饭店　索菲亚·波波娃小姐”。——俄文版编者注

② 见本卷第191号文献。——编者注

题中有一个问题没有得到回答,您就应该把问题清楚地再说一遍(可是您**没有**再说)。您的信多半都是由四个人(两个家庭)看的。如果有一个人没注意到问题或者忘记了,那么另一个人多半是不会忘记并且能够注意到的,等等。

两人合著的小说(好像是在彼得格勒出版的)[304],我没有看到。不管怎么说,小说既已出版,很明显,您的影响(您给彼得格勒的几封信)带来了成果。衷心地祝贺成功,愿今后取得同样的成功。

友好地握手!

您的　**列宁**

译自《列宁文集》俄文版第37卷
第38页

209

致亚·米·柯伦泰

1916年3月19日

亲爱的亚·米·:您的信已经收到了,我们再一次祝贺您的成功。

我非常生气,“高尚的”法兰西竟把我给您寄到美国去的许多挂号信**没收了**(是事实!)。没有法子。现在您应当**尽一切力量**同美国联系。

您不是写信告诉过我,您在美国收到了德文的《国际传单集》第1辑并且尽可能用英文出版它吗?可是现在为什么又**音讯全无**

了呢??

这是怎么回事?!

难道在美国没有找到同情者,**不能**用英文出版《国际传单集》吗????

不可思议!

如果的确是这样,那就必须在挪威出版(用英文)。您能不能翻译一下?需要多少出版费?

其次,我往美国写过一封信给您[①],信中谈到我收到了从马萨诸塞州的波士顿寄来的“社会主义宣传同盟”的传单(有20个社会党人署名并**附有地址**,他们大部分都住在马萨诸塞州)。这个同盟是国际主义的同盟,它有一个显然是左倾的纲领。

我给他们寄去一封**很长的**英文信[②](和德文的《国际传单集》)。没有回信。是否被“高尚的”法兰西没收了?

如果您**没有**得到,而且一点也**不**知道他们的情况,我就把他们的地址和我的信的抄件寄给您。您能不能转寄到美国去?

社会主义**工人**党[305]的情况如何?要知道,他们是国际主义者(虽然也带有狭隘的宗派主义情绪)。他们是否收到了《国际传单集》?您**同他们**有联系吗??

其次,您写信说已经**开始同查理·克尔**谈判了。结果如何?您说过他答应把我们的小册子(列宁和季诺维也夫的)出版**一部分**。

现在您却不提这件事……　这是什么意思呢?

《国际通讯》杂志上写道,美国的《新评论》杂志打算发表齐美尔瓦尔德左派的文章。是否确实?您知道《新评论》杂志吗?

---

① 见本卷第175号文献。——编者注

② 见本版全集第27卷第86—92页。——编者注

请尽快详细地答复。关于从挪威到美国的**直达**邮船的情况，您当然会把**一切**打听得清清楚楚的。

关于霍格伦和挪威人，我**直到现在**还弄不明白，他们是否收到了《国际传单集》，是否用瑞典文和挪威文把它出版了，是否**正式**加入齐美尔瓦尔德左派了(像罗兰-霍尔斯特的“革命社会主义者联盟”那样)？请您张罗、打听、查问、责骂、催促、注意一下！让布哈林把我们在关于齐美尔瓦尔德派的特别信件中告诉他的事情向您传达一下，请您监督执行。

敬礼！

您的　**列宁**

地址：**苏黎世 I**　明镜巷 12 号(许拉登居室)　乌里扬诺夫先生。

附言：带来了什么有趣的书籍和小册子？施留特尔的宪章运动史？还有什么？

寄上我们的《提纲》(载于《先驱》杂志第 2 期)。又及。

请把这个提纲向斯堪的纳维亚人解释一下。

发往克里斯蒂安尼亚(现称奥斯陆)

载于 1924 年《列宁文集》俄文版第 2 卷

译自《列宁全集》俄文第 5 版第 49 卷第 199—201 页

210
致格·叶·季诺维也夫

(3月20日以前)

现将提纲[306]寄上。

这一提纲仍须修改,请**尽快**退我。

要**竭尽全力**抓紧。我们完稿后,让季娜打印①四五份(她会承担吗?),以便立即寄往法国、英国、瑞典等国。

然后要马上译成德文(这事或者由您来完成,我再带给哈里东诺夫,然后再带给普拉滕)(我们自己印),并且**出版**。还要译成法文(供意大利人和法国人看)。

要让**全体**左派及其同情者在代表会议召开前几周看到提纲并且展开讨论。让荷兰人也能这样。

可以交给拉狄克抄写,但**不能超过半天**,否则我决不同意!!

我们将交给格里姆,以便刊登在《公报》第4号上②。如果他不登提纲+抗议书(马尔托夫与齐赫泽)[307],那就**一个戈比也**不给他。

齐赫泽的演说**已经公布**。在《**前进报**》上有报道:**赞成**"齐美尔瓦尔德决议和没有兼并的和约"。大概**没有一句话**反对格沃兹杰

① 打单面,但要尽量挤满,不留页边,不留行距。

② 请打听**截止**日期:是3月20日还是25日?要不要正式写封信去问问,我们理解截止日期是在3月30日前,并且认为《公报》第4号的"**位子**"已经排定,这样理解对不对?

夫主义[308]!!!

我将在抗议书里强调这一点。

明信片请退我。

敬礼!

列　宁

从苏黎世发往伯尔尼

译自《列宁全集》俄文第5版第49卷第202—203页

211

致格·叶·季诺维也夫

(不晚于3月20日)

在**提纲**中,还有在《论"和平纲领"》**一文**中,我都忘了加进一个内容,而这个内容**无疑**是必须加进去的。

请找一个地方加上(我没有留底稿),**务必**加上:

> 社会民主党人可以提出来当做和平纲领而又不致被机会主义者们利用的、唯一无条件的要求就是:**拒绝支付战争债务**。而我们提出这一要求是根据群众革命斗争的需要。①

① 见本版全集第27卷第288页和第301页。——编者注

敬礼!

列 宁

从苏黎世发往伯尔尼

译自《列宁全集》俄文第5版第49卷第203—204页

212

致亚・米・柯伦泰

(不早于3月20日)

亲爱的亚・米・:非常感谢您的来信。如果"社会主义宣传同盟"的地址没有留在伯尔尼,我会寄给您的。否则就要从伯尔尼寄去了(就是说,要在两三个星期以后)。

《向理智呼吁报》会不会拒绝翻印《国际传单集》第1辑?是否值得一试?

社会主义**工人**党会不会同意由**我们**花钱出版?这些人是不是不可救药的宗派主义者?您同他们有联系吗?为什么他们**不把**他们给国际社会党委员会的文件的抄件**寄给我们**?(我偶然看到过一部分。)或者说,他们是一批坚持自己关于独特的工人"经济"组织这一"固执思想"的狂人?

您问我是否希望挪威党正式派人出席代表会议。当然,由青年派派出的有觉悟的头脑清醒的**左派**要比由党派出的右派分子或半考茨基分子好一千倍。

这是很清楚的。如果可能的话,请根据这种精神施加影响。

令人非常难过的是我们在自决问题上有分歧。让我们详详细细地来辩论一番,但是**不要闹纠纷**(有人尽力使我们在这个问题上闹纠纷)……　只在我们之间谈谈:也许,亚历山大会把我对尼·伊·布哈林的意见的答复给您看的(暂时应当极严格地把这种纷争限制在最小的范围里,但是我相信您会审慎行事)。

这个问题("自决")极为重要,而且同**兼并**问题有**不可分割的**联系。

紧紧握手并致崇高的敬礼!

您的　**列宁**

附言:前几天我给亚历山大写了一封长信。他收到了没有?

从苏黎世发往克里斯蒂安尼亚
(现称奥斯陆)

载于1924年《列宁文集》俄文版
第2卷

译自《列宁全集》俄文第5版
第49卷第201—202页

213

致格·叶·季诺维也夫

(3月20日或21日)

我这里曾有荷兰的"废除国债"[309]的译文。用"国"字代替"战争"一词是可以的,我认为两者的区别无关紧要。

怎么竟处罚"女守门人"?在债款**总额**中,她们占的份额微不足道，**可以**规定一下从国库中拨给她们**养老金**(如果她们当守门人时间长的话)。

倘若您仍然“怀疑”，那就别加，**或者将这一号推迟两天再出**。我认为，当做一种例外，荷兰的**这**一条是**适于**作为“和平纲领”来提出的(还可以说是)唯一有积极意义的要求，**根据革命**或群众斗争**的需要**来提出的要求(我不记得这点是否加进去了?)……　想必是加了……

如果**以后**加，而在中央机关报**有关这个主题**的文章中反倒**不去**提它，那就尴尬了。还是推迟两天，通信商定为好。

维也纳《工人报》的事我来安排；关于梯什卡(《**社会政治协会学报**》上有没有他的文章?)，我来查。

关于同亚历山大协商一致的问题[310](他已去挪威亚·柯·那里，因而**目前**要**格外**抓紧他)。

我绝不同意关于《共产党人》杂志的I+II。

您的理由是根本不合逻辑的。

“……仅仅是随机应变吗?……”　如果这样，那有什么必要拿**事业**去冒险。

“我们错了，不该和婆娘沾边……”　这还用说!但是错了的人首先要改。我错了，**所以**我就**不**改，——这是什么逻辑!!!

我不认为自己“错了”：在那个时候同盟**曾经是**有益的，我就订立了同盟。**现在**它成了**有害的**了，如果我还不抛开它，那我**就**错了。

我的**实事求是**的理由，您连提都不提。撰稿人之间(在**三个**问题上)无谓的争吵，向中央委员会告状，给编辑部写信，给《**我们的言论报**》写信(勃朗斯基，或许还有拉狄克等人)，这一切=无谓的争吵，而不是工作。

为了什么？为了一个“名称”吗?? 实在可笑。

尼·伊·对提纲的答复已经收到。**愚蠢**至极，一句有头脑的话也没有。

应当通过亚历山大**从原则上**提出问题：第1—2期合刊**出版后，他们**提出了“分歧意见”。在有**这样一些**分歧意见的情况下，给他们平等权利(或地位)参加编辑部是**不应该**的。这样做是不许可的。要收集尼·伊·原先在同一个问题(关于民主)上的摇摆观点，并要求他们对全部**分歧意见**的论据作慎重考虑，反复斟酌，写给中央委员会(写成一本薄薄的小册子)。不供报刊发表，只给中央委员会看。我们将仔细审议并**批驳**这些论据。而现在还是出《〈**社会民主党人报**〉**文集**》。

敬礼！

请回信。

从苏黎世发往伯尔尼

译自《列宁全集》俄文第5版第49卷第204—205页

214

致格·叶·季诺维也夫

(3月21日以前)

关于同亚历山大协商一致的问题，我们也必须协商好。要把一切无关紧要的东西，把一切“头衔”都让给这个婆娘(叶夫根尼娅·博什)，但是**重要的东西要坚持**。

为此向亚历山大提出方案即讨价还价(或谈判)的目标：

(1)批准运输小组等(对我们的章程稍作改动)，让婆娘担任主席，甚至可以担任总经理、总管以及其他职务。

(2)把犹太人文集[311]交给**他们**(要讲讲价，能否将二分之一的收入归**中央委员会**，二分之一用于运输和中央委员会的总体管理)，让婆娘担任文集的**"总编"**。

(我不写前言，也不校审。)

((注意：应当**依法**保护**作者**的权利。))

(3)《共产党人》杂志无论如何不能交出去。对我来说这是不可改变的。我不会同婆娘一起参加编辑部，因为这会妨碍工作。

将《共产党人》杂志交给中央委员会不是根本的办法，因为所有的争议依然存在。

为从根本上消除工作中的争议，《共产党人》杂志必须停刊。我们现在需要没有争议的《〈社会民主党人报〉文集》来收载(α)论自决权的文章(他们想的和做的将同婆娘的妹妹[312]一样；打赌吗?)；(β)论失败的文章；(γ)反对波兰人的文章(必须预先告知工人们并占领阵地：说这就是布鲁塞尔新的准备[313])。

按照**国外组织委员会**来信的精神办。

如果保留《共产党人》杂志(即使**由**中央委员会**来接管**)，那么在这三个问题上将会发生**争议**(给编辑部写信、申诉、抱怨，等等)。这**对事业**是有害的。这妨碍教育青年人，而我们要**教育**他们。

《〈社会民主党人报〉文集》——一块很好的招牌；《社会民主党人报》编辑部，这是**必需的**。我们要邀请他们都来做撰稿人。

现在(当婆娘＋尤里对不幸的犹太人"着迷"的时候)就要采取行动：停办《共产党人》杂志，用"犹太人文集"**堵住**笨蛋们的嘴。

关于波兰人,我建议**国外组织委员会**作出一项这样的决定(让**他们,国外组织委员会的人**,对我们**施加压力**……　这样**好**);让当地的爱沙尼亚人用打字机把它打出来,然后**国外组织委员会**将其分别寄给各小组(我们会转寄给亚历山大)。

敬礼!

附言:让季娜将**波兰社会民主党**的**所有**决议的内容转达给**国外组织委员会**(口头转达也行)并把"信"送去。

至于与亚历山大"约会"是怎么回事以及您"准备"去哪里,我都不清楚。又及。

译自1999年《不为人知的列宁文献(1891—1922)》俄文版第187页

215
致格·叶·季诺维也夫

(3月21日)

刚才(晚8时)收到您的明信片。我绝对坚持要把"拒绝支付国债"加进去。

今天才看到《伯尔尼哨兵报》上的文章也主张提这项要求。文章对小业主和女守门人等等只字未提。我们也没有必要对他们表示关注。只说"为了革命,根据革命的需要,废止偿付**全部**国债"就行了。这就是对金融资本的唯一沉重的打击,就是“民主的和平”的唯一保障。不经过革命就不能取得这个保障吗?当然不能。这不是**反对**这一条的理由,而是**主张**革命的理由。

务必加进去。**在这个问题上**没有丝毫理由同荷兰人、同《伯尔尼哨兵报》意见相左。

我明天将发一封长信。

19**12**年的梯什卡的文章这里没有,只有19**14**年的(工资等等),这在伯尔尼的《社会政治协会学报》第145卷上也有。

敬礼!

列　宁

从苏黎世发往伯尔尼

译自《列宁全集》俄文第5版第49卷第206页

216

致格·叶·季诺维也夫

(3月23日以前)

寄上一段补充(奥·吕勒和李卜克内西)。我认为**无论如何**要补进这一段,以突出李卜克内西的**具有历史意义的**言论。

现寄上压缩37行的方案。我希望您进一步压缩篇幅,以便将谈吕勒和李卜克内西的一段补进去。①

“蜻蜓”的文章**无论如何**要去掉,因为:(1)写得不像样;(2)需要

① 见信后附的一段话。——编者注

等一等(因为这不仅涉及托洛茨基，而且还涉及《**工人生活**》**杂志**，这对他们说来可能是一个进步[314])。

(3)我们最好把托洛茨基放到《〈社会民主党人报〉文集》中去驳，对他应当驳得详尽一些。

敬礼！

列　宁

提纲**务必**寄给格里姆**本人**(最好邀请他来**谈谈**这个问题)。

我正考虑对提纲再作一点补充。提纲何时排版，请**预先**通知。

附在信后的一段话

奥托·吕勒和卡尔·李卜克内西

1916年1月12日吕勒在《**前进报**》上公开表示赞成党的**分裂**。1916年3月16日李卜克内西在普鲁士议会上发表演说，直截了当地号召"战壕里的士兵""**放下武器，去对付共同的敌人**"。李卜克内西因此被剥夺了发言权。——在俄国社会民主党内，究竟是谁表现了"派别情绪"？是那些坚持国内战争和与机会主义决裂这两个无比彻底的布尔什维克口号的人，还是那些否认这两个口号具有无可争辩的正确性、无视局势的发展正在促使**各**国国际主义者接受这两个口号的人？

从苏黎世发往伯尔尼

附在信后的一段话载于1916年3月25日《社会民主党人报》第52号

译自《列宁全集》俄文第5版第49卷第206—207页

217
致格·叶·季诺维也夫

(3月23日和25日之间)

波克罗夫斯基的建议[315]当然应当采纳。我正在着手写书(此地的图书馆较好,新的经济学文献方面尤其如此。如果新编目录的校样可借来用两天(即使星期日用一天也好),请设法替我搞来)。

请波克罗夫斯基**正式**给**我**和您一个答复,就说条件已经**接受**(注意:请把他过去谈及篇幅等等的信件寄来)。至于期限,**让他先别说**(我说不定到5月或6月能写好)。

拉柯夫斯基的演说和"**德国国际社会党人**"**论述12月21日少数派的小册子**[316]**未**见到。**二者**均请寄来。

请尽快寄**25册**抽印本来。

现寄上提纲[317]的校样。采纳了您的一条修正意见。所谓**与党员身份无关**这一点,我**绝对**不能同意。(1)请把这前面的一段文字再看一遍;(2)看一看奥斯特尔利茨和卡·考茨基在《**新时代**》杂志(1916年3月3日)上的文章,您就会立即发现您错了。我们**编辑部**一定要直截了当地声明:我们**不认为**这是同党员的身份相称的。只有这样我们才**恰恰**是在我们和沙文主义者之间,**恰恰**是在我们和**马尔托夫**(+普列汉诺夫)+**阿克雪里罗得**之流之间划**清**了界限。这些人**不可能**接受我们的提法。而布哈林却会考虑一下**就**

接受的。打个赌好吗?

敬礼!

列 宁

注意:《**开姆尼茨人民呼声报**》[318]能不能给我搞来哪怕用两天?请尽力设法!! 如实在不行,请把**该报的**地址、**号数**(刊登这篇文章的)及出版日期告诉我:我写信去要。

从苏黎世发往伯尔尼

译自《列宁全集》俄文第5版第49卷第207—208页

218

致格·叶·季诺维也夫

(3月23日以后)

您对"分歧""由来"的叙述与事实不符。举例说吧,这一点我们还在我离开伯尔尼之前就谈过,并且**不是**在最近一次见面时谈的;我不仅没有"置若罔闻",相反,曾详细地并**多次地**作了答复,而您不仅在当时,并且在事后整整一个月内,**一个字也**没有提到过,说这个问题对您说来还没有解决,但又非解决不可等等。当然,您如果执意要挑起这样或那样的"纠纷",那您就是不顾事实,我也无法阻止您这样做。我只得在您提出的两种办法中作出选择。我选择第一种办法。请署上我的名,并尽快赶印抽印本(25册),因为在目前所剩的短短期限内,要与左派取得联系是极为困难的。您的"个人声明"自然不在中央机关报上刊登,而是和**俄文**文本同时在《〈社会民主党人报〉文集》上发表。

敬礼！

列　宁

从苏黎世发往伯尔尼

译自《列宁全集》俄文第5版第49卷第208—209页

219

致伊·费·阿尔曼德

(3月31日)

亲爱的朋友：

刚刚收到您的明信片。我赶紧给您复信，因为邮局就要关门。您对小茶炊的"一帮"朋友[319]不很满意。可是这"一帮"小伙子却因您而**兴高采烈**：小茶炊是引用**小伙子们的**话给我们这样写的。我衷心祝贺您的**成功**，并预祝您今后取得同样的和更大的成功。您对政治不感兴趣，但对法国还是同情的。我们得到了有关德国社会党人的分裂和"德国国际社会党人"的动态的**极好的**情报。这个消息对法国**有好处**。

再一次紧紧握手！祝贺您的成功并祝一切都好！奥利娅也向您表示祝贺。

您的　**列宁**

从苏黎世发往巴黎

译自《列宁全集》俄文第5版第49卷第209页

220

致格·叶·季诺维也夫

(3月底)

(1)请把国内问题专号[320]**送去排版**,并寄来校样。我们马上出版,全部刊载国内问题。请告知文章的编排和篇幅。

(2)关于《共产党人》杂志问题,我想,**现在**(再寄上一封那一伙人的信,**阅后请退我**)您会确信您是错了。如果我们提出关于中央委员会的建议,亚历山大要是接受了,就会把它带回国并引起一场争吵。现在只有一个办法:迫使**他们**承担责任,指出并证明**他们**进行了派别活动。

(3)亚历山大的信极为重要。很明显,"婆娘"的谣言完全起了作用,十有八九压倒了亚历山大。

是否值得写信把他叫来?我拿不定主意。为时已晚,无济于事(因为**柯伦泰女士**也反对———　嗯!嗯!务必注意 nota bene!!)另派一个人去国内不是更好么?但是派谁去呢?派柳德米拉?那太好了。派伊涅萨?也很好,但是,她不能去。

这个问题,要**仔细些**考虑。

(4)"给我百万卢布"也不同《**我们的言论报**》等联合搞运送工作。我**完全**同意您的看法。

(5)给布哈林的回信,我也不想给您所指定的范围以外的人看。只是还要给老大爷和柳德米拉寄去。

(6)拉狄克正在葬送左派常务局。如果他要和解,就让他把我们的提纲[321]寄给克尼夫和其他左派,**或者最好**把**他们的地址**告诉我们。

无论在实质上,还是在形式上,我们一点也没有破坏联盟。中央委员会的提案并**不**排除齐美尔瓦尔德左派联盟内部的**妥协**。如果拉狄克能在星期六交出提纲,要立刻寄来,以便我能在**星期天上午**收到。

(7)是否再给"德国国际社会党人"一个代表名额的钱?问问拉狄克需要**多少**,然后我们再研究。

(8)现将亚历山大的信寄回。如何处理这封信?是您一个人答复他,还是也要我答复?他是否要求您**不要**给我看?

如果您要写信,应当非常周密地考虑。我建议要**猛烈**抨击"婆娘",因为一切谣言出自于她。**根子**就在这里;问题很清楚。

(9)5个书记在玩弄**两面**把戏。这里马尔托夫+同伙**退出了**我们的言论派集团,马尔托夫在该集团里宣读了他**退出**《我们的言论报》**编辑部**的声明!!

依我看,在争论中要对魏斯(骗子!)讲:如果"你们的人"实际上既能同《自卫》文集,又能同**齐赫泽**断绝关系,那么,我们是高兴联合的!!

(10)关于"自决"那一号呢?

等一等《先驱》杂志第2期,然后立即**回答**拉狄克及其一伙的提纲[322],是不是更好些?

依我看,这样更好。先将我们的提纲发排,然后等一下拉狄克的提纲(或许您会收到提纲的校样?),等到《先驱》杂志一出版,**立刻**就出一号我们的报纸。这样更好。

拉狄克是否会拒绝给您看**他的**反提纲?

(11)拉狄克是否会同意在《先驱》杂志(第2期)上给我们的提纲8个整页?最后期限是什么时候?**我还要再提出两三处补充**。

敬礼!

列 宁

附言:关于神经,**很**对不起,让您不愉快了。我的神经很坏。

译自《列宁文集》俄文版第37卷第39—40页

221

致亚·米·柯伦泰

(4月4日)

亲爱的亚·米·:我刚刚从亚历山大给格里戈里的信中知道亚历山大来的那个城市里的朋友们的不幸遭遇[323]。

我想您会通过您的一切关系,尽一切可能把他们搭救出来,并给予各种帮助的吧?

我决定不给布兰亭写信,因为您知道,我的求情信目前在**各**方面只会有害无益。如果您能通过您的挪威朋友促进一下这件事,也许最妥当。如果需要别的什么,请来电告知。

(必要时,能不能通过丹麦来办?通过德国社会民主党议员也可以,不过右派对您非常仇恨。您不妨通过**非**右派德国社会民主党人试一下……)

真奇怪,亚历山大只收到我的一封信。我共寄了三封信,第二封信寄往亚历山大来的那个城市(寄给"党的书记",地址是民众文化馆,可能的话,请打电话询问一下);第三封信寄往他现在的地址。我想他现在大概收到了第三封?我正等着他的回信,不然就是他太不喜欢写信了。我和娜·康·热切地向他问好!也热切地向您问好!

您的　**列宁**

从苏黎世发往克里斯蒂安尼亚(现称奥斯陆)

载于1924年《列宁文集》俄文版第2卷

译自《列宁全集》俄文第5版第49卷第210页

222

致格·叶·季诺维也夫

(4月4日)

虽然我知道您有一种容易"情绪低落"和心情急躁的毛病,可是**到这种程度**却……　我没想到您竟会相信"受排斥"的无稽之谈(谁说出来的?)!!亚历山大的**每封**来信,我都作了答复;给他写过**三次**信(也许第二封信在瑞典遗失了,第三封信尚未送到)。人家一再**请求**他写,**他**却一概拒绝(对于他提名的"编委会"**组成情况**只字不提……),只是说"要到美国去",不知是威胁,还是生气??? 这究竟是什么意思呢?? 在这种情况下说什么受排斥，多可笑！

俄国之行只字不提，反倒大谈美国?! 当然，在他有这种情绪的时候，谈清楚有好处。但最好是在回国之前。不过现在已经是木已成舟了。

拉狄克是否答应过：（1）把他那个论自决的提纲给您？什么时候给？（2）他的左派提纲同意星期六交出来，今天已经是星期二了……

《社会民主党人报》的国内问题专号，也就是载有评契恒凯里的文章[324]的这一号何时出版？

敬礼！

列　宁

从苏黎世发往伯尔尼

译自《列宁全集》俄文第5版第49卷第210—211页

223

致格·叶·季诺维也夫

（4月4日以后）

现将提纲寄上。**补充的内容**请见第**21**、**22**页（补充的内容也要加进德文本）。

关于亚历山大，我不同意您的看法。如果我们（我和您）的意

见不能取得一致,**我弃权**,您可以以一票决定,说:"我们决定叫您来。"

(1)让他到代表会议上露面等于**害**他。这是明摆着的事。在瑞典和挪威没有俄国政府的密探,而这里却多如牛毛。马尔托夫之流会到处张扬。

我坚决反对让他在代表会议上露面,不是弃权,而是反对。

(2)**亚历山大本人要求**派人回国(我将给柳德米拉去信)。

(3)既然**亚历山大不**走,那就**等一等,在他**动身**之前**把他叫来。否则,一切都是**徒劳**。

(4)因为**亚历山大**会受**基辅斯基**的影响而草率从事的害处>无所事事。应当等待,通信谈谈,等等。(您过早去信叫亚历山大来,只能**促使**亚历山大**迅速**转向布哈林之流一边,因为亚历山大现在有点晕头转向;如果等一等,等中央机关报出版,等他和**基辅斯卡娅**多通几封信,等我把证明布哈林之流动摇不定的文件汇编**成集**,这样**亚历山大**就会有时间考虑,就会看到**布哈林之流**滑向何处,陷入什么样的泥潭之中。)

现在叫亚历山大来,等于**现在**就同他**斗争**。有什么用处?有什么理由?如果他不走,我们就**没有理由**和他斗争。(我们将通过调和派分子詹姆斯等取得联系。)(詹姆斯当然有错误。)

拉狄克的提纲怎么样?

如果《先驱》杂志第2期在代表会议前出版,那么,论自决的这一号要等一等。**至关**重要的是,对拉狄克的提纲应该**立刻**给予回击。跟拉狄克斗已是势在必行。而在跟斯德哥尔摩人斗的过程中,利用拉狄克这个"一钱不值的家伙"可以"**保护很多东西**"。

请打听清楚,克德罗夫**何时**出发[325]? 他是否仍在伯尔尼? 他的妻子是否在洛桑?

我劝您在和崩得分子相处的时候**千万**小心!!! 要提高警惕!

敬礼!

列　宁

从苏黎世发往伯尔尼

译自《列宁全集》俄文第 5 版第 49 卷第 211—212 页

224

致伊·费·阿尔曼德

(4 月 7 日)

亲爱的朋友:得不到您的消息,我们都感到奇怪和不安。3 月 25 日给您寄了钱,还有书,但一反往常,没有得到您一点回音。难道您在写论文的最后时刻过于劳累了吗? 衷心祝您成功,但还是不要太累了。

请简复。我们两人向您致崇高的敬礼和良好的祝愿!

您的　**列宁**

译自《列宁文集》俄文版第 40 卷第 49—50 页

225

致格·叶·季诺维也夫

(4月10日)

给多尔戈列夫斯基**立即**寄100法郎当然是应该的。请您办吧。梁赞诺夫已答应把多尔戈列夫斯基的情况写信告诉考茨基。

关于格罗伊利希的事,我还要写信给梁赞诺夫。

请密切注意《公报》①的出版情况(以便我能**及时**得到,因为及时看到《公报》好与**本地的左派谈话**,这对我来说极为重要)。务请找个理由搞一份我们的提案[326]的**校样**并**尽快**给我寄来。

今天给您寄了一大包邮件。

敬礼!

列 宁

注意:苏汉诺夫的小册子是否已给卡尔宾斯基夫妇寄去了?请回信。

从苏黎世发往伯尔尼

译自《列宁全集》俄文第5版第49卷第212—213页

① 《伯尔尼国际社会党委员会。公报》。——编者注

226

致达·波·梁赞诺夫

(4 月 10 日)

尊敬的同志:今天收到消息说,利亚林已获释;而多尔戈列夫斯基(注意:即摩西·多尔戈列夫斯基)关在斯德哥尔摩监狱,他**写信向我们**求援。**请您务必**去找格罗伊利希,一定要他**当您的面**,就青年经济学家多尔戈列夫斯基的事给布兰亭写一封求援信。

再见!

您的　**列宁**

发自苏黎世(本埠信件)

译自《列宁全集》俄文第 5 版第 49 卷第 213 页

227

致格·列·皮达可夫、叶·波·博什、尼·伊·布哈林[327]

(4 月 10 日以后)

你们在来信中徒劳地回避主要之点,下不了决心否定你们非常清楚的事实。具体说,当时是把**联邦制**原则作为(暂时地)组织基础的——对这一点我们曾多次讲过,该讲的都讲了,清楚得不能再清楚了。你们的长篇大论丝毫也改变不了这个事实。其次,这一原则是不正常的、反党的。这一点也已经说过。实质也正在这里。

为了协调行动,把这种不正常的办法作为一种临时措施,过去还可以接受。你们迁走后,却发现你们三人合唱起一个调子,提出了一份“提纲”[328];然而,对这一“提纲”,我们无论直接地还是间接地都不能承担责任,即使提纲在我们党内同党纲并存,我们也不能对它负责,至于平等权利的要求就更不用说了。

如果你们要坚持这个提纲,坚持这样的“合唱”,坚持联邦制,那我们深表遗憾。

你们问及撰稿的事——是指为哪个杂志撰稿?《共产党人》杂志在临时协议破裂时就停刊了。那么,是为新的杂志吗?即为你们那份以“提纲”为**基础**的杂志吗?我们不能参加撰稿,并将被迫与之斗争;因为,我们认为,你们对党纲(第9条)的态度,不仅是不正确的、有害的,而且是不严肃的。的确如此。你们**三人**在8个月的合唱和共同活动中,**没有**对这个在党内存在长达12年之久的问题表过**一次**态,**没有**在中央机关报编辑部发表过**一次声明**,**没有一次去**想一下党的文件,等等。

你们主张创办“自由的”(莫非是不受党纲约束、不受党的中央机关领导的?)杂志的理由同样是不严肃的,甚至比这更坏:是反党的。

如果你们仍想坚持你们的提纲,我们(1)准备出版提纲;(2)**有责任**提出我们的意见,请你们自行出版(如果你们不想由我们出版的话),另外再增加一本论争性的小册子,你们三人可以一道在这本小册子里向党说清楚你们发表提纲的理由。

附言:你们来信说,钱的问题是个“令人不快的”问题。我看,不一定。如果用党性原则对待钱,党对此是感到愉快的。如果把钱变成**反党的工具**,这的确“令人不快”,而且,甚至比令人不快还要坏。

从苏黎世发往斯德哥尔摩

译自《列宁全集》俄文第5版
第49卷第214—215页

228

致格·叶·季诺维也夫

(4月18日以前)

今天给您**寄去包裹一件**。

(1)寄上我们的提纲:其中**漏掉了**整句整句的话,请**立即**补上(草稿你们那里有),并请**马上**退我(以便转给普拉滕)。

(2)您那里是否还有一份?我担心格里姆会不会骗人?如果是那样的话,我们——在代表会议前夕以及**在会上**就**拿不出**自己的提纲!!

(3)我有点犹豫不定,我是否值得去出席代表会议?没有委托书(拉脱维亚人的),想必以后也不会有。作为“客人”,大概也不方便;——可能还会遭到驱逐(1916年2月5—8日会议的决定对该代表会议无约束力)。[329]

拉狄克对此事有何想法?

(4)拉狄克是否把弗勒利希“藏起来了”?需要召开**一系列**左

派会议和**正式**会议。

(5)弗勒利希等人要是住在伯尔尼,**肯定要出事**(我敢说准会这样)。我们有义务告诉弗勒利希等人:如果想**不**出事,应当迁到一个僻静的小地方(在代表会议会场**附近**的某个地方,格里姆应该告诉**他们**在哪里);只有这样才不至于出事。这个地方还可以召开**左派**会议。

请同拉狄克和弗勒利希谈一谈(那位塞尔维亚人[330]的情况如何?您没有提到他),并请回信。

(6)累德堡分子,即考茨基分子,想必会把**整个**代表会议搞得乌烟瘴气!! **大家**都会盯着他们!!

德国国际社会党人有几名代表?**两名**(弗勒·+……①)?

国际派有几名代表?

(7)我们必须在委托书问题上准备好同马尔托夫和阿克雪里罗得进行**战斗**。您是否负责按第2号《公报》**逐条地**收集材料(分别在《我们的呼声报》+《自卫》文集+齐赫泽和契恒凯里的讲话等等范围内收集?)?如果同意,就**立即**开始。

(8)我们的提纲要译成法文吧(伊涅萨大概会同意译的),要知道,格里姆是不肯译的。

敬礼!

列　宁

从苏黎世发往伯尔尼

译自《列宁全集》俄文第5版第49卷第215—216页

① 手稿中此处的一个词无法辨认。——俄文版编者注

229

致格·叶·季诺维也夫

(4月18日以前)

这封信没有寄快信,因为,我估计,那样只会毫无必要地把您从床上喊起来,而实际上收信的时间快不了多少。

完全同意您**邀请**法国人以及答应付50法郎的意见。

请您劝说布列斯特人在途中到乔治处**弯一弯**;要让他和我们先"截住"布列斯特人,不让格里姆抢先(如果办得到,对巴黎人也最好这样做)[331]。这是很重要的。

起诉书[332]还未看。请耐心等等!

我把苏汉诺夫新写的小册子给您寄去,您要不要?不过,您要答应我把尤尼乌斯的小册子寄来(用半天也行)(请设法向拉狄克要,但**不要提到**我)。普拉滕和诺布斯都**没有**这本小册子。

亚历山大先在英国工作一段时间,**对事业**好处极大。现在回国**很危险**,我们犯不着断送一个干练的人(不论在瑞典,还是在国内都会这样)。现在到此地来也是有害的,因为他和您都站不住脚,我们也没有必要**使**一个很可贵的人在代表会议上**蒙受羞辱**。此外,过一两个月再回国,对他来说要好得多,到那时候,许多**重要事情**一定会有个水落石出。

敬礼!

列 宁

附言:他只有在英国工作才能“得到休息”,没有工作,他就会萎靡不振。

注意:如果格里姆不刊登抗议书[333],应当**及时**了解此事并**对文本加以修改后自行刊登**。又及。

拉狄克另外为齐美尔瓦尔德左派协议准备的提纲究竟在哪里,**究竟什么时候**搞出来??? 又及。

从苏黎世发往伯尔尼

译自《列宁全集》俄文第5版第49卷第216—217页

230

致格·叶·季诺维也夫

(4月18日)

(1)《先驱》杂志在代表会议前显然不会出版。必须**立即预订**我们的提纲的抽印本,份数要**多一些**,并且要快一点。

(2)补充的内容是否译成德文加进去了?

(3)我**不知道我**要收集什么材料。应当由您来收集,缺什么,来信告诉我,否则将毫无结果。

(4)针对马尔托夫的抗议书的校样请寄来。

(5)斯堪的纳维亚人的情况[334]我一无所知。曾两次去信给柯伦泰女士。斯德哥尔摩事态发生变化后希望不大。

(6)我个人的经济情况根本还没有陷入绝境,这一“误传”从何而来???

(7)包裹是否收到了?

(8)我给您寄去的德文提纲(修改过的那一份)是否还寄来?

(9)星期五我不能前来。工作很多。我已经耽搁下了不少。

既然拉狄克没有提纲,同他取得一致(有关兼并及自决权问题)毫无希望,那么,“常务局”**暂时**起不了作用。它只能在代表会议第一天的晚上确定了它的组成以后才会起作用。

(10)您仅仅把那个村子的名字告诉我还不够,能否把更确切的地址告诉我?[335]

收集同马尔托夫开战用的材料非常重要。

要更仔细一点,**更早一点**动手,否则来不及找到所缺的材料。

敬礼!

列 宁

从苏黎世发往伯尔尼

译自《列宁全集》俄文第5版第49卷第217—218页

231

致格·李·什克洛夫斯基

(4月18日以后)

亲爱的格·李·:

麻烦您办几件事:

(1)如果不致使您为难的话,请到警察局(您是认识那里的秘书的)用我附上的签证换取我的居留证或入境证(如有困难,则请寄还)。我的居留证寄到伯尔尼去了,因为这里要签证("看一看")。看来是由于我的申请书写得不合要求。我想,现在手头最好有居留证,因为到秋天可能用得着。

(2)请按下列地址寄去30份《先驱》杂志第1期:苏黎世民众文化馆弗里·普拉滕书记。(如果投递卡不在您处,则请把普拉滕的订单转寄给持投递卡的人。)

(3)请将本特利的详细账单寄来,以便核计一下纸价涨了多少……

紧紧握手并向大家——按年龄大小从柳达起——致以最崇高的敬礼!

您的　**列宁**

从苏黎世发往伯尔尼

载于1929年《列宁文集》俄文版第11卷

译自《列宁全集》俄文第5版第49卷第218—219页

232

致格·叶·季诺维也夫

(4月18日和24日之间)

拉狄克没有丝毫理由感到委屈,应当更冷静更详尽地把这件事给他解释清楚。同他的会谈您应当尽快安排(不用等我)(以便消除他的"委屈情绪")——正如您一向在伯尔尼代表中央一样,您完全可以代表中央参与这一会谈。而且,您同拉狄克就提纲进行会谈的事情,我们**早就**写信交换过意见了。

情况仍同齐美尔瓦尔德会议之前一样:我们有自己的“决议”,但丝毫也不拒绝**左派联盟**。

我尽量直接前往昆塔尔(请设法打听旅馆名称——那里总共只有两三家)。

没有收到尤尼乌斯的小册子,令人非常气愤!

敬礼!

列　宁

从苏黎世发往伯尔尼

译自《列宁全集》俄文第5版第49卷第219页

233

致亚·米·柯伦泰

(4月19日和5月7日之间)

亲爱的亚·米·:胡斯曼召集各中立国社会党人在6月26日开会[336],您当然已经知道了。必须竭力设法使斯堪的纳维亚国家的代表中有一个“我们的人”,并且要很好地考虑一下这个人应如何行动。请赶快(为了我们能来得及商量)写信告诉我,这件事还有没有希望。

您看到了德国社会民主党人的报纸吗?《人民之友报》(不伦瑞克)很好地回答了胡斯曼[337],而右派机关报开姆尼茨的《人民呼声报》则声明,**完全同意**胡斯曼对齐美尔瓦尔德派的批评。

对霍格伦的判决[338]没有希望撤销吗？真是闻所未闻和难以置信的残暴行为!!

紧紧握手!

您的　**列宁**

热切地向尼古·伊万诺维奇问好！他曾经发来一份电报,但没有写信。衷心地祝他好好休养,早日康复！他的经济情况怎样？

附言:花75克朗出版英文小册子[339]不是太贵了吗？不能等一等吗？

从苏黎世发往克里斯蒂安尼亚
(现称奥斯陆)

载于1924年《列宁文集》俄文版
第2卷

译自《列宁全集》俄文第5版
第49卷第219—220页

234

同厄·格拉贝互递的便条[340]

(4月27日或28日)

您错了:**护国**问题是**极重要的**问题。

是的。但在这儿您不能在一小时内就把人们的思想纠正过来(智力锻炼!?)并阻止人们**在成千的小册子**中写东西,写**成千**的相反的东西,尽管您的

行动是正确的

(格拉贝)

那么同格里姆在《哨兵报》上的论战呢!!!

我在此不引用它!!!

原文是法文

译自《列宁文集》俄文版第38卷第176页

235

致格·叶·季诺维也夫

(5月2日和6月2日之间)

应当**回绝**社会革命党人。“我们不能建议联合。”他们有没有给回信地址?(务必抄一份留下。)

我将写信给亚历山大,当然不是像您“修改过”的我们的协议那样说,而是像原来的那样说:(1)取消原有合同;(2)中央机关报编辑部负责编辑,一期又一期地同**出版者达成协议**;(3)在伯尔尼出版。[341]

就4月25—29日代表会议问题致同志们的信[342],请您执笔,您那里有较多的材料(顺便说一句,请把拉狄克在全体会议上宣读过的我们和他共同草拟的决议寄给我,因为极其需要,可是我这里却没有)。

或许您能根据此信拟出供法国人用的呼吁书草稿吧(此事我们已同伊涅萨谈过),我这里搞**不**出来。

迈耶尔一及其伙伴曾在扩大的委员会会议上建议投票表决提纲吗?[343]

我到洛桑和日内瓦要作的专题报告[344],**不是**谈代表会议的事,所以这不会妨碍您。

同意出一号中央机关报报道代表会议的情况[345]。请将文章的编排方案寄来。务必揭露马尔托夫欺骗**国际**一事。

雷巴尔卡的文章我**未**收到。

敬礼!

列　宁

注意 ‖ 附言:纳坦松告诉我说,他们正在考虑同他们的"护国派"中主张**先**革命**后**护国的**那些人**"接近"。请您问问他(在回信时),**他是否愿意把他们的这次谈判的结果告诉我们**?

从苏黎世发往伯尔尼

译自《列宁全集》俄文第5版第49卷第220—221页

236

致亚·加·施略普尼柯夫

(5月6日和13日之间)

亲爱的亚历山大:代表会议闭幕了,会议的宣言[346]已经发表了(5 月 1 日)。我想,您可能订阅《伯尔尼哨兵报》或其他瑞士报纸的吧?如果没有,请来信,我们把法文的宣言寄上。

格里戈里正在写一封详细的信介绍代表会议的情况,将会寄给您。

一般说来,通过宣言是前进了一步,**因为**法国议员(有三名,其中布里宗是个半沙文主义者)[347]同意这个宣言。关于批判和平主义的决议,关于社会党国际局以及对它进行尖锐批评的决议都通过了。总的说来,尽管有许多缺点,但这**毕竟是**在同社会爱国主义者决裂方面前进了一步。

左派这一次壮大了些:一名塞尔维亚人、三名瑞士人和一名法国人(他不是议员,**不是**以集团而是以个人名义)加强了我们左派。此外,有两名德国人(代表国际派)在主要的问题上和我们一致。[348]

您看到了胡斯曼的宣言吗?其中显然有对我们的恶意"影射"!《人民之友报》(不伦瑞克)对他回答得很妙。

关于日本人,我们决定再作一次(希望是最后一次)达成协议的尝试:(1)取消原有的一切合同(口头合同);(2)负责编辑杂志的中央机关报编辑部一期又一期地,即每一期单独地同**出版者**达成协议;(3)在伯尔尼出版第 3 期(在斯德哥尔摩显然是不行的)。

请您试一试,看行不行。如果不行,我们就出版《〈社会民主党人报〉文集》。再不能等待了。[349]

第 3 期的安排如下:

(1)国内来的材料(近 3 个印张)。

(2)中央机关报编辑部关于自决的提纲。

(3)列宁关于这一问题的文章。

(4)第二次齐美尔瓦尔德代表会议。格·季诺维也夫或列宁。

(5)布哈林:经济论文。

(6)利亚林论物价飞涨。

(7)亚历山大——国内通讯。

(8)塞尔维亚人和意大利人答应写的文章。

(9)国内题目——格·季诺维也夫。

(10)拉狄克——续篇(?? 未必值得刊登。我认为不值得)。①

(10)柯伦泰——美国通讯。

(11)拉脱维亚人。

(12)瓦林。

(13)女工运动。

(14)书刊评介。

(15)关于托洛茨基、马尔托夫和齐赫泽党团……

请您仔细考虑,**先试探一下**,然后以比较策略的方式了解清楚他们的意见并迅速回答。

紧紧握手并祝一切顺利!

您的　**列宁**

附言:关于犹太文集[350],娜嘉已经给您写信谈过了,我同意您的意见。关于材料,娜嘉已不止一次地写信去伯尔尼。请向亚

① 手稿中删去了这一条。列宁指的是《共产党人》杂志第1—2期合刊上刊登的卡·拉狄克《帝国主义发展的四分之一世纪》一文的续篇。——俄文版编者注

历·米哈·问好!!

您的　列宁

从苏黎世发往克里斯蒂安尼亚
(现称奥斯陆)

载于1924年《列宁文集》俄文版
第2卷

译自《列宁全集》俄文第5版
第49卷第221—223页

237

致俄国社会民主工党
中央委员会俄国局和彼得堡委员会

(5月7日以后)

转俄国局和彼得堡委员会

亲爱的朋友们:由于得不到你们的消息,也不能定期同你们通信,我们感到很苦恼。

尽管马尔托夫和齐赫泽的其他一些朋友在国外散布了大量谎言,俄国工人和我们党的国际主义立场,在欧洲还是日益广泛地为人们所了解。

彼得格勒的反战斗争的作用是非常巨大的。彼得堡委员会和俄国局依然是个榜样,这是任何谎言都掩盖不了的。格沃兹杰夫分子[351]和齐赫泽之流的所作所为十分可恶和伪善(马尔托夫最近在《我们的呼声报》上的一次抗议[352]是明显地在转移视线,因为马尔托夫继续在为齐赫泽和契恒凯里这些社会爱国主义者辩护)。

我代表全体齐美尔瓦尔德左派向彼得格勒工人致热烈的敬礼！他们的巨大作用甚至连我们党的敌人也不能不承认。

王德威尔得、普列汉诺夫和考茨基之流要复活已经腐烂了的国际，在反对他们这些人的斗争中彼得堡委员会和我们党所起的作用非常之大。在困难时刻不要忘记这一点。

只要有一点可能，就应当争取也用合法的手段发表演说和文章：有些东西是可以讲的；对《我们的呼声报》和齐赫泽可以而且应当**也**用合法的手段加以谴责。首要的仍是要同我们定期通信。恳请安排好这一点，不要怕费事，每月每人花费两三个小时，这不算多，抽出这点时间来通信是可能的，而且是应该的。致热烈的敬礼并祝成功！

你们的　**列宁**

如果署名觉得不谨慎[请去掉]。

译自《列宁文集》俄文版第38卷第181—182页

238

致格·李·什克洛夫斯基[①]

(5月11日)

我只有一点轻微的流行性感冒，而且正在好转。您答应的事

① 这是写在娜·康·克鲁普斯卡娅信上的附笔。——俄文版编者注

办得怎样了?(您还记得我们曾经谈过要建立一套有副本的账目以便把会计制度健全起来的事吗?)

致以最崇高的敬意!

您的　**列宁**

附言:您可否把载有**卡·拉·**的《好景不常》一文的那一号《伯尔尼哨兵报》[353]寄给我?**行不行**,请回信。

从苏黎世发往伯尔尼

载于1929年《列宁文集》俄文版第11卷

译自《列宁全集》俄文第5版第49卷第223页

239

致亚·加·施略普尼柯夫

1916年5月16日

亲爱的亚历山大:在**我**信里提出的条件①不是玩弄外交手腕,也不是讨价还价,而是想进行最后一次尝试。鉴于这些条件完全未被接受,我认为协议没有达成。此事已成定局,再说、再写都没有用了。这伙人证实了我的最坏的预料:他们想躲到拉狄克的背后去,自己不干,责任却要我承担!!

算了吧!

您旅行的问题请来信讲得详细些。在斯堪的纳维亚,难道什

① 见本卷第236号文献。——编者注

么地方都没有工作可做吗？不可思议。

我于日内再给您写封详信。娜嘉已多次去信问过投递组[354]，那边回信说，**全部**给您寄出了。

我们再写信去问问。

致崇高的敬礼！

您的　**列宁**

从苏黎世发往克里斯蒂安尼亚
（现称奥斯陆）

译自《列宁全集》俄文第5版
第49卷第224页

240

致格·叶·季诺维也夫

（5月17日以前）

把**那篇**文章**再**次寄给加米涅夫，而且要**等**他的答复，答复**也要用书信**，不能只发电报——这是**绝对**必要的。[355]此事极为重要，一丝一毫的疏忽都会坏事。宁肯**迟一些**，但要牢靠些。

不把**公报**中**我们的**提案刊登进去，**不能**发行**昆塔尔**专号[356]。

从苏黎世发往伯尔尼

译自《列宁全集》俄文第5版
第49卷第224页

241

致维·阿·卡尔宾斯基

(5月17日)

亲爱的维·卡·:根据我们的约定,我打算去日内瓦和洛桑作专题报告,题目是《国际工人运动中的两派》(您说过,这个题目比我在这里作专题报告时用的《两个国际》要好)。

如果条件没有变化,如果能够补偿我的旅费,就请您把日期大约安排在两个星期以后(**第二天在洛桑**)。

等待您的答复。

我需要在日内瓦图书馆(综合图书馆)看一天书。您能不能打听一下,这个图书馆除假日以外,会不会在某天停止开放?

敬礼!

您的　**列宁**

从苏黎世发往日内瓦

载于1929年《列宁文集》俄文版第11卷

译自《列宁全集》俄文第5版第49卷第225页

242

致格·叶·季诺维也夫

(5月17日)

在日本人问题上,您一千个不是。让他们单独**用自己的名义**

出版吧。这件蠢事的责任不能推到**我们身上**,要他们自己负责。我**赞成**争论,但是不赞成跟"帝国主义经济派"的**编辑部**签订合同,我**无论如何**不会参加这个杂志的工作,这一点我已多次写信表示过。

这件事应当结束了。没有什么好拖的。应该公布出版《〈社会民主党人报〉文集》的消息。

投递组迁来此地的问题根本不能考虑。这里没有人手,而在伯尔尼则有季娜+伊涅萨(您怎**能**让她离去呢?? 实在叫我吃惊!!)+什克洛夫斯基+伊林+卡尔宾斯基+卡斯帕罗夫。应该把他们组织起来,一个也不能放走。

我很希望能经常收到《前进报》①,因为这里只有在图书馆才能看到。您来信提到的文章,我没有看到。

不能答应给亚—大100—150法郎。[357]不能把诺言当成儿戏,钱不会有了(所谓"依靠小组"只不过口头讲讲而已)。出去跑半年只有好处,因为他反正不会提前回家,而挪威只不过是一个是非之地。

提案必须刊登,因为宣言和其余的东西**全是蹩脚货**。我们应该让人们看出,我们已**充分**论述过了,而且提出得更早,论述得**更确切**。这一点比文章更重要。那些文件(宣言+提纲+关于社会党国际局的决议)共占多少版面? 请详告。[358]

稿件日内寄上。

这样说来,您已把苏汉诺夫的著作寄去了? 您总算回答了……　问了20次呢! 您这种"认真的态度"实在使我吃惊,我要

① 意大利社会党中央机关报《前进报》。——编者注

专门给米宁写信谈谈这种态度:乌拉![359]

敬礼!

列 宁

我收到了报道代表会议情况的《明日》杂志。[360]您有吗?

附言:米宁建议出版国际代表大会决定汇编。[361]已有300份(每份70页),**到1904年为止**。须补充(即加上)1904—1912年的决议和一篇序言。每本售价50生丁,一定可收回成本。

我同意。请答复。

从苏黎世发往伯尔尼

译自《列宁全集》俄文第5版第49卷第225—226页

243

致亚·加·施略普尼柯夫

(5月19日)

亲爱的亚·:您那封焦躁不安的来信[362]我已经收到,现立即匆匆作复。您显然过于急躁了。大可不必。全部东西均已给您寄出。如未收到,那就是某个书报检查机关没有通过。季娜担保说她已全部寄出,就是说,确实寄出了。

如果书报检查机关通不过,就要有耐心,耐心等下去,坚持等下去。请再等等娜·康·的来信。

材料[363]我已看过。精彩的东西很多。那篇关于军事工业委员会的文章尤为出色。总之,搜集这些材料的人做了一件了不起的工作。请再三转达我对他的最衷心的敬意!

同日本人及其同伙的**一切**谈判必须无条件地停止,这一点我已写信对您讲过,而且现在仍然坚持这个意见。"分歧"发生以来**已经一年了**(!!),这些人不考虑问题,不干工作,一味地躲在别人背后散布流言蜚语。要是他们至今还意识不到这是不老实(把责任推给**我们**,因为,如果**我同**观点极为混乱的**编辑部**结成联盟,**我**就得负责),那他们就不可救药了。如果他们想"发表文章"并愿**自己**承担责任,就由他们自己去出版小册子吧,钱是有的;没有必要躲在别人后面。让他们**自己**写文章给中央机关报吧——我们照登!!

别列宁的事[364]应当认真考虑,请您务必考虑一下。两个日本人显然不能胜任运送工作。不久前别列宁待过的那个城市[365]里是否还有谁在?别列宁能否把工作委托给某些外国人(他们比俄国人好些;即便慢些,但是可靠些)?如果别列宁要走,也别超过半年。但最好能在哥本哈根找到工作,大概能找到。别列宁每月需要多少生活费?**请回信**。请抛开一切个人因素,从工作出发考虑一下,别列宁这半年如何安排更好。我坦率地说一句,在日本人中间他白伤脑筋,这是一些成事不足,败事有余的人,的确如此!紧紧握手并请立即回信,哪怕写两句也行。

您的　**列宁**

从苏黎世发往克里斯蒂安尼亚
(现称奥斯陆)

译自《列宁全集》俄文第5版
第49卷第226—227页

244
致格·叶·季诺维也夫

(5月19日)

《明日》杂志将寄上。

我仍坚持刊登提案[①]。

关于决议汇编(国际代表大会的)一事,我不同意,因为里面**没有**比如**巴塞尔**决议这样的文件。至于收回成本,当然不成问题。对战俘和对党的工作者都有好处。

(季娜+伊·[②]等等。) 既然伊涅萨没有离开投递组,那么,说投递工作在伯尔尼搞不好,就太可笑了,实在可笑。亚历山大气得要命,说他什么也收不到。**应该用挂号再寄一次**,以后也要用挂号寄。

您在日本人问题上太不对了。您不愿意了解,是他们回避争论,把责任推给**我**,卑鄙地躲在拉狄克背后。他们要争论,就让他们出小册子吧(由他们**自己**负责!!),或者就写文章给中央机关报——**我们照登**!这伙下流坯已支吾搪塞了一年,而您却动摇不定甚至还加以姑息。毫无道理。我**不**参加他们编辑部的工作,也**不**参加他们的文集工作。我重申我的建议:这种无聊的事情应当彻底结束了。

① 见本卷第242号文献。——编者注

② 伊涅萨。——编者注

关于"保证亚·的半年所需"一事,我得弄清楚他需要多少钱。[①] 这不是大约估估就能决定的。这点钱要保证"往返旅行"和半年的生活是**不够的**,**仅从**旅费就可以看出。他不在时,运送工作通过他的代办员进行,过去如此,今后也可以这样。既然他不回家,可以让他到美国去半年,这总比留在这帮游手好闲的败类中间无事可做和烦躁不安要好些。

造谣生事者一伙甚至能把一个身强力壮的男子汉折磨得苦恼不堪,可是您的打算不但于事无补,反而有害。

敬礼!

列　宁

从苏黎世发往伯尔尼

译自《列宁全集》俄文第5版第49卷第228页

245

致格·叶·季诺维也夫

1916年5月21日

亲爱的格里戈里:

我并不想使我们的通信变成针锋相对的争论。问题毕竟是严重的,虽然我已不止一次地谈过这个问题,但是既然有必要,只得再重复一遍。

经过半年多同"出版者"(基辅斯基夫妇)打交道和几个月来对

① 见本卷第242号文献。——编者注

这一尝试的全面考虑,中央机关报编辑部在1915年冬天曾给他们写过一封信,您也在上面签了名。中央机关报编辑部在这封信中表示:由于种种理由,它拒绝参与《共产党人》杂志的工作。这些理由在我们的信中占了极大的篇幅,叙述得极为详细,总括起来说就是:我们不能为这样的编辑同事承担党内的责任,他们对事业的态度不符合党的要求,暂时的合作尝试不能不认为是已经失败了。

我们决定出版《〈社会民主党人报〉文集》。

后来您动摇了,所以不久前我们在昆塔尔进行了一次谈话。当时我向您让了步,同意在下面两个条件下进行恢复关系的尝试:(1)中央机关报**编辑部**同出版者一期又一期地订立合同;(2)他们放弃"帝国主义经济主义"性质的宗派立场,不再利用同拉狄克等人的分歧来"投机取巧"。

这两个条件当时没有记录下来,而您现在对这两个条件提出异议。但是这种争论现在已经没有什么意义了,因为您**自己**在给亚·的信稿中陈述过**您的**条件,可是出版者**连这些**条件也**不**肯接受!(而您却要我相信,问题已经解决,他们不会再坚持平等权利!)

可见,现实的状况是:即使在我们昆塔尔会晤后接受您的"解释",即承认我当时提出的条件比您高,可是**您的**较低的条件也遭到了出版者的拒绝。

不言而喻,这样一来,您的直接的、义不容辞的责任就是全力抨击出版者,跟他们彻底决裂,并尽量设法向亚历山大说明,不能把这些先生当做指导性杂志的编辑来打交道。

与此相反,您竟然提议屈从于他们,放弃任何条件,把您也签过名的中央机关报编辑部的信收回!您提出这样做的借口是"不必对他们太认真”。实际上,您是要人家**不必**认真地对待**您的**做法,天知道您把编辑部的信看成什么东西,您反复无常,让出版者有**权**得出结论说,中央机关报编辑部任性胡闹!

这已经不仅仅是动摇,而是动摇的立方,可以变成某种坏得多的东西。

我只好最后再重复一次,为什么我不参与《共产党人》杂志的工作,为什么我认为这是反党的和有害的,为什么我仍然坚持中央机关报编辑部关于跟出版者决裂的那封信的立场。

我们曾经跟出版者缔结过暂时的“联邦”,当时也就这样把它叫做“联邦”,并事先十分明确地申明它是暂时的,是“作为一种试验”。当我们缔结这个暂时的同盟时,出版者们曾经表示**反对**布哈林的动摇(在1915年3月的伯尔尼代表会议[366]上),所以,那时**没有**任何一个事实可以说明,这个三人集团(两位出版者+布哈林)是一致的,抱有特殊的观点。

在杂志第1期出版以后,他们之间就趋于一致了;当我经过一段长期的交换意见的通信之后把他们的倾向称为“帝国主义经济主义”时,您曾来信表示同意。这是1916年3月的事情。这再一次证明中央机关报编辑部冬天写的那封极为详尽的信是正确的。

目前党的(和国际的)情况要求中央委员会必须继续独立地前进,而**不要**在国内和国际事务中**束缚**自己的手脚。“出版者”这些毫不中用的著作家和政治家(中央机关报编辑部在冬天写的信中不得不承认这一点),想用关于**平等权利**的合同来**束缚住**我们,就是说,我们必须同意给予那位没有写过一行字而且啥也不懂的太太和完全受她影响的“青年人”以平等权利。他们就可以利用这种平等权利在我们跟拉狄克、布哈林等人的分歧上**投机取巧**!

在这种情况下同意给他们平等权利,那简直是发疯,这等于破坏全部工作。

说什么他们所希望的"只是争论",这是胡扯。他们有一切条件可以进行争论。他们有的是钱。一年快过去了。为什么他们没有写出也没有出版争论性的小册子呢?因为他们不肯**自己**承担责任!这是很明显的。这正是对党性要求的嘲弄,因为谁表示有不同意见,谁就应当思考问题,公开发表意见,承担责任,而不应当"投机取巧",不应当在党甚至不了解他们的立场(以及当**他们**没有立场)的时候要求"平等权利"。

至于布哈林时时处处都由于他在1915年3月(在代表会议上)书面发表的、您**也**驳斥过的那些观点而步履踉跄,这是事实。这个事实您过去承认过,您在1916年3月(一年后)同意了我提出的"帝国主义经济主义"的看法。

您给他们以"平等权利",就等于向党宣布给布哈林的动摇以平等权利!您束缚我们的手脚,并鼓励这种动摇。这是一种愚蠢的做法。

第一,您知道,拉狄克"大为不满"(对我们坚持要把我们的提纲登载在潘涅库克的杂志[367]上一事),以至于像您自己在1916年3月来信所说的,他不跟您进行"任何合作"!跟他的分歧尚未消除;相反,您自己曾经表示同意我的意见,认为他对爱尔兰起义的评价[368]是庸俗之见。可是,您现在提出要给予躲藏在拉狄克背后来利用我们跟他的分歧进行投机取巧(为了2 000法郎!)的出版者们以"平等权利"!! 这是一种愚蠢的做法。

第二,拉狄克是一回事,而他的报纸(《工人报》)编辑部则是另一回事。这家报纸也曾经投机取巧(在齐赫泽党团、托洛茨基等人身上)，这一点您自己也承认过。您不妨回忆一下，这一号报纸是1916年2月出版的，我们曾在您的参加下以国外组织委员会的名义写信[①]**抨击**它。如果现在我们在我们的指导性杂志上给予那些打算"利用"我们同1914年7月3—16日向王德威尔得和考茨基出卖我们的波兰人的斗争来追名逐利的人以"平等权利"，这怎能是严肃的做法呢??

第三，您知道，拉狄克在昆塔尔想拉拢弗勒利希和罗布曼沙等人在左派中间，在左派的会议上以多数战胜我们，当时为了迫使他承认我们党的中央委员会的**独立性**，曾经不得不提出**最后通牒**。如果一旦提出关于对尤尼乌斯的态度问题(这个问题已经提出来了)或关于"硬性摆脱"考茨基分子等问题，不知那些人在这方面**又**会要些什么"花招"！您**保证**不会要任何花招??如果是这样，那么从您方面来说，这就等于否定我们的全部做法。如果不是这样，那么在这种情况下在我们党的指导性杂志编辑部里束缚住自己的手脚是愚蠢的。

我决不会同意这种愚蠢的做法。这是我最后的决定。我仍然认为，《〈社会民主党人报〉文集》一出版，就会把问题(您想把它搅混到无法收拾的地步)澄清。《〈社会民主党人报〉文集》能够把许多最能干的工作者(瓦林、萨法罗夫、拉脱维亚人等)聚集在我们的周围，使布哈林脱离两个出版者而向我们靠拢，使我们有可能**领导**党(和国际左派)，而不致做女出版者的……尾巴。

您的决定如何，请来信明确告知。目前情况确实就是这样：中央机关报编辑部已经跟《共产党人》杂志决裂，它的最后尝试(甚至

① 见本版全集第27卷第290—293页。——编者注

连您的**较低的**条件)也被拒绝。就是说,应当印发关于《共产党人》杂志停刊和出版《〈社会民主党人报〉文集》的消息。

握手并致敬礼!

弗·乌·

从苏黎世发往伯尔尼

载于1934年《无产阶级革命》杂志第4期

译自《列宁全集》俄文第5版第49卷第229—233页

246

致亚·加·施略普尼柯夫

转亚历山大

1916年5月23日

亲爱的朋友:刚刚收到格里戈里寄来的您在5月19日给他的信。

您在信中说,"同《共产党人》杂志函商和谈判令人厌烦极了"。我完全理解您的心情,但您还是要有耐心!老实说,您既然已经着手谈判,那就不应该急躁,也不应该悲观失望!这不是无产阶级的作风。

您提出两个问题:(1)增补两个人(中央机关报的支持者)进编辑部;(2)在《共产党人》杂志上开辟"争论"栏。

关于第一点,您在信中说:"我从同他们的交谈中了解到,他们对此一点也不反对,当然也还有些勉强。”

我在考虑您的计划。我认为,任用非著作家(特别是在作了种种痛苦的试验之后)简直是犯罪,是对党不负责任的做法。找到一个著作家也许可以办到(我物色到这样一个人;但必须反复地了解和考虑,才能说是不是合适)。至于第二个人,那就比较困难了。

为了使您的计划切实可行,是不是可以这样修改一下:或者由中央机关报编辑部增补两名**党的著作家**(这样就会有7名),如果能找得到这样的人的话;或者,如果只找到1名,那就由出版者(基辅斯基夫妇)从他们两人中间选派1名代表参加编辑部(这样就有5名:布哈林+1名出版者+这里的3名)。

(我个人特别欢喜后一方案,实行这一方案,(1)用不到去**挖空心思找**编辑;(2)不会缩小出版者的“权利”,因为反正是一样的,1对1,或者2对2;(3)可以建立由著作家组成的编辑部,这对于党是特别重要的,可以防止国外集团争夺编辑位置。)

请考虑一下这件事,并请答复(如果没有什么不方便的话,请探听一下出版者们的意见)。

关于“争论”栏问题,如果能落实并排除您未能注意到的一个问题,那么您的计划是值得考虑的。

所谓落实,这就是说,要明确规定,哪些人有**权**发表争论文章?编辑委员会全体委员。这是毫无疑义的。这够了吗?我想够了。编辑部有5—7名编辑。

所谓“一个问题”,是这样的。争论在党内进行。这毫无疑义。可是,如果意见分歧闹大,或者说向没有加入党的**国外集团**打开大门,那又怎样呢??关键就在这里。出版者把《共产党人》杂志弄得不像样子,因为他们根本不想进行争论,他们没有写过和准备过任何东西来进行争论，而只是想利用拉狄克钻我们党空子的企图。拉狄克也好，“我们的言论派”也好，国外集团的其他许多人也好，都拼命想用争论**作幌子**在我们这里制造分裂，煽动不满情绪，给工作制造障碍(国外派的惯技!)。

拉狄克把我们从《先驱》杂志编辑部排挤出来了，您大概还不知道吧？起初双方约定，编辑部由两个集团联合组成：(1)荷兰人(也许+托洛茨基)和(2)我们(即拉狄克，**格里·和我**)。这个条件使我们在编辑部里占有均势。

拉狄克进行了几个月的阴谋活动，终于使“女主人”(罗兰-霍尔斯特)**取消了**这个计划。把我们变成了撰稿人。这是事实!

就凭拉狄克的这个功劳，奖给他“争论”的**权利**，而奖给出版者躲在拉狄克背后的**权利**是否合适呢？这将不是争论，而是闹纠纷和搞阴谋。(1)拉狄克参加的《工人报》(1916年2月)刊登了纯粹是煽动纠纷来反对我们的文章和具有“我们的言论派”性质的决议。[369](2)在评价爱尔兰起义的问题上(非常重要的问题，不是吗？这不是纯粹的“理论”!)，**无论**拉狄克**还是**库利舍尔(《言语报》的立宪民主党人)[370]，现在都**臭味相投**，愚蠢地骂爱尔兰起义是“盲动”。

这很难想象，但这是事实!

如果出版者打算在“争论”的幌子下，给不参加我们党却想同我们党进行斗争的所有国外集团开辟一个论坛，这就**不是**争论，而是玩弄手法。

× 如果他们不打算这样做，那为什么又不明确规定，例如，具有争论**权**的人只限于(1)编辑部成员；(2)国内的组织；(3)党在国外的组织——国外组织委员会？×

《共产党人》杂志是同荷兰人和拉狄克结成的**联盟**。由于我们从荷兰人和拉狄克的杂志中被排挤出来,从编辑变成了撰稿人,这个联盟也就被**背弃了**。不要耽于有害的幻想,以为这个联盟依然如故!! 这是有害的幻想!! 我们应当自己前进,**不要让**别人束缚我们的手脚。**绝对不能这样**。

实际的结论是:请仔细考虑一下(我也要仔细考虑并写信同格里·商量)以下几点:

(1)改组编辑部的成员:5名或7名(如上所述);

(2)换一个别的名称(如《文集》之类);

(3)制定关于争论的明确章程(比如,按$\overset{\times}{\underset{\times}{|}}$的精神);

(4)出版地点设在瑞士(不知为什么您对这点保持沉默。怎么回事?);

(5)**以某种某种方式**分配收入。出版者是否同意拨出二分之一的款子做运输费和负责联络等工作的组织者即您的生活费?

盼复!

您的　**弗·乌里扬诺夫**

致良好的祝愿并望您**不要急躁**。首长是无权急躁的!!

从苏黎世发往克里斯蒂安尼亚
(现称奥斯陆)

载于1929年《无产阶级革命》杂志
第7期

译自《列宁全集》俄文第5版
第49卷第233—236页

247

致格·叶·季诺维也夫

(5月24日)

尤里的信使我非常失望……一封狡诈的信[371]。

我不同意您的修改意见,所以决定将我的信[①]暂且原封不动地寄给亚历山大(因为一般说来,做生意不该一开始要低价,既然这些商贩一切都是唯利是图的)。

我准备只在争论和收入的问题上让步。

名称一定要更改,因为性质**根本**不同了(不是《共产党人》杂志原想办成的那样);除此以外,还有一些很重要的实际原因也要求更改名称。

不能吸收亚历山大参加编辑部,否则会使**一切**都成了问题并冒有使我们同亚·的关系**遭到破坏**的危险。这是极为有害的。

只有当我们**在这里**拥有多数的情况下,事情才会有进展。否则**一切都毫无用处**。

(如果劳驾能让尤里离开,那倒不坏,但这未必能办到。)

请将载有马尔托夫及其**同伙**的声明的《**我们的呼声报**》[372]**寄来**。

敬礼!

列 宁

---

① 见上一号文献。——编者注

很匆忙,暂时就写这几行。

要来不及去邮局发信了。

娜嘉建议成立两个编辑部:大编辑部和小编辑部(我同您＋布哈林)。但这是办不到的。

从苏黎世发往伯尔尼

译自《列宁全集》俄文第5版
第49卷第236—237页

248
致亚·米·柯伦泰

(5月28日以后)

亲爱的亚·米·:得到您告诉的消息,感到很高兴。对于美国只得忍耐一下,因为**只有**在那里出版才值得。[373]

瑞典的左派和挪威的左派方面,希望您尽力搞得扎实一点。目前还一点不扎实。一点也不！一切都是空谈。既没有正式同左派联合,也没有同我们建立正常的联系,什么也没有。而这居然是在霍格伦事件以后!! 他们到底怎么搞的?

至于6月26日在海牙召开的中立国社会党人会议[374],我的意见是:不爱讲话、缺乏活力、死气沉沉的挪威人什么事也办**不**了,这很明显。您为什么不**一起**去呢?

为什么挪威党中央不能把某某**加上**您派去呢? 某某是当地人,必须参加,而您可以**加上去**。哪怕是当个译员也好。您去很有好处,便于知道**一切情况**。不然,我相信,就连关于会议的完整的、确切的、清楚的、真实的**情况**我们也**无法**知道(全世界工人也**无法**

知道)。请考虑一下这个问题。并请尽力而为。

紧紧握手!

您的　**列宁**

附言:雷巴尔卡的小册子[375]我没有看过,因为没有时间。您倒说说看:社会革命党人不高明的小册子**把**农民社会革命党人革命斗争的意义**缩小了**吗?? 奸细加邦**把**加邦组织中的工人的革命斗争的意义**缩小了**吗?? 有人把爱尔兰起义叫做"盲动"(您看到《伯尔尼哨兵报》上卡·拉狄克的文章了吗?),您竟**容忍**这种看法!!?? 我无法理解。实在无法理解。这里再清楚不过地说明了在《伯尔尼哨兵报》发表文章的卡·拉狄克和"他的同路人"的不体面的学究气和愚蠢的学理主义。

如果您**不能**去,那是否可以请挪威党中央通过一个决定,要代表**详细**记下、**当场**记下所发生的**一切**。

从苏黎世发往克里斯蒂安尼亚(现称奥斯陆)

载于1924年《列宁文集》俄文版第2卷

译自《列宁全集》俄文第5版第49卷第237—238页

249

致索·瑙·拉维奇

(5月31日)

亲爱的同志:谢谢您的来信。星期六晚上我**不能**作报告,因为星期六要走。关于昆塔尔的问题,**如果实在需要谈**(有意义的内容不多),就请安排在星期五作专题报告前一小时。[376]

再见!

您的　**列宁**

从苏黎世发往日内瓦

载于1929年《列宁文集》俄文版第11卷

译自《列宁全集》俄文第5版第49卷第238页

250

致亚·加·施略普尼柯夫

(6月3日和6日之间)

转亚历山大同志

亲爱的亚·:既然别列宁已经那样坚决地决定了自己的旅行计划,我们当然要给他300克朗。他如果离开,那实在可惜。您无论如何要想**一切办法**使他能在几个月以后回来。

您认为"两个日本人"在您转来的草案上作了"很大的让步",这个想法不对。他们没有作任何让步!相反,他们要求给予**两个人**把抱有不同意见的撰稿人拉进来的权利[377],这是**新情况**,是一种额外要求,是添加物。这种新情况明显地揭露出他们执行的是一种最坏意义上的"政策"。如果说,创办人、出版者、青年撰稿人希望**自己**有发表意见和进行争论的自由,这是理所当然的。但是,如果有人用这种理所当然的愿望**作幌子**,偷偷地安排"撰稿人"进行"争论",而**不是自己**进行"争论",那就是在玩弄手法,这难道还不清楚吗??

世界上任何地方任何时候也没有过这种事。如果**两个人**打算公布一切国外集团的纠纷,那就让他们去做吧。**让他们对这种做法去负责吧**。我无论直接地或间接地都**不能参与其事**。

也许您会问:有什么可以证明问题涉及国外集团的纠纷?关于这点我早就写信告诉过您,可是您一次也没有答复过。证据就是19**16**年2月的一号《工人报》,我们的"撰稿人"拉狄克和勃朗斯基就是这家报纸的编辑。

事实俱在。

这些先生首先在齐美尔瓦尔德左派中挑起了**纠纷**———而且是在怎样的时候?!! 他们想在齐赫泽和托洛茨基身上"投机取巧"。

就在这个时候,**两个**出版者居然厚颜无耻地要求**我们**给他们"自由和保障",让这样的撰稿人参加争论!! 这真是狂妄之至或无耻之尤。

同他们保持平等权利(6=3+3)? 这还是老一套。要记得,有一次他们曾经告诉您(并且您**自己**也在信中说过),他们同意我们增补**两名**中央机关报的**支持者**。然而,当要缔结书面合同的时候,他们又变卦了,难道这不是玩弄奸商手法吗?

如果人们有原则有诚意地同意杂志或文集**贯彻**党的纲领,那么大多数人就应当支持这个纲领。否则就是没有诚意,没有原则,而只有"钱袋"。

我认为,您应当把这点通俗明了地向他们解释清楚,如果需要,可以用书面形式,并且应当提出最后通牒:要么是这样(7＝4＋3),要么就把您自己对他们"手法"的结论提交俄国局[378]。这将是正确的合乎党的原则的回答。

握手!

您的　**列宁**

从苏黎世发往克里斯蒂安尼亚(现称奥斯陆)

载于1929年《无产阶级革命》杂志第7期

译自《列宁全集》俄文第5版第49卷第238—240页

251

致格·叶·季诺维也夫

(6月3日和6日之间)

请**立即**退我。[379](您那里还有一份吧?)无论是被我删掉的那部分,还是**《共产党人》杂志**这个名称我都不予接受(这个出版物已经**名不副实**;同"撰稿人"的关系及其他一些理由)。

同意对7个人(而不是6个人)的问题让步;15%。

关于运送工作及其他问题应否补充?

请尽快答复,我好立即写信。

中央机关报的问题,我同意。

列　宁

附言:请把附信转交给国外组织委员会或转告其内容。

能否出两种传单,让**亚·**手头有**一些材料**?? 又及。

从苏黎世发往伯尔尼

译自《列宁全集》俄文第5版第49卷第240页

252

致亚·加·施略普尼柯夫

(6月3日和6日之间)

亲爱的亚·:

现将两个日本人的草案寄上。看来,同他们是无法共事的。

简要地答复如下:

被我删去的那部分,我绝对不接受。

我准备让步的是:

(1)关于编辑部7个人的问题;

(2)15%的篇幅归中央;

(3)出版地点。

条件是我们要在其他方面,即以下几点上取得一致:

(1)中央机关报编辑部增补第6个人和第7个人;

(2)文集的名称另取;

(3)就**一本**文集达成协议。

关于运送工作及其他问题，我希望您还是草拟一个合同的补充条款加进去(他们一定要提供运送经费，这一点一定要写进去，否则，**您**就无法工作。另外，如果资本家既想拿出“自己的”钱，却又不给主要组织者生活费，我认为这是极端的卑鄙，极端的卑鄙！这种事我决不同意！)。

您的问题娜嘉已经答复(当时我作专题报告去了)。想必全部答复了吧？如果没有，请来信！

和富农们打交道，您要耐心些，着急也没有用，不值得！

紧紧握手！

您的　**列宁**

注意：请将这一份合同文本退给我。

从苏黎世发往克里斯蒂安尼亚(现称奥斯陆)

译自《列宁全集》俄文第5版第49卷第241页

253

致索·瑙·拉维奇

(6月3日以后)

亲爱的奥丽珈：我欠您的图书使用费——请查一下账——**一年**的费用加午餐费(1.5法郎或大约这个数字)。钱我有，洛桑专题报告的收入补偿了旅行的开支并有余款。

我们,完全像当时那些巴黎人。

这是以争论为掩护来进行阴谋活动,我决不参加这样的编辑部。日本人先生们,你们想搞垮我们党,那就请你们**自己**去对这点负责吧。你们的钱包是满满的。请你们自己去出版拉狄克或《工人报》的"争论"文章吧:那时,**俄国**工人会立刻看出你们是阴谋家,并把你们赶走。你们想**在"集体编辑"的掩盖之下进行**这种卑鄙活动。对不起,我不上这种当,并且要揭露你们。这就是我对两个日本人这种算盘的答复。

关于"平等权利"问题(取消或表决第7人)也是这样。这是继续玩弄老一套"手法"。如果我们给予表现**恶劣**的人以"平等权利",那还有什么党性!! 从何谈起呢? 平等权利＝破坏工作的权利! 为什么? 有什么目的? 为了使纠纷**永久化**吗?

不,如果想作**新的**试验,那就办一种**新的**杂志,确切些说,办一个**文集**,让我们**试图**(旧的信任已经破坏了)出版一种由7人组成的编辑部编辑的文集。我们来作一次**试验**吧,这是我能问心无愧地所作的最大让步了。试验不成功,阴谋家和资本家先生一点东西也不会失去,因为他们随时都可以把"钱包"抽去。那时我们就出版自己的文集。简单,明确,没有纠纷。

紧紧握手! 请您耐心一些。

您的　**列宁**

从苏黎世发往克里斯蒂安尼亚(现称奥斯陆)

载于1929年《无产阶级革命》杂志第7期

译自《列宁全集》俄文第5版第49卷第243—244页

256
致格·叶·季诺维也夫

(6月6日)

很清楚,两个日本人**根本**未作**任何**退让。我已写信给亚—大[①],准备作如下让步:(1)关于7个人(是7个人,而不是6个人);(2)15%;(3)出版地点。让步的**条件是**我们要在其他方面,即以下几点上取得一致:(1)中央机关报编辑部增补第6个人和第7个人(没有这一条,则是明显的诈骗行为;这里的人不在编辑部中占多数,也就根本没有什么可谈的了);(2)**文集**的名称另取;(3)就一本文集达成协议。

被我删去的那部分就应当不要了:不管是2个人还是3个人,都**不能**授予他们"采用"撰稿人争论稿件的权利。这一点我绝对坚持。

我请亚·补充一条关于运送工作及其他问题的。

不过,和这伙富农恶棍看来是无法共事的。

敬礼!

列　宁

从苏黎世发往伯尔尼

译自《列宁全集》俄文第5版第49卷第244页

① 见本卷第252号文献。——编者注

257
致米·尼·波克罗夫斯基

1916年6月8日

尊敬的米·尼·：

格·季·已把您寄给他的明信片转寄给我，明信片上说，限期是到公历7月上半月。我正加紧工作，然而由于材料复杂，加之有病，已经耽误了一些。我很担心，恐怕在限期前来不及完成。希望编辑部及出版人到时候允许我稍作拖延。我将抓紧工作。[381]

致最深切的敬意和良好的祝愿！

弗·乌里扬诺夫

从苏黎世发往索城(法国塞纳)

载于1958年《政治自修辅导》杂志第8期

译自《列宁全集》俄文第5版第49卷第245页

258
致亚·加·施略普尼柯夫

(6月17日以前)

亲爱的亚·：看来，我们的通信出现了障碍，**许多**误会的产生是由于您没有收到我们寄到斯德哥尔摩去的第二封信。不然，我就无法解释，您**怎么**会来信说我们不答复您的问题。我们对**一切问题**都答复得再详尽不过了；是**您没有**答复我们。娜·康·三番五次地写信；现在还得耐着性子重复某些谈过的东西，希望能够有个结果。彼此通信取得一致意见是必要的。

关于《共产党人》杂志，您来信说，同齐赫泽分裂不会引起什么疑义。谁的？布哈林及其同伙的！

我本来就写信说过，这与布哈林及其同伙**无**关，而是关系到**拉狄克及其同伙**。

《共产党人》杂志是我们和(1)布哈林及其同伙、(2)拉狄克及其同伙这两个集团或两部分人结成的暂时的同盟。当还可以跟他们共事的时候，这样做是**应当的**。现在**不行了**；那就应当**暂时**分开，或者确切些说，躲开。

波兰人在1915年**夏天**(**在**《共产党人》杂志第1—2期合刊出版**之后**)通过了一项决议，**不过在1916年**才见报，决议再一次表明他们在齐赫泽问题上是动摇的。[①] **现在**让他们有**可能**和有**权利**(要记住，他们是《**共产党人**》**杂志**的撰稿人！！)钻进杂志内部，用争吵来破坏它，这有什么好处呢??

我看，没有好处。对事业有利得多的做法是改用另外的名称(《〈社会民主党人报〉文集》)并一直**等到**波兰人学聪明了(或等到他们转到德国方面了)或者等到情况发生变化了。

其次，关于布哈林及其同伙。我一定把布哈林在1915年**春天**提出的《提纲》寄给您(不过也不会很快寄到，因为这要看什么时候去伯尔尼)。那时您就可以看到，问题究竟在哪里：

(1)1915年春天，布哈林(在代表会议上！)起草了一个提纲，反映出他显然是滚到**泥坑**里去了。两个日本人**反对**他的意见。

① 见本版全集第27卷第290—293页。——编者注

(因此,我们在《共产党人》杂志上暂时采取了尽量宽容的态度,以便于**弄清**:能否“以同志方式”克服布哈林的动摇？自命为布尔什维克的叶·波·能否对此有所作为？)

(2)1915年夏天(或接近秋天时),布哈林+**两个日本人**已经3人联名提出关于自决的提纲。我们认为,**这是极端错误的**,而且是布哈林错误的**重演**。

(3)1916年初,布哈林在“荷兰纲领”(见《国际社会党委员会公报》第3号)问题上**又**回到1915年春天提纲的思想上去了!!!

结论？即使从这方面说,同盟**也**不可能继续了:应当**等**布哈林的动摇停止以后再说。杂志成为波兰人—布哈林动摇派的机关刊物是**有害的**。在这种情况下,如果坚持使用旧的名称而不善于选用新的名称(《〈社会民主党人报〉文集》),那是有害的。

两个日本人想把**自己**动摇的责任推到**我们身上**,这种行为是不符合党性要求的,是不老实的。对不起,亲爱的,我们不允许你们这样做！如果你们想按党性要求办事,你们就应当出一部分钱帮助《〈社会民主党人报〉文集》的出版,我们(要知道,我们并没有动摇)将在文集上同志式地分析你们的错误,但**不**提你们的名字,**免得**敌人拍手称快和幸灾乐祸。

再说如果两个日本人对待意见分歧这个极其严肃的问题(在国外,这距离独立的宗派只有一步之差!!请相信我,这一点我观察了近20年!!)采取严肃的态度,——他们就应当强迫自己对分歧意见下一番工夫,考虑考虑,研究研究(他们过去既**没有**考虑,也**没有**研究,只是**信口开河**)。他们就应当在专供少数领导同志(这些同志可以设法**不**把问题提到报刊上)阅读的文稿上或者——如果**他们**想“发表文章”的话(他们有钱)——在小册子上把**他们自己**

的不同意见和盘托出。

那时,**他们自己**就要对自己的“思想”负责。这是必要的。想要教给工人新的真理,就要**对这些真理负责**,而不应当把责任推到我们身上,自己躲起来(心里边说:我们不管,让列宁及其同伙向党承担进行“争论”这种让敌人拍手称快的事情的责任吧)。

不,亲爱的!! 你们这一手行不通!! **我**不会对**你们的**动摇负责。日本人先生,即使没有你们的帮助,我们也一定要出版《〈社会民主党人报〉文集》。我们将等你们**一个时期**,请你们考虑一下,斟酌一下,最后**决定**你们是否打算对新的思想混乱负责。如果你们只是打算“**挑动**”**我们**在俄国报刊上跟波兰人和荷兰人“吵架”,那我们是**不**允许你们这样做的。

这就是实际情况,这就是我的一些想法;再说一遍,我一定把布哈林春天写的提纲寄给您,使您能够**根据凭证**对整个情况作出判断。

今天娜·康·在信中谈到自决问题。我们**不**主张分得很小。可是,**兼并**问题呢? 布哈林及其同伙(像拉狄克跟罗莎·卢森堡和潘涅库克一样)没有动脑筋想过,“反对新旧兼并”(拉狄克**在报刊上**提出的说法)是什么意思呢?? 其实,这**也就是**“民族自决”,只是说法**不同**而已!

好了,下次再谈。

您的　**列宁**

从苏黎世发往克里斯蒂安尼亚(现称奥斯陆)

载于1929年《无产阶级革命》杂志第7期

译自《列宁全集》俄文第5版第49卷第246—248页

259

致亚·加·施略普尼柯夫

1916年6月17日

亲爱的朋友:其他的事情由娜·康·写信告诉您,我这里只对您在信中给我的附言作一答复。

您在附言中说,“我们的人没有坏意图”;还说,对基辅斯基夫妇来说,“只存在一个民族问题,文章由他们自己写”。

假如事情真是这样,那么为什么又要在章程中加上根据两个编辑(请注意:甚至不是三个编辑,而是两个编辑,也就是说,两个日本人不信任布哈林)的要求给予**撰稿人**争论权那一条呢?如果是这样,这一条也就没有意义了。六七个编辑中的两个人不是为自己而是为撰稿人要求争论(所谓的争论)“自由”,这是前所未见的事情。

不。日本女人[①]**不会**把毫无意义的条款列入章程。这一条的意义正好是也只能是:缚住**我们的**双手,使我们无法反对波兰人制造纠纷的意图。

您在附言中说,没有看到《工人报》(**这号报纸**以及在格里戈里参加下起草通过的**国外组织委员会的决议都应该给您寄去的**,我马上写信给格里戈里和季娜,让他们寄给您)。您还说,所以“您不知道是怎么回事”。

但同时不知怎的您又补充说:“我了解到也感觉到,您对拉狄

① 叶·波·博什。——编者注

克一伙人冷淡起来了。”

您得承认,这有些奇怪。要知道,我担忧的是拉狄克一伙人制造纠纷,我**确信**他们会这样做,这是以有关《先驱》杂志的**事实**为根据的(我已写信告诉过您)①。这是其一。其二,也是主要的,我正是根据《工人报》才作出这种结论的。

拉狄克一伙人正是利用这张报纸**挑起**纠纷来反对我们[382],当时我们没有在任何地方写过一行字来反对他们!! 要知道这是事实。不顾事实是不行的。《工人报》开始玩弄旧的“手法”(国外组织委员会决议的用语),利用我们同齐赫泽一伙人的决裂来投机取巧,这是**梯什卡式的**老手法[383],我们早就领教过了。

怎么办呢? 要么就让这种手法不仅毫无阻碍地发展下去,而且还要**渗透到我们的杂志中来**。这就是日本女人拟定的章程草案那一条所导致的后果! 这就意味着无可挽回地、坚决地同拉狄克一伙人进行斗争。

您在附言中**好像**针对着我说:“同齐美尔瓦尔德左派争吵对我们不利。”

我的答复是:正是为了**不同拉狄克一伙人**(至少通过他们也同其他人)彻底闹翻,正是为了这样,才**必须**使我们的杂志不可能被利用来“玩弄手法”和制造纠纷。

正因为这样,我才拒绝同进行争论的“撰稿人”共事,拒绝参加《共产党人》杂志的工作。

二者必居其一:如果同意《共产党人》杂志复刊,就意味着替**放手**制造纠纷开辟道路,自己替制造纠纷大开方便之门。我深信,这

① 见本卷第246号文献。——编者注

是愚蠢的做法。日本女人是不是完全了解这种做法的性质呢?我不知道,而且也无关紧要,因为国外关系的"结构"本身就会造成这种结果,不管日本女人是心怀恶意,还是像天使般地善良而纯洁。

另一个方案是:**不**恢复《共产党人》杂志。出版**另一种**文集。允许编辑参加争论。把民族问题弄清楚。**回击《工人报》的手法和阴谋**。

拉狄克或他的朋友们在《工人报》上发动了攻击。我们在**我们的**文集上进行反击。[384]请注意,只在我们的文集上,**而不是在与其他国家的齐美尔瓦尔德左派共同办的文集上**。

事情就此了结。

拉狄克在昆塔尔曾**企图**离间我们同齐美尔瓦尔德左派的关系,但是**没有得逞**(他在普拉滕等人面前曾表示想剥夺我们在左派的一个主要的委员会中的平等地位,**可是左派没有允许**他这样做)。这些齐美尔瓦尔德左派同《工人报》与《〈社会民主党人报〉文集》的斗争**毫不相干**。

齐美尔瓦尔德左派不能干预**这场**斗争,不能见怪和抱怨,因为是拉狄克一伙人**首先**在《工人报》上发动了攻击,我们只是在《〈社会民主党人报〉文集》上(或其他文集上)对他们进行了反击。**在这种情况下**,不管拉狄克一伙人怎样玩弄手腕,也绝对离间不了我们同齐美尔瓦尔德左派的关系(正如在昆塔尔,拉狄克尽管作过尝试,可是既离间**不了**我们同普拉滕的关系,也离间**不了**我们同德国左派的关系)。

等到拉狄克一伙人在下一号《工人报》上作出回答,而我们在**另一本**文集上再作反击(我坚决主张出版每一本文集都要单独达成协议),这要过不少时间。

在整个这段时间内，在**这种**情况下，拉狄克一伙人在《工人报》上玩弄的卑鄙伎俩就**不可能**离间我们同左派的关系。

所以我过去和现在都说，不管是参加《共产党人》杂志的工作，还是同日本女人实行平等原则，还是**一般地**同拉狄克**一起**办我们的文集，我无论如何都不干，因为我坚信，**这样做**就意味着把同左派的争吵变成不可避免的了。

如果我们出版《共产党人》杂志第3期，那么不管是拉狄克**也好**，勃朗斯基**也好**，潘涅库克**也好**(以及广大的公众)，就有权利在现在和将来等待**以往情况的继续**，等待对撰稿人的各种各样的保障，最后，如果我们**在这里**反击《工人报》的卑鄙行为，他们还有权利(这一点特别重要)见怪和干涉。这样就替闹纠纷敞开了大门。

这样，拉狄克一伙人就**一定**能离间我们同左派的关系，因为就连潘涅库克都会有神圣的权利说：我当初来参加的**不是**这样的《共产党人》杂志，我**不**愿有人"攻击"《工人报》(他会把我们的防卫说成攻击：想必您也知道这种手法)。

这样，拉狄克一伙人就有权利既用俄文**又用德文**随意发表告读者书，就有权利说：《共产党人》杂志实际上(这是事实)是你们+潘涅库克+拉狄克+勃朗斯基的共同机关刊物，而你们**却在这个机关刊物上**"欺负"《工人报》，**你们开始**分裂左派等等(就如他在昆塔尔**已经**说过的那样，请注意这点：这种战略他在昆塔尔就**已经**施展过了)。

结果我们就要对所有左派承担罪责!! 我们让别人离间自己同左派的关系，我们落入了梯什卡式的圈套。这就是《共产党人》杂志继续出版将产生的后果，这就是我拒绝参加的缘故。

与此相反，我再说一遍，如果我们在另外一本**没有**潘涅库克、拉狄克、勃朗斯基参加的**新**文集上**反击**《工人报》,反击布哈林或随便什么人,**就绝对不会涉及齐美尔瓦尔德左派**,齐美尔瓦尔德左派也就**不能**干涉,也就**不能**见怪。而拉狄克也就**不能**在潘涅库克面前或者在德国人面前"抱怨"《〈社会民主党人报〉文集》**反击**《工人报》了。

此外还有失败主义问题。**情况也是一样**。

此外还有齐赫泽党团的问题。**情况也是一样**,因为《工人报》利用过**这一点**来投机取巧。

如果日本女人没有"坏意图",就**不能**拒绝就一本文集(**没有**拉狄克和其他人参加的文集)达成协议,在这种情况下我们也愿意**同两个日本人和布哈林**进行争论,也同意出版专门的小册子进行争论(如果布哈林愿意这样做的话,那时他就能**事先**看到他曾担心过的我的"语气")。这样就可以把同布哈林的争论和同布哈林进行的共同工作区别开来。

这本文集可以包括我和格里·关于失败主义、关于自决权、关于《**工人报**》的卑鄙行为、关于齐赫泽、关于"自卫"等的文章,您的关于"军事工业委员会"等的文章,瓦林、萨法罗夫(外国人的文章**不得**收入该文集)等人的文章,以及布哈林和两个日本人写的**随便什么东西**。

这就是关于一本文集的协议草案。

日本女人如果没有坏意图的话,是不能拒绝的。

既然《**共产党人**》**杂志**已经解体,就不能坚持复刊。硬拉我去办《**共产党人**》**杂志**是荒谬可笑的,因为这办不到。

如果日本女人不赞成另出文集的协议,**就是说**她有坏意图,或者说(对工作来说反正一样)她的做法**会造成**有害的纠纷。

如果这样,我们就**单独**出版《〈社会民主党人报〉文集》。

紧紧握手!

您的　列宁

从苏黎世发往克里斯蒂安尼亚(现称奥斯陆)

载于1929年《无产阶级革命》杂志第7期

译自《列宁全集》俄文第5版第49卷第249—253页

260

致格·叶·季诺维也夫

(6月17日)

现将亚·的信[385]寄上。请退我。

务请把我给亚历山大的回信**立即**按维德内斯的地址直接寄给他。[386]

在我给亚·的信①中顺便提及的那个请求(我对您和季娜的)是否能做到,请来信。《新时代》杂志将寄上。

您答应给的新书刊究竟在哪里?

我同意付500克朗。

敬礼!

列　宁

从苏黎世发往伯尔尼

译自《列宁全集》俄文第5版第49卷第249页

① 见上一号文献。——编者注

261

致格·叶·季诺维也夫

(6月17日和25日之间)

好啦,现在看来就连亚历山大也已看出,和尤·及其同伙无法共事。[387]

我建议:

(1)决定出版我们的文集(《〈社会民主党人报〉文集》);

(2)立即拟定文章目录;

(3)邀请布哈·+尤里+亚·米·+萨法·+瓦林。立即开始排版。

敬礼!

列　宁

从苏黎世发往伯尔尼

译自《列宁全集》俄文第5版第49卷第253—254页

262

致格·叶·季诺维也夫

(6月20日以后)

(1)我们将写信给格里沙,让他要印刷所老板出版**一部分**(或一辑)《〈社会民主党人报〉文集》,这才是件正事。可以选进去一些通得过书刊检查的(从法国人的观点看)文章。也请您把这个情况写信告诉他。

他们是否在准备出自己的文集?

(2)对于拉狄克提出的问题,即同布哈林和利亚林的"关系破裂"是什么引起的,**不能**予以回答。先要商量好。您那里有中央机关报编辑部的信[388]的抄件(1915年底给布哈林及其同伙的)吗?

在自决问题上躲在尤里的背后,真是卑鄙。

(3)国内(中央委员会俄国局)来信说布哈林之流试图绕过俄国局与彼得堡委员会建立**自己的联系**[389]。真有本事,是吗?他们不仅如您信中所写的为拉狄克"通风报信",而且还在干着更恶劣的勾当。

(4)《新时代》杂志复信已到:已经取消赠阅。我要订阅一个季度。

(5)您为俄文出版物选了些什么题目? ||| **注意**

(6)目前《〈社会民主党人报〉文集》用的材料的**确切数量**有多少,盼回信。

(7)格里沙和瓦林信上谈到的是《共产党人》杂志,而不是《〈社会民主党人报〉文集》,真奇怪!

(8)《伯尔尼哨兵报》上的《兄弟机关报》一文是一篇什么样的文章?

请寄来!!

敬礼!

列　宁

发自苏黎世

译自《列宁全集》俄文第5版第49卷第254—255页

263

致伊·费·阿尔曼德

(6月27日以前)

亲爱的朋友:娜嘉告诉我,孩子们要您去瑞典,可是您不大愿意。因此,我有这样一个想法:由于我们的朋友[390]将离开那些地区,由于和两个日本人决裂(不管是彻底的还是**不彻底的**,反正一样),如果您能在瑞典或挪威住几个月,这在目前对工作是极为有益的。甚至俄国局的一名成员也可能从国内前来。如果您**绝对**不赞成这个计划,就请来信说两句(或者甚至您不回信,我也就理解为拒绝)。那样的话,我就不再考虑这件事,也不会告诉任何人。

如果您原则上同意,就请和格里戈·谈一谈,并给我写封信;技术上的困难大概是能克服的。握手并祝精神愉快!

您的　**列宁**

附言:如同意这样做,就立即着手,因为我们的朋友急于要走。

从苏黎世发往伯尔尼

译自《列宁全集》俄文第5版第49卷第245—246页

264

致索·瑙·拉维奇

(6月27日)

亲爱的奥丽珈同志：伊涅萨很需要一张护照。恳请您持附信去找一趟吉尔波(《明日》杂志主编，马尔舍街28号。每星期五下午2—4时接待；也许最好先写张明信片去约好时间)。

至于为**谁**办护照，当然就不必对他或**其他任何人**说了。

您最好能同吉尔波面谈，我们经过周密考虑，认为这比写信好。这个要求想来不会使您或维·卡·为难吧？

你们图书馆里有没有**尤·杰列夫斯基**(好像是这个姓？)写的书：《现代无产阶级中的阶级矛盾》或者**类似的书名**？

如果图书馆没有，您是否知道熟人中谁有这本书(顺便问一下，您知道确切的书名吗？)。

紧握你俩的手！

娜嘉向你们问好！

您的　**列宁**

从苏黎世发往日内瓦

载于1930年《列宁文集》俄文版第13卷

译自《列宁全集》俄文第5版第49卷第255页

265

致兹·约·利林娜

(6月27日以后)

亲爱的季娜:我在《伯尔尼哨兵报》上看到并听人说您的专题报告在奥尔滕**很**受欢迎。[391]向您祝贺! 要是您想写这个题目,那是否可以就其内容为我们的《〈社会民主党人报〉文集》**简要地**写一篇? 我们现在的处境困难透了:事先没有确切计算文章的篇幅,弄得太"臃肿"了,又无法"消肿",现在看来势必要出厚厚的一大本,这对于从国外进行宣传是很不便的。

请来信谈谈您的选题,告诉我您是否能**在不伤文章元气的情况下**把文章压缩到我们的大开本4—5页左右(您有这种开本的校样,确切地计算一下,想必不会有什么困难)。

请来信见告。

致衷心的敬意并向斯捷普卡问好! 想必他已经长得很大,大概我都没有力气把他抛起来了!

从苏黎世发往黑尔滕斯泰恩(瑞士)

载于1929年《红色史料》杂志第4期

译自《列宁全集》俄文第5版第49卷第256页

266

致伊·费·阿尔曼德[①]

(6月30日)

亲爱的朋友:我方才到本地的德国领事馆询问过。有关官员不在。暂时只打听到在慕尼黑的确切地址:“总司令部驻慕尼黑代表处”。

其次,据说,要向这里的德意志帝国驻**苏黎世**总领事馆申请(苏黎世　卡斯帕尔　埃舍豪斯)。建议寄来(不要从伯尔尼,而要从例如黑尔滕斯泰恩或其他地点)一封挂号信,并附上一个贴有回信邮票的信封。在信中询问,要取道德国去哥本哈根,过两三个月后经原路返回,**是否向慕尼黑**申请批准。(理由是:(1)有心脏病;(2)侨民,无正式俄国证件;(3)目的是去看孩子)。我考虑,也可用法文写(寄到苏黎世去),**就是从伯尔尼寄也要这样**,他们会答复的。

致友好的问候!

您的　列宁

译自《列宁文集》俄文版第37卷
第52页

① 列宁在明信片上写的是:“伯尔尼　德罗塞路23号　阿尔曼德夫人”。——俄文版编者注

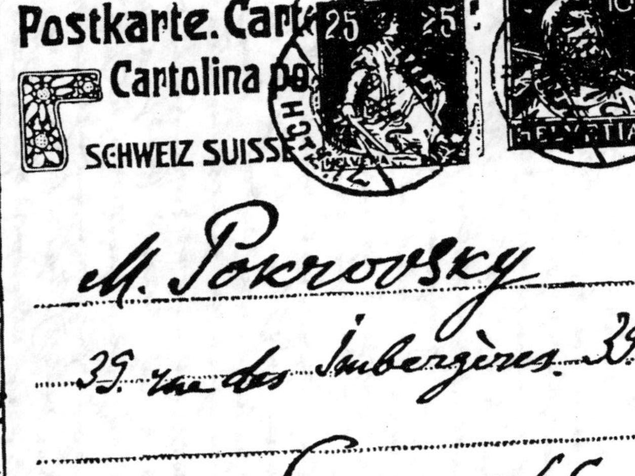

Adresse des Absenders. - Text.
Adresse de l'expéditeur. - Texte.
Indirizzo del mittente. - Testo.

Uljanow
Spiegelgasse. 14. II.
Zürich. I.

2/VII. 1916

Postkarte. Carte
Cartolina po
SCHWEIZ SUISSE

HELVETIA

M. Pokrovsky
39. rue des Imbergères. 39.
Sceaux (Seine)

R Zürich 1
№ 363

1916 年 7 月 2 日列宁给米·尼·波克罗夫斯基的信

стоять имени автора, то я предпочел бы обычный свой псевдоним, конечно. Если неудобно, предлагаю новый: Н. Ленивцын. Впрочем, возьмите любой иной. Насчет примечаний очень и очень просил бы оставить их; вы увидите из них, что они для меня сугубо важны; разве в России читатель и студенты есть: им указания библиографические нужны. Я нарочно выбрал архиэкономную (в смысле места, бумаги) систему. При мелком шрифте 7 страничек рукописных, из каких ибо две странички ненапечатанных. Очень прошу оставить примечания или хотя посоветовать перед решением об оставлении их. Насчет заглавия: если неудобно данное, если слово империализм нежелательно ставить, тогда поставьте: „Основные особенности новейшего капитализма“. (Подзаголовок: „популярный очерк“ безусловно необходим, ибо ряд важных материй изложен применительно к такому характеру работы). Против выпуска с перечнем глав, из коих некоторые ограничивались, мб. наиболее удобно, с точки зрения цензуры, полезного для вас: если удобнее и безопаснее, оставьте его у себя, не посылайте дальше. Вообще было бы очень приятно, если бы можно было посмотреть это и другое в журнале того же издателя: если не видите в этом неудобства, черкните мне про это, я буду очень Вам благодарен. Жму руку и шлю лучшие приветы! Ваш Ульянов

P.S. Что вообще слышно относительно к „Летописи“? Трудно для меня это узнать, что вообще, что напечатано теперь из за этого. Никак узнать не удается!

267

致米·尼·波克罗夫斯基

1916年7月2日

尊敬的米·尼·：今天把手稿[392]按挂号印刷品寄给您。全部材料——提纲和著作的大部分已经写好，是按约稿计划写成5印张(200页手稿)的，所以再要压缩到3印张是绝对不可能的了。要是不给出版，那简直太遗憾了！到那时能否请求就在这个出版者的杂志[393]上发表？可惜，不知怎么我和他的通信联系断了……至于作者的署名，当然，我想还是用我常用的笔名好些。假使不合适，就请换个新的：尼·列尼夫岑。或者随便您另取一个名字也可以。至于注释，请您千万保留；您从注101[394]中可以看出它们对我极为重要；而且要知道，国内还有大学生等等也要阅读，指出参考书目对他们是必需的。我特意采取了最经济(指版面、**纸张**而言)的方式。7页手稿用小号铅字排印也不过2页。恳请您保留附注，或向出版者请求把它们保留下来。关于书名：如果觉得现在的不大妥当，如果认为最好避免用帝国主义这个字眼，那就用：《现代资本主义的基本特点》。(《通俗的论述》这一副标题绝对必要，因为许多重要材料就是按照作品的这种性质来阐述的。)第1页是目录，其中有些章节的标题，从严格的限制来看也许不十分妥当，现在寄上给您看看，就留在您那儿，别再寄给别人，如果这样更妥当更安全的话。总之，如果这一篇文章和其他文章都能在这位出版者的杂志上发表，那是非常惬意的事。要是您认为没有什么不妥之处,请写封短信把这个想法告诉他们,我将不胜感激。握手并致崇高的敬礼!

您的　**弗・乌里扬诺夫**

附言:我尽了最大力量使文章符合"严格的限制";而这对我来说是极困难的,我觉得,缺点因而会很多。可是也没有什么办法!

从苏黎世发往索城(法国塞纳)

载于1932年《列宁全集》俄文第2版第29卷

译自《列宁全集》俄文第5版第49卷第256—259页

268

致伊・费・阿尔曼德

1916年7月2日[①]

亲爱的朋友:看来,您由于遭受挫折而感到苦闷和焦躁。但是,不应该灰心。在德国领事馆碰到的不愉快算不了什么;值得理会吗?**所有**侨民在同当局打交道的**一切**场合所感受到的还不止这些呢!

加涅茨基对我说,他妻子已被批准取道德国,并说申请书要递给慕尼黑军事当局(驻慕尼黑陆军**总司令部**。大概是这样叫)。

×　请不要　　　　因此,如果您想到挪威去,那么我建议这样

① 日期是伊・费・阿尔曼德写的。——俄文版编者注

吝惜30生丁,寄**一封同样的信**给德国驻苏黎世领事馆。

办:向德国驻伯尔尼领事馆×寄一封挂号信(装一个贴有回信邮票的信封在里面),就说,您的熟人告诉您,说有过允许妇女(同德国交战的国家的国民)取道德国的先例,说应当向驻慕尼黑总司令部申请。

您要求向您证实这一**批准手续**并提供驻慕尼黑总司令部的确切地址。坏蛋们也许由于您**知道这种手续**会大吃一惊,他们会答复您的。

如果他们不答复,建议您仍按这一地址用德文往慕尼黑写一封挂号信;过三四天,再给他们发一份付清回电费的电报;就说您去看孩子,说您是因社会民主党案件躲避审判的侨民。不动感情,就事论事。

如果他们不答复,可以取道法国和英国。如果您需要钱,我们给您借,请放心。

求瑞士社会党人帮忙,**不值得**。而其他"门路"是没有的。

我给奥丽珈写了信,并通过她给吉尔波一封信。感谢您寄来报纸。

紧紧握手!祝平安,多作几次旅行,如果不在全欧,也可以在瑞士和山区旅行。

您的　列宁

译自《列宁文集》俄文版第37卷第52—53页

269
致伊·费·阿尔曼德

(7月4日)

亲爱的朋友：

我终于抓住了普拉滕：他说没有希望。吉尔波对奥丽珈也这么说(在多方设法找人之后)。娜嘉说她搞的护照[395] **全部**无用。这样，只剩下您给奥丽珈及其他人写信并找一个俄国人这个办法了。

关于德国领事馆的事，那个波兰女人昨天对娜嘉说，现在**不**准任何人过境。真遗憾！

您忘了寄来：(1)国外组织委员会关于波兰报纸(《工人报》)的决议①；(2)格里沙写的关于巴黎的情况、布里宗的报告及其他等等、等等的几封信[396]。

致以亲切的敬意！

列　宁

从苏黎世发往伯尔尼

译自《列宁全集》俄文第5版第49卷第260页

① 见本版全集第27卷第290—293页。——编者注

270
致格·叶·季诺维也夫

(7月4日)

您的文集编排计划[397]使我非常非常高兴。真的，不必吝惜2 000法郎(会有一笔收入，而且是**我们的**，不是富农们的)，这样就可以不至于同那些可恶之至的家伙争吵，不至于伤脑筋了。真的，这伙人在得到教训之后将会变得聪明一点。

完全同意您的意见，应该**正式**向布哈林(**和**尤里)建议立即拿出一篇关于自决问题的论战文章[398]。我们一定刊登。您能不能给他们写封信？我现在也在生布哈林的气，无法给他写信。请您立即写。在给布哈林写信的时候，还要提到霍格伦的问题和挪威罢工[399]的问题。

但是无论对别人还是**对自己**，在规定篇幅时都必须尽可能**严格些**。务必如此!!

我也完全同意应该刊登拉狄克的提纲。

我打算写论自决——论尤尼乌斯——和论失败主义(+《帝国主义和机会主义》+论齐赫泽党团)。[400]

应该立即把瓦林的文章[401]要来。是否应该约他再写爱尔兰问题？应该!

要约乔治和**京斯基**写些东西(后者看情况而定)，要鼓励青年。

最好有三四篇关于**国际派**的短文[402]并写一篇简短的编辑部

按语。

让我们更确切地商定篇幅。

致最深切的敬意！

列　宁

从苏黎世发往黑尔滕斯泰恩(瑞士)

译自《列宁全集》俄文第5版第49卷第260—261页

271
致伊·费·阿尔曼德

(7月7日)

亲爱的朋友：娜嘉搞的护照完全无用。(她的身体不大好；天气恶劣，不能到山里去。)您要我对格拉贝的问题提出建议，依我看，无论是编辑部的组成问题，还是必须刊登我们文章的问题，都**不必**和他商量(既然他在1915年曾那样欺骗我们[403])，因为否则就意味着现在演一场滑稽戏来使我们自己丢脸。不经过长期的、好多个月的撰稿(经常是您的或阿布拉莫维奇的，或者你们两个人的，而偶然是他们中某一个人的)——没有这个经验，依我看，认真协商的问题连提也不值一提。现在需要十次地"探明深浅"，然后才能"下水"。

向战俘进行调查的信件**尚未**送到。有一次我给马林诺夫斯基写信，提出过一份极简单的表格项目：住处、职业、年龄、职务、对战争的态度等项。没有答复：显然，书报检查机关通不过！请代表我和娜嘉问候波波夫。您能否直接或通过什么人给他寄些面包干等等去?

握手并致崇高的敬礼!

列　宁

从苏黎世发往伯尔尼

译自《列宁全集》俄文第5版第49卷第261—262页

272

致伊·费·阿尔曼德

(7月14日)

亲爱的朋友:我应该题词的那本书("给亲爱的沃洛佳同志"——是这样吧?)还留在这里。可是地址被我遗失了。是把书寄给您,还是您把地址告诉我?我一直在等您把国外组织委员会的决议和格里沙关于布里宗的信件寄来,但至今仍未收到。娜嘉向您问好;她一直没有写信,因为身体不好;她把病耽误了。

致以最崇高的敬意!

您的　**弗·乌·**

从苏黎世发往黑尔滕斯泰恩(瑞士)

译自《列宁全集》俄文第5版第49卷第262页

273

致米·尼·波克罗夫斯基

1916 年 7 月 14 日

尊敬的米·尼·：

刚刚收到格·季·的来信，得悉他已收到您关于他的手稿平安寄到的电报。我极为担心两个星期左右以前用挂号寄出的我那份手稿[404]。您收到后，务请写张明信片来。顺便提一下，第 147 页上写的欧文应该是欧文斯，如能改正过来，不胜感激。

向您预致谢意！握手！

您的　**列宁**

从苏黎世发往索城(法国塞纳)

载于 1958 年《苏共历史问题》杂志第 4 期

译自《列宁全集》俄文第 5 版第 49 卷第 262—263 页

274

致伊·费·阿尔曼德

(7 月 20 日)

致伊涅萨

亲爱的朋友：抄写的问题我们能解决。

是留在苏黎世了,在回去以前无法拿到。

关于布哈林及其同伙的问题,最好把中央机关报编辑部采取拒绝态度的信秘密地寄给各小组(+拉狄克??)(因为不这样做不行,布哈林及其同伙显然已经在"到处散布"了)。或者再等一个星期?至于拉狄克,如果他想要"我们的"意见,那就让他先把他们的寄给您。

如果里亚博夫斯基[409]就是斯塔尔克,那就等一等詹姆斯的回信,因为无论是对斯塔尔克,还是对米龙,都**有过**怀疑(加米涅夫和马林诺夫斯基都说米龙几乎承认了所干的不光彩的警察勾当)。

敬礼!

列 宁

附言:您对布哈林不信任是对的。

附上的东西("耳朵")合适吗?**请退我**。

从弗吕姆斯发往黑尔滕斯泰恩(瑞士)

译自《列宁全集》俄文第5版第49卷第264—265页

277

致格·叶·季诺维也夫

(7月24日)

寄上《在老的旗帜下》文集。看完后(不超过6天)请寄往:

苏黎世　内尔肯大街 21^{II} 号

乌西耶维奇先生(弗雷夫人转)(注明寄件人)。

请把您的手稿(书的)寄来,我要看。

我正在写信给波克罗夫斯基①。我现有**200**页。要用书皮寄走,怎么能想象?我很为难。(1)用特别薄的纸?(2)用特殊的开本?(3)两面写?

我看,要给浪潮出版社写下列内容:

(1)通过便人请他们秘密地(用化学药水写在书中)将情况(对待波涛出版社的态度及其他)**全部**写下来,要详尽。

(2)尤·加米涅夫的小册子[410]**可以**让他们出版。

(3)尼·苏汉诺夫的呢?我们反对。(但如果因为钱或其他的原因而**必须**让他们出版的话),那首先要弄清楚,是把他作为撰稿人还是作为编辑?

(4)纯粹是自己的编辑部(就其方向而言),还是联合的?(如果是联合的,那么,同谁联合?怎样联合?)

(5)文集及小册子的选题,我们同意提供。

(6)关于我的论自决的文章:我同意提供,出小册子(改写一下);请尽快确定准确的期限。

敬礼!

列　宁

您是否有组织委员会国外书记处的德文小册子[411](其中载有他们的昆塔尔草案和对唐恩之流的声明所作的无耻的"删节")?

① 见下一号文献。——编者注

我写文章**需要**上面载有拉狄克的《民族自决权》一文的那一期《光线》杂志[412]。您能否寄来或弄到? 注意

从弗吕姆斯发往黑尔滕斯泰恩（瑞士）

译自《列宁全集》俄文第5版第49卷第265—266页

278

致米·尼·波克罗夫斯基

1916年7月24日

尊敬的米·尼·:格·季·来信说您已收到我的信,但手稿却没有(就是说您没有提及手稿)。手稿是7月2日作为挂号印刷品与挂号信同时寄出的。如果没有收到,该怎么办? 想必您是无法去打听的。我可以通过邮局去询问,但这要花费很长的时间。再抄一遍?(是不是抄两份,一份经瑞典寄出,这样更可靠些吧?)我写的一切都是**完全**经得起书报检查的,所以我实在无法理解是什么原因,怎么会出现这种情况的? 请立即来信或电告。致崇高的敬礼!

您的 **弗·乌里扬诺夫**

从弗吕姆斯(瑞士)发往索城（法国塞纳）

译自《列宁全集》俄文第5版第49卷第266页

载于1958年《苏共历史问题》杂志第4期

279

致米·格·茨哈卡雅[413]

(7月24日)

亲爱的米哈同志：

十分感谢您的来信。向您问好！祝您身体健康，精神愉快！

您的　**弗·乌里扬诺夫**

从弗吕姆斯(瑞士)发往日内瓦

译自《列宁全集》俄文第5版第49卷第267页

280

致格·叶·季诺维也夫

(7月24日以后)

关于从叶尼塞斯克发来的电报[414]，必须写信询问。不能凭猜测付印。要设法**让**那边来信。

我不知道声明(关于格里姆事件的)是否值得刊印。如果现在印，就要把声明改得更尖锐些。

组织委员会的德文小册子现寄上。请退我。

寄上我自己的文章。请**精确地**计算一下，现在**总共**有多少稿件。其余的要定下来。(如果尤里寄来的话，还得写一篇答复他的文章——真糟糕。)

萨法罗夫的文章不合适。我看,可以建议他改写成**能够公开发表的**文章(这毫不困难)给《年鉴》杂志或浪潮出版社用。如果您不久就能见到他,向他口头提出岂不更好?

如何寄往浪潮出版社?就照他们的地址直接寄去?作为挂号印刷品?新的笔名是否已同他们商妥?

请将普列汉诺夫和波特列索夫的公开发行的小册子[415]寄来。

关于《新时代》杂志,我已去信向发行处询问。

从弗吕姆斯发往黑尔滕斯泰恩(瑞士)

译自《列宁全集》俄文第5版第49卷第267页

281

致伊·费·阿尔曼德

(7月25日)

亲爱的朋友:现将格里沙的信[416]和法国人的信寄回。我很高兴,法国人的来信表明您对他们的影响很大,而且留下了深刻的印象。

至于吉尔波,估计会出事,既然"谁也没有邀请"他去"当编辑",那么,难道是他自己钻进去的不成?

我们将等待格拉贝给您的回信和您的说明!

您关于**在**《哨兵报》**之外**(!?)再由**我们**(!?)办一个法文小报的打算我很**不**清楚…… 嗯,嗯……

请在格里戈里处索取(如您尚未拿到)乔治的文章和我的论自

决问题的文章以及论尤尼乌斯的文章①。

握手！建议并请求您去**治病**,以便入冬前完全康复。到南方去晒晒太阳吧!!

您是否有《小报》、《该说的话》杂志、《号召报》[417]？我可以寄上。

敬礼!

列　宁

从弗吕姆斯发往黑尔滕斯泰恩(瑞士)

译自《列宁全集》俄文第5版第49卷第268页

282

致亚·米·柯伦泰

1916年7月25日

亲爱的亚·米·:因娜嘉生病,忙于移居山区,所以回信迟了。我完全同意您的意见,左派在胡斯曼召集的会议上的作用主要是了解情况。[418]这比什么都重要。当场记下一切,是最主要的。要收集一切文件;时刻不要忘记必须了解**全部**情况。唯一的办法是当场记下一切(哪怕是扼要地记),记在专用本子上。格里姆没有得到护照,去不成了。这样左派只有一个人了。他的责任就更加重大。要由一个人来贯彻路线,就要有很大的决心和高度的觉悟。您更了解他是否有这种素养。如果有的话,最好能“提出”几个交付表决的问题:赞同齐美尔瓦尔德决议;同样赞同昆塔尔决议;谴

① 见本版全集第28卷第1—15页。——编者注

责海德门、桑巴、列金、普列汉诺夫之流的社会爱国主义者。也可以采取提问题的方式。这是否能做得到,您更清楚。

接此明信片后,请来信简告。

亚历山大想必带上了全部地址并且将设法了解在美国是否发表过一些有关齐美尔瓦尔德左派的东西,将设法得到这方面的材料;并同"社会主义宣传同盟"取得联系;同社会主义工人党、同《国际社会主义评论》杂志[419]、同《向理智呼吁报》取得联系。如果您能接到这张明信片并回信,也许我们还可以商量一下,究竟托他在那里办些什么事情妥当。

有一件私事想请您帮忙:您同出版社有没有联系?我没有。为了增加点收入,娜嘉想搞点**翻译**,或者编写一些有关**教育**方面的东西(因为她的病需要**长期**住在山区,这要很大开支)。

紧紧握手并祝一切都好!娜嘉向您问好!

您的 **弗·乌里扬诺夫**

从弗吕姆斯(瑞士)发往克里斯蒂安尼亚(现称奥斯陆)

载于1924年《列宁文集》俄文版第2卷

译自《列宁全集》俄文第5版第49卷第268—269页

283

致格·叶·季诺维也夫

(7月26日以后)

恩格斯的文章[420]现寄上。**暂且**不必寄回。

寄上论尤尼乌斯的小册子一文。论自决问题的文章即将脱稿。

您是否能给文集写一篇关于德国和奥地利社会沙文主义者会议情况的文章?(有会议记录,您曾寄给过我的。)

我看,需要一篇短评。

您为何闭口不谈下列问题:

(1)关于布哈林(和您给他的信)?

(2)关于瓦林也是如此。

(3)《在老的旗帜下》文集是否已寄给乌西耶维奇?(**请将我们文集要刊登的文章的目录寄来**。)

(4)关于《保险问题》杂志。

(5)关于浪潮出版社的文集。是写呢(又写什么?),还是等待?

您是否有《伯尔尼哨兵报》? 我没有。能否寄些剪报来(格里姆的辞职[421]和**诸如此类的材料**)。

敬礼!

您的　**列宁**

附言:是否约萨法罗夫为《**〈社会民主党人报〉文集**》写点东西?

吉尔波在最近一期《明日》杂志上显得多么差劲![422]您看到了吧? 又及。

从弗吕姆斯发往黑尔滕斯泰恩(瑞士)

译自《列宁全集》俄文第5版第49卷第269—270页

284

致格·叶·季诺维也夫

(不早于7月30日)

手稿已收到。

现寄上《新时代》杂志+两册奥地利人的书(我还要借阅,但要过些时候:到时我将另外写信)。

已给詹姆斯写了信。[423]

关于为公开出版的文集写文章,我担心来不及。

请将**我们的**《〈社会民主党人报〉文集》的文章目录寄来。

不能向吉尔波约稿:这是个夸夸其谈的人;会使我们丢脸的。等等再说。

《在老的旗帜下》文集是否已给乌西耶维奇寄去了?

克里斯蒂安尼亚

霍尔门科伦 旅行者之家

亚历山德拉·柯伦泰女士

您是否已**正式**写信告诉布哈林,说我们**建议**他发表论战文章[424]?正式写信给他,并留一份**抄件**(把它寄给我),这无疑是必要的。当然,要写得婉转些:就说我们反正要答复拉狄克的提纲(以此暗示,如果他愿意,也可以等到**这场**争论以后再发表)。

《我们的言论报》的合订本您有吗?

既然斗争激烈的党代表大会代替了代表会议——这就有点同

考茨基分子搞半勾结的味道。

您怎么害起病来了？**一定要**去找萨利，并**非常严格地**遵守医生的一切嘱咐。此信请给季娜看。

敬礼！

列　宁

从弗吕姆斯发往黑尔滕斯泰恩(瑞士)

译自《列宁全集》俄文第5版第49卷第270—271页

285

致格·叶·季诺维也夫

(7月30日以后)

现寄上《工人政治》杂志[425]。

+《莱比锡人民报》的剪报。有趣极了！

+拉狄克的提纲的译文。译文我**尚未**看，如您浏览后寄去发排，请和他们讲好**快点**排，我写文章要用。

度夏的事安顿好后，我即着手写作。

亚历山大的文章[426]已收到。日内即寄上。

我**没有**向柯伦泰女士约过稿，还是您去约稿吧。

国内的稿件请直接发排。

我们的关于自决问题的提纲[427]在哪里？在您处？请寄去发排(同德文本核对以后)。此地无人重抄，请在您处组织此事。

布哈林**对约稿的事**看来**尚未答复**吧？

既然小册子已寄出,也就是说,奥地利人的书您用不着了;我还**一本也**没有来得及看。

我的小册子是作为挂号印刷品寄给波克罗夫斯基的,没有回音。**我现在极为不安!**

伦施的著作已看过。糟糕透了。

敬礼!

列 宁

从弗吕姆斯发往黑尔滕斯泰恩(瑞士)

译自《列宁全集》俄文第5版第49卷第271—272页

286

致莫·马·哈里东诺夫

(7月下半月)

亲爱的同志:娜嘉将把供马尔库与我们联系的秘密接头地点、暗号及方式写信告诉您。

让马尔库找一个讲法语或德语的人(通过秘密接头地点)前去彼得格勒,并**尽可能详尽地**告以国外的全部消息,即:**左派**运动,《先驱》杂志第**1**期及第**2**期,我们关于废除武装的争论(现寄上我的文章[①]:将此文给他看。顺便提一下,请您回信告诉我,**诺布斯究竟在何处**),德文的《工人政治》杂志,德国的大逮捕,法国的龙格和龙格派,马克林在英国被捕等等情况。总之,将欧洲、美洲的左

① 诺布斯将**亲自**改正语言上的错误。

派和国际主义者运动的**一切**情况尽可能详尽地告诉这个人。

然后，让马尔库自己表示愿意（在当地，即彼得格勒）到莫斯科、基辅、敖德萨（他要去的地方）去，执行同样的任务并转交我们的通信处。

请教会他（**仔细地**）用化学药水写信，在俄国**绝对保持秘密**，就说：我是一个兵，到罗马尼亚去打仗，就行了！

我们何时返回，尚不知道，大约要过两星期左右。

敬礼！

您的　**列宁**

从弗吕姆斯（瑞士）发往苏黎世

译自《列宁全集》俄文第5版第49卷第277页

287

致伊·费·阿尔曼德

（8月1日）

亲爱的朋友：

30法郎出一期——我同意**试试**（不超过3期，不超过100法郎），不过，最好先看看他们的小报，或者让他们寄一套合订本来，或者由阿布拉莫维奇把情况给我们讲得更确切些。

一开始就要谨慎从事，要格外谨慎（不说是谁的，是什么人，名字也别提），不然，开了头（没有摸清情况）又半途而废，这会使我们自己大为丢脸。

会使自己非—常—丢脸！

致以亲切的敬意！

您的　**列宁**

从弗吕姆斯发往黑尔滕斯泰恩(瑞士)

译自《列宁全集》俄文第5版第49卷第272页

288

致格·叶·季诺维也夫

(8月2日)

请尽快将《伯尔尼哨兵报》的剪报寄来(我**什么也没**有，不知道格里姆同普拉滕和明岑贝格之间是什么样的争论[428])，还有拉狄克的信也快点寄来(我不明白为格里姆作的**辩护**是怎么一回事)。没有这些材料，我就**无法**对声明作出评价。(声明就是再过几天付印也不迟，要仔细斟酌。)

格里沙的计划不清楚，我们要写信问他，请他谈谈详细情况。

什克洛夫斯基在何处？如果在你们那里，请让他将战俘的信件寄给我们(必须看到战俘的信，以便了解读者的要求和想法)。

我曾有条件地不太肯定地答应为格涅维奇的杂志写稿，但**看来不能**写了：我欠了俄国人的债……

恩格斯的文章已寄出。《明日》杂志(载有拉芬-杜然的空洞至极的文章)我可以寄去。

敬礼！

列　宁

从弗吕姆斯发往黑尔滕斯泰恩(瑞士)

译自《列宁全集》俄文第5版第49卷第272—273页

289

致格·叶·季诺维也夫

(8月2日和11日之间)

现将声明寄上。可惜拉狄克的信未寄来。我仍然不了解，为格里姆作的“辩护”是怎么回事！(连剪报您也未**全部**寄来。)

注意 ||| 您给波克罗夫斯基寄书的地址，请**即告**。

论自决问题的文章已脱稿，总共79页

＋我正在写的《帝国主义和社会主义运动中的分裂》一文。

＋《废除武装还是武装人民?》(我用德文写的)，约25页。

哪里容纳得了这些文章? 怎么办? 校样在哪里?

关于俄文版文集的事，日内我将写信谈谈。

我自己没有《**新时代**》**杂志**。

敬礼！

列　宁

从弗吕姆斯发往黑尔滕斯泰恩(瑞士)

译自《列宁全集》俄文第5版第49卷第273页

290

致米·尼·波克罗夫斯基

(8月5日)

尊敬的米·尼·：

您的两张明信片均已收到,非常感谢。丢失手稿,令人十分难过。这个消息迫使作者——您所熟悉的具有普列汉诺夫特点的作品的作者——采取格·季·的办法[429](咳！这些德国人！丢失手稿其实是他们的过错！但愿法国人战胜他们！)。

作者很希望您力争坚持5个印张的篇幅,否则就既浪费了时间,又浪费了精力,失去了完整性,失去了其他许多东西。致衷心的敬意！

您的　**伊林**

从弗吕姆斯(瑞士)发往索城(法国塞纳)

载于1958年《苏共历史问题》杂志第4期

译自《列宁全集》俄文第5版第49卷第274页

291

致格·李·什克洛夫斯基

(8月5日)

亲爱的格·李·：

不知您是否在伯尔尼。接此信后请即来信告知。

(1)有一件事求您：我必须把手稿装上硬书皮寄出，共100**张**(不是页，而是张)，大小同这张纸**一样**(寄到格里戈里寄去的地方)。

请您预购**两本**开本**大小合适**的书本子，过5—6天后就可以收到我的手稿。**我非常想尽快寄出去**(我已丢失了一份!!)，所以也恳切地希望您能快些，要是您无法办到，请尽快回信，我好另托他人。

(2)为什么对我的签证一事默不作声？假如您得不到什么结果(或者您有什么不便)，请不客气地写信给我。不必为这件事伤太多的脑筋！

(3)是否已经从穆尔那里弄到了茨·案件"文件"的印刷文本？**这很必要**。**请不要忘记**！一定要设法弄到，不然他会把它弄丢的，这个坏蛋！

(4)为什么很久没有报告开支的情况？是否多得算不清了？

向柳达等所有的人问好！

您的　**列宁**

附言：战俘的信**用后**请寄给我们：我们必须了解他们的情绪、要求、意见等等。[430]

从弗吕姆斯(瑞士)发往伯尔尼

载于1929年《列宁文集》俄文版第11卷

译自《列宁全集》俄文第5版第49卷第274—275页

292

致米·尼·波克罗夫斯基

(8月5日和31日之间)

尊敬的编辑：

最经得起书报检查的手稿，荒唐地、令人难以置信地丢失了。这使我感到如此害怕，以致连您的名字也不敢提了。

我担心我的信也被复制了。我曾在信中请求，如果采用通常的笔名(弗·伊林)不合适，就用尼·列尼夫岑。现在要用另一个笔名了，哪怕是用弗·伊·伊万诺夫斯基也好。

我曾在信中建议改一个书名(如果"帝国主义"一词"可怕"的话)，哪怕改用《最新的资本主义的特点》也好。

现在要另作改动：《现代资本主义的最新经济资料》或者类似的书名。

标题(章节名称)要去掉(在寄往俄国时)。或许甚至修改章节的标题？这是可以做到的。

务请坚持现有篇幅(因为这是向我约稿的篇幅)。不损害内容而进行删节是不可能的。

(除非把最后几章整个删去？让我能把它们刊登到别的地方？这可是万万不得已的办法！我竭力主张不删节。)

注释务请保留，这些注释很重要(尤其是注101①)，并且参

① 见本卷第267号文献。——编者注

考书目也**应当**列出,因为在国内还有大学生和与之类似的读者要看。

您在文字上的修改与润色,我当然很乐意接受。

致崇高的敬礼!

列　宁

从弗吕姆斯(瑞士)发往法国

载于1958年《苏共历史问题》杂志第4期

译自《列宁全集》俄文第5版第49卷第275—276页

293

致格·李·什克洛夫斯基

(8月5日以后)

亲爱的格·李·:

有一点,即我同您送交律师(还记得吗?)转给穆尔的那份铅印文件的事,您忘了给我答复。

无论如何应将此件要回。为了**弄回**此件,请别忘了有的时候要去看望这位律师,有的时候则要"抓住"穆尔。

还有一事求您:在伯尔尼我曾交给警察局100法郎保证金,能否请您通过那位对您评价颇高的秘书提出申请,请他们将**这笔款汇往苏黎世**作为我的保证金,不然此地也要交保证金。

近况如何?全家身体都好吗?热烈地向柳达、热尼亚、莉亚和玛鲁霞及您的妻子问好!

握手!

您的 **列宁**

从弗吕姆斯(瑞士)发往伯尔尼

载于1929年《列宁文集》俄文版第11卷

译自《列宁全集》俄文第5版第49卷第276—277页

294

致格·叶·季诺维也夫

(8月10日和20日之间)

我建议给尤里这样回信。

(他的中心思想大概在第2点的末尾:"根本不用"。如果他希望我们目前在报刊上不批评他的文章,那他是对的。

但往后呢?如果他们的宗派形成了而且斗争激烈起来了,怎么办呢?

如果他希望我们不复制他的文章,而且不向党员公布,那是**办不到的**。

我们是不会向党员**隐瞒的**。)

我想,我所建议的回信目前这样就足够了①,让他自己去出洋相吧。

我们应该有他的文章,以便给亚历山大、俄国局等看。这是必

① 见下一号文献。——编者注

要的。

我赞同您给布哈林的信[431]。现提出(**不是**绝对要您接受的)一点补充。给他的信目前仅以您个人的名义寄更好,非正式一些,而且由于用了这种语气也更合适。我们再研究一下,这件事不像答复尤里那么急(等收到尤里的回信后再把您给布哈林的信寄出,是否更好?)。

敬礼!

列　宁

附言:如果您不需用《时报》和《每日电讯》[432]上各战区的**地图**,请剪下寄来。

从弗吕姆斯发往黑尔滕斯泰恩(瑞士)

译自《列宁全集》俄文第5版第49卷第278页

295

致格·列·皮达可夫

(8月10日和20日之间)

尊敬的同志:

您为自己要求极为荒唐的党内特权。撰稿人竟然提出要编辑部按撰稿人的选择邀请另外一些人,或者"保证做到"编辑部的答复(对它所不了解的稿件的答复!)能使撰稿人认为是"同志式的"等等,以此作为供稿的绝对条件,真是见所未见、闻所未闻,要是对待事业多少有点党性的话,这要求是不可思议的。

不过,我们认为,为了事业的利益,作为一种例外,可以对您的绝对条件作出让步,即:

关于第1点,我们邀请您所提名的同志[433],也邀请您所希望的任何一个我党的党员。

关于第2点,对于一切撰稿人向来都保证做到,要么不加改动地刊登他们的文章,只要他们愿意这样做;要么退回稿件。在这一点上,您的愿望不是特权,而是一种多余的要求。

关于第3点,我们所能做的一切,就是把编辑部(或其他撰稿人)对您的文章的答复寄给您,以便您自己决定,您愿意不愿意两篇文章都发表。

致社会民主党的敬礼!

从弗吕姆斯(瑞士)发往挪威

译自《列宁全集》俄文第5版第49卷第279页

296

致维·阿·卡尔宾斯基和索·瑙·拉维奇

(8月18日)

亲爱的朋友们:

几天前我们曾给你们发去一份电报,然后又寄去一封信,附有请你们寄书(即从伯尔尼寄给你们的那些书)的地址。[434]至今无回音,我们非常不安。

请尽快来信写两句：书收到否？是否已按地址将书寄出？

祝一切都好！

你们的　**列宁**

附言：你们图书馆里是否有《俄国纪事》杂志[435]？是否要寄几期去？

从弗吕姆斯(瑞士)发往日内瓦

载于1929年《列宁文集》俄文版第11卷

译自《列宁全集》俄文第5版第49卷第279—280页

297

致格·叶·季诺维也夫

(8月22日以前)

勒宽的文章根本不行，不能刊登。

布鲁特舒是一个极其愚蠢的无政府主义者，他的文章**只能加编者按**才能刊登。(我将写在校样上。)[436]

妇女运动(?)——请将手稿寄来。由于篇幅不够，看来只得搁一下。

现寄上论帝国主义与论废除武装两篇文章①。后一篇请**速**退我。一定要收入伯尔尼文集[437]，因为这篇文章绝对通不过书报检查，而且急需发表(青年派和其他人在这个问题上搞得一塌糊涂)。

① 见本版全集第28卷第69—85、171—181页。——编者注

如果您想讨论您打算谈的分歧问题,则请尽快再次把您的文章[438]寄来,并具体标出您有不同意见的那些地方。

关于"时代"的议论已成空话——拉狄克和其他人表明了这一点。难道1789—1871的"时代"**排除了**非民族战争?

笼统地谈论"保卫祖国",在理论上是荒谬的,因为保卫祖国=**笼统说的**战争。症结就在于此。

关于尤尼乌斯的小册子①不能送到巴黎去,因为这篇文章同**自决问题**和废除武装问题两篇文章**不可分割**。

请来信确切说明,**究竟哪些文章**正在排版。

附言:寄上《新时代》杂志和《号召报》,请转伊涅萨。

敬礼!

列 宁

从弗吕姆斯发往黑尔滕斯泰恩(瑞士)

译自《列宁全集》俄文第5版第49卷第280—281页

298

致格·叶·季诺维也夫

(8月23日)

《问题》杂志②已收到。我们明天或后天寄出。《莱比锡人民

① 《论尤尼乌斯的小册子》(见本版全集第28卷)。——编者注

② 《保险问题》杂志。——编者注

报》被禁，我就没有德文报纸看了。能否将您看过的《汉堡回声报》每隔一天(即一周四次)寄给我？

(您在我给尤里的信上加的一段话[439]破坏了该信中的讽刺语气。要害就是讽刺，因为我是故意逼他，让他出洋相。)

敬礼！

列　宁

附言：我们在等马林诺夫斯基的信。

请立即将全部俄文信件**退我**(即娜嘉寄出的那些信)。又及。

从弗吕姆斯发往黑尔滕斯泰恩(瑞士)

译自《列宁全集》俄文第5版第49卷第282页

299

给社会科学文献中心的信

(8月23日)

致图书馆馆员先生

尊敬的先生：

请您把我借的一本书(《马克思和恩格斯通信集》第1卷)的期限延长到1916年10月1日。

致深切的敬意！

新闻记者

弗拉·乌里扬诺夫

弗吕姆斯(圣加仑州)　楚迪维塞

从弗吕姆斯(瑞士)发往苏黎世

原文是德文

载于1973年11月29日《欧洲社会科学评论》杂志第9期

译自《列宁文集》俄文版第40卷第50页

300

致格·叶·季诺维也夫

(8月27日和31日之间)

我对您的文章的意见,您没有寄给我!!! 没有这些意见我怎么能把问题搞清楚??? 真急人!

请寄来。

我的两篇文章已给印刷所寄去。

现寄上您的意见和对您的意见的反驳。

我赞成出一本文集(目前),**160**页。

布哈林、朝圣者、布鲁特舒等人的文章不予采用。亚历山大的我们将加以删节。

能否刊登关于战俘问题的文章?[440] 不会对**他们**有害吧??(请参看马林诺夫斯基的信。)

要不要问问马林诺夫斯基?

应该周密地加以考虑。

罗马尼亚宣战把我气坏了!! 真要命!!

敬礼!

列　宁

从弗吕姆斯发往黑尔滕斯泰恩(瑞士)

译自《列宁全集》俄文第5版第49卷第283页

301

致格·李·什克洛夫斯基

(8月31日以前)

亲爱的格·李·:来信收到了,很高兴。战俘的信也收到了,谢谢。工作做得**很顺利**,祝贺您!

烦将报费寄给《论坛报》社,**请**他们不要再把报纸寄来了! 这种报纸毫无用处! 而且我也没有订阅过。

向您的全家问好!

您的　**列宁**

从弗吕姆斯(瑞士)发往伯尔尼

载于1929年《列宁文集》俄文版第11卷

译自《列宁全集》俄文第5版第49卷第283页

302
致莫·马·哈里东诺夫

(8月31日)

亲爱的同志：

可能我们也要作一次旅行，但首先应该很好考虑并打听清楚，一般来说，他可信赖的程度如何，再就是他是不是认真细致，能不能保守机密。问格里姆**不方便**。请告知**您的**意见，您能否在苏黎世打听他的情况(要谨慎)。我可以将论帝国主义的小册子寄给您。关于"会议"(格里·+拉狄克+??)我不**了解**。请详尽打听一切可能了解到的情况，然后告诉我。

只要一知道诺布斯回到苏黎世的消息，我就把为《民权报》写的文章[441]也寄给您。诺布斯曾给我来信说，他要到离我不远的地方去度假，他原打算通知我，**但是没有来信**。因此，我不知道他在哪里。您是否知道?

寄上载有谢姆柯夫斯基文章的《国外政治》。

拉狄克反对废除武装的那些文章在《民权报》上发表没有? 如已发表，能否寄来? 谁对您说过我星期天要去苏黎世?? 真有意思，**谁**能讲出这种话来呢!!

您能否在苏黎世弄到波兰和崩得分子在华沙出的、登有华沙选举资料的(详尽的、分区的)报纸? 很想看看! 我已给勃朗斯基写过信，但他没有回信。握手并向您的妻子及小女儿问好!

您的　**列宁**

附言:娜嘉要《新生活》杂志[442]的事您未回答。如果您没有时间,乌西耶维奇能否去打听一下?也许他目前**特别**忙?

从弗吕姆斯(瑞士)发往苏黎世

译自《列宁全集》俄文第5版第49卷第284页

303

致米·尼·波克罗夫斯基

(8月31日)

尊敬的米·尼·:

同意您的建议。不过,一想到结尾部分被删去,就感到极不痛快。能否在杂志上刊登结尾部分而不加改动呢?能否再加一个编辑部的说明,说这是小册子的结论和结束语呢?把**一个整体**弄得支离破碎,太遗憾了!!真是太遗憾了!如果您能协助,我将十分感激。关于此事我也将亲自写信,但我的信走得很慢,即使寄到也要几个月以后。

致崇高的敬礼!

您的　**乌里扬诺夫**

附言:据说波特列索夫已加入出版社!!那位著名的小说

家[443]竟然也同意了!! 这简直是荒唐,令人难以置信的荒唐,对吗?

从弗吕姆斯(瑞士)发往索城(法国塞纳)
载于1958年《苏共历史问题》杂志第4期

译自《列宁全集》俄文第5版第49卷第285页

304

致格·叶·季诺维也夫

(8月)

(1)现寄上京斯基的文章并附补充意见(必须从**反社会革命党人**的角度来说话,哪怕说几句也行,否则就**不**成其为社会民主党的文章。除此之外,您的"题词"也不适用)。(如需题词,则要**另选**。)

(2)我已开始为俄文文集写"论考茨基主义"的文章[444]。此事我**已**写信告诉过您。

(3)给尤里的回答[445]我争取不久便动笔。

(4)文集印1 500份已**足够**。

(5)我**反对**马上决定第二本文集的问题。格里沙的信不明确,是500法郎+纸张吗?我将给他写信。**我们再等等回信**。真是活见鬼!! 不写清楚!!

(6)请发萨夫—奇克那篇论**派别**的文章(因为关于战俘的文章已排好,并将**接在后边**)。

(7)关于论妇女运动的文章,我**已经**写信告诉过您,说我没有把握(请将手稿寄来,篇幅很少)。可是您**不予答复**,反说是"已约定",虽然您知道我没有约过稿!! 真是乱了套。如果文章还没有写,在建议写作之前应当**先**通知主题、提纲及详细内容。

(8)关于民族问题,我倒**很**想将自决问题一文**补充**再版。**浪潮出版社**会接受吗? **您给他们写信提过此事没有**?

(9)格涅维奇的文集[446]怎么样?? 用波兰文还是俄文刊印?? 必须搞清楚,还有谁写,写什么?? **要搞清楚**。您给他写了些什么?

敬礼!

列 宁

(10)建议将附上的《论坛报》一篇文章的译文[447]载入文集。

从弗吕姆斯发往黑尔滕斯泰恩(瑞士)

译自《列宁全集》俄文第5版第49卷第281—282页

305

致格·叶·季诺维也夫

(8月)

(1)在所谓"已约定的"稿件这个问题上,您不应该掩盖自己做得不对的地方。第一封信(您没有回那封信)表示我对此不—大—满—意,说得并不尖刻而是很有分寸的。这一点您不可能不理解。

我并没有说过不老实;乱了套这个说法也还算是有分寸的而不是尖刻的字眼,这个字眼既含有普通的健忘的意思,也含有疏忽的意思,而这样的意思跟不老实根本沾不上边。为什么要夸大其词,说成是“不老实”呢?

我在什么地方亲手写过关于5页的事?如果您还不相信是您不对,那就请寄来。

(2)关于弗兰茨的文章[448],我们(无论我,还是娜嘉)完全同意您的意见:最初觉得差些,后来觉得还好。

(3)给尼·伊·的信稿①现寄上。我不反对增加一些客气话,如果您认为有必要,请将修改补充的意见寄来。[449]

敬礼!

列　宁

从弗吕姆斯发往黑尔滕斯泰恩(瑞士)

译自《列宁全集》俄文第5版第49卷第285—286页

306

致格·叶·季诺维也夫

(8月)

刚刚读完瑞典人和挪威人的文章。[450]

不应该把它们分开,应该**一道**刊登,而且刊登时不能**没有我们自己**反对废除武装的文章。这就要改变计划。

我即将着手给**文集**写(改写)这篇文章。文集中这一方面的内

① 见本卷第312号文献。——编者注

容必然扩大,要**尽量**压缩其他内容。废除武装这个问题如此荒唐,竟使得**我们党内**某些人也糊涂起来了!

注意 附言:巴黎文集的问题目前尚未解决。朝圣者的文章要**推迟**,因为**如果**挑选的话,肯定得选用亚历山大的。

从弗吕姆斯发往黑尔滕斯泰恩(瑞士)

译自《列宁全集》俄文第5版第49卷第286页

307

致格·叶·季诺维也夫

(8月)

布哈林的文章[451]绝对不行。连一点"帝国主义国家理论"的影子也**没有**。只有关于国家资本主义发展的材料的汇编,仅此而已。用这种最合法的材料来挤占秘密杂志的篇幅,真是荒谬绝伦。应该拒绝刊载(但口气要委婉,答应将尽力帮助在公开的杂志上发表)。①

不过看来得先等一等尤里的文章——暂且不要给布哈林写信。

给布哈林的那封关于他们建立"派别"的信也等一等再说,否则他会认为,拒绝刊载是出于"派别情绪"。

---

① 我还要以个人名义劝告布哈林:把标题改变一下,只保留有关经济的部分,因为关于政治的部分根本没有加工好,想法不成熟,毫无可取之处。

把“时代”和“**当前的战争**”的问题作为两个“极端”提出来,这正好陷入了折中主义。好像我们的任务就是“在两个极端之间”采取“中间道路”!!!

任务应该是**正确地**确定**时代**同**当前的**战争的关系。在一些决议中和我的一些论文中就是这样做的:“**当前的**帝国主义战争**并不是偶然事件**,而是帝国主义**时代**的典型现象。”典型的不是唯一的。

不理解时代,就不能理解当前的战争。

如果这样来谈论时代,就不是空谈。这是正确的。而您从我过去的文章中援引的文字**就是**这个意思。**这些引文是正确的**。

可是如果由此**得出**“在帝国主义时代不**可能**有民族战争”的结论,这就是胡扯了。这显然是犯了历史上的、政治上的错误,也是**逻辑上的**错误(因为时代是各式各样现象的总和,其中除了典型的现象而外,**往往**还有其他的现象)。

您也**重复了这个错误**,您在意见中这样写道:

“弱小国家在现代不能保卫祖国。”

=庸俗化者

不对!! 这也就是尤尼乌斯、拉狄克、“废除武装论者”和两个日本人所犯的错误!!

应该说,“**在**对于当今帝国主义时代特别典型的**帝国主义战争中**,弱小国家**也**不能保卫祖国”。

差别就在这里。

这个差别反映了问题的**全部实质**,是反对**庸俗化者**的观点的。而您恰恰没有看出这个**实质**。

格里姆重复庸俗化者的错误,而您提出错误的说法,就是对他**采取姑息的态度**。相反,现在正应该(不论在谈话中还是文章中)驳倒这些庸俗化者,给格里姆看看。

我们决不是**笼统地**反对"保卫祖国",**笼统地**反对"防御战"。不论在哪一个决议中(也不论在我的哪一篇文章中)永远也找**不**出这种无稽之谈。我们反对保卫祖国和自卫,是**就**1914—1916年的**帝国主义战争**以及其他对帝国主义**时代**说来是典型的**帝国主义**战争而言。但是在帝国主义**时代也会**有"正义的"、"防御的"、革命的战争〔即:(1)民族的;(2)国内的;(3)社会主义的**等等**〕。 注意

从弗吕姆斯发往黑尔滕斯泰恩(瑞士)

载于1932年《布尔什维克》杂志
第22期

译自《列宁全集》俄文第5版
第49卷第287—288页

308

致格·叶·季诺维也夫

(8月)

这是娜嘉的删节方案。[452]

我已经是第二次看这篇文章了(过去已看过一次)。坚决反对删节。删节会损害文章的内容。有一篇完整的、综合性的文章(包括细节、指明参加者或交谈者)是极为重要的。

老实说,这篇文章不能删节。

究竟怎么办呢?

如果说实话,只能暂缓刊登您的文章,才可能真正使这本集子“消肿”;理由是:

(1)这篇文章**不是**为这本文集而写的;

(2)这篇文章已收入订有出版合同的书中;因此,出版的可能性是很大的。再刊登一次毫无必要,特别是在我们的经费拮据的情况下;

(3)在国际的历史方面,主要的和基本的内容,您已在《社会民主党人报》上您的一篇文章中说过了;

(4)文集的内容必须**限于**(α)国内的材料+(β)迫切的争论问题,**党内**有争执的重大难题;

(5)而失败主义这篇文章[453]又放在哪里,如何安排?

请坦率地来信说明,您如何看待这一建议,是从工作从编辑的角度考虑(是哪一些),还是计较个人的委屈?

{不过,我们的争论和协调,**无论**如何**必须**继续下去。}

160页的文集,根据我的计划,可以容纳**丰富的**、极为珍贵的国内材料+关于自决问题的争论(不包括尤里的文章①)

+失败主义+托洛茨基

+关于“**国际**”(齐赫泽),

的问题

也就是说,一切**不容耽搁的**材料。

工本费约2 500法郎+给柳德米拉的400(也=运费)+用于

① 因为还得写文章答复尤里,而且还得给他寄去!![454]

运送工作的 500 左右＝约 3 400 。这个数目我们**还可以**办得到，再多就**无能为力**了。

我同意出一号中央机关报(再＋100—200 法郎)。

从弗吕姆斯发往黑尔滕斯泰恩(瑞士)

译自《列宁全集》俄文第 5 版第 49 卷第 288—289 页

309

致格・叶・季诺维也夫

(8月)

嗬，您竟讲出这样的话来了!! 我真忍不住要笑出来。您在信里竟然提到"法庭"……　说实在的，任何一家"法庭"在任何情况下都会认为，将暂缓刊登文章的建议宣布为"非同志式的"，就等于叫人无法共事。

算您幸运，没有"法庭"，否则一定会给您"定罪"的。

话又说回来，作某些"删节"总还是必要的。我们已经并还在跳出《文集》**原先的**计划框框(国内材料＋关于自决的争论)。请您确切地、正式地向本特利打听一下每个印张的价格。那时我们再**精确地**计算一下可以印多少(因为不付钱人家是**不**印的，请不要忘记这一点!)。

敬礼!

列　宁

要不要把《汉堡回声报》还您?

寄上亚历山大的文章,我不负责删节!

还有瑞典人和挪威人的文章要收进去!! 真麻烦!!

萨法尔奇克的文章**应当**刊登,您是对的。**我们一定刊登!**

您有没有《工人政治》杂志? 我没有看到第5期和第7期及以后各期。

从弗吕姆斯发往黑尔滕斯泰恩(瑞士)

译自《列宁全集》俄文第5版第49卷第290页

310

致格·叶·季诺维也夫

(8月)

不存在冲突。说真的,是您想得"太多了"。请回忆一下(或者再看一遍)我的信吧,我并没有说对您的文章要**投**反对**票**,而只是说"请坦率地来信说明"您如何看待这一方案①。您写了您的看法。

整个情况就是如此。

就是说,文章是采用的。

我想,尤里更加能使我们"和解"[455],因为**他的**结论正是:"在帝国主义**时代**"不可能"保卫祖国"。

而实际上:"在帝国主义时代所产生的**帝国主义战争**中,保卫祖国就是欺骗。"

① 见本卷第308号文献。——编者注

这是“**大**不相同的两码事”。

敬礼！

列　宁

附言：现在该把联名给尼·伊·布·的有关派别的信寄出了吧？我想是时候了。而关于他的文章呢？

我**赞成**出版中央机关报，我**同意**！

从弗吕姆斯发往黑尔滕斯泰恩（瑞士）

译自《列宁全集》俄文第5版第49卷第290—291页

311
致格·叶·季诺维也夫

（8月）

已经给布哈林写了信。

现将文章寄上；这篇文章也应当寄往伯尔尼，因为巴黎没有消息。

应该更精确地计算一下（手稿和校样都在您处），给伯尔尼的有*多少*？

当然，您将我的那些文章“腌”在那里这么久，我是不能“满意”的。请您立即寄到印刷所去，您不是曾催促我说排字工人在催您吗!!

我们的提纲[456]在哪里？提纲的校样在哪里？

出《社会民主党人报》的问题很麻烦，因为我**担心**这会**耽搁**《〈社会民主党人报〉**文集**》的出版!!

您把《废除武装》①一文退我以后，我将彻底地加以考虑。我们**仔细地**斟酌一下，哪些文章可以收进去，**文集**会为此耽搁多久?

我暂时不为《问题》杂志②写稿，而想给文集(《在老的旗帜下》)撰写评论考茨基主义的文章(顺便提一下，请**速**将论帝国主义的小册子退我，要引用)。

敬礼!

列　宁

附言：业务问题您没有答复的要多得多。

从苏黎世发往黑尔滕斯泰恩(瑞士)

译自《列宁全集》俄文第5版第49卷第295—296页

312

致尼·伊·布哈林

(8月—9月初)

亲爱的同志：

很抱歉，《关于帝国主义国家理论》一文，我们不能采用，因为

① 《论"废除武装"的口号》(见本版全集第28卷)。——编者注

② 《保险问题》杂志。——编者注

篇幅已被国内的材料占去,其他所有选题受到了限制,同时经费也不足。相当困难。

但主要问题还不在这里。主要问题在于文章有某些缺陷。

标题不符合内容。文章包括两部分:(1)关于一般的国家和(2)关于国家资本主义及其发展(特别在德国)。这两部分的结合没有经过充分的考虑。第二部分很好,有用,但9/10可以公开发表。我们建议您**稍**加修改登载在某个公开的文集上(或者登在《年鉴》杂志上),我们也愿尽我们的力量帮助它登载出来。

第一部分涉及极其重大的原则性问题,但仅仅是**涉及**。我们不能在一年只出版一次的文集上登载没有经过周密考虑的有关这种根本性理论问题的东西。同龚普洛维奇等的论战(最好也能把它修改一下,**加以发挥**,写成可以公开发表的文章)暂且不谈,我们要指出的是作者的一系列的极不确切的提法。

马克思主义是"社会学的"(???)"国家理论";国家=统治阶级的"一般的"(?)组织;作者援引了恩格斯的话,而一引到对这个问题**特别**重要的地方恰恰就**中断了**。对马克思主义者和无政府主义者在国家问题上的区别所作的说明(第15—16页)**根本不对**,如果要谈这个问题,就**不**该是这么个谈法,就**不能**这样来谈。结论(作者用了黑体):"社会民主党应该坚决强调自己在原则上敌视国家政权"(第53页);请对照一下:无产阶级建立"自己暂时的国家政权组织"(第54页)("国家政权组织"!?)——这一说法同样是极不确切的,或者说是错误的。

建议:把(α)关于国家资本主义和(β)同龚普洛维奇及其同伙的论战改写成可以公开发表的文章。余下部分的思想**尚须让它成**

熟起来。这就是我们的看法。

从弗吕姆斯(瑞士)发往克里斯蒂安尼亚(现称奥斯陆)

载于1932年《布尔什维克》杂志第22期

译自《列宁全集》俄文第5版第49卷第293—294页

313

致格·叶·季诺维也夫

(8月—9月初)

(1)现将罗兰-霍尔斯特的文章寄上。我认为,她的文章同样也不要刊登。

(2)给布哈林回信的事。[457]我同意您的修改意见,但有**必要**补充**一点**,即:**对我们来说,主要问题是文章有原则性的缺陷**。

没有这一补充,就显得我们的态度不明朗。

如果同意这一补充,那就请您把信寄去(要使字句的承接合乎逻辑)。

如果不同意,我们再研究。

(3)我找**不**到您提到的便条。您说,我曾在上面画了一条线表示同意约稿。这是您那[方面][①]搞错了。

(4)弗兰茨留下了一篇文章,据我看,是一篇非常精彩的**短**文。

① 此处手稿部分有损坏。方括号内的文字是根据意思恢复的。——俄文版编者注

我同意刊登。随后寄上。

(5)巴黎文集的事**不必**仓促进行。我们要精确地计算一下收**哪些文章**(5印张,每印张5万=**总共**25万字母)。

(6)给尤里的答复由我写。不过,这件事**颇费时间**。

敬礼!

列　宁

从弗吕姆斯发往黑尔滕斯泰恩(瑞士)

译自《列宁全集》俄文第5版第49卷第291—292页

314

致格·叶·季诺维也夫

(8月—9月初)

(1)现寄上一篇短文——乔治的传单。依我看,很不成功。我甚至不知道是否值得改写……　庸俗,粗制滥造,矫揉造作,冒充"民间"风格。如果要表明**不该**怎样写通俗读物,这正是一个样板……

或许,您同他在见面时谈谈?

(2)关于废除武装的文章,我还在犹豫。如果要把瑞典人+挪威人的文章收入文集,则**在这本文集中**一定也要安排一篇论废除武装的文章。我写起来花不了多少时间,把我的那篇文章改写一下就行了。[458]但容纳得下吗?

要定下来。请回答。

我们再计算一次,不加这些文章就已臃肿的我们这本文集那时将臃肿到何等程度。

(3)给布哈林回信的事。也要定下来。如果您不愿意说**主要问题**在于有原则分歧,那么,我同意改变一下说法,就说原因(不刊登的)有**两个**:(α)技术上的和财务方面的。

(β)原则上的。

请将这样的方案**寄来**(别忘记使信的两部分在文字上衔接得好些),让我们快些定下来。您当然注意到了我们给布哈林的复信具有**重大**意义,因此要深思熟虑并要保存抄件。

(4)关于巴黎文集要确定一下,什么内容?篇幅多少?

如果印2 000册,每册按5印张计算(=10 000印张),价值为500法郎,那么,印1 500册(不要再多)每册就可以用$6\frac{2}{3}$印张

$$\frac{\times 50\ 000}{33\text{万个字母}}$$

大概少于33万个字母,**30**万个字母左右吧?

是这样吗?

还要弄清楚,他们在巴黎也接受秘密印刷品吗?即是否秘密印刷?

这一点尤为重要!可是格里沙那儿一直还没有**圆满的**答复!!!

这一切弄清楚之后,我们再给巴黎文集的稿件编排目录。

(我想,尤里的文章和给他的答复可以**不**算在内,因为(1)答复尚未写好;(2)还不知道这位商人陛下是否同意刊印?)

(5)我准备把拉狄克的提纲[459]看一下(浏览一遍),因为我没有看过提纲的校样。

(6)现将朝圣者的补充退还。我们该拿他怎么办呢?[460]

敬礼!

列　宁

从弗吕姆斯发往黑尔滕斯泰恩(瑞士)

译自《列宁全集》俄文第5版第49卷第292—293页

315

致伊·费·阿尔曼德

(9月15日)

亲爱的朋友:手稿寄上。退还时请您**也用挂号**。这是唯一的一份了(我还要用,而且非常急需)。

论废除武装的文章,现在不在身边,我将在日内寄出。我们在这里已初步开始结识青年派,但十分遗憾的是,我们任何一种语言都不精通。这才是有意思和有成效的工作!青年派组织正在瑞士各地兴起。握手并祝一切都好!

弗·列宁

从苏黎世发往泽伦堡(瑞士)

译自《列宁全集》俄文第5版第49卷第295页

316
致格·叶·季诺维也夫

(9月15日)

我一直忙于和一个奥地利人打交道,所以没有时间答复各种问题。暂且谈一点:只有在一种情况下我同意将朝圣者的文章寄去,即如果我们两人都同意把亚历山大的文章全文收入**那本伯尔尼**文集(在巴黎文集不成功时),如果此事确实能够这样做到的话。

敬礼!

列 宁

附言:娜嘉请您将她信中提到的那几期《保险问题》杂志寄给她。

从苏黎世发往黑尔滕斯泰恩(瑞士)

译自《列宁全集》俄文第5版第49卷第295页

317
致伊·费·阿尔曼德

(9月26日)

亲爱的朋友:

关于法国社会党历次代表大会的记录,我今天打听了一下,**这**

里没有。

建议用明信片,即预付回信邮资的明信片,向日内瓦和纳沙泰尔图书馆以及日内瓦**党的**(法文)图书馆问一问。

致以最崇高的敬意!

您的　**弗·列宁**

从苏黎世发往泽伦堡(瑞士)

译自《列宁全集》俄文第5版第49卷第297页

318

致弗·米·卡斯帕罗夫①

(9月26日)

亲爱的卡斯帕罗夫:谨致最深切的敬意并祝身体健康!望认真治病并请**常**来信。

您的　**列宁**

从苏黎世发往伯尔尼

载于1930年《列宁文集》俄文版第13卷

译自《列宁全集》俄文第5版第49卷第297页

① 这是写在娜·康·克鲁普斯卡娅信上的附笔。——俄文版编者注

319

致亚·加·施略普尼柯夫[461]

(10月3日)

亲爱的朋友:娜嘉写得很详细了,我没有什么可补充。紧紧握手!祝贺您在美国取得成功,并请经常来信。如果别列宁想走,则应**加倍**小心(情况很危险)。对以建立**联系**为目的的旅行,应该加以周密考虑。而这一点是做得不够的。亚·米·现在何处?敬礼!

您的 **列宁**

发自苏黎世(本埠信件)

译自《列宁全集》俄文第5版第49卷第298页

320

致格·叶·季诺维也夫

(10月5日以前)

寄上雷巴尔卡的文章。**这方面的情况**您是否有所了解?问题的关键在哪里?

请退我。

还有询问博·的事呢?

寄上弗兰茨的文章(他要求署名为弗·)。

我建议给布哈林复信[462]要写得缓和一些，**目前**没有理由这样发火。

寄上阿维洛夫的文章。

您是否有《工人政治》杂志的第5期、第7期及以后各期？

敬礼！

列　宁

从苏黎世发往黑尔滕斯泰恩(瑞士)

译自《列宁全集》俄文第5版第49卷第296—297页

321

致格·叶·季诺维也夫

(10月5日以前)

现将文章[463]寄上。这篇文章写得很成功！再补充两点行吗？

(1)德国人中间也有失败主义者，历史将对他们评说(请回想一下泽格的叙述和关于布洛赫的事)；

(2)《工人报》在失败主义问题上反对我们是一种不体面的行径。

关于社会党国际局，我想最好是等候邀请！

《前进报》①我是看的，但不是每号都看。还是让乔治**确切**写明是哪一号哪一天吧。

(是不是就是那次好像在昆塔尔曾经谈起过的**议员**的会晤？)

① 意大利社会党中央机关报《前进报》。——编者注

议员其实**全都是**考茨基分子。

既然亚历山大的文章已经发排,那我们的处境就有点困难了。怎么办呢?

朝圣者的文章我无法删节! 看了**两遍**!! 再没劲头看了。

我给尤里的答复[464]将在日内寄给您。

是否一开始就要同巴黎谈得具体些?

如果我们**开始**寄了,却又**做不到**不间断地寄下去,那岂不是胡来吗?

格里沙写得不仔细,不明确,被我狠狠骂了一顿。他没有本事写得条理分明! 尽发一些糊涂电报!

在苏黎世根本找不到人打字。

敬礼!

列　宁

最近,该收到格里沙的保密信了吧? 不是吗?

从苏黎世发往黑尔滕斯泰恩(瑞士)

译自《列宁全集》俄文第5版第49卷第303—304页

322

致格·叶·季诺维也夫

(10月5日以前)

*两篇*文章的手稿[465]请快些退我,还得送去打字。

应当讨论一下:怎样做才能使尤里**无法**拒绝刊印?您的意见如何?

敬礼!

列 宁

从苏黎世发往黑尔滕斯泰恩(瑞士)

译自《列宁全集》俄文第5版第49卷第304页

323

致格·叶·季诺维也夫

(10月5日以前)

刚刚收到格里沙的来信说,他们出版文集要**受到**书报检查!!这样一来我和您都要"搁浅"啦!!!朝圣者的文章怎么办?而纸价又**疯**涨。您知道这个情况吗?您计算过我们的文集**现在**要花多少钱吗?

是否收到了一个筐,里面有我对尤里的批评文章?请**快些**将那两篇手稿退我。亚历山大的信收到没有?

我给布哈林写了一封语气温和的信①。

敬礼!

列 宁

从苏黎世发往黑尔滕斯泰恩(瑞士)

译自《列宁全集》俄文第5版第49卷第305页

① 见本卷第329号文献。——编者注

324

致格·叶·季诺维也夫

(10月5日)

我要写信给格里沙，让他答复能给我们汇**多少**钱来，因为别说朝圣者的文章，就是尤里的文章也不会完全通得过书报检查(这是显而易见的)。这个格里沙是个笨蛋，磨蹭了一个半月，**主要的事情**却没有作交代!!

我认为，不得不就在此地出版第2辑。在一本书中安排**两组**争论自决问题的文章是极为不妥的。(或许将尤里的文章和答复出单行本，出小册子?)巴黎的书报检查把**整个**工作完全打乱了：出的书总不能涂涂抹抹的吧……　而且又是由于什么原因呢?

纸价又涨了。本特利是否会把价格抬得更高? 此事您(也许在个人拜访时方便一些)应该打听一下，将他的书面答复保存下来。

《事业》杂志[466]请快些退我。阿维洛夫的文章我这就寄，那次写信说寄他的文章是搞错了。①

给尤里的答复我正送去打字，然后给**您**寄去以便转给他。为了不致白费时间，请来信说得确切一些，究竟何时给您写信并寄往

① 见本卷第320号文献。——编者注

何处?

敬礼!

列　宁

从苏黎世发往黑尔滕斯泰恩(瑞士)

译自《列宁全集》俄文第5版第49卷第304—305页

325

致维·阿·卡尔宾斯基

(不早于10月5日)

亲爱的维·卡·:

现将手稿[467]寄上以供打字——共**4**份。请尽量打得**密一些**,用四开纸而不要用对开纸。

如果您那儿有党的经费,请从中开支(纸张费、打字费及其他);如果没有,请立即来信说明,需寄多少。

敬礼!

您的　**列宁**

从苏黎世发往日内瓦

载于1933年《列宁文集》俄文版第21卷

译自《列宁全集》俄文第5版第49卷第303页

326

致维·阿·卡尔宾斯基

(10月5日以后)

亲爱的维·卡·：

请把附上的注释(或作为注释，或作为正文，看怎样方便就怎样处理)加到文章中谈到芬兰的独立可能实现的那个地方。[468]

敬礼！

您的　**列宁**

我**完全允许**雷巴尔卡发表我的信件和附笔，这一点能否转告给这个畜生(即便是通过库兹马也行)？[469]或许您不方便吧？

从苏黎世发往日内瓦

载于1930年《列宁文集》俄文版第13卷

译自《列宁全集》俄文第5版第49卷第305—306页

327

致亚·加·施略普尼柯夫

(10月5日以后)

亲爱的朋友：根据今天格里戈里转来的信判断，别列宁已经决定“出游”。而且不久就要动身了！然而，我们很需要跟他通信商谈，取得一致意见，因为现在这件事极为重要。因此，请务必设法**亲自**见一下别列宁，向他转达下述各点，并希望您**坦率**而详尽地来信告诉我(一定！)情况如何，就是说，我们跟别列宁有没有不同意见、分歧等，有哪些(如果有，如何消除)。

由于詹姆斯的离职[470](关于这件事请千万不要向国外的**任何**人透露一点风声，因为您不能想象，在国外对这些问题以及**有关**这类事件的流言在**各**方面会有多么大的危害)，情况很危急，以至总的工作计划问题又重新提上日程。

我认为，这个计划应包括：第一，**理论**路线；第二，当前的**策略**任务；第三，直接的组织任务。

(1)第一点，目前摆在日程上的，不仅是要**继续贯彻**我们在决议和小册子中已经确认的路线(反对沙皇制度等等)(这一路线已为许多事件如英国的分裂等充分证明是正确的)，而且还要清除其中那些非常荒谬和非常糊涂的否定民主的东西(这里包括废除武装，否定自决，在理论上错误地“一概”否定保卫祖国，在国家的作用和意义问题上摇摆不定等等)。

如果别列宁等不及我答复基辅斯基的文章(正好昨天送去打字了，只要再过几天就可以打好)，真是太遗憾了。怎么办呢？在理论上取得一致这一点不可小看，因为在目前这样困难的时刻，这的确是工作所必需的。请您考虑一下，能否作如下的(或类似的)安排：我猜想别列宁的夫人不在美国(我过去以为她在美国)，而是在西班牙，而别列宁现在正是要取道西班牙。能否设法把信和手稿寄到西班牙给他的夫人呢？这样，我的文章即使一星期后寄出，别列宁也许能及时收到，因为想必他会在西班牙耽搁几天。

请您考虑一下:除了这一特殊情况外,总的来说,同别列宁的夫人以及西班牙建立正常的通信关系也极为重要。现在西班牙是一个极其重要的地点,因为在那里进行反对英国的活动毕竟要比其他地方方便一些。

我不能再长篇大论地谈理论上取得一致的问题了。敌人已经抓住愚蠢否定民主意义的把柄(波特列索夫在《事业》杂志第 1 期上的文章)。巴扎罗夫曾经在《年鉴》杂志上大放厥词。现在波格丹诺夫又在《年鉴》杂志上胡说八道,尽管**不同**,但**也是**胡说八道。在那里似乎有一个由马赫主义者和组委会分子结成的形迹极为可疑的同盟。卑鄙的同盟!恐怕不易攻破这个同盟…… 除非试一试联合马赫主义者对付组委会分子?未必能行!!高尔基始终在政治上最没主见而且惯于感情用事。

合法报刊在国内具有特别的意义,因此正确路线的问题尤其重要,因为在这方面敌人更容易"射击"我们。

看来,别列宁最好能够在西班牙搞个"基地",能够在那里收到我们的信件和稿件,这样我们就能够继续统一思想,交换信件,别列宁就可以在短时间继续旅行之后很快回到那里去(因为情况十分危险,对工作最有利的办法是,别列宁到一些城市作**短期**旅行,然后回到西班牙,或者回到他现在所在的地方,或者到邻近的国家,以便**巩固**已经建立起的联系等等)。

第二点,我想目前的主要工作是印发反对沙皇制度的通俗传单。请您斟酌一下,能不能在西班牙搞?如果不能,我们就在这里印好寄出,为此需要在运送方面保持**有条不紊的**联系。您说得很对,两个日本人是**绝对**不中用的。最好是外国人,我们还可以用英文或其他外文跟他们通信。我不多谈运送问题,因为您自己也看到了,也了解情况。糟糕的是没有钱。但在彼得格勒想必可以筹到。

在国内,党的主要问题过去是、**现在仍然是**“统一”问题。托洛茨基用了500号甚至600号他的报纸谈论这个问题,说来说去,想来想去,最后还是没说清楚:是跟齐赫泽、斯柯别列夫及其同伙统一吗?是还是不是?看来,“联合派”在彼得格勒也有,虽然力量薄弱(是不是他们在彼得格勒出版了《工人新闻》[471]?)。听说,“马卡尔”在莫斯科,他也主张调和。调和主义和联合主义在国内对工人政党来说是最有害的东西,不仅是愚蠢,而且会给党招致**毁灭**。这是因为跟齐赫泽和斯柯别列夫(关键在于他们,因为他们冒充“国际主义者”)“联合”(或调和等等)**实际上**就是跟组织委员会“统一”,而通过它也就跟波特列索夫及其同伙“统一”,这就是说,实际上是向社会沙文主义者**卑躬屈膝**。如果托洛茨基及其同伙不了解这一点,对他们更糟。《事业》杂志第1期和——主要是——工人参加军事工业委员会**表明**,这是千真万确的。

不仅在和平实现后立即举行的杜马选举中,就是在党的实践的**一切**问题上,跟齐赫泽及其同伙的“统一”问题现在都是个**关键问题**。我们只能依靠那些认识到统一思想是十足的欺骗和跟国内这一伙人(跟齐赫泽及其同伙)决裂绝对必要的人。别列宁要起领导人的作用,**只**应团结这样的人。

顺便提一下,国际范围内的分裂也已经成熟。我认为现在完全应该让国内**一切**有觉悟的工人领导人明了这一点并作出决议支持从组织上跟第二国际、跟胡斯曼、王德威尔得及其同伙的国际局分裂,支持建立一个**专门**反对各国的考茨基分子(齐赫泽及其同伙以及马尔托夫和阿克雪里罗得＝俄国的考茨基分子)和**仅仅**接近那些坚持齐美尔瓦尔德左派立场的人的第三国际。

第三点,目前最大的弱点是我们和国内工人领导人的联系太差!! 根本不通信!! 除了詹姆斯,同谁也没有联系,而现在连他也不在了!! 这不行。没有**正常的**秘密通信,就**不能**印刷传单,组织运送,协商有关传单事宜,寄送传单的草稿等等。这是关键之所在。

别列宁在第一次旅行时没有做好这件事(也许当时不可能)。请务必说服他,告诉他在第二次旅行时必须做好这件事! 必须!! 这次旅行的成就如何,首先要看建立起联系的数量,真的!! (当然,别列宁亲自出面的影响更为重要,但是,为了使自己安全而事业又不受损失,任何地方他也**无法**久留。)旅行的成就就看在每个城市建立起联系的数量!!

在每个城市,起码三分之二的联系对象应该是**工人**领导人,就是说,得让他们本人**写东西**,**亲自**掌握秘密通信的方法(事在人为),让他们每人为应付自己出事准备好一两个"后继人"。这种事不要仅仅交给知识分子。不要仅仅交给他们。这可以而且必须由工人领导人来做。否则,便**不能**建立工作的继承性和完整性,而这是主要的。

要说的似乎都说完了?

关于公开出版的著作问题,再补充几句:

重要的是要弄清楚:《年鉴》杂志(如果利用同马赫主义者联合不能打垮组委会分子)能否发表我的文章? 有限制吗? 哪些?

应当比较详细地弄明白关于浪潮出版社的事情。

至于我自己,告诉你,很需要稿费。否则,简直活不下去了!!

物价飞涨,难以为生。应当向《年鉴》杂志的出版者**硬**把钱[①]要来。我的两本小册子已经寄给他(让他付钱,**马上**付而且多付一些!)。对邦契也这么办。关于**翻译**的事也这么办。如果这件事办不妥,我的确维持不下去了,这是真话,百分之百的真话。

紧紧握手!请多多向别列宁致良好的祝愿!见信后请**立即**回信,哪怕三言两语也行。

您的　**列宁**

附言:请来信**坦率地**告诉我:布哈林动身时情绪如何?他是否会给我们来信?是否会履行对他的委托?通信联系(同美国)**只**能通过挪威,请把这一点告诉他,并请妥善安排。

从苏黎世发往斯德哥尔摩

载于1924年《列宁文集》俄文版第2卷

译自《列宁全集》俄文第5版第49卷第298—302页

328

致伊·费·阿尔曼德

(10月9日)

亲爱的朋友:

直到今天——星期一——文章[472]仍未收到!! 而我请求过您

① 钱的事,请别列宁同卡京和高尔基本人谈谈,当然,**如果没有**什么不方便的话。

退我,在信上说过我需要这篇文章,而且您也**早就**答应"明天"寄出。这是怎么回事呢?务请立即寄来!

致以亲切的敬意!

列 宁

从苏黎世发往泽伦堡(瑞士)

译自《列宁全集》俄文第5版第49卷第306页

329

致尼·伊·布哈林[473]

1916年10月14日

亲爱的尼·伊·:

关于您那篇——照您的说法——"倒霉的"文章,说真的,您的推论非常奇怪,或者确切些说,根本不是推论,而是激动得语无伦次。真的,请您——客观地——看一看您写了些什么:

"……我简直有这样一种感觉〈!〉,问题并不〈!〉在于指责〈!〉的各点,而在于'整个说来'……"

这就是您的原话,一字不差!! 试问,难道可以这样去推论吗?要知道,这等于是把任何一个发表议论和探讨问题的人的嘴都堵住。编辑部的信**明确地**指出了一些问题,提出了不同的意见,而您却怒气冲冲地说什么感觉呀,指责呀,整个说来呀……

您"用同一题目"作了一次专题报告,并且任何一个组委会分子著作家"甚至提都没有提到过无政府主义"。

问题又来了:这难道是理由吗?关于无政府主义的问题编辑部的信中也没有提及。您在专题报告中究竟说了些什么,无法断定。组委会分子著作家是愚蠢的——这是事实。您也补充说:“在其他几点上我痛斥了他们……”

“所谓机会主义,就是害怕取消派黄色分子玛丽亚·阿列克谢耶夫娜〈波特列索夫〉会说什么。”

说得痛快。但未击中要害!因为我肯定,在这个问题上**正确**的是波特列索夫,而不是巴扎罗夫。[474]

(1)这一点对不对呢?您不加分析。(2)如果我们同志有错误而黄色分子**是正确的**,这是坏事吗?你用听来很痛快的言词回避了实质问题。原来您倒“害怕”去考虑波特列索夫正确而巴扎罗夫不正确的意义!

“……您总不能硬说我否定争取民主的斗争……”我就是认为您在这个问题上有许多错误,并明确地指出是哪些错误。而您却回避实质性的争论。

您提出三个俨然是“绝对无可争议的和正统的马克思主义的”“论断”,说第1章的内容“**可以归结**”为这样三个论断。

然而,这些论断(1)十分笼统,远远不够具体;(第2点,也是主要的一点)这**并非是**文章中所谈到的东西!!

“无论是格里·还是您,甚至都没有打算向我指出,究竟哪些是谬论。”

对不起,这不符合事实。在编辑部的信中,这一点说得**极其明确**,而您对于我们**所说的**和我们**所指出的不作**答复。对我们所明确指出的许多问题都没吭一声!!

我们指出的问题之一是:您引用马克思和恩格斯的话时竟**如**

此断章取义，以致原意表达得不正确，或者能使人得出不确切的结论。您仅仅就这一点作了答复，可又是怎样答复的呢？您说“我对下文(引文的)知道得一清二楚”。“但在有关各点上这些引文所包含的意思是不应当遭到曲解的。”

够了!! 这令人可笑，更令人可悲。[475]我们**明确**指出的正是这种“曲解”；您既不考虑论据，又不举出**任何**一条引文(要知道我**特意**对引文进行过核对；并非平白无故给您写信；核对的**不**只是一条引文!)，而是回避问题，说什么“不应当遭到曲解”。过错完全是在您那方面，因为您不是讨论分歧，而是回避问题。

我们并未因此指责您散布“谬论”或是“无政府主义”，而是写道：“尚须让它成熟起来”。这是“大不相同的两码事”。您不但不回答我们指出的问题，反而**歪曲**我们的意思。**这样做是不应该的!**

“文章搁了很久……”这真是事后找碴儿。我和格里·之所以来回写信，商量了很久，是因为其他几篇文章打断了我们的工作。您还未确定期限，谁也无法得知您何时可能出发。这是在找碴儿。

至于所谓“挤掉”以及用非决裂的语气进行论战的问题，说实在的，在报刊上我还没有**和您**进行过论战，而是在论战之前并且正是***为了避免***论战在同您***通信商量***。这是事实，事实是顽强的东西。谎言无损于事实。我给彼·基辅斯基(不是您，而是彼·基辅斯基)的回答是要公开发表的，我们还把***从未***给过***任何人***的那种优惠条件给予他：提前把文章给他寄去，以便征得他的“同意”。(不幸，打字的人在工作期间得了病；因此文章还没打好，您在出发前大概见不到了；但是***同美国有邮政关系***，彼·基辅斯基一定会转寄给您的。无法把文章从这位打字员那里抽回来交给别人，因为他在另一城市,尚未物色到别人;此人贫困,使他失去原先已答应给他的本来就很菲薄的工资也是**不应当的**。)

彼·基辅斯基的文章糟透了,他的观点(在整个民主问题上)混乱极了[①]。

我们大家对您的评价一向是高的,几个月几个月地同您通信详谈,**从**1915年**春天**就指出,您在最低纲领和民主问题上摇摆不定,——这一点您是知道的。如果论战**只在**同挑起论战的基辅斯基之间进行,如果和您的分歧得到消除,我将感到由衷的高兴。为此就需要您从实质上细心地分析问题(有争论的问题)而不是回避问题。

我非常非常高兴的是,在反对"废除武装"的问题上我和您的看法取得了一致。与弗兰茨结识同样使我非常高兴:显然,在布尔什维克的宣传工作方面,您和他一起认真做过一些事情;想必在这方面您有很大功劳。他努力钻研工作,很有前途。

附上证明书。与美国的通信联系**只能**经过斯堪的纳维亚:否则**一切**都会遗失,法国的书报检查机关**真是无耻**。

关于美国。1915年我往那儿寄了好些信,**全都**被可恶的法国和英国邮检部门没收了。

非常希望:

(1)在那里用英文出版齐美尔瓦尔德左派宣言。

(2)我们论战争的小册子(为新版而修订的)也在那里用英文出版。

---

① 我不了解格里戈里给您写了些什么,所以不能就这一点给予回答。您把他写的东西称之为"狂妄的无稽之谈……"嗯……嗯!您不怕这是"决裂的"语气吗?我和彼·基辅斯基论战的语气**远非**如此。

(3)如可能,争取到给中央委员会免费寄送社会党和社会主义工人党最重要的出版物和小册子(我只有《向理智呼吁报》)。

(4)1912年在克拉科夫,一位**犹太的**纽约报纸的编辑卡恩到过我处,还答应给我寄合众国官方经济统计机构的刊物(在美国,这些刊物对编辑部是赠阅的),他说:我们的报纸有一个很大的发行机构,寄送毫无困难。但他**未**履行诺言。如果见到他,请试探一下,有无希望。

(5)最好由俄国布尔什维克和拉脱维亚布尔什维克组成一个小组:留心**有用的**书报并负责寄送、介绍、**翻译和出版**我们从这里寄去的东西;再就是共同探讨和"推动"关于第三国际和国际社会主义运动中的"左派"的各种问题。

如果能使一两个比较积极的布尔什维克同一两个精通英语的拉脱维亚人建立联系,事情就可能进行得很顺利。

(6)对拉脱维亚人都要重视,尤其是要设法见到**别尔津**。我想,可通过《工人报》[476]找他。

(7)1914年底或1915年,我曾收到过从美国寄来的**根据**齐美尔瓦尔德左派**精神**阐述其政见的社会主义宣传同盟的小报。现将地址附上。我给他们寄了一封**很长的**英文信。大概丢失了吧?如果您经过调查认为有必要的话,我将尽力找到这封信的抄件给您寄去。关于上述同盟的情况,我通过《工人报》给拉脱维亚人也写过一封信,大概也遗失了。

(8)在美国应该有一个反对**英国**资产阶级的活动**基地**。英国资产阶级的书报检查达到了荒唐的程度。这是对第5点的补充。

(9)请尽可能及时给我们回信,即便用明信片写两行也行,以便试一试与美国取得**经常的**联系;并请**预先**通知(提前一个月到一个半月)回来的时间。

从苏黎世发往克里斯蒂安尼亚
(现称奥斯陆)

载于1932年《布尔什维克》杂志
第22期

译自《列宁全集》俄文第5版
第49卷第306—310页

330

致伊·费·阿尔曼德

(10月21日)

亲爱的朋友:

论帝国主义的小册子和您的长信收到了。全部都收到了。十分感谢。《号召报》即将寄上。格里戈里从伯尔尼大概还会寄出一些新的书报杂志。娜嘉忙于开联盟代表大会,让我代为问候。昨天她给您寄了一封长信。**不要**老待在泽伦堡,您会冻坏和感冒的。

致最深切的敬意!

您的　**列宁**

附言:您也许没有路费吧?务请来信,我们不难搞到所需的数目……

从苏黎世发往泽伦堡(瑞士)

译自《列宁全集》俄文第5版
第49卷第311页

331

致弗·科里乔纳

1916年10月25日

亲爱的朋友:很遗憾,至今不见您写来片纸只字。想必维也纳的一些重大事件总能促使您给我们来信谈谈详细情况吧。

在《伯尔尼哨兵报》上(后来在其他报纸上)有条消息说,在施佩耶尔(奥地利)的兵工厂有24 000名工人罢工,捷克士兵开枪弹压,700名(七百名!)工人毙命!不知这条消息有几分真实性?请尽可能详细地来信告知。

至于弗里德里希·阿德勒的行为[477],也请详细谈谈。

此地的报纸(《伯尔尼哨兵报》和《民权报》——您是否有这两种报纸?还是一种也没有?)对他的这种举动赞扬备至。据《前进报》①(您能看到《前进报》吗?)报道,弗里德里希·阿德勒是奥地利国际主义者的著名宣言[478]的作者。这是真的吗?现在就公开地谈这个问题是否方便?

(1)弗里德里希·阿德勒是否跟什么人谈过他的计划?(2)他是否交给哪个朋友一些打算事后公布的文件、书信、声明?(3)维也纳的《工人报》报道,说他**到处**(无论在铁路员工俱乐部,还是在其他什么地方)都处于少数地位(究竟少到什么程度?);(4)——说他在组织里的处境"尴尬"(?)——(5)——说他在最近一次党的代表会议上只得了**7**票?——(6)说他在最近两次受托人会议上特别激烈地攻击

① 意大利社会党中央机关报《前进报》。——编者注

了党并要求"游行示威"？(什么样的游行示威？)——这些都确实吗？

请您来信尽可能详细地谈谈所有这些问题，总之——请多写些关于弗里德里希·阿德勒的消息和详情细节。如果您不特别注明，**我们将**把从您那里得到的一切材料**发表**在我们的报纸上(同时我们还要把它们作为我们编辑部的材料登载在本地的德文报刊上)。

至于对这一举动的政治评价，当然，我们仍然坚持我们过去的、已为数十年之经验所证实了的看法：个人恐怖行动是**不适当的**政治斗争手段。

我们的旧《火星报》**479**谈到谋杀时曾经说过："致死不等于暗杀"；我们**完全不反对**政治上置人于死地(从这个意义上说，《**前进报**》①和维也纳《**工人报**》的机会主义者们的奴颜婢膝的作品简直不堪入目)，但是把个人谋杀作为革命的策略则是不适当的和有害的。只有群众运动才是真正的政治斗争。个人恐怖行动只有同群众运动直接联系起来才能够带来而且必然带来好处。俄国的恐怖主义者们(我们始终反对他们)搞过多次个人谋杀，但是到了1905年12月，到了群众运动终于酝酿成熟而需要举行起义的时候，到了需要帮助**群众**使用暴力的时候，"恐怖主义者们"却**不见踪影了**。恐怖主义者们的错误就在这里。

如果阿德勒不怕分裂，有步骤地转入秘密的宣传鼓动工作，他给革命运动带来的益处就会大得多。最好能有一个左派集团在维也纳印发传单，向工人们阐明自己的见解，痛斥维也纳的《**工人报**》和《**前进报**》的奴颜婢膝，在道义上支持阿德勒的行为("致死不等于暗杀")，但是要作为一个**教训**告诉工人们：不能用恐怖主义，而

① 德国社会民主党中央机关报《前进报》。——编者注

应当有步骤地、长期地、忘我地进行革命的宣传鼓动、游行示威等等来**反对**奴颜婢膝的机会主义政党，**反对**帝国主义者，**反对**本国政府，**反对**战争——这才是所需要做的一切。

同时，还请您告诉我们，把阿德勒的行为看做**绝望**之举是否也有几分正确性？我以为，这在政治上就是如此。他不再相信党，他为不能同这个党合作、不能同维克多·阿德勒共事而非常痛苦，他不能容忍分裂的思想，不能承担同党作斗争这样一个沉重的任务。于是，在绝望之余搞了谋杀。

这是一个考茨基分子的绝望之举(《民权报》说，阿德勒不是齐美尔瓦尔德左派的拥护者，说得确切些是个考茨基分子)。

但我们是革命者，我们不能悲观失望。我们不怕分裂。相反，我们承认分裂的必然性，我们向群众说明为什么分裂是不可避免的和必然的，我们号召群众进行反对旧党的工作，投入群众性的革命的斗争。

在维也纳和奥地利，对阿德勒的行为有哪几派意见(或者说有哪些个人的见解)？

我担心维也纳政府会宣布弗里德里希·阿德勒有精神病而不允许进行法庭审判。如果提交法庭审理，那就必须散发传单。

请常来信，写得详细些，并请切实遵守一切技术性的预防措施。

致最崇高的敬礼！

您的　**尼·列宁**

从苏黎世发往维也纳

载于1932年3月1日《真理报》
第60号

译自《列宁全集》俄文第5版
第49卷第311—314页

332

致格·雅·别连基

(10月26日)

亲爱的格里沙:误会已经弄清楚了。[480]不必再去多谈。经过书报检查机关检查才能在巴黎出版,那是**不**值得的。要是以后确知有可能不经过书报检查机关检查而出版,则请来信,并请写得详细些。

至于在巴黎成立出版传单的编辑部(临时的)问题,我们同意:瓦林+多莫夫+巴黎小组的一个代表。

报上说,**协约国**社会党人代表会议将于1916年12月24日在波旁宫举行。请打听一下是否确实?考虑到有这种可能,我们要把中央的传单寄上,您可以切实准备印发。

寄来的一切都收到了,十分感谢。希望您能多寄些来,并请常来信。

您的　**列宁**

从苏黎世发往巴黎

载于1930年《列宁文集》俄文版第13卷

译自《列宁全集》俄文第5版第49卷第314页

333
致伊·费·阿尔曼德

(10月28日)

亲爱的朋友:

昨天给您寄出了《年鉴》杂志第7期。用后请退我,或寄往伯尔尼,让伯尔尼方面**务必**退我,不要再转借了。阿布拉莫维奇到过这里,我们谈了不少。小伙子**在下面**工作得很好,没有受胡贝尔的影响,同胡贝尔的**"契约"**当然就无足轻重了。如果您能不定期地给我寄几号载有批判"少数派"之类文章的、**令人感兴趣的**《人道报》,我将十分感激。

致友好的敬礼!

您的 **列宁**

从苏黎世发往泽伦堡(瑞士)

译自《列宁全集》俄文第5版第49卷第315页

334
致伊·费·阿尔曼德

(10月30日)

亲爱的朋友:我准备在瑞士党的代表大会上(11月4日,星期六)致贺词。[481]现附上贺词全文。恳请您将它译成法文①。怕您看不清草稿上的涂改,我将特别乱的两处另誊了一遍(第4页)附上。

万一您办不到,请**电告**(明镜巷**14**号　乌里扬诺夫(卡梅雷尔转))。

如果您能办到,**请立即**回张明信片,说信已收到、译文**何时**完成、何时寄出,保证我能在星期五收到。我很怕耽误,因为时间紧,与泽伦堡的邮件来往又十分不便。

引文的译文是我从小册子里摘录的,但应把这些引文插到贺词的法译文中去,并使文字**保持连贯**。

紧紧握手!

您的　**列宁**

从苏黎世发往泽伦堡(瑞士)

译自《列宁全集》俄文第5版第49卷第315—316页

335

致伊·费·阿尔曼德

(10月31日)

亲爱的朋友:

请在文中加进下面两个补充:

在

“被压迫阶级”“使用暴力”之中

① 见本卷第337号文献。——编者注

加上："**对压迫者**"；

在

"例如，还在革命以前四年我们就赞成群众""使用暴力"

之中

加上："**对他们的压迫者**"。[482]

娜嘉想明天给您写信。

从苏黎世发往泽伦堡(瑞士)

译自《列宁全集》俄文第5版第49卷第316页

336

致尼·达·基克纳泽

(不早于10月)

亲爱的同志：

您来信叙述了日内瓦的争论[483]，甚为感激，我们很需要知道读者的反应。可惜，我们很难得知道这些反应。

卢那察尔斯基、失业者及其同伙，是一群没有头脑的人。

我建议把问题直截了当地向他们提出来：让他们提出**书面**提纲(然后公布于报刊)，要简单、明确(像我们的决议那样)——(1)关于自决(我们党纲的第9条)。他们是否同意1913年的决议？

如果不同意，为什么不表示意见？为什么不提出自己的决议？

(2)**为什么**他们否定在**当前**战争中保卫祖国？

(3)他们**怎样**提出"保卫祖国"这个问题？

(4)他们怎样对待民族战争

和(5)——民族起义?

让他们回答!

我敢打赌,他们一定会像小孩子一样糊里糊涂。他们对“民族”和“保卫祖国”的历史性质这个问题**一窍**不通。

既然您想跟他们争论,那我就把文集第3(或第4)辑上我的一篇论述这一问题的文章[484]寄给您。**这是私人交往,就是说,只寄给您看**。看完请退给我,或交给卡尔宾斯基夫妇,**让他们下一次寄包裹时退给我**。这篇文章我还不能公开发表。

我以为您已经走了,所以把有关瑞士情况的信只寄给了诺伊。但是信**也是写**给您的。**请看一看这封信**。诺伊**一个字**也不回答。奇怪!很奇怪!

致崇高的敬礼!祝早日恢复健康!

握手!

您的　**列宁**

从苏黎世发往日内瓦

载于1925年《列宁文集》俄文版第3卷

译自《列宁全集》俄文第5版第49卷第316—317页

337

致伊·费·阿尔曼德

(11月4日)

亲爱的朋友:非常感谢您的译文。发言时未能用上,因为我是在代表大会刚开始时发的言,当时法国代表还没到,会上什么都没有译成法文。不过我还是要力争把它用上,我将把它寄给阿布拉莫维奇等人,我们设法在什么地方把它发表出来。

今天没有来得及去邮局。邮局晚上 7 点钟就关门了,而我正忙于开大会。

代表大会给我的印象是好的。大战以来,左派不仅第一次出现在瑞士代表大会上(左派在 1914 年时还根本不存在,1915 年才刚刚露头角),而且**简直**是开始**团结**成为一个既反右派又反"中派"(格里姆)的反对派了。在这件事情上,拉狄克有很大的功劳;以前,在夏天的时候,拉狄克思想还有些混乱,因为格里戈里给我写信时曾肯定地说,拉狄克曾写信夸耀他如何使"格里姆同普拉滕言归于好"(功劳不小!)。而勃朗斯基所执行的则是比拉狄克三倍动摇、三倍愚蠢的路线。

拉狄克来了,我们和他们"和解"了(过去关系很紧张,近乎破裂)。代表大会前夕终于举行了左派代表的非正式会议(这件事我曾坚持了 3 周,但在此以前一直未获成功!)。这次会议**所有的**左派领袖都出席了,其中包括青年派①。我们与拉狄克步调一致,在作了可以接受的让步之后,轻而易举地通过了完全是我们自己的决议。代表大会上斗争已经开始。第一个回合就是对"国民议会"党团的评价问题。左派采取了攻势。奈恩和普拉滕的发言十分出色。格罗伊利希为右派的辩护极其软弱无力。格里姆再次扮演了中派的角色,通过"小小的修正"使意见取得了一致(使整个计划略受影响)。他看到,多数显然在普拉滕一边。明天将会在昆塔尔问

① 见下一号文献。——编者注

题上出现一场战斗:有关这一问题的左派决议草案是在我们参与下拟定的;这个草案比关于国民议会的草案要好得多。且看结果吧! 我像一匹久经沙场的战马。

紧紧握手!

您的　**列宁**

从苏黎世发往泽伦堡(瑞士)

译自《列宁全集》俄文第5版第49卷第318—319页

338

致伊·费·阿尔曼德

(11月7日)

亲爱的朋友:您来信说,不懂得“经济帝国主义”一语,其实应当是“帝国主义经济主义”。

旧“经济主义”曾不正确地提出过资本主义同政治斗争的关系问题。

新“经济主义”则不正确地提出资本帝国主义同政治斗争的关系问题。

关于这一点,我比较详尽地写进了反驳尤里的一文中(这个小商人已“同意”发表——这就是说,文章将收入**文集**第3辑或第4辑)。

与拉狄克的分歧**对俄国**(同样对德国、英国以及对其他有殖民地的国家)**不**只是有理论上的意义。对瑞士也是如此。

格里姆是个无赖和混蛋:他卑鄙攻击的不是我(格里戈里正是

这样错误地认为的,因为季娜没有很好地跟他通气),而是**拉狄克**。事情是这样的(请勿外传):星期五下午,我们举行了左派会议(会上拉狄克同我步调完全一致),并通过了(先指定了一个起草小组)关于昆塔尔会议的决议。出席会议的有普拉滕、诺布斯、明岑贝格,还有一些人,即**所有的**左派领袖。**星期六**下午,当时代表大会已经开始(大会是星期六上午开始的),在会场**以外的**一个地方举行了"青年派"(他们同时又是大会代表)的会议。会议由明岑贝格主持。**拉狄克**作了关于(**我们的**)决议的报告。我没有发言。决议**被通过了**。到会的有几个**未经邀请的人**(门未闩!):一位女士(布洛克(布洛赫)同志,是格里姆的女友,一个好挑拨是非的女人)、季姆卡(也是一个好挑拨是非的女人,马尔托夫的女友)等人。很清楚,是他们向格里姆"告发"的。格里姆(相信了这些蠢娘儿们的话)便断定"实际的起草人"=拉狄克,并发表文章说该起草人(作者)"面对另外一个论坛"发表意见。[485]哈里东诺夫要在《民权报》上进行反驳。

我就组织(更确切些说,是联合)左派的问题向普拉滕和诺布斯大力宣传。[486]我将给**他们**作有关该问题的报告(普拉滕已**答应**安排)。还得看看,我在语言上是否应付得了,会不会有成效。

拉狄克**答应**在《工人政治》杂志上发表文章**直接**反驳格里姆[487](建议您订阅这种小周刊,每期售价15分尼=20生丁)。

且看他是否能做到?

您要注意身体。

(给中央机关报的文章是我写的。)

握手!

列 宁

附言:我的"提纲"给您寄到伯尔尼了(写的是格里戈里的地址),请您译成法文(供日内瓦、洛桑、绍德封等地用)。收到没有?您对提纲有什么意见?

从苏黎世发往泽伦堡(瑞士)

译自《列宁全集》俄文第5版第49卷第322—323页

339

致伊·费·阿尔曼德

(11月20日)

亲爱的朋友:

当然,我也愿意笔谈,让我们继续谈下去吧。

您的明信片引我发笑,就像俗话说的,叫人笑痛了肚皮。"法国没有公顷这个计量单位,只有英亩,而您不知道英亩大不大……"

简直笑死人啦!

公制是由——您能想象得出吗?——**法国**建立的。根据世界上多数国家采用的公制,公顷=hectare[①]=100公亩。英亩**不是**法国的计量单位,而是英国的,约等于4/10公顷。

好啦,您可不要因为我哈哈大笑而见怪。我不是出于恶意。再说您很少碰到hectare、公顷这一类字眼,出笑话又有什么可奇怪的呢?这些字眼又枯燥又专门。

① 法语:公顷。——编者注

您把提纲[488]翻译了出来,十分感激。我将把提纲寄给阿布拉莫维奇和吉尔波。

为法国改写提纲吗?未必值得,法国的很多的情况都不同。

今天在这里举行了左派的会议。**没有**全部出席,总共有2名瑞士人+2名外国人(德意志人)+3名俄国—犹太—波兰人①…… 糟得很!我认为基本上将会一无所成。第二次会议拟在10天后举行…… 他们都很为难,因为全部问题**恰恰**在于同格里姆进行战斗,而他们的力量太薄弱。这过些时候就会见分晓。

关于妇女问题,我同意您的补充。

提纲中曾提到社会民主党人(1)在**瑞士**(2)目前绝不应当投票赞成军事拨款,您在这一点上大作文章。要知道,在提纲开头**一直**谈的是**当前的**帝国主义战争,仅仅是这一次战争。

“工人没有祖国”——这就是说:(α)他们的经济地位(雇佣劳动制)不是民族的,而是国际的;(β)他们的阶级敌人是国际的;(γ)他们解放的条件也是国际的;(δ)他们的国际团结比民族团结**更为重要**。

是不是可以由此得出结论说,**当任务是要**推翻异族的压迫**时**,也**不应当**战斗呢??应当还是不应当?

殖民地争取解放的战争呢?

爱尔兰反对英格兰的战争呢?

难道起义(民族的)不是保卫祖国吗?

我把我就这个问题驳斥基辅斯基的文章[489]寄给您。

如果还需要什么书,**请来信**。这里可以找到许多书,反正我常

---

① 也没有作专题报告,而只是座谈。

到图书馆去。

紧紧握手！

列　宁

从苏黎世发往泽伦堡(瑞士)

载于1949年《布尔什维克》杂志第1期

译自《列宁全集》俄文第5版第49卷第323—325页

340

致伊·费·阿尔曼德

(11月25日)

亲爱的朋友：为法国人改写的事情，我不准备干。您是否可以试试？

提纲是为瑞士人写的：其中“战争部分”是特殊的(只适合于这个小国)，党内情况也不同，等等。况且我这里也找不到法国的**具体**材料。

要是能为法国左派做点什么，我由衷地感到高兴，可就是联系不上。格里沙常来信，写得又长又臭，废话连篇，老是那一套，没有提供任何有关法国**左派**的有用的具体的情况，同他们没有建立，根本没有建立任何联系。

至于谈到祖国，看来您打算在我从前的一些著作(什么时候的？1913年的？什么地方？什么著作？)和现在的著作之间找矛盾。我不认为有矛盾。请找出具体的原文来，那时我们再研究。

当然，正统派和机会主义者在对祖国的理解上始终是有分歧的(参看普列汉诺夫在1907年或1910年写的文章，考茨基在1905年和1907年写的文章和饶勒斯的《新的军队》)。这一点我完全同意，因为这里的分歧是根本的。我不认为，我在什么地方说过反对这一点的话。

至于说保卫祖国只在等于保卫民主(在适当的时代)时才是可以容许的(当可以容许的时候)，这也是我的意见。

当然，无产者任何时候都不应当跟一般民主运动"合流"。马克思和恩格斯并没有跟1848年的德国资产阶级民主运动"合流"。我们布尔什维克也没有跟1905年的资产阶级民主运动"合流"。

我们社会民主党人始终拥护民主，但不是"为了资本主义"，而是为了给**我们的**运动扫清道路；可是，没有资本主义的发展，便不可能扫清道路。

致崇高的敬礼！

您的　**列宁**

附言：如果需要什么书籍，请来信。

从苏黎世发往泽伦堡(瑞士)

载于1949年《布尔什维克》杂志
第1期

译自《列宁全集》俄文第5版
第49卷第325—326页

341

致伊·费·阿尔曼德

(11月26日以前)

亲爱的朋友:我不主张您寄**这样的**信[490],此事请勿外传,是我们私下这样谈!只有同**绝对**可靠、极为友好的左派才能**这样**坦率地谈。

他们在哪里?他们或者她们是谁???

“我们要掌握起来”——这话一旦上报,人们便会嘲笑你!!

我的意见:**只**能对密友(例如通过拉狄克,如果**他**负责把信寄给**朋友们**,而且只寄给他们的话)才能这样写。

而对于**一般**社会民主党人,则要改写成一封极为谨慎的信。

敬礼!

列　宁

从苏黎世发往泽伦堡(瑞士)

译自《列宁全集》俄文第5版第49卷第326页

342

致伊·费·阿尔曼德

(11月26日)

亲爱的朋友:应该说,很遗憾,德莱齐的书我手头没有。想必是留在伯尔尼了,或者有谁"借阅未还"。

至于您给妇女们的那封信,对我的意见您似乎见怪了?您甚至有点曲解了我的意见?

我曾写信劝您,还是把谈到"我们要掌握起来"的地方删掉为好,因为这会使人觉得可笑。如果您**不**同意删掉,**那么**,我建议只寄给最亲近、最可靠的朋友,**例如**通过拉狄克寄往德国。

如果您同意修改那些不审慎的措辞(因为,在目前的邮政制度下,在德国和法国的大逮捕等等情况下,信件是可能落入**他人**之手的),那么,我的建议也就作罢。我的建议的原意也就在这里,绝无其他意思。对您的信**没有丝毫**"不满之处",**没有**。

您征求我的意见,所以我说了自己的意见,**只是**劝您**仅仅**作一些不大的修改而已。

握手!

您的　**列宁**

从苏黎世发往泽伦堡(瑞士)

译自《列宁全集》俄文第5版第49卷第327页

343

致伊·费·阿尔曼德

(11月28日)

亲爱的朋友:

如果您能到日内瓦,并谈谈新机关报编辑部的情况,我将**非常**

高兴。[491]

真的!

布里利安特抢在我们之前,“揪住了”吉尔波。

遗憾!啊呀呀,真遗憾!

能否补救?我给奥丽珈和格里戈里写了信,让他们设法从我党党员中哪怕派一个人参加编辑部。奥丽珈认为,这并不是不可能的。这样做很有必要。

至于从这里的图书馆借阅的那本书(在您处的),我提一个办法,看来可以令您满意:

您在离开克拉伦时,请把您的新地址**分别**留在邮局和**电报局**(以便能**立即**将电报转给您),并将图书馆的书(带上包装纸和绳子)**随身**带上。

一收到“将书寄来”的电报,就请立即将书付邮,**一刻**也不要耽搁。

在这种情况下,您还**可能**逾期,风险由我承担。风险是很小的,因为有百分之九十九的可能性图书馆管理员并**不**索还该书。但我要有绝对的保障,**一旦索还**,我第二天就能归还(否则就会发现我把书寄出了苏黎世,这就叫人**太**丢脸了)。

我想,我所提出的预防措施对您来说一点也不困难,而它无疑又是必须办到的。

致崇高的敬礼!

您的　**列宁**

从苏黎世发往克拉伦(瑞士)

译自《列宁全集》俄文第5版第49卷第327—328页

344
致伊·费·阿尔曼德

(11月30日)

亲爱的朋友:关于"保卫祖国"问题,我不知道我们之间有没有意见分歧。您认为我发表在《纪念马克思》文集上的那篇文章[492]和我目前的说法有矛盾,但又**没有**具体地**摘出**任何一处文字,因此使我难以回答。我手头没有《纪念马克思》文集。当然我不能一字不差地记得我在那里是怎么写的。没有当时的和目前的文章的**具体的**引文,我无法答复您所提出的**这种**论据。

总的说来,我觉得,您的论断多少有些片面性和形式主义。您抓住《共产党宣言》上的**一句**话(工人没有祖国)①,似乎打算无条件地运用它,**直到否定民族战争**。

马克思主义的全部精神,它的整个体系,要求人们对每一个原理都要(α)历史地,(β)都要同其他原理联系起来,(γ)都要同具体的历史经验联系起来加以考察。

祖国这个概念要历史地看待。在为推翻民族压迫而斗争的时代,或者确切些说,在这样的**时期**,祖国是一回事;在民族运动早已结束的时期,祖国则是另一回事。关于祖国和保卫祖国的原理**不可能**对"三种类型的国家"(我们关于自决的提纲第6条)②都同样

① 见《马克思恩格斯文集》第2卷第50页。——编者注

② 见本版全集第27卷第262—263页。——编者注

适用,在一切条件下都同样适用。

《**共产党宣言**》指出,工人没有祖国。

这是对的。但是,那里**不仅仅**指出这一点。那里还指出,在民族国家形成的时期,无产阶级的作用有些不同。如果只抓住第一个原理(工人没有祖国),而**忘记了**它同第二个原理(工人组织成为民族的阶级,不过这不是资产阶级所理解的那个意思)[①]的**联系**,这将是天大的错误。

这种联系是什么呢?我认为,这种联系就是,在**民主**运动中(在这样的时期,在这样的具体情况下)无产阶级不能拒绝支持这个运动(因而,也不能拒绝在民族战争中保卫祖国)。

马克思和恩格斯在《**共产党宣言**》中说:工人没有祖国。可是,同一个马克思曾经不止一次地**号召**进行**民族**战争:马克思在1848年,恩格斯在18**59**年(恩格斯在《波河与莱茵河》这本小册子的末尾直接激发德国人的**民族**感情,直接号召德国人进行民族**战争**)。**1891**年,鉴于法国(布朗热)+亚历山大三世反对德国的战争当时已迫在眉睫,恩格斯曾**直接**承认要"保卫祖国"。[②]

马克思和恩格斯是不是今天说东,明天说西,头脑不清呢?不是的。依我看,在民族战争中承认"保卫祖国"**完全**符合马克思主义。德国**社会民主党人**在1891年真的**应该**在反对布朗热+亚历山大三世的战争中保卫祖国,这会是一种独特的**民族**战争。

顺便提一下:我说这些,是在**重复**我在驳斥尤里的文章中说过的东西。不知您为什么对这篇文章只字不提。我觉得,关于您在

① 参看《马克思恩格斯文集》第2卷第50页。——编者注

② 参看《马克思恩格斯全集》第1版第13卷第297—299页;《马克思恩格斯文集》第4卷第431—436页。——编者注

这里所提出的问题,**恰恰**在该文中有一系列论点透彻地(或者几乎透彻地)说明了我对马克思主义的理解。

关于拉狄克——关于同拉狄克的“争吵”(???!!!)。我早在春天同格里戈里争论过。他根本不了解当时的政治形势,却指责我同齐美尔瓦尔德左派闹分裂。这是胡扯。

同齐美尔瓦尔德左派保持关系也是有条件的。第一,拉狄克不=齐美尔瓦尔德左派。第二,同拉狄克没有全面“分裂”,只是在一定的**范围**内同他有“分裂”。第三,把同拉狄克保持关系理解成把**我们**的手脚束缚起来,不许去进行**必要的**理论斗争和实际斗争,这是荒谬的。

补1(关于第一点)。我从来没有在任何时候和任何地方做过任何一件、任何一点点削弱同“齐美尔瓦尔德左派”的关系的事情,更不用说同它闹分裂的事情了。这种事情从来没有人向我指出过,将来也不会有人指出。在同博尔夏特、瑞典人或克尼夫等等的关系上,都是如此。

(拉狄克极端卑鄙地把我们排挤出《先驱》杂志编辑部。拉狄克在政治上的所作所为,就像一个梯什卡式的小商人,一个无耻、无礼、愚蠢的小商人。1916年春天,当时我已经到了苏黎世,**格里戈里**曾来信告诉我,**他**跟拉狄克之间不存在**任何**“合作”,拉狄克**躲开了**——这是**事实**。他是**因为**《先驱》杂志而躲开了我,**也躲开了格里戈里**。齐美尔瓦尔德左派并没有因为一个人厚颜无耻和干了小商人的卑鄙勾当而不再是左派了,在这里把**齐美尔瓦尔德左派**牵扯进去是不必要的、不明智的、不正确的。

1916年2月的一号《工人报》是这种梯什卡(拉狄克正在步其后尘)式的、无耻拍马的“手法”的典型。我认为谁在政治上**容忍**这种东西,谁就是傻瓜或坏蛋。**我永远不会容忍这种东西**。打他耳光,或者不再理睬他。

当然,我采取了第二种对策。我并不后悔。我们**丝毫**没有丢掉同德国**左派**的联系。**当实际工作中**有必要跟拉狄克合作的时候(1916年11月4—5日的苏黎世代表大会[493]),**我们合作过**。说我已同齐美尔瓦尔德左派分裂所有这种格里戈里式的蠢话都是胡扯,一向都是胡扯。)

补2——我跟拉狄克分裂的"范围"就是:(α)俄国和波兰的问题。国外组织委员会的决议证实了这一点。(β)跟尤里及其同伙发生的事情。拉狄克现在还给我(和格里戈里)写厚颜无耻的信(如果您想看,我可以给您寄去),说什么"我们"(他+布哈林+尤里及其同伙)的"看法"如何如何!! 只有傻瓜和想在我们跟尤里及其同伙之间的分歧上**钻空子**、搞"**阴谋**"的坏蛋才会这样写。拉狄克如果**不**了解他在干**什么**,那就是傻瓜。他如果了解,那就是坏蛋。

我们党的政治任务很清楚:**我们不能**在编辑部里给尼·伊·+尤里+叶·波·平等权利,把自己的手脚**束缚起来**(格里戈里不了解这一点,因此我不得不直截了当地提出最后通牒,我曾声明,假如我们不跟《共产党人》杂志决裂,我就**退出**杂志。《**共产党人**》**杂志**曾经是好的,因为**当时**占编辑部人数二分之一的三人集团**没有**提出特别的纲领)。给布哈林+尤里+叶·波·集团**平等权利**是愚蠢的,对整个工作有害。尤里这个不折不扣的小猪崽和叶·波·都没有半点头脑,既然他们愿意跟布哈林搞**集团**勾当,那就应当同他们决裂,确切些说是同《**共产党人**》**杂志**决裂。已经这样做了。

自决问题引起的争论还刚刚开始。他们对这个问题的看法真是一团糟,——**在**如何对待民主的**整个问题**上也是这样。在这些问题上要给猪崽们和蠢货们“平等权利”,休想!他们不打算以和睦的、同志式的态度进行学习,那就只有怪自己了。(我过去总是**主动**和他们**打交道**,在伯尔尼时叫他们来谈谈这个问题,但他们根本不理睬!我给他们寄到斯德哥尔摩去的信有几十页,但他们根本不理睬!好吧,既然这样,那就见你们的鬼去吧。反正我为了事情能**和平地**了结已做了可能做的一切。你们不愿意,那我就在大庭广众之下打你们耳光,把你们臭骂一通。应当这样干,也只能这样干。)也许您会问,与拉狄克有什么关系呢?

关系就在于他是这个“集团”的一门“重炮”,隐蔽在旁边灌木林里的一门炮。尤里及其同伙盘算得真不错(叶·波·诡计多端,事实说明,她不是**把尤里引到我们这一边**,而是在建立一个反对我们的集团)。他们这样盘算:我们先开火,而拉狄克将代替我们作战!!拉狄克要是**代替我们**作战,列宁就**被束缚住了**。

亲爱的猪崽们,这是办不到的!我决不会在政治上让人把自己的手脚束缚起来。你们想交锋吗?请公开干吧。而拉狄克扮演着这样的角色:他背地里煽动年轻无知的猪崽们,自己却躲在“齐美尔瓦尔德左派”的后面,真是卑鄙之极。即使是陷在梯什卡泥潭中的最可恶的人……也没有他那样卑鄙地投机取巧、卑躬屈膝和暗中捣鬼。

补3——已经讲得很清楚了。帝国主义同民主和最低纲领的关系问题,**愈来愈广泛地**提出来了(见公报第3号上的荷兰纲领[494];美国社会主义工人党抛弃了**整个**最低纲领。废除武装问题)。在这个问题上,拉狄克的脑袋里**完全是一团糟**(从他的提纲中可以清楚地看到这一点;我的提纲所提出的间接税和直接税问题也说明了这一点)。在阐明这个最重要的根本性的问题时我决不会让人把自己的手脚束缚起来。我不能。必须阐明这个问题。在这个问题上还会有**几十次**"跌跤"(他们还要碰钉子)。

只有什么也不懂的人,才会把我们同齐美尔瓦尔德左派"保持关系"理解为我们让人把**自己的**手脚束缚起来,不对"帝国主义经济主义"(这是**国际性的**,即荷兰—美国—俄国等国的通病)进行理论斗争。把"齐美尔瓦尔德左派"这几个字背得烂熟并拜倒在拉狄克的一团糟的理论面前,——这种事情我不干。

总之,在齐美尔瓦尔德会议之后,**随机应变**是**更困难了**。既要不**让人把自己的手脚束缚起来**,又要从拉狄克和叶·波·及其**同伙**那里**取得有用的东西**。我认为我已做到了这一点。在布哈林赴美后,**主要是**在我们收到尤里的文章和**他接受**(他接受了!是**不**—**得**—**不**接受)我的答复之后,他们这个"集团"的事业已经**完蛋了**。(而格里戈里曾要给这个集团**平等权利**,想让它**永存**,说什么**我们**不妨给它平等权利!!)

在俄波问题上我们跟拉狄克**分手了**,我们**没有请**他加入我们的**文集**①。**应当这样**。

他现在无法做出任何**有害于**工作的事情。他在苏黎世代表大会(1916年11月5日)上曾不得不同我**一起反对格里姆**,现在还是这样。

这说明什么呢?这说明我能够**分清**②问题:一方面,**丝毫**没有削弱国际主义者对考茨基分子(包括格里姆)的攻击,同时,我又没有低头,去同拉狄克之流的蠢货讲"平等权利"!

从战略上来看,我认为,现在事情已经取得胜利。可能尤

---

① 《〈社会民主党人报〉文集》。——编者注

② 这很不容易!!

里＋**同伙**＋拉狄克＋同伙会**骂人**。请吧，我的朋友们！**现在责任**在**你们**，而不在我们。但**现在**你们破坏不了事业了，我们的道路已经畅通无阻。我们摆脱了尤里和拉狄克的**肮脏的**(从各种含义上说的)纠缠，同时**丝毫没有削弱**"齐美尔瓦尔德左派"，并已具有同对民主的态度问题上的蠢见进行斗争的**前提**。

行了。信写得太长，又有许多刺耳的言词，请原谅。我说得很坦率，因此不能不这样写。反正这是在我们之间谈的，我想，多骂了几句还是可以的。

致崇高的敬礼！

您的　**列宁**

一般来说，无论是拉狄克还是潘涅库克，都**没有正确地**提出跟考茨基主义作斗争的问题。这一点应**注意**!!

从苏黎世发往克拉伦(瑞士)

载于1949年《布尔什维克》杂志第1期

译自《列宁全集》俄文第5版第49卷第328—334页

345

致美·亨·勃朗斯基

(11月底)

亲爱的同志：

我觉得，决议的逻辑结构最好是这样的(在普拉滕的决议[495]

的基础上)(引号中的语句**逐字**引自普拉滕的决议):

1.“目前的世界大战是帝国主义战争”;

2.(“罪恶的和平政策”),正是瑞士的政策。瑞士**也同样**可能卷入这场帝国主义战争,一方面是由于执行这种政策,另一方面是由于帝国主义的包围;

3.因此,“保卫祖国”对于瑞士来说,也同样是“欺人之谈”;

4.断然拒绝保卫祖国,并采取“无产阶级阶级斗争的最有力的手段”。尽量详尽地列举这些手段。

立即**复员**;

5.“彻底消灭军国主义”**不能**从和平主义出发,而要同社会主义革命紧密相联,并且是这一革命的**结果**。

依我看,这样写我们就可以得到一个由上述五点组成的好的决议。

不言而喻,我在这里并没有提出任何具体措辞,只不过是指出逻辑顺序和思路而已。

致衷心的敬意!

列　宁

发自苏黎世

原文是德文

载于1931年《列宁文集》俄文版第17卷

译自《列宁全集》俄文第5版第49卷第337页

346

致阿·施米德

(12月1日)

尊敬的同志：

可以让我提出一项友好的协议吗？

我应当承认，昨天我对您在发言[496]中提出的一点很重要的意见注意不够。这个意见就是：瑞士的特点之一在于它有较充分的民主(全民投票)，在宣传方面**也**应当利用这一特点。这个意见很重要，并且我认为是完全正确的。

能否这样来运用这个意见以消除我们的分歧(也许是微不足道的)呢？比如说：

如果我们**只是**这样把问题提出来进行全党表决：赞成彻底消灭还是反对？——那么结果将是和平主义者(资产阶级和平主义者等等)和社会主义者统统投票赞成，良莠不分，就是说，不是使社会主义意识变得更明确，而只是使它变得更模糊，不是把**阶级斗争**的思想和政策运用于这个专门的问题(即军国主义问题)，而是在军国主义问题上放弃阶级斗争的观点。

但如果我们这样把问题提出来进行全党表决：是赞成把剥夺工业和农业中的大资本主义企业**作为**彻底消灭军国主义的**唯一途径**，还是反对剥夺。

在这种情况下，我们将会在我们的实际政策中得出我们大家在理论上都承认的那个结论，这就是：只有消灭资本主义，彻底消灭军国主义才是可以想象和可以实现的。

因此,大致可以作如下的表述:(1)我们要求**立即**剥夺大企业——也许通过联邦直接财产税和所得税的形式,对大资产规定特别高的税率,即革命的高税率,使资本家实际上被剥夺。

(2)我们声明:对瑞士进行这种社会主义改造从经济上说现在就已经有了直接的可能,而由于不堪忍受的物价飞涨,这种改造已经迫在眉睫;为了从政治上进行这种改造,瑞士需要的不是资产阶级政府,而是不依靠资产阶级而依靠广大雇佣工人和小市民群众的无产阶级政府;群众性的革命斗争所追求的**正是**这个目的——通过斗争使群众**真正**摆脱水深火热的处境,我们从苏黎世的群众性罢工和街头游行示威中看到这种斗争已经开始,它已经被阿劳决议[497]承认。

(3)我们声明:对瑞士进行的这种改造,**必然会获得一切**文明国家的工人阶级和被剥削群众的仿效和最坚决最热烈的支持;**只有**进行这种改造,我们竭力追求的、欧洲特别广大的群众现在本能地渴望实现的**彻底消灭军国主义**才不致成为空话,才不致成为善良的愿望,而会成为有效的、能切实实行的、在政治上理所当然的措施。

您的想法怎样?

您是否认为,这样提出问题(在实际宣传中,以及在议会演说中和在立法动议、全党表决建议中),我们就可以避免**这种**危险:资产阶级的和“社会主义的”和平主义者误解和歪曲我们的反军国主义口号,说我们认为,**不经过**社会主义革命,在**资产阶级的瑞士**,在它受到**帝国主义**包围的情况下,彻底消灭军国主义是可能的(这种看法当然是荒谬的,是我们大家一致反对的)。

致党的敬礼！

尼·列宁

苏黎世I 明镜巷14^II号 弗拉·乌里扬诺夫(卡梅雷尔转)

发往温特图尔(瑞士)

原文是德文

载于1931年《列宁文集》俄文版
第17卷

译自《列宁全集》俄文第5版
第49卷第334—336页

347

致米·尼·波克罗夫斯基

1916年12月6日

尊敬的米哈·尼古·：

明信片和200法郎已收到。这笔钱已转寄给季诺维也夫(我已收到彼得格勒寄来的869法郎＝500卢布)，看来，这也就是全部稿费，**除非**其中一部分不是土地问题著作的稿酬。**498** 在出版业"老板"**499** 身边工作的是一些反对出版事业的阴谋家，令人担忧，真是令人担忧!! ……

致衷心的敬意！

弗·乌里扬诺夫

从苏黎世发往索城(法国塞纳)

载于1958年《苏共历史问题》
杂志第4期

译自《列宁全集》俄文第5版
第49卷第338页

348

致恩·诺布斯

(不晚于12月10日)

亲爱的同志:

我觉得,决议的逻辑结构最好是这样的(在普拉滕的决议的基础上):

(引号中的语句**逐字**引自普拉滕的决议)

1.“目前的战争是帝国主义战争”。

2.(“罪恶的和平政策”),正是瑞士的政策。瑞士**也同样**可能卷入这场帝国主义战争,一方面是由于执行这种政策,另一方面是由于帝国主义的包围。

3.因此,“保卫祖国”对于瑞士来说,也同样是“欺人之谈”。

4.断然拒绝保卫祖国。

采取“无产阶级阶级斗争的最有力的手段”。

尽量详尽地列举这些手段。

立即复员。

5.“彻底消灭军国主义”**不能**从和平主义出发,就是说,要同社会主义革命紧密相联,并且是这一革命的结果。

依我看,这样写我们就可以得到一个由上述五点组成的好的决议。

这只是一种逻辑顺序和思路。

随信寄上提纲[500]一份,它当然**不**能被看做是一个成品,而只能作为讨论用的材料,而且是只寄给您个人的材料。

致最良好的祝愿!

您的　**列宁**

原文是德文

载于1973年苏黎世出版的威利·高奇《列宁侨居瑞士》一书

译自《列宁文集》俄文版第40卷第51—52页

349

致尼·达·基克纳泽

(12月14日以后)

亲爱的同志:

您不同意我的关于目前的帝国主义战争**也可能**转化为民族战争的意见。

您的论据呢?“我们势必要保卫帝国主义祖国……”

难道这合乎逻辑吗?如果“**帝国**主义”祖国依然存在,那么战争又怎能成为民族战争呢??

依我看,拉狄克和国际派提纲第5条[501]关于“可能性”的议论在理论上是错误的。

马克思主义是以事实,而不是以可能性为依据的。

马克思主义者**只**能以经过严格证明和确凿证明的**事实**作为自己的政策的前提。

我们的(党的)决议[①]正是这样做的。

如果有人**否定**它而提出“不可能”,我的回答是:不对,这是非马克思主义,死公式。任何的转化都是**可能的**。

所以,我举出了历史事实(1792—1815年的战争)。我举例子是要说明即使在目前也可能发生类似情况(如果历史**倒退**的话)。

我看,**您**是把可能的东西(关于可能,**不是**我开始谈的!!)和现实的东西混淆起来了,因为您以为承认可能性便可以改变策略。这不合逻辑到了极点。

我认为,可能一个社会民主党人会转化为一个资产者,**反之亦然**。

这是无可争辩的真理。能否由此得出结论说,我现在就认为**目前的**资产者普列汉诺夫是社会民主党人呢?不,不能。那么怎么对待可能呢?让我们等可能变为现实吧。

如此而已。就是说,应当在“方法论”(您来信谈到它)上分清可能的东西和现实的东西。

任何的转化都是可能的,甚至一个傻瓜也可能转化为一个聪明人,但是这种转化很少成为**现实**。所以,我不能仅仅根据这种转化的“可能性”就认为傻瓜不再是傻瓜了。

您对“双重”教育是怎么个迷惑不解,我没有弄清楚。我在《**启蒙**》**杂志**[502]和驳斥基辅斯基的文章中都**具体地**举过例子(挪威)[②]。

您**不**回答这一点!!您举出了一个很不清楚的有关波兰的例子。

这不是“双重”教育,而是把不同的东西**归到**同一类去。是从

① 见本版全集第26卷第163—169页。——编者注

② 见本版全集第25卷第256—262页和第28卷第139—146页。——编者注

下诺夫哥罗德和斯摩棱斯克朝着莫斯科这**一个**方向指引。

不赞成挪威有分离**自由**的瑞典社会民主党人是恶棍。这一点您并不反对。挪威的社会民主党人可能**赞成**分离,也可能**反对**分离。对各国的一切社会民主党人来说,在这个问题上是否必须一致呢?不,这是死公式,可笑的死公式,可笑的奢望。

我们从来没有因**波兰社会民主党人**反对波兰独立而责备他们(我在《启蒙》杂志上说过这一点)。

他们没有提出一个很普通的、明显的、在理论上无可争辩的论据,即现在不能赞成**这样的**民主要求(独立的波兰),因为这个要求**实际上**会使我们**完全**隶属于一个帝国主义的大国或联盟。

(这是不容争辩的,这就足以说明问题了;这是必须提出的,提出这一点也就够了。)

——他们没有提出这样的论据,反而发展到胡扯什么"不能实现"。

我们在 1903 年和 1916 年 4 月曾经嘲笑过这种说法。

好心的波兰社会民主党人曾经几几乎证明了波兰新国家的建立是不能实现的,而只是……只是帝国主义者兴登堡捣乱:他一搞就实现了。[503]

那些希望(用克拉科夫的观点[504])钻研(或者钻牛角尖?)"经济因素"的人,陷入了多么可笑的学理主义!!

波兰社会民主党人竟否定"国家建设"!! 难道整个民主制不是国家建设吗?难道哥尔特所要求的荷属印度的独立**不**是国家建设吗?

我们赞成荷属印度有分离自由。而荷属印度的社会民主党人是否**必须**赞成分离呢?这又给您提供了一个所谓"双重"教育的例子!!

战争是政治的继续。比利时是个殖民国家——这是您的看法。但是,难道我们现在不能断定**当前的**战争是**什么样**的政治的继续,是比利时占有奴隶的政治的继续,还是比利时实行解放的政治的继续??

我想,我们是能够的。

如果说有人会搞错,那是**事实**没弄清楚的问题。

不能因为担心一些没有头脑的人或骗子手**再次**拿帝国主义战争来冒充民族战争而"禁止"民族战争(拉狄克正希望这样)!! 这是可笑的,而拉狄克的结论却如此。

对**民族**起义我们不是反对,而是**赞成**。这很清楚。但是不能进一步引申:我们要具体地分析每一个事件,这样也许不至于把1863年美国南部的起义看做是"民族起义"……

我有格律恩贝格的文库中的恩格斯的一篇文章[505],但已寄给格里戈里。等他还回来**便给您寄去**。

紧紧握手!

您的　**列宁**

娜・康・嘱笔问好!

从苏黎世发往日内瓦

载于1925年《列宁文集》俄文版第3卷

译自《列宁全集》俄文第5版第49卷第319—322页

350

致伊·费·阿尔曼德

(12月17日)

亲爱的朋友:刚刚收到您的明信片。我往伯尔尼给您寄了一张留局待领的明信片,内容简短,只是请求您给我一个回音,因为您的沉默已经开始使人有些不安。

我现在一心想要印发一些关于瑞士问题的传单。

这里建立了一种类似左派小组的组织。其实,这个说法不确切:目前只不过召开了一系列会议而已(是我的提纲所引起的)。参加会议的有诺布斯、普拉滕、明岑贝格,还有几个青年派。我们联系左派的任务就战争问题的决议进行了交谈。这些交谈使我特别明显地感觉到:(1)瑞士的左派软弱到无以复加的程度(在**各个**方面);(2)勃朗斯基和拉狄克曾经写过并且还在撰写论述**别**国左派的文章,然而他们施加影响的那套"办法"是何等差劲!症结就在这里:谈到**外国**时,大家都乐于当左派——这是轻而易举的!!至于谈到瑞士……就没有这种能耐了!

阿布拉莫维奇答应推销1 500份小册子和传单(**您能承担翻译任务吗**?系统地、经常地翻译?请答复!),我昨天同明岑贝格谈过,他作为拥有**4 000名**(!!)德意志人成员的青年派**组织**的领导人,却只答应**最多**推销1 500份!!

我给吉尔波寄了提纲[506],他来信说,对提纲非常满意,打算把提纲作为他重建的国际主义者的委员会的**基础**。我们拭目以待!

我看了安贝尔-德罗的《辩护》[507]!! 天哪,思想何等混乱! 1916年还有这种事情! 这是个托尔斯泰主义者,怕是**无可救药**了。

格里戈里来信对我说,在《工人政治》杂志第25期上载有一篇谈到"《共产党人》杂志的3位编辑"的短文[508],并说,"拉狄克对叶·波·+布哈林执行的政策同梯什卡对列瓦执行的政策一样……" 格里戈里也终于懂得了这点,虽然他还是固执己见,说什么"尽管如此,仍不应当同拉狄克决裂"。哈哈!

您安顿好了吗? 樊尚的住宅很冷吧? 您去滑雪吗? 我坚决主张您去,这是十分有益的,到罗谢德奈附近的山上去滑滑雪吧。

致崇高的敬礼!

列　宁

附言:乌西耶维奇的妻子这个人怎么样? 好像挺能干? 乌西耶维奇能否使她成为一个布尔什维克,或者她将使乌西耶维奇变成一个不三不四的人?

从苏黎世发往克拉伦(瑞士)

译自《列宁全集》俄文第5版第49卷第338—339页

351
致伊·费·阿尔曼德

(12月18日)

亲爱的朋友:今天又收到了圣彼得堡的一封来信,最近那里常来信,对工作很关心。

古契柯夫的信[509]将刊登在中央机关报第57号(正在排版)上,想必格里戈里在伯尔尼把这封信给您看过;除了这封信以外,还收到了李沃夫和切尔诺科夫的信,信中谈的全是国内群情激愤的情形(反对正在进行单独媾和谈判的卖国贼)等等。

据来信说,革命情绪极其高昂。

我的论帝国主义的手稿已寄到彼得格勒,可是今天的来信说,出版者(而且是高尔基!啊!蠢材!)不满意这样尖锐地反对……您猜是谁?……考茨基!竟想和我通信商量商量!!!真是令人啼笑皆非。

您瞧,这就是我的命运。连续不断的战斗——反对政治上的各种愚蠢思想和庸俗见解,反对机会主义等等。

从1893年起便开始这样。庸人们的仇视就是由此而来的。但是,我无论如何不会抛弃这个命运去同庸人们"言和"。

现在又出来个拉狄克。在《青年国际》杂志第6期上(您看过吗?)有一篇Nota Bene的文章。我们(我和格里戈里)一眼就认出这是布哈林写的。我在《文集》第2辑上已对他的这篇胡言乱语作了答复。[510](看到了没有?日前已出版。)

今天格里戈里给我寄来《工人政治》杂志第25期。上面刊登了**同一篇**文章(有些删改,显然是书报检查机关改的),署名布哈林。(还收到一号纽约的《新世界报》[511],上面有一篇批评文章——唉!唉!一篇**正确的**批评文章,真糟糕,连孟什维克都能**正确地**反对布哈林!!——**显然**是批评布哈林在《新世界报》上发表的**同一篇**文章(我们没有这一号报纸)。)

而拉狄克——格里戈里今天来信说他采用的是"梯什卡式的

手法”——在《工人政治》杂志第25期上为布哈林大肆吹嘘(说他是“后起之秀”),并且顺便对“《共产党人》杂志的3位编辑”评论了一番!

当我们产生意见分歧的时候就来钻空子,这就是那些蠢货和坏蛋惯用的伎俩,他们没有能力同**我们**进行面对面的争辩,只好搞阴谋,施诡计,耍无赖。

这就是**目前情况**的梗概,也是拉狄克的**所作所为**(判断一个人的好坏,不能凭他本人的自吹自擂,而要看他的实际行动,——您还记得马克思主义的这个真理吗?)。

就是这样。

瞧我们必须同怎样的“**一伙人**”作战啊!!

而拉狄克的“提纲”在理论上是多么无耻和荒谬……

读了安贝尔-德罗的《辩护》。我的天哪,好一个庸俗的托尔斯泰主义者!! 我还写信问过阿布拉莫维奇,难道这个人真是无可救药了吗? 我在想:瑞士是不是有些小资产阶级的(和小国的)昏庸、托尔斯泰主义、和平主义的病菌在毒害优秀人物? 恐怕是有的!

看了保·果雷的**第二本**小册子(《反军国主义》),它比第一本小册子(《垂死的社会主义》)大大后退了一步,**也**滚到**那个**泥潭里去了……

紧紧握手!

您的　**列宁**

附言:您滑雪了吗? 一定要滑雪! 学会以后,买一副滑雪板,而且一定要到山上去滑。冬天山上妙极了! 景色宜人,颇有俄国风味。

从苏黎世发往克拉伦(瑞士)

载于1949年《布尔什维克》杂志
第1期

译自《列宁全集》俄文第5版
第49卷第340—341页

352
致维·阿·卡尔宾斯基

(12月20日)

亲爱的同志们:

我要在这里作一个关于1905年1月9日事件的报告[512],可是没有材料。请帮我找到以下的材料:

(1)1910(?)—1911年的《思想》杂志
弗·伊林论俄国罢工的文章①。

(2)俄国社会民主工党中央机关报的《争论专页》1910—1911年(?)我的附有罢工统计总结的论俄国革命和反革命的文章。[513]

(3)托洛茨基:《革命中的俄国》。

(4)哥尔恩、梅奇、切列万宁等人。1906—1907年(?)论文集(公开出版的)。俄国的社会运动或类似的书名。论农民的一辑。

① 《论俄国罢工统计》(见本版全集第19卷)。——编者注

(土地问题)

(5)马斯洛夫,第2卷。1905—1906年的农民运动。

(6)《俄国的社会运动》。波特列索夫之流的5卷论文集。

(7)《1905年的莫斯科》

以及其他**凡是能得到的**关于1905—1906年的小册子。

请把你们有的材料寄给我,或者在这书单上注明,哪些有,哪些可以寄来。

敬礼!

您的　**列宁**

附言:我已把我写的关于在瑞士社会民主党左派中的工作的提纲寄给吉尔波,并请他看后转给你们。请你们转给诺伊和斯捷普科。

从苏黎世发往日内瓦

载于1929年《列宁文集》俄文版第11卷

译自《列宁全集》俄文第5版第49卷第341—342页

353

致格·叶·季诺维也夫[①]

(12月20日以后)

关于《共产党人》杂志问题,既然您否认这样的事实,即他们始

① 信的第一部分是《对论最高纲领主义的文章的意见》(见本版全集第28卷)。——俄文版编者注

终坚持**平等权利**并且**不愿意**改组编辑部，那就不值得再争论下去了。这毕竟是事实：(1)平等权利；(2)梯什卡在幕后。

200法郎已寄出。

什克洛夫斯基的丑事[514]使我非常愤慨和不安。而您还想把全部现金都交给他！！态度要坚决：告诉他，这笔钱新年前要用，并且在他还清全部款项以前绝不让步。真丢人！“舞弊案”竟真的出现在我们眼皮底下了。

我同意您给《工人政治》杂志的联名信的提纲。

敬礼！

列　宁

附言：寄往巴黎的信究竟怎么了？‖注意
难道伊涅萨还没有寄来吗？‖

关于**“工人代表苏维埃”**以及关于1905年的其他材料，**请寄来**。又及。

从苏黎世发往伯尔尼

译自《列宁全集》俄文第5版第49卷第342—343页

354

致米·尼·波克罗夫斯基

1916年12月21日

尊敬的米·尼·：您在1916年12月14日寄来的明信片，已经收到。如果有人去信告诉您,说出版者“除了500卢布”,还欠我“300卢布”,那么我应当说,我认为他欠的还**不止此数**,因为他接受了(1)我写的关于土地问题的著作第一编①和(2)我妻子写的教育问题小册子[515]。我认为,既然接受了,既然收到了稿件,就应当付款。

关于此事,我已写信去彼得格勒,不过我和彼得格勒的通信情况很糟,信件往来慢得要命。

您“认为可以”从我的小册子[516]里删掉对考茨基的批判……可悲!真可悲。为什么?也许最好请求出版者们:亲爱的先生们,请你们干脆在书上注明:**我们**出版社删去了对考茨基的批判。真的,应当这样做……　当然,我不能不服从出版者,但是要让出版者勇于说出他喜欢什么,不喜欢什么;要让出版者对删节负责,而不是由我负责。

您来信说,“您不会打屁股吧?”,就是说,我会因为您同意删掉这一批判打您屁股??唉,唉,我们是生活在文明世纪,解决问题并不这么简单……

玩笑少开,但这的确令人可悲,简直岂有此理……　好吧,我在另外的地方再跟考茨基算账。

紧紧握手并致最崇高的敬礼!

弗·乌里扬诺夫

从苏黎世发往索城(法国塞纳)

载于1932年《列宁全集》俄文第2版第29卷

译自《列宁全集》俄文第5版第49卷第343—344页

① 《关于农业中资本主义发展规律的新材料。第一编》(见本版全集第27卷)。——编者注

355

致伊·费·阿尔曼德

(12月23日以后)

亲爱的朋友:

关于拉狄克问题。您来信说:“我在昆塔尔对他说过,他的行为不端。”

仅仅如此吗?仅仅如此!那么政治结论呢??也许他的行为只是偶然的??只是个人的事情??根本不是这么回事!这就是您的政治错误的根源。您不从政治上评价所发生的事情。而这的的确确是个政治问题,不管乍一看来显得多么奇怪。

关于保卫祖国问题。如果我们各唱各的调子,我认为这是极不愉快的事情。我们不妨再来合一合调。

下面是一些“供参考的材料”:

战争是政治的继续。

整个问题在于战前和战时的政治关系**体系**。

这些体系的主要类型是:(a)被压迫民族与压迫民族的关系,(b)两个压迫民族之间争赃和分赃等的关系,(c)不压迫其他民族的民族国家与压迫国家,与特别反动的国家的关系。

请考虑一下这个问题。

1891年,法国的凯撒制度+俄国的沙皇制度反对**非帝国主义的德国**——这就是1891年的历史情况。

请考虑考虑这一点！我在《文集》第1辑中也谈到过**1891年的问题**。[①]

您同吉尔波和莱维谈过，我真高兴！最好能经常这样做，即使偶尔谈谈也好。意大利人在撒谎，因为屠拉梯的演说是典型的**令人作呕的**考茨基腔调（他把“民族权利”硬套在**帝国主义**战争上!!）。《民权报》上发表的一篇评论这一演说的署名**BB**的文章也是一篇坏文章。

唉，我真想写信或者当面同意大利人谈谈这个问题!!

莱维竟攻击起议会制来了，愚蠢!！真愚蠢!！还是个“左派”呢!！天哪，怎么这样糊涂。

您的　**列宁**

从苏黎世发往克拉伦(瑞士)

载于1949年《布尔什维克》杂志第1期

译自《列宁全集》俄文第5版第49卷第344—345页

356

致伊·费·阿尔曼德

(12月25日)

亲爱的朋友：

继格里戈里之后，您在拉狄克的问题上也似乎是把个人的印

① 见《关于自决问题的争论总结》(本版全集第28卷)。——编者注

象和对整个“暗淡的”政治形势的悲观情绪同政策混淆起来了。所以,您惋惜不已,悲观失望,唉声叹气,——仅此而已。除了目前执行的政策,**不能**实行其他的政策;不能拒绝正确的观点而向“梯什卡式的手法”让步。形势“暗淡”,左派软弱无力,《先驱》杂志不能出版,都不是因为这个原因,而是因为革命运动发展得太慢、太不顺利。应当经受得住这种情况;跟一个人(或跟叶·波·+基)结成腐朽的联盟只会有碍于完成在困难时期坚持下去的艰巨任务。

关于“帝国主义经济主义”问题,我们有点像是“各谈各的”。您**回避**我所下的定义,**避免**谈到它,而重新把问题提出来。

“经济派”没有“拒绝过”政治斗争(这是您的说法)——这是不正确的。他们对政治斗争所下的定义**是错误的**,“帝国主义经济派”也是如此。

您来信说:“难道连完全拒绝民主要求也等于拒绝政治斗争吗?难道夺取政权的**直接斗争**不是政治斗争吗?”

问题正在于,布哈林(在某种程度上还有拉狄克)就有某种类似的论调,然而这是错误的。在“完全拒绝民主要求”的条件下,“夺取政权的直接斗争”是一种模糊的、轻率的和自相矛盾的提法,布哈林恰恰在这一点上犯了错误。

就是说,您是从另外一个有些不同的角度看问题,您认为第2节和第8节之间有矛盾。

第2节**一般地**指出:离开争取民主的斗争,就**不可能**进行社会主义革命。这是不容争辩的,而拉狄克+布哈林的毛病恰恰在于:他们**不同意**这一点(像您一样),但又不敢进行争辩!!

但是——它进而指出——在某种意义上,对某个时期来说,**任**

何民主目的(不仅是自决！请注意这一点！您忘记了这一点！)都能阻碍社会主义革命。在哪种意义上呢？在哪个时期呢？在什么时候呢？用什么方式呢？例如，当运动已经搞得热火朝天，**革命已经开始**，需要**夺取银行**的时候，有人却向我们喊道：且慢，**先**把共和制巩固起来，使它合法化，如此等等！

例如，1905 年 8 月，抵制杜马就是对的，这并不是拒绝政治斗争。

((第 2 节＝**一般来说**拒绝参加代表机关是荒谬的；第 8 节＝有时候**应当**加以拒绝。您看，这就是一个明显的对照，它说明第 2 节和第 8 节之间**没有**矛盾。))

驳斥尤尼乌斯问题。时期：帝国主义战争。反对它的手段呢？只有德国社会主义革命。尤尼乌斯不彻底，没有说出这一点，而是**撇开**社会主义革命来强调民主问题。

应当善于**把**争取民主的斗争和争取社会主义革命的斗争**结合起来**，并**使**前者**服从于**后者。全部困难就在这里，全部实质就在这里。

托尔斯泰主义者和无政府主义者抛弃前者。布哈林和拉狄克由于不善于把两者结合起来而陷入迷途。

我的看法是：不要忽略**主要的东西**(社会主义革命)；要把它提到首位(尤尼乌斯没有这样做)；要使**一切**民主要求服从于它，与它配合，共同隶属于它，提出这些要求时(拉狄克＋布哈林不恰当地排除二者中的**一个**)要记住，争取主要东西的斗争可能从争取局部东西的斗争开始而猛烈发展起来。我认为，只有这样看问题才是正确的。

1891 年法国＋俄国反对德国的战争。您采用了“我的标准”，但您用它**仅仅**衡量法国和俄国！！！！天哪，逻辑到底在哪里？我认为，**从法国和俄国方面来说**，这会是一场反动的战争（战争的目的是要使德国倒退，使统一的国家回到割据状态）。而**从德国方面来说呢**？您避而不谈。这才是主要的。从德国方面来说，1891年的战争不是而且不可能是帝国主义性质的战争。

您忘记了主要的一点：1891年根本不存在帝国主义（我在我的小册子里竭力证明，它是在1898—1900年产生的，不会更早），也不存在帝国主义战争，从德国方面来说不可能是这样。（顺便提一下，当时也不存在革命的俄国；这一点很重要。）

其次，您写道："德国割据的'可能性'就是在1914—1917年的战争中也依然存在。"您这样说正是因为您不看事实而去强调**可能的东西**。

这不符合历史观点。这不是政策。

现在的**事实**是什么，事实是从**双**方来说都是**帝国主义**战争。这一点我们说过一千次了。这是问题的关键。

而"可能的东西"！！？？"可能的东西"可真不少！

否认帝国主义战争转化为民族战争（虽然乌西耶维奇害怕这一点！）的"**可能性**"，是可笑的。世界上什么事情都是"可能的"！但是**目前**它还没有转化。马克思主义的政策是以**现实的东西**而不是以可能的东西为依据。一种现象转化为另一种现象是可能的，所以我们的策略不是一成不变的。但请对我说现实的东西，而不要说可能的东西！

恩格斯是正确的。我在一生中看到过许多许多次对恩格斯的轻率的责难，说他搞机会主义。我根本不相信，我总是说，请你们试试看，先来证明一下恩格斯不正确！！你们永远证明不了！

是恩格斯为《法兰西阶级斗争》一书写的导言①吗？难道您不知道，在柏林有人**违背**他的意志歪曲了它吗？难道这是严肃的批评吗？

他对比利时罢工的意见？什么时候？什么地方？什么意见？我不知道。[517]

不，不。恩格斯并**不是**完全没有错误。马克思也**不是**完全没有错误。但是，要指出他们的"错误"，应当采取另一种态度，的确要采取完全不同的态度。否则，您会犯一千次错误。

紧紧地、紧紧地握手！

您的 **列宁**

从苏黎世发往克拉伦(瑞士)

载于1949年《布尔什维克》杂志第1期

译自《列宁全集》俄文第5版第49卷第345—348页

357

致格·李·什克洛夫斯基

(12月26日)

亲爱的格·李·：

我给州警察局秘书的信早已寄出，但钱**还是**没有。显然，不**当面**提醒是不会见效的。有一次我们在伯尔尼就是这样，在没有**亲自**从秘书那里得到结果以前，一切都毫无用处。**请您去找他一趟**。

① 见《马克思恩格斯文集》第4卷第532—554页。——编者注

如果您不能去,请**立即**寄张明信片,哪怕三言两语也好,因为不能再等了,已经是12月了。

您给我寄来了两本《**启蒙**》**杂志**(1914年第4期和第5期),**第三本**一直未收到!!(1914年第6期,载有关于自决一文[①]的结尾部分。)而这一期您是**有的**!我自己从您那儿借过。**请寄给我!**

向您和全家致崇高的敬礼!

您的　**列宁**

从苏黎世发往伯尔尼

载于1929年《列宁文集》俄文版第11卷

译自《列宁全集》俄文第5版第49卷第349页

358

致格·李·什克洛夫斯基[②]

(12月26日以后)

亲爱的格·李·:保证金的事怎么样了?去过警察局没有?**请**如实地告诉我!!别再拖了!敬礼!

您的　**列宁**

从苏黎世发往伯尔尼

载于1925年《无产阶级革命》杂志第8期

译自《列宁全集》俄文第5版第49卷第349页

---

① 《论民族自决权》(见本版全集第25卷)。——编者注

② 这是写在娜·康·克鲁普斯卡娅信上的附笔。——俄文版编者注

359

致伊·费·阿尔曼德

(12月30日)

亲爱的朋友:非常感谢来自日内瓦的消息。我给奥丽珈写了一封措辞非常激烈的信,卡尔宾斯基说这是一封骂人的信。也许她生气了,我将给她写信表示歉意。

难以容忍的是,布里利安特把吉尔波"夺过去了"。

但是从您的来信中我看到,这件事不可避免:由于吉尔波的软弱,我们当然**无法**同卢那察尔斯基(诗人!)+布里利安特(格里戈里写信告诉我说,他有**钱**)+奈恩+格拉贝的共同影响作斗争。

他们会搞出什么样的机关报,我们等着瞧吧。

如果您订阅《人道报》,看过后您又用不着,就请寄剪报来(如代表大会的决议**全文**;有关代表大会的文章;龙格之流的演说;**他们的**决议;**有意思的**、平时少见的文章等等[518])。

在这样可耻的决议的基础上,龙格+列诺得尔凑到一起去了(2 800票对120票!!),布尔德朗+拉芬-杜然也**倒向了**他们!! 而梅尔黑姆呢? 他竟然同茹奥一起投票赞同工会总联合会的和平主义决议!!

可耻!

我是把这件事与考茨基论和平的5篇文章(同样的庸俗见解)+意大利社会党和1916年12月17日屠拉梯的演说(同样的

庸俗见解)联系起来看的。

这是考茨基的和平主义**对**齐美尔瓦尔德的胜利,而格里姆(见1916年12月30日国际社会党委员会的宣言[519])在用最最革命的词句掩饰这一点!! 完全像第二国际一样:革命的招牌+改良主义的实质。

我正在发起(确切地说我要发起)一场运动来戳穿这个谎言。

在瑞士党内出了多么可耻的事情! 10天之前军事委员会(党中央委员会特别选出的)就拟定了两个决议:5票反对保卫祖国,4票**赞成**。

到目前为止却**连**一个决议**也没有**发表!!

机会主义者(还有格里姆!)竭力想取消这个问题和推迟代表大会(说什么工人没有准备好! 而实际上,正是他们这些机会主义者在**拖延**准备工作……)

他们是不愿意喊着不保卫祖国的口号进行议会选举(1917年秋)的!!

无耻和蜕化到了无以复加的地步……

紧紧地、紧紧地、紧紧地握手并祝在新的一年中精神愉快和一切都好!

您的 **列宁**

从苏黎世发往克拉伦(瑞士)

译自《列宁全集》俄文第5版第49卷第355—356页

360

致维·阿·卡尔宾斯基和索·瑙·拉维奇

(12月31日)

亲爱的朋友们:新年好！我想,奥丽珈不至于太生我的气吧？如果还很生气,我再写信。致崇高的敬礼和良好的祝愿！

你们的　**列宁**

从苏黎世发往日内瓦

载于1929年《列宁文集》俄文版第11卷

译自《列宁全集》俄文第5版第49卷第350页

1917 年

361

致米·尼·波克罗夫斯基

(1 月 3 日)

尊敬的米·尼·:

您的明信片已收到了。十分感谢您为挽救我的小册子[520]所作的努力。说真的,如果您以为我会对您多少有点儿责怪的意思,那您想错了。没有的事!我确信,没有您的过问,情况要糟得多,因为出版者[521]显然听从"偶尔"来自庸人阵营的建议。真是毫无办法。好在您总算保住了小册子中相当的(并且是很大的)一部分。致崇高的敬礼并祝新年好!

您的　**列宁**

从苏黎世发往索城(法国塞纳)

载于 1958 年 4 月 22 日《共青团真理报》第 95 号

译自《列宁全集》俄文第 5 版第 49 卷第 351 页

362

致伊·费·阿尔曼德

(1月6日)

我还想同您谈谈关于下述计划的一些想法。

我那份论瑞士左派任务的提纲,我已发行了德文本和法文本。因此我产生了一个计划:创办一个小型出版社,出版小报、传单和小册子来发挥这一提纲的内容。

我写信给阿布拉莫维奇。他回了信,说他负责推销1 500份。说他在合作印刷所里有够半年用的预付款。印传单要花费50—70法郎。详细情况他说打听以后再告(因为我曾问过详细情况:2页、4页、8页的价钱以及2 000份和5 000份的价钱;纸型的价钱;出版的速度)。**可是再也没有来信!**

我复信告诉阿布拉莫维奇,这个计划不得不**暂时**搁下。原来,阿布拉莫维奇患有某种类似忧郁症的毛病,有时**好几个星期**也不回信!! 他说他不习惯于通信,并感到忧郁!! 这样干工作是不行的。这一点同下面要讲的一些困难联系起来,就迫使我,或者确切些说,就促使我作出了这样的答复。

我发现,靠阿布拉莫维奇一个人来完成全部工作,那是冒险。

后来,我给吉尔波写了信。他回信说:提纲"好极了"。那好:您能帮助推销传单吗!? 能推销多少份呢?

一直没有回信!(显然,是在考虑**他那份**小小杂志的计划。)

我找了明岑贝格,问他:您能帮忙吗?他说,能,但是不能超过**1 500**份(这简直少得可怜!!),因为他负责的书刊已经使他吃不消了。

我这里没有德文翻译人员。诺布斯勉强答应了,但他**显然**干不了。

此外,党(即党的执行委员会)明天(1月7日)才能决定,代表大会是否延期。自然,许多事情都取决于这点。

这就是促使我产生"大胆的计划"而后又放弃(暂时地)这个计划的全部情况。

您想不想承担这件事情?

大致这样干:

您担任法文小册子的出版者,我来负责编辑工作(写和编),您兼任翻译。您最好到拉绍德封去一趟(时间不长,只要几天,我估计没有必要长时间住在那里),彻底弄清财务情况和技术问题。同时最好也弄清楚,您能否为创办这个出版社弄到(或者预支)一笔钱(多少钱?我不知道。估计100**到几百**法郎,比如300—500法郎,这要取决于印刷所的答复以及出版工作的规模)。

您最好能到瑞士法语区的几个中心走走(拉绍德封、弗里堡、日内瓦、洛桑、伯尔尼、纳沙泰尔**等**地,所列举的地点**仅供参考**),建立推销小组,作报告等等,联系、安排、核实。

再说一遍:这是一个大致的工作计划,是从这项工作的最大规模来考虑的(能实现的大概只是其中一部分)。成立法文出版社**也许**能推动德语区的人。

我想阿布拉莫维奇不会说谎:他能推销1 500份。我们再给日内瓦等地起码500份。总数为2 000份。可以打纸型,这样就不致因印刷量大而冒亏本的风险。收入的20%付给青年联盟作为推销费。

(a)能否收回成本?(b)什么时候能把钱收回?

一切取决于这两个问题(a+b)。

如果(a)根本收不回成本,那就作罢,因为没有人捐款给我们。只有在不亏本的情况下才能干。如果(b)资金周转得很慢,也就是说,小册子的钱不能按时支付(这一点特别重要),而且拖得很久,那么**或者**根本不能干,**或者**就要拿出一大笔款子发行**几种**传单(随时都可能要出版回击论敌的文章,因为敌人不会沉默,敌人有报纸;为了回击,就必须能发行紧急的小册子或传单)。党内的情况是,斗争可能**白热化**。

这里有好的一面,也有不好的一面;有光明的前景,也有不少的困难。

如果您对这个设想完全没有兴趣,或者由于某些原因认为您不能或者不适于承担出版社工作和安排这件事,那就作罢,请**不必客气**。这将始终不过是我向您谈了我的一个计划(直到我以后也许有可能找到某种机会重新提出自己的计划时为止)。

假如您有兴趣,那就请找一趟阿布拉莫维奇,认真地弄清全部情况,并将了解的结果立即写信告诉我。那时我们再进行函商,共同把整个计划再详细讨论一遍。

传单我看应分为两种:(αα)给群众看的,(ββ)给社会党人看的。

两种传单都是小型的,小开本**2至8印刷页**(用小号密排的铅字)。

题目(大致上):

(αα)——反对保卫祖国;反对间接税,物价飞涨;实行社会主义是当前的目标;剥夺银行,等等。

(ββ)——不恰当的与正确的拒绝保卫祖国的理由;反对社会爱国主义者和"中派";反对党内外的格吕特利派[522],等等,等等。

如何为党的代表大会作准备?资产阶级改良主义的工人政党还是社会主义的政党?

传单可以都用一个名称,比方说叫《光明》或者任何一个别的名称。

明岑贝格告诉我,他们("青年派")推销甚至可以不要代销费,但是我想不能这样办。给20%(从出售价格中每5个生丁提取1个生丁),他们想必会**热心**推销。

我想,现在一切都向您说清楚了,就是说,为了商讨整个这件事,我把我所掌握的一切(指计划和情况)在信里全都告诉您了。

我认为用德文和意大利文出版**同样的东西**是非常重要的。为此需要(1)翻译人员;(2)新的经费。目前二者都不具备。我想:如果法文出版工作开始,德语区人也可能**会找到**翻译人员。

也许,我们的事情搞不成,而原因仅仅在于我们没有能力按法国人的思想方式定下一个正确的基调!

这使我感到**十分**不安,**十分**惶恐。

从苏黎世发往克拉伦(瑞士)

译自《列宁全集》俄文第5版
第49卷第351—355页

363

致伊·费·阿尔曼德

(1月7日)

亲爱的朋友:寄上答应给您的一份《民权报》,上面谈到了反对延期召开代表大会的会议,刊登了决议。[523]如果在克拉伦和洛桑有瑞士左派的话,最好能把这项决议译出来,并推动他们也起来反对。

加米涅夫的书[524]看完之后请直接退我,因为我还没有看过。

寄上图书目录,给您用两天;请看一下,并记下**您感兴趣的东西**(书名和书号)。我每次可以寄给您一本这个图书馆的书。我还有一本**厚的**主要书目,如果您感兴趣,而且当地的公共图书馆里又没有,我**也**可以把**它**寄给您。

握手!

您的 **列宁**

从苏黎世发往克拉伦(瑞士)

译自《列宁全集》俄文第5版第49卷第356—357页

364

致伊·费·阿尔曼德

(1月8日)

瑞士党中央委员会于星期日(1月7日)在这里举行了会议。

格里姆这个坏蛋**领导着全体右派**通过了(不顾诺布斯、普拉和格拉贝**反对**保卫祖国的草案,一个是古·弥勒、普夫吕格尔、**胡贝尔**和克勒蒂**主张**保卫祖国的草案。)

1月7日的会议开得很激烈。**格里姆**是右派的首脑,即机会主义者、民族主义者的首脑,他用最卑鄙的语言大骂"外国人",大骂**青年派**,责难他们制造"分裂"(!!!)等等。奈恩、普拉滕、诺布斯和明岑贝格发言**坚决**反对延期召开代表大会。奈恩公开对格里姆说,他是在向他自己这个"国际书记"开刀!

通过的决议意味着格里姆已经彻底叛变,意味着机会主义领袖们、社会民族主义者在**嘲弄党**。**整个**齐美尔瓦尔德-昆塔尔的联合和行动,**实际上**被一小撮领袖(包括格里姆在内)化为空谈。他们扬言,如果决定拒绝保卫祖国,他们就交出委托书(原来如此!!);他们决定在战争结束以前**不让**党内"愚民"讨论这个问题。《格吕特利盟员报》[526](1月4日和1月8日)说了**实话**,打了**这样的**党一记耳光。

左派的整个斗争,**拥护**齐美尔瓦尔德和昆塔尔决议的整个斗争,现在已转向另一方面:对这一小撮污辱党的领袖进行斗争。各地都应当召集左派讨论斗争的方法。请抓紧!

立即在拉绍德封和日内瓦通过表示抗议的决议和给奈恩写公开信,并且马上公布出来,这恐怕是最好的斗争方法(一分钟也不能错过)。毫无疑问,"领袖们"一定会拼命不准抗议书在报纸上发表。

公开信应当直截了当地谈出这里所谈的一切,并且坚决提出下列问题:(1)奈恩是不是否认这些事实?(2)他是不是认为在实行民主的社会党内可以**容忍**执行委员会通过决议来撤销代表大会的决定?(3)他是不是认为可以**容忍**向党隐瞒1917年1月7日会议的表决情况和社会主义的叛徒的**言论**？(4)国际社会党委员会主席(格里姆)一面高喊左的词句，一面**帮助**瑞士民族主义者、齐美尔瓦尔德的敌人和"保卫祖国派"普夫吕格尔、**胡贝尔**之流在实际上**破坏**齐美尔瓦尔德的决议，奈恩是不是认为可以**容忍**同这样的主席妥协？(5)有人一面在《伯尔尼哨兵报》上咒骂德国的社会爱国主义者，一面**暗中**帮助瑞士的社会爱国主义者，奈恩是不是认为这是可以容忍的？等等。

再说一遍：他们一定不会让在报纸上发表。这是很清楚的。以某某集团的名义发表一封正是给奈恩的公开信，是最好的办法。如果可以这样做，请抓紧，并立即回信。

从苏黎世发往日内瓦

载于1929年《列宁文集》俄文版第11卷

译自《列宁全集》俄文第5版第49卷第358—360页

366

致米·尼·波克罗夫斯基

(1月8日)

尊敬的米·尼·：

刚刚给您寄出一张谈小册子问题的明信片(是回您的明信片的)，就收到了钱，到目前已收到两笔，共500法郎，非常感谢。

同时我还得到了正式答复(邮局的)，说在1916年7月2日寄给您的我那份有关经济学的手稿[527]被军事当局没收了！！！

简直不可思议!! 能否再到什么地方想想办法,还是毫无指望了?

致崇高的敬礼和良好的祝愿!

您的　**弗·乌里扬诺夫**

从苏黎世发往索城(法国塞纳)

载于1958年《苏共历史问题》杂志第4期

译自《列宁全集》俄文第5版第49卷第360页

367

致　某　人

(1月9日和13日之间)

诺布斯和明岑贝格今天告诉我下面这些不无意义的事实:

1月7日,明岑贝格建议把代表大会延**至3月**召开(显然想用这项建议来揭露格里姆+社会爱国主义者的论据站不住脚)。[528] 结果被否决了。

格罗伊利希建议延**至5月**。诺布斯表示同意(又是两害相权取其轻,并希望揭露这伙人)。诺布斯一表示**赞成**,格罗伊利希(这个家伙!)就**收**回了自己的建议(发觉自己做错了)。这时奈恩声明**他**提出格罗伊利希的建议。结果**被否决了**。

明岑贝格建议向各州执行委员会(现已把问题提交给它们)规定会期为7月前。结果被否决了!

从这些事实可以看到,格里姆写文章(1月9日或8日《伯尔尼哨兵报》上的《党的决定》[529])说什么连左派“在原则上”也**没有**反对延期，是多么厚颜无耻！

明岑贝格为《**民权报**》写文章(诺布斯答应明后天发表)反对党的执行委员会的决定。[530]

此信阅后，请寄奥丽珈，由她转寄阿布拉莫维奇。

写于苏黎世

载于1929年《列宁文集》俄文版第11卷

译自《列宁全集》俄文第5版第49卷第361—362页

368

致维·阿·卡尔宾斯基

(1月10日和22日之间)

亲爱的维·阿·：为了尼古拉二世，您把我“剋”得好厉害啊，不是吗？

有关**加顿基金会**的材料，我没见过，也不知道到哪儿去查，怎么查。您是否记得究竟在哪儿看到过？能否找到这一号报纸？——这样我就可以在这里的图书馆找到这份材料了。

附上《民权报》，除了中央委员会的声明以外，请您注意上面刊登的**反对延期召开代表大会**的苏黎世会议的决议。[531]务请奥丽珈把这个决议提交齐美尔瓦尔德左派日内瓦小组，全力支持决议，将它翻译出来，并通过类似的决议等。(这个决议我们是在这里的齐美尔瓦尔德左派小组中拟定的。希望把我们的活动统一起来。)

我**不**想到日内瓦去,因为(1)身体不好;心情烦躁,不宜去。我**怕**作专题报告;(2)1月22日我在这里有事,我还要准备**德文**报告。所以不能答应去。(吉尔波建议开的是什么样的会?**由谁**参加?何时举行?我能否效劳?怎样效劳?请告。)

紧握你们二位的手并致最深切的敬意!

您的　**列宁**

从苏黎世发往日内瓦

载于1929年《列宁文集》俄文版第11卷

译自《列宁全集》俄文第5版第49卷第361页

369

致伊·费·阿尔曼德

(1月12日)

亲爱的朋友:

昨天,我们这里召开了德语区左派会议。大部分是工人,也有青年人。我们这里的工作尚未就绪:我的印象有好有坏,没有把握。诺布斯可真够呛:有个工人给他寄了一篇左派观点的文章,揭露延期召开代表大会的卑劣行为。诺布斯在第二天又发表了一篇另一种倾向的署名文章;并且对这位**左派**的文章**横加糟蹋**,恣意删节,这一点是我在会上偶然揭露出来的,我当时批评了这篇文章,批评的**正是**被诺布斯肆意篡改的那些地方!

嘿,这些"左派"!

顺便说说，在会上了解到，我们的人同纳沙泰尔的左派有来往，这些左派早就在反对机会主义者了。如果带上几处地址(或者带上我可以在这里搞到的几封介绍信)到那里去一趟，开导他们，作个小型报告，建立起联系等等，倒也不坏。

在党的执行委员会的会议上(1月7日)，奈恩正是把格里姆作为“国际书记”来认真地**反驳**他、指责他的！这件事我写信告诉过您吧？

奥丽珈今天来信说，吉尔波作了关于法国代表大会问题的报告，痛骂了龙格派(她说，“比您骂得更厉害”)，并主张分裂。这是好的，但是他，吉尔波，没有**主心骨**，是一个情绪不稳定的人，没有基础，没有理论。这是危险的。他的妻子在巴黎做鼓动工作，他正等待着她的到来。吉尔波和布里利安特同意通过一项反对延期召开代表大会的决议。1月22日他们将举行代表会议，对这个决议进行投票表决。

后天，星期日，我们这里将举行左派常务局的会议(格里戈里、拉狄克和我)，研究向格里姆提抗议的问题。看看再说吧！

紧紧地、紧紧地握手！再一次请您出去走走，哪怕一个时期，随便哪儿都行，作作专题报告或者其他事情也好，以便振奋精神，投入工作，而工作会把您吸引住，并且也有益于新结识的、朝气蓬勃的人们。说实在的，在法国人中间做工作是十分需要、十分有益的。

书和目录收到了。谢谢！

您的　**列宁**

从苏黎世发往克拉伦(瑞士)

译自《列宁全集》俄文第5版第49卷第362—363页

370

致伊·费·阿尔曼德

(1月14日)

亲爱的朋友:您的来信和《**俄罗斯新闻**》剪报已经收到。对此十分感谢。

亲爱的朋友,我知道您的心情非常沉重,因而很想尽一切可能给予帮助。您能否试试看,到有朋友的地方去住住,到可以经常谈论并参加党的工作的地方去住住?

我今天收到吉尔波的来信,一封短短的信。他说,关于和平问题的群众集会正在筹备之中。我就这个问题给《**新世界报**》写了4篇文章(或者说4章)[532](据说那里一篇文章付5个美元,正好解决我的急需)。现将这些文章寄给您。您能否考虑这样的计划:我可以给您再搞一些补充材料,而您就这个至为迫切的问题写一篇法文的专题报告,并带着它走遍瑞士法语区?这对事业非常有益,因为在所有人的头脑里都有**一大堆**和平主义的糊涂思想,只有坚持不懈地施加影响才能消除。真的,动手吧,请把专题报告的**尽量详细的**提纲写出来(我们可以一起讨论),或者甚至把报告全文写出来。**没有人**可以向瑞士讲法语的工人宣讲马克思主义对和平主义的态度,而**您**是可以胜任的,能给工人大量材料,供他们思考。现在就开始作些**准备**吧;工作会**吸引住**您,请相信,能把人吸引住的工作对于恢复健康、获得安慰最为重要！我将给您寄上《战斗报》533的剪报，寄上一些决议的本文，《前进报》[①]上的文章(我能搞到一些过期的《前进报》，您**很容易**就可以学会用意大利语宣讲。这一点也**十分重要**，因为在瑞士讲意大利语的工人很多，可是也**没有人**可以向他们传播马克思主义)。

1月23日格里姆将召开(此事只在我们之间说说)**协约国**社会党人代表会议(为了讨论他们在协约国社会沙文主义者代表会议上该怎么办)。针对格里姆在延期召开代表大会问题上极为卑劣的行径，我们准备向他提出强烈抗议(直至要求他离开国际社会党委员会)。[②] 我恳切地建议您查阅一下《民权报》(我将把刊登决议的那一号给您寄上)、《伯尔尼哨兵报》(不是有人要从伯尔尼寄给您吗？特别是1月8日或9日的那一号)和《格吕特利盟员报》(1月4日和1月9日的)。关于这件事我还要给您写信。瑞士党的执行委员会1917年1月7日的会议是**历史性的**，因为他们决定不定期地推迟召开恰恰是专门讨论战争问题的代表大会!! 格里姆竟然带头与社会爱国主义者一起**赞成**延期!! 不行，这一点我们决不能放过他。今天，我们在这里召开一次左派会议，我和格里戈里写了一封信给拉狄克，要他和罗兰-霍尔斯特以及其他人向格里姆提出抗议。我们也要吉尔波提出抗议，但他对这个问题的理解极其不够，所以，您的专题报告(公开讲演也好，或者起初只是作为左派日内瓦小组内的座谈会也好)极为必要。

奥丽珈写信告诉我说，有一个左派法兰西人要去找吉尔波(她

---

① 意大利社会党中央机关报《前进报》。——编者注

② 见下一号文献。——编者注

硬要吉尔波约我去和他商谈。我去不恰当,也不方便,我不去)。这是不是要去参加1月23日代表会议的那个法国人??如果您在这个时间(1月23日)**前后**能在日内瓦待一段时间,并在那里作(或者准备)自己的专题报告,您大概正好会**意外地**碰到(而在这里重要的正是意外地碰到)从巴黎去的法国人并帮助他学会许多东西。您准备好1月25日作专题报告或开座谈会行不行??(如果**"他们"**在25日之前回不来,那就请**往后**推迟,推到与吉尔波交谈之后,直至他们回来为止,这样就既可以碰到吉尔波,也可以碰到法国人了,不是吗?)

看来,您暂时不要到阿布拉莫维奇那儿去,因为昨天他给我来信,说**要寄**一些印刷所的消息来。可以等这些消息来了再说。

紧紧地、紧紧地握手!祝您尽快地钻进专题报告中去(不管怎样,以后它对您是会有用的)。

您的 **列宁**

附言:当前最迫切要解决的问题正是**和平主义**。正是**在这一点上**,也就是在这个问题上,现在应该教导人们(特别是吉尔波和法国人)按照马克思主义的观点加以对待。此事请立即给我答复。

从苏黎世发往克拉伦(瑞士)

译自《列宁全集》俄文第5版第49卷第364—366页

371
致伊·费·阿尔曼德

(1月15日)

亲爱的朋友:今天星期一,我们刚刚结束了昨天开始的讨论如何反对格里姆的会议。一个德国人,国际派的成员,道地的“左派”也参加了。

会上通过了反对格里姆的声明(要求他离开国际社会党委员会),声明如此坚决,以致普拉滕称之为“政治谋杀”。

这件事暂时绝对不要外传。

把这件事告诉罗兰-霍尔斯特和其他人,再从他们那里得到回音,就得一两个星期。

我累得够呛,因为我已不习惯于开会了!

我劝您出去走走,作作法文专题报告,您未加答复。我想这不是因为您断然拒绝,而只是因为您虽想同意这个计划,但还要更仔细地加以考虑。我不催您,也不再重复自己的劝告了。不过我非常想使您好好振作起来,换换空气,看看新老朋友;非常想对您多安慰几句,在您对那项工作入了门、被它完全吸引住之前,使您的心情轻松一些。紧紧握手!

您的　**列宁**

附言:我希望反格里姆的行动会带来不少好处。

从苏黎世发往克拉伦(瑞士)

译自《列宁全集》俄文第5版第49卷第366页

372
致维·阿·卡尔宾斯基和索·瑙·拉维奇

(1月15日)

亲爱的朋友们:我极其需要俄国社会民主工党中央机关报的《争论专页》(1910年或1911年,**巴黎出版**),那里有我反驳马尔托夫和托洛茨基关于俄国革命的观点的一篇文章(附有罢工的材料以及爆发农民运动的县份的百分比材料)[534]。《争论专页》总共没出几期,他们那里**应该**有,这篇文章不难找到。请立即寄来。这份材料和以前寄来的材料我很快会退还。

致崇高的敬礼!

你们的　**列宁**

从苏黎世发往日内瓦

载于1929年《列宁文集》俄文版第11卷

译自《列宁全集》俄文第5版第49卷第367页

373
致伊·费·阿尔曼德

(1月16日)

亲爱的朋友:

如果瑞士卷入战争,法国人就会立即占领日内瓦。那时住在日内瓦，也就等于住在法国，从那里就可以同俄国取得联系。所以我想把**党的**经费交给您（希望您**随身**携带，放在专门缝制的钱袋里，因为银行在战时是不付款的）。此事我将写信告诉格里戈里。这仅仅是打算而已，暂勿外传。

我想，我们将留在苏黎世，战火是不大可能蔓延到这里的。

致崇高的敬礼并握手！

您的　**列宁**

从苏黎世发往克拉伦（瑞士）

译自《列宁全集》俄文第5版第49卷第367页

374

致戈·伯杰

（1月16日）

亲爱的同志：

明天，星期三，傍晚7时30分，勃朗斯基同志要来找我，请您也来一下。地址：苏黎世Ⅰ　明镜巷14^{II}号（离“和睦”文化馆不远）　**乌里扬诺夫**（卡梅雷尔转）。

致最崇高的敬礼！

列　宁

原文是德文

载于1973年苏黎世出版的威利·高奇《列宁侨居瑞士》一书

译自《列宁文集》俄文版第40卷第53页

375

致伊·费·阿尔曼德

(1 月 19 日)

亲爱的朋友:

请将附上的决议[535]译成法文然后**退**我(先让人为洛桑**德语区**左派小组抄一份)。

决议是由这里的**左派**通过的,将向全瑞士散发。

应当竭力设法在党的**成员**中间散发决议,使所有党组织,哪怕是最小的组织,都能通过它。

哪怕是**一个**组织,哪怕是小组织,如果承认这个决议,就应当把它**正式地**寄给党的地方执行委员会和中央执行委员会(**苏黎世**民众文化馆　社会党总务处),并**要求**加以印发。致崇高的敬礼!

您的　**列宁**

附言:现寄一份给奥丽珈转交吉尔波,另一份寄给阿布拉莫维奇。

从苏黎世发往克拉伦(瑞士)

译自《列宁全集》俄文第 5 版第 49 卷第 368 页

376
致伊·费·阿尔曼德

(1 月 19 日)

亲爱的朋友：

关于恩格斯。既然您看到了那一期《**新时代**》**杂志**，上面有考茨基的文章(和恩格斯的几封信)，其中谈到有人歪曲了恩格斯给《阶级斗争》一书写的导言，那么最好把这一点详细地抄在一个专门的笔记本里。如果做不到，就确切地告诉我：是《新时代》杂志的哪一期、哪一年、第几卷、第几页。[536]

我相信，您对恩格斯的攻击是毫无根据的。恕我直言：要这样写，先应当非常认真地学习一番！不然就很容易丢丑——我这是私下单独向您提出忠告，因为说不定哪一天您会在报刊上或在会议上说出这样的话来。

比利时的罢工吗？首先，在这一具体问题上，在局部问题上，可能是恩格斯错了。当然，这是可能的。应当把他所写的有关这一问题的一切文字统统收集起来。其次，关于总罢工**本身**，**最近**时期的事态，特别是 1905 年的事态，提供了恩格斯所不知道的**新情况**。在几十年中，恩格斯在"总罢工"问题上听惯了的**全是**无政府主义者的那一套空洞词句，他憎恶和鄙视这些人是**合情合理**的。但后来的事态**提供了新**型的"群众性罢工"，**政治性**罢工，这完全不是无政府主义的罢工。这种新的情况，恩格斯在当时**还**不知道，而且也无法知道。

不能忘记这一点。

比利时的罢工不是从旧质态向新质态的**过渡**吗？可是恩格斯**在当时**(1891—1892年?? 他那时已经71—72岁,行将谢世)是否能够看清,这不是比利时以往的(比利时人在很长时期内曾是蒲鲁东主义者)那种爆发,而是向新质态的过渡呢？这一点应当考虑。

在"保卫祖国"的问题上,据我看来,您一味抽象议论,采取了非历史的观点。我把在反驳尤里的文章中说过的话再说一遍:保卫祖国=替参加**战争**辩护。如此而已。把这一论点推而广之,使它变成"一般原则",那是**可笑的**,非常不科学的。(我将寄上美国的社会主义工人党纲领,其中就有这种可笑的泛泛的议论。)战争是五光十色、千变万化、错综复杂的现象。用泛泛的死公式硬套是不行的。

(一)三种主要类型:被压迫民族同压迫民族的关系(任何战争都是政治的继续;政治是民族之间、阶级之间等等的**关系**)。这种战争从被压迫民族方面来说通常是合理的(不管从军事上说是防御战还是进攻战)。

(二)两个压迫民族之间的关系。争夺殖民地、争夺市场等等的斗争(罗马和迦太基;1914—1917年的英国和德国)。这种战争从**双**方来说通常都是掠夺;民主派(和社会主义运动)对它的态度是遵循下列原则:"两贼相争,但愿两败俱伤……"

(三)第三种类型:各平等民族的**体系**。这个问题要**复杂得多**!!!! 特别是与文明的、比较民主的民族一起还有沙皇制度存在。从1815年到1905年,欧洲的情况(大致上)就是这样。

1891年。法国和德国的殖民政策还**微不足道**。意大利、日本、美国还**根本没有**殖民地(现在已经有了)。在西欧形成了一个

体系(这一点要注意!!要考虑到这一点!!不要忘记这一点!!我们不仅生活在单个的国家中,而且生活在一定的国家**体系**中;无政府主义者忽视这一点情有可原,但我们不是无政府主义者),形成了一个国家**体系**,这些国家大体上是立宪国家、民族国家。与它们**一起**,还存在着强大的、尚未动摇的、革命前的沙皇制度,它几百年来一直掠夺和压迫一切民族,并镇压过1849年和1863年的革命。

德国(1891年)是一个具有**先进的**社会主义运动的国家。于是沙皇政府便勾结布朗热主义对这个国家进行威胁!

当时的形势和1914—1917年的形势截然不同,现在,沙皇制度被1905年事件动摇了,而德国为了称霸世界正在进行战争。完全是**另一**回事!!

把1891年的国际形势同1914年的国际形势混为一谈,甚至等量齐观,是**极端的**非历史观点。

不久以前,拉狄克这个蠢货在波兰宣言(《波兰解放》)中写道:“国家建设”并不是社会民主党的斗争目的。简直愚蠢透顶!这是半无政府主义,半白痴!不,不,我们对国家建设、国家**体系**以及国家间的**相互关系**绝对不是漠不关心的。

恩格斯是“消极的激进主义”之父吗??不对!根本没有这回事。您什么时候也证明不了这一点。(波格丹诺夫之流曾试图证明,结果只是出了丑。)

在1914—1917年的**帝国主义**战争,即**两个**帝国主义联盟之间的战争中,我们应当反对“保卫祖国”,因为:(1)帝国主义是社会主义的前夜;(2)帝国主义战争是盗贼争夺赃物的战争;(3)在**两个**联盟中,都有**先进的**无产阶级;(4)在两个联盟中,社会主义革命都**已经成熟**。**只是**因为如此,我们才反对“保卫祖国”,**只是**因为如此!!

致崇高的敬礼和良好的祝愿!

您的　**列宁**

青年组织的地址已经托人去问。他们答应告诉我。

其次,关于成立出版社的计划:**动手**干起来吧。**关于和平主义**的专题报告准备得怎样了?[537]

附言:您最近的两封信我是同时收到的,这显然完全是我的过错。

从苏黎世发往克拉伦(瑞士)

载于1949年《布尔什维克》杂志第1期

译自《列宁全集》俄文第5版第49卷第368—371页

377

致维·阿·卡尔宾斯基

(1月19日)

亲爱的朋友:寄上决议。阅后请给吉尔波和德语区左派小组。

必须使一切有条件的组织都通过这项决议(它已由**这里的**左派会议通过)[538],哪怕是一个**小小的党**组织承认了这项决议,也要**正式**寄给党的地方执行委员会和中央执行委员会(**苏黎世**民众文化馆　社会党总务处),并要求加以印发。

请告诉吉尔波,他**没有**把反对格里姆的声明草案[539]**退还**我(他给您看过没有?叫他给您看!),我很生气。

如果他不愿签名,就让他**立即**退回。

致崇高的敬礼!

您的　**列宁**

从苏黎世发往日内瓦

载于1929年《列宁文集》俄文版第11卷

译自《列宁全集》俄文第5版第49卷第371—372页

378

致伊·费·阿尔曼德

(1月20日)

亲爱的朋友:

现附上阿布拉莫维奇的一封信(阅后请**立即退我**)和一份美国的小报(仔细看后退我,不急)。

从阿布拉莫维奇的来信可以看出,事情进行顺利(这里也是如此,昨天通过了一项决议,反对延期召开代表大会,要求就代表大会问题进行全党表决[540])。

由此可见,应该赶快成立**自己的**出版社(出版小报和传单)。赶快!!(并通过拉绍德封和洛桑的德语区左派小组成立德文出版社——**自己的**。)

请您快点到拉绍德封去几天,弄到印刷所的最精确的预算(不是您自己去弄,而是通过阿布拉莫维奇),并快些来信告诉我。能搞到多少钱,50、100还是200法郎?什么时候能搞到?

请快一点!敬礼!

您的 **列宁**

附言:目前参战的可能性并不大,估计要到春天才会总动员。

从苏黎世发往克拉伦(瑞士)

译自《列宁全集》俄文第5版第49卷第372页

379

致伊·费·阿尔曼德

(1月22日)

亲爱的朋友:您昨天作了专题报告,情况如何?我在迫不及待地等候消息。我星期四收到您的快信后,就跑到城市的另一端去找拉狄克,从他那里搞到了一些剪报。我本来很想给您写封长信,谈谈和平主义(一般说来,这是一个非常重要的题目;现在,从整个国际形势来看,这是基本题目之一,这一点我已在文章[541]中讲过了——这篇文章已收到,谢谢!——最后,这题目**对于瑞士**特别重要)。但未能如愿:星期四和星期五我们这里举行了左派会议。

这里左派的情况不妙,因为诺布斯和普拉滕害怕同**疯狂攻击**全党表决的格里姆作战,并吓坏了我们的青年派!!真令人伤心!!根据格里戈里的来信看,伯尔尼的情况比较好。在我的坚决要求下,拉狄克写了一个小册子,批驳这里的“中派”和格里姆,但是,昨天“左派”否决了(!!)以左派名义出版这个小册子的计划,因为他们被诺布斯和普拉滕的恐惧心理吓倒了。这算什么勇士!这算什么左派!

我想,您应当把昨天的专题报告看做一次**预演**,应当准备在日内瓦和拉绍德封再作这个报告,因为这个题目值得下番功夫,值得**三番五次地**作报告。这对瑞士人会有很大的好处。请来信**详细地**告诉我:您是**怎样**提出问题的,您提出了**什么**论据,别人怎样驳斥您,等等。

准备向瑞士代表大会提出的关于保卫祖国和战争问题的决议草案译成法文了吗?我指的是在**报刊**上,在《格吕特利盟员报》、《哨兵报》等等报纸上发表了译文,还是没有发表?

如果还没有译出,应当设法译出来,并设法进行鼓动和宣传。

也许,您到了绍德封之后,这个问题会有所进展。我等待您的消息。

阿布拉莫维奇工作得非常出色,应当千方百计地支持他。

致最深切的敬意!

您的　**列宁**

附言:托洛茨基寄来一封愚蠢的信,我们既不准备把它发表,也不准备答复。

在瑞士法语区的报刊上,是否开展运动来讨论(1)全党表决问题和(2)为代表大会准备的军事问题决议案?或者**什么也没有**做?您看《民权报》和《伯尔尼哨兵报》吗?是不是经常看?现在需要这样做;我们应当帮助瑞士左派。

吉尔波拒绝在反对格里姆的决议上签名,这件事我写信告诉过您吗?(也许您已从格里戈里那儿知道了这一点?)我们的吉尔波不太妙:他害怕同格里姆作战,**害怕**那个**担心**分裂的索柯里尼柯夫;害怕那个畏惧茹奥"先生"的梅尔黑姆!! 这算什么勇士!! 我想把这一点写信告诉奥丽珈。

从苏黎世发往克拉伦(瑞士)

载于1950年《列宁全集》俄文第4版第35卷

译自《列宁全集》俄文第5版第49卷第373—374页

380

致伊·费·阿尔曼德

(1月22日)

亲爱的朋友:译稿收到了。十分感谢。译稿已送出了。[542]

您对我那篇法文文章[543]所作的检查官式的改动,确实使我感到惊奇。由于您没有把原文寄来,而我自己也几乎无法把它译成法文,所以寄去的稿子,当然照您的意思,就少了有关恩格斯的那段话。

"一想到您维护恩格斯对战争的观点和对当时德国人的立场的观点,我就十分激动,所以不可能把这一段话译出来……"

原来如此! 真没想到! 其实我们,无论是我,还是格里·,在

1914年和1915年曾多次直接间接地引用过恩格斯的这段话①——这岂止是一段话,这是一项声明,一次表态,一篇宣言。

要知道,这一段话恩格斯起初是为**法国**社会党人写的,刊登在**他们的**《工人党年鉴》[544]上。当时法国人对此并未提出异议,因为他们感到——如果不是清楚地认识到的话——布朗热+亚历山大三世反对当时德国的这一场战争,**仅仅从**法国人这一方面来看才是反民主的,而从德国这一方面来看(当时还**谈不上**德国帝国主义!!)的确是一场纯粹的"防御战",的确是一场争取民族生存的战争。

结果,法国人自己在1891年承认是正确的东西,您忽然一笔勾销了,并且还如此坚决!就在这之前,在瑞士左派会议上,他们(是些半和平主义者,拿他们毫无办法)以一种难以置信的、他们所特有的轻率态度,对我引证恩格斯的这项声明置之不理。

您对我那篇答复基辅斯基的文章也是不置可否。

经过同瑞士左派共事以及对拉狄克的那些荒谬言论的思考,我愈来愈相信,在**为什么**拒绝保卫祖国这一最重要的问题上,**只有**我们的立场是正确的。您是否看到了《青年国际》杂志第6期和《工人政治》杂志第25期?前者我在**文集第2辑**(收到了吗?)上提到过。[545]

我收到加米涅夫寄来的明信片,即将给您寄上。奥丽珈来了信,说左派情况在好转,说成立了齐美尔瓦尔德左派的组织,包括法国人+意大利人(!! 这使我特别高兴)+俄国人,说吉尔波将写信告诉我有关该组织的情况(如想了解,我可以将此信转寄给您)。

---

① 见恩格斯《德国的社会主义》(《马克思恩格斯文集》第4卷第431—436页)。——编者注

我在密切注意《前进报》的情况，并相信苏瓦林是对的：屠拉梯是个十足的考茨基分子，他把意大利众议院的整个社会党党团纳入这一轨道。他最近的一次演说(1月17日)很滑头，他是一个狡猾的资产阶级和平主义者，根本不是一个社会主义者。

紧紧地、紧紧地握手！

您的 **列宁**

从苏黎世发往克拉伦(瑞士)

译自《列宁全集》俄文第5版第49卷第374—376页

381

致伊·费·阿尔曼德

(1月22日和30日之间)

亲爱的朋友：寄上从拉狄克那里拿来的剪报(只能用到星期六，作完专题报告后请**马上**退还(给我))。

请注意**国际派**决议中反对和平主义(反对"劝导")的那一节。

海牙代表会议以及各国政府和资产阶级的这类和平主义的声明和措施是由下列情况引起的：

(1)出于伪善；

(2)欺骗人民；

(3)受资产阶级和平主义**思潮**的推动，这个思潮影响了一些"显赫的"名人，梦想不经过社会革命而获得**和平**。这一思潮的书刊**数量很大**(是为贵族老爷们写的而不是为人民写的书刊)；

(4)出于这样的打算:"作出"和平姿态,赢得时间等等,往往不是有利于这个强国,就是有利于另一个强国。

总的情况是这样。具体说来,还应当对每一个特殊情况、每一个强国分别进行研究。

我手头**没有**您要的数字。

(地址已寄去:**如果需要**介绍信,最好让阿布拉莫维奇和他的朋友们提供。)

和平主义问题(这对瑞士来说是非常重要的问题)的核心是这样一种思想:似乎战争同资本主义**没有**联系,**不**是**和平**时期的政治的**继续**。这在理论上是骗人;在实践上是回避社会**革命**。

仓促草此! 敬礼!

您的　**列宁**

从苏黎世发往克拉伦(瑞士)

载于1949年《布尔什维克》杂志第1期

译自《列宁全集》俄文第5版第49卷第376页

382

致伊·费·阿尔曼德

(1月30日)

亲爱的朋友:剪报收到了。谢谢!

不久以前,我们这里来了两个逃跑出来的战俘。看看这些"活生生的"、没有受过侨民生活腐蚀的人是很有趣的。两个典型:一个是比萨拉比亚的饱经世故的犹太人,社会民主党人,或者是准社会民主党人,他的兄弟是崩得分子,等等。他善于处世,但他个人并不引人注意,因为他很平凡。另一个是沃罗涅日的农民,地道的老粗,出生在一个旧教徒的家庭。他身上有使不完的劲。观察一下这个人,听一听他说些什么是非常有趣的。被德国人俘虏后,他在关着27 000名**乌克兰人**的战俘营里(那里的情景极其可怕)待了一年。德国人按照民族来设立战俘营,并且拼命设法使这些民族脱离俄国;他们给乌克兰人派去了从加利西亚招来的机灵的鼓动员。结果怎样呢?据他说,经过鼓动员一个月的努力,只有2 000人赞成"独立自主"(与其说分离意义上的独立,不如说自治意义上的独立)!!其余的人一想到要同俄国分离而归附于德国人或奥地利人,就勃然大怒。

这一事实意味深长!不能不相信。27 000人是个很大的数目。一年是个很长的时期。对于加利西亚人的宣传来说,条件是非常有利的。但与大俄罗斯人血肉相联的关系仍然占了上风!当然,从这里丝毫也**不能**得出结论,说"分离自由"是不正确的。恰恰相反。但是从这里可以得出结论:命运也许会使俄国避免"奥地利式的"发展。

在保卫祖国的问题上,我们这位沃罗涅日人就像特罗雅诺夫斯基和普列汉诺夫一样。他同情社会主义,可是"既然德国人闯进来了,怎么能不自卫呢"?这一点他弄不明白。德国人这样无情地打"我们的人",他(无论是他**还是那个犹太人**!!)深感屈辱。至于说到沙皇和上帝,据说这27 000人都完全同他们一刀两断了,对大地主的态度也是这样。他们受到了教育,将怀着满腔愤怒回到俄国去。

这个沃罗涅日人的唯一愿望,就是向后转,回老家,回去种田,干农活。他到德国许多村庄去做过工,到处看看,学习学习。

他们夸奖法国人(战俘)是好同志。“德国人也骂自己的皇帝”。他们恨英国人:“自高自大的家伙;如果不给他擦地板,连块面包也不给你吃。”(这就是那些被帝国主义毒化了的卑鄙家伙!)

现在谈别的。全党表决,特别是它的理由书,掀起了一场轩然大波!妙极了!如果您能看到格里姆之流在《伯尔尼哨兵报》和“地方上的”社会民主党报上发表的文章,那才有趣呢!哀号声和呻吟声不绝于耳!我们击中了这些坏蛋的要害。我曾竭力怂恿拉狄克(他还在这里,我同他非常亲密,——料想不到吧?——每当拉狄克左右摇摆的基础**不存在**的时候,每当他玩弄所谓“权利”之类把戏的基础**不存在**的时候,我们在反对“中派”时总是这样)写一本小册子,我们常常在苏黎世的街头走上几个小时,我经常“催”他。结果他坐下来写了。我们的那些被诺布斯和普拉滕(这些英雄**害怕**格里姆,而格里姆又害怕格罗伊利希之流!!)吓坏了的“左派”听完这本小册子后把它**否决了**(!!):不准发表,不然就驱逐出党(!!)。我们只好单独发表。

现在的形势是这样:兴趣提高了,一切**国际主义者**不**应当**仅仅在口头上帮助瑞士工人和左派。我们也要帮助他们!

还有一件事。我又把恩格斯的附有1887年序言的《论住宅问题》[①]看了一遍。您知道吗?妙极了!我还在“热恋着”马克思和恩格斯,任何对他们的恶意非难,我都不能漠然置之。不,这是真正的人!应当向他们学习。我们不应该离开这个立场。社会沙文

① 见《马克思恩格斯文集》第3卷第235—334页。——编者注

主义者和考茨基派都离开了**这个**立场。(顺便提一下:您看到洛里欧—拉波波特、索莫诺的决议[546]了吗?也有四分之三是考茨基主义的决议。我想给法国人写点东西,想把这个决议和整个和平主义斥责一番。我要问格里沙,是否能给予发表。关于我对苏瓦林的回答①他**没有**答复!)好吧,祝一切顺利,我啰啰唆唆说了一大堆。

握手!

您的　**列宁**

附言:我希望,全党表决也能给瑞士罗曼语区带来很多好处。我在等待阿布拉莫维奇、奥丽珈等人的消息。

从苏黎世发往克拉伦(瑞士)

载于1949年《布尔什维克》杂志第1期

译自《列宁全集》俄文第5版第49卷第377—379页

383

致伊・费・阿尔曼德

1917年2月2日

亲爱的朋友:请把我那篇论和平主义的文章[547]寄给我。我要的是那份打字稿。如果您还需要这篇文章,我就把手写稿寄给您。

① 见本版全集第28卷第302—312页。——编者注

致崇高的敬礼!

列　宁

译自《列宁文集》俄文版第37卷第54页

384

致伊·费·阿尔曼德

(2月2日)

亲爱的朋友:昨天在奥尔滕出现的情况非常有趣:法国人和意大利人没到场,这使拉狄克+莱维+格里戈里+明岑贝格得以当面向格里姆说出整个事情的真相。此事拉狄克今天告诉我了,格里戈里大概会写信告诉您的。

关于《工人政治》杂志,请写信给拉狄克。他已经走了(地址:**达沃斯村**　佐贝尔松先生)。

我猜不出,我对哪一个"中心问题"没有回答您。

有待您来解释。

马克思的英文著作我是知道的,这是些专门著作,将来我应当读一遍(其中一部分我在伦敦买到了,已经看了,但未看完),可是**现在没有时间**。

格里姆"不要群众运动",确切些说,他不要革命工作,这一点您说得完全正确。他的文章总的看来完全是考茨基主义的、"中派的"、骗人的。

伯尔尼的考茨基分子和组委会分子斯佩克塔托尔在伯尔尼出

了一本论“保卫祖国”的小册子①(售价25生丁)。[548]在小册子里他力图挑拨我同拉狄克的关系(我还没有全部看完,看到的只这一点),这同马尔托夫昨天竭力想干的勾当一样(目的是为格里姆辩护!!!)。劳而无功,白费劲!

握手!

列　宁

从苏黎世发往克拉伦(瑞士)

译自《列宁全集》俄文第5版第49卷第379页

385

致伊·费·阿尔曼德

(2月3日)

亲爱的朋友:您的来信使我非常高兴。我很喜欢您的专题报告提纲[549]。我劝您一定把这个报告再作一次,向安-德罗挑战,并在报告中加上关于革命的论点(不过报告的篇幅也许不允许这样做吧?),即:革命**怎样**才能发生?什么是无产阶级专政?为什么必须实行无产阶级专政?为什么不把无产阶级武装起来就**不可能实现**这种专政?为什么它同充分的、全面的民主完全一致?(和庸俗的意见相反。)

德罗和瑞士的其他社会和平主义者**不**懂得这一点;他们**没有**好好想过这一点;而在瑞士的这种小国的和小国小资产阶级的条件下必然**产生**的正是小资产阶级的和平主义。

① 卑劣透顶的考茨基-组委会分子的货色!好吧,我来回敬他!他会满意的!

如果您订阅《民权报》和《伯尔尼哨兵报》(这两种报纸**必须**看),那么在我看来,就足以判断**中派**的立场。格里姆(坏蛋!他对社会爱国主义者胡贝尔-罗尔沙赫的“斗争”简直是欺诈!!)完全站在这种立场上,诺布斯和普拉滕也(¾)滑到了这种立场上。如果您真的以为我对普拉滕有“影响”,那就大错特错了。事情是这样的:他同诺布斯在齐美尔瓦尔德和昆塔尔只是“列入了”左派。我曾数十次地设法吸引他们参加讨论、参加小组、参加座谈。结果徒劳无益!!他们**害怕**格里姆,**害怕**同他斗争。他们¾=“中派”。他们**几乎**不可救药。除非强大的左派运动能使他们改邪归正,不过恐怕也未必能行吧?

今天还没有看到修改过的决议。等到明天再说。

昨天明岑贝格告诉我说:星期二他们那里将举行瑞士德语区和法语区的青年派会议。到那时,**我们的**战争问题决议必须写好。(拉狄克已着手起草,但到现在还**没有**交出来。)我认为,您应当全力以赴抓紧工作,**在**星期二**以前**(1)要写信到日内瓦和绍德封去,叫他们暂时拿**我的**提纲[550](第1部分,关于战争问题的几条)作为基础;(2)要弄清楚,瑞士罗曼语区由谁来出席青年派会议;(3)要“说服”和“开导”他们,使他们懂得,我们同(a)社会和平主义和(β)“中派”(=格里姆之流)的区别的关键和实质究竟在哪里。(普拉滕什么也不懂,也不愿意学习。)总的说来,我们的立场=卡·李卜克内西,同**自己的**国家的社会爱国主义和中派作斗争,把反战斗争同反对机会主义的斗争,同**为**社会主义革命而进行**全面的**、**刻不容缓的革命**工作联系起来。

顺便指出,全党表决的理由书=瑞士**左派**行动纲领的第一步。**注意**这一点。

星期二,瑞士罗曼语区的青年派一定要提出左派决议的草案,并且为这个草案而奋斗。我还没有看到过修正案,但我深信草案**会把**事情**搞糟**(因为它把左派同瑞士社会爱国主义者之间的意见分歧调和起来,混淆起来,而不是把它揭露出来。这就是格里姆在《伯尔尼哨兵报》和《新生活》杂志上发表的关于多数派和少数派的文章的全部实质和卑劣之处)。

请竭力设法同被拘留的法国人接近,建立通信关系,取得联系,在他们中间**建立**(秘密的和非正式的)**左派**集团。这**很**重要!

"群众运动"这一口号并不坏,但也**不**完全正确,因为它忘记了**革命**,忘记了**夺取政权**,忘记了**无产阶级专政**。注意这一点!! 确切些应该说,支持和发展(立即)各种各样的**革命的**群众性行动,**以便**使**革命**早日到来,**如此等等**。

普拉滕=头脑不清的人。他问:跟谢德曼走呢,还是跟李卜克内西走?他不懂得,格里姆正是要把瑞士的社会爱国主义者(格罗伊利希之流)同瑞士的"左派"、即**毫无觉悟的人**"调和起来",结合起来,**混同起来**!!!

您说得对:要**马上**进行反对物价飞涨的革命斗争,举行罢工和游行示威等等。马上"深入民间",即深入**群众**,深入**大多数**被压迫者,宣传**社会主义革命**(即没收银行和**一切**大企业)。

紧紧握手!

您的　**列宁**

从苏黎世发往克拉伦(瑞士)

载于1950年《列宁全集》俄文第4版第35卷

译自《列宁全集》俄文第5版第49卷第380—382页

386
致卡·伯·拉狄克

(2月3日)

亲爱的拉狄克:斯佩克塔托尔的小册子①写得太荒唐了,开头我甚至怀疑是否值得理睬它。可是,这个卑劣的阴谋家妄图以最卑鄙最愚蠢的方式利用我们的分歧,因而我认为,——特别是由于他点了我的名,**并且只**点了我的名,——回敬他是**我的**权利,也是**我的**义务。我将尽一切努力使回敬他的文章**不单单**用俄文发表。

至于**我们**那份反对保卫祖国的决议草案(为瑞士写的)[551],我忘记告诉您一点:我的草案(我的提纲的前几条)满足了您的要求,也就是说,当时我把共同的观点表达出来了。为什么不可以将**它**作为共同草案的基础呢?

致最崇高的敬礼!

乌里扬诺夫

附言:我收到了美国寄来的新出版的《国际主义者周报》[552]第1期。他们在宣言中声明他们与"欧洲的左派"团结一致。出版者是《先驱》杂志的潘涅库克。该给您寄什么——英文原文,还是俄文译文?

从苏黎世发往达沃斯(瑞士)

译自《列宁全集》俄文第5版第49卷第382—383页

① 见本卷第384号文献。——编者注

387
致伊·费·阿尔曼德

(2月7日)

亲爱的朋友:为什么好长时间连您的片言只语也没有收到?您答应过"明天"就写——差不多是一个星期以前说的——但至今还是杳无音信。难道有什么特别的事妨碍了您吗?如不想写,那就只写三言两语也好,不然令人不太放心。

2月1日的事情,我好像写信简略地告诉过您了。

2月3日格里姆同他的朋友们+诺布斯和普拉滕开了一次会(完全是非正式的)。(明岑贝格和勃朗斯基受到邀请,但他们拒绝到这些中派分子那里去,当然,他们拒绝得好。)诺布斯和普拉滕是一点骨气也没有的人(如果不是更坏的话),他们"怕"格里姆比怕火还厉害。

通过了对决议的某些修正意见[553](当然是格里姆"糊弄了"诺布斯和普拉滕)。我还没有看到这些修正意见。明天(星期四)这些修正意见就要发表。老实说,这里的左派基本上都是一些糟透了的家伙。

昨天开的会是个全体大会(我因多次开会感到疲乏;精神不佳,头昏脑涨;会议没结束我就走了)。改选了整个苏黎世组织的执行委员会。勃朗斯基**也**被选上了。可是竟发生了这样的事:这帮社会爱国主义者恶棍们(以鲍曼为首)退出会场,扬长而去。①

① 见本版全集第28卷第373—374页。——编者注

说什么不愿意与勃朗斯基共事!!

诺布斯＋普拉滕忍气吞声地吃了这样一记耳光，接受了延期!! 可耻，可耻!! 这也算左派!! 而青年人却"害怕"诺布斯和普拉滕!!

听说安贝尔-德罗已经在日内瓦作过报告，用愚蠢的和平主义迷惑青年人。您最好同他进行一系列公开的论战，——客气地，然而坚决地向他指出和平主义十分可耻和极其卑鄙，并提出革命的纲领!

致崇高的敬礼! 握手!

您的　**列宁**

从苏黎世发往克拉伦(瑞士)

译自《列宁全集》俄文第5版第49卷第383—384页

388

致索·瑙·拉维奇

(2月12日以后)

亲爱的奥丽珈同志:

十分感激您来信告诉我关于你们当地党组织的一些糟糕事情。[554]老实说，感到"悲观失望"的往往不只是您一人。这里的党是彻头彻尾的机会主义的党，成了市侩官僚们的慈善机关。

甚至所谓左派领袖们(如诺布斯和普拉滕)也都毫不中用，尤其是上述两人。[555]不接近群众，就会一事无成。但是，如果我们不抱过大的希望，也就不值得悲观失望，因为当前形势很重要，即使我们帮的忙**不大**(出版一两种小报等等)，也总会**起些作用**，而**不会**完全**徒劳**。

您打算尽力帮助推销小报[556]，我感到非常非常高兴。请别忘记把我们的**全部**来往信件销毁。

你们那里什么时候召开社会党的州代表大会？我已经把决议草案寄给阿布拉莫维奇了。他转寄给您了吗？关于苏黎世党在特斯召开的代表大会[557](除《民权报》所载以外)，您知道一些什么情况？

谁传达奥尔滕2月1日会议[558]的情况？只是吉尔波之流吗？他们畏首畏尾!! 他们不了解任务，胆小怕事!

我不会用法文作报告。

握手并祝一切顺利！向维亚切斯拉夫·阿列克谢耶维奇问好!

您的 **列宁**

全党表决的情况怎样？有多少人签名？是不是还在继续征集签名？

从苏黎世发往日内瓦

载于1929年《列宁文集》俄文版第11卷

译自《列宁全集》俄文第5版第49卷第384—385页

389
致伊·费·阿尔曼德

(2月14日)

亲爱的朋友:

关于修正过的"多数派"决议(瑞士党的),您的看法是对的:这个决议再坏不过了。[559]它完全是"中派的"、考茨基主义的决议;是格里姆把事情弄坏了,而诺布斯和普拉滕又**让了步**。星期天开了苏黎世州社会民主党代表大会;我们的人("青年派")将我们起草的左派决议提到大会上,得了32票,这是一大胜利。

阿布拉莫维奇应该将我写的决议[560]的本文寄给您(其中的实际内容大部分包括在前天提交给代表大会的决议里(如果您还没看过,可以从报上看到))。

我想,您应该准备一个关于瑞士党内三个派别的专题报告(用法文)。材料——全党表决+三个决议(右派的、格里姆的和左派的)。真的,应该准备。

既然安贝尔-德罗是个托尔斯泰主义者,就要同他进行**全面**斗争。一定要斗争!

认为在瑞士"不可能"有革命的群众性行动是不对的。1912年苏黎世的总罢工不是吗?在日内瓦,在拉绍德封也都有过。而目前,在战争年代里,瑞士的群众**更加**可能行动起来,甚至会爆发革命(这对法国和德国都会有影响)。

在瑞士党内建立**左派组织**条件**是具备的**。这是事实。工作并不轻松,但是会有成效。

有关恩格斯为阶级斗争写的序言[①]的材料您是在哪儿见到的?在《**新时代**》**杂志**上吗?柏林的"领袖们"把这篇序言的革命的结尾部分**删去了**,您知道吗?

关于战争(91年),我在等候您对"中心问题"的意见,对这个问题您认为我似乎在避而不谈。

饶勒斯的议会演说集**没有**第2卷。

您能否搞到傅立叶文集并替我查一查有关民族融合问题他是怎样说的?

紧紧握手!

列　宁

附言:能否对别洛乌索**娃**(**他**其实是个傻瓜)和乌西耶维奇的妻子施加影响?

从苏黎世发往克拉伦(瑞士)

译自《列宁全集》俄文第5版第49卷第385—386页

① 恩格斯《卡·马克思〈1848年至1850年的法兰西阶级斗争〉一书导言》(见《马克思恩格斯文集》第4卷第532—554页)。——编者注

390

致维·阿·卡尔宾斯基

(2月15日)

亲爱的维·阿·:能否劳驾给我寄一本**考茨基**的小册子《社会革命》,1902年或1903年日内瓦版(译文经列宁审定)。其实,我所需要的是第二部分——《社会革命后的第二天》,但是,俄文版两部分似乎是在一起的吧?

阿布拉莫维奇已答应将我的一封信转寄给您。信中谈的是这里的,即瑞士的情况。

握手并祝一切都好!娜嘉向您和奥丽珈同志问好!

您的　**列宁**

从苏黎世发往日内瓦

载于1929年《列宁文集》俄文版第11卷

译自《列宁全集》俄文第5版第49卷第386—387页

391

致亚·米·柯伦泰

1917年2月17日

亲爱的亚·米·:今天我们接到您的来信,十分高兴。好长时间我们都不知道您在美国。除了一封提到您离开美国的信以外，我们从未收到过您的来信。

1月7—8日(从斯德哥尔摩发信的日子——直接从这里寄往美国的信，都会被法国人没收!)，我曾给您写过一封信，可是当那封信(附有一篇给《新世界报》的文章)寄到的时候，显然您已不在纽约了。

您信中谈到的尼·伊万·和巴甫洛夫在《新世界报》(这份报纸来得非常不准时，这显然是邮政方面的过错，而不是该报发行上的过错)取得胜利的消息是多么令人高兴，——而托洛茨基同右派勾结在一起反对尼·伊万·的消息又是多么令人痛心。托洛茨基这个下流家伙——满口是左的词句，实际上却同右派勾结在一起反对齐美尔瓦尔德左派!!（您)应当揭露他，即使给《社会民主党人报》写封短信也好!

《国际主义者周报》第1期已经收到，我非常高兴！关于社会主义工人党和社会党1917年1月6—7日举行的代表会议，我了解的情况不完全。看来，社会主义工人党放弃了全部最低纲领(这对于布哈林是一种诱惑和危险，我们的这一位从1915年以来"每次都在这个地方"[561]栽跟斗!!)。很遗憾，我收集不到有关社会主义工人党的全部文件(为这事我曾请求过布哈林，但信件显然是失落了)。您那里有材料吗？阅后立即奉还。

我正在准备(材料几乎全准备好了)一篇关于马克思主义对国家的态度问题的文章。[562]我得出的结论虽也针对布哈林(您看过《青年国际》杂志第6期上他署名"Nota Bene"的文章吗？看过《〈社会民主党人报〉文集》第2辑吗?)，但主要是针对考茨基。这是一个非常重要的问题；布哈林比考茨基好得多，可是布哈林的错误可能**使**反对考茨基主义这个“正义事业”**遭到毁灭**。

现寄去我为反驳彼·基辅斯基而写的一篇论自决问题的文章。唉,可惜没有钱!不然我们就可以出版《〈社会民主党人报〉文集》第3辑(全部材料都**搁在那儿**)和第4辑(布哈林的一篇我们起初不予发表的论国家的文章和我的一篇论国家的文章)!

我看,齐美尔瓦尔德右派已经在思想上埋葬了齐美尔瓦尔德联盟,因为布尔德朗＋梅尔黑姆在巴黎投票赞成**和平主义**,考茨基于1917年1月7日也在柏林投了票,屠拉梯(于1916年12月17日!!)和整个意大利党也这样做了。这是齐美尔瓦尔德联盟的覆灭!! 他们在口头上**谴责**“社会和平主义”(见昆塔尔决议),行动上却转到社会和平主义方面去了!!

格里姆无耻地转到瑞士党内的社会爱国主义者方面去了(我们在斯德哥尔摩的一位朋友将寄给您有关的材料),他竟于1917年1月7日(党的执行委员会会议)同他们结成联盟,**反对左派**,主张延期召开代表大会!! 现在,他又更加无耻地因左派提出全党表决的理由书(我们将寄给您)而对他们进行攻击,并拟定了“折中的”、“中派的”决议。您手头有没有苏黎世的《民权报》,能不能搞到?? 如果手头没有而且又搞不到,我们寄点给您,或尽量设法寄点给您。

明天(2月18日)瑞典党的代表大会将要开幕,也许会引起分裂? 看样子,青年派中的混乱现象**非常严重**。您懂得瑞典文吗? 您能不能安排一下,以便(我和其他左派)为瑞典青年派的报纸[563]撰稿?

请回信,短些也行,但要**迅速**、准时,因为我们亟需同您建立**良好的**通信联系。

致崇高的敬礼!

您的 **列宁**

从苏黎世发往克里斯蒂安尼亚(现称奥斯陆)

载于1924年《列宁文集》俄文版第2卷

译自《列宁全集》俄文第5版第49卷第387—389页

392

致伊·费·阿尔曼德

(2月19日)

亲爱的朋友:最近我们从莫斯科收到了一封令人愉快的信(我们即将抄一份寄给您,虽然信的文字并不怎样有趣)。信中写道:群众的情绪很好,沙文主义显然在消退,我们一定会有时来运转的一天。据说组织情况不佳,因为成年人都在前线,工厂里只有青年和妇女。不过战斗情绪并没有因此而低落。随信寄来了中央委员会莫斯科局印发的一份传单的抄件(写得很好)。我们将在下一号中央机关报上发表。[564]

居然还活着!人们生活得很艰难,我们党要活下去尤其困难。可是毕竟还活着。

此外还接到了柯伦泰女士的信,她已从美国回到挪威(这一点暂勿外传)。据说尼·伊万·和巴甫洛夫(即帕维尔·瓦西里耶维奇,拉脱维亚人,曾在布鲁塞尔待过)**夺得了**《新世界报》(这份报纸来得很不按时),可是……来了个托洛茨基,这个坏蛋马上同《新世界报》的**右**翼勾结起来反对齐美尔瓦尔德左派!! 就是这样!! 好一个托洛茨基!! 他总是搞他那一套=摇摆,欺诈,装成左派,其实一有可能就**帮助**右派……

据说,在美国左派中间的工作进行得不坏,虽然柯伦泰害怕社会主义工人党中的无政府工团主义思潮(据说尼·伊万·不怕)。我在社会主义工人党的机关报(《人民周报》)[565]上看到:他们放弃了最低纲领……　尼·伊万·从1915年以来"每次都在这个地方"栽跟斗。我真替他担心! 而同美国的信件往来又已**断绝**。

近来我在加紧研究马克思主义对**国家**的态度问题,收集了许多材料,我觉得已经得出了非常有趣而又非常重要的结论,这些结论虽也针对尼·伊万·布哈林,但**主要是**针对考茨基的(但布哈林仍然是错误的,虽然他比考茨基**较接近**真理)。关于这一点,我很想写一篇文章,最好能出版《〈社会民主党人报〉文集》第**4**辑,把布哈林的文章、我对他的小错误所作的分析以及我对考茨基将马克思主义大肆歪曲和庸俗化的情况所作的分析发表出来。

娜嘉病了,患支气管炎,发烧。看来得躺一阵子了。今天请来了一位女医生。

您的拉绍德封之行怎样了? 是否完全抛弃了这种想法和瑞士罗曼语区的整个工作计划? 不应当抛弃。正像我在信上说过的,这里的情况不大好,但今天仍然完成了**小报第1号**[566](署名"瑞士齐美尔瓦尔德左派")。且看结果如何!

如果现在不可能建立瑞士的左派**组织**,那么总有一天(即稍晚一些时候)能够(我深信)建立起来——如果我们不能办到,我们的继承者总会办到。这方面的**条件**是具备的!

您在《民权报》上看到了左派于1917年2月11日在特斯召开的苏黎世州党代表大会上提出的建议吗?还不坏,是吧?

致最深切最崇高的敬礼并紧紧握手!最后一页写得乱七八糟,请原谅,因为有人在催我。

您的　**列宁**

从苏黎世发往克拉伦(瑞士)

载于1949年《布尔什维克》杂志第1期

译自《列宁全集》俄文第5版第49卷第390—391页

393

致伊·费·阿尔曼德

(2月19日和27日之间)

亲爱的朋友:寄给您一份小报,恳请您把它译成法文和英文。我想在伯尔尼会有人替我译成德文。

我对于进行这样一次宣传的想法,尤其是对举行五一罢工的想法,特别感兴趣——这样的罢工是瑞士的一个左派建议举行的(《木器工人报》[567],瑞士,1917年1月27日)。我很想把这份小报寄到巴黎去,希望格里沙能把它印出来。我想小报以后也会传到德国去的。

请把它译得有力一些,句子要简练。请用薄纸写两份,写清楚一些,免得排版时出错。如果可能的话,让乌西耶维奇(要他对这事保密)把**俄文**原稿复制一份寄给阿布拉莫维奇(同一份法文译文一起寄)。两份英文译稿,一份法文译稿以及我的俄文原稿,请**快点**退我。要快,因为离5月1日已经为时不多,分寄各地有困难,而鼓动工作应该做在头里。

紧紧握手!

您的　**列宁**

附言:娜嘉今天已经好一些了,不过还不能起床,她再三问候您!附上的材料请您看一看,然后连同俄文原稿、法文译稿一起转寄给阿布拉莫维奇。

从苏黎世发往克拉伦(瑞士)

译自《列宁全集》俄文第5版第49卷第389页

394

致伊·费·阿尔曼德

(2月25日)

亲爱的朋友:请您尽快把小报译好。如果赶不出来,就请**立即**把俄文原稿的抄件寄给我,因为有便人要去德国。这是少有的机会,应该抓住,而捎信人**很快**就要动身。

叶·费·在哈尔科夫被搜查一事及"证件"问题已由委员会**调**

查清楚!!

格里戈里从伯尔尼来信说,昨天对格里姆之流取得了巨大的胜利! 乌拉!

要加紧做青年人的工作! 对德罗的战斗进行得怎么样? 全党表决的情况如何?

难道您不是把小报的法文和英文译稿各写成两份吗?

紧紧握手!

您的 **列宁**

从苏黎世发往克拉伦(瑞士)

译自《列宁全集》俄文第5版第49卷第391—392页

395

致伊·费·阿尔曼德

(2月27日)

亲爱的朋友:如果您能把您关于战争问题的提纲寄给我,我当然乐意谈谈对这个提纲的看法。关于您出面反驳果雷的事,我不明白为什么您会觉得这样做“不合适”。我的意见正相反,非常合适,非常有益。对法国人那种可笑的和平主义(不经过革命就达到社会主义等等)和可笑的民主信念,恰恰应该更直率、更坚决地加以反驳。我看应该专门当众敲敲果雷,因为他从他那本小册子《垂死的社会主义》中的宝贵见解上倒退了。我认为,对批判法国左派的软弱和肤浅来说,这本小册子是极好的材料,是基本的东西。

您寄来的小报的俄文原稿抄件收到了(它能中您的意,这使我很高兴)。但法文译稿仍然没寄来!! 而我是请您写两份的!!! 我很担心来不及。要知道离5月1日总共只有两个月,而同交战国联系又极其困难。

关于乌西耶维奇,您在来信中恰好指出这个人"没有骨气"。可见,我骂他骂对了(我要求把信给您看,正是为了我们能在影响他的方式上取得一致)。

总之,如果可能,请**尽量**快些把小报的法文和英文译稿寄来。万一因故未能写两份,至少请告诉我小报(法文的)究竟是何时寄给阿布拉莫维奇的。

您给青年人作报告比过去多了,这一点使我极为高兴。这是有益的事情! 只有对青年人才值得做工作! 应该尽量消除他们的和平主义和对群众运动的不信任(那1912年的苏黎世罢工呢? 1900年或1902年的日内瓦罢工呢?)。您最好能收集一些瑞士法语区工人运动史上大罢工的材料。

娜嘉的病已经好了。

紧紧握手!

您的　**列宁**

附言:我看了《新时代》杂志(1912年)上潘涅库克同考茨基辩论的文章。考茨基卑鄙极了。潘涅库克**几乎**是对的,他只有一些**不当之处**,一些小错误。考茨基却是彻头彻尾的机会主义。

从苏黎世发往克拉伦(瑞士)

译自《列宁全集》俄文第5版第49卷第392—393页

396

致索·瑙·拉维奇

(3月4日)

亲爱的奥丽珈:昨天给您的信里还忘了问您:您那里有没有巴枯宁的小册子《巴黎公社和国家概念》?是俄文的,还是法文的?[568]如果没有,能不能从无政府主义者那里弄一本来用几天?

致崇高的敬礼!

您的 **列宁**

从苏黎世发往日内瓦

载于1929年《列宁文集》俄文版第11卷

译自《列宁全集》俄文第5版第49卷第393页

397

致亚·米·柯伦泰

1917年3月5日

亲爱的亚·米·:据报载,5月12日要召开瑞典青年派代表大会,准备"根据齐美尔瓦尔德的原则"建立一个新的政党。

老实说,这个消息使我感到非常不安和愤慨,因为"齐美尔瓦尔德联盟"显然已经破产,漂亮的词句又被用来掩盖腐朽的东西了!齐美尔瓦尔德多数派,即屠拉梯之流,考茨基以及累德堡,梅尔黑姆,**全都**转到在昆塔尔曾经十分庄严地(和完全徒劳地!)谴责过的社会和平主义立场上去了。考茨基之流于1917年1月7日发表的宣言、意大利社会党的一系列决议、梅尔黑姆—茹奥和龙格—布尔德朗(＋同列诺得尔**意见一致**的拉芬-杜然)的决议①,难道不是说明齐美尔瓦尔德联盟已破产吗?而齐美尔瓦尔德的"中派"——罗·格里姆,已在1917年1月7日同瑞士社会爱国主义者结成**联盟**反对左派!!格里姆责骂**所有**国家的社会爱国主义者,但瑞士社会爱国主义者**除外**;他**袒护**他们!真令人厌恶!想起这些下流坯,我简直要气得发疯;一听到他们讲话和听到别人谈论他们就反感,一想到同他们在一道工作就更加反感。全是些伪君子!

我们准备给您收集有关罗·格里姆这次破产的材料。您能否搞到苏黎世《民权报》,请答复。该报载有全党表决的**理由书**和**左派**在特斯(1917年2月11日)提出的决议,等等,等等。您会找到**主要的**材料。

但是,瑞典左派**想必**大多数都是真诚的。这很明显。无论如何要**事先**,即在5月12日以前,帮助他们认清社会和平主义和考茨基主义极其庸俗,帮助他们认清齐美尔瓦尔德多数派极其卑鄙,帮助他们为自己制定新政党的正确的纲领和策略。

我们(我们大家、瑞典的左派和能够与他们取得联系的人们)确实应当团结一致,全力以赴帮助他们,因为现在是瑞典党生活中、瑞典和**斯堪的纳维亚**工人运动生活中的**决定性**时刻。

既然您能看懂瑞典文(而且会说瑞典话),既然我们所理解的"国际主义"不是"各人自扫门前雪",那很大的责任就落在您的肩

---

① 参看《资产阶级的和平主义与社会党人的和平主义》一文(本版全集第28卷)。——编者注

上了。

我深信您做的工作很多。我想应该把左派团结起来、联合起来,帮助瑞典人度过他们生活中的这个如此困难的时刻。能不能为此在克里斯蒂安尼亚、哥本哈根和斯德哥尔摩组织一个既懂得瑞典文又能提供帮助的俄国布尔什维克和左派的团体呢?可以把工作分一下:收集主要的文件和文章(有人把1916年11月28日在《政治报》上发表的涅尔曼同毛里茨·威斯特贝格论战的文章寄给我,论战的题目是"先有纲领,后才有新的政党",但我无法看懂);拟定自己的提纲来帮助他们;发表一些文章来帮助他们。凡能用德文、法文或英文**写东西**的瑞典人也可以加入这样的团体①。

您以为如何?这一点能不能办到?是否值得为此花点力气?

我看值得,可是从远处,从旁边,我当然无法作出判断。我只看到而且确切地**知道:新的**社会主义的纲领和策略问题,即真正革命的马克思主义而不是万恶的考茨基主义的纲领和策略问题,现在**到处**都**提到**日程上来了。这一点,可以从美国的社会主义工人党和《国际主义者周报》中看出来,可以从关于德国的材料(左派1917年1月7日的决议)和关于法国的材料(巴黎左派的小册子《齐美尔瓦尔德社会党人和战争》)**等等**中看出来。

在丹麦,**特里尔**等人大概会参加在斯堪的纳维亚建立新的,即**马克思主义**的政党的工作;挪威的一部分左派也会这样做。同布兰亭之流作斗争是一件严肃的事情:客观情况**必定**要求我们更加认真地对待革命马克思主义的理论和策略问题。

我看,应**大力**进行5月12日的准备工作,并且从**三**方面同时

① 林德哈根是什么样的人物?"社会革命党人"?"民粹派分子"?"激进社会党人"?爱尔威?

进行:(1)组织进行帮助的团体,这一点上面已经讲过;(2)组织斯堪的纳维亚左派团体:请您写一篇短文(在瑞典的报纸上),谈谈**立即**建立这种团体为5月12日准备纲领和策略的必要性。

(3)——我对第三点特别感兴趣,并**不是**由于这一点最重要(更重要的是来自内部的主动精神),而是由于**我们**能在这方面给以帮助。比如说,最好您能**立即**研究一下瑞典左派和右派的主要文献,**根据这些文献**拟定这样的提纲:

理论方面的(纲领方面的)和实践方面的(策略方面的)意见分歧

保卫祖国;
对帝国主义的理解;
战争的性质;
废除武装;
社会和平主义;

+ 无产阶级 专政	民族问题; 革命; “群众行动”; 国内战争; 对工会的态度; 机会主义和对机会主义的斗争

等等

每一项都应当包括(a)瑞典左派对此所发表的意见(“**要点**”);(b)那里的右派的意见。

根据这些,并考虑到俄国、德国和美国(这一方面的主要国家)左派的立场,我们可以制定自己的提纲,用瑞典文发表,**帮助**瑞典人为5月12日进行准备工作。

为此,应当把瑞典右翼和左翼的**最主要的**决议和文章中的某些**主要之点**译成俄文、德文、法文和英文。

实际上,我们大家不论在道义上或政治上都对瑞典青年派负有责任,都应当帮助他们。

您的情况非常有利于进行这种帮助。您对这一点是怎样想的,请立即回信告知。

把这封信连同您的想法一并转寄给柳德米拉也许会有好处。

紧紧握手并祝一切顺利!

您的　**列宁**

从苏黎世发往克里斯蒂安尼亚(现称奥斯陆)

载于1924年《列宁文集》俄文版第2卷

译自《列宁全集》俄文第5版第49卷第393—396页

398

致伊·费·阿尔曼德

(3月8日)

亲爱的朋友:不知道为什么很久没有得到您的消息了。

我们苏黎世这里**德语区**左派的情况糟透了。在诺布斯和普拉滕"向格里姆方面倒退"之后,"青年派"的领袖们也跟着转过去了。明岑贝格**拒绝发表**拉狄克批判格里姆的文章,布赫尔以及明岑贝格的其他朋友也跟着叫喊有"分裂"的危险!! 这令人可笑,更令人可憎……

我劝格里戈里试办德文报纸(为此**可以给**他300法郎吧?),但连这最后一个计划好像也会落空。

我很羡慕您和格里戈里,因为你们两个人都可以公开作专题报告。不管怎么说,公开作专题报告,就能接触**朝气蓬勃的**人,接触工人、群众,而不是接触官吏,或者未来的官吏和一小撮被官吏吓住了的人。公开作专题报告,就是对**群众**说话,同他们发生**直接的**思想交流,看到他们,同他们结识,**用自己的观点去影响**他们。

看来,在苏黎世这里同德语区左派的纠缠已经**结束**。要求进行全党表决的理由书和左派在特斯提出的决议——这就是**全部**成果。但我对失掉的时间并不惋惜(我现在非常气愤,因为我从开会处回来是由于左派的会**没有开成**,我们的听众都跑光了!)。我之所以不惋惜,是因为我原来只在理论上知道欧洲党的腐败,而现在却增加了不无教益的**实际知识**。

公开的专题报告在任何情况下都有益处,在报告中要直接同"中派"(格里姆之流)和"左派"(诸如诺布斯、普拉滕、奈恩、格拉贝、德罗等人)交锋。

您英译小报的工作大概不顺手吧?那就算了,我就这样寄到巴黎去,也许那边能找到一个英国人。阿布拉莫维奇真是好样的,瞧他的工作搞得多好!

紧紧握手!

您的　**列宁**

从苏黎世发往克拉伦(瑞士)

译自《列宁全集》俄文第5版第49卷第397页

399

致伊・费・阿尔曼德

(3月13日)

亲爱的朋友:看来,我过去对您的沉默所作的解释是不对的。

您"生气"是不是因为我在信上说您没有仔细推敲法文译稿?根本不可能!根本不可能,因为连阿布拉莫维奇也写信给我谈到此事。对这样的事竟然也要**生气**难道可以想象吗??不可想象!!

再说,您绝口不谈例如英文翻译的问题,这也使人奇怪……

如果您没有回答的愿望,或者甚至有不回答的"愿望"和决心,当然我就不再问您,使您厌烦了。

现在,无论在这里,还是在伯尔尼,瑞士的左派都从我们身边跑光了。(只有阿布拉莫维奇和您那里情况还不错,因为在您的专题报告会上,以及在阿布拉莫维奇的私人交往中都有**直通群众的**渠道。)

同尤里一伙人的谈判结束了,决定**由他们**出版经中央委员会国外机构审定的小册子。**这真令人高兴!**

国内什么也没寄来,连信也没有!!我们正通过斯堪的纳维亚解决这个问题。

紧紧握手!

您的　**列宁**

附言:我今天本着"和解"的精神给乌西耶维奇写回信。

从苏黎世发往克拉伦(瑞士)

译自《列宁全集》俄文第5版第49卷第398页

400

致卡·伯·拉狄克

(3月13日)

亲爱的拉狄克:当您寄来明信片答应"明天"写信详谈时,我就想给您写信了。但是,一个"明天"过去了,又一个、又一个"明天"也过去了,仍然毫无消息!!

务请把那封瑞典的信寄还给我。关于这件事,我已经向您请求过两次了。难道您会把它丢失了?

尤利·博尔夏特怎么样?毫无消息吗?卡尔·埃尔德曼那本书[569]您还没有弄到吗?

您看到组织委员会机关报(《组织委员会通报》①)第10号了吗?马尔丁诺夫写道,您因此没有驳斥格里姆的谎言!!!![570]

但是,马尔丁诺夫文章的全篇内容是多么愚蠢——这个傻瓜出色地帮了我们的忙。

我们给卡尔写了信。非常感谢您把他的健康情况告诉了我们。

① 《俄国社会民主工党组织委员会国外书记处通报》。——编者注

我们两人向您和您的妻子致崇高的敬礼！

列　宁

附言：请写几句话来！

原文是德文

译自《列宁文集》俄文版第37卷第54—55页

401

致伊·费·阿尔曼德

(3月15日)

亲爱的朋友：随信寄去小报[571]，并为此向您表示衷心的祝贺。

暂时不要给任何人看，最好不让任何人知道有**一部分**是出自俄国人之手。乌西耶维奇或他**周围**的什么人没有把这件事泄露出去吧？

让它用**瑞士**各左派小组的名义发出去。

今天我们在苏黎世都很激动：3月15日《苏黎世邮报》和《新苏黎世报》[572]登载了一则电讯，说在俄国，经过3天的斗争，革命于3月14日在彼得格勒**获得了胜利**，说12名杜马代表掌握了政权，大臣们**全都被捕了**。

如果德语区人不胡说八道，那就是真的。

目前俄国已处在革命的**前夜**，这一点毫无疑义。

我不能到斯堪的纳维亚去，这真使我**受不了**！！我简直不能原谅自己,为什么不在1915年冒险动身到那里去!

致崇高的敬礼!

您的　**列宁**

从苏黎世发往克拉伦(瑞士)

载于1950年《列宁全集》俄文第4版第35卷

译自《列宁全集》俄文第5版第49卷第398—399页

402

致亚·米·柯伦泰

1917年3月16日

亲爱的亚·米·:刚才我们收到了第二批关于彼得格勒3月1日(14日)革命的政府电报。工人们血战了一个星期,米留可夫+古契柯夫+克伦斯基却掌握了政权!!完全符合欧洲的"旧"模式……

不过这没什么!这个"第一次革命(由战争引起的革命中的第一次革命)的第一阶段",既不会是最后一个阶段,也不会仅仅是俄国的革命。当然,我们要继续反对保卫祖国,反对盛加略夫+克伦斯基之流所领导的帝国主义大厮杀。

我们的一切口号依然如故。在最近一号《社会民主党人报》上,我们曾直截了当地谈过"米留可夫和古契柯夫甚至米留可夫和克伦斯基"组织政府的可能性①。结果是**两种可能性都实现了**:三

① 见《世界政治中的转变》一文(本版全集第28卷)。——编者注

个人全在一起。妙极了！且看人民自由党(它在新内阁中占多数，因为柯诺瓦洛夫甚至几乎"有点左"，而克伦斯基简直就更左了！)怎样给人民以自由、面包、和平……　等着瞧吧！

现在，主要的事情是办报刊，是把工人组织到**革命的**社会民主党里去。契恒凯里现在一定会(已答应过！)拿出钱来"保卫祖国"。齐赫泽先生虽然**在**革命**时期**或革命前夜说了一大套非常左的话(当时叶弗列莫夫所说的话也非常革命)，但是，在他对波特列索夫之流、契恒凯里等人实行了他那一整套"政策"以后，当然就得不到**任何一点**信任。如果现在立宪民主党人允许合法的工人政党存在，如果我们的人要去同齐赫泽之流"团结一致"，那就是莫大的不幸！！

可是，这样的事情决不会发生。首先，除了波特列索夫这伙先生以外，立宪民主党人不会允许任何人建立合法的工人政党。其次，如果允许，那我们仍将像过去那样创立**自己的**特殊政党，**一定**把合法工作同秘密工作结合起来。

无论如何不再采用第二国际的形式！**无论如何**不跟考茨基同流合污！一定要有**更革命的**纲领和策略(卡·李卜克内西、美国的社会主义工人党、荷兰的马克思主义者等等已经有了这种纲领和策略的要素)，一定要把合法工作同秘密工作结合起来。要宣传共和制，要反对帝国主义，要像**从前一样**进行革命的宣传、鼓动和斗争，以便促进**国际**无产阶级革命和由"工人代表苏维埃"(而不是由立宪民主党的骗子手)夺取政权。

……在1905年的"大叛乱"以后是1917年的"光荣革命"……

请费神把这封信转给柳德米拉，并请写封短信告诉我，哪些问题我们看法一致，哪些问题我们有分歧，还可以谈谈亚·米·的计划等等。如果把我们的代表们[573]放回,务必让一名到斯堪的纳维亚待上两三个星期。紧紧握手!

您的　**列宁**

从苏黎世发往克里斯蒂安尼亚(现称奥斯陆)

载于1924年7月27日《真理报》第169号

译自《列宁全集》俄文第5版第49卷第399—401页

403
致亚·米·柯伦泰

1917年3月17日

亲爱的亚·米·:刚才我们收到了您的电报,这份电报的措辞接近冷嘲热讽(请您想想看,这里的消息极端闭塞,而在彼得格勒也许不仅有我们党的担任实际领导工作的同志,而且有中央委员会的正式全权代表,在这种情况下怎么能从这里发"指令"!)。

刚才我看了彼得堡通讯社17日发出的电讯,其中有新政府的纲领和一则消息:据博纳·罗报道,沙皇还没有退位,现在下落不明。

昨天的情况似乎是这样:古契柯夫—米留可夫政府已经完全取得胜利,已经同王朝达成协议。今天的情况却是这样:王朝不见了,沙皇逃跑了,显然在准备反革命活动!……

我们已开始草拟提纲①,可能今天晚上拟好,拟好后我们当然会马上寄给您。如果可能的话,请等一等这个提纲,②它会修改(或取消)我现在暂时仅以个人名义写的东西。

——现在已同季诺维也夫一起写好了提纲初稿,**很粗糙**,在文字方面非常不能令人满意(当然我们不会**就这样**发表),但是我想它已勾出基本的轮廓。

我们恳求您把这一点通知尤里、叶夫根·波·以及柳德米拉,并在启程[574]以前给我们回信,几句话也行,此外,**务必同留在**挪威的人商妥,如何把**我们的邮件**转寄回国并把**国内的邮件**转寄给我们。请把这件事情办理一下,并要求留下的这位同志(或者懂德文、法文和英文的挪威同志)**非常**准时地转寄邮件。开支费用由我们寄去。

我看,在目前,重要的是不要卷进同社会爱国主义者"联合"(如果同组织委员会、托洛茨基之流这些动摇分子"联合",那就更危险)的愚蠢尝试,而要用彻底的**国际主义**精神继续依靠**本**党进行工作。

当前的任务是更广泛地开展工作,组织群众,唤醒新的阶层如落后的、农村的阶层以及仆役阶层,在军队中成立支部,以便对新政府进行系统彻底的揭露,并进行由**工人代表苏维埃**夺取政权的准备。只有后一种政权**能够**提供面包、**和平**与自由。

现在要消灭反动派,**丝毫不**信任和支持新政府(丝毫不信任克伦斯基、格沃兹杰夫、契恒凯里、齐赫泽之流),**武装起来等待时机**,**武装起来**为更**高**阶段**打下更广泛的**基础。

---

① 《1917年3月4日(17日)的提纲草稿》(见本版全集第29卷)。——编者注

② 此处手稿中删去了以下一句话:"如果您等得及的话"。——俄文版编者注

应当利用出版自由把我们这里的东西翻印一下(作为关于前一段历史的材料),并用电报告诉我们:我们可不可以写点东西,从这里经过斯堪的纳维亚寄去,以此提供一些帮助。我们担心不能很快离开这该死的瑞士。

紧紧握手!祝一切顺利!

您的　**列宁**

附言:我担心目前彼得格勒会出现一种流行**病**:"一味地"兴奋,而不去系统地为建立一个**新**型的党进行工作,这个党要**决**不同于"第二国际"。要广泛展开工作!把新的阶层发动起来!唤起新的主动精神,在一切阶层中成立新的组织,并向它们**证明**,只有武装的工人代表苏维埃掌握了政权,才能有**和平**。

从苏黎世发往克里斯蒂安尼亚(现称奥斯陆)

载于1924年7月27日《真理报》第169号

译自《列宁全集》俄文第5版第49卷第401—403页

404

致伊·费·阿尔曼德[575]

(3月18日)

亲爱的朋友:我去作了专题报告,现在归途中给您写信。昨天(星期六)我读到有关赦免的消息[576]。我们都想走。如果您回去,请先到我们这里来一趟,我们谈谈。我很想托您在英国悄悄地、确切地打听一下,我能否过境。

握手!

您的　**弗·乌·**

发往克拉伦(瑞士)

译自《列宁全集》俄文第5版第49卷第403页

405

致维·阿·卡尔宾斯基

(3月19日)

亲爱的维亚切·阿列·:

我正在绞尽脑汁,考虑此行的方式。下面这件事要绝对保守秘密。请立即回复,最好用快信(我们多寄10来封快信想必不会使党破产),好使我安心,知道没有任何人看到信。

请您以自己的名义搞一份去法国和英国的签证,我将**利用它**取道英国(与**荷兰**)返国。

我可以戴上假发。

我照相时就戴上假发,到伯尔尼之后,**我**也戴着假发持您的证件到领事馆去。

到那时,您起码应当离开日内瓦几个星期(直到我从斯堪的纳维亚给您发电报来)。在这个期间,您应当非常严密地躲在山里,膳宿费**当然由我们替您支付**。

如果同意的话，请非常果断(和非常秘密)地**立即**开始**准备**，并且无论如何要马上给我回信。

您的　**列宁**

请周密考虑**有关这方面**的一切具体做法，并写信详细地告诉我。我所以写信给您，是因为我深信，在我们之间一切都会**绝对**保守秘密。

从苏黎世发往日内瓦

载于1926年4月22日《真理报》第92号

译自《列宁全集》俄文第5版第49卷第403—404页

406

致伊·费·阿尔曼德

(3月19日)

亲爱的朋友：今天收到您的来信，并用电话通了话，现作如下答复。

不瞒您说，我感到非常失望。依我看，现在任何人都应该只有一个想法：快走。可是人们却在"等待着"什么！！……

我确信，如果我用自己的真名走，英国就会逮捕或者干脆拘留我，因为正是英国不仅没收了我寄往美国的许多信件，而且(英国警察局)在1915年还问过老大爷是否跟我通信，是否通过我同德国社会党人联系。

这是事实！因此，没有非常“特殊的”措施，我个人是无法动身的。

其余的人呢？我原以为，您会马上到英国去，因为只有在那里才可以了解到怎么走法，风险大不大(据说取道荷兰风险小，也就是：伦敦——荷兰——斯堪的纳维亚)等等。

昨天，我在途中给您写了一张明信片[①]。当时我想您一定已经考虑并决定去伯尔尼找领事，而您回信却说，还在犹豫，还要考虑一下。

我的心情当然非常烦躁，那还用得着说吗！在这里耐着性子坐等……

大概您有特殊原因，身体可能不好等等。

我要试试说服瓦利娅去(她已经一年没来过，上星期六到我们这里来了！)，但是她对革命并不关心。

是啊，差点忘了。在克拉伦可以而且应该立即做一件事：搞护照，(α)设法向俄国人要，如果他们同意把自己的护照借给别人现在出境用(别说是为我搞的)；(β)向瑞士女人或男人要，如果他们能将护照给俄国人用的话。

应该叫安娜·叶夫根·和阿布拉姆**立即**到大使馆去要通行证(倘若不给，就**发电报**向米留可夫和克伦斯基申诉)，然后动身，或者，如果不走的话，就根据**事实**(而不是传闻)回信告诉我们，通行证如何发放和领取。

握手！

您的　**列宁**

---

① 见本卷第404号文献。——编者注

在克拉伦(及其附近)有很多富有的俄国人和不富有的俄国社会爱国主义者以及诸如此类的人(特罗雅诺夫斯基、鲁巴金等)。他们总该可以向德国人要到通行证——给各种革命者要一节到哥本哈根去的车厢。

为什么不去要呢?

我是做不到这点的。我是个"失败主义者"。

而特罗雅诺夫斯基和鲁巴金+他们的同伙却**能做到**。

唉,如果我能把这群败类和蠢货教训得聪明起来就好了!……

您也许要说德国人**不会**给车。让我们来打赌,我说**会给的**!

当然,要是他们知道这个主意是**我出的**或者是**您**出的,事情就糟了……

日内瓦是否有能够这样干的笨蛋呢?……

从苏黎世发往克拉伦(瑞士)

译自《列宁全集》俄文第5版
第49卷第404—406页

407

致维·阿·卡尔宾斯基

(3月19日以后)

马尔托夫的计划[577]很好,**应当**为这个计划花些力气,不过**我**(和您)不能公开这样做。人家会怀疑**我们**。必须让马尔托夫以外的俄国非党人士和爱国主义者去请求瑞士部长们(和权威人士、律师等等,——这在日内瓦也可以做到)同德国政府驻伯尔尼大使**商谈**这件事。不论直接或间接我们都不能参加。一参加就会**把**整个事情**搞糟**。可是,计划本身**非常**好,**非常**正确。

从苏黎世发往日内瓦

载于1930年《列宁文集》俄文版第13卷

译自《列宁全集》俄文第5版第49卷第406页

408

致维·阿·卡尔宾斯基

(3月21日)

亲爱的同志:非常非常感谢您提供的消息。无论是作专题报告,还是参加群众集会,我现在都不能去[578],因为我每天要给彼得格勒的《真理报》写东西。

致崇高的敬礼!

您的 **列宁**

今后请继续为我提供消息和不同派别的言论。

从苏黎世发往日内瓦

载于1930年《列宁文集》俄文版第13卷

译自《列宁全集》俄文第5版第49卷第406—407页

409
致雅·斯·加涅茨基

1917年3月22日

亲爱的朋友:我刚才给克里斯蒂安尼亚(维德内斯,《社会民主党人报》[579],转柯伦泰)寄了两封快信,内有给彼得格勒《真理报》写的两篇文章[580]。但愿柯伦泰在离开克里斯蒂安尼亚前能收到这两封信(她将在3月27日晨动身)。如果收不到,劳您驾做两件事:第一,请您检查一下克里斯蒂安尼亚的中转机构工作是否正常;第二,如有必要,全部邮件请您**亲自**转寄。我暂时只用一个彼得格勒的地址:彼得格勒　丰坦卡街38号19室　生活和知识出版社　弗拉基·邦契-布鲁耶维奇先生。这个出版者会立即转给《真理报》。

我想您会**立即**将《真理报》和这一类的**全部**其他材料寄给我,是吗?接此信后请立即给我来电报:"信收到,保证转寄"。

敬礼!握手并祝贺!

您的　**弗拉·乌里扬诺夫**

附言:非常恳切地请求您提供情况。

从苏黎世发往克里斯蒂安尼亚(现称奥斯陆)

原文是德文

载于1928年1月21日《真理报》第18号

译自《列宁全集》俄文第5版第49卷第407页

410
致瑞典《社会民主党人报》编辑部

(3月22日)

致《社会民主党人报》[581]编辑部

尊敬的同志们:

你们知道,俄国正在发生重大的革命事件。因此俄国社会民主工党中央委员会认为,使外国同志正确地了解这一运动是非常重要的。俄国社会民主工党中央委员会现介绍**亚·柯伦泰**同志前去,她所提供的情况完全可靠。

致社会民主党的敬礼!

受俄国社会民主工党中央委员会的委托

从苏黎世发往斯德哥尔摩

原文是德文

载于1930年《列宁文集》俄文版第13卷

译自《列宁全集》俄文第5版第49卷第408页

411

给雅·斯·加涅茨基的电报

(3月23日)

信已寄出[582]。叔叔①希望获得详细的材料。对个别人来说，官方途径是不能接受的。火速给瓦尔沙夫斯基去信。克卢兹韦格街8号。

从苏黎世发往克里斯蒂安尼亚(现称奥斯陆)

原文是德文

载于1930年《列宁文集》俄文版第13卷

译自《列宁全集》俄文第5版第49卷第408页

412

给雅·斯·加涅茨基的电报

(3月23日)

克里斯蒂安尼亚　花园饭店　菲尔斯滕贝格

请致电《真理报》，并附回电地址。刚刚看了中央委员会宣

① 列宁。——编者注

言[583]的摘录。致最良好的祝愿！致力于和平及社会主义事业的无产阶级民兵万岁！

乌里扬诺夫

从苏黎世发往克里斯蒂安尼亚(现称奥斯陆)

原文是德文

载于1930年《列宁文集》俄文版第13卷

译自《列宁全集》俄文第5版第49卷第409页

413

致伊·费·阿尔曼德

(3月23日)

亲爱的朋友：现寄上加米涅夫的几张明信片，阅后请退我。

您在《法兰克福报》[584](还有《民权报》)上是否看到了中央委员会宣言的摘录？可真好啊！

向您祝贺。

致最崇高的敬礼！

您的 **列宁**

附言：请您购买《泰晤士报》[585]，上面有极好的材料。

有人告诉瓦利娅说，取道英国根本不行(在英国大使馆听说的)。

如果英、德**两国说什么**都不放行,可就麻烦啦!!! 而这是完全可能的!

随信附上我的两篇文章的抄件,请您马上就看,再传给乌西耶维奇,然后请您**立即**寄到日内瓦给卡尔宾斯基夫妇,要他们阅后也**立即**退我。又及。

注意:星期一前我需要用这些抄件。

从苏黎世发往克拉伦(瑞士)

译自《列宁全集》俄文第5版第49卷第409页

414

致维·阿·卡尔宾斯基

(3月24日)

亲爱的同志:我已经给您寄去(通过伊涅萨)我给《**真理报**》写的两篇文章的抄件——供参阅,以便统一我们的看法。

必须在**星期一**退我:必要时,请寄快件,送到车站去寄。

要谨防同开端派[586]结成联盟:我们反对同其他党派接近,我们**主张**提醒工人不要**上**齐赫泽的**当**。必须这样做! 齐赫泽显然在动摇,看一看3月22日的《时报》和其他许多报纸在怎样夸奖他吧。我们**拥护**国内的中央委员会,**拥护**《真理报》,**拥护**自己的党,

拥护致力于和平与社会主义事业的无产阶级民兵。

敬礼!

您的 **列宁**

从苏黎世发往日内瓦

载于1930年《列宁文集》俄文版第13卷

译自《列宁全集》俄文第5版第49卷第410页

415

致阿·瓦·卢那察尔斯基[587]

(3月25日以前)

尊敬的阿纳托利·瓦西里耶维奇同志:

关于协商问题,我**个人的**意见(我把您的信转给季诺维也夫)是:现在,只有在主张提醒无产阶级不仅不要上格沃兹杰夫分子的当,而且要防备**齐赫泽的动摇**的人们之间进行协商,才是合适的。

据我看来,这是我们党内状况和(如果能这样说的话)党的周围状况的根本问题。

正因为如此,我**不**愿花费时间来同马尔托夫之流进行任何协商。

保持我们党的独立性和特殊性,**决不同其他党派接近**——我认为这是绝对不能改变的。不这样就不能帮助无产阶级通过**民主**变革到达**公社**,而我决不会为其他的目的服务。

只有同意这一基本问题的人们和团体，我本人才**赞成**同他们进行协商。

如能同您随便谈谈，而不是进行任何正式的协商，那我会感到很高兴，而且我认为这样做对我个人(以及对事业)**有好处**。

从我这方面说，我衷心地祝贺您，紧紧握手！娜·康·也向你们夫妇问好！

致同志的敬礼！

列　宁

我的地址：

苏黎世 I　明镜巷 14^II 号　弗拉·乌里扬诺夫(卡梅雷尔转)。

从苏黎世发往日内瓦

载于1934年《列宁文集》俄文版第26卷

译自《列宁全集》俄文第5版第49卷第410—411页

416
致维·阿·卡尔宾斯基

(3月25日)

亲爱的同志：

我曾经通过伊涅萨把我给《真理报》的两封信的抄件寄给您。希望您按照我的请求，今天(星期日)或者明天用**快件**寄还给我。

星期二以后(星期二晚上我要在这里讲演[588]),我把第三封信①的抄件寄给您。到那时,我想,我们在策略问题上**统一看法**就容易了。

卢那察尔斯基曾写信给我,建议进行"协商"。我回信说:我同意与您(卢那察尔斯基)个别谈谈②。(他将到苏黎世来。)**只有**在赞成提醒工人**防备**齐赫泽动摇的条件下,我才同意进行协商。他(卢那察尔斯基)**默不作答**。

就是说,我们只限于**私人**谈话。

齐赫泽显然是在**动摇**:请看,《时报》在3月22日**夸奖**齐赫泽,而在3月24日又**痛骂**齐赫泽。

情况很清楚!!

因此,您这样匆忙地制定共同决议[589]使我有点担心(今天我已把它连同我的一篇文章寄给《**真理报**》,地址是:**克里斯蒂安尼亚**花园饭店菲尔斯滕贝格先生。您可以把文章寄到那里去,但要说明是给《**真理报**》写的文章,地址是我给的;**带有原则性的**文章,事先我们能够统一一下看法是会有好处的)。

《**真理报**》想必**需要**文章。至少我是要写的,**并劝所有朋友们也写**。

我担心您又在急于同"前进派"联合。

您的决议的结尾是好的(我只是**草草**浏览了一遍,因为要把它送走),但决议的开头(关于一般民主问题),我觉得很糟。

关于同"前进派"联合问题。我往斯堪的纳维亚发过一份电报给启程回国的我党党员:

---

① 见本版全集第29卷第33—45页。——编者注

② 见上一号文献。——编者注

“我们的策略是:完全不信任新政府,不给新政府任何支持;特别要怀疑克伦斯基;把无产阶级武装起来——这是唯一的保证;立即举行彼得格勒杜马的选举;**决不同其他党派接近**。”

最后一点是不可缺少的条件。

我们不信任齐赫泽。

我们的代表[590]和加米涅夫**已经**到达**或者**最近几天就会到达彼得格勒。**中央委员会**在彼得格勒(在《法兰克福报》上曾经登载了中央委员会宣言的摘录,**妙极了**!),《**真理报**》也在那里。我们**绝对**主张保存**这个**党,根本反对同组织委员会合并。

(组织委员会想必**不在**彼得格勒,因为《法兰克福报》和《福斯报》[591]详尽地转载了齐赫泽之流3月16日的**宣言**[592],其中**根本没有提到**组织委员会。)

正是为了立宪会议的选举(或者为了推翻古契柯夫和米留可夫的政府),我们才**需要**一个特殊的、我们自己的政党,即在1914—1917年这一时期我认为已经**完全**证明自己正确的政党。

怎么样?前进派愿意加入,**真心**愿意加入这个党吗?

很好!

不愿意吗?“让步”和“讲价钱”我是不干的。

请您**开诚布公地**、**不厌其烦地**同他们谈谈,并写信告诉我,我希望能在星期二(最迟星期三早晨)得到您的答复。

您能不能负责把我的500页(8开纸)手稿[593]用打字机打两份(或者一份)?**报酬不低于上一次**。我想到彼得格勒后立即把它出版。

不胜感激!

请答复。

紧紧握手！

您的　**列宁**

附言:柳德米拉**已离开**斯德哥尔摩。请不要写信到斯德哥尔摩去。

如有可能的话,您和奥丽珈是否回国？什么时候回去？还有谁要离开日内瓦？又及。

从苏黎世发往日内瓦

载于 1930 年《列宁文集》俄文版第 13 卷

译自《列宁全集》俄文第 5 版第 49 卷第 411—413 页

417

致伊·费·阿尔曼德

(3 月 25 日和 31 日之间)

亲爱的朋友:

看来您的情绪极度不安,所以您在信中提出了一系列理论上"稀奇古怪的"问题。

不应当区别第一次革命和第二次革命或者第一阶段和第二阶段吗??

恰恰应当。马克思主义要求区别目前存在的**各个阶级**。在俄国,目前掌握政权的**不是**过去的**那个**阶级。这就是说,我们所面临的革命完完全全是**另一种**革命。

我所谓米留可夫之流支持工人,意思(我觉得)很明显:**如果**米留可夫之流先生们真想消灭君主制,他们就**应当**支持工人。只能如此!

不能用革命去制造"偶像"。克伦斯基是一个革命者,但他是空谈家、撒谎者、欺骗工人的人。**甚至**在圣彼得堡的"工兵代表苏维埃"中,**大多数人**都被他捉弄了(在摇摆不定、迷糊不清的齐赫泽的帮助下),这几乎是不容置疑的事实。而农村将会怎样呢?

完全可能,多数工人和农民将**在一段时间内**真的**拥护**帝国主义战争(因为古契柯夫之流+米留可夫之流把这种战争说成是"保卫共和国")。

如果能有一个有空的人(最好有一批这样的人,如果没有这样多,有一个也好)负责把国外**各种**报纸所发表的关于俄国革命的**一切**电讯(尽可能包括文章在内)统统**收集起来**,那就好了。

材料太多。简直看不过来。

我们大概**不**能回国!! 英国**不让过境**。取道德国又办不到。

敬礼!

列　宁

从苏黎世发往克拉伦(瑞士)

载于1950年《列宁全集》俄文第4版第35卷

译自《列宁全集》俄文第5版第49卷第414页

418

致维·阿·卡尔宾斯基

(3月26日)

亲爱的维亚切·阿列·：

昨天我给您发了一封长信①。关于《真理报》，无论是题目，还是**别的**什么，我都**不**能谈得更详细，因为我自己也不了解。

如果您有**我的**关于1906年斯德哥尔摩代表大会的报告(1906年在俄国出版的小册子)和我的《立宪民主党人的胜利》(1906年3月)②，请寄给我。

如果您今晚来不及寄出，那么明天请您用快件寄来，以便我能在傍晚**前**收到。

致崇高的敬礼！

您的　**列宁**

从苏黎世发往日内瓦

载于1930年《列宁文集》俄文版第13卷

译自《列宁全集》俄文第5版第49卷第415页

① 见本卷第416号文献。——编者注

② 即《关于俄国社会民主工党统一代表大会的报告》1906年6月单行本(见本版全集第13卷)和《立宪民主党人的胜利和工人政党的任务》1906年4月单行本(见本版全集第12卷)。——编者注

419

致伊·费·阿尔曼德

(3月27日)

亲爱的朋友:今天收到了卡尔宾斯基寄回的我的第一封信,显然是您及时转给了他。谢谢。

第二封信没寄回。您不是已经收到了这封信吗?? 这封信究竟在哪里呢?

我寄给《真理报》的第三封和第四封信,明天(星期三)寄给您。您看过后转给乌西耶维奇看看,然后寄给卡尔宾斯基夫妇。今天我要在这里作专题报告。

很想知道您对第三封信的看法——我们以后谈谈吧。

紧紧地、紧紧地握手!

您的　**列宁**

附言:把信转给卡尔宾斯基的事,我原以为您会用明信片通知我。我估计您已经走了,所以昨天给乌西耶维奇写了一封信。

从苏黎世发往克拉伦(瑞士)

译自《列宁全集》俄文第5版第49卷第415—416页

420

致索・瑙・拉维奇

(3月27日)

亲爱的奥丽珈：

请注意不要再让维亚切・阿列・在打字问题①上弄出风波来——明天他就会收到格里戈里寄出的手稿。**已商定**：报酬**不低于**上一次的。

打**两份**，最好用四开纸(但不一定)。

我认为您的结婚方案[594]十分聪明。我赞成(在中央讨论时)给您100法郎：50法郎塞给律师，另50法郎给那位和您结婚的"合适的老头儿"②！

真的！！去德国和俄国的权利**都**有啦！

乌拉！您想出的办法妙极了！

致崇高的敬礼！

您的　**列宁**

请用**最**薄的纸张打我寄给《**真理报**》的信。

从苏黎世发往日内瓦

载于1930年《列宁文集》俄文版第13卷

译自《列宁全集》俄文第5版第49卷第416页

---

① 见本卷第416号文献。——编者注

② 挑选阿克雪里罗得吧！

421

给雅·斯·加涅茨基的电报

(3月28日)

柏林的解决办法我无法接受。或者瑞士政府得到去哥本哈根的[①]一节车厢,或者俄国政府商妥用被拘留的德国人交换一切侨民。

从苏黎世发往斯德哥尔摩

原文是德文

载于1930年《列宁文集》俄文版第13卷

译自《列宁全集》俄文第5版第49卷第417页

422

致雅·斯·加涅茨基[595]

(3月30日以前)

请尽可能详细地告诉我,第一,英国政府是否同意在下述条件下让我和我党即俄国社会民主工党(中央委员会)的一些成员经由

① "去哥本哈根的"这几个字是娜·康·克鲁普斯卡娅写的。——俄文版编者注

英国返回俄国:(1)瑞士社会党人弗里茨·普拉滕业经英国政府许可,有权取道英国运送任何数量的人员(不论他们的政治倾向和对战争与和平的观点如何)回国;(2)被运送人员乘坐的经英国过境的车厢,由普拉滕上锁,其中的人员组成和秩序均由普拉滕一人负责。未经普拉滕同意,任何人不得进入这节车厢。该车厢享有治外法权;(3)普拉滕可以使用任何一个中立国的轮船运送一批人员离开英国港口,有权向各国通知这艘专轮离港时间;(4)普拉滕将按照占用座位的数目付给铁路运输费用;(5)英国政府保证不阻挠俄国政治侨民租用专轮和离港,不扣留轮船,而为尽速过境提供方便。

第二,如果英国同意,它将作出哪些保证来履行这些条件,是否反对公布这些条件。

如果是用电报向伦敦查询,来回电报费用由我们承担。

期限……

译自《列宁全集》俄文第5版
第49卷第417—418页

423
给雅·斯·加涅茨基的电报

(3月30日)

您的方案不能接受。英国决不会让我过境,多半会拘留我。米留可夫肯定骗人。唯一的希望是派人去彼得格勒,设法通过工人代表苏维埃用被拘留的德国人交换。请电告。

乌里扬诺夫

从苏黎世发往斯德哥尔摩

原文是德文

载于1924年《列宁文集》俄文版第2卷

译自《列宁全集》俄文第5版第49卷第418页

424

致雅·斯·加涅茨基

1917年3月30日

亲爱的同志：我衷心地感谢您的张罗和帮助。当然，我不能接受同《钟声》杂志出版者[596]有关的那些人的帮助。今天我曾发电报告诉您，说离开瑞士的唯一希望，就是以被拘留的德国人交换在瑞士的俄国侨民。英国决不会让我过境，也决不会让任何国际主义者过境，既不会让马尔托夫和他的朋友过境，也不会让纳坦松和他的朋友过境。英国人已把切尔诺夫送回法国，虽然他的通行证件一应俱全!! 很明显，英帝国主义者是俄国**无产阶级**革命的最凶恶的敌人。很明显，为了阻挠国际主义者回国，英法帝国主义资本的走狗和俄国帝国主义者米留可夫(一伙)**什么坏事都**干得出来——欺骗、出卖等等，什么事都干得出来。在这方面，哪怕对米留可夫和克伦斯基(空谈家，按其客观作用来说是俄国帝国主义资产阶级的代理人)采取一点点轻信的态度，都直接有害于工人运动和我们党,都是近于背叛国际主义的行为。对我们来说,回国去的唯一希望(的的确确是唯一的希望),就是尽快派一个可靠的人回国,通过"工人代表苏维埃"施加压力,**迫使**政府同意以被拘留的德国人**交换**所有在瑞士的俄国侨民。行动要非常果断,把每一个步骤都记录下来,不要吝惜电报费,把可以用来对付米留可夫一伙的文件收集起来,因为这伙人只会迁延时日,开空头支票,招摇撞骗等等。您可以想象到,在这样的时候待在这里,对我们大家来说是一种怎样的折磨。

其次,根据一些原则性的考虑,派一个可靠的人回国去**更有必要**。外国报纸上登载的最新消息愈来愈明显地提到:在克伦斯基的直接帮助下,并且由于齐赫泽的不可原谅的(客气点说)动摇,政府正在欺骗工人,**而且是有效地**欺骗工人,把帝国主义战争硬说成"防御"战争。根据圣彼得堡通讯社1917年3月30日发出的电讯来看,齐赫泽完全受了这个口号的骗,而且(如果相信这个消息的话,当然它一般来说是不可靠的)连工人代表苏维埃也接受了这个口号。即使这个消息不真实,这种欺骗无疑也是**非常危险的**。党应当集中全力同这种欺骗作斗争。我们党如果容忍这种欺骗,就会永远玷辱自己的名声,就是在政治上自杀。根据一条消息判断,穆拉诺夫已经**同斯柯别列夫一道**从喀琅施塔得归国。如果穆拉诺夫是**受**古契柯夫—米留可夫临时政府的**委托**到那里去的,请您务必(通过可靠的人)口头转告**并且公开发表出来**,就说我**对这一点无条件地加以谴责**,我深信,同倒向社会爱国主义的,站在极端错误极端有害的社会和平主义即考茨基主义立场上的齐赫泽之流的任何接近,对工人阶级都是**有害的,危险的,不可容忍的**。

我想您已经收到了我的第一封至第四封《远方来信》①,在信里,我阐明了这些观点的理论基础和政治基础。如果这些信寄丢了,或者没有寄到彼得格勒,请来电告知,我可以再把抄件寄去。

毫无疑问,在彼得格勒工兵代表苏维埃中,下面两种人是很多的,看样子甚至占优势,即(1)克伦斯基的拥护者——克伦斯基是帝国主义资产阶级的最危险的代理人,他实行帝国主义政策,也就是在滔滔不绝的花言巧语和空头支票掩护下为**从俄国方面**来说是掠夺的侵略的战争辩护;(2)齐赫泽的拥护者——齐赫泽厚颜无耻地倒向社会爱国主义,他赞同考茨基主义的极其庸俗的观点和极其荒谬的见解。我们党必须同这**两个**流派进行最顽强、最有原则、最坚忍、最无情的斗争。我个人会毫不犹豫地声明,而且是在报刊上声明:我甚至不惜立即同我们党内的任何一个人决裂,也不向克伦斯基一伙的社会爱国主义或者齐赫泽一伙的社会和平主义与考茨基主义让步。

不管怎样,我得要求在彼得格勒再版这里的《社会民主党人报》、列宁和季诺维也夫论战争与社会主义的小册子[597]、《共产党人》杂志和《〈社会民主党人报〉文集》,即使用"沙皇制度末期史料选辑"这样的名称也好。而特别应当和首先应当重新发表登载在《社会民主党人报》第47号(1915年10月13日)上的**要点**②。这些要点在目前非常重要。

这些要点直接、明确地指出了在俄国革命时期我们应当怎么办,并且是在革命前一年半指出的。

这些要点被革命绝妙地、一字不差地证实了。

---

① 见本版全集第29卷第9—52页。——编者注

② 《几个要点》(见本版全集第27卷)。——编者注

在下列情况下，从俄国方面来说，战争**不会**改变**而且不可能改变**它的帝国主义性质，即：(1)如果掌握政权的是地主和资本家，是资产阶级的**阶级**代表；(2)如果掌握政权的是这个资产阶级的直接代理人和奴仆，如克伦斯基和其他社会爱国主义者；(3)如果沙皇政府同英法帝国主义者缔结的条约仍然有效(古契柯夫—米留可夫政府曾**在国外**——我不知道它在俄国是否这样做了——**公然**宣布它**忠实于**这些条约)；这些条约是掠夺性的，其中谈到占领加利西亚、亚美尼亚、君士坦丁堡等等，等等；(4)如果这些条约**没有**公布出来而且**没有**废除；(5)如果俄国同英法资产阶级帝国主义政府所结成的整个同盟关系**没有**完全破裂；(6)如果俄国的国家政权**没有从**帝国主义资产阶级**手中**(空洞的许诺与"和平主义的"声明，不管愚蠢的考茨基、齐赫泽一伙怎样相信它们，都**不能**把资产阶级变成**非**资产阶级)转到无产阶级**手中**；**只有**无产阶级能够在贫苦农民支持下**不是在口头上**而是在行动上同资本的利益和帝国主义的政策一刀两断，同掠夺其他国家的行为一刀两断，把受大俄罗斯人压迫的民族**完全**解放出来，**立即**从亚美尼亚和加利西亚撤军，等等；(7)只有无产阶级(如果摆脱了本国资产阶级的影响)，才能赢得**一切**交战国无产者的**真正**信任，**同他们**进行和平谈判；(8)无产阶级的这些和平条件，在《**社会民主党人报**》第47号和我的**第四封**信中都作了明确的阐述。

从这里可以清楚地看出，一些口号，如我们**现在**在保卫俄国的共和制，我们**现在**在进行"防御战"，我们将同**威廉**作战，我们**要为**推翻威廉而战，——所有这些口号都是对工人莫大的欺骗、莫大的蒙蔽！！因为古契柯夫—李沃夫—米留可夫一伙是地主和资本家，是地主和资本家**阶级**的代表，是**帝国主义者**，他们依据原来沙皇政府的掠夺性条约,同**原来的**掠夺成性的英法意帝国主义资产阶级结成同盟,为了达到**原来的**掠夺目的而进行战争。

俄国的资产阶级**帝国主义**共和国向德国人发出的"推翻威廉"的呼吁,不过是法国社会沙文主义者、社会主义叛徒茹尔·盖得和桑巴一伙的骗人口号的翻版。

要非常通俗地、非常清楚地,而不是文绉绉地向工人和士兵阐明:不仅应当推翻威廉,而且应当推翻英国和意大利的国王。这是第一。第二点,也是**主要的一点**——应当推翻**资产阶级的**政府,并且应当**从俄国开始**,因为不这样就不可能获得和平。也许**我们不能**马上把古契柯夫—米留可夫的政府"推翻"。即使如此,这也不能成为**说谎话**的理由!! 应当对工人们讲**真话**。应当告诉他们:古契柯夫—米留可夫一伙的政府是帝国主义政府,工人和农民应当**首先**(不能据此确定时机问题:是现在呢,还是等到立宪会议选举以后,如果立宪会议不是用来欺骗人民,选举不会被拖到战后的话),应当首先使**全部**国家政权转到工人阶级——资本的敌人、帝国主义战争的敌人——手中,只有到那时,他们才**有权**号召推翻**一切**国王和**一切**资产阶级政府。

请务必设法把这一切送到彼得格勒和《真理报》去,并送给穆拉诺夫和加米涅夫等人。请务必尽力找一个最可靠的人送去。最好找像库巴这样可靠而聪明的小伙子到那里去(他会给予整个世界工人运动以极大的帮助)帮助我们彼得格勒的朋友们!! 我希望您能办妥这件事情!! 希望您尽力而为。

彼得格勒的条件极端困难。共和派爱国主义者在竭尽**全**力进行活动。有人想给我们党泼脏水,抹污泥(切尔诺马佐夫"事件"——寄上有关该事件的文件[598]),如此等等。

无论是齐赫泽一伙，还是苏汉诺夫、斯切克洛夫等人，都**不能**信任。决不同其他党派接近，不同任何人接近！丝毫不要信任和支持古契柯夫—米留可夫一伙的政府！！在报刊上和在工人代表苏维埃中，到处都要以不可调和的精神宣传国际主义，宣传同共和派沙文主义和社会沙文主义作斗争，把**我们的**党组织起来——问题的实质就在这里。加米涅夫应该懂得，他肩负着具有**世界**历史意义的责任。[599]

在彼得格勒同斯德哥尔摩的联系问题上，请不要怕花钱！！

亲爱的同志，请您收到这封信后务必立即回电，并向我提供各方面的情况。希望瑞典的朋友们也能在这方面给予帮助。

紧紧握手！

您的　**列宁**

从苏黎世发往斯德哥尔摩

载于1921年《无产阶级革命》杂志第2期

译自《列宁全集》俄文第5版第49卷第418—423页

425

给罗·格里姆的电报[600]

(3月31日)

致国民院议员格里姆

我党决定完全接受关于俄国侨民取道德国回国的建议，并立即办理启程事宜。① 预计回国者现已有十余人。

我们决不能对继续拖延负责，并对此表示坚决抗议，我们决定单独启程。务请尽速商妥，尽可能于明日将决定通知我们。

致以谢意！

列　宁②

从苏黎世发往伯尔尼

原文是德文

载于1924年《列宁文集》俄文版第2卷

译自《列宁全集》俄文第5版第49卷第424页

426

致恩・诺布斯

(3月31日)

亲爱的同志：

随信附上对在切尔诺马佐夫问题上那些卑鄙的言论的**答复**。请把它刊登在《民权报》上。

我当然无权企望占据《民权报》这么大的篇幅。这一点我很清楚。

但这件事情对我们党有**很大**意义，资产阶级的报刊完全是在

① 见本版全集第29卷第119—121页。——编者注

② 签署该电报的还有格・叶・季诺维也夫和乌里扬诺娃(娜・康・克鲁普斯卡娅)。——俄文版编者注

造谣诽谤。

在这种情况下,希望您一定把文章登出来。

请您立即给我回信。星期二早上我大概要去伯尔尼,星期三再从那里出发取道德国回国。

向您和**普拉滕**致最崇高的敬礼!

您的　**列宁**

原文是德文

载于1973年苏黎世出版的威利·高奇《列宁侨居瑞士》一书

译自《列宁文集》俄文版第40卷第53页

427

给雅·斯·加涅茨基的电报

(4月1日)

请拨出2 000克朗给我们做旅费,3 000更好。我们打算星期三[①]动身,至少10人。请回电。

乌里扬诺夫

从苏黎世发往斯德哥尔摩

原文是德文

载于1930年《列宁文集》俄文版第13卷

译自《列宁全集》俄文第5版第49卷第425页

① 1917年4月4日。——编者注

428
致维·阿·卡尔宾斯基

(4月2日)

亲爱的朋友们:

我们将**在星期三**取道德国回国。

明天作最后决定。

现在把我们的几包书籍、**文件**和东西给您寄去,请分批寄到斯德哥尔摩,以便从那里给我们转寄到彼得格勒。

钱和中央委员会的委托书也给您寄去,以便处理一切通信工作和管理各种事务。

我们想用德文、**法文**和意大利文印发传单《给瑞士工人的告别信》①。

伊涅萨来不及把它译成法文,因此希望您(同吉尔波)把它译出并出版。

这里有一位同志(懂德文和意大利文)答应把它译成意大利文并出版,他叫尤利乌斯·**米米奥拉**。

苏黎世4

(克鲁姆巷2号。)

我已经把**您的**地址告诉他了。您拿到德文小册子以后,请把它(和用**德文**写的信)以及出版费用寄给他。

---

①　见本版全集第29卷第84—93页。——编者注

((再把这里一个德国**左派**的地址告诉您,他曾出版过齐美尔瓦尔德左派的第 1 号小报,在出版传单时也许用得着他:**苏黎世**图尔维森街 8 号　卡尔·**施内夫**先生。**我打算把您的地址告诉他**。))

致最崇高的敬礼和深切的祝愿!

紧紧握手!

您的　**列宁**

附言:我们有可能筹集到 **12 个人**的旅费,因为斯德哥尔摩的同志们**非常**热心地帮助我们。

请把我给《真理报》的第一封信和第二封信(《远方来信》)用最薄的纸重打两三份,以便寄到巴黎去和在瑞士传阅(好让同志们知道)。

我们把同巴黎的通信联系转交给您:您应当找一个装订工人(非常可靠的),把寄往巴黎的信件装在书皮里面(并要学会用化学药水书写)。又及。

请**详细地**跟阿布拉莫维奇(请通知他,让他赶快动身,即赶快进行准备:我们将在星期三动身)商谈同绍德封方面的通信问题以及我的演说[601]的出版问题。又及。

从苏黎世发往日内瓦

载于 1930 年《列宁文集》俄文版第 13 卷

译自《列宁全集》俄文第 5 版第 49 卷第 425—426 页

429
致布尔什维克苏黎世支部

(4 月 2 日或 3 日)

亲爱的朋友们：

附上我们党中央的决定[602](卡尔宾斯基夫妇复制两份后，应**立即**将这个决定退我)。**请立刻**复制一份(**为自己**)，并**用快件随第一班火车**(**请送往火车站**)寄给卡尔宾斯基夫妇，**也把我的这封信附上**。

请专门通知一下洛桑(戈别尔曼[603])。

此外，我还要说一句，我认为破坏这次共同行动的孟什维克是头号**坏蛋**，他们“害怕”“舆论”**即**社会爱国主义者会有所反应!!![604]我(和季诺维也夫)走**定了**。

请打听清楚：(1)哪些人走；(2)他们有多少钱。

请立即写信将此事告诉拉多梅斯尔斯基，伯尔尼　诺伊菲尔德街 27 号。

我们**已经**有 1 000 多法郎的路费。行期想定于 4 月 4 日，星期三。

凡回国的人都应**立即**向当地的俄国领事索取护照。

敬礼！

你们的　**列宁**

请立即将抄件寄给阿布拉姆及其妻子。

附言:附上你们向格里戈里借的100法郎。

载于1930年《列宁文集》俄文版第13卷

译自《列宁全集》俄文第5版第49卷第427页

430
致伊・费・阿尔曼德

(4月4日以前)

上面一张纸是前天匆匆写的,回答您信中提出的问题。当时没打算寄出,因为还想补充。

由于太忙,直到今天晚上也没有时间,没能补充写完。

我盼望我们在星期三走——希望和您一起走。

格里戈里来过这里,我们已约定和他一起走。

早晨用快件寄给您的钱(100法郎),想来您已收到。

我们筹集到的旅费比我估计的要多,可够10—12人用,因为斯德哥尔摩的同志们给我们帮了**大**忙。

目前彼得格勒的**多数**工人是社会爱国主义者,这是完全可能的……

我们还得战斗一段时间。

战争也会为我们进行鼓动。

多多致意！再见！

您的　**列宁**

从苏黎世发往克拉伦(瑞士)

译自《列宁全集》俄文第5版第49卷第424—425页

431
致维·阿·卡尔宾斯基和索·瑙·拉维奇

(4月4日)

亲爱的朋友们：事情进行得很顺利。米宁同志所知道的那个方案正在实现。一切都由普拉滕负责。下面我把普拉滕所提条件的抄件告诉你们。看来，这些条件是会被接受的。否则我们不能成行。格里姆在继续做孟什维克的工作，但我们自然应该完全独立行动。我们想把动身日期定在星期五、星期三、星期六。而目前是这样的情况，我们想在动身前拟出一份详细的议定书，把有关事宜全部记录下来。邀请普拉滕、莱维(《伯尔尼哨兵报》的，作为报界代表)等人签字。最好也请法国人参加。注意：请你们立即和吉尔波商谈一下，向他说明情况，把条件给他看，如果他赞成，则请他一接到这里发出的电报就**来**(开支由我们负担)。这点很重要。我们很可能还要邀请沙尔·奈恩(普拉滕将打电话和他商谈)。

注意　而更重要的是，如果吉尔波赞成，那么他能否也请罗曼·罗兰签字。**极为重要**，因为《小巴黎人报》[605]上登了一则消息，说什么米留可夫扬言,要把取道德国的人统统送交法庭审判。请把这点告诉吉尔波。因此,法国人参加尤其重要。请立即答复。致衷心的敬意!

1917年4月4日

从彼尔姆来电说:"向乌里扬诺夫、季诺维也夫致兄弟般的敬礼!今天我们前往彼得格勒等地。加米涅夫、穆拉诺夫、斯大林签字。"

从苏黎世发往日内瓦

译自《列宁全集》俄文第5版第49卷第427—428页

432
给雅·斯·加涅茨基的电报

(4月5日)

我们现被耽搁,原因不明。[606]孟什维克要求由工人代表苏维埃批准。请尽可能立即派人前往芬兰或彼得格勒同齐赫泽商定。别列宁[607]意见如何,切望见告。回电请发往伯尔尼民众文化馆。

乌里扬诺夫

从伯尔尼发往斯德哥尔摩

载于1924年《无产阶级革命》杂志第1期

译自《列宁全集》俄文第5版第49卷第428—429页

433

给昂·吉尔波的电报

(4月6日)

明午赴德。[608]由普拉滕押车,请立即前来,开支由我们负担。如罗曼·罗兰原则上同意,亦请同来。尽可能偕同奈恩或格拉贝同来。回电请发给民众文化馆乌里扬诺夫。

乌里扬诺夫

从伯尔尼发往日内瓦

原文是法文

载于1923年柏林出版的昂利·吉尔波《弗拉基米尔·伊里奇·列宁》一书(法文版)

译自《列宁全集》俄文第5版第49卷第429页

434

给维·阿·卡尔宾斯基的电报

(4月6日)

明午出发。请来。打听是否准许乘坐瑞士邮车①。米哈的旅

① 见下一号文献。——编者注

费由我们支付。

乌里扬诺夫

从伯尔尼发往日内瓦

原文是法文

载于1930年《列宁文集》俄文版第13卷

译自《列宁全集》俄文第5版第49卷第429页

435

给维·阿·卡尔宾斯基的电报

(4月6日)

前电"是否准许乘坐瑞士邮车"意为"是否准许离开瑞士"。

从伯尔尼发往日内瓦

原文是法文

载于1930年《列宁文集》俄文版第13卷

译自《列宁全集》俄文第5版第49卷第430页

436

给维·阿·卡尔宾斯基的电报

(4月6日)

无论如何不能耽搁。请您前来,不用签证。米哈、布伦迪斯顿[①]也一定要在上午10时40分离开伯尔尼。

乌里扬诺夫

从伯尔尼发往日内瓦

原文是德文

载于1930年《列宁文集》俄文版
第13卷

译自《列宁全集》俄文第5版
第49卷第430页

437
给维·阿·卡尔宾斯基的电报

(4月6日)

明天上午10时45分我们离开伯尔尼。请立即前来。

乌里扬诺夫

从伯尔尼发往日内瓦

原文是德文

载于1930年《列宁文集》俄文版
第13卷

译自《列宁全集》俄文第5版
第49卷第430页

① 大概电报有误,“布伦迪斯顿”应是“崩得分子”。——俄文版编者注

438

给美·亨·勃朗斯基和卡·伯·拉狄克的电报

(4月6日)

苏黎世　克卢兹韦格街8号

瓦尔沙夫斯基、拉狄克

全部文件[609]应立即译好,开头部分今天务必寄给吉尔波①,其余部分明天寄。———抄件寄来伯尔尼。

从伯尔尼发往苏黎世

原文是德文

载于1930年《列宁文集》俄文版第13卷

译自《列宁全集》俄文第5版第49卷第433页

① 在手稿的反面列宁写了昂·吉尔波的地址:"日内瓦　梅勒多利涅街15号　吉尔波"。——俄文版编者注

439
给雅·斯·加涅茨基的电报

(4月7日)

明天有20人走。务请林德哈根和斯特勒姆在特雷勒堡等候。速叫别列宁、加米涅夫去芬兰。

乌里扬诺夫

从伯尔尼发往斯德哥尔摩

原文是德文

载于1924年《无产阶级革命》杂志第1期

译自《列宁全集》俄文第5版第49卷第431页

440
给雅·斯·加涅茨基的电报

(4月7日)

最终定于星期一[①]离开。40人。林德哈根、斯特勒姆务必去

① 1917年4月9日。——编者注

特雷勒堡。

乌里扬诺夫

从伯尔尼发往斯德哥尔摩

原文是德文

载于1930年《列宁文集》俄文版第13卷

译自《列宁全集》俄文第5版第49卷第431页

441

给莫·马·哈里东诺夫的电报

(4月7日)

普拉滕应设法获准随身携带食品。明天12时,请用电话告知执行情况,12.11①。

乌里扬诺夫

从伯尔尼发往苏黎世

原文是德文

译自《列宁全集》俄文第5版第49卷第431页

① 数字表示电话号码。——编者注

442

致维·阿·卡尔宾斯基

(4月9日)

亲爱的维·阿·：

附上一信给您，并请**转吉尔波**。请注意，抄件一定要寄给格里姆并要他作复。拉狄克已将格里姆的抗议信[610]寄给吉尔波。告别信①的俄文本将由阿克雪里罗得寄给您(他的新地址：奥蒂凯街37号)。

您的　**列宁**

附上普拉滕的通知[611]。

从伯尔尼发往日内瓦

载于1930年《列宁文集》俄文版第13卷

译自《列宁全集》俄文第5版第49卷第432页

443

致弗·米·卡斯帕罗夫②

(4月9日)

亲爱的卡斯帕罗夫：紧紧地、紧紧地握您和卡尔的手，祝你们

① 《给瑞士工人的告别信》(见本版全集第29卷)。——编者注

② 这是写在娜·康·克鲁普斯卡娅信上的附笔。——俄文版编者注

精神愉快！要忍耐一下。我想我们会很快在彼得格勒见面的。

再一次向二位致以崇高的敬礼！

您的 **列宁**

从伯尔尼发往达沃斯(瑞士)

载于1930年《列宁文集》俄文版
第13卷

译自《列宁全集》俄文第5版
第49卷第432页

444

给雅·斯·加涅茨基的电报

(4月12日)

我们将于今天6时到达特雷勒堡。

乌里扬诺夫①

从萨斯尼茨(德国)到特雷勒堡
(瑞典)途中发往斯德哥尔摩

原文是德文

载于1924年《无产阶级革命》
杂志第1期

译自《列宁全集》俄文第5版
第49卷第433页

① 签署该电报的还有普拉滕。——编者注

445

给维·阿·卡尔宾斯基的电报

(4月14日)

德国政府遵守信用,保护了我们车厢的治外法权。我们在继续前进。请发表告别信。敬礼!

乌里扬诺夫

回国途中发往日内瓦

原文是德文

载于1930年《列宁文集》俄文版
第13卷

译自《列宁全集》俄文第5版
第49卷第433页

446

致维·阿·卡尔宾斯基

(4月15日)

亲爱的维·阿·:我们的电报[①]想必您已收到(**并已寄往**苏黎世《民权报》**发表**),《告别信》想必也送去发排了。

还有,拉狄克所缺少的那份用于议定书的,即孟什维克、开端派等反对回国的会议决议,想必您已经给他寄去了(他的地址是:斯德哥尔摩　比尔耶尔亚尔斯加坦街8号　菲尔斯滕贝格——内写:转拉狄克)。

---

① 见上一号文献。——编者注

我是否把我的家人的地址给了您？彼得格勒　宽街48/9号24室　玛丽亚·伊里尼奇娜·乌里扬诺娃(转弗·伊·乌·)。请按这个地址写一封明信片告诉我，告别信是否发表了(用哪几种文字)，是否已经寄到斯德哥尔摩去了，等等。

您不要忘记和格里沙联系一下，并从他那儿为拉狄克要法国和英国反对派的报纸。

敬礼！

您的　**列宁**

从哈帕兰达(瑞典)发往日内瓦

载于1930年《列宁文集》俄文版第13卷

译自《列宁全集》俄文第5版第49卷第434页

447
给玛·伊·乌里扬诺娃和安·伊·乌里扬诺娃-叶利扎罗娃的电报
(4月15日)

星期一夜11时到达[612]，请通知《真理报》。

乌里扬诺夫

从托尔尼奥(芬兰)发往彼得格勒

载于1929年《无产阶级革命》杂志第11期

译自《列宁全集》俄文第5版第49卷第434页

448
致亚·加·施略普尼柯夫

(4月5日〔18日〕)

致执行委员会[①]委员亚·别列宁

现附上我们一行的车费收据。其中,300瑞典克朗是我从俄国驻**哈帕兰达**领事那里收到的补助(由塔季扬娜基金提供)。**472卢布45戈比**是我借来垫的,借来的这笔款我希望从流放者和侨民救济委员会领取。

尼·列宁

载于1924年9月17日《列宁格勒真理报》第212号

译自《列宁全集》俄文第5版第49卷第435页

449
致维·阿·卡尔宾斯基

1917年4月12日

亲爱的朋友:我希望您终究能收到这封信以及寄给您的报纸。我说"终究",是因为同国外进行联系的困难之大,简直难以想象。我们被放入境,在这里遭到了疯狂的攻击,可是到现在为止还没有

① 彼得格勒工兵代表苏维埃执行委员会。——编者注

收到任何书籍、手稿和信件。显然,战时书报检查机关工作得太好了,甚至过分卖力了,因为,您当然知道,我们在任何地方都丝毫没有也不可能谈到战争。

请停下土地纲领手稿的打字工作,因为我在这里**找到了**一份铅印本。不过其中缺少结尾,“结束语”的最后几段,即从下面这几句话开始:

“全体农民和整个无产阶级则反对土地私有制。改良主义的道路就是建立容克-资产阶级俄国的道路,其必要的前提是保存旧土地占有制的基础,并且……缓慢的……”

从这几句话起,结束语的最后几段都缺少。

如果您能把**从这几句话开始**到结束语末尾的几段话复制四五份,并把它们(1)寄给我个人;(2)寄给《真理报》,地址:莫伊卡32号;(3)按照给您的地址寄到斯德哥尔摩去,那我将感激不尽。碰运气,也许我能收到其中的一份。[613]

请给我写张明信片,寄到《真理报》,最好寄给马·季·叶利扎罗夫(转弗·伊·),说明您是否收到了这封信,什么时候寄出了结束语最后几段的复制件。叶利扎罗夫的地址是:彼得格勒 宽街48/9号24室。

我们一路十分顺利。米留可夫没让普拉滕入境。

这里的气氛是:资产阶级对我们进行疯狂的攻击,工人和**士兵**则同情我们。

“革命护国主义”在社会民主党人中间占上风(据说现在已经有东西可以保卫了,即抗击威廉以保卫共和制)。齐赫泽一伙和斯切克洛夫(彼得格勒工兵代表苏维埃的领袖们)已完全陷入革命护国主义立场。齐赫泽同波特列索夫勾结在一起。大家都在为整个俄国社会民主工党的“统一”而大喊大叫。我们当然反对。

1917年4月22日(我党)布尔什维克全国代表会议[614]将在彼得格勒开幕。

请来信告诉我,我们的《告别信》是否已经出版,用哪几种文字出版,销路怎样。

还请告诉我,报纸是否已经收到(现给您寄上一套《真理报》以及各种报纸的剪报)。请把情况详细地告诉巴黎和全瑞士。紧握您的手!

您的　**弗·乌里扬诺夫**

从彼得格勒发往日内瓦

载于1923年《无产阶级革命》杂志第9期

译自《列宁全集》俄文第5版第49卷第435—436页

450

致雅·斯·加涅茨基和卡·伯·拉狄克

致加涅茨基和拉狄克同志:
斯德哥尔摩　比尔耶尔亚尔斯加坦街8号
菲尔斯滕贝格先生

1917年4月12日

亲爱的朋友们:你们的信札、邮包及汇款[615]至今还没有收到,什么也没有收到。只收到加涅茨基的两份电报。现寄上两套《真理报》,一套给你们,另一套给卡尔宾斯基(瑞士 日内瓦 雨果·德·桑热路7号 俄国图书馆 卡尔宾斯基先生),并寄上两套剪报,一套给你们,另一套给卡尔宾斯基。

接到这封信和报纸后,请写明信片(彼得格勒 宽街48号24室 马·季·叶利扎罗夫(转弗·伊·))或来电告知。

施泰因贝格已到,他答应设法找到寄来的邮包。不知他是否能找到。[616]

你们收到报纸后,就会了解一切情况。

怕万一收不到报纸,我简告如下:

资产阶级(+普列汉诺夫)对我们取道德国一事疯狂攻击。他们企图以此来煽动士兵。这暂时不会得逞,因为我们有可靠的拥护者。在社会革命党人和社会民主党人中间,沙文主义闹得乌烟瘴气,他们打着"革命护国主义"旗号(据说现在有东西可保卫了,即抗击威廉以保卫共和制)。他们疯狂攻击我们,说我们反对"统一",而群众则主张一切社会民主党人联合起来。我们是反对的。

齐赫泽已经**完全**陷入"革命护国主义"立场。同波特列索夫勾结在一起。**所有的人**都赞成发行自由公债[617]。只有我们+我们的言论派+拉林以及马尔托夫的一小群朋友表示反对。

我们决定1917年4月22日召开布尔什维克全国代表会议。

我们希望能把倒向"考茨基主义"的《真理报》的路线[618]完全纠正过来。

请你们为《真理报》写些有关对外政策的文章,要尽量写得短些,合乎《真理报》的要求(版面很小!篇幅太少!我们正在动脑筋扩大篇幅)。也请十分简短地写些关于德国革命运动和左派刊物的文章。

请来信谈谈瑞典左派[619]的近况。听说沙文主义者布兰亭在攻击拉狄克。

工兵代表苏维埃在革命初期同临时政府订立了关于**支持**临时政府的**协定**[620]。建立了所谓“联络委员会”[621]，以便苏维埃对临时政府进行“监督”。

情况非常复杂、非常有意思。我们将出版一些论策略问题的小册子[622]。苏维埃要召开国际社会党**统一**代表大会。我们**只**主张召开左派代表大会，反对社会沙文主义者和“中派”参加。

紧紧握手并衷心地祝一切都好！望经常来信，通信要非常及时和谨慎小心。

你们的　**弗·乌里扬诺夫**

从彼得格勒发往斯德哥尔摩

载于 1923 年《无产阶级革命》杂志第 9 期

译自《列宁全集》俄文第 5 版第 49 卷第 437—438 页

451

致伊·费·阿尔曼德①

1917 年 4 月 20 日

亲爱的朋友：刚刚收到给您的两个包裹，这是从您的篮子里取

① 列宁在信封上写着：“**莫斯科**　阿尔巴特区　杰涅日内伊巷和格拉佐夫斯基巷拐角处 14 号 12 室　伊涅萨·费多罗夫娜·阿尔曼德收”。——俄文版编者注

出的包裹中的两个。包装很差,只用报纸包了一下。

我们却至今一个包裹也没有收到!

这里的一切仍然是热火朝天,尽管攻击的浪潮看来似乎开始在减退。

这里各家的报纸您都看得到吗?

见信后请写几句话来,最好寄到我们报社,寄给报社**秘书**[623](信封上写上:弗·伊·个人信件)。最好不按另一个地址投寄。至于包裹,如果有人来给您捎去,那或许是最好了。

奥里明斯基对您的接待怎么样?您对莫斯科满意吗?

致崇高的敬礼!

您的　**弗·乌·**

译自《列宁文集》俄文版第37卷第56—57页

452

致雅·斯·加涅茨基

(4月21日〔5月4日〕)

亲爱的同志:来信第1号(4月22—23日发出的)已于今天,俄历4月21日收到……

科兹洛夫斯基汇来的款子(2 000)也收到了。但邮包迄今尚未收到。外省的各种报纸来得太不准时,因此我们自己都不全,只有零星的几号。在赫尔辛福斯、喀琅施塔得、哈尔科夫、基辅、克拉斯诺雅尔斯克、萨马拉、萨拉托夫等城市总共出版约15种布尔什维克报纸。莫斯科出版的是日报《社会民主党人报》[624]。哈尔科夫、喀琅施塔得、赫尔辛福斯出版的也是日报。全国代表会议将在明天开幕,预计代表将达300人。彼得格勒闹翻了天,针对政府的照会,从昨天起就不断地举行群众集会和游行示威。在这种形势下,组织工作极其难做。大家都忙极了。很难把联络员工作组织好,但我们仍要采取一切措施。现在已有专人去组织整个工作,但愿他能把一切办好。电报慢得要命,甚至连国内的电报联系都有困难。由于有人去了,所以就没发电报告诉您收到了来信第1号。对施泰因贝格我们会采取措施。

向拉狄克问好!今天十分繁忙,不可能详详细细地写信,也不可能草拟代表会议决议等等。整个情况您将从我们寄上的《真理报》中了解到。电报不通。安排电报联系的问题因此仍未解决。必须通过其他途径建立联系。关于普拉滕有什么消息吗?他是否已返回?途中是否平安?

致最深切的敬意!

刚才有消息说,举行了声势浩大的游行示威,发生了枪击,等等。

从彼得格勒发往斯德哥尔摩

载于1923年《无产阶级革命》杂志第9期

译自《列宁全集》俄文第5版第49卷第438—439页

453

致前线代表大会主席团

(4月29日〔5月12日〕)

致前线代表大会[625]主席团

亲爱的同志们:我接到了你们的邀请,对此衷心表示感谢。但今天我实在不能参加你们的大会,因为我承担了我党全国代表会议委托的任务,务请原谅。

代表会议拖得很长,也许要开通宵,我连一分钟也走不开。

致同志的敬礼!

尼・列宁

载于1958年《俄国社会民主工党(布尔什维克)第七次(四月)全国代表会议。俄国社会民主工党(布尔什维克)彼得格勒全市代表会议。1917年4月。会议记录》一书

译自《列宁全集》俄文第5版第49卷第439—440页

454

致伊·费·阿尔曼德[①]

(5月12日〔25日〕)

亲爱的朋友:感谢您的来信。我们终于收到了几个邮包。寄来的邮包中也有给您的。索柯里尼柯夫答应最近就把所有这些东西带走。我昨天见到了他,相信他会履行自己的诺言。您写的地址(在给我的信上写的)是对的。以后就这么写(看来,这样方便些),信封上再加上:转弗·伊·。

祝您工作顺利,收入满意,和孩子们的共同生活愉快,一切都好!

我们这儿眼下"一切照常"。

您的　**列宁**

译自《列宁文集》俄文版第37卷第57页

---

① 列宁在明信片上写着:"莫斯科　阿尔巴特区　杰涅日内伊巷和格拉佐夫斯基巷拐角处14号12室　伊涅萨·费多罗夫娜·阿尔曼德收"。——俄文版编者注

455

致伊·费·阿尔曼德

(5 月 12 日〔25 日〕以后)

亲爱的朋友：

经邮局曾给您寄去一张明信片，通知您托索柯里尼柯夫给您带去几个邮包。

不知道明信片是否寄到了。

邮包收到了没有？

我们这儿的一切仍然如您亲自在这里看到的那样，“无休止的”疲劳过度……　我开始“支持不住了”，睡觉开始比别人多两倍等等。

您的情况怎样？对莫斯科满意吗？我有时从莫斯科的《社会民主党人报》上看到您担负起各区的各种各样的工作，非常满意。当然，从报纸上看到的还是很少的。

紧紧地、紧紧地握手！

您的　**列宁**

译自《列宁文集》俄文版第 37 卷
第 58 页

456

致卡·伯·拉狄克[626]

1917年5月29日

致拉狄克同志

亲爱的朋友:第一次给您写信,第1号,请答复,收到没有。望尽快寄来简报第1号(《真理报》新闻简报[627]),——然后请告诉我,您有没有收到卡尔宾斯基从日内瓦寄出的回信(我请他给我寄有关土地问题一书的结尾部分——《结束语》——以及两篇文章:尤里即“彼得·基辅斯基”的一篇和我的一篇有关自决的文章)。

我完全同意您的看法:齐美尔瓦尔德联盟已完全成为障碍,应尽快同它决裂(您知道在这一点上我与代表会议发生了分歧[628])。应当全力以赴,尽快召开左派会议,国际性的,而且**仅限于**左派参加。请来信谈谈,您能为此事做些什么,所需的经费(已知的那笔约3 000—4 000卢布的款子)随即汇上。

如果国际左派会议能快些举行,那么第三国际也就建立起来了。

能否把希望寄托在斯堪的纳维亚左派身上?您对霍格伦之流做好工作没有?能否指望英国人和美国人参加?你们斯德哥尔摩三人小组能否以我们党中央的名义,加上波兰人,加上《工人政治》杂志,加上霍格伦一伙的名义,**立即**发出国际性的呼吁,召开**仅限于**左派(名单见我们的决议)参加的国际会议?

请来信谈谈,您将采取什么措施。

很少给您写信,因为实在没有时间,请原谅。想必已经有人把一切情况告诉您了。

紧紧握手!

您的　**列宁**

从彼得格勒发往斯德哥尔摩

载于1932年《红色史料》杂志第5—6期合刊

译自《列宁全集》俄文第5版第49卷第440—441页

457

致法律委员会[629]

(6月13日〔26日〕)

鉴于波兰和立陶宛社会民主党小组执行委员会递交给法律委员会一项声明,本人提请法律委员会注意,该声明“要求”加涅茨基“作出说明”这一点,是对一位不在场(由于**党的**工作)的同志,而且是一位中央代办员的名誉所进行的完全不能容忍的伤害。

扎斯拉夫斯基先生是个臭名昭著的诽谤者,报上曾不止一次地这样称呼他。根据他的意见“要求作出说明”是**根本**不能容忍的,在报上这样做尤其不能容忍。

扎斯拉夫斯基先生的行为,只能表明他是一个造谣者。应把造谣者、诽谤者同揭发者(揭发者提出确凿的事实要求调查)的概念在法律上严加区分。

应确定一条原则：**如果**在报刊上未公布符合下述条件的指控，**党**对造谣诽谤就不应给予回答(或者只须重申，那完全是诽谤)。这些条件是：(1)指控要有依据，要有一定的人署名，但不能是臭名昭著的诽谤者；(2)应向**双**方提供在公开法庭上进行申诉的机会；(3)指控必须严肃，要得到政治组织的支持。

如果不符合这条原则，我们就不由**党**来回答，而让有关**同志**通过专门的小册子(或传单，**附有关材料**)来回答，或者干脆让他出面辟谣。

在**事先**没有讯问见证人(罗扎诺夫、丘德诺夫斯基、施特尔及其他在哥本哈根的人)，又没有研究有关**材料**的情况下，决不允许对党的负责人员的诚实表示丝毫怀疑，或者对其私生活进行任何探究("要求作出说明")。

我请求法律委员会讨论我的这一声明，我本着完全是同志式的、实事求是的精神要求不得发表(即使不以波兰人**中央**的名义发表)向法律委员会提交的声明。

尼·列宁

1917年6月13日

译自《列宁全集》俄文第5版第49卷第441—442页

458

给中央委员会国外局的电报

(6月16日〔29日〕)

星期日举行所有革命势力的游行示威。我们的口号是:打倒反革命,打倒第四届杜马,打倒国务会议,打倒组织反革命活动的帝国主义者。全部政权归苏维埃。工人监督生产万岁。全民武装。反对与威廉单独媾和,反对与英法政府签订密约。苏维埃立即公布确实公正的和平条件。反对进攻政策。要面包,要和平,要自由。

从彼得格勒发往斯德哥尔摩

载于1937年《列宁1917年著作集》(三卷集)第2卷

译自《列宁全集》俄文第5版第49卷第442—443页

459

致卡·伯·拉狄克

1917年6月17日

亲爱的拉狄克:近来我因为生病而未能留心电讯,因此对齐美尔瓦尔德联盟的情况不大清楚。

听说晕头转向的、可怜的格里姆(我们向来不相信这个善于当部长的坏蛋,不是没有道理!)把齐美尔瓦尔德联盟的全部事务交给了瑞典左派，而这些左派又将在最近召开齐美尔瓦尔德代表会议。如果这两件事是真的，我就要——以个人名义(我现在写的这一切只代表我自己)——**提出严重警告**：不要和齐美尔瓦尔德联盟纠缠在一起！

格里戈里今天说：“要是现在把‘齐美尔瓦尔德国际’夺过来就好了。”

我认为这是极端机会主义的和有害的策略。

把齐美尔瓦尔德联盟“夺过来”？这就是把意大利党(考茨基分子及和平主义者)、瑞士格罗伊利希一伙、美国社会党(更坏!)、各种佩卢索分子、龙格分子等等，等等凑成的一个毫无用处的包袱**背起来**。

这意味着抛弃我们所有的原则，忘记我们为反对中派而写过的、说过的一切，使自己陷于混乱，给自己丢脸。

不，如果瑞典左派把齐美尔瓦尔德联盟掌握在自己手里，如果他们想陷入混乱，就应当**向他们**提出最后通牒：**要么**他们在齐美尔瓦尔德代表会议第一次会议上就宣布解散齐美尔瓦尔德联盟，并建立第三国际，**要么**我们退出。

不管怎样，一定要埋葬可恶的齐美尔瓦尔德联盟(“格里姆的”，因为它仍然是格里姆的)而建立**专门**由左派组成的、**专门反对考茨基分子的真正的**第三国际。宁要好梨一个，不要烂梨一筐。

请把这封信读给奥尔洛夫斯基和加涅茨基听。致最崇高的敬礼！

由于我还在病中，信写得短，请原谅。

这里一切与1848年六月事变前夕极其相似。孟什维克和社会革命党人全都已经向和正在向立宪民主党人(=卡芬雅克分子)

投降。过些时候就会见分晓！

您的　**列宁**

从彼得格勒发往斯德哥尔摩

载于1932年11月7日《真理报》第309号

译自《列宁全集》俄文第5版第49卷第443—444页

460

致列·波·加米涅夫

(7月5日和7日〔18日和20日〕之间)

致加米涅夫同志

以下一点暂时请不要告诉别人：要是有人谋杀了我，就请您出版我的笔记《马克思主义论国家》[630](还放在斯德哥尔摩)。笔记本封面是蓝色的，装订过。我把从马克思和恩格斯著作中摘录的以及从考茨基反驳潘涅库克的著作中摘录的一切文字都收在里面，并且还作了很多批语、评注、结论。我想，如果要出版，一星期时间就够了。我认为这件事很重要，因为无论是普列汉诺夫，还是考茨基都把这个问题搞得混乱不堪。不过先要讲好，这一切目前绝对不要告诉别人！

载于1924年莫斯科红色处女地出版社出版的列宁《国家与革命》一书的出版说明

译自《列宁全集》俄文第5版第49卷第444页

461

致中央执行委员会常务委员会

(7月7日〔20日〕)

直到现在,7月7日下午3时15分,我才获悉,昨天夜里一群武装人员,不顾我妻子的抗议,未出示搜查证,就搜查了我的住所。我对此表示抗议,并请求中央执行委员会常务委员会调查这一公然违法的行动。

同时,我认为我有责任以书面方式正式重申:一旦政府发布逮捕我的命令而这一命令又经中央执行委员会批准,我就到中央执行委员会指定的逮捕地点去。对此,我坚信没有一位中央执行委员会委员表示过怀疑。[631]

中央执行委员会委员

弗拉基米尔·伊里奇·乌里扬诺夫(尼·列宁)

1917年7月7日于彼得格勒

译自《列宁全集》俄文第5版第49卷第445页

462

致中央委员会国外局[632]

1917年8月17—30日

亲爱的朋友:通信联系被迫中断了好几个星期,经过极大的努力,看来正在恢复起来。当然,要完全恢复,你们还应当加紧努力,从你们方面组织好这一工作。

资产阶级掀起了一个卑劣的诽谤运动,诬蔑加涅茨基、柯伦泰及其他许多人进行间谍活动或者同这种活动有关,这当然是为了卑鄙地掩护那些想在诽谤术上"胜过"沙皇政府的气壮如牛的"共和派"对国际主义者的进攻。

(1)我曾经在俄国的什么报纸上看到,加涅茨基和拉狄克在进行反驳[633]。不知道这是不是真的。但这是必要的。首先应当让拉狄克写信到巴黎去,搞到最近一次巴黎(俄国社会民主工党各个派别)对他审判的记录。关于这次审判,卢那察尔斯基在《新生活报》谴责卑鄙的诽谤者时早已作过介绍[634]。可是这还不够。应当千方百计地搞到记录,哪怕搞到判决书的全文也好,如果不可能出版,就用打字机打出几份寄到这里来。即使搞不到记录或判决书,最好也能搞到曾经参加审判的某个巴黎同志关于审判过程的书面陈述,并且用俄文(在克里斯蒂安尼亚有俄文印刷所)印成小册子,以便有凭有据地驳倒这些可恶的诽谤。小册子能够转寄出来,虽然册数不能太多,它的摘要应当在《工人政治》杂志、《政治报》、《明日》杂志等报刊上发表。

(2)同样必须让加涅茨基拿出证据来驳斥诽谤者,赶快把他经商以及同苏缅松(这是什么样的人物?第一次听说!)和科兹洛夫斯基所进行的"业务"的财务报告发表出来(报告最好经过审查,并由瑞典公证人或瑞典一些社会党人国会议员签字证明)。同时必须把电报原稿发表出来(在俄国的报纸如《俄罗斯意志报》和《没有废话》周刊[635]等等上面已经发表,但想必不完全),并对每一份电报加以分析和解释。

应当出版一个小册子来反对这种卑鄙的德雷福斯案件[636],反对这种诽谤,并且要不惜力量,不怕麻烦,不怕花钱,赶快出版,以便痛斥诽谤者和尽可能援救因这种卑鄙的诬告而被捕的人。

(3)我党中央委员会所任命的国外局的经济情况怎样?在七月迫害事件以后,我党中央委员会显然已经不能继续进行帮助(至少我是这样想的)。请来信告知,是否通过瑞典左派筹集到了一些钱?国外局是否能存在下去?而简报呢?出版了多少号?用哪几种文字出版?吉尔波有没有全份的简报?你们有没有整套的《明日》杂志?是否把简报送到北美和南美去了?所有这一切,请来信详细告知。

(4)顺便说一说,我记不起来是谁向我说过,似乎在格里姆以后,而且与他无关,穆尔到了斯德哥尔摩。格里姆这个坏蛋,这个"中派分子"-考茨基分子,会同"本国的"部长进行卑鄙的接触,这一点并不使我感到奇怪,因为谁不坚决同社会沙文主义者一刀两断,谁就时刻会有堕落到这种卑鄙地步的危险。可是,穆尔究竟是什么人?是否已完全而绝对地证明:他是一个正直的人?他同德国的社会帝国主义者过去和现在从来都没有直接间接的勾结?如果穆尔真的在斯德哥尔摩,如果你们认识他,那么,我衷心地、恳切地、再三地要求采取一切措施,对此加以最严格、最有根据的审查。在这里,没有即不应当有让人提出任何怀疑、责难和散布流言等等的余地。很遗憾,"齐美尔瓦尔德委员会"没有更严厉地谴责格里姆![637]本来应当更严厉些!

(5)我过去反对而且现在仍然无条件地反对参加斯德哥尔摩代表会议[638]。应当指出,这一封信全是以我个人的名义写的,因为没有可能征求中央委员会的意见,甚至没有可能同它联系。所以,请在特别详细地回答我的问题时在你们的信中附上你们(整个国外局)给中央委员会的正式的、详细的、实事求是的、有凭有据的工作报告,我把它转寄出去。

总之,我绝对反对参加斯德哥尔摩代表会议。我认为加米涅夫的发言(看过《新生活报》吗? 你们应当订阅)即使不是卑劣透顶,也是非常愚蠢,关于这一点我已经写信给中央委员会,并且送去发表。好在加米涅夫只代表他自己发言,并已遭到另一个布尔什维克的否定。[639]

我认为同切尔诺夫、策列铁里、斯柯别列夫这些部长们(和坏蛋们)及其政党一起参加斯德哥尔摩代表会议和其他任何会议,都是一种公然的叛变行为;我要在报刊上发表这种意见,抨击要这样做的人,不管他是什么人。如果在"齐美尔瓦尔德委员会"中(根据社会沙文主义者罗扎诺夫的报告来判断)做到了几乎拒绝或半拒绝斯德哥尔摩代表会议,那么这是一件很好的事情。可是,"几乎"和"半"是根本无济于事的,这整个"半"社会沙文主义的齐美尔瓦尔德委员会(它从属于那些希望同社会沙文主义者"保持统一"的意大利人和累德堡分子)就是一个极其有害的机构。

(6)如果我们拖延或延期召开左派代表会议以建立第三国际,那我们就要犯极其严重的、不可原谅的错误。正是现在,正是当齐美尔瓦尔德联盟这样无耻地动摇不定或者说被迫毫无作为的时候,正是现在,当俄国还有一个合法的(几乎合法的)、拥有20多万(24万)党员的国际主义政党[①]**的时候**(在战时,世界上任何地方都没有这样大的一个政党),正是现在,我们应当召开左派代表会议,如果把这件事情**耽搁**了(俄国布尔什维克党正一天天被驱入地下),我们简直就要成为罪人。

召开代表会议的经费将会筹集到。有可能出版几号会议公报。在斯德哥尔摩有会议的中心。有法语的"支柱"(《明日》杂志)和英语的"支柱"(美国的"社会主义**工人**党";该党的代表——雷恩施坦[②]最近曾在彼得堡,看来将要到斯德哥尔摩去);——并且,**除了**美国的"社会主义**工人**党"**以外**,还有英语的支柱,即英国的汤姆·曼、那里的英国社会党中的少数派、苏格兰的社会党人,以及美国的《国际》杂志[③]。

现在延期召开左派代表会议,简直就是犯罪。

如果要"等待""大"量的参加者和由于现在参加者"太少"而"难为情",那就是无比的愚蠢,因为现在不管参加的人数多少,这样的代表会议将是一种**思想**力量,再晚就可能被弄得**无声无息**。

---

① 拥有17种日报;每周共计发行1 415 000份;每天发行320 000份。

② 我不了解这是一个什么样的家伙。据报载,他曾经祝贺孟什维克的"统一代表大会"!! 这就是说,他是一个形迹可疑的家伙。

③ 《国际社会主义评论》杂志。——编者注

布尔什维克、波兰社会党、荷兰人、《工人政治》杂志、《明日》杂志——这支力量作为**核心**已经足够了。如果行动果断，一定还会得到如下力量的补充：一部分丹麦人（从下流货斯陶宁格的党中分化出来的特里尔等人）、一部分瑞典青年派（我们**没有引导**他们，**我们**对不起他们，因为他们**需要引导**）、一部分保加利亚人、奥地利的左派（“弗兰茨”）、法国洛里欧的一部分朋友、一部分瑞士的左派（《青年国际》杂志）和意大利的左派，最后就是我在上面所说的英美运动中的那些成分。

布尔什维克代表会议（1917年4月24—29日）和代表大会（1917年7月。见登载在《新生活报》上的决议）的决议[①]、这个党的新的纲领草案——这个**思想基础**（再加上《先驱》杂志、《论坛报》、《工人政治》杂志等等），已经足以在全世界面前明确地回答帝国主义的问题，并谴责社会沙文主义者和考茨基派。

应当**立即**召开这样的代表会议，设立**会议的**临时**执行局**，用三种文字刊印会议的宣言和决议草案，以便转交给各个党。再说一遍，我深信，如果**现在**不这样做，我们今后就很难进行这一工作，同时将大大地帮助“赦免”社会主义的叛徒。

(7)应当特别利用俄国孟什维克齐美尔瓦尔德派的内阁主义来向整个齐美尔瓦尔德联盟提出最后通牒：或者同布兰亭、胡斯曼之流及其同伙一刀两断，或者我们就马上退出。顺便问一句：《工人政治》杂志是否在进行反对蔡特金和反对不伦瑞克的《人民之友报》的运动，反对这些坏蛋由于不可告人的目的而给俄国的孟什维克齐赫泽之流一伙（原来与桑巴、列诺得尔、托马之流差不多的善

① 参看《苏联共产党代表大会、代表会议和中央全会决议汇编》1964年人民出版社版第1分册第430—456、478—508页。——编者注

于当部长的卑鄙家伙)涂脂抹粉并支持他们。

难道连梅林直到现在还不了解齐赫泽、策列铁里、斯柯别列夫之流极其卑劣吗?

(8)必须把你们往这里发送信件和书刊的工作搞好,我希望马上收到一封像我这封信**这样**详细的信(否则我不同意通信联系),报刊可以从6月下半月送起,即使送下列报刊的合订本也好:《工人政治》杂志、《明日》杂志、《斗争》周刊(杜伊斯堡)[640]、《人民周报》(社会主义工人党)、《莱比锡人民报》、《新时代》杂志、《号召报》等等,斯巴达克派的刊物,洛里欧及其朋友的刊物,《前进报》①等等等等。起初,可以先送一些剪报。

(9)你们应当尽可能每周往这里寄来:第一,供党的地方报刊和彼得格勒报刊发表的文章(国外左派运动述评,事实、事实、事实),第二,准备印成小册子的传单(4—8—16页)。可以把有关国际的破产、社会沙文主义者的可耻、考茨基派的可耻和左派运动的壮大的**事实**综合起来,即使按专题写成4个小册子也好,每个小册子16—32页。**只谈事实**。出版这种东西的希望是有的。请立即答复,你们是否能承担这项工作。既然通过我们的方式转寄(现在根本谈不到公开邮寄),我想,用哪一种文字写**反正**都一样。

(10)我想你们有全套的《真理报》。《新生活报》你们自己订阅。如果你们没有《工人和士兵报》(已被查封)、《无产阶级事业报》(喀琅施塔得)[641]、《社会民主党人报》(莫斯科),请立即来信,一旦安排好新的路线(这条路线将由我的这封信作第一次试探),

① 意大利社会党中央机关报《前进报》。——编者注

我就寄给你们。

附言:8月18日。刚才我收到了新的中央机关报《无产者报》[642]第1、2、4号——当然,它很快就会被查封。我竭力设法寄给你们。现在寄去第**1—7**号。

8月20日。信仍然无法寄出,看来也不可能很快寄出。因此,我这封信就变成了一种日记!没有办法。一般说来,如果你们想同"最自由的"帝国主义共和国中的国际主义者进行联系,你们就必须有极大的耐性和毅力。今天我从《消息报》[643]上看到:《工兵代表苏维埃斯德哥尔摩情报局消息报》每周在斯德哥尔摩出版。请尽力设法把斯德哥尔摩的所有出版物每种寄**一套**来。**我们什么东西也看不到**。

8月25日(9月7日)。看来,明天能把信寄出。请用**一切**力量把传递工作安排好。务必按照把这封信转交给你们的那位同志(或者他的朋友)所说的地址(在**你们**国内)**马上**回信,即使短些也好。他将把密码转交给你们;为了试验一下,我用这套密码写几句话,请你们用同样的密码予以回答①。

请再写一个小册子,16—32页,谈谈俄国的秘密外交条约,要简短、准确,只谈事实。某年某月某日的某一条约,内容如何如何。列一个条约一览表。搞一个综合报告。要简短、真实。你们能不能承担这一工作,什么时候寄来,请来信告诉我。

最后,务必立即召开左派代表会议,成立左派局,出版左派局

① 下面几行是用密码写的。——俄文版编者注

的公报,并要决定隔两个月(一个半月)举行**第二次**代表会议。又及。

敬礼!

列　宁

从赫尔辛福斯发往斯德哥尔摩

载于1930年《列宁文集》俄文版第13卷

译自《列宁全集》俄文第5版第49卷第445—451页

463
致古·罗维奥

(9月27日〔10月10日〕)

罗维奥同志:劳驾将附上的信转交给斯米尔加(只能面交,不要邮寄)。

给您送这封信的同志很快就要返回,**请把**积存的报纸**交来人**带回,**如有**为我**收下的东西**也一并带来。

我给您的东西[644]是否已寄到北方转交给在瑞典的朋友们?请通过来人转告。

致崇高的敬礼!

您的　**康·伊万诺夫**

从维堡发往赫尔辛福斯

载于1933年《列宁文集》俄文版第21卷

译自《列宁全集》俄文第5版第49卷第451—452页

464
致古·罗维奥

(9月27日〔10月10日〕以后)

亲爱的罗维奥同志:

托便人了解一下您是否收到了我的信,内附有给斯米尔加的信。[①] 您把信转交给他了吗?

大约两天后便人就要返回。劳驾将此信转交给斯米尔加,让他也知道,我在惦记着他是否收到信,而且在等他的回音。

敬礼!

您的　**康·伊万诺夫**

您能否将最近一周半内的(1)《**波涛报**》和(2)《**社会革命党人报**》[645]寄一套给我?

附言:您是否通过朋友们给瑞典寄去了信和报纸?

从维堡发往赫尔辛福斯

载于1933年《列宁文集》俄文版第21卷

译自《列宁全集》俄文第5版第49卷第452页

① 见本版全集第32卷第258—263页。——编者注

465

致玛·瓦·福法诺娃

(10月24日〔11月6日〕)

我走了,到您不愿意我去的地方去了。再见!

伊里奇

载于1934年党的出版社出版的娜·康·克鲁普斯卡娅《列宁回忆录》第3册

译自《列宁全集》俄文第5版第49卷第453页

附　　录

1915 年

1

给阿尔曼德和
叶戈罗夫的证明书

（4 月 3 日）

兹委派伊涅萨和叶戈罗夫两同志为俄国社会民主工党中央附属青年组织出席伯尔尼国际代表会议的全权代表，特此证明。

代表俄国社会民主工党中央　**尼·列宁**

1915 年 4 月 3 日于伯尔尼

原文是德文

载于 1926 年 7 月 7 日《红旗报》
（柏林）第 155 号

译自《列宁全集》俄文第 5 版
第 49 卷第 457 页

1916 年

2

致伯尔尼国立图书馆

(4 月 8 日)

致国立图书馆

函 询

尊敬的先生:

现将所借的一册书归还。请给我另寄一册(**贝德克尔的**旅行指南:瑞士)——可以寄较老的版本,德文、**法文或英文的**均可。

致深切的敬意!

弗拉·乌里扬诺夫

苏黎世 I

明镜巷 12 号

发往伯尔尼

原文是德文

译自《列宁全集》俄文第 5 版
第 49 卷第 457—458 页

1917 年

3

取道德国的过境者的具结

(4 月 9 日)

本人证实:

(1)普拉滕同德国大使馆商定的各项条件已向本人宣读;

(2)本人服从旅程负责人普拉滕的各项安排;

(3)本人已被告知《小巴黎人报》的一则消息:俄国临时政府要对取道德国的俄国国民治以叛国罪;

(4)本人此行的全部政治责任概由自己承担;

(5)普拉滕只负责本人到斯德哥尔摩的旅程。

特此签名作证。

尼・列宁①

1917 年 4 月 9 日于伯尔尼—苏黎世

载于 1924 年《列宁文集》俄文版第 2 卷

译自《列宁全集》俄文第 5 版第 49 卷第 458 页

① 签署该具结的还有其他过境者。——俄文版编者注

4

给塞·霍格伦的电报[646]

（4月13日）

伦霍尔姆拘留所
国会议员塞·霍格伦

我们祝您早日恢复自由，投入战斗！

代表俄国的和瑞典的朋友们　**列宁**①

原文是瑞典文

载于1917年4月2日（15日）
《政治报》第86号

译自《列宁全集》俄文第5版
第49卷第459页

5

给霍格伦同志的贺电

（4月23日〔5月6日〕以前）

在您获释出狱之际，俄国社会民主工党中央委员会向您这位反对帝国主义战争的坚强战士和第三国际忠诚的拥护者表示

① 签署该电报的还有弗·斯特勒姆。——俄文版编者注

祝贺。

中央委员会　**列宁**[①]

载于1917年4月23日(5月6日)
《真理报》第39号

译自《列宁全集》俄文第5版
第49卷第459页

6

致　某　人

(7月或8月)

尼·列宁因工作急需,恳请协助找到下列**无论德文版**还是俄文版的著作:

1.《共产党宣言》	德文版	**无**
	俄文版	**无**
2.《哲学的贫困》	德文版	**有**
	俄文版	无。[647]

译自《列宁全集》俄文第5版
第49卷第460页

① 签署该贺电的还有季诺维也夫。——俄文版编者注

注　释

1 大概是指去布鲁塞尔参加社会党国际局会议。——1。

2 这份电报是列宁在他的住所遭搜查后发的。第一次世界大战爆发后，由于有人诬告列宁从事间谍活动，1914 年 8 月 7 日他在波罗宁的住所遭到搜查。进行搜查的宪兵中士马特舒克没收了列宁的土地问题手稿，因为他怀疑里面的统计表是用密码写的材料。他并勒令列宁于第二天早晨到军事当局所在地新塔尔格县城报到。第二天，列宁一到新塔尔格就被捕入狱。列宁的被捕引起了波兰社会各界进步人士的强烈抗议。波兰社会民主党人雅·斯·加涅茨基、谢·尤·巴戈茨基，老民意党人、扎科帕内医生卡济米尔·德卢斯基，著名波兰作家扬·卡斯普罗维奇、弗拉基斯瓦夫·奥尔坎等都挺身为列宁辩护。奥地利国会议员维克多·阿德勒和格尔曼·迪阿曼德知道列宁是社会党国际局成员，便应娜·康·克鲁普斯卡娅的请求，向政府提出愿意为列宁担保。8 月 19 日，列宁获释。——2。

3 出狱一个星期后，列宁在维·阿德勒的帮助下，获准离开克拉科夫经维也纳去中立国瑞士。列宁与娜·康·克鲁普斯卡娅和她的母亲伊·瓦·克鲁普斯卡娅一起于 1914 年 9 月 5 日到达苏黎世。当天他们出发去伯尔尼，在那儿一直住到 1916 年 2 月。——2。

4 说的是这个协会的新书图书馆。——3。

5 暗指当时在瑞士治病的国家杜马代表费·尼·萨莫伊洛夫以及他即将返回俄国一事。——4。

6 指列宁为当时在俄国颇为驰名的《格拉纳特百科词典》撰写的词条《卡

尔·马克思(传略和马克思主义概述)》(见本版全集第26卷)。列宁于1914年春着手撰写这一词条,后因忙于党的工作和《真理报》的工作而不得不中途搁笔,并于1914年7月8日(21日)写了一封请编辑部另择作者的信。格拉纳特出版社百科词典编辑部秘书于7月12日(25日)回信恳请列宁继续担任这一词条的撰稿人,说他们翻遍了俄国人乃至外国人的名单,实在物色不到作者。回信还强调列宁撰写这一词条对于该词典的有民主思想的读者极为重要,并提出可以推迟交稿日期。列宁答应了编辑部的这一请求,但是不久第一次世界大战就爆发了,直到1914年9月他移居伯尔尼以后,才又重新动笔。整个词条于11月初定稿,11月4日(17日)寄给了编辑部。

1915年出版的《格拉纳特百科词典》(第7版)第28卷刊载了这一词条(非全文),署名为:弗·伊林。词条全文于1925年首次按手稿发表于列宁《论马克思恩格斯及马克思主义》文集。——5。

7 指安排俄国社会民主工党中央机关报《社会民主党人报》和布尔什维克秘密书刊的出版事宜。——6。

8 指列宁即将作的题为《欧洲大战和社会主义》的专题报告。1914年10月15日,列宁在日内瓦作了这一报告。——7。

9 指俄国社会民主工党中央委员会的宣言《战争和俄国社会民主党》(见本版全集第26卷)和《答埃·王德威尔得》。这两个文献列宁打算用法文刊登在《哨兵报》上。1914年11月13日《哨兵报》第265号发表了俄国社会民主工党中央委员会宣言的摘要。《答埃·王德威尔得》即对埃·王德威尔得给俄国社会民主党杜马党团的电报的答复,刊载于1914年11月1日《社会民主党人报》第33号。

《哨兵报》(«La Sentinelle»)是纳沙泰尔州(瑞士法语区)瑞士社会民主党组织的机关报,1890年创刊于绍德封。1906—1910年曾停刊。第一次世界大战期间,该报持国际主义立场。——8。

10 《人道报》(«L'Humanité»)是法国日报,由让·饶勒斯于1904年创办。

该报起初是法国社会党的机关报，在第一次世界大战期间为法国社会党极右翼所掌握，采取了社会沙文主义立场。在法国社会党分裂和法国共产党成立后，从 1920 年 12 月起，该报成为法国共产党中央机关报。——8。

11 这里说的提纲和宣言，分别是指《革命的社会民主党在欧洲大战中的任务》(通称"关于战争的提纲")和俄国社会民主工党中央委员会的宣言《战争和俄国社会民主党》(见本版全集第 26 卷)。——10。

12 国外组织委员会即俄国社会民主工党国外组织委员会，是在 1911 年 12 月布尔什维克国外小组巴黎会议上选出的。国外组织委员会的成员几经变动。在 1915 年 2 月 27 日—3 月 4 日于伯尔尼举行的俄国社会民主工党国外支部代表会议上，娜·康·克鲁普斯卡娅、伊·费·阿尔曼德、格·李·什克洛夫斯基、弗·米·卡斯帕罗夫被选进了国外组织委员会。第一次世界大战期间，该委员会设在瑞士，在列宁的直接领导下开展工作。国外组织委员会在团结党的力量，同孟什维克取消派、调和派、托洛茨基派和其他机会主义分子进行的斗争中发挥了重要的作用。国外组织委员会于 1917 年停止活动。——10。

13 格·瓦·普列汉诺夫以《论社会党人对战争的态度》为题的报告会于 1914 年 10 月 11 日在瑞士洛桑举行。这次报告会是当地的一个孟什维克小组组织的。普列汉诺夫报告以后，只有列宁一个人发了言。列宁的发言按记者的记录登载于 1914 年 10 月 21 日《呼声报》第 33 号(见本版全集第 26 卷第 20—22 页)。这家报纸还登载了关于这次报告会的报道和普列汉诺夫报告的全文。列宁作的普列汉诺夫专题报告和总结发言的记录和他自己发言的要点，见本版全集第 59 卷第 496—505 页。——11。

14 列宁于 1914 年 10 月 14 日在洛桑作了关于无产阶级和战争的专题报告，10 月 15 日在日内瓦作了题为《欧洲大战和社会主义》的专题报告。——11。

15 要在瑞士出版报纸，必须有一位有名望的瑞士人士出面担保。维·阿·卡尔宾斯基为此与瑞士社会党人、联邦议会议员让·西格进行了谈判。西格同意对出版报纸予以协助。——12。

16 指布尔什维克给埃·王德威尔得的答复，王德威尔得曾致电俄国社会民主党杜马党团，号召支持沙皇政府对德国作战。这个答复由俄国社会民主工党中央委员会签署，刊载于1914年11月1日《社会民主党人报》第33号。——13。

17 《社会民主党人报》(«Социал-Демократ»)是俄国社会民主工党秘密发行的中央机关报，1908年2月—1917年1月先后在俄国国内、巴黎和日内瓦出版，共出了58号。《社会民主党人报》于1913年12月15日(28日)出了第32号后暂时停刊。列宁到瑞士后，立即于1914年9月展开了筹备该报复刊的工作。1914年11月1日，该报第33号问世。尽管战时条件十分困难，《社会民主党人报》仍能定期出版。列宁对《社会民主党人报》在第一次世界大战期间的功绩给予高度评价。——13。

18 《呼声报》(«Голос»)是俄国孟什维克的报纸(日报)，1914年9月—1915年1月在巴黎出版。1915年1月《呼声报》被法国政府查封，接替它出版的是《我们的言论报》。——13。

19 《俄罗斯新闻》(«Русские Ведомости»)是俄国报纸，1863—1918年在莫斯科出版。它反映自由派地主和资产阶级的观点，主张在俄国实行君主立宪，撰稿人是一些自由派教授。从1905年起成为右翼立宪民主党人的机关报。1917年二月革命后支持资产阶级临时政府。十月革命后被查封。

《俄罗斯言论报》(«Русское Слово»)是俄国报纸(日报)，1895年起在莫斯科出版。出版人是伊·德·瑟京。该报表面上是无党派报纸，实际上持资产阶级自由派立场。1917年十月革命后不久被查封。1918年1月起，该报曾一度以《新言论报》和《我们的言论报》的名称出版。1918年7月最终被查封。——14。

20 指以《战争和通商条约》为题刊登于1914年9月10日(23日)《俄罗斯新闻》第207号的彼·巴·马斯洛夫给该报编辑部的信和刊登于1914年9月3日(16日)《俄罗斯新闻》第202号的叶·斯米尔诺夫(埃·李·古列维奇)的文章《战争和欧洲民主党》。马斯洛夫的信竭力证明,俄国战胜德国将会给俄国工人阶级带来经济利益。斯米尔诺夫的文章则为法国、比利时社会党人首领参加资产阶级政府的行为辩护,说他们参加内阁是"为了使人民,使全体人民自觉地参加战争……使战争真正成为**人民的**战争"。——14。

21 指战争初期在巴黎的俄国社会民主工党国外组织委员会的部分委员和布尔什维克巴黎支部部分成员尼·约·萨波日科夫(库兹涅佐夫)、阿·弗·布里特曼(安东诺夫)等人与孟什维克和社会革命党人一起以"俄国社会党人"名义通过的一项宣言。该宣言发表在法国的报刊上,并被送往前线。——14。

22 布鲁塞尔联盟(七三联盟)是反对布尔什维克的联盟,由取消派、托洛茨基分子、前进派、普列汉诺夫派、崩得分子和高加索区域委员会的代表在布鲁塞尔"统一"会议结束后组成。

布鲁塞尔"统一"会议是根据社会党国际局1913年十二月会议的决定于1914年7月3—5日(16—18日)召开的。按照这个决定,召开会议是为了就恢复俄国社会民主工党统一的可能性问题"交换意见"。派代表参加会议的除俄国社会民主工党中央委员会外,还有10个团体和派别:组织委员会(孟什维克)以及归附于它的一些组织——高加索区域委员会和"斗争"集团(托洛茨基分子);社会民主党杜马党团(孟什维克);格·瓦·普列汉诺夫的"统一"集团;"前进"集团;崩得;拉脱维亚边疆区社会民主党;立陶宛社会民主党;波兰社会民主党;波兰社会民主党反对派;波兰社会党"左派"。代表社会党国际局执行委员会出席会议的有埃·王德威尔得、卡·胡斯曼、卡·考茨基、安·涅梅茨等。会议之前,国际局的一些领导人就同取消派商定了反对布尔什维克的共同行动。会议通过了考茨基提出的关于俄国社会民主工党统一的决议。布尔什维克以通过决议超出会议权限为由拒绝参加表决,并拒绝服从会议的决议。

布鲁塞尔联盟没有存在多久就瓦解了。——15。

23 《新时代》杂志(«Die Neue Zeit»)是德国社会民主党的理论刊物,1883—1923年在斯图加特出版。1890年10月前为月刊,后改为周刊。1917年10月以前编辑为卡·考茨基,以后为亨·库诺。第一次世界大战期间,杂志持中派立场,实际上支持社会沙文主义者。——15。

24 指1912年11月24—25日在瑞士巴塞尔举行的国际社会党非常代表大会通过的《国际局势和社会民主党反对战争危险的统一行动》决议,通称巴塞尔宣言。决议写进了1907年斯图加特代表大会决议中列宁提出的基本论点:帝国主义战争一旦爆发,社会党人就应该利用战争所造成的经济危机和政治危机,来加速资本主义的崩溃,进行社会主义革命。——17。

25 指列宁的《社会党国际的状况和任务》(见本版全集第26卷)一文。——17。

26 这里说的是第四届杜马的第三次常会。这次常会于1915年1月27日(2月9日)开幕。——17。

27 指第四届国家杜马中的俄国社会民主党工人党团。第一次世界大战开始时,该党团的成员是:阿·叶·巴达耶夫、格·伊·彼得罗夫斯基、马·康·穆拉诺夫、费·尼·萨莫伊洛夫和尼·罗·沙果夫。——17。

28 社会党国际局是第二国际的常设执行和通讯机关,根据1900年9月第二国际巴黎代表大会的决议成立,执行主席是埃·王德威尔得,书记是卡·胡斯曼,设在布鲁塞尔。

所谓建立"德国的"社会党国际局,是指第一次世界大战爆发后德国社会沙文主义者建议把社会党国际局执行委员会从布鲁塞尔迁往阿姆斯特丹一事。——18。

29 大概是指列·波·加米涅夫。亚·加·施略普尼柯夫在出国途中曾到穆斯塔米亚基看过加米涅夫，加米涅夫托他带给列宁一张便条。——18。

30 指列宁对俄国社会民主工党中央委员会宣言稿所作的修改。按照本版全集第26卷第12—19页宣言译文，这5处修改的情况是：(1)第13页第1段末尾修改前是"……俄法两国进一步更新军备之前"；(2)第16页第2段"莫大的耻辱"和"如果说譬如以"之间的一句是增加的；(3)第16页第4段开头到"第二国际的破产"以前的一句是增加的；(4)第17页第3段末尾圆括号里的一句是增加的；(5)第18页和第19页之间的一整段是增加的。宣言由俄国社会民主工党中央委员会签署，以《战争和俄国社会民主党》为题刊登于1914年11月1日俄国社会民主工党中央机关报《社会民主党人报》第33号。——19。

31 《社会主义月刊》(«Sozialistische Monatshefte»)是德国机会主义者的主要刊物，也是国际修正主义者的刊物之一，1897—1933年在柏林出版。编辑和出版者为右翼社会民主党人约·布洛赫。撰稿人有爱·伯恩施坦、康·施米特、弗·赫茨、爱·大卫、沃·海涅、麦·席佩耳等。第一次世界大战期间，该刊持社会沙文主义立场。——20。

32 列宁于1914年10月26日(星期一)在瑞士蒙特勒(克拉伦附近)作了战争问题的专题报告，10月27日(星期二)在苏黎世作了题为《战争和社会民主党》的专题报告。——20。

33 可能说的是以下事件：法国社会党人让·饶勒斯由于呼吁反对第一次世界大战和军国主义、殖民主义，于1914年7月31日被暴徒暗杀；德国社会民主党人路·弗兰克在第一次世界大战爆发后不久自愿入伍，于1914年9月3日在西线阵亡。——22。

34 亚·加·施略普尼柯夫寄给列宁的信中谈到了在彼得格勒涅瓦关卡、维堡区和其他工人区，工人们由于当局实施军人总动员而于1914年8月1日举行反对帝国主义战争的罢工和游行示威的情形。根据信里的材料编写的通讯，刊登于 1914 年 12 月 12 日《社会民主党人报》第 35 号。——23。

35 指 1914 年 10 月底亚·加·施略普尼柯夫同荷兰社会民主党领袖彼·耶·特鲁尔斯特拉会谈一事。特鲁尔斯特拉是受德国社会民主党机会主义领袖们的委托前来斯德哥尔摩，争取各方同意将社会党国际局在战争期间迁往阿姆斯特丹，并劝说斯堪的纳维亚各国社会民主党人替德国社会民主党领导人的背叛行为辩护的。施略普尼柯夫同组委会代表尤·拉林，孟什维克达林、亚·米·柯伦泰等一起会见了他。会见时施略普尼柯夫向他转交了俄国社会民主工党中央委员会的宣言、布尔什维克给埃·王德威尔得的答复。后来又根据他的请求给他寄去了解释布尔什维克对战争的态度的信。——24。

36 指安·潘涅库克的文章《国际的破产》。该文登载于 1914 年 10 月 20、21、22 日瑞士社会民主党机关报《伯尔尼哨兵报》第 245、246、247 号。——24。

37 这里说的是拟议中的中立国社会党人代表会议。"不从恶人的计谋"是基督教圣经《旧约全书·诗篇》中的诗句。

中立国社会党人代表会议于 1915 年 1 月 17—18 日在哥本哈根举行。出席会议的有瑞典、丹麦、挪威和荷兰四国社会党的代表。会议通过决议，建议中立国的社会民主党议员敦促本国政府出面在交战国之间充当调停人和加速恢复和平。这次会议由荷兰社会民主工党的领袖彼·耶·特鲁尔斯特拉和丹麦社会民主党领袖托·斯陶宁格发起。列宁反对俄国社会民主工党派代表正式参加这次代表会议。俄国社会民主工党中央委员会把载有《战争和俄国社会民主党》这一宣言的《社会民主党人报》第 33 号和关于逮捕布尔什维克国家杜马代表的政府公告转交给了代表会议。——25。

38 列宁是在 1910 年 8 月 28 日—9 月 3 日哥本哈根国际社会党代表大会上结识瑞典左派社会民主党人塞·霍格伦的。为了在国际舞台上把革命的马克思主义者团结起来，列宁在代表大会期间与参加大会的左派社会民主党人举行了会谈。——25。

39 为了便于同俄国国内党组织经常联系，列宁曾试图通过同志们来了解他从瑞士迁往瑞典或挪威是否可能。结果没有迁成。——27。

40 指马·高尔基在鼓吹资产阶级爱国主义、为沙皇俄国参加战争辩护的《作家、艺术家和演员的抗议书》上签名一事。抗议书登载在1914年9月28日(10月11日)《俄罗斯言论报》第223号和其他一些资产阶级报纸上。在抗议书上签名的还有画家阿·米·瓦斯涅佐夫、维·米·瓦斯涅佐夫、康·阿·科罗温，雕塑家谢·德·梅尔库罗夫，演员费·伊·夏里亚宾，作家亚·绥·绥拉菲莫维奇、斯基塔列茨，杂志编辑彼·伯·司徒卢威等人。列宁为此在《社会民主党人报》第34号上发表了短评《寄语〈鹰之歌〉的作者》(见本版全集第26卷)，严厉谴责和批评了高尔基的行为，同时也友好地分析了他的行为的错误性质，指出他的这种行为会给爱戴和信任他的工人阶级带来危害。——27。

41 大概是指列宁1914年10月27日在苏黎世民众文化馆所作的专题报告《战争和社会民主党》。1914年11月7日维也纳《工人报》第309号和11月10日《前进报》第308号分别刊登了关于这一报告的简短报道。

收到列宁的这封信后，《前进报》编辑部于1914年11月22日刊登了一篇简讯，说列宁在报告中批评了德国和奥地利社会民主党的立场，对第二国际的破产作了评价。

《工人报》(«Arbeiter-Zeitung»)是奥地利社会民主党的中央机关报。1889年7月由维·阿德勒在维也纳创办。1893年以前为周报，1894年每周出版两期，从1895年1月起改为日报。第一次世界大战期间，该报采取社会沙文主义立场。1934年被查封。1945年复刊后是奥地利社会党中央机关报。

《前进报》(«Vorwärts»)是德国社会民主党的中央机关报(日报)，1876年10月在莱比锡创刊，编辑是威·李卜克内西和威·哈森克莱维尔。1878年10月反社会党人非常法颁布后被查禁。1890年10月反社会党人非常法废除后，德国社会民主党哈雷代表大会决定把1884

年在柏林创办的《柏林人民报》改名为《前进报》(全称是《前进。柏林人民报》),从 1891 年 1 月起作为中央机关报在柏林出版,由李卜克内西任主编。恩格斯曾为《前进报》撰稿,同机会主义的各种表现进行斗争。1895 年恩格斯逝世以后,《前进报》逐渐转入党的右翼手中。它支持过俄国的经济派和孟什维克。第一次世界大战期间持社会沙文主义立场。俄国十月革命以后,进行反对苏维埃的宣传。1933 年停刊。——29。

42 指《光线》杂志。

《光线》杂志(«Lichtstrahlen»)是德国社会民主党人左派集团——“德国国际社会党人”的机关刊物(月刊),1913—1921 年在柏林不定期出版。尤·博尔夏特任该杂志主编,参加杂志工作的还有安·潘涅库克、安·伊·巴拉巴诺娃等人。——30。

43 瑞典社会民主党的这次代表大会于 1914 年 11 月 23 日在斯德哥尔摩召开。这次代表大会主要讨论对战争的态度问题。亚·加·施略普尼柯夫(化名别列宁)代表俄国社会民主工党中央委员会向大会致贺词,宣读了一个号召反对帝国主义战争、谴责德国社会民主党以及走上社会沙文主义道路的其他各国社会党的领袖们的背叛行为的宣言。为此,瑞典社会民主党的右翼领导人卡·亚·布兰亭建议对宣言中谴责德国社会民主党的行为的地方表示遗憾,声称瑞典社会民主党人的代表大会“不应该谴责其他党”。瑞典社会民主党左翼领导人卡·塞·康·霍格伦反对布兰亭的建议,指出瑞典社会民主党中有许多人同意俄国社会民主工党中央委员会宣言的主张。但是,代表大会仍以多数票通过了布兰亭的建议。尤·拉林代表孟什维克的组织委员会在大会上发了言。1915 年 1 月 9 日《社会民主党人报》第 36 号报道了这次代表大会的情况。——31。

44 指德国社会民主党内形成了以卡·李卜克内西和罗·卢森堡为首的国际主义左翼,它是斯巴达克联盟的基本核心。——31。

45 看来是指 1914 年 11 月 14 日《经济学家》杂志第 3716 期刊登的《国会

的开幕》一文。关于《经济学家》杂志在和平问题上的立场,见列宁的《资产阶级慈善家和革命的社会民主党》(本版全集第 26 卷)一文。

《经济学家》杂志(«The Economist»)是英国的政治和经济问题刊物(周刊),1843 年由詹·威尔逊在伦敦创办,大工业资产阶级的喉舌。——31。

46 这里说的是俄国社会民主工党在 1907 年召开第五次(伦敦)代表大会期间向瑞典社会民主党借了 3 000 克朗一事。——32。

47 第一次世界大战爆发后,列宁前往瑞士,他的私人藏书留在波兰克拉科夫,后来大部分散失了。Л.奈杜斯写的《列宁在波兰》里说:"1930 年克拉科夫的古董商塔费特曾展示过几本有列宁亲笔题字的书。医生苏德里亚切克在奥军城防司令部供职期间找到了两本。有一部分藏书被当做废纸使用了。卢博米尔斯基耶戈街一家小铺的老板娘就从列宁的书上扯下书页来包食品。作家格日马拉-谢德列茨基在她那里找到了 12 本列宁藏书,1931 年他把这些书赠给了比得哥什市立图书馆。1945 年 3 月 29 日,比得哥什市政管理委员会主席根据该市人民议会 1945 年 3 月 17 日的决议,把列宁藏书中保全下来的一些书,作为礼品交给驻比得哥什的苏军政治部的全权代表,由他转给苏联政府。"——37。

48 指《社会民主党人报》第 33 号的活字版。这号报纸登载了俄国社会民主工党中央委员会宣言《战争和俄国社会民主党》。——38。

49 指在彼得格勒附近的奥泽尔基村参加代表会议的布尔什维克被捕一事。

奥泽尔基代表会议于 1914 年 11 月 2—4 日(15—17 日)举行,讨论对战争的态度问题。除了第四届国家杜马中的 5 名布尔什维克代表以外,出席会议的还有彼得格勒、伊万诺沃-沃兹涅先斯克、哈尔科夫和里加的布尔什维克组织的代表以及中央委员会代表列·波·加米涅夫。由于奸细告密,11 月 4 日(17 日),当会议刚刚结束时,沙皇的警察便袭击了奥泽尔基村。警察从布尔什维克杜马代表格·伊·彼得罗夫斯基、阿·叶·巴达耶夫等人身上搜出了列宁关于战争的提纲(《革命的社会民主党在欧洲大战中的任务》）和载有俄国社会民主工党中央委员会宣言《战争和俄国社会民主党》的《社会民主党人报》第 33 号。全体与会人员都被逮捕。5 名布尔什维克杜马党团成员虽然作为杜马代表享有不可侵犯的权利，当时没有被捕，但在第二天，11 月 5 日（18 日）的夜里，也被逮捕了。5 名布尔什维克杜马代表随后受审，被判处终身流放东西伯利亚。关于审判布尔什维克杜马代表一事，参看列宁《对俄国社会民主党工人党团的审判证明了什么？》（本版全集第 26 卷）一文。——41。

50　指发表在《社会民主党人报》第 34 号上的彼得堡取消派彼·巴·马斯洛夫、亚·尼·波特列索夫、涅·切列万宁（费·安·利普金）等人对埃·王德威尔得电报的答复。王德威尔得的电报呼吁俄国社会党人积极参加反对“普鲁士军国主义”的斗争。电报经过俄国驻比利时大使伊·亚·库达舍夫的修改，并且是通过他发到俄国外交部，再转送给俄国社会民主党国家杜马党团领导人尼·谢·齐赫泽的。彼得堡取消派在答复中表示完全赞同社会沙文主义者的立场，并声明：“我们在自己的活动中不抵制战争。”——42。

51　《真理报》（«Правда»）是俄国布尔什维克的合法报纸（日报），根据俄国社会民主工党第六次（布拉格）全国代表会议的决定创办，1912 年 4 月 22 日（5 月 5 日）起在彼得堡出版。《真理报》是群众性的工人报纸，依靠工人自愿捐款出版，拥有大批工人通讯员和工人作者（它在两年多时间内就刊载了 17 000 多篇工人通讯），同时也是布尔什维克党的实际上的机关报。《真理报》还担负着党的很大一部分组织工作，如约见基层组织的代表，汇集各工厂党的工作的情况，转发党的指示等。列宁在国外领导《真理报》，他筹建编辑部，确定办报方针，组织撰稿力量，并经常给编辑部以工作指示。1912—1914 年，《真理报》刊登了 300 多篇列宁的文章。《真理报》经常受到沙皇政府的迫害。1914 年 7 月 8 日（21 日），即在第一次世界大战开始前夕，《真理报》被禁止出版。1917 年二月革命后，《真理报》于 3 月 5 日（18 日）复刊，成为俄国社会民主工党中央委员会和彼得堡委员会的机关报。——44。

52 孟什维克组织委员会曾宣布要出版自己的机关报《评论报》,但未实现。

《思想报》(«Мысль»)是俄国社会革命党人的报纸(日报),1914年11月在巴黎创刊,维·米·切尔诺夫和马·纳坦松任编辑。1915年3月被法国政府查封。接替该报出版的是《生活报》。——45。

53 指《居住在日内瓦及其附近的格鲁吉亚社会民主党人——俄国社会民主工党党员对在某交战国进行活动的一个民族政治组织的答复》这一决议。上述组织建议格鲁吉亚布尔什维克,在一个交战国的庇护和物质支持下,利用战争机会联合各个被沙皇制度压迫的民族,组织起义来反对俄国。格鲁吉亚布尔什维克在答复中拒绝了这一建议,把它看做是帝国主义者的挑拨活动。

列宁打算将该决议刊登在《社会民主党人报》第35号上,并为它写了以下按语:"**编者按**:我们发表这个决议,是要指出格鲁吉亚社会民主党人的行为是绝对正确的。我们不应当成为君主制的帮凶,不论是什么时候,也不论是哪个国家的:是俄国的,奥地利的,还是德国的。"由于第35号稿挤,决议曾确定推迟到下一号刊登,后未见报。决议全文及列宁写的按语载于《列宁文集》俄文版第17卷第321—322页。——46。

54 指亚·米·柯伦泰写的一份告妇女社会党人书。她在1914年11月28日把它随信寄给了列宁,请求在《社会民主党人报》上发表。告妇女社会党人书没有刊登出来。——47。

55 《女工》杂志(«Работница»)是在列宁参加下创办的一个合法刊物,1914年2月23日(3月8日)—6月26日(7月9日)在彼得堡出版,共出了7期。该杂志编辑部的成员有伊·费·阿尔曼德、娜·康·克鲁普斯卡娅、柳·尼·斯塔尔、安·伊·乌里扬诺娃-叶利扎罗娃、康·尼·萨莫伊洛娃、П.Ф.库杰利和К.И.尼古拉耶娃。——47。

56 指卡·考茨基在1914年11月27日《新时代》杂志第8期上发表的《国际观点和战争》和在1914年10月2日《新时代》杂志第1期上发表的《战争时期的社会民主党》这两篇文章。考茨基在《战争时期的社会民主党》一文中写道，如果“战争终于爆发，那么每一个民族都应当尽力起来自卫。由此得出的结论是：各民族的社会民主党人都有同等的权利或者说同等的义务来参加这种自卫，任何一个民族都不应当责备另一个民族”。——48。

57 指孟什维克组织委员会代表尤·拉林在1914年11月23日瑞典社会民主党斯德哥尔摩代表大会上的发言。参看列宁《拉林在瑞典代表大会上宣布的是什么样的“统一”?》和《以后怎么办?（论工人政党反对机会主义和社会沙文主义的任务）》（本版全集第26卷）。——48。

58 德国工会总委员会指责《前进报》对实际性问题注意不够，没有很好地驳斥其他社会党的攻击，在为敌人的残暴行为辩解的同时，把德国人的个别残暴行为普遍化（见1914年11月24、26、28日《前进报》第321、323、325号）。——49。

59 指《前进报》对列宁1914年10月27日在苏黎世作的专题报告的报道（见注41）。——49。

60 指《工人领袖》记者肖-德斯蒙德1914年11月29日的信。他在信中希望了解俄国社会民主工党对战争与和平问题的态度。列宁关于和平问题的答复，写在肖-德斯蒙德的信上和给亚·米·柯伦泰的这封信里。

《工人领袖》（«The Labour Leader»）是英国的一家月刊，1887年起出版，最初刊名是《矿工》（«Miner»），1889年起改用《工人领袖》这一名称，是苏格兰工党的机关刊物；1893年起是独立工党的机关刊物；1894年起改为周刊；在1904年以前，该刊的编辑是詹·基尔·哈第。1922年该刊改称《新领袖》；1946年又改称《社会主义领袖》。——50。

61 《汉堡回声报》（«Hamburger Echo»）是德国社会民主党汉堡组织的机关报（日报）。列宁指的是1914年12月8日《汉堡回声报》第286号上刊登的康·亨尼施的文章《德国党对国际的“背叛”》。——50。

62 指维·阿·卡尔宾斯基在1914年12月9日给列宁的信中对列宁写的《论大俄罗斯人的民族自豪感》一文提出的意见（见《列宁文集》俄文版

第11卷第257—258页)。——52。

63 指卡·李卜克内西1914年12月2日致帝国国会主席的书面声明。声明阐述了他拒绝投票赞成军事拨款的理由。在帝国国会会议上,李卜克内西不仅被禁止发言,而且他拒绝投票的理由也不准载入会议记录。德国左派把李卜克内西声明全文作为秘密传单印发。《社会民主党人报》后来没有刊登这一声明。——52。

64 看来是指后来发表于1915年《共产党人》杂志第1—2期合刊的通讯《工人的彼得堡与战争(一个彼得堡工人在战争初期的观察)》。——55。

65 指尔·马尔托夫给《呼声报》编辑部的信《关于我的臆造出来的孤独》(载于1914年12月23日《呼声报》第87号)。他在这封信里不承认《社会民主党人报》指出的他"反对沙文主义的呼声在取消派中间是孤独的"这一事实,硬说帕·波·阿克雪里罗得以及取消派的其他"权威人士"都在反对沙文主义。马尔托夫的这封信和他1914年12月16日在伯尔尼所作的关于"战争和社会主义的危机"的报告,表明他已背离他在战争初期所持的立场。——55。

66 指中立国社会党人代表会议。见注37。——55。

67 1914年12月24日《工人领袖》第52号刊登了该刊关于和平问题征询意见的结果,标题是:《和平和善意仍将占优势。越过战场致以兄弟般的敬礼》。登载在最前头的是卡·考茨基的意见。——56。

68 俄国社会民主工党中央委员会国外机构没有自己的印刷所,党的中央机关报是在乌克兰侨民库·利亚霍茨基(在政治流亡者中间以"库兹马"这一绰号闻名)的私人小排字间里排版,然后在日内瓦的一家瑞士印刷厂(绍利蒙特印刷厂)印刷的。《社会民主党人报》每一号的排版都会遇到很多困难,因为在瑞士只有利亚霍茨基的排字间有俄文铅字,其他组织的刊物也都要在那里排版。1915年初,乌克兰民族主义者的《斗争》杂志开始在那里排版;由于库兹马夫妇对该刊物十分同情,《社会民主党人报》的排版问题就更加麻烦了。这种情况也反映在列宁的书信中。1915 年初,在伯尔尼附近比姆普利茨的一家瑞士印刷厂(本特利印刷厂)里找到了俄文铅字,有些号《社会民主党人报》和其他材料就在那里排版和印刷了。由巴黎派来排字工人的建议看来是格·雅·别连基提出的,这一建议没有实现。——57。

69 指对格拉纳特出版物编辑部关于词条《卡尔·马克思(传略和马克思主义概述)》删节情况的通知的复电。关于这一词条,见注 6。——61。

70 《俄罗斯学校》杂志(«Русская Школа»)是俄国的一种面向学校和家庭的普通教育学刊物,1890—1918 年在彼得堡出版,编辑兼出版者为雅·雅·古列维奇。娜·康·克鲁普斯卡娅的论文《男女合校》刊登于 1911 年该杂志第 7—8 期合刊。

《自由教育》杂志(«Свободное Воспитание»)是俄国的一种教育学月刊,1907—1918 年在莫斯科出版,由伊·伊·哥尔布诺夫-波萨多夫任编辑兼出版者。该杂志曾刊登克鲁普斯卡娅关于学校问题和男女合校问题的一系列论文。——62。

71 《现代世界》杂志(«Современный Мир»)是俄国文学、科学和政治刊物(月刊),1906 年 10 月—1918 年在彼得堡出版,编辑为尼·伊·约尔丹斯基等人。孟什维克格·瓦·普列汉诺夫、费·伊·唐恩、尔·马尔托夫等积极参加了该杂志的工作。布尔什维克在同普列汉诺夫派联盟期间以及在 1914 年初曾为该杂志撰稿。第一次世界大战期间,《现代世界》杂志成了社会沙文主义者的刊物。——63。

72 《我们的曙光》杂志(«Наша Заря»)是俄国孟什维克取消派的合法的社会政治刊物(月刊),1910 年 1 月—1914 年 9 月在彼得堡出版。领导人是亚·尼·波特列索夫,撰稿人有帕·波·阿克雪里罗得、费·伊·唐恩、尔·马尔托夫、亚·马尔丁诺夫等。围绕着《我们的曙光》杂志形成了俄国取消派中心。第一次世界大战一开始,该杂志就采取了社会沙文主义立场。——63。

73 这里说的是娜·康·克鲁普斯卡娅给 A.Л.梁赞诺娃的信，信中请求她把要召开国际妇女社会党人代表会议一事通知奥地利妇女社会党人。——63。

74 这是列宁给资产阶级民族主义组织乌克兰解放协会领导人之一巴索克(马·伊·美列涅夫斯基)的回信。巴索克曾写信给列宁建议合作。参看《论诽谤者》(本版全集第 32 卷)一文。——63。

75 指伊·费·阿尔曼德当时打算为女工写的一本小册子的提纲。这本小册子没有出版。——64。

76 指盖有俄国社会民主工党中央委员会印章的公文纸。——66。

77 这里说的是俄国国家杜马社会民主党代表身着囚犯服装的照片。这些照片是为了在瑞典工人中销售而印制的。——66。

78 指《社会民主党人报》第 36 号上刊登的列宁的《以后怎么办?(论工人政党反对机会主义和社会沙文主义的任务)》一文。文中提到亚·加·施略普尼柯夫是俄国社会民主工党中央委员会的代表(见本版全集第 26 卷第 114 页)。——66。

79 组委会分子是指俄国孟什维克的组织委员会的拥护者。该委员会是 1912 年在取消派的八月代表会议上成立的俄国孟什维克的领导中心。信中提到的尔·马尔托夫、帕·波·阿克雪里罗得、亚·马尔丁诺夫、谢·尤·谢姆柯夫斯基是组织委员会国外书记处的成员。——66。

80 指《崩得国外组织新闻小报》。

《崩得国外组织新闻小报》(«Информационный Листок Заграничной Организации Бунда»)是崩得的报纸，1911 年 6 月—1916 年 6 月在日内瓦出版，共出了 11 号。该报后来改名为《崩得国外委员会公报》继续出版。——67。

81 指中立国社会党人代表会议的决议。见注 37。——67。

82 《呼声报》被法国政府查封,它的最后一号即第 108 号是 1915 年 1 月 17 日出版的。《社会民主党人报》后来没有刊登关于《呼声报》被封一事的短评。——68。

83 这里说的是博日小组打算在中央机关报之外另出一种报纸一事。博日小组由尼·伊·布哈林、叶·费·罗兹米罗维奇和尼·瓦·克雷连柯组成,因其所在地瑞士的博日镇而得名。关于该小组准备出版报纸这件事,列宁是从他们建议伊·费·阿尔曼德参加这份报纸的信中偶然得知的。列宁认为出版这样的报纸是不适宜的。1915 年 2 月 27 日—3 月 4 日在伯尔尼召开的俄国社会民主工党国外支部代表会议通过了《中央机关报和新报纸》这一决议,肯定了列宁的意见(参看《苏联共产党代表大会、代表会议和中央全会决议汇编》1964 年人民出版社版第 1 分册第 427—428 页)。——71。

84 指亚·加·施略普尼柯夫打算到英国去打零工一事。——72。

85 《我们的言论报》(«Наше Слово»)是俄国孟什维克国际主义派的报纸(日报),1915 年 1 月—1916 年 9 月在巴黎出版,以代替被查封的《呼声报》。参加该报工作的有:弗·亚·安东诺夫-奥弗申柯、索·阿·洛佐夫斯基、列·达·托洛茨基、阿·瓦·卢那察尔斯基和尔·马尔托夫。1916 年 9 月—1917 年 3 月改用《开端报》的名称出版。——72。

86 指对《社会民主党人报》第 36 号报头下日期错误的更正。《社会民主党人报》第 39 号末尾刊登更正如下:"第 36 号报头下应为:日内瓦。1915 年 1 月 9 日(不是 1914 年 12 月 12 日)。"——73。

87 这封信是对《我们的言论报》编辑部 1915 年 2 月 6 日给中央委员会国外局的来信的答复。《我们的言论报》编辑部在信中建议俄国社会民主工党内的国际主义者在即将召开的协约国社会党人伦敦代表会议上采取一致行动。该编辑部还把内容相同的信寄给了帕·波·阿克雪里罗得(组织委员会)。《我们的言论报》编辑部不同意列宁在信中提出的布尔什维克的宣言草案,而制定了自己的宣言,把组织委员会和崩得的立场包庇下来。——74。

88 协约国社会党人伦敦代表会议于1915年2月14日召开。出席代表会议的有英、法、比、俄四国的社会沙文主义派和和平主义派，即英国独立工党、英国社会党、英国工党、费边社、法国社会党、法国劳动总联合会、比利时社会党、俄国社会革命党和孟什维克的代表。列入代表会议议程的问题有：民族权利问题；殖民地问题；保障未来和平问题。

布尔什维克未被邀请参加代表会议。但马·马·李维诺夫受列宁委托为宣读俄国社会民主工党中央委员会的宣言而出席了代表会议。这篇宣言是以列宁拟定的草案（见本版全集第26卷第131—132页）为基础写成的。在李维诺夫宣读宣言过程中，会议主席打断了他的发言并取消了他的发言权。李维诺夫交了一份书面宣言给主席团以后退出了代表会议。列宁对这次代表会议的评论，见《关于伦敦代表会议》、《谈伦敦代表会议》（本版全集第26卷）两文。——75。

89 指格·瓦·普列汉诺夫的小册子《论战争》1914年巴黎版。——78。

90 这两个人是A.Л.波波夫和保加利亚人尼·斯托伊诺夫，他们是由"联合"集团即后来的彼得堡"区联组织"派来的。——78。

91 《社会民主党人报》第37号载有列宁的《俄国的休特古姆派》（见本版全集第26卷）一文。——79。

92 1915年3月3日和29日出版的《社会民主党人报》第39号和第40号先后刊载了列宁的《关于伦敦代表会议》和《谈伦敦代表会议》两文以及《党的代表马克西莫维奇同志提交伦敦代表会议的俄国社会民主工党中央委员会宣言》。——82。

93 指俄国社会民主工党国外支部代表会议。

俄国社会民主工党国外支部代表会议于1915年2月14—19日（2月27—3月4日）在伯尔尼举行。会议是在列宁的倡议下召开的，实际上起了全党代表会议的作用。

参加代表会议的有俄国社会民主工党中央委员会、中央机关报——《社会民主党人报》、社会民主党妇女组织以及俄国社会民主工党巴黎、苏黎世、伯尔尼、洛桑、日内瓦、伦敦等支部和博日小组的代表。列宁作为俄国社会民主工党中央委员会和中央机关报的代表出席代表会议，并领导了代表会议的全部工作。

列入代表会议议程的问题是：各地工作报告；战争和党的任务（对其他政治集团的态度）；国外组织的任务（对各集团的共同行动和共同事业的态度）；中央机关报和新报纸；对“侨民团体”事务的态度（流亡者“侨民团体”的问题）；国外组织委员会的选举；其他事项。

代表会议根据列宁的报告通过的决议，规定了布尔什维克党在帝国主义战争条件下的任务的策略。

代表会议的主要决议和列宁为发表决议而写的引言刊载于1915年3月16(29)日《社会民主党人报》第40号，而且作为附录收入了用俄文和德文出版的《社会主义与战争》这本小册子。伯尔尼代表会议的决议还用法文印成单行本，分发给齐美尔瓦尔德会议的代表和国际社会民主党左派。——83。

94 指《再论马尔托夫》一文（载于1915年5月1日《社会民主党人报》第41号）。——83。

95 指俄国社会民主工党国外支部代表会议所讨论的《中央机关报和新报纸》决议草案的第3项。——83。

96 指俄国社会民主工党国外支部代表会议决议（见本版全集第26卷第163—169页）。——84。

97 指列宁的《对俄国社会民主党工人党团的审判证明了什么？》一文。——84。

98 指伊·费·阿尔曼德代表《女工》杂志国外部分写的一封通知召开左派妇女社会党人代表会议和邀请荷兰社会民主党派一名女代表参加代表会议的信。

国际妇女社会党人代表会议于1915年3月26—28日在伯尔尼举

行。这次代表会议是根据《女工》杂志国外组织的倡议，在当时担任妇女社会党人国际局主席的克拉拉·蔡特金的直接参与下召开的。出席会议的有来自英国、德国、荷兰、法国、波兰、俄国、瑞士的妇女组织的29名代表。代表会议的全部筹备工作是由伊·费·阿尔曼德、娜·康·克鲁普斯卡娅等在列宁领导下进行的。列宁还为会议起草了决议草案（见本版全集第26卷第220—222页）。

但是代表会议的多数代表受中派影响，她们不讨论战争所引起的社会主义的总任务，而只限于讨论蔡特金的《关于妇女社会党人维护和平的国际行动》的报告。这个问题的决议案是蔡特金在英国和荷兰代表参与下起草的，具有中派主义性质。会议通过了这个决议，而否决了俄国社会民主工党中央委员会的代表提出的列宁起草的决议草案。——86。

99　指在阿姆斯特丹出版的赫·哥尔特的小册子《帝国主义、世界大战和社会民主党》。——86。

100　大概是指《来自波罗的海沿岸边疆区的报道》一文。这篇短文载于1915年3月29日《社会民主党人报》第40号的“新闻”栏。——87。

101　这封信是对《我们的言论报》编辑部给俄国社会民主工党中央委员会的信的答复。《我们的言论报》编辑部的这封信是继1915年2月6日来信之后的第二封信。——87。

102　大概是指崩得中央委员会关于战争问题的宣言。宣言载于1915年1月《新闻小报》第7号。——88。

103　死魂灵一词出自俄国作家尼·瓦·果戈理的同名小说，指户口登记册上有名字而实际上已经死亡的农奴，后来被人们用来泛指实际不存在的、虚构的人物。——89。

104　俄国社会民主工党孟什维克组织委员会给中立国社会党人哥本哈根代表会议的报告刊登于1915年2月22日《俄国社会民主工党组织委员会国外书记处通报》第1号。一些社会沙文主义报纸转载了这个报告。——90。

105　指格·叶·季诺维也夫写的《关于"赦免"及其预言者们》一文。该文是批判考茨基主义的，作为社论发表于1915年5月21日《社会民主党人报》第42号。——94。

106　《共产党人》杂志(«Коммунист»)是列宁创办的，由《社会民主党人报》编辑部和资助该杂志的格·列·皮达可夫、叶·波·博什共同出版。尼·伊·布哈林也参加了编辑部。杂志于1915年9月在日内瓦出了一期合刊，刊载了列宁的三篇文章：《第二国际的破产》、《一位法裔社会党人诚实的呼声》、《意大利的帝国主义和社会主义》。列宁曾打算把《共产党人》杂志办成左派社会民主党人的国际机关刊物。可是在杂志筹办期间，《社会民主党人报》编辑部和布哈林、皮达可夫、博什之间很快就发生了严重的意见分歧。杂志创刊以后，分歧愈益加剧。根据列宁的提议，《共产党人》杂志只出这一期就停刊了。——96。

107　邀请列·达·托洛茨基为《共产党人》杂志撰稿的信，是格·列·皮达可夫和叶·波·博什违背列宁的意见发出的。托洛茨基在1915年6月4日《我们的言论报》第105号上发表了《致〈共产党人〉杂志编辑部的一封公开信》，作为答复。他在信中除表示拒绝撰稿外，还对布尔什维克进行了猛烈攻击。——96。

108　指纳沙泰尔图书馆对列宁关于邮寄书籍到泽伦堡的询问信尚未答复。——96。

109　指《关于出版〈共产党人〉杂志的通知》。该通知大概是在列宁的直接参加下写成的，曾印成单页(注明日期为1915年5月20日)散发给俄国社会民主工党国内外各组织以及西欧左派社会民主党人，并以《编者的话》为题刊载于《共产党人》杂志。——96。

110　大概是指立宪民主党人的文集《俄国对战争的期望》。——98。

111　从1905年起，列宁作为俄国社会民主工党的代表参加社会党国际局。1912年俄国社会民主工党第六次(布拉格)全国代表会议重新选举他为俄国社会民主工党驻社会党国际局代表。列宁在1912年迁居波罗宁以后，因难于履行驻社会党国际局代表的职责，曾临时委托别人做代表。根据列宁的建议，马·马·李维诺夫(马克西莫维奇)从1914年6月起被任命为俄国社会民主工党中央委员会驻社会党国际局代表。——99。

112 指1915年3月26—28日在伯尔尼举行的国际妇女社会党人代表会议(见注98)和1915年4月4—6日在伯尔尼举行的国际社会主义青年代表会议。参加国际社会主义青年代表会议的有10个国家的青年组织的代表，这些国家是：保加利亚、德国、荷兰、丹麦、意大利、挪威、波兰、俄国、瑞士、瑞典。会议的主要议题是战争和社会主义青年组织的任务。会议的筹备工作是在中派分子罗·格里姆的影响下进行的，通过的决议是根据中派的精神起草的。代表会议选出了社会主义青年国际局，通过了关于出版社会主义青年的国际机关刊物《青年国际》杂志的决议，并决定每年庆祝国际青年节。——99。

113 指中派从为战争辩护的政策向争取和平的政策“转变”。1915年6月19日《莱比锡人民报》第139号发表的由爱·伯恩施坦、胡·哈阿兹和卡·考茨基签署的题为《当务之急》的联名宣言，就号召缔结和约，号召“不管意见的分歧”而保持党的统一，即实际上保持与社会沙文主义者的统一。——100。

114 1914年8月4日，德国社会民主党党团在帝国国会中与资产阶级代表一起投票赞成给帝国政府提供50亿军事拨款，从而赞同了威廉二世的帝国主义政策。后来查明，左派社会民主党人在社会民主党党团于帝国国会开会前讨论这一问题时，是反对向政府提供战争拨款的。但他们因为服从社会民主党党团机会主义多数的决议，在帝国国会里对拨款也投了赞成票。——100。

115 大概是指发表在1915年《共产党人》杂志第1—2期合刊上的列宁的评论《意大利的帝国主义和社会主义》(见本版全集第27卷)。——104。

116 《组织委员会通报》即《俄国社会民主工党组织委员会国外书记处通报》

(«Известия Заграничного Секретариата Организационного Комитета Российской Социал-Демократической Рабочей Партии»),是俄国孟什维克报纸,1915 年 2 月—1917 年 3 月在日内瓦出版,共出了 10 号。这里提到的第 2 号是 1915 年 6 月 14 日出版的。——104。

117 大概是指立宪民主党人 1915 年在彼得格勒出版的文集《俄国对战争的期望》和亚·米·柯伦泰预定在《共产党人》杂志上发表的文章《为什么德国无产阶级在 7 月的日子里默不作声?》。——104。

118 指巴黎国际主义者俱乐部 1915 年 5 月底通过的决议。格·雅·别连基将该文件寄给俄国社会民主工党中央委员会时写道,这个俱乐部的宗旨是在反对社会沙文主义的基础上促使国际主义者互相接近。——105。

119 指刊登在 1915 年 6 月 14 日《俄国社会民主工党组织委员国会外书记处通报》第 2 号上的文章《蛊惑和分裂》。——106。

120 《我们的事业》杂志(«Наше Дело»)是俄国孟什维克取消派和社会沙文主义者的主要刊物(月刊)。1915 年 1 月在彼得格勒出版,以代替 1914 年 10 月被查封的《我们的曙光》杂志,共出了 6 期。为该杂志撰稿的有叶·马耶夫斯基、彼·巴·马斯洛夫、亚·尼·波特列索夫、涅·切列万宁等。——107。

121 对塞·霍格伦以及瑞典、挪威和瑞士左派社会民主党人的错误立场,列宁在《无产阶级革命的军事纲领》和《论“废除武装”的口号》(见本版全集第 28 卷)两文中进行了批评。——108。

122 指 1915 年在柏林出版的爱·大卫的《世界大战中的社会民主党》一书。列宁在《德国机会主义论战争的一本主要著作》(见本版全集第 26 卷)一文中对该书进行了批判。——108。

123 齐赫泽党团指以尼·谢·齐赫泽为首的俄国第四届国家杜马中的孟什维克党团,1916 年其成员为马·伊·斯柯别列夫、伊·尼·图利亚科夫、瓦·伊·豪斯托夫、齐赫泽和阿·伊·契恒凯里。第一次世界大战期间，该党团采取中派立场，实际上全面支持俄国社会沙文主义者。列宁对齐赫泽党团的机会主义路线的批判，见《组织委员会和齐赫泽党团有自己的路线吗?》、《齐赫泽党团及其作用》(本版全集第27卷和第28卷)等文。——109。

124 大概是指1915年7月叶·费·罗兹米罗维奇、格·列·皮达可夫、叶·波·博什到泽伦堡来同列宁商谈有关《共产党人》杂志的问题。——110。

125 指卡·伯·拉狄克的文章《帝国主义发展的四分之一世纪》(该文第一部分载于《共产党人》杂志第1—2期合刊)。——111。

126 这里说的是1915年在莫斯科出版的彼·巴·马斯洛夫的《世界大战的经济原因》一书。关于这本书，尼·伊·布哈林给《共产党人》杂志写了一篇书评。这篇书评由于杂志停刊而未能发表。——111。

127 指尼·瓦·克雷连柯(阿布拉姆)的《对谁有利?》一文。该文原拟发表在《共产党人》杂志上，后未刊出。——111。

128 大概是指尼·伊·布哈林的文章《世界经济和帝国主义》和他为《共产党人》杂志写的关于彼·巴·马斯洛夫的《世界大战的经济原因》一书的书评。——112。

129 指卡·伯·拉狄克1915年7月5日给列宁的信，信中建议写一本小册子，来阐述俄国社会民主工党中央委员会关于对战争的态度的观点。——112。

130 《保险问题》杂志(«Вопросы Страхования»)是俄国布尔什维克的合法刊物(周刊)，由布尔什维克党中央领导，1913年10月26日(11月8日)—1914年7月12日(25日)和1915年2月20日(3月5日)—1918年3月在彼得堡出版，共出了63期。参加杂志工作的有列宁、斯大林、瓦·弗·古比雪夫和著名的保险运动活动家尼·阿·斯克雷普尼克、彼·伊·斯图契卡、亚·尼·维诺库罗夫、尼·米·什维尔尼克等。——113。

131 指列宁的《组织委员会和齐赫泽党团有自己的路线吗?》(见本版全集第27卷)一文。该文载于1916年2月18日《社会民主党人报》第50号。——113。

132 指卡·伯·拉狄克写的左派社会民主党人提交即将召开的国际社会党第一次代表会议的决议草案。列宁对此草案的批评,见他给拉狄克的信(本卷第122号文献)。——114。

133 指原拟在《共产党人》杂志上发表的亨·卡缅斯基的《波兰社会民主党和战争》、赫·哥尔特的《无产阶级的民族主义的由来》和瓦林的《我们在军队中的基地》等文章。这些文章没有被刊登。——116。

134 指彼得堡工人受格·阿·加邦神父的蒙蔽搞和平请愿。在第一次俄国革命前夜,加邦按照保安处布置的任务建立祖巴托夫式的组织俄国工厂工人协会,企图诱使工人脱离革命斗争。1905年1月9日(22日),工人在加邦的挑动下列队前往冬宫,向沙皇递交请愿书,结果遭到血腥镇压。——118。

135 指格·列·皮达可夫写的评介罗·卢森堡和弗·梅林出版的《国际》杂志第1期的文章《战友》。——118。

136 指列宁为筹备国际社会党第一次代表会议而着手写的小册子《社会主义与战争(俄国社会民主工党对战争的态度)》。格·叶·季诺维也夫参加了这本小册子的写作。列宁撰写了小册子的主要部分,并且审定了全书。《社会主义与战争》一书在齐美尔瓦尔德会议前夕用俄文和德文出版,并且散发给了参加这次会议的代表。齐美尔瓦尔德会议以后,小册子又在法国用法文出版,并在挪威左派社会民主党人的机关刊物上用挪威文全文发表。列宁还曾多次尝试用英文在美国出版,但未能实现。——121。

137 指俄国社会民主工党中央委员会代表格·叶·季诺维也夫写的通报1915年7月11日召开的国际社会党代表会议预备会议情况的信。该信散发到党的各个组织。信的全文载于《列宁文集》俄文版第14卷第161—163页。——121。

138 见注137。——122。

139 指俄国社会民主工党国外支部伯尔尼代表会议决议(见本版全集第26卷第163—169页)。——124。

140 《论坛报》(«De Tribune»)是荷兰社会民主工党左翼的报纸,1907年在阿姆斯特丹创刊。从1909年起是荷兰社会民主党的机关报。从1918年起是荷兰共产党的机关报。1940年停刊。俄国社会民主工党中央委员会宣言刊登在该报1914年12月31日第26—27号合刊上。——124。

141 指维·阿·卡尔宾斯基的《知识界和战争》一文。该文原定在《共产党人》杂志上发表,后未刊登。——125。

142 指阿恩(诺·尼·饶尔丹尼亚)的《战争与和平》一文。该文于1915年刊载在格鲁吉亚文报纸《新思想报》和《新犁沟报》上。1915年7月21日斯捷普科(尼·达·基克纳泽)把阿恩这篇文章的部分俄译文寄给了列宁。——127。

143 指《社会主义与战争(俄国社会民主工党对战争的态度)》。——130。

144 指1915年7月10日《保险问题》杂志第5期(总第43期)。这期杂志载有署名"Я.鲁斯"的一篇评介彼·巴·马斯洛夫的《世界大战的经济原因》一书的书评。——131。

145 指《社会主义与战争(俄国社会民主工党对战争的态度)》。——131。

146 指安·潘涅库克的《荷兰社会民主党代表大会》一文。该文刊登在1915年7月24日《伯尔尼哨兵报》第170号的附刊上。

《伯尔尼哨兵报》(«Berner Tagwacht»)是瑞士社会民主党的机关报,1893年在伯尔尼创刊。——133。

147 指根据罕·罗兰-霍尔斯特的倡议于1915年5月成立的革命社会主义者联盟的原则宣言。宣言以《荷兰的新政党》为题刊载于1915年7月3日《伯尔尼哨兵报》第152号附刊,同时还见于1915年7月2日《国际通讯》杂志第14期的《"新国际"》一文。

《国际通讯》杂志(«Internationale Korrespondenz»)是德国社会沙文主义者的国际政治和工人运动问题周刊。1914年9月底—1918年10月1日在柏林出版。——134。

148 指《左派社会民主党人为国际社会党第一次代表会议准备的决议草案》(见本版全集第26卷)。——137。

149 指在《共产党人》杂志上刊登列宁的《一位法裔社会党人诚实的呼声》(见本版全集第27卷)和瓦林的《我们在军队中的基地》。后一篇文章因为杂志版面不够没有刊出。——138。

150 说的是把《社会民主党人报》编辑部迁至斯德哥尔摩一事。——138。

151 《言语报》(«Речь»)是俄国立宪民主党的中央机关报(日报),1906年2月23日(3月8日)起在彼得堡出版。——139。

152 指《共产党人》杂志增辟"书报评介"栏以宣传反对社会沙文主义的出版物一事。——139。

153 这里指的是:保尔·果雷的小册子《正在死亡的社会主义和必将复兴的社会主义》;厄·辛克莱的文章(宣言)《反战宣言》,载于辛克莱同罗·布拉奇福德合写的小册子《社会主义与战争》;1915年4月德国左派社会民主党人出版的《国际》杂志。——139。

154 日本人是格·列·皮达可夫和叶·波·博什的代称,他们是由俄国途经日本流亡到瑞士来的。这里说的是他们要去挪威。——139。

155 指安·潘涅库克的《帝国主义和无产阶级的任务》一文。该文载于1915年《共产党人》杂志第1—2期合刊,附有列宁写的《编者按》。——140。

156 指《社会主义与战争(俄国社会民主工党对战争的态度)》。——140。

157 指1915年7月7日维也纳《工人报》第186号登载的《俄国的国内危机》一文。1915年7月26日《社会民主党人报》第43号就这篇文章发表了一篇短评:《阿克雪里罗得集团与社会沙文主义者结成联盟》。——141。

158 大概是指《革命的无产阶级和民族自决权》和《论欧洲联邦口号》(见本版全集第27卷和第26卷)两文。——142。

159 指《评"和平"口号》(见本版全集第26卷)一文。——143。

160 指《社会民主党人报》编辑部为俄国社会民主工党中央委员会宣言《战争和俄国社会民主党》加的注释(见本版全集第26卷第369页)。《社会主义与战争》这本小册子的附录中收有这篇宣言。——144。

161 大概是指列宁的《革命的无产阶级和民族自决权》(见本版全集第27卷)一文。——144。

162 1915年6月11日《我们的言论报》第111号刊登了布劳恩写的《波罗的海沿岸边疆区来信》一文(署名布劳·)。这篇文章续登于1915年6月12日和13日该报第112号和第113号。——144。

163 指《论欧洲联邦口号》一文。——145。

164 指尤·博尔夏特的小册子《1914年8月4日以前和以后。德国社会民主党是否背弃了自己?》1915年柏林版。列宁对该小册子的评论,见《警察和反动分子是怎样保护德国社会民主党的统一的》(本版全集第26卷)一文。——148。

165 指1915年3月26—28日在伯尔尼召开的国际妇女社会党人代表会议所通过的决议。参看列宁《论反对社会沙文主义》(本版全集第26卷)一文。——148。

166 尤·博尔夏特集团即“德国国际社会党人”集团。

“德国国际社会党人”(I.S.D.)是第一次世界大战期间围绕着在柏林出版的《光线》杂志而组成的德国左派社会民主党人集团，它公开反对战争和机会主义，在同社会沙文主义者和中派划清界限方面持最彻底的立场。在齐美尔瓦尔德会议上，该集团代表尤·博尔夏特在齐美尔瓦尔德左派的决议草案上签了名。但该集团与群众缺乏广泛联系，不久就瓦解了。——148。

167 《无产者呼声报》(«Пролетарский Голос»)是俄国社会民主工党彼得堡委员会的秘密机关报，1915年2月—1916年12月在彼得格勒出版，共出了4号。最后一号被警察没收，抢救出来的只有为数不多的几份。该报创刊号曾刊登俄国社会民主工党中央委员会的宣言《战争和俄国社会民主党》。——149。

168 指克·格·拉柯夫斯基和沙·迪马合写的小册子《社会党人和战争》1915年布加勒斯特版。——149。

169 指《瑞士人民报》。

《瑞士人民报》(«Le Peuple Suisse»)是瑞士社会党和日内瓦工人联合会的机关报，1895—1917年在日内瓦出版。1906年以前称《日内瓦人民报》。

信中提到的是1915年8月14日该报第14号。——150。

170 指俄国社会民主工党中央委员会代表团在1915年3月26—28日于伯尔尼举行的国际妇女社会党人代表会议上提出的决议草案。这个草案是列宁写的，载于1915年6月1日《社会民主党人报》第42号附刊。——150。

171 指沙尔·拉波波特写的《让·饶勒斯。人。思想家。社会主义者》一书

191 指俄国社会民主工党第六次(布拉格)全国代表会议的决议《关于前保管人掌管的财产和关于账目》(见本版全集第21卷第161—162页)。——181。

192 大概指1912年8月在维也纳举行的取消派代表会议。——182。

193 国际社会党委员会是齐美尔瓦尔德联盟的执行机构,在1915年9月5—8日举行的国际社会党第一次代表会议(齐美尔瓦尔德会议)上成立。组成委员会的是中派分子罗·格里姆、奥·莫尔加利、沙·奈恩以及担任译员的安·伊·巴拉巴诺娃。委员会设在伯尔尼。——182。

194 关于这笔钱的问题,可参看本版全集第46卷第47号和第63号文献以及《列宁文集》俄文版第38卷第66—71页。——182。

195 指国际社会党第一次代表会议。

国际社会党第一次代表会议(齐美尔瓦尔德会议)于1915年9月5—8日在瑞士齐美尔瓦尔德举行。这次会议是根据意大利和瑞士社会党人的倡议召开的。出席会议的有德国、法国、意大利、俄国、波兰、罗马尼亚、保加利亚、瑞典、挪威、荷兰、瑞士等11个欧洲国家的38名代表。第二国际的两个最大的党德国社会民主党和法国社会党没有正式派代表参加会议。在出席会议的俄国代表中,列宁和格·叶·季诺维也夫代表俄国社会民主工党中央委员会,帕·波·阿克雪里罗得和尔·马尔托夫代表孟什维克的俄国社会民主工党组织委员会,维·米·切尔诺夫和马·安·纳坦松代表社会革命党。大多数代表持中派立场。列宁积极参加了代表会议的工作,并在会前进行了大量的准备工作。会上,以列宁为首的革命的国际主义者同以格·累德堡为首的考茨基主义多数派展开了尖锐的斗争。会议通过了专门委员会起草的宣言——《告欧洲无产者书》。代表会议多数派否决了左派提出的关于战争与社会民主党人的任务的决议草案和宣言草案。但是,由于列宁的坚持,在会议通过的宣言中还是写进了一些革命马克思主义的基本论点。会议还通过了德法两国代表团的共同宣言,通过了对战争牺牲者和因政治活动而遭受迫害的战士表示同情的决议,选举了齐美尔瓦尔德联盟的领导机关——国际社会党委员会。——185。

196 大概是指代表挪威社会主义青年组织参加国际社会党第一次代表会议的图·涅尔曼。——185。

197 《社会民主党人报》第45—46号合刊刊载了列宁的文章《第一步》和《1915年9月5—8日国际社会党代表会议上的革命马克思主义者》。根据信中的第2点，报纸发表了《齐美尔瓦尔德国际社会党代表会议上宣读的工作报告选》特辑，第一篇是保加利亚代表瓦西尔·柯拉罗夫的报告。根据信中的第6点，在"新闻"栏登载了简讯：《崩得"没有工夫"》、《组委会一切平安无事》、《托洛茨基"不知道"什么是群众性的革命行动》。——186。

198 指戴·怀恩科普1915年8月6日的信。信中说："现在我可以代表我们党的委员会把对你们党中央委员会7月15日的来信和7月22日声明草案的正式答复通知您。"怀恩科普信里谈的是下面两个文件：俄国社会民主工党中央委员会代表关于1915年7月11日就召开国际代表会议问题举行的预备会议的报告和列宁起草的《左派社会民主党人为国际社会党第一次代表会议准备的决议草案》。怀恩科普写道，"我们完全同意"俄国社会民主工党中央委员会提出的关于召开代表会议的条件的建议。列宁在这里提到的"反对参加代表会议的极其重要的理由"，是指怀恩科普信中下面的一段话："我们党的委员会恳请你们声明……**无论什么样的**代表会议，如果它不接受这个起码的条件作为召开的基础，你们党以及我们党都将不参加，因为那时就不能说这是国际中的革命派的代表会议了。"——187。

199 指齐美尔瓦尔德会议宣言。——187。

200 这几天，列宁离开泽伦堡去齐美尔瓦尔德参加了国际社会党第一次代表会议。——188。

201 这里说的是罗曼·罗兰发表在《日内瓦日报》上的文章。列宁后来找到了这些文章（见本卷第153号文献）。罗兰在第一次世界大战期间写的反对战争的政论文章编成了《超乎混战之上》(1915年)和《先驱》(1919年)两个文集。——188。

202 《生活报》(«Жизнь»)是俄国社会革命党的报纸,于1915年3月在巴黎开始出版,以代替当时被查封的《思想报》。该报后来迁到日内瓦出版,1916年1月停刊。——189。

203 《前进》杂志(«Вперед»)是"前进"集团的期刊,1915年8月25日—1917年2月1日在日内瓦出版,共出了6期。参加该刊工作的有阿·瓦·卢那察尔斯基(阿·沃伊诺夫)、帕·伊·列别捷夫(瓦·波良斯基)、德·扎·曼努伊尔斯基(失业者)。——189。

204 指由俄国社会民主工党组织委员会国外书记处1915年出版的《国际和战争》文集第1辑。文集中收有亚·马尔丁诺夫、阿斯特罗夫、尤·拉林、斯佩克塔托尔(米·伊·纳希姆松)、约诺夫、尔·马尔托夫、帕·阿克雪里罗得等人的文章以及其他材料。——189。

205 大概是指卡·伯·拉狄克写的关于在齐美尔瓦尔德召开的国际社会党第一次代表会议的报道。——189。

206 指俄国社会民主工党中央委员会国外局准备出版的那些传单的提纲。——190。

207 这篇报道以《1915年9月5—8日国际社会党代表会议上的革命马克思主义者》为题刊载于《社会民主党人报》第45—46号合刊。——190。

208 小册子《社会主义与战争(俄国社会民主工党对战争的态度)》由伊·费·阿尔曼德译成法文,1916年在法国出版。——190。

209 指左派社会革命党人弗·亚·亚历山德罗维奇和波卢比诺夫给列宁的信,信中谈的是在反战斗争中采取共同行动的问题。列宁给亚历山德罗维奇的回信,见本卷第156号文献;列宁给波卢比诺夫的回信未找到。——191。

210　指齐美尔瓦尔德国际社会党第一次代表会议宣言和关于这次代表会议的正式报告。这两个文件登载于 1915 年 9 月 18 日《伯尔尼哨兵报》第 218 号和 1915 年 9 月 21 日《伯尔尼国际社会党委员会。公报》第 1 号，其中有些地方遭到了歪曲。——192。

211　指 1915 年 9 月 21 日《伯尔尼国际社会党委员会。公报》第 1 号刊载的关于齐美尔瓦尔德会议的正式报告中的一句话：国际社会党委员会“绝对不应代替现有的社会党国际局，而应在社会党国际局能够完全与自己使命相称之时即行解散”。列宁曾在一份正式报告的这个地方画了着重线，并在旁边加了批语：“并无此项决定。”——192。

212　指齐美尔瓦尔德左派的决议草案和申述左派社会民主党人投票赞成正式宣言的理由的声明。——193。

213　指《社会主义与战争（俄国社会民主工党对战争的态度）》。这本小册子的德文本曾在齐美尔瓦尔德会议上散发。——193。

214　1915 年 10 月 20 日或 22 日，列宁在日内瓦作了题为《1915 年 9 月 5—8 日国际社会党代表会议》的专题报告。——194。

215　1915 年 10 月 23 日，列宁在苏黎世作了题为《1915 年 9 月 5—8 日国际社会党代表会议》的专题报告。——195。

216　亚·加·施略普尼柯夫在为安排往俄国运送布尔什维克书刊而奔波期间，发现在挪威最北部的港口瓦尔德存放着一批书刊。这些书刊是 1906—1907 年间由于秘密运输工作遭到破坏而留在那里的，其中有全套布尔什维克报纸《前进报》、《无产者报》和各种小册子。依照列宁的指示，一部分被发现的书刊运回了俄国。

《前进报》（«Вперед»）是第一个布尔什维克报纸，俄国社会民主工党多数派委员会常务局的机关报（周报），1904 年 12 月 22 日（1905 年 1 月 4 日）—1905 年 5 月 5 日（18 日）在日内瓦出版，共出了 18 号。

《无产者报》（«Пролетарий»）是布尔什维克的秘密报纸，是根据俄国社会民主工党第三次代表大会决定创办的俄国社会民主工党的中央机关报(周报)。1905 年 5 月 14 日(27 日)—11 月 12 日(25 日)在日内瓦出版,共出了 26 号。根据 1905 年 4 月 27 日(5 月 10 日)党的中央全会的决定,列宁被任命为该报的责任编辑。编委会的委员有瓦·瓦·沃罗夫斯基、阿·瓦·卢那察尔斯基和米·斯·奥里明斯基。参加编辑工作的有娜·康·克鲁普斯卡娅、维·阿·卡尔宾斯基、维·米·韦利奇金娜等。——196。

217 指 1915 年 8 月 30 日(9 月 12 日)沙皇尼古拉二世颁布的从 1915 年 9 月 3 日(16 日)起解散第四届国家杜马的命令。命令宣称,鉴于情况非常,杜马不晚于 1915 年 11 月恢复工作。——196。

218 指 1907 年俄国社会民主工党第五次(伦敦)代表大会通过的《关于对非无产阶级政党的态度》的决议和 1913 年有党的工作者参加的俄国社会民主工党中央委员会波罗宁会议通过的《关于民粹派》的决议(参看《苏联共产党代表大会、代表会议和中央全会决议汇编》1964 年人民出版社版第 1 分册第 206—207、407—409 页)。——197。

219 指亚·加·施略普尼柯夫(别列宁)秘密回俄国。——197。

220 指 1915 年 7 月在彼得格勒召开的俄国人民社会党人、劳动派和社会革命党人的代表会议。会议通过了一项决议,号召群众在帝国主义战争中"保护祖国"。——199。

221 格·累德堡以最后通牒的方式,要求代表会议不要作出禁止与会各组织投票赞成军事拨款的决定。他说,这个问题如何解决,应当取决于各国的战略地位。这里说的是左派对这个最后通牒表示抗议的声明。声明载于 1915 年 10 月 13 日《社会民主党人报》第 47 号。——201。

222 《前进报》(«Avanti!»)是意大利社会党中央机关报(日报),1896 年 12 月在罗马创刊。第一次世界大战期间,该报采取不彻底的国际主义立场。

1915 年 9 月 19 日该报第 260 号刊载了题为《齐美尔瓦尔德国际代表会议》的报道。该报违背了事先商定的保密办法,把代表会议组织的详细情节和盘托出，甚至登了会址的几张照片。——202。

223 指《伯尔尼国际社会党委员会。公报》。

《伯尔尼国际社会党委员会。公报》(«Internationale Sozialistische Kommission zu Bern.Bulletin»)是国际社会党委员会的机关报，于1915年9月—1917年1月在伯尔尼用德、法、英三种文字出版，共出了6号。——202。

224 指刊登在《伯尔尼国际社会党委员会。公报》第1号上的关于齐美尔瓦尔德会议的正式报告中，没有提尤·博尔夏特在齐美尔瓦尔德左派的决议草案上签名一事。——203。

225 罗·格里姆以国际社会党委员会的名义在信中建议成立国际社会党扩大委员会，并请求把俄国社会民主工党中央委员会参加该委员会的代表名单通知他。列宁给格里姆的回信，见本版全集第27卷第36—41页。——205。

226 指法德两国代表团在齐美尔瓦尔德国际社会党代表会议上的共同宣言。该宣言刊登在1915年10月11日《社会民主党人报》第45—46号合刊上。——205。

227 1915年9月26日《生活报》第15号转载了《伯尔尼国际社会党委员会。公报》第1号刊登的代表会议材料。在1915年9月25日《我们的言论报》第200号上，代表会议的材料被书报检查机关全部抽掉。——205。

228 指印制传单。这些传单是俄国社会民主工党中央委员会国外局打算印出来在俄国散发的。——206。

229 指亚·米·柯伦泰的小册子《谁需要战争?》。这本小册子于1916年由俄国社会民主工党中央委员会出版。列宁对小册子的修改意见，见本版全集第60卷第114—120页。——207。

230 指列宁准备由瑞士迁移到一个中立的斯堪的纳维亚国家。后来列宁没有迁移。——207。

231 1915年10月初，列宁收到了俄国社会民主工党彼得堡委员会托人从俄国寄给他的一批传单和其他反映彼得格勒布尔什维克工作情况的材料。《社会民主党人报》利用这些材料，于1915年10月13日出版了第47号，专门报道布尔什维克在彼得格勒的工作情况。列宁仔细研究了这批材料，他为从彼得格勒寄来的传单编了目录，标明顺序号码、出版日期、署名和印刷方法。他把传单上的口号单列一栏。最后一栏用来记载"主要论点的内容"。列宁在许多传单上作了批语，并在另外一张纸上写下了对一些传单的意见。列宁还审阅了娜·康·克鲁普斯卡娅写的《俄国社会民主工党彼得堡委员会在战争期间的传单》一文，该文也刊载于《社会民主党人报》第47号。——211。

232 《向理智呼吁报》(«Appeal to Reason»)是美国社会党人的报纸，1895年在美国堪萨斯州吉拉德市创刊。该报宣传社会主义思想，很受工人欢迎。第一次世界大战期间，该报采取国际主义立场。美国社会党人尤·德布兹为该报撰稿。——214。

233 指《社会主义与战争(俄国社会民主工党对战争的态度)》。——215。

234 指瑞士社会主义青年组织"青年联盟"。——215。

235 指《纽约人民报》。

《纽约人民报》(«New-Yorker Volkszeitung»)是美国社会主义工人党的机关报(日报)，由亚·约纳斯创办，1878—1932年在纽约用德文出版。——216。

236 指1915年11月齐美尔瓦尔德左派出版的德文小册子《国际传单集》第1辑(《齐美尔瓦尔德左派论工人阶级的任务》)。——217。

237 这里提到的第1号小报可能是指1915年11月出版的《国际传单集》第1辑，上面有弗·普拉滕在苏黎世的地址，但也可能是指1917年2月出版的小报第1号《驳保卫祖国的谎言》，该小报的署名为"瑞士齐美尔瓦尔德左派集团"，而没有出版者的地址。因此列宁的这封信可能写于1915年11月底—12月初，也可能写于1917年2月。——218。

238 看来是指1915年11月20—21日在阿劳召开的瑞士社会民主党代表大会上左派和中派的斗争，或者是指1917年1月瑞士社会民主党左派宣布的就召开瑞士社会民主党非常代表大会问题进行全党表决一事。——218。

239 指莫·马·哈里东诺夫在1915年11月20—21日瑞士社会民主党阿劳代表大会上的发言。代表大会的中心议题是瑞士社会民主党对齐美尔瓦尔德联盟的态度问题。布尔什维克莫·马·哈里东诺夫以瑞士社会民主党一个组织的有表决权的代表的身份出席了代表大会，对罗·格里姆的中派决议案提出了修正案。该修正案建议承认展开群众性的反战革命斗争是必要的，并声明只有胜利的无产阶级革命才能结束帝国主义战争。代表大会以258票对141票通过了这一左派的修正案。——219。

240 社会主义宣传同盟是美国社会党内一个有自己党证和自行收交党费的独立的派别，1915年在波士顿成立。在帝国主义世界大战问题上，社会主义宣传同盟持与齐美尔瓦尔德左派纲领相近的立场。1918年，同盟加入了美国社会党的左翼。——221。

241 这里说的是准备在《伯尔尼国际社会党委员会。公报》第2号上发表向国际社会党第一次代表会议提交的《关于俄国社会民主工党中央委员会在战争期间的活动的工作报告》的问题。——222。

242 《工人生活》杂志(«La Vie Ouvrière»)是法国革命工团主义者的刊物，1909—1914年在巴黎出版。——222。

243 指选举中央和区域军事工业委员会工人团一事。在1915年9月27日(10月10日)召开的彼得格勒全市初选人会议上，布尔什维克把一些动摇分子争取了过来，使布尔什维克提出的不容许无产阶级代表参加“以任何形式协助当前的战争的组织”的决议案获得通过。布尔什维克抵制军事工业委员会的策略已经得到了胜利。但是孟什维克库·安·格沃兹杰夫于10月5日(18日)在《工人晨报》上发表公开信，借口所谓“局外人”参加了初选人会议(指彼得堡委员会委员谢·雅·巴格达季耶夫等按惯例由别人委托出席会议)而要求重新开会选举。当局也对布尔什维克加强了防范,逮捕了巴格达季耶夫等人。在1915年11月29日(12月12日)重开的初选人会议上,布尔什维克和左派社会革命党人宣读了抗议宣言,然后退出了会议。这样,护国派在资产阶级的帮助下“取得了胜利”,从孟什维克和社会革命党的代表中选出10个人组成了“工人团”,由格沃兹杰夫担任主席。——223。

244 大概是指布尔什维克日内瓦支部关于彼得格勒的军事工业委员会选举的决议。——223。

245 指《先驱》杂志。

《先驱》杂志(«Vorbote»)是齐美尔瓦尔德左派的理论机关刊物,用德文在伯尔尼出版,共出了两期:1916年1月第1期和同年4月第2期。该杂志正式出版者是罕·罗兰-霍尔斯特和安·潘涅库克。列宁参与了杂志的创办和把第1期译成法文的组织工作。杂志刊载过列宁的《机会主义与第二国际的破产》和《社会主义革命和民族自决权(提纲)》(见本版全集第27卷)。——224。

246 这里说的是列宁的《关于农业中资本主义发展规律的新材料。第一编。美国的资本主义和农业》(见本版全集第27卷)这一著作。列宁的手稿是寄给《年鉴》杂志附设的孤帆出版社的。

《年鉴》杂志(«Летопись»)是俄国文学、科学和政治刊物(月刊),由马·高尔基创办。1915年12月—1917年12月在彼得格勒出版。杂志撰稿人中有原布尔什维克、马赫主义者弗·亚·巴扎罗夫和亚·亚·波格丹诺夫,也有孟什维克。杂志文学栏由高尔基负责。——226。

247 指《帝国主义是资本主义的最高阶段》(见本版全集第27卷)一书。——226。

248 这个时期伊·费·阿尔曼德在巴黎执行列宁交给的任务。——229。

249 指卡·伯·拉狄克。——230。

250 指《社会民主党人报》编辑部的提纲《社会主义革命和民族自决权》(见本版全集第27卷)。提纲是列宁写的,后来刊载于1916年4月《先驱》杂志第2期和1916年10月《〈社会民主党人报〉文集》第1辑。

这里说的杂志和下面提到的荷兰—德国的杂志都是指《先驱》杂志。——230。

251 指《先驱》杂志。——232。

252 大概是指洛桑《格吕特利盟员报》的编辑保·果雷。——232。

253 指社会党国际局书记卡·胡斯曼1916年1月9日在荷兰社会民主工党阿纳姆非常代表大会上作的关于国际的活动的报告。他在报告中证明第二国际"没有死亡",并提出了"民主的和平"的改良主义纲领。列宁在《有关民族问题的"和平条件"的报告提纲》(参看《列宁文稿》人民出版社版第14卷第23—44页)中批评了胡斯曼的这一纲领。——232。

254 指《先驱》杂志。——233。

255 指列·波·加米涅夫。列宁出于保密目的这样称呼他。——233。

256 指撰写《帝国主义是资本主义的最高阶段》一书。——235。

257 列宁在苏黎世作了两次专题报告:1916年2月17日作题为《两个国际》的报告;1916年2月26日作题为《"和平的条件"和民族问题》的报告。——236。

258 指将在伯尔尼召开国际社会党扩大委员会会议的通知。列宁于1916年2月5—9日参加了这次会议。——238。

259 《社会民主党评论》杂志(«Przegląd Socjaldemokratyczny»)是波兰社会民主党人在罗·卢森堡积极参加下办的刊物,于1902—1904年、1908—1910年在克拉科夫出版。——239。

260 指列宁写的提纲《社会主义革命和民族自决权》的德译文。——239。

261 娜·康·克鲁普斯卡娅的《国民教育和民主》一书没有如原来打算的那样由孤帆出版社出版。直到1917年，生活和知识出版社才出版了这本书。——240。

262 指伊·费·阿尔曼德从巴黎写来的信。她在信里报告了俄国社会民主工党巴黎支部的状况和布尔什维克参加其工作的"重建国际联系委员会"的活动情况。阿尔曼德还谈到同该委员会领导人之一阿·梅尔黑姆共同工作的困难。她在信中写道："据我的初步印象，我认为，从上层，也就是通过梅尔黑姆的委员会，在短期内未必能够做出什么事情来。因此，我们虽然要热心参加委员会的会议，在那里做点可以做的工作，但还必须寻找另外的途径——试一试从下层行动。"——241。

263 《工人报》(«Gazeta Robotnicza»)是波兰王国和立陶宛社会民主党华沙委员会的秘密机关报，1906年5—10月先后在克拉科夫和苏黎世出版，由亨·多姆斯基(卡缅斯基)主编，出了14号以后停刊。1912年波兰社会民主党分裂后，出现了两个华沙委员会。两个委员会所办的机关报都叫《工人报》，一家是由在华沙的总执行委员会的拥护者办的，出了4号，另一家是由在克拉科夫的反对派华沙委员会办的，出了11号(最后两号是作为波兰王国和立陶宛社会民主党边疆区执行委员会机关报在苏黎世出版的)。波兰王国和立陶宛社会民主党两派合并后，《工人报》在1918年8月还出了一号。

这里是指反对派的《工人报》。——243。

264 指《工人报》第25号刊登的《1915年6月1—2日编辑委员会会议的决议》。列宁在《国外组织委员会给俄国社会民主工党各支部的信》(见本版全集第27卷)中对这个决议进行了批评。下面列宁提到的是波兰社会民主党(反对派)在1914年7月16—18日举行的布鲁塞尔"统一"会议上投票赞成社会党国际局的决议一事。——243。

265 指《社会主义革命和民族自决权(提纲)》(见本版全集第27卷)。——244。

266 指孟什维克组织委员会国外书记处。——244。

267 由于需要到苏黎世各图书馆进行研究工作，列宁和娜·康·克鲁普斯卡娅于1916年2月迁居苏黎世。——244。

268 1916年3月1日列宁在日内瓦作了题为《“和平的条件”和民族问题》的专题报告，出席报告会的有200人。列宁是否在洛桑作了报告，还不能断定。——246。

269 大概是指亚·米·柯伦泰的小册子《谁需要战争？》。——246。

270 说的是1915年3月21日《我们的言论报》第45号上刊登的谢·尤·谢姆柯夫斯基的文章《就国家建设问题纸上谈兵》。作者给文章加的一条注释说：“‘分离权’的拥护者们为自己辩护说，他们只是维护抽象的‘权利’，而不是具体地鼓动分离，因为承认离婚权并不意味着鼓动离婚。可是在用‘夫人，所有的男子都比您的丈夫强’这样的话来论证‘离婚权’时，维护‘权利’和直接鼓动离婚就没法区分开了。”——247。

271 指罗·卢森堡起草的提纲《论国际社会民主党的任务》。该提纲由1916年1月在柏林举行的德国左派代表会议通过。参看列宁《论尤尼乌斯的小册子》(本版全集第28卷)一文。——248。

272 指亨·施特勒贝尔发表在1915年12月17日出版的《新时代》杂志第12期上的文章《社会党危机的原因》。——248。

273 《平等》杂志(«Die Gleichheit»)是德国社会民主党的双周刊，德国女工运动的机关刊物，后来也是国际妇女运动的机关刊物，1890—1925年在斯图加特出版。1892—1917年克·蔡特金任该刊主编。——248。

274 指左翼国际主义派侨民于1915年12月在日内瓦建立的国际主义者俱乐部。——249。

275 指1916年2月5—9日在伯尔尼举行的国际社会党扩大委员会会议。列宁积极地参加了会议的工作，起草了《关于召开社会党第二次代表会议的决议草案》和代表团关于会议代表资格的建议(见本版全集第27卷第240、241—242页)。会上,列宁批评了孟什维克的虚伪的国际主义,提出了关于国际社会党委员会《告所属各政党和团体书》草案的讨论程序,发表了对这个草案的修改意见,并代表布尔什维克以及波兰王国和立陶宛社会民主党边疆区执行委员会发表声明,反对邀请卡·考茨基、胡·哈阿兹和爱·伯恩施坦参加国际社会党第二次代表会议。会后不久,列宁给布尔什维克国外各支部分别寄去了会议通报,并指示要立即着手筹备即将举行的国际社会党第二次代表会议。——249。

276 指1916年在彼得格勒出版的孟什维克文集。该文集载有维·伊·查苏利奇、亚·尼·波特列索夫、彼·巴·马斯洛夫、阿恩(诺·尼·饶尔丹尼亚)等人的文章。——249。

277 列宁没有为《社会民主党人报》第52号写文章论述4月23日代表会议即筹备中的国际社会党第二次代表会议的任务,而写了《论"和平纲领"》(见本版全集第27卷)一文。——250。

278 大概是指1916年2月5—9日在伯尔尼举行的国际社会党扩大委员会会议通过的通告信《告所属各政党和团体书》。1916年3月25日《社会民主党人报》第52号刊登了这封通告信。——250。

279 指格·瓦·契切林的《关于召集社会党国际局的争论(英国来信)》一文。该文署名奥尔纳·,刊登于1916年3月1日和2日《我们的言论报》第51号和第52号。列宁在他的短评《是分裂还是腐烂?》中提到了这篇文章(见本版全集第27卷第305页)。——250。

280 《日报》(«День»)是俄国自由派资产阶级的报纸(日报),1912年在彼得堡创刊,第一次世界大战期间持护国主义立场。从1917年5月30日起成为孟什维克的机关报。1917年10月26日(11月8日)被查封。——250。

281 《新时报》(«Новое Время»)是俄国报纸,1868—1917年在彼得堡出版。出版人多次更换,政治方向也随之改变。1872—1873年采取进步自由主义的方针。1876—1912年由反动出版家阿·谢·苏沃林掌握，成为俄国最没有原则的报纸。1905年起是黑帮报纸。1917年二月革命后，完全支持资产阶级临时政府的反革命政策，攻击布尔什维克。1917年10月26日(11月8日)被查封。——250。

282 《莱比锡人民报》(«Leipziger Volkszeitung»)是德国社会民主党的报纸(日报)，1894—1933年出版。该报最初属于该党左翼，弗·梅林和罗·卢森堡曾多年担任它的编辑。1917—1922年是德国独立社会民主党的机关报，1922年以后成为右翼社会民主党人的机关报。——250。

283 1916年2月29日《伯尔尼国际社会党委员会。公报》第3号刊登了通告信《告所属各政党和团体书》。——251。

284 说的是1916年2月28日《伯尔尼哨兵报》第49号。这一号刊登了不来梅社会民主党人小组会议的决议。决议要求《不来梅市民报》始终不渝地坚持它在战前采取的左派激进立场。——251。

285 钟声派是指《钟声》杂志的撰稿人和同道者。

《钟声》杂志(«Дзвін»)是合法的资产阶级民族主义刊物(月刊)，倾向孟什维克，1913年1月—1914年在基辅用乌克兰文出版，共出了18期。参加该杂志工作的有B.П.列文斯基、弗·基·温尼琴科、列·尤尔凯维奇(雷巴尔卡)、德·顿佐夫、西·瓦·佩特留拉、格·阿·阿列克辛斯基、帕·波·阿克雪里罗得、列·达·托洛茨基等人。第一次世界大战爆发后停刊。——251。

286 《斗争》杂志(«Боротьба»)是乌克兰社会民主工党国外组织的机关刊物(月刊)，1915年2月3日—1916年12月在日内瓦出版。该杂志打着马克思主义的旗号，主张乌克兰工人分离出来单独组成社会民主党，同时又反对布尔什维克提出的民族自决权的口号。——251。

287 大概是指季耶美利斯(扬·安·别尔津)的文章《关于拉脱维亚边疆区社会民主党在战争期间的活动》。该文后来发表于《〈社会民主党人报〉

文集》第 2 辑。——251。

288 指刊登在 1916 年 2 月 29 日《伯尔尼国际社会党委员会。公报》第 3 号上的国际派的提纲，标题是《德国同志们的建议》。——253。

289 指革命社会主义者联盟和荷兰社会民主党共同起草的纲领草案。该草案刊登于《伯尔尼国际社会党委员会。公报》第 3 号。——254。

290 《新评论》杂志(«New Review»)是美国刊物，1913—1916 年在纽约出版。——255。

291 指波兰王国和立陶宛社会民主党反对派的《工人报》第 25 号。这里写的第 2 号是笔误。参看注 264。——256。

292 《〈社会民主党人报〉文集》(«Сборник«Социал-Демократа»»)是列宁创办的刊物，由《社会民主党人报》编辑部在日内瓦出版。文集总共出了两辑：1916 年 10 月的第 1 辑和 1916 年 12 月的第 2 辑。第 3 辑因经费不足未能出版。——256。

293 列宁给尼·伊·布哈林的这封信至今未找到。列宁在《论正在产生的“帝国主义经济主义”倾向》、《对彼·基辅斯基(尤·皮达可夫)〈无产阶级和金融资本时代的“民族自决权”〉一文的回答》、《论面目全非的马克思主义和“帝国主义经济主义”》(见本版全集第 28 卷)三篇文章中也批判了布哈林、格·列·皮达可夫和叶·波·博什共同署名的提纲《关于民族自决权的口号》。这个提纲是 1915 年 11 月寄给《社会民主党人报》编辑部的。——260。

294 当时在准备出版一种关于犹太人状况的文集，计划编入亚·加·施略普尼柯夫在俄国旅行期间收集的材料。文集后来没有出成。——261。

295 这封信是列宁对尤·拉林的一项建议的答复。拉林建议列宁参加一部批评护国主义和论证齐美尔瓦尔德纲领的文集的撰稿工作。这部文集打算在俄国公开出版。在国外被邀参加文集撰稿工作的还有帕·波·阿克雪里罗得、阿·瓦·卢那察尔斯基、尔·马尔托夫等人。在俄国国内由尼·苏汉诺夫挑选文集的撰稿人。在向参加者提出的条件中还规定:“各参加者不得在这部文集的文章中互相攻击。”这部文集后来没有出版。——262。

296 指俄国社会民主工党中央委员会向国际社会党委员会提出的一项抗议声明,其中证明,组织委员会没有资格派代表出席国际社会党第二次代表会议。声明指出,一切与组织委员会有联系的俄国国内组织都赞同参加军事工业委员会,从而转到了“社会爱国主义的立场”。声明说,“为了使代表资格是**名副其实的**而不是欺骗**工人**的,就必须否决**组委会**出席代表会议的代表资格。否则,我们如果承认组委会冒牌的代表资格,就会使国外的和俄国的工人迷惑不解,就是**口是心非**,在支持……‘齐美尔瓦尔德’”的同时又支持参加军事工业委员会。列宁很可能参加了这份抗议声明的起草。这一声明在当时的报刊上没有公布。——263。

297 指罗·卢森堡的小册子《社会民主党的危机》。小册子用“尤尼乌斯”这个笔名于1916年出版。列宁在《论尤尼乌斯的小册子》一文中批评了小册子的错误论点。——264。

298 指在《社会民主党人报》第52号上发表国际社会党委员会关于召开国际社会党第二次代表会议的通告信《告所属各政党和团体书》以及会议议程和参加会议的条件的简述。这些材料原载于1916年2月29日《伯尔尼国际社会党委员会。公报》第3号。——265。

299 说的是准备将《抉择》一文付印一事。该文后来刊登于1916年12月30日《社会民主党人报》第57号,在标题下注明“本文转载自德国革命社会民主党人秘密机关刊物《斯巴达克》杂志第1期”。

下一段里说的是在1916年2月国际社会党扩大委员会会议上表决《告所属各政党和团体书》时,齐美尔瓦尔德左派代表发表的声明。声明说,虽然他们并不是对通告信的每一条都表示满意,但还是投赞成票,因为他们认为通告信同在齐美尔瓦尔德举行的国际社会党第一次代表会议的决议相比是前进了一步。——265。

300 说的是格·叶·季诺维也夫的文章《取消主义是怎样变成社会沙文主义的》(载于《〈社会民主党人报〉文集》第1辑)。——265。

301 指拟于1916年4月召开的国际社会党第二次代表会议。——265。

302 指《俄国社会民主工党中央委员会向社会党第二次代表会议提出的提案》(见本版全集第27卷)。——265。

303 《我们的呼声报》(«Наш Голос»)是俄国孟什维克的合法报纸(周报),1915—1916年在萨马拉出版。该报采取社会沙文主义立场。——266。

304 指在巴黎用法文出版的《社会主义与战争(俄国社会民主工党对战争的态度)》。——267。

305 美国社会主义工人党是由第一国际美国支部和美国其他社会主义团体合并而成的,1876年7月在费城统一代表大会上宣告成立,当时称美国工人党,1877年起改用现名。绝大多数党员是侨居美国的德国社会主义运动参加者,同本地工人联系很少。第一次世界大战期间,该党倾向于国际主义。——268。

306 指《俄国社会民主工党中央委员会向社会党第二次代表会议提出的提案》。——270。

307 指俄国社会民主工党中央委员会向国际社会党委员会提出的抗议声明(见注296)。《伯尔尼国际社会党委员会。公报》第4号只登了《俄国社会民主工党中央委员会向社会党第二次代表会议提出的提案》,没有刊登这个抗议声明。——270。

308 格沃兹杰夫主义即与帝国主义资产阶级实行合作的政策,因积极参加中央军事工业委员会、担任该委员会工人团主席的孟什维克库·安·格沃兹杰夫而得名。——271。

309 废除国债是刊载于1916年2月29日《伯尔尼国际社会党委员会。公报》第 3 号的革命社会主义者联盟和荷兰社会民主党纲领草案的第 1 条。——273。

310 指亚·加·施略普尼柯夫与尼·伊·布哈林、叶·波·博什和格·列·皮达可夫就出版《共产党人》杂志一事进行的谈判。——274。

311 见注 294。——276。

312 指叶·费·罗兹米罗维奇。——276。

313 看来是指社会党国际局于 1914 年 7 月 3—5 日(16—18 日)召开的布鲁塞尔"统一"会议。——276。

314 这里说的大概是一篇批评为国际社会党第二次代表会议准备的宣言草案的文章。这个宣言草案是聚集在《工人生活》杂志和《我们的言论报》周围的一些人向国际社会党委员会提出的。草案载于 1916 年 2 月 29 日《伯尔尼国际社会党委员会。公报》第 3 号。——279。

315 这里说的是米·尼·波克罗夫斯基关于《战前和战时的欧洲》丛书征稿问题的信。1915 年 11 月,波克罗夫斯基建议列宁写这套丛书中的带导言性质即关于帝国主义的一种,列宁接受了这一建议,以后写成了《帝国主义是资本主义的最高阶段》一书。——280。

316 指克·格·拉柯夫斯基 1916 年 2 月 8 日在伯尔尼国际群众大会上的演说,大会是为国际社会党扩大委员会会议的召开而举行的。拉柯夫斯基的演说在布加勒斯特出了单行本。

"德国国际社会党人"集团的小册子《1915 年 12 月 21 日的少数派》(1916 年柏林版),分析了社会民主党党团中的少数派 1915 年 12 月 21 日在帝国国会投票反对军事拨款一事。——280。

317 指《社会民主党人报》编辑部的提纲《社会主义革命和民族自决权》。——280。

318 指《人民呼声报》。

《人民呼声报》(«Volksstimme»)是德国社会民主党报纸(日报),1891年1月—1933年2月在开姆尼茨出版。第一次世界大战期间,该报采取社会沙文主义立场。——281。

319 大概是指格·伊·萨法罗夫认识的法国青年社会党人。萨法罗夫当时住在巴黎。——282。

320 指1916年4月13日出版的《社会民主党人报》第53号。这一号刊载的全是评述俄国事件的材料。——283。

321 指《俄国社会民主工党中央委员会向社会党第二次代表会议提出的提案》。——284。

322 指《关于帝国主义和民族压迫》这一提纲。该提纲是卡·拉狄克写的,以《工人报》编辑部的名义发表于1916年4月《先驱》杂志第2期,然后用俄文刊载于1916年10月《〈社会民主党人报〉文集》第1辑。列宁用俄国社会民主工党中央机关报《社会民主党人报》编辑部的名义写了《社会主义革命和民族自决权(提纲)》,也发表于《先驱》杂志第2期,并用俄文发表于《〈社会民主党人报〉文集》第1辑。——284。

323 指俄国侨民尼·伊·布哈林、格·列·皮达可夫、雅·扎·苏里茨和亚·И.戈尔东在斯德哥尔摩被瑞典当局逮捕一事。他们被监禁了几天,然后获释并被驱逐出瑞典。——285。

324 指《齐赫泽及其党团是"格沃兹杰夫主义"党的帮凶》一文。文章批评了尼·谢·齐赫泽和阿·伊·契恒凯里在国家杜马的沙文主义发言,载于《社会民主党人报》俄国问题专号即第53号。——287。

325 米·谢·克德罗夫当时打算回俄国。——289。

326 指德文的《俄国社会民主工党中央委员会就国际社会党第二次代表会议议程提出的提案》。这一文件刊载于1916年4月22日《伯尔尼国际社会党委员会。公报》第4号,后来以《俄国社会民主工党中央委员会向社会党第二次代表会议提出的提案》为题用俄文发表于1916年6月

10 日《社会民主党人报》第 54—55 号合刊。——290。

327 这是列宁对格·列·皮达可夫、叶·波·博什、尼·伊·布哈林三人就《共产党人》杂志编辑部分歧问题给《社会民主党人报》编辑部的信的答复。——291。

328 指格·列·皮达可夫、叶·波·博什、尼·伊·布哈林迁往克里斯蒂安尼亚(奥斯陆)和他们在 1915 年 11 月寄给《社会民主党人报》编辑部的《关于民族自决权的口号》这一提纲。提纲的作者们反对俄国社会民主工党纲领中关于民族自决权的第 9 条。——292。

329 指参加国际社会党第二次代表会议之行。1916 年 2 月 5—9 日在伯尔尼举行的国际社会党扩大委员会会议决定：参加齐美尔瓦尔德代表会议的全体代表都可以出席昆塔尔代表会议。列宁作为俄国社会民主工党中央委员会的代表出席了昆塔尔代表会议。——293。

330 指塞尔维亚社会民主党代表特·卡茨列罗维奇。——294。

331 这里说的是法国代表到瑞士参加国际社会党第二次代表会议一事。乔治即格·伊·萨法罗夫当时在瑞士。伊·费·阿尔曼德和萨法罗夫曾在从法国寄给列宁的信中谈到关于在法国港口城市布列斯特的俄国工人和后备水手中进行革命宣传的事。阿尔曼德在 1916 年 1 月发出的一封信中曾请求给布列斯特的同志们寄《先驱》杂志和《社会民主党人报》。她在另一封值中说："我同布列斯特人也同样洽谈了他们派代表的问题——他们非常想派，甚至愿为此凑钱，但他们的护照有困难……"这里说的"布列斯特人"可能是指这些人。——295。

332 指格·叶·季诺维也夫寄给列宁的第四届国家杜马布尔什维克代表案件的起诉书。——295。

333 见注 296。——296。

334 大概是指斯堪的纳维亚国家(瑞典、挪威)左派社会民主党的代表出席国际社会党第二次代表会议的事。——296。

335 指国际社会党第二次代表会议的确切会址。——297。

336 这次中立国社会党人代表会议原由卡·胡斯曼确定在1916年6月26日召开,后延至7月31日在海牙举行。出席代表会议的有荷兰的8名代表,瑞典的卡·亚·布兰亭,丹麦的托·斯陶宁格,以及阿根廷和美国的各1名代表。代表会议通过了一项拥护自由贸易的决议,认为它是"持久和平和国际团结"的条件。——299。

337 指的是卡·胡斯曼1916年1月9日在荷兰社会民主党阿纳姆非常代表大会上作的关于国际的活动的报告。胡斯曼在报告中提出了"民主的和平"纲领,并涉及齐美尔瓦尔德代表会议及其左派。1916年2月15日《人民之友报》第38号发表了《德·布鲁凯尔论国际》一文。该文全文引用了已被查封的比利时工人党报纸《人民报》编辑路·德·布鲁凯尔给法国《人道报》编辑皮·列诺得尔的一封信,这封信对胡斯曼的报告作了不彻底的中派主义的评价。文章的末尾说:"第二国际的旧观不能借助于空话同胡斯曼一起恢复起来。同样,新的国际也不能同德·布鲁凯尔一起成为跟着协约国帝国主义亦步亦趋的影子。新的国际将成为反对东欧、西欧和中欧帝国主义的战斗的团结的组织,否则它将只不过是一种空话或帝国主义的工具。"胡斯曼报告的全文载于1916年1月16日维也纳《工人报》第16号。列宁在报告的剪报上作了记号。

《人民之友报》(«Volksfreund»)是德国社会民主党报纸(日报),1871年在不伦瑞克创刊。1914—1915年该报实际上是德国左派社会民主党人的机关报。1916年该报转到了考茨基分子手里。1932年停刊。——299。

338 塞·霍格伦因进行反战宣传而被瑞典当局判了刑。他于1917年5月获释出狱(见本卷《附录》第5号文献)。——300。

339 指《国际传单集》第1辑的英文版。——300。

340 列宁同瑞士社会民主党人厄·保·格拉贝互递便条是在昆塔尔国际社会党第二次代表会议的一次会上。——300。

341 这里说的是《共产党人》杂志继续出版的条件。——301。

342 指以俄国社会民主工党中央委员会国外局的名义向各个党组织通报昆塔尔会议结果的信。这封信载于 1926 年《红色史料》杂志第 2 期。——301。

343 指国际派代表恩斯特·迈耶尔 1916 年 5 月 2 日在国际社会党扩大委员会会议上的发言。这次会议批准了昆塔尔会议决议的最后文本。——302。

344 列宁于 1916 年 6 月 2 日在日内瓦、6 月 3 日在洛桑作了题为《国际工人运动中的两派》的专题报告。——302。

345 昆塔尔会议的材料载于 1916 年 6 月 10 日《社会民主党人报》第 54—55 号合刊。——302。

346 指国际社会党第二次代表会议(昆塔尔会议)通过的宣言《告遭破产和受迫害的人民书》。这个宣言号召工人开展反对帝国主义战争、争取没有兼并的和约的斗争,要求社会党议员拒绝支持帝国主义政府的军事政策。宣言发展了国际社会党第一次代表会议通过的宣言的思想,指出由工人阶级夺取政权是制止战争的唯一手段,但是对列宁的变帝国主义战争为国内战争的口号和布尔什维克的其他明确的口号避而不提。1916 年 5 月 6 日《伯尔尼哨兵报》刊载了这份宣言。——302。

347 出席昆塔尔会议的法国代表团成员中有 3 名议员:皮·布里宗、亚·勃朗和让·皮·拉芬-杜然。——303。

348 昆塔尔会议上的左翼力量比齐美尔瓦尔德会议上有所增强。齐美尔瓦尔德左派在昆塔尔会议上共有代表 12 名,而在某些问题上可以获得 12—19 票,即几乎占了半数,这反映了国际工人运动中力量对比发生了有利于国际主义者的变化。这里说的1名塞尔维亚人是指特·卡茨列罗维奇,3名瑞士人是指弗·普拉滕、恩·诺布斯和阿·罗布曼,1名法国人是指昂·吉尔波,他们参加了齐美尔瓦尔德左派。这里说的两名德国人是指贝·塔尔海默和恩·迈耶尔。——303。

349 当时亚·加·施略普尼柯夫正同格·列·皮达可夫和叶·波·博什就恢复出版《共产党人》杂志问题进行谈判。这一谈判很快中断。从1916年夏天起,《社会民主党人报》编辑部着手筹办《〈社会民主党人报〉文集》。文集第1辑于1916年10月问世。——303。

350 见注294。——304。

351 格沃兹杰夫分子是指中央军事工业委员会工人团主席、孟什维克库·安·格沃兹杰夫的拥护者。——305。

352 大概是指1916年4月24日(5月7日)《我们的呼声报》第13号发表的《公开信》。——305。

353 卡·伯·拉狄克的《好景不常》一文载于1916年5月9日《伯尔尼哨兵报》第108号。列宁在《关于自决问题的争论总结》一文里批评了这篇文章(见本版全集第28卷第51—52页)。——307。

354 指负责把党的文件和布尔什维克书刊寄送给俄国社会民主工党各支部的特设投递组。这个组设在伯尔尼,由5人组成,秘书为兹·约·利林娜(季娜)。伊·费·阿尔曼德一度也在投递组工作。该组是在战时极端困难的条件下开展工作的,寄出的材料大部分被战时邮检机关所没收。——308。

355 指格·叶·季诺维也夫应列·波·加米涅夫的请求为《社会民主党人报》写的一篇短评稿。加米涅夫当时被流放在西伯利亚的叶尼塞斯克省。季诺维也夫在短评里试图减轻加米涅夫在第四届国家杜马布尔什维克党团受审过程中所犯下的过错。——308。

356 指《社会民主党人报》昆塔尔会议专号(见注345)。——308。

357 就亚·加·施略普尼柯夫提出要到美国去几个月一事，格·叶·季诺维也夫建议列宁不要同意施略普尼柯夫离开，而答应在最近的 6 个月里每月汇给他 100—150 法郎。——310。

358 这里说的是《俄国社会民主工党中央委员会向社会党第二次代表会议提出的提案》和昆塔尔会议通过的几个文件，即宣言《告遭破产和受迫害的人民书》以及提纲《无产阶级对待和平问题的态度》和决议《关于对海牙社会党国际局的态度》。——310。

359 指尼·苏汉诺夫的小册子《我们的左派团体和战争》，小册子是应当寄给维·阿·卡尔宾斯基(米宁)的。——311。

360 1916 年 5 月 15 日《明日》杂志第 5 期刊载了昆塔尔会议的材料。列宁大概是指这一期上昂·吉尔波写的社论:《齐美尔瓦尔德》。

《明日》杂志(«Demain»)是法国国际主义者、作家昂·吉尔波创办的文艺评论性和政治性刊物(月刊)，1916 年 1 月—1919 年 9 月先后在日内瓦和莫斯科出版(1917 年 1—4 月休刊)。为它撰稿的有作家罗曼·罗兰、斯·茨威格等。该杂志反对沙文主义，宣传齐美尔瓦尔德的纲领，刊载过列宁的一些文章和讲话。最后一期即第 31 期是作为法国共产主义者莫斯科小组的刊物在莫斯科出版的。——311。

361 第二国际历届代表大会决定汇编应由俄国社会民主工党国外组织委员会所属援助战俘委员会出版，在设于德国和奥匈帝国境内的战俘营里推销。这一计划未能实现。——311。

362 指亚·加·施略普尼柯夫 1916 年 5 月 13 日的来信。他在信里坚决要求把昆塔尔会议的全部材料给他寄去，同时对于很迟才能收到国际社会党委员会《公报》、瑞士报纸和其他必要的材料表示不满。——311。

363 指亚·加·施略普尼柯夫在他返回俄国期间搜集的一大批材料，有关军事工业委员会活动的文件在其中占很大比重。这些材料中的一部分以《来自俄国的消息》为总标题刊载于 1916 年 4 月 13 日《社会民主党人报》第53号，这一栏里还发表了施略普尼柯夫写的《工人和军事工业委员会》一文。——312。

364 列宁为了保密起见称亚·加·施略普尼柯夫为别列宁。信中谈的是施略普尼柯夫即将赴美国一事。施略普尼柯夫于1916年6月25日启程，同年9月29日回到欧洲。——312。

365 指克里斯蒂安尼亚(现称奥斯陆)。——312。

366 指1915年2月27日—3月4日在伯尔尼举行的俄国社会民主工党国外支部代表会议。尼·伊·布哈林在代表会议上发表了一份提纲，否定民族自决权和最低纲领的一般要求，声称这些要求同社会主义革命"相抵触"。布哈林在代表会议上的这一发言没有得到任何人的支持(关于这次代表会议，见注93)。——316。

367 指《先驱》杂志(见注245)。——317。

368 指卡·伯·拉狄克写的《好景不常》一文(见注353)。

*爱尔兰起义*是指1916年4月24—30日爱尔兰人民争取摆脱英国统治的民族解放起义。爱尔兰工人阶级及其武装组织——以詹姆斯·康诺利为首的爱尔兰市民军在起义中起了最积极的作用，小资产阶级和知识界的代表也参加了起义。起义的中心是都柏林，4月24日起义者在那里宣布爱尔兰共和国成立，并组成了临时政府。起义遭到英国军队的残酷镇压。几乎全部起义领袖包括身受重伤的康诺利都被枪决，一般参加者则被大批驱逐出国。这次起义促进了爱尔兰解放斗争的发展。——317。

369 见注264。——321。

370 列宁在这里说的是Λ.库利舍尔在1916年4月15日(28日)《言语报》第102号上发表的《都柏林叛乱》一文。——321。

371 指格·列·皮达可夫1916年5月18日从克里斯蒂安尼亚寄给列宁和格·叶·季诺维也夫的信。在这封信中，皮达可夫提出了就恢复出版

《共产党人》杂志继续进行谈判的若干先决条件。——323。

372 大概是指载有尔·马尔托夫的《从"民族自决权"中得出的结论是什么》一文的1916年1月17日和24日《我们的呼声报》第3号和第4号。——323。

373 指亚·米·柯伦泰1916年5月28日给列宁的信。信中说,瑞典社会民主党中央委员会书记弗·斯特勒姆和三个委员退出了中央委员会,这就把"党的实际上的、尽管还不是正式的分裂"固定了下来。柯伦泰接着写道:"瑞典社会民主党人在巩固左派方面做得很好。他们在准备一个精心制定的战斗计划,打算在将于冬天召开的党代表大会上用来对付右派,这必然会使党正式分裂。必须支持他们这种分离出来的愿望。"关于用英文在美国出版齐美尔瓦尔德左派的书刊问题的谈判,她在信中写道:"美国至今还没有回音,然而不久前有邮班到来,和给'社会主义工人党'及查·克尔的信同时发出的信都已有了回信。"——324。

374 关于这个会议,见注336。——324。

375 指列·雷巴尔卡的《乌克兰和战争》一书1916年洛桑版。亚·米·柯伦泰在1916年5月28日给列宁的信中称该书为"可耻的沙文主义著作"。——325。

376 说的是召开布尔什维克日内瓦支部会议一事。星期五,即6月2日,列宁在会议上作了关于昆塔尔会议的报告;同一天,列宁作了题为《国际工人运动中的两派》的专题报告。——326。

377 指格·列·皮达可夫和叶·波·博什起草的关于继续出版《共产党人》杂志问题的协议草案第5节"c"项:"《共产党人》杂志撰稿人的文章在'争论'栏刊登,须有至少两位编辑的同意。"——326。

378 俄国社会民主工党中央委员会俄国局根据亚·加·施略普尼柯夫的提议研究了《共产党人》杂志编辑部内部的摩擦,于1916年11月作出了如下决议："中央委员会俄国局听取了别列宁（施略普尼柯夫）同志关于党的报刊撰稿人队伍中在党的纲领和策略的个别问题上的分歧的声明后，认为有必要把下列各点通知中央机关报国外编辑部：(1)中央委员会俄国局声明它完全赞同中央机关报《社会民主党人报》所贯彻的中央委员会的基本路线，希望中央委员会所有刊物的编辑工作都遵循一贯的坚定不移的方针，并完全符合中央委员会从战争开始时起就采取的路线。(2)中央委员会俄国局反对把中央委员会的刊物变成为进行争论的刊物。(3)中央委员会俄国局认为，撰稿人在最低纲领的个别问题上同中央机关报编辑部的意见分歧，不应妨碍他们参加中央委员会刊物的工作，俄国局建议中央机关报编辑部在没有分歧的其他问题上与他们进行合作。(4)俄国局建议利用国内外的**私人出版社**，通过出版争论专集的办法来澄清和消除意见分歧。"——328。

379 指关于继续出版《共产党人》杂志问题的协议草案。该草案是格·列·皮达可夫和叶·波·博什起草的，由亚·加·施略普尼柯夫转寄给了列宁。列宁删去了草案中的以下几点：

"出版社的创办人和负责代表是彼·基辅斯基和思·基辅斯卡娅同志。"

"《共产党人》杂志撰稿人的文章在'争论'栏刊登，须有至少两位编辑的同意……"

"出版社增补第六个人由列宁同志和季诺维也夫同志推荐。列宁同志和季诺维也夫同志也有权从党的著作家中推荐第七个人参加出版社，但是否接受须经过表决并由编辑部的简单多数决定……"

列宁下文提及的15％，看来是指协议草案的第6点：

"(6)中央委员会的权利

党中央委员会或中央局有权在《共产党人》杂志上刊登自己的正式文件、声明等等，但不得超过总篇幅的15％。"——328。

380 指列宁同卡·伯·拉狄克以及波兰和立陶宛社会民主党之间在民族问题上的意见分歧。对这些意见分歧的实质，列宁在《关于自决问题的争论总结》(见本版全集第 28 卷)一文中作了说明。——332。

381 这里说的是《帝国主义是资本主义的最高阶段》一书的交稿问题。该书手稿应由米·尼·波克罗夫斯基转寄给彼得格勒合法的孤帆出版社。

《帝国主义是资本主义的最高阶段》一书如期脱稿,于 1916 年 7 月 2 日按挂号印刷品寄给波克罗夫斯基(见本卷第 267 号文献)。——335。

382 指卡·伯·拉狄克起草的《关于帝国主义和民族压迫》这一提纲,以《工人报》编辑部的名义发表于 1916 年 4 月《先驱》杂志第 2 期。提纲中提出了"帝国主义经济主义"的思想。——340。

383 关于这个问题,可参看《俄国社会民主工党的状况和党的当前任务》(本版全集第 21 卷)一文。——340。

384 这里指列宁的《关于自决问题的争论总结》一文。该文发表在 1916 年 10 月《〈社会民主党人报〉文集》第 1 辑。——341。

385 指亚·加·施略普尼柯夫 1916 年 6 月 12 日的信。信上有娜·康·克鲁普斯卡娅的批注:"立即寄回。"——344。

386 娜·康·克鲁普斯卡娅在列宁的信的背面注上了亚·加·施略普尼柯夫的邮件投递地址:

"克里斯蒂安尼亚 民众文化馆 《社会民主党人报》编辑维德内斯(交亚历山大)"。

信中提到的 500 克朗是施略普尼柯夫申请的去美国的路费。——344。

387 指亚·加·施略普尼柯夫的信。他在信中说,两个"日本人"现在甚至不愿意扩大编辑部了,把钱包藏起来了。——345。

388 指《社会民主党人报》编辑部 1915 年冬给格·列·皮达可夫、叶·波·博什和尼·伊·布哈林的信。《社会民主党人报》编辑部在信里声明拒绝参加《共产党人》杂志的工作,因为它不能为那些不按党性要求办事的编辑同事承担责任。——346。

389 格·列·皮达可夫和叶·波·博什曾要求中央委员会国外局批准他们的小组为不隶属中央委员会国外局的特别小组，并授予它以独立与中央委员会俄国部分联系和出版传单及其他书刊的权利。他们在遭到拒绝后仍企图撇开中央委员会国外局而单独与中央委员会俄国局建立联系。——346。

390 指亚·加·施略普尼柯夫。——347。

391 指载于1916年6月27日《伯尔尼哨兵报》第148号的兹·约·利林娜的《妇女劳动问题》一文。这篇文章经过改写，以《当前问题》为题刊登于《〈社会民主党人报〉文集》第2辑。——349。

392 指《帝国主义是资本主义的最高阶段》一书的手稿。——353。

393 指马·高尔基出版的《年鉴》杂志。——353。

394 《帝国主义是资本主义的最高阶段》一书的注释最初是放在卷末的。“注101”即该书第8章末尾的一条注释，见本版全集第27卷第420页上的脚注。——353。

395 指娜·康·克鲁普斯卡娅为伊·费·阿尔曼德去挪威而搞的证件。——356。

396 指格·雅·别连基写的关于俄国社会民主工党巴黎支部活动情况和关于皮·布里宗1916年6月24日在法国众议院的演说的信。

昆塔尔会议的参加者布里宗以三个社会党议员的名义发表宣言，号召议员们迫使政府立即缔结没有兼并的和约。布里宗还同另外两个社会党议员投票反对军事拨款。布里宗演说的结束语是：“我们投票拥护和平，拥护法国，拥护社会主义！”——356。

397 指《〈社会民主党人报〉文集》的编排计划。——357。

398 尤里（格·列·皮达可夫）写了《无产阶级和金融资本时代的“民族自决权”》一文。——357。

399 指1916年6月6日开始的挪威罢工。阿·汉森的《挪威现代工人运动的几个问题》一文介绍了这次罢工。此文载于《〈社会民主党人报〉文集》第2辑。——357。

400 指后来载入《〈社会民主党人报〉文集》第1辑的《关于自决问题的争论总结》和《论尤尼乌斯的小册子》，以及载入该文集第2辑的《帝国主义和社会主义运动中的分裂》和《齐赫泽党团及其作用》这几篇著作。——357。

401 《〈社会民主党人报〉文集》第2辑封面上登载了编辑部收到的文集第3辑的文章目录，其中列有朝圣者（瓦林）的《军队内发生了什么情况》一文。——357。

402 《〈社会民主党人报〉文集》第2辑登了两篇关于德国国际派活动情况的文章：《德国左翼反对派的秘密报纸》和《德国革命斗争大事记选登》。——357。

403 大概是指厄·保·格拉贝在第二国际领袖之一埃·王德威尔得1915年12月访问瑞士时所采取的不彻底的立场。格拉贝在战争初期曾站在国际主义的立场上，积极参加了瑞士左派社会民主党人的活动，参加了齐美尔瓦尔德会议和昆塔尔会议，帮助发表齐美尔瓦尔德左派的文件。可是当王德威尔得到瑞士来鼓吹恢复第二国际时，格拉贝却在他的报告会上代表瑞士社会民主党致欢迎词。——358。

404 指《帝国主义是资本主义的最高阶段》一书的手稿。这份手稿被法国军事当局没收了（见本卷第366号文献）。——360。

405 大概是指伊·费·阿尔曼德的《谁将为战争付出代价？》一文。此文未刊登。——361。

406 《*在老的旗帜下*》是1916年在萨拉托夫出版的布尔什维克文集，曾经稍作删节于1917年由生活和知识出版社在彼得格勒再版。文集载有波·瓦·阿维洛夫、米·斯·奥里明斯基、伊·伊·斯克沃尔佐夫-斯捷潘诺夫等人的文章。文集中引用了大量的统计材料。文集的作者们驳斥了社会沙文主义文集《自卫》中的文章。

1916年8月19日《工人政治》杂志刊登了一篇介绍该文集的书评，副标题是《对俄国社会爱国主义者的回答》。《伯尔尼哨兵报》也刊登了书评。当时的报刊以及列宁和他的战友们的通信经常提到这个文集，说明它在齐美尔瓦尔德左派中流传很广。——361。

407 指当时居住在黑尔滕斯泰恩的格·叶·季诺维也夫、伊·费·阿尔曼德和兹·约·利林娜。

下面指的是供《〈社会民主党人报〉文集》刊用的文章。——361。

408 这封信的头一部分说的是供《〈社会民主党人报〉文集》刊用的文章。

批判机会主义的文章是指列宁的《帝国主义和社会主义运动中的分裂》，评论杜马党团和托洛茨基主义的文章是指《为机会主义辩白是徒劳的》和《齐赫泽党团及其作用》。这几篇文章均刊登于《〈社会民主党人报〉文集》第2辑。——362。

409 普·里亚博夫斯基是列·尼·斯塔尔克的化名。里亚博夫斯基在1916年6月12日写信给格·叶·季诺维也夫，通知他彼得格勒成立了一个新的出版社——浪潮出版社，建议他和列宁为该出版社将要出版的文集撰稿。"里亚博夫斯基"这一化名当时在国外无人知道，因此娜·康·克鲁普斯卡娅写了几封信，请求查明这是谁的化名。给当时在彼得格勒负责俄国国内党组织同国外中心联系的安·伊·乌里扬诺娃-叶利扎罗娃(詹姆斯)也发了信，但她在1916年7月21日被捕，未能回信。后来弄清了使用"里亚博夫斯基"这个化名的是有奸细之嫌的斯塔尔克，列宁便拒绝为该出版社撰稿了。——363。

410 指列·波·加米涅夫的小册子《国际的破产》。该书后来由浪潮出版社出版。第6点是指列宁的文章《关于自决问题的争论总结》。——364。

411 指德文小册子《工人阶级和战争与和平问题》。书中刊载了孟什维克组织委员会国外书记处向第二次齐美尔瓦尔德代表会议(昆塔尔会议)提出的宣言草案。

这本小册子在附录部分刊登了孟什维克关于战争的宣言。该宣言曾于1916年6月10日用俄文发表在《俄国社会民主工党组织委员会国外书记处通报》第5号上，标题是《彼得堡和莫斯科的孟什维克论战争》。小册子删去了宣言的很大一部分内容，其中包括号召同自由派资产阶级合作、参加军事工业委员会等等。

根据列宁的建议，《〈社会民主党人报〉文集》第2辑转载了《论坛报》上的一篇评论这本小册子的书评：罕·罗兰-霍尔斯特的《模棱两可的观点》一文。作者说：作这种删节是为了向国外同志掩盖孟什维克宣言的民族主义性质并"在国际面前装出齐美尔瓦尔德派的面孔"。——364。

412 列宁提到的卡·伯·拉狄克的《民族自决权》一文，载于1915年12月5日《光线》杂志第3期。列宁在《关于自决问题的争论总结》一文中对该文进行了批评(见本版全集第28卷第46—47页)。——365。

413 这是列宁写在娜·康·克鲁普斯卡娅1916年7月24日信末的附笔。克鲁普斯卡娅在信中感谢米·格·茨哈卡雅把高加索出版党的书刊的消息告诉了她，请他帮助更好地与高加索联系，并向他介绍了同俄国秘密联系的方法，即互相寄书，而在书中用化学药水写信。——366。

414 见注355。——366。

415 可能是指1916年在彼得格勒出版的格·瓦·普列汉诺夫的《国际主义和保卫祖国》和亚·尼·波特列索夫的《战争与国际民主意识的问题》这两本小册子。——367。

416 格·雅·别连基(格里沙)在信中谈到了齐美尔瓦尔德左派的影响在法国工人运动中增长的情形。——367。

417 《小报》(«La Feuille»)是1917年8月—1920年在日内瓦出版的一种法文报纸(日报)，由让·德布雷任编辑。该报标榜不追随任何政党，实际上站在伯尔尼国际的立场上。

《该说的话》杂志(«Ce qu'il faut dire...»)是法国刊物,1916—1917年在巴黎出版。

《号召报》(«The Call»)是英国社会党的机关报,1916年2月由英国社会党左翼国际派威·加拉赫、阿·英克平等在伦敦创办,总共出了225号。1920年7月停刊。——368。

418 说的是挪威社会民主党左派代表参加准备在海牙召开的中立国社会党人代表会议一事。——368。

419 《国际社会主义评论》杂志(«The International Socialist Review»)是美国社会党人的刊物(月刊),在芝加哥出版。——369。

420 指恩格斯的一组文章《工人阶级同波兰有什么关系?》(参看《马克思恩格斯全集》第1版第16卷)。——369。

421 指刊登在1916年7月26日《伯尔尼哨兵报》第173号上的罗·格里姆的声明。声明批评了1916年7月24日苏黎世党的会议讨论国民院社会民主党党团的活动时以多数票通过的决议。这个决议是弗·普拉滕提出的,它不仅谴责了党团右翼的改良主义活动,也谴责了格里姆领导的中派的改良主义活动,并且对联邦委员会所采取的可能破坏瑞士中立的措施提出批评。格里姆在声明中表示不同意决议中的观点,并说他为此打算"把给他的委托书交给党来处理"。格里姆要求讨论他的声明,以便他能在下一次联邦议会开会前提出辞职。——370。

422 1916年《明日》杂志7月号(第7期)上第一篇文章是昂·吉尔波写的《向战争宣战》。——370。

423 指给安·伊·乌里扬诺娃-叶利扎罗娃(詹姆斯)写信,请求她告知浪潮出版社和普·里亚博夫斯基其人的情况。——371。

424 尼·伊·布哈林为《〈社会民主党人报〉文集》写了《关于帝国主义国家理论》一文,由于观点错误没有被刊登。在《〈社会民主党人报〉文集》第1辑中载有卡·伯·拉狄克写的《关于帝国主义和民族压迫的提纲》。

该提纲原载于1916年4月《先驱》杂志第2期，由《工人报》编辑部署名。列宁写了《关于自决问题的争论总结》一文，作为对该提纲的回答。这篇文章也刊载在《〈社会民主党人报〉文集》第1辑，排在拉狄克提纲之后。——371。

425 《工人政治》杂志(«Arbeiterpolitik»)是德国科学社会主义刊物(周刊)，由不来梅左翼激进派(该派于1919年并入德国共产党)创办，1916—1919年在不来梅出版。俄国十月革命后，该杂志广泛介绍苏维埃俄国的情况，发表过列宁的几篇文章和讲话。——372。

426 指亚·加·施略普尼柯夫的《战争20个月来的工人俄国》一文。该文后来刊载于《〈社会民主党人报〉文集》第1辑。——372。

427 指《社会主义革命和民族自决权》这一提纲。该提纲用德文刊载于1916年4月《先驱》杂志第2期，由社会民主工党中央机关报《社会民主党人报》编辑部署名。提纲第一次用俄文刊载于《〈社会民主党人报〉文集》第1辑。——372。

428 指弗·普拉滕和威·明岑贝格同罗·格里姆之间由于格里姆的战争问题提纲而引起的论战。这场论战是在1916年7月16日于苏黎世召开的社会主义青年组织代表会议上讨论党对战争的态度问题时展开的，后来在《伯尔尼哨兵报》上继续进行。7月18日该报刊登了《青年代表会议论军事问题》一文，7月20日刊登了《评讨论军事问题的青年代表会议》，7月29日刊登了编辑部文章《宣战》。这些文章都对普拉滕和明岑贝格提出了尖锐意见。——375。

429 为保密起见，列宁这样称自己的著作《帝国主义是资本主义的最高阶段》。"格·季·的办法"是指把手稿订入法文书籍的封面进行邮寄。——377。

430 格·李·什克洛夫斯基当时领导着隶属于俄国社会民主工党国外组织委员会的智力援助战俘委员会。委员会在伯尔尼进行活动。什克洛夫斯基经常向列宁报告该委员会的工作情况并寄去最值得注意的战俘信件。根据列宁倡议建立的这个委员会广泛散发布尔什维克关于战争问题、时事问题的文字材料,同战俘建立联系,发现有革命倾向的分子,通过他们在战俘营中传播党的影响。——378。

431 指格·叶·季诺维也夫起草的给尼·伊·布哈林的信稿。信中批评了叶·波·博什和格·列·皮达可夫在谈判恢复出版《共产党人》杂志期间所采取的立场。信中说,两个"日本人"实际上已经在建立自己的独立的派别,请布哈林表明自己对"新建立的派别"的态度,同时希望将来能同他合作共事。

列宁在季诺维也夫写的"……我们愿意同您一道工作,并且不管分歧如何……"这段话之后,加了这样一句:"看来,您对分歧仍是比较谨慎的,部分原因可能是您写经济问题要比写政治问题更多一些。"——382。

432 《时报》(«Le Temps»)是法国资产阶级报纸(日报),1861—1942年在巴黎出版。

《每日电讯》(«The Daily Telegraph»)是英国报纸(日报),1855年在伦敦创刊,起初是自由派的报纸,从19世纪80年代起成为保守派的报纸。1937年同《晨邮报》合并成为《每日电讯和晨邮报》。——382。

433 指叶·波·博什。——383。

434 说的是邮寄《帝国主义是资本主义的最高阶段》一书手稿的事。娜·康·克鲁普斯卡娅在1916年8月5日寄往伯尔尼给格·李·什克洛夫斯基的信中写道:"弗拉基米尔·伊里奇忘了写明:用于装订的书皮应是法文书的,应将它们寄往日内瓦给卡尔宾斯基夫妇。手稿过两天即寄出。"——383。

435 《俄国纪事》杂志(«Русские Записки»)是俄国的文学、科学和政治刊物,1914年11月—1917年3月在彼得格勒出版。出版人是尼·谢·鲁萨诺夫。该杂志是自由主义民粹派刊物《俄国财富》杂志的续刊。——384。

436 大概是指法国工会活动家贝·布鲁特舒的《在法国。论法国的战争反对派》一文。这篇文章是为《〈社会民主党人报〉文集》写的,后来未刊登。——384。

437 指《〈社会民主党人报〉文集》第1辑,这一辑是在伯尔尼排版的。该文集的第2辑打算在巴黎排版,因此后面有些信里称之为巴黎文集。列宁的《论尤尼乌斯的小册子》一文收入于第1辑。——384。

438 指格·叶·季诺维也夫的《第二国际与战争问题》一文。——385。

439 格·叶·季诺维也夫在列宁给格·列·皮达可夫的信(见本卷第295号文献)的末尾附了这样一笔:"格·季·代表《社会民主党人报》编辑部。排版已完成一半,因此我们请您抓紧一点。请尽快答复。"——386。

440 关于战俘问题的文章在《〈社会民主党人报〉文集》中没有刊登。——387。

441 大概是指《无产阶级革命的军事纲领》(见本版全集第28卷)一文。

《民权报》(«Volksrecht»)是瑞士社会民主党、苏黎世州社会民主党组织和苏黎世工人联合会的机关报(日报),1898年在苏黎世创刊。——389。

442 《新生活》杂志(«Neues Leben»)是瑞士社会民主党的机关刊物(月刊),1915年1月—1917年12月在伯尔尼出版。——390。

443 指马·高尔基。——391。

444 论考茨基主义的文章列宁打算刊登在《在老的旗帜下》文集中,但该文集出了第1辑后就停止出版了。列宁的论考茨基主义的文章的提纲,已编入《关于帝国主义的笔记》(本版全集第54卷)。

列宁在1918年写了论考茨基的专著《无产阶级革命和叛徒考茨基》(见本版全集第35卷)。——391。

445 指列宁的《对彼·基辅斯基(尤·皮达可夫)〈无产阶级和金融资本时代

的"民族自决权"〉一文的回答》(见本版全集第28卷)。

第4点至第7点谈的都是《〈社会民主党人报〉文集》。第5点是指格·雅·别连基(格里沙)建议文集第2辑在巴黎出版。格·伊·萨法罗夫(萨夫—奇克)的几篇文章在文集的各辑中均未刊登。关于妇女运动的文章是兹·约·利林娜写的。——391。

446 格涅维奇是波兰工人运动活动家兹·法别尔凯维奇的化名。当时他在彼得格勒。由于他的参与,1916年用波兰文出版了两期《生活》杂志。——392。

447 指罗·罗兰-霍尔斯特的《模棱两可的观点》一文的译文,原文载于1916年8月23日《论坛报》。这篇文章后来刊载于《〈社会民主党人报〉文集》第2辑(参看注411)。——392。

448 指弗·科里乔纳(弗兰茨)的《奥地利社会民主党生活片段》一文(载于《〈社会民主党人报〉文集》第2辑)。——393。

449 格·叶·季诺维也夫对列宁写的信稿(见本卷第312号文献)作了一系列修改,并改写了结尾部分。列宁对于这些修改的态度见本卷第307、313、314号文献。列宁同季诺维也夫和尼·伊·布哈林就布哈林的《关于帝国主义国家理论》一文的通信,载于1932年《布尔什维克》杂志第22期。——393。

450 指卡尔·基尔布姆的文章《瑞典社会民主党和世界大战》和阿尔维德·汉森的文章《挪威现代工人运动的几个问题》(后来都收入了《〈社会民主党人报〉文集》第2辑)。——393。

451 指尼·伊·布哈林的《关于帝国主义国家理论》一文(见注424)。——394。

452 这里说的是格·叶·季诺维也夫的《第二国际与战争问题》一文。信的前面是娜·康·克鲁普斯卡娅写的对这篇文章的删节方案。文章是为《〈社会民主党人报〉文集》写的,后收入了第2辑。——396。

453 指格·叶·季诺维也夫的《"失败主义"的过去和现在》一文。这篇文章后来收入了《〈社会民主党人报〉文集》第1辑。——397。

454 1916年8月,格·列·皮达可夫(尤里)把他的文章《无产阶级和金融资本时代的"民族自决权"》寄来供《〈社会民主党人报〉文集》刊用。这篇文章和列宁对它的答复原定刊登在文集第3辑,但这一辑因经费不足未能出版。列宁答复皮达可夫的文章有两篇:《对彼·基辅斯基(尤·皮达可夫)〈无产阶级和金融资本时代的"民族自决权"〉一文的回答》和《论面目全非的马克思主义和"帝国主义经济主义"》(见本版全集第28卷)。列宁在脚注里作这个说明,是因为皮达可夫要求先将中央机关报编辑部对他的文章的答复给他看,然后他才决定是否同意在《〈社会民主党人报〉文集》上发表他的文章。——397。

455 列宁用这句讽刺话强调指出格·列·皮达可夫和格·叶·季诺维也夫论"保卫"祖国问题的文章中的一些提法是错误的,并在某种程度上不谋而合(见《〈社会民主党人报〉文集》第2辑第27页)。——399。

456 指《社会主义革命和民族自决权(提纲)》。——400。

457 指给尼·伊·布哈林写回信,说明不能在《〈社会民主党人报〉文集》上刊登他的《关于帝国主义国家理论》一文的理由(见本卷第312号文献)。——403。

458 有关瑞典人和挪威人的文章,见注450。列宁所说的他的那篇论废除武装的文章是指用德文写的《无产阶级革命的军事纲领》。列宁对这篇文章稍加改写,以《论"废除武装"的口号》为题刊登在《〈社会民主党人报〉文集》第2辑上(见本版全集版第28卷)。——404。

459 指《关于帝国主义和民族压迫的提纲》。见注322。——405。

460 大概是说朝圣者(弗·尤·弗里多林)的文章《军队内发生了什么情况》。这篇文章被指明是编辑部为出版《〈社会民主党人报〉文集》第3辑收到的文章中的一篇。——406。

461 这是列宁写在娜·康·克鲁普斯卡娅给亚·加·施略普尼柯夫的信上的附笔。

克鲁普斯卡娅的信和列宁的附笔是对施略普尼柯夫从美国回到欧洲以后写的第一封信的复信(他是9月29日回到哥本哈根的)。施略普尼柯夫在信中汇报了他在美国的工作情况,并说他打算去俄国。因此,列宁在附笔中为保密起见称施略普尼柯夫为“别列宁”。列宁提醒他注意危险,是因为得悉彼得格勒进行了大逮捕,特别是安·伊·乌里扬诺娃-叶利扎罗娃被捕的缘故。

克鲁普斯卡娅给施略普尼柯夫写了一封极为详细的信介绍国外和“俄国情况”。她谈到了两个“日本人”正在建立的派别,谈到了尼·伊·布哈林缺乏诚意,表现在他显然不愿意帮助列宁与俄国建立更为密切的联系。克鲁普斯卡娅详尽地叙述了关于筹备出版《〈社会民主党人报〉文集》的工作情况。——409。

462 指格·叶·季诺维也夫对尼·伊·布哈林的那封被娜·康·克鲁普斯卡娅称之为“谩骂”的信的答复。布哈林是在收到编辑部关于不能在《〈社会民主党人报〉文集》中刊登他的《关于帝国主义国家理论》一文的回信后写这封信的。

1916年10月初,布哈林写信给列宁,不同意编辑部对他的文章所提的意见。1916年10月14日列宁回了一封长信,指出布哈林所提出的理由是错误的和站不住脚的(见本卷第329号文献)。——410。

463 指格·叶·季诺维也夫的《“失败主义”的过去和现在》一文。列宁在这里提的意见,季诺维也夫采纳了一部分。文章刊载于《〈社会民主党人报〉文集》第1辑。

信中说的“《工人报》在失败主义问题上反对我们的不体面行径”是指1916年该报第25号刊登《1915年6月1—2日编辑委员会会议的决议》一事。这个决议对俄国社会民主工党中央委员会在战争开始时所提出的使沙皇政府失败的口号进行了攻击,说什么这个口号“会给德国社会爱国主义者留下话柄”。——410。

464 指《对彼·基辅斯基(尤·皮达可夫)〈无产阶级和金融资本时代的“民

族自决权”〉一文的回答》。——411。

465 指列宁《对彼·基辅斯基(尤·皮达可夫)〈无产阶级和金融资本时代的“民族自决权”〉一文的回答》和格·列·皮达可夫《无产阶级和金融资本时代的“民族自决权”》这两篇文章的手稿。列宁的回答寄给皮达可夫看过(参看本卷第338号文献)。

列宁就这个问题写了一篇长文《论面目全非的马克思主义和“帝国主义经济主义”》(见本版全集第28卷)。——411。

466 《事业》杂志(«Дело»)是俄国孟什维克的刊物(双周刊),1916年8月—1917年1月在莫斯科出版,共出了11期。该杂志持社会沙文主义立场。——413。

467 指《论面目全非的马克思主义和“帝国主义经济主义”》一文的手稿。

由于亚·加·施略普尼柯夫要去俄国,列宁加快组织文章的誊抄工作。1916年10月初,列宁写道:“如果别列宁等不及我答复基辅斯基的文章(正好昨天送去打字了,只要再过几天就可以打好),真是太遗憾了。”(见本卷第416页)——414。

468 指列宁给《论面目全非的马克思主义和“帝国主义经济主义”》一文增加的一段话。这篇文章当时已寄给维·阿·卡尔宾斯基去打字。列宁附上的这段话后来作为脚注加进了该文(见本版全集第28卷第145页)。——415。

469 这里说的是雷巴尔卡(列·尤尔凯维奇)的一封信。他在信中请求允许他发表列宁为格·叶·季诺维也夫的一封信写的附注。这封信是雷巴尔卡在《钟声》杂志的档案材料中发现的。——415。

470 指安·伊·乌里扬诺娃-叶利扎罗娃在彼得格勒被捕。——416。

471 《工人新闻》(«Рабочие Ведомости»)是区联派的合法杂志,1916年8—11月在彼得格勒出版。——418。

472 指《无产阶级革命的军事纲领》一文。——420。

473 列宁的这封信是对1916年10月初收到的尼·伊·布哈林的来信的答复。布哈林在信中就对他的《关于帝国主义国家理论》一文提出的批评意见进行辩解。——421。

474 1916年5月《年鉴》杂志第5期发表了弗·亚·巴扎罗夫的《目前形势与前途》一文。巴扎罗夫在这篇文章里分析了帝国主义战争引起的俄国经济危机，把党的纲领有最低纲领和最高纲领之分称为"过时提法"，并说已不需要为争取民主改革而斗争了。

1916年8月，亚·尼·波特列索夫在孟什维克的《事业》杂志第1期上发表了《政论家札记》一文。文中写道："最高纲领主义者的乐观主义"（波特列索夫是这样形容巴扎罗夫的观点的）取消了"当前的一切民主任务"，"是民主运动的最大敌人，是民主运动的出色的和最可靠的破坏者"。

列宁在这里所指的很可能是波特列索夫文章中的这些论点。

1916年10月3日娜·康·克鲁普斯卡娅给亚·加·施略普尼柯夫的信中说，波特列索夫抓住了巴扎罗夫在《年鉴》杂志上发表的"最低纲领不再需要"这种说法，力图把这种最高纲领主义强加给国际主义者，以达到损害他们名誉的目的。

上文提到的"玛丽亚·阿列克谢耶夫娜会说什么"一语出自俄国作家亚·谢·格里鲍耶陀夫的喜剧《智慧的痛苦》，意思是"大人物的闲言碎语"。——422。

475 这是俄国诗人米·尤·莱蒙托夫《致亚·奥·斯米尔诺娃》（1840年）一诗中的诗句。原诗反映了诗人因斯米尔诺娃对其诗作未置一词而产生的怅然心情。列宁在转义上借用这两句诗来嘲讽论敌。——423。

476 《工人报》（«Stradnieke»）是一份拉脱维亚文报纸，在美国波士顿出版。——425。

477 指弗·阿德勒于1916年10月21日枪杀奥匈帝国首相卡·施图尔克伯爵一事。——427。

478 指1915年12月发表的宣言《奥地利国际主义者告各国国际主义者》，

无署名。1915 年 12 月 3 日《民权报》第 283 号刊载了宣言的全文。列宁提到的《前进报》只登了宣言的摘录。——427。

479 《火星报》(«Искра»)是第一个全俄马克思主义的秘密报纸，由列宁创办。创刊号于 1900 年 12 月在莱比锡出版，以后各号的出版地点是慕尼黑、伦敦和日内瓦。参加《火星报》编辑部的有：列宁、格·瓦·普列汉诺夫、尔·马尔托夫、亚·尼·波特列索夫、帕·波·阿克雪里罗得和维·伊·查苏利奇。

《火星报》在建立俄国马克思主义政党方面起了重大的作用。在列宁的倡议和亲自参加下，《火星报》编辑部制定了党纲草案，筹备了俄国社会民主工党第二次代表大会。这次代表大会宣布《火星报》为党的中央机关报。

俄国社会民主工党第二次代表大会后，从第 52 号起，《火星报》变成了孟什维克的机关报，人们称这以后的《火星报》为新《火星报》。

这里说的是 1902 年 5 月 1 日《火星报》第 20 号刊载的《西皮亚金之死和我们的鼓动任务》一文。“致死不等于暗杀”(“killing is no murder”)是该文引用的 17 世纪英国一位政论家的话。——428。

480 格·雅·别连基当时是布尔什维克巴黎支部书记，他在以前写的几封信里曾建议列宁在巴黎组织出版《〈社会民主党人报〉文集》第 2 辑，可是没有及时告知文集只能合法地出版。关于在巴黎出版传单的打算也未能实现。——430。

481 瑞士社会民主党代表大会于 1916 年 11 月 4—5 日在苏黎世举行。列宁在代表大会第一天代表俄国社会民主工党中央委员会致了贺词(见本版全集第 28 卷第 188—191 页)。——432。

482 这里说的是对列宁在 1916 年 11 月 4 日瑞士社会民主党代表大会上发言稿译文的补充(见本版全集第 28 卷第 190 页)。——433。

483 指《〈社会民主党人报〉文集》第 1 辑出版以后在民族问题上展开的争论。阿·瓦·卢那察尔斯基和德·扎·曼努伊尔斯基(失业者)在演说中攻击列宁关于"保卫祖国"和关于民族自决权问题的论点。尼·达·基克纳泽在争论中发言反对卢那察尔斯基和曼努伊尔斯基的观点。——433。

484 指《论面目全非的马克思主义和"帝国主义经济主义"》一文。——434。

485 指1916年11月7日《伯尔尼哨兵报》社论《党的代表大会》。文中极简略地叙述了代表大会上讨论对昆塔尔会议态度问题的情况，并在此处对决议草案的不知名的起草者作了恶意的影射，断言在这个草案上签字是不合法的。

1916年11月8日《民权报》第262号刊登了恩·诺布斯的声明。他在声明中表示"完全同意"左派社会民主党人所提出的决议草案中的"观点"。——437。

486 1916年11月20日和30日，列宁同齐美尔瓦尔德左派讨论了《瑞士社会民主党内齐美尔瓦尔德左派的任务》（见本版全集第28卷）这一提纲。——437。

487 批评罗·格里姆的文章作为社论载于1916年12月2日《工人政治》杂志，题目是《瑞士社会民主党代表大会之后》，署名阿尔诺尔德·施特鲁特汉。——437。

488 指《瑞士社会民主党内齐美尔瓦尔德左派的任务》。——439。

489 指《论面目全非的马克思主义和"帝国主义经济主义"》。——439。

490 指给"一位德国社会民主党女党员"（大概是指克·蔡特金）的信的草稿。伊·费·阿尔曼德在信稿中代表《女工》杂志编辑部建议就女工运动问题交换意见，并表示希望召开左派妇女社会党人非正式代表会议。

列宁援引的话摘自阿尔曼德信稿中的以下地方："我们觉得，在战争时期，这个运动（指妇女运动。——编者）对社会主义事业能够起到极为重要的作用。当无产阶级的大部分——男子——在前线时，无产阶级的另一部分——女工——在战争时期应该将我们的社会主义事业掌握起来。”——442。

491 从列宁给伊·费·阿尔曼德的另一封信中可以看出,进入这个机关报编辑部的应有阿·瓦·卢那察尔斯基、格·雅·索柯里尼柯夫、厄·保·格拉贝、沙·奈恩(见本卷第359号文献)。——444。

492 指《马克思主义和修正主义》(见本版全集第17卷)。——445。

493 指1916年11月4—5日在苏黎世举行的瑞士社会民主党代表大会。——448。

494 1916年2月29日《伯尔尼国际社会党委员会。公报》第3号刊登了革命社会主义者联盟和荷兰社会民主党的纲领草案。草案提出的要求包括:所有代表机关民主化,建立共和制,实行八小时工作制,消灭军国主义等等。——449。

495 指弗·普拉滕为即将召开的瑞士社会民主党非常代表大会起草的关于战争问题的决议草案。这次代表大会应讨论对战争的态度问题。

普拉滕这个决议草案的几个方案以及列宁的批语,见本版全集第60卷第197—201页。——451。

496 指1916年11月30日阿·施米德在瑞士社会民主党人——齐美尔瓦尔德左派拥护者会议上的发言。会上讨论了如何为即将召开的瑞士社会民主党非常代表大会草拟决议的问题。这次代表大会将讨论社会党人对军国主义和战争的态度问题。——453。

497 指1915年11月20—21日在瑞士阿劳举行的瑞士社会民主党代表大会的决议(参看注239)。——454。

498 指《帝国主义是资本主义的最高阶段》和《关于农业中资本主义发展规律的新材料》两本书的稿费。——455。

499 指马·高尔基。——455。

500 指《瑞士社会民主党对战争态度的提纲》(见本版全集第 28 卷)。——456。

501 指 1916 年 2 月 29 日发表在《伯尔尼国际社会党委员会。公报》第 3 号上的德国国际派提纲的第 5 条。该条断言在帝国主义时代不可能再有民族战争。——457。

502 《启蒙》杂志(«Просвещение»)是俄国布尔什维克的合法的社会政治和文学月刊,1911 年 12 月—1914 年 6 月在彼得堡出版,共出了 27 期。第一次世界大战前夕,《启蒙》杂志被沙皇政府查封。1917 年秋复刊后,只出了一期(双刊号)。

这里说的是列宁的《论民族自决权》一文,该文载于 1914 年《启蒙》杂志第 4、5、6 期。——458。

503 指德国和奥匈帝国两国政府于 1916 年 11 月 5 日发表的关于建立受德国和奥匈帝国保护的君主立宪波兰国家的宣言。——459。

504 指罗·卢森堡在波兰社会民主党人杂志《社会民主党评论》上阐发的民族问题观点,该杂志在克拉科夫出版。关于这一点,可参看列宁的《论民族自决权》一文(本版全集第 25 卷第 266—275 页)。——459。

505 指恩格斯的一组文章《工人阶级同波兰有什么关系?》(参看《马克思恩格斯全集》第 1 版第 16 卷)。卡尔·格律恩贝格出版的《社会主义和工人运动历史文汇》于 1916 年收载了这组文章。——460。

506 列宁在这里指的是他写的提纲《瑞士社会民主党内齐美尔瓦尔德左派的任务》。——461。

507 指茹·安贝尔-德罗的小册子《向战争宣战。打倒军队。1916 年 8 月 26 日在纳沙泰尔军事法庭上的辩护词全文》1916 年绍德封版。安贝尔-德罗由于拒绝到征兵站报到而被捕。——462。

508 1916 年 12 月 9 日《工人政治》杂志第 25 期"我们的政治日志摘抄"栏刊登了一篇写于 1916 年 12 月 6 日的没有署名的短文。短文的作者在谈到《〈社会民主党人报〉文集》第1辑里有关民族自决权问题的争论时说,“俄国左派激进分子的理论刊物《共产党人》杂志编辑部的三个成员”不同意列宁在这个问题上的观点,但文中只字未提这伙人理论上的错误,以及《共产党人》杂志出版以后他们的反党派别行为。

同一期《工人政治》杂志刊登了尼·伊·布哈林的一篇不长的文章《帝国主义国家》,作为该杂志的社论。编辑部在给这篇文章加的一条脚注中对文章作了肯定的评价。——462。

509 指亚·伊·古契柯夫1916年8月15日(28日)给最高总司令的总参谋长米·瓦·阿列克谢耶夫将军的信。信中流露了俄国资产阶级对日益发展的革命的恐惧心理和对沙皇政府不能防止革命而产生的不满。1916年12月30日《社会民主党人报》第57号刊登了古契柯夫的这封信。——463。

510 指列宁写的《青年国际(短评)》(见本版全集第28卷)一文。文章批评了尼·伊·布哈林的《帝国主义强盗国家》一文。

《青年国际》杂志(«Jugend-Internationale»)是靠拢齐美尔瓦尔德左派的国际社会主义青年组织联盟的机关刊物,1915年9月—1918年5月在苏黎世出版。1919—1941年,该杂志是青年共产国际执行委员会的机关刊物。——463。

511 《新世界报》(«Novy Mir»)是俄国旅美侨民团体办的报纸,1911—1917年在纽约出版。该报编辑有约·埃勒特、尼·尼·纳科里亚科夫等人。——463。

512 1917年1月9日(22日),列宁在苏黎世民众文化馆用德语向瑞士青年工人作了《关于1905年革命的报告》(见本版全集第28卷)。——465。

513 指《俄国党内斗争的历史意义》一文。该文载于1911年4月29日(5月12日)《争论专页》第3号。这里提到的俄国罢工统计总结,见该文第2节(本版全集第19卷第358—362页)。——465。

514 关于这件事,格·叶·季诺维也夫写道:“什克洛夫斯基闹某种经济恐慌，他**对我们一句招呼也不打**，便把党的全部经费都投入周转了！……我相信，他不久就会归还。不过目前的情况是，连一个生丁的寄信的钱也没有……”——467。

515 指娜·康·克鲁普斯卡娅的小册子《国民教育和民主》（见注 261）。——468。

516 指当时已交给孤帆出版社的《帝国主义是资本主义的最高阶段》一书的原稿。——468。

517 可能是指弗·恩格斯给弗·阿·左尔格的信中的话（参看《马克思恩格斯全集》第 1 版第 38 卷第 74 页）。——474。

518 这里说的是 1916 年 12 月 25—30 日在巴黎召开的法国社会党代表大会以及 1916 年 12 月 24—26 日在巴黎召开的法国工会总联合会代表大会的有关材料。列宁在《资产阶级的和平主义与社会党人的和平主义》一文的第 3 章《法国社会党人和工会活动家的和平主义》（见本版全集第 28 卷第 233—238 页）中援引了这两个代表大会表决和平问题决议的结果。——476。

519 指国际社会党委员会的宣言《告工人阶级书》。这个宣言刊登在 1917 年 1 月 6 日《伯尔尼国际社会党委员会。公报》第 6 号上。列宁在《资产阶级的和平主义与社会党人的和平主义》一文的第 4 章《十字路口的齐美尔瓦尔德》（见本版全集第 28 卷第 238—242 页）中对这个宣言作了剖析。——477。

520 指《帝国主义是资本主义的最高阶段》一书。——479。

521 指马·高尔基。——479。

522 格吕特利派是指瑞士小资产阶级改良主义组织格吕特利联盟的成员。

格吕特利联盟于 1838 年在日内瓦成立，1901 年加入了瑞士社会民主党，组织上仍保持独立。第一次世界大战期间，格吕特利联盟持社会沙文主义立场，于 1916 年秋从瑞士社会民主党分裂出去。同年 11

月该党苏黎世代表大会曾通过决议，认为格吕特利联盟进行社会沙文主义活动是同它置身在社会民主党内不相容的。1925年，格吕特利联盟重新并入瑞士社会民主党。——483。

523 这里说的是1917年1月6日《民权报》第5号，这一号报纸刊登了一篇报道1月5日在苏黎世民众文化馆召开的党的会议的文章。会议通过的决议中有一条对“幕后鼓动”延期召开党代表大会的行为提出抗议。——484。

524 可能是指彼得格勒浪潮出版社出版的列·波·加米涅夫的《国际的破产》一书。——484。

525 列宁的这封信是供俄国社会民主工党国外各支部讨论用的。——486。

526 《格吕特利盟员报》(«Grütlianer»)是瑞士小资产阶级改良主义组织格吕特利联盟的机关报，1851年在苏黎世创办。第一次世界大战期间，该报持社会沙文主义立场。——487。

527 指《帝国主义是资本主义的最高阶段》一书的手稿。——488。

528 指威·明岑贝格在1917年1月7日瑞士社会民主党执行委员会会议上就延期召开党代表大会问题所作的发言。这次代表大会原定于1917年2月11日在伯尔尼召开，以讨论战争问题。——489。

529 《党的决定》是1917年1月8日《伯尔尼哨兵报》第6号的社论，未署名。——490。

530 1917年1月13日《民权报》第11号上刊登了《论延期召开党代表大会》一文，署名“—格”。作者反对瑞士社会民主党执行委员会1月7日作出的关于无限期推迟召开代表大会的决定。——490。

531 瑞士社会民主党中央委员会关于延期召开党代表大会的声明，刊登于1917年1月9日《民权报》第7号。1月10日该报第8号载有一篇短评，援引了苏黎世一个区的党员大会的决议，要求不迟于1917年春天召开党代表大会。——490。

532 指《资产阶级的和平主义与社会党人的和平主义》(见本版全集第28卷)一文。这篇文章本来打算在纽约《新世界报》上发表,但后来未被刊登。该文的头两章经过改写后发表于1917年1月31日《社会民主党人报》最后一号即第58号,所用标题是:《世界政治中的转变》(同上书)。——493。

533 《战斗报》(«La Bataille»)是法国无政府工团主义者的机关报,1915—1920年在巴黎出版,以代替被查封的《工团战斗报》。第一次世界大战期间,该报采取社会沙文主义立场。——494。

534 指《俄国党内斗争的历史意义》(见本版全集第19卷)一文。——497。

535 指瑞士左派的决议。决议要求就召开被党的执行委员会无限期推迟的党的非常代表大会问题举行全党表决。列宁在一份德文的决议稿上作过修改。1917年1月23日《民权报》第19号登载了全党表决发起组织的一份号召书,标题为《反对党执行委员会决定的全党表决开始了》。——499。

536 指卡·考茨基的《马克思和恩格斯几段话的真义》一文。该文刊载于1908年10月2日出版的《新时代》杂志第1期第1—7页。

恩格斯给考茨基的几封关于他给马克思《1848年至1850年的法兰西阶级斗争》一书写的导言遭到歪曲的信,参看《马克思恩格斯全集》第1版第39卷第425—426页和《马克思恩格斯文集》第10卷第699—700页。——500。

537 1917年1月21日,伊·费·阿尔曼德作了列宁这里提到的关于和平主义的专题报告(参看本卷第379号文献)。——503。

538 见注535。——503。

539 指1917年1月15日瑞士左派社会民主党人会议通过的声明草案,该草案要求撤销罗·格里姆在国际社会党委员会里的职务。——504。

540 指就召开瑞士社会民主党讨论对战争的态度问题的非常代表大会一事进行全党表决(见注535)。这次全党表决尽管遭到党的领导人罗·格里姆、雅·施米德、弗·施奈德、海·格罗伊利希、古·弥勒的反对(见本版全集第28卷第374—375页),在瑞士德语区和法语区的工人中仍得到热烈的响应。——504。

541 大概是指《资产阶级的和平主义与社会党人的和平主义》一文。——505。

542 见注535。——507。

543 指《给波里斯·苏瓦林的公开信》(见本版全集第28卷)。——507。

544 《工人党年鉴》(«Almanach du Parti Ouvrier»)是法国社会主义刊物,1892—1894年和1896年在里尔出版,由茹·盖得和保·拉法格编辑。——508。

545 1916年12月1日出版的《青年国际》杂志第6期刊登了尼·伊·布哈林的文章《帝国主义强盗国家》(署名为:Nota-Bene)。列宁在《〈社会民主党人报〉文集》第2辑上发表了题为《青年国际》的一则短评,批评了这篇文章。布哈林的上述文章稍作删节刊登于1916年12月9日《工人政治》杂志第25期,题为《帝国主义国家》。——508。

546 指1916年12月在法国社会党塞纳联盟代表大会上由斐·洛里欧、沙·拉波波特、路·索莫诺提出的关于和平问题的决议案,这一决议案没有获得多数票。——513。

547 指《资产阶级的和平主义与社会党人的和平主义》一文。——513。

548 指斯佩克塔托尔(米·伊·纳希姆松)的法文小册子《保卫祖国和社会民主党的对外政策》。——515。

549 指伊·费·阿尔曼德关于和平主义的专题报告的提纲。——515。

550 指列宁写的《瑞士社会民主党对战争态度的提纲》。——516。

551 指《瑞士社会民主党对战争态度的提纲》。——518。

552 《国际主义者周报》(«The Internationalist»)是美国左翼社会党人的报纸,1917 年初由美国社会主义宣传同盟在波士顿出版。——518。

553 指《对军事问题委员会多数派决议案的修正案》。此修正案发表于1917 年 2 月 9 日《民权报》第 34 号(参看本卷第 389 号文献)。在签署这一文件的人中间有罗·格里姆、恩·诺布斯和弗·普拉滕。

否定"保卫祖国"的多数派草案初稿刊登于 1917 年 1 月 9 日《民权报》第 7 号,署名的有汉·阿福尔特、厄·保·格拉贝、沙·奈恩、诺布斯和雅·施米德。——519。

554 索·瑙·拉维奇写信给列宁,谈日内瓦社会民主党组织内的机会主义。在该组织的成员中,只有为数不多的几个布尔什维克进行着国际主义的工作。——520。

555 指恩·诺布斯和弗·普拉滕在瑞士社会民主党内关于军国主义和社会民主党人在议会中如何对待军事拨款等问题上的斗争尖锐化时所采取的立场。例如,诺布斯曾反对左派就立即召开党代表大会问题而举行的全党表决。他们二人都参加了中派分子于 1917 年 2 月 3 日所举行的非正式会议(见本版全集第 28 卷第 371—375 页)。——520。

556 指瑞士、德国、波兰和俄国的一些齐美尔瓦尔德左派在苏黎世出版的小报。列宁参加了小报第 1 号《驳保卫祖国的谎言》的编辑工作,他还组织小报的外文翻译和多方帮助小报的推销。——521。

557 瑞士社会民主党苏黎世组织代表大会于 1917 年 2 月 11—12 日在特斯举行。代表大会讨论了社会民主党对军国主义和战争的态度问题。提交代表大会的有两个决议草案:军事问题委员会中的右派少数派根据社会沙文主义精神制定的决议草案和委员会多数派提出的中派的决议草案。表决结果,多数派的决议草案以 93 票对 65 票被通过。为了不让社会沙文主义者的决议案获得通过，左派投票赞成多数派的决议案，但他们提出了由列宁起草的《关于修改战争问题的决议的建议》(见本版全集第 28 卷)。这一建议得到了代表大会五分之一代表的赞成。——521。

558 1917 年 2 月 1 日，在奥尔滕举行了只有部分人员参加的齐美尔瓦尔德代表会议，参加会议的有被邀请参加协约国社会党人代表会议(1917 年 3 月召开)的那些组织的代表(参看本版全集第 28 卷第 372—373 页)。——521。

559 见注 553。——522。

560 指列宁写的《关于修改战争问题的决议的建议》。见注 557。——522。

561 这句话出自俄国作家伊·费·哥尔布诺夫的故事《在驿站》：一个驿站马车夫自吹赶了 15 年车，对山坡很熟悉，却老是把车赶翻，翻车以后还满不在乎地逗趣说："你看，每次都在这个地方……"——525。

562 关于马克思主义对国家的态度问题的文章，列宁打算发表在《〈社会民主党人报〉文集》第 3 辑上，后来没有写成。列宁收集的材料成了《国家与革命》(见本版全集第 31 卷)一书的基础。——525。

563 指《政治报》。

《政治报》(«Politiken»)是瑞典社会民主党左派的报纸，1916 年 4 月 27 日起在斯德哥尔摩出版。1917 年 11 月起改名为《人民政治日报》。1921 年该报成为瑞典共产党的机关报。——526。

564 列宁提到的莫斯科局的传单没有在党的中央机关报《社会民主党人报》上刊登。该报 1917 年 1 月出了第 58 号以后就停刊了。

中央委员会莫斯科局是当时布尔什维克莫斯科区域党组织的领导机构，其成员有罗·萨·捷姆利亚奇卡、米·斯·奥里明斯基、伊·伊·斯克沃尔佐夫-斯捷潘诺夫等人。——527。

565 《人民周报》(«Weekly People»)是美国社会主义工人党的机关报，1891

年在纽约创刊。——528。

566 指小报第1号《驳保卫祖国的谎言》。这一号小报上登载了列宁的《关于修改战争问题的决议的建议》以及摘自列宁其他著作的一些论点。——528。

567 《木器工人报》(«Holzarbeiter-Zeitung»)是瑞士木器工人联合会的机关报,1906—1922年先后在巴塞尔和苏黎世出版。——529。

568 米·亚·巴枯宁的小册子《巴黎公社和国家概念》最初从法文译成俄文(《未出版手稿片段》),载于在日内瓦出版的俄文杂志《公社》(见1878年5月和6—7月《公社》杂志第5期和第6—7期合刊),1892年在日内瓦出了俄文单行本。小册子于1899年在巴黎出了法文本。——533。

569 指卡·埃尔德曼的《英国和社会民主党》一书1917年柏林版。——540。

570 指孟什维克报纸《俄国社会民主工党组织委员会国外书记处通报》第10号刊登的亚·马尔丁诺夫的《瑞士社会民主党内的保卫祖国问题》一文。

文章说,在大战期间,全瑞士议会社会民主党党团放弃了原先反对战争的决议,投票赞成军事拨款。对党团的这一行动,瑞士社会民主党内没有任何人提出抗议。"甚至在1914年转移到瑞士活动的极端激进派拉狄克同志,正如格里姆同志不久前在《新生活》杂志上所说的那样(对此,拉狄克也未加驳斥),考虑到瑞士的特殊条件,也在大战爆发的最初几个月赞同党团的这一步骤。"——540。

571 指小报《驳保卫祖国的谎言》。——541。

572 《苏黎世邮报》(«Züricher Post»)是瑞士资产阶级报纸,1879年创刊。

《新苏黎世报》(«Neue Züricher Zeitung»)即《新苏黎世和瑞士商业报》(«Neue Züricher Zeitung und Schweizerisches Handelsblatt»),是瑞

士资产阶级报纸,1780年起在苏黎世出版,1821年以前称《苏黎世报》。该报是瑞士最有影响的报纸。——541。

573 指被流放的第四届国家杜马布尔什维克代表阿·叶·巴达耶夫、马·康·穆拉诺夫、格·伊·彼得罗夫斯基、费·尼·萨莫伊洛夫和尼·罗·沙果夫(参看注49)。——544。

574 指亚·米·柯伦泰和其他一些布尔什维克启程回俄国。——545。

575 给伊·费·阿尔曼德的这张明信片,是列宁从绍德封回苏黎世途中写的。绍德封是瑞士的一个工业中心,列宁在那里的工人俱乐部用德语作了关于巴黎公社和俄国革命发展前途的专题报告,题为《俄国革命会走巴黎公社的道路吗?》。——546。

576 指俄国临时政府的宣言,宣言阐述了它的政治纲领,其中有一条是立即赦免全部政治犯和宗教犯(见1917年3月5日《临时政府通报》第1号)。——546。

577 1917年3月6日(19日)在伯尔尼举行的俄国各党中央的非正式会议上,尔·马尔托夫提出了一个计划:以遣返在俄国的德、奥被拘留人员作为交换条件,让侨民取道德国回国。列宁支持这一计划(参看本版全集第29卷第119—121页,《列宁文集》俄文版第2卷第385—393页)。——550。

578 维·阿·卡尔宾斯基邀请列宁去日内瓦为俄国侨民和瑞士社会党人作专题报告,讲党在革命中的任务。信中提到的群众集会是指俄国和瑞士国际主义者在1917年3月22日举行的集会,列宁没有出席。——551。

579 《社会民主党人报》(«Socialdemokraten»)是挪威报纸,在克里斯蒂安尼亚(现称奥斯陆)出版。——552。

580 指《远方来信》(见本版全集第29卷)中的第一封信《第一次革命的第一阶段》和第二封信《新政府和无产阶级》。——552。

581 《社会民主党人报》(«Social-Demokraten»)是瑞典报纸,1885 年起在斯德哥尔摩出版。——553。

582 大概是指列宁 1917 年 3 月 22 日给雅·斯·加涅茨基的信(见本卷第 409 号文献)。——554。

583 指以俄国社会民主工党中央委员会名义发表的《俄国社会民主工党告俄国全体公民宣言》。该宣言刊登于 1917 年 2 月 28 日(3 月 13 日)《彼得格勒工人代表苏维埃消息报》第 1 号增刊。列宁是从 1917 年 3 月 9 日(22 日)《法兰克福报》第 80 号上看到宣言的摘要的(标题为《革命社会党人的宣言》)。宣言提出了建立民主共和国、实行八小时工作制、没收地主的土地归农民使用、没收存粮供应军民等要求,而主要的一项要求则是结束掠夺性战争。列宁对这个宣言的评价,见本版全集第 29 卷第 33、66 页。——555。

584 《法兰克福报》(«Frankfurter Zeitung»)是德国交易所经纪人的报纸(日报),1856—1943 年在美因河畔法兰克福出版。——555。

585 《泰晤士报》(«The Times»)是英国最有影响的资产阶级报纸(日报),1785 年 1 月 1 日在伦敦创刊。原名《环球纪事日报》,1788 年 1 月改称《泰晤士报》。——555。

586 开端派是指以俄国孟什维克—托洛茨基分子的报纸《开端报》为中心形成的一个集团。《开端报》于 1916 年 9 月—1917 年 3 月在巴黎出版。——556。

587 这封信是对阿·瓦·卢那察尔斯基来信的答复。卢那察尔斯基从日内瓦写信给列宁,表示他打算到苏黎世来,并建议列宁安排布尔什维克同"前进派"的协商。——557。

588 1917 年 3 月 14 日(27 日,星期二),列宁在苏黎世民众文化馆用德语向瑞士工人作了题为《俄国革命及其意义和任务》的报告(参看本版全集第 29 卷第 64—70 页)。——559。

589 指1917年3月22日举行的俄国和瑞士国际主义者大会的决议。——559。

590 指被流放的5名布尔什维克杜马代表。——560。

591 《福斯报》(«Vossische Zeitung»)是德国温和自由派报纸,1704—1934年在柏林出版。——560。

592 指孟什维克和社会革命党人把持的彼得格勒工兵代表苏维埃所发表的关于支持临时政府的宣言。——560。

593 指《社会民主党在1905—1907年俄国第一次革命中的土地纲领》(见本版全集第16卷)一书。——560。

594 关于这件事,维·阿·卡尔宾斯基在他的回忆录中写道:"还为个别同志的过境问题提过这样的方案:嫁给瑞士公民从而获得去德国和俄国的过境权。弗拉·伊里奇很欣赏这个方案,他建议拉维奇同志找一位'合适的老头儿',并向她推荐孟什维克帕·波·阿克雪里罗得(此人曾是瑞士公民)。"——565。

595 列宁这封信的手稿上面没有写明收信人和写信日期。1917年3月18日,列宁曾请求伊·费·阿尔曼德了解清楚他能否合法地从瑞士取道英国回俄国(见本卷第404号文献),因此这封信有可能是写给她的。然而列宁3月19日已得悉阿尔曼德不再去英国(见本卷第406号文献),因而也就没有理由把这封信寄给她,而且列宁后来给她的信中也没有再提过这个要求。另外,雅·斯·加涅茨基在自己的回忆录里说过,他在得知二月革命的最初消息后曾建议列宁取道英国回俄国。因此列宁的这封信寄给他的可能性最大。他以后也积极参加了运送俄国政治流亡者回俄国的组织工作。从这封信的内容看,这封信的写信日期不可能在上述给阿尔曼德的信以前。这封信里提出了俄国政治流亡者由瑞士社会民主党人弗·普拉滕做中间人成批过境的办法。这种办法稍加改变写进了关于政治流亡者取道德国回俄国的谈判基础这一文件;这一文件是普拉滕于1917年4月4日签署的(见《列宁文集》俄文版第2卷第382—383页)。此外,从列宁的一些信件可以看出,列宁在获悉英国政府把维·米·切尔诺夫送回法国之后,于1917年3月30日给加涅茨基发了一份电报,然后又写了一封信,最终取消了取道英国回国的计划(见本卷第423号和第424号文献)。因此列宁的这封信只能是在3月30日以前写的。但加涅茨基是否收到了这封信,还无法断定。——566。

596 指帕尔乌斯(亚·李·格尔方德)。

《钟声》杂志(«Die Glocke»)是德国社会民主党党员、社会沙文主义者亚·李·帕尔乌斯办的刊物(双周刊),1915—1925年先后在慕尼黑和柏林出版。——568。

597 指《社会主义与战争(俄国社会民主工党对战争的态度)》。这本小册子于1918年由彼得格勒工人和红军代表苏维埃再版。——570。

598 指《共和派沙文主义者的诡计》(见本版全集第29卷)一文。——572。

599 列宁在这里强调列·波·加米涅夫的责任,看来是由于加米涅夫1917年3月12日从流放地回到彼得格勒后成了《真理报》的编辑之一和布尔什维克党在彼得格勒苏维埃中的代表。但是,加米涅夫在党的一些具有重大原则性的政策问题上采取了半孟什维主义的立场。他在发表于《真理报》的文章中坚持布尔什维克有条件地支持资产阶级临时政府,主张对临时政府施加压力,以迫使它立即开始和平谈判。在对战争的估计上,他滑到了护国主义的立场。1917年4月12日,他在《真理报》上发表《论列宁的提纲》一文,反对列宁,用机会主义观点描绘俄国向社会主义革命过渡的前景,说它是几十年以后的事。列宁在小册子《论策略书》(见本版全集第29卷)中对加米涅夫的立场进行了尖锐的批评。——573。

600 在不知何人书写的德文电稿上,列宁用俄文注明:"3月31日(星期六)晚发出,格里姆4月1日晨收到。"——573。

601 列宁指的是他在1916年11月4日于苏黎世举行的瑞士社会民主党代

表大会上代表俄国社会民主工党中央委员会致的贺词(见本版全集第28卷第188—191页)。——577。

602 指俄国社会民主工党中央国外委员会于1917年3月31日通过的关于侨民立即取道德国回国的决定(见本版全集第29卷第75—76页)。——578。

603 米·李·戈别尔曼是布尔什维克洛桑支部成员,下面提到的阿布拉姆(阿·安·斯科夫诺)是布尔什维克瑞士一个支部的成员。他们同列宁一起回到俄国。——578。

604 指孟什维克和社会革命党人国际主义派所作出的决定,他们反对俄国社会民主工党中央国外委员会通过的关于侨民立即取道德国回国的决定,而主张等待工人代表苏维埃对取道德国给予批准后再启程。——578。

605 《小巴黎人报》(«Le Petit Parisien»)是法国的一种低级趣味的报纸(日报),1876—1944年在巴黎出版,发行量很大。在第一次世界大战期间,该报采取了极端沙文主义的立场。俄国十月革命后,该报对苏维埃俄国持敌视态度。——580。

606 关于侨民回国被耽搁一事,可参看娜·康·克鲁普斯卡娅1917年4月8—9日给弗·米·卡斯帕罗夫的信(《列宁文集》俄文版第13卷第271—272页)。——581。

607 娜·康·克鲁普斯卡娅在回忆录里指出,列宁在这里所说的别列宁是指党中央委员会俄国局。4月5日,中央委员会俄国局通过雅·斯·加涅茨基发出指令说:"乌里扬诺夫应立即前来。"(见《列宁文集》俄文版第13卷第270页)——581。

608 列宁和一批政治流亡者于1917年4月9日从瑞士启程回国。——582。

609 指与返回俄国一事有关的决议和议定书。议定书记载了有关取道德国返回俄国的谈判经过,收录了全部有关文件,其全文见《列宁文集》俄文版第 2 卷第 385—393 页。——585。

610 指罗·格里姆 1917 年 4 月 2 日给俄国流亡者归国组织委员会的信。他在信中表示反对《俄国社会民主工党中央国外委员会的决定》。这封信见《列宁文集》俄文版第 2 卷第 387—389 页。——588。

611 指 1917 年 4 月 4 日弗·普拉滕向德国公使提交的书面条款，其中第 1 条说："本人，弗里茨·普拉滕，对愿意取道德国返回俄国的政治流亡者和合法人士乘坐的车厢自始至终承担全部责任。"——588。

612 列宁于 1917 年 4 月 16 日晚上 11 时 10 分抵达彼得格勒。——591。

613 指的是列宁《社会民主党在 1905—1907 年俄国第一次革命中的土地纲领》一书的《结束语》。该书写于 1907 年 11—12 月间，1908 年刊印，但在印刷厂里就被警察没收和销毁了。列宁还在国外时就决定一回到俄国就重印这本书(见本卷第 416 号文献)。列宁的这封信看来因被临时政府扣留而没有寄到(在《列宁全集》俄文第 5 版里，这封信是按照后来发现的临时政府邮检部门的复制件排印的)，所以 1917 年出版该书时，《结束语》没有结尾。列宁只补足了一个由于原文残缺而没有完的句子，并添写了一个句子，同时写了《跋》(见本版全集第 16 卷第 396—397 页)。1924 年在日内瓦的俄国社会民主工党的档案里找到了有《结束语》全文的列宁这部书的手稿。手稿的标题为《第一次俄国革命中的土地问题(论修改社会民主党的土地纲领)》。1924 年《无产阶级革命》杂志第 5 期首次按手稿发表了《结束语》全文。——593。

614 指俄国社会民主工党(布)第七次(四月)全国代表会议。会议于 1917 年 4 月 24—29 日(5 月 7—12 日)在彼得格勒举行(参看本版全集第 29 卷第 339—446 页)。——594。

615 看来是指俄国社会民主工党中央委员会留在国外的经费。——594。

616 C.施泰因贝格是俄国侨民，1917 年二月革命后为帮助政治流亡者返回俄国而成立的斯德哥尔摩俄侨委员会委员，做传递信件的工作。

雅·斯·加涅茨基在4月6日(19日)给列宁的信中说:"施泰因贝格先生要走了。这个人想利用我们的委员会;他在这里大做广告。请通过可靠的人警告菲格涅尔委员会,要他们在这方面非常谨慎地对待他。我们将把信件和文章编号。请您每次都用电报证实您收到了某一号信。我们的和您的电报都应该这样开头:某一号电报,收到了您的某一号。"——595。

617 自由公债是俄国临时政府为了抵补不断增加的战争支出和支付外国贷款的利息而发行的公债,数额达60亿卢布。据宣布,认购公债从1917年4月6日(19日)开始。——595。

618 指1917年3月间即列宁返回俄国以前《真理报》采取的立场。

从3月中旬起,《真理报》刊登列·加米涅夫的一些文章,当时俄国社会民主工党中央委员会俄国局允许他不署自己的名字为《真理报》撰稿。这些文章按照"只要临时政府还没有发挥完它的作用"就要"看情况而定"这种孟什维克公式提出支持临时政府的问题,保证支持该政府为"消除沙皇地主制度的一切残余"而采取的全部措施,向政府提出放弃兼并这种散布幻想的要求。在加米涅夫写的社论《不要搞秘密外交》中,还有号召继续进行战争的内容,这是与布尔什维克对待帝国主义战争的态度大相径庭的。

《真理报》对妥协主义的批评也软弱无力。列宁的第一封《远方来信》是经该报编辑部把其中对彼得格勒苏维埃妥协主义上层的批评和对临时政府的君主主义倾向的揭露大加删削后在3月21—22日(4月3—4日)发表的。斯大林也采取了向临时政府施加压力、要求它立即开始和平谈判的错误立场。

列宁回彼得格勒后立即参加了《真理报》编辑部,《真理报》乃开始为实现列宁的将资产阶级民主革命转变为社会主义革命的计划而斗争。——595。

619 指瑞典社会民主党的左派,列宁曾称之为青年党或左派党。第一次世界大战期间,瑞典左派采取了国际主义立场,加入了齐美尔瓦尔德左派。1917年5月,他们组成瑞典左派社会民主党。1919年该党成为共产国际成员。1921 年，该党在其第四次代表大会上接受了加入共产国际的条件，并改名为瑞典共产党。——596。

620 指关于成立资产阶级临时政府的协议，它是国家杜马临时委员会同领导彼得格勒工兵代表苏维埃执行委员会的社会革命党人和孟什维克于 1917 年 3 月 1 日（14 日）夜签订的。社会革命党人和孟什维克通过这一协议把政权拱手交给资产阶级，给了国家杜马临时委员会建立临时政府的权利。1917 年 3 月 2 日（15 日）俄国资产阶级临时政府成立，其成员包括格·叶·李沃夫公爵、立宪民主党首脑帕·尼·米留可夫、十月党首脑亚·伊·古契柯夫以及地主资产阶级的其他代表人物。作为"民主派"代表加入临时政府的是社会革命党人亚·费·克伦斯基。——596。

621 联络委员会是 1917 年 3 月 8 日（21 日）由孟什维克和社会革命党人把持的彼得格勒工兵代表苏维埃执行委员会建立的。它名义上是要"影响"和"监督"临时政府的活动，但实际上其作用却是帮助临时政府利用苏维埃的威信来掩饰其反革命政策，并制止群众进行争取政权转归苏维埃的革命斗争。1917 年 4 月中，联络委员会被取消，其职能由执行委员会常务委员会执行。——596。

622 1917 年出版了列宁的小册子《论策略书》。——596。

623 《真理报》的责任秘书当时是玛·伊·乌里扬诺娃。——597。

624 《社会民主党人报》（«Социал-Демократ»）是俄国社会民主工党（布）中央莫斯科区域局、莫斯科委员会和莫斯科郊区委员会的机关报，1917 年 3 月 7 日（20 日）—1918 年 3 月 15 日在莫斯科出版。1918 年 3 月，由于苏维埃政府和俄共（布）中央由彼得格勒迁至莫斯科，《社会民主党人报》同俄共（布）中央机关报《真理报》合并。——598。

625 作战部队前线代表大会于 1917 年 4 月 24 日—5 月 4 日（5 月 7—17 日）在彼得格勒举行。——599。

626 卡·伯·拉狄克当时是在斯德哥尔摩的俄国社会民主工党(布)中央委员会国外局的成员。——602。

627 指《〈真理报〉俄国新闻简报》。

《〈真理报〉俄国新闻简报》(«Russische Korrespondenz«Prawda»»)于1917年6—11月由俄国社会民主工党(布)中央委员会国外代表处在斯德哥尔摩用德文和法文出版。简报经常刊登有关俄国革命重要问题的文章,反映党和国家生活的文件、评论及新闻。——602。

628 四月全国代表会议决议《国际的现状和俄国社会民主工党(布)的任务》中有一条是:"我们党仍然留在齐美尔瓦尔德联盟里,任务是在这里捍卫齐美尔瓦尔德左派的策略,并委托中央委员会立即采取建立第三国际的措施。"(见《俄国社会民主工党(布尔什维克)第七次(四月)全国代表会议。俄国社会民主工党(布尔什维克)彼得格勒全市代表会议。1917年4月。会议记录》1958年俄文版第255页)。列宁建议上述条文改用以下措辞:"留在齐美尔瓦尔德**只**应该是为了了解情况。"(见本版全集第29卷第175页)这一修正案未被通过,因此列宁一人投票反对关于国际的决议(见小册子《无产阶级在我国革命中的任务》的《后记》,同上书,第183页)。——602。

629 由于资产阶级报刊大肆诽谤雅·斯·加涅茨基,旅俄波兰王国和立陶宛社会民主党小组执行委员会向俄国社会民主工党(布)中央委员会法律委员会提交了一份声明。声明认为加涅茨基的政治活动是无可责难的,但要求"加涅茨基本人及了解他私生活的其他国外同志就针对加涅茨基同志私生活方面的指责作出说明"。

波兰王国和立陶宛社会民主党小组执行委员会打算公布自己的声明。

列宁看过这份材料后给法律委员会写了这封信。

波兰王国和立陶宛社会民主党小组执行委员会后来在1917年6月17日(30日)《论坛报》第4号上公布了它的声明,但删掉了要求作出说明那一点。声明指出,资产阶级报刊对齐美尔瓦尔德左派,其中包括对加涅茨基大肆诽谤,目的是在工人们心目中破坏对革命社会民主党的信任。

加涅茨基是俄国社会民主工党（布）中央委员会国外局成员，当时在斯德哥尔摩。——603。

630 《马克思主义论国家》是1917年1—2月间列宁在苏黎世作的笔记，写在一本48页的蓝皮笔记本里，其中有马克思和恩格斯在国家和无产阶级专政问题上全部重要论述以及列宁的评语、补充、概括和结论（见本版全集第31卷第130—222页）。1917年4月离开瑞士返回俄国时，列宁将"蓝皮笔记"和其他材料一起存放在国外。1917年七月事件以后，列宁隐藏在拉兹利夫，曾请求把这本笔记送到他那里。在撰写《国家与革命》一书时，列宁利用了笔记中的材料。——607。

631 1917年7月7日（20日）晚，在列宁当时匿居的老布尔什维克、工人谢·雅·阿利卢耶夫家里，举行了有中央委员和党的一些工作者参加的会议。出席会议的有列宁、维·巴·诺根、格·康·奥尔忠尼启则、斯大林、叶·德·斯塔索娃等。会议决定列宁不应出席临时政府的法庭。1917年7月13—14日（26—27日）召开的俄国社会民主工党（布）中央委员会扩大会议以及后来举行的第六次代表大会，都通过了反对列宁出庭受审的决议（参看列宁《关于布尔什维克领袖们出庭受审的问题》一文，本版全集第30卷）。——608。

632 列宁在写这封信之前，曾拟过一个共10点的详细提纲（见《列宁文集》俄文版第21卷第71—72页）。——609。

633 1917年6月22日（7月5日）《真理报》第88号登载了雅·斯·加涅茨基从斯德哥尔摩发来的电报，反驳《日报》对他的诽谤性攻击。同一号《真理报》还发表了美·亨·勃朗斯基、普·奥尔洛夫斯基、卡·伯·拉狄克签署的电报，证明加涅茨基无罪。

关于加涅茨基案件，可参看列宁1917年11月29日（12月12日）以后给俄国社会民主工党（布）中央委员会的信（见本版全集第48卷第26号文献）。——609。

634 这里是指阿·瓦·卢那察尔斯基发表在1917年6月28日(7月11日)《新生活报》第60号上的《给编辑部的信》。

《新生活报》(«Новая Жизнь»)是由一批孟什维克国际主义者和聚集在《年鉴》杂志周围的作家创办的俄国报纸(日报),1917年4月18日(5月1日)起在彼得格勒出版,1918年6月1日起增出莫斯科版。——609。

635 *《俄罗斯意志报》*(«Русская Воля»)是俄国资产阶级报纸(日报),由沙皇政府内务大臣亚·德·普罗托波波夫创办,1916年12月起在彼得格勒出版。该报靠大银行出钱维持。1917年二月革命后,该报诽谤布尔什维克。1917年10月25日被查封。

《没有废话》(«Без Лишних Слов»)是诽谤性的周刊,由格·阿·阿列克辛斯基于1917年7月在彼得格勒出版。——610。

636 *德雷福斯案件*即1894年法国总参谋部尉级军官犹太人阿·德雷福斯被法国军界反动集团诬控为德国间谍而被军事法庭判处终身服苦役这一冤案。在社会舆论压力下,1899年法国瓦尔德克—卢梭政府撤销了这一案件,由共和国总统赦免了德雷福斯。1906年7月,德雷福斯被上诉法庭确认无罪,恢复了军职。——610。

637 国际社会党委员会主席罗·格里姆于1917年春天充当瑞士部长阿·霍夫曼的密使,在俄国进行有利于德国帝国主义的单独媾和的试探。国际社会党委员会成立一个专门委员会来审理上述事件。该委员会认为格里姆的活动是同齐美尔瓦尔德运动相抵触的。格里姆被解除了国际社会党委员会主席的职务。格里姆事件委员会所作的决定经1917年9月在斯德哥尔摩举行的第三次齐美尔瓦尔德代表会议批准。——611。

638 指预定于1917年夏天在斯德哥尔摩召开的国际社会党代表会议。这次代表会议是各中立国的社会沙文主义者提议召开的,后来没有开成。——611。

639 1917年8月6日(19日),在全俄中央执行委员会讨论筹备召开斯德哥尔摩代表会议问题的会议上,列·波·加米涅夫发言,认为必须参加这个会议,并说应重新审查布尔什维克关于这个问题的决定。布尔什维克代表彼·伊·斯塔罗斯京当即指出加米涅夫的发言只代表他个人,布尔什维克党团对这个会议的态度没有改变。

列宁为此给《无产者报》编辑部写了一封供发表的信《论加米涅夫在中央执行委员会上关于斯德哥尔摩代表会议的发言》(见本版全集第32卷)。——611。

640 《斗争》周刊(«Der Kampf»)是德国斯巴达克派的刊物,由罗·卢森堡和弗·梅林创办,1916—1917年在德国杜伊斯堡出版。——614。

641 《工人和士兵报》(«Рабочий и Солдат»)是俄国社会民主工党(布)中央机关报(日报),1917年7月23日(8月5日)—8月10日(23日)在彼得格勒出版,以代替1917年7月5日(18日)被临时政府查封的《真理报》和《士兵真理报》,共出了15号。

《无产阶级事业报》(«Пролетарское Дело»)是俄国喀琅施塔得工兵代表苏维埃布尔什维克党团的机关报,1917年7月14日—10月27日(7月27日—11月9日)出版。它的前身是七月事变时被临时政府查封的《真理呼声报》。——614。

642 《无产者报》(«Пролетарий»)是俄国布尔什维克党的中央机关报(日报),1917年8月13—24日(8月26日—9月6日)在彼得格勒出版,以代替被临时政府查封的《真理报》。该报共出了10号。——615。

643 《消息报》即《中央执行委员会和彼得格勒工兵代表苏维埃消息报》(«Известия Петроградского Совета Рабочих и Солдатских Депутатов»),于1917年2月28日(3月13日)在彼得格勒创刊,最初称《彼得格勒工人代表苏维埃消息报》,从3月2日(15日)第3号起成为彼得格勒工兵代表苏维埃的机关报。从1917年8月1日(14日)第132号起,用《中央执行委员会和彼得格勒工兵代表苏维埃消息报》的名称出版。决定该报政治方向的是当时在执行委员会中占多数的社会革命党—孟什维克联盟的代表人物。十月革命后，该报更换了编辑部成员，成为苏维埃政权的正式机关报。——615。

644 看来是指列宁发往斯德哥尔摩的信《致中央委员会国外局》(见本卷第462号文献)。——616。

645 《波涛报》(«Прибой»)是俄国社会民主工党(布)赫尔辛福斯委员会的机关报(日报)，1917年7月27日(8月9日)—1918年3月在赫尔辛福斯出版，以代替被克伦斯基政府查封的《浪潮报》。从第57号(10月19日)起，该报是俄国社会民主工党(布)芬兰区域局和赫尔辛福斯委员会的机关报。

《社会革命党人报》(«Социалист-Революционер»)是芬兰左派社会革命党人的机关报，1917年7月19日—1918年初在赫尔辛福斯出版。——617。

646 1917年4月13日，列宁在从瑞士返回俄国的途中曾在斯德哥尔摩停留。他原准备在这天下午4时同瑞典左派社会民主党代表弗·斯特勒姆一道去探望被关押在伦霍尔姆岛监狱里的瑞典社会民主党人塞·霍格伦，但因时间来不及(火车将于晚6时37分发车)而未能如愿，便与斯特勒姆联名发了这份致意的电报。——622。

647 列宁是为撰写《国家与革命》而索要这些书的。——623。

人名索引

A

阿·布·——见克雷连柯,尼古拉·瓦西里耶维奇。

阿布拉莫维奇,亚历山大·叶梅利亚诺维奇(Абрамович,Александр Емельянович 生于1888年)——1908年加入俄国社会民主工党。1911—1917年作为政治流亡者住在瑞士,积极参加瑞士工人运动。1917年二月革命后同列宁一起回国;是彼得格勒奥赫塔区的责任组织员,在罗马尼亚战线担任鼓动员。十月革命后在红军中任职,后在共产国际工作。——251、358、374、431、435、439、461、464、480、481、482、490、495、499、504、505、506、510、513、521、522、524、530、532、538、539、577。

阿布拉姆——见克雷连柯,尼古拉·瓦西里耶维奇。

阿布拉姆——见斯科夫诺,阿布拉姆·安德列耶维奇。

阿布拉姆奇克——见克雷连柯,尼古拉·瓦西里耶维奇。

阿德勒,弗里德里希(Adler,Friedrich 1879—1960)——奥地利社会民主党右翼领袖之一,“奥地利马克思主义”理论家,第二半国际和社会主义工人国际的组织者和领袖之一;维·阿德勒的儿子。1911年起任奥地利社会民主党书记。第一次世界大战期间主张社会民主党对帝国主义战争保持“中立”和促使战争早日结束。1914年8月辞去书记职务。1916年10月21日因枪杀奥匈帝国首相卡·施图尔克伯爵被捕。1918年11月获释后重新担任党的书记,走上改良主义道路。1923—1939年任社会主义工人国际书记。——427、428、429。

阿德勒,维克多(Adler,Victor 1852—1918)——奥地利社会民主党创建人和领袖之一。1883年和1889年曾与恩格斯会晤,1889—1895年同恩格斯有通信联系。1886年创办《平等》周刊,1889年起任奥地利社会民主党中央

机关报《工人报》编辑。1905年起为议员。第一次世界大战期间持中派立场。1918年11月短期担任奥地利资产阶级共和国外交部长。1914年7月26日(8月8日)列宁因受诬告被捕后,应娜·康·克鲁普斯卡娅的请求,为列宁作保。——2—3、89、112、429。

阿恩——见饶尔丹尼亚,诺伊·尼古拉耶维奇。

阿尔曼德,伊涅萨·费多罗夫娜(伊·;伊涅萨)(Арманд,Инесса Федоровна (И.,Инесса)1874—1920)——1904年加入俄国社会民主工党,长期从事国际共产主义运动和妇女运动。积极参加1905—1907年革命。多次被捕和流放。1909年流亡国外。曾当选为俄国社会民主工党国外组织委员会书记。1911年参加了布尔什维克隆瑞莫党校的工作。1912年秘密回国,作为党中央代表在彼得堡为筹备第四届国家杜马选举做了大量工作。第一次世界大战期间出席了国际妇女社会党人代表会议、国际青年代表会议以及齐美尔瓦尔德代表会议和昆塔尔代表会议。十月革命后任党的莫斯科省委委员、莫斯科省执行委员会委员和省国民经济委员会主席。1918年起任俄共(布)中央妇女部部长。——7—9、39、64—65、68—71、86、91、95—96、97—98、115、121、133、190、224、229、230—234、241—242、248、266—267、282、289、294、302、310、313、347、350、354—356、358—359、360—361、367—368、374—375、385、406、407—408、420—421、426、431—433、434—441、442—444、445—451、461—465、467、469—474、476—477、480—483、484—485、491—492、493—495、496、497—498、499、500—503、504—517、519—520、522—523、527—532、537—538、539—540、541—542、546—547、548—550、555—556、558、561—562、564、576、579—580、596—597、600、601、619。

阿福尔特尔,汉斯(Affolter,Hans 1870—1936)——瑞士社会民主党人;职业是律师。1911年起为国民院议员。第一次世界大战期间,起初追随国际主义者,但表现向中派方面动摇;1917年转向中派和平主义立场,后完全倒向瑞士社会民主党右翼。——486。

阿克雪里罗得,帕维尔·波里索维奇(Аксельрод,Павел Борисович 1850—1928)——俄国孟什维克领袖之一。1883年参与创建劳动解放社。1900年起是《火星报》和《曙光》杂志编辑部成员。在俄国社会民主工党第二次

代表大会上是《火星报》编辑部有发言权的代表，属火星派少数派，会后是孟什维主义的思想家。斯托雷平反动时期和新的革命高涨年代是取消派的思想领袖，参加孟什维克取消派的《社会民主党人呼声报》编辑部。1912年加入“八月联盟”。第一次世界大战期间表面上是中派，实际持社会沙文主义立场；曾参加齐美尔瓦尔德代表会议和昆塔尔代表会议，属于右翼。1917年二月革命后任彼得格勒苏维埃执行委员会委员，支持资产阶级临时政府。十月革命后侨居国外，敌视苏维埃政权，鼓吹武装干涉苏维埃俄国。——8、55、66、72、79、80、89—90、141、189、195、203、255、280、294、419、565。

阿克雪里罗得，托维·Л.（Аксельрод，Товий Л. 1888—1938）——1917年加入俄国社会民主工党（布）。早年是崩得分子。1910—1917年住在瑞士。1917年3月列宁曾通过他转交了《给瑞士工人的告别信》（见本版全集第29卷）。1917年10月—1918年7月领导人民委员会报刊局，1920—1921年领导共产国际报刊部，1922年起在外交人民委员部工作。后从事编辑出版工作。——588。

阿列克辛斯基，格里戈里·阿列克谢耶维奇（Алексинский，Григорий Алексеевич 1879—1967）——俄国社会民主党人，1905—1907年革命期间是布尔什维克。第二届国家杜马彼得堡工人代表。斯托雷平反动时期是召回派分子、派别性的卡普里党校的讲课人和“前进”集团的组织者之一。第一次世界大战期间是社会沙文主义者，曾为多个资产阶级报纸撰稿。1917年加入孟什维克统一派；七月事变期间伙同特务机关伪造文件诬陷列宁和布尔什维克。1918年逃往国外，投入反动营垒。——14、77、80、88、118、147、170、171。

阿纳托利·瓦西里耶维奇——见卢那察尔斯基，阿纳托利·瓦西里耶维奇。

阿维洛夫，波里斯·瓦西里耶维奇（Авилов，Борис Васильевич 1874—1938）——俄国社会民主党人，新闻工作者，统计学家。1904年加入俄国社会民主工党。1905年代表哈尔科夫布尔什维克《前进报》小组出席党的第三次代表大会，对孟什维克采取调和主义态度。同年参与组织和领导哈尔科夫武装起义。曾为布尔什维克报刊撰稿。1917年退党，为《新生活报》撰稿，后加入孟什维克国际主义派。1918年脱离政治活动，从事统计工作。——

410、413。

埃尔德曼，卡尔(Erdmann,Karl)——《英国和社会民主党》(1917)一书的作者。——540。

爱尔威，古斯塔夫(Hervé,Gustave 1871—1944)——法国社会党人，政论家和律师。1905—1918年是工人国际法国支部成员。第一次世界大战期间是社会沙文主义者。俄国十月革命后反对苏维埃国家和布尔什维克党。——109、535。

安·潘·——见潘涅库克，安东尼。

安-德罗——见安贝尔-德罗，茹尔。

安贝尔-德罗，茹尔(安-德罗；德罗)(Humbert-Droz,Jules(Hum-Droz,Droz) 1891—1971)——瑞士社会民主主义运动活动家；职业是新闻工作者。第一次世界大战期间是社会和平主义者；因拒绝服兵役，曾被交付法庭审判。1921年参与创建瑞士共产党。共产国际历次(除第一次)代表大会的代表。1921年起历任共产国际执行委员会书记、组织局委员、政治书记处和主席团成员。——462、464、515、520、522、531、538。

安德尔——见施略普尼柯夫，亚历山大·加甫里洛维奇。

安东诺夫——见波波夫，阿纳托利·弗拉基米罗维奇。

安娜·叶夫根·——见康斯坦丁诺维奇，安娜·叶夫根尼耶夫娜。

奥尔洛夫斯基——见沃罗夫斯基，瓦茨拉夫·瓦茨拉沃维奇。

奥尔纳·——见契切林，格奥尔吉·瓦西里耶维奇。

奥里明斯基(**亚历山德罗夫**)，米哈伊尔·斯捷潘诺维奇(加廖尔卡)(Ольминский(Александров),Михаил Степанович(Гарелка) 1863—1933)——19世纪80年代初参加革命运动，曾为民意党人。1898年加入俄国社会民主工党，1903年起为布尔什维克。1904年起先后任布尔什维克的《前进报》和《无产者报》编委。1905—1907年为布尔什维克的《新生活报》、《浪潮报》、《我们的思想》杂志、《生活通报》杂志等撰稿，领导党的前进出版社编辑部。斯托雷平反动时期在巴库做党的工作。1911—1914年积极参加布尔什维克的《明星报》、《真理报》和《启蒙》杂志的工作。1915—1917年先后在萨拉托夫、莫斯科和彼得格勒做党的工作。1917年二月革命后进入俄国社会民主工党(布)中央委员会俄国局，积极参加十月革命。十月

B

塔尔代表会议的工作，加入齐美尔瓦尔德联盟。1917 年回国，加入布尔什维克党。作为有发言权的代表参加了共产国际第一次代表大会。1924 年因再次采取孟什维克立场被开除出俄共(布)。——122、220。

巴索克——见美列涅夫斯基，马里安·伊万诺维奇。

巴扎罗夫(**鲁德涅夫**)，弗拉基米尔·亚历山德罗维奇(Базаров(Руднев), Владимир Александрович)1874—1939)——1896 年参加俄国社会民主主义运动。1904—1907 年是布尔什维克，曾为布尔什维克报刊撰稿。斯托雷平反动时期背弃布尔什维主义，宣传造神说和经验批判主义，是用马赫主义修正马克思主义的主要代表人物之一。1917 年是孟什维克国际主义者，《新生活报》的编辑之一；反对十月革命。1921 年起在国家计划委员会工作。晚年从事文艺和哲学著作的翻译工作。——417、422。

邦契——见邦契-布鲁耶维奇，弗拉基米尔·德米特里耶维奇。

邦契-布鲁耶维奇，弗拉基米尔·德米特里耶维奇(邦契)(Бонч-Бруевич, Владимир Дмитриевич(Бонч)1873—1955)——19 世纪 80 年代末参加俄国革命运动，1896 年侨居瑞士。在国外参加劳动解放社的活动，为《火星报》撰稿。俄国社会民主工党第二次代表大会后是布尔什维克。1903—1905 年在日内瓦领导俄国社会民主工党中央委员会发行部，组织出版布尔什维克的书刊(邦契-布鲁耶维奇和列宁出版社)。以后几年从事布尔什维克报刊和党的出版社的组织工作。积极参加彼得格勒十月武装起义，是斯莫尔尼—塔夫利达宫区的警卫长。十月革命后任人民委员会办公厅主任(至 1920 年 10 月，其间曾兼任反破坏、抢劫和反革命行动委员会主席)、生活和知识出版社总编辑，后任莫斯科卫生局所属林中旷地国营农场场长，同时从事科学研究和著述活动。——420、552。

鲍曼，鲁道夫(Baumann, Rudolf 生于 1872 年)——瑞士右派社会民主党人，1906 年起是苏黎世一所市立学校的教员。第一次世界大战期间是社会沙文主义者。1916 年 6 月被选为苏黎世社会民主党组织执行委员会委员，1917 年 2 月退出该委员会。——519。

鲍威尔，奥托(Bauer, Otto 1882—1938)——奥地利社会民主党和第二国际领袖之一，“奥地利马克思主义”理论家。1918 年 11 月—1919 年 7 月任奥地利共和国外交部长。敌视俄国十月革命。1920 年在维也纳出版反布尔

1925 年任驻英国副全权代表。——166—167、425、525、527。

别连基，格里戈里·雅柯夫列维奇(别林斯基；格里沙)(Беленький，Григорий Яковлевич(Белинский，Гриша)1885—1938)——1903 年加入俄国社会民主工党，布尔什维克。曾在明斯克、彼得堡、维尔纽斯及其他城市做党的工作。1912 年侨居法国，1914—1917 年任布尔什维克巴黎支部书记，常与列宁、娜·康·克鲁普斯卡娅以及国外组织委员会通信。1917 年 5 月回国。十月革命后在莫斯科任党的红色普列斯尼亚区委书记，直至 1925 年。——109、224—225、230、242、345、346、356、359、367、375、391、405、411、412、413、430、440、513、529、591。

别列·；别列宁——见施略普尼柯夫，亚历山大·加甫里洛维奇。

别林斯基——见别连基，格里戈里·雅柯夫列维奇。

别洛乌索娃(Белоусова)——523。

波波夫(Попов)——359。

波波夫(**布里特曼**)，阿纳托利·弗拉基米罗维奇(安东诺夫)(Попов(Бритман)，Анатолий Владимирович(Антонов)死于 1914 年)——俄国社会民主党人，俄国社会民主工党第二次代表大会后是布尔什维克。1905—1907 年积极参加彼得堡和喀琅施塔得军事组织的活动。多次被捕，1908 被流放服苦役，不久从流放地逃跑。后侨居国外，加入党的巴黎支部和国外组织委员会。第一次世界大战爆发后作为志愿兵参加法军，1914 年 11 月死于前线。——14。

波格丹诺夫，亚·(**马林诺夫斯基，亚历山大·亚历山德罗维奇**)(Богданов，А.(Малиновский，Александр Александрович)1873—1928)——俄国社会民主党人，哲学家，社会学家，经济学家；职业是医生。19 世纪 90 年代参加社会民主主义小组。1903 年成为布尔什维克。作为多数派委员会常务局成员参加了俄国社会民主工党第三次代表大会的筹备工作，在代表大会上当选为中央委员。曾参加布尔什维克机关报《前进报》和《无产者报》编辑部，是布尔什维克《新生活报》的编辑。斯托雷平反动时期和新的革命高涨年代领导召回派，是“前进”集团的领袖。在哲学上宣扬经验一元论。1909 年 6 月因进行派别活动被开除出党。十月革命后是无产阶级文化派的思想家。1926 年起任由他创建的输血研究所所长。——332、417、502。

波克罗夫斯基,米哈伊尔·尼古拉耶维奇(多莫夫)(Покровский, Михаил Николаевич(Домов)1868—1932)——1905年加入俄国社会民主工党,历史学家。曾积极参加1905—1907年革命。1907年在党的第五次(伦敦)代表大会上当选为候补中央委员。1908—1917年侨居国外。斯托雷平反动时期参加召回派和最后通牒派,后加入"前进"集团,1911年与之决裂。第一次世界大战期间持国际主义立场,从事布尔什维克书刊的出版工作,曾编辑出版列宁的《帝国主义是资本主义的最高阶段》一书。1917年8月回国,参加了莫斯科武装起义。十月革命后任莫斯科苏维埃主席,俄罗斯联邦副教育人民委员以及共产主义科学院、红色教授学院和中央国家档案馆等单位的领导人。——280、335、353—354、360、361、364、365、373、376、377、379—380、390—391、430、455、467—468、479、488—489。

波卢比诺夫(叶戈尔)(Полубинов(Егор))——俄国社会革命党人,侨居国外。1915年9月给列宁写了一封信,信中建议允许那些谴责1915年7月社会革命党代表会议通过的关于保卫祖国决议的左派社会革命党人加入俄国社会民主工党。——193、195、209。

波特列索夫,亚历山大·尼古拉耶维奇(Потресов, Александр Николаевич 1869—1934)——俄国孟什维克领袖之一。19世纪90年代初参加马克思主义小组。1896年加入彼得堡工人阶级解放斗争协会,后被捕,1898年流放维亚特卡省。1900年出国,参与创办《火星报》和《曙光》杂志。在俄国社会民主工党第二次代表大会上是《火星报》编辑部有发言权的代表,属火星派少数派,会后是孟什维克刊物的主要撰稿人和领导人。斯托雷平反动时期和新的革命高涨年代是取消派思想家,在《复兴》杂志和《我们的曙光》杂志以及孟什维克取消派的其他报刊中起领导作用。第一次世界大战期间是社会沙文主义者。十月革命后侨居国外,为克伦斯基的《白日》周刊撰稿,攻击苏维埃政权。——106、367、390、417、418、422、466、543、593、595。

伯恩施坦,爱德华(Bernstein, Eduard 1850—1932)——德国社会民主党和第二国际右翼领袖之一,修正主义的代表人物。1881—1890年任党的中央机关报《社会民主党人报》编辑。从90年代中期起完全同马克思主义决裂。1896—1898年以《社会主义问题》为题在《新时代》杂志上发表一组文章,1899年发表《社会主义的前提和社会民主党的任务》一书,从经济、政

治和哲学方面对马克思主义的理论和策略作了全面的修正。第一次世界大战期间持中派立场。1917 年参加德国独立社会民主党,1919 年公开转到右派方面。1918 年十一月革命失败后出任艾伯特—谢德曼政府的财政部长助理。——32、100、102、119、253。

伯杰,戈特弗里德(Berger,Gottfried)——苏黎世铸工。——498。

柏拉图(**阿里斯托克**)(Platon(Aristocles)约公元前 427—前 347)——古希腊哲学家,古代哲学中客观唯心主义派别的创始人,奴隶主贵族的思想家。——135。

勃朗斯基,美契斯拉夫·亨利霍维奇(瓦尔沙夫斯基)(Бронский,Мечислав Генрихович(Варшавский)1882—1941)——波兰社会民主党人,后为布尔什维克。1902 年加入波兰王国和立陶宛社会民主党,曾在波兰和瑞士做党的工作。第一次世界大战期间是国际主义者。曾代表波兰王国和立陶宛社会民主党出席昆塔尔代表会议,属齐美尔瓦尔德左派,参加了瑞士社会民主党的活动。1917 年 6 月起任俄国社会民主工党(布)彼得堡委员会的鼓动员和宣传员。十月革命后历任副工商业人民委员。1920 年起任苏俄驻奥地利全权代表和商务代表。1924 年起任财政人民委员部部务委员和对外贸易人民委员部部务委员。——258、274、327、342、343、389、435、451—452、461、498、519、520、554、585。

博·——见博格罗夫斯基。

博尔夏特,尤利安(Borchardt,Julian 1868—1932)——德国社会民主党人,经济学家和政论家。1913—1916 年和 1918—1921 年任左派社会民主党人的《光线》杂志编辑。第一次世界大战期间领导以《光线》杂志为中心组成的左派社会民主党人的组织"德国国际社会党人",开展反对社会沙文主义、反对帝国主义战争的斗争;曾参加齐美尔瓦尔德代表会议,加入齐美尔瓦尔德左派。但因不了解与社会沙文主义者彻底决裂和建立工人阶级独立政党的必要性,于战争结束前夕转向工团主义立场。战后不再积极参加政治活动。——148、149、200、203、447、540。

博格罗夫斯基(博·)(Богровский(Б.))——俄国社会民主党人。一度担任斯德哥尔摩布尔什维克小组的秘书,负责往俄国运送书刊。1916 年因盗用党的资金和破坏党的保密制度被开除出党。——409。

博格罗娃,В.Л.(Богрова,В.Л.)——1905年是彼得堡工人代表苏维埃委员,因参加革命运动受到沙皇政府迫害。1905年侨居国外;在国外曾就读医学系。后在意大利佛罗伦萨毕业于音乐学院声乐班。——54—55。

博什,叶夫根尼娅·波格丹诺夫娜(基辅斯卡娅;日本女人;叶·波·;叶夫根·波·;叶夫根尼娅·波格丹诺夫娜)(Бош,Евгения Богдановна(Киевская,Японка,Е.Б.,Евг.Б.,Евгения Богдановна)1879—1925)——格·列·皮达可夫的妻子。1901年加入俄国社会民主工党,曾在基辅和国外做党的工作。第一次世界大战期间,在民族问题及其他问题上,赞同布哈林和皮达可夫的反列宁主义观点。1917年二月革命后在基辅任党的区域委员会主席。十月革命后参加第一届乌克兰苏维埃政府。1918—1922年在奔萨、阿斯特拉罕、外高加索、白俄罗斯和乌克兰从事党的工作以及军事和苏维埃工作。反对签订布列斯特和约。——139、142—143、150、203、206、256、257、259、260、261、275、276、288、291—293、303、309、312、313、314—318、320、326、329、332、333、334、336、337、338、339、340、341、342、343、347、383、395、417、448、449、450、462、471、545。

布阿奇泽,萨穆伊尔·格奥尔吉耶维奇(诺伊)(Буачидзе,Самуил Георгиевич(Ной)1882—1918)——1902年加入俄国社会民主工党,职业革命家,布尔什维克。在格鲁吉亚参加1905—1907年革命。曾任俄国社会民主工党伊梅列季亚-明格列利亚委员会和高加索联合会委员。1915—1917年侨居瑞士,加入布尔什维克日内瓦支部。1917年4月回国后在北高加索从事党的工作和苏维埃工作;1918年3月起任捷列克人民委员会主席。被白卫分子杀害。——434、466。

布尔德朗,阿尔伯(Bourderon,Albert 1858—1930)——法国社会党人,工会运动左翼领袖之一,制桶工人工会书记。1915年参加齐美尔瓦尔德代表会议,持中派立场。1916年主张重建第二国际,同年12月在法国社会党代表大会上投票赞成支持帝国主义战争、为社会党人参加资产阶级政府辩护的中派主义决议。与齐美尔瓦尔德派彻底决裂后,转入反对革命工人运动的营垒。——225、476、526、534。

布尔金(**谢苗诺夫**),费多尔·阿法纳西耶维奇(Булкин(Семенов),Федор Афанасьевич 生于1888年)——1904年加入俄国社会民主工党,孟什维

克。斯托雷平反动时期和新的革命高涨年代是取消派分子。第一次世界大战期间是护国派分子，在诺夫哥罗德、萨马拉和彼得堡的军事工业委员会工作。十月革命后脱离孟什维克，1920年加入俄共(布)；做经济工作和工会工作。——16。

布哈林，尼古拉·伊万诺维奇(多尔戈列夫斯基；多尔戈列夫斯基，摩西；尼·伊·；尼·伊·布·；尼·伊—奇；尼·伊万·；尼古·伊万·；尼古·伊万诺维奇；Nota-Bene)(Бухарин，Николай Иванович(Долголевский，Dolgolewsky，Moses，Н. И.，Н. И. Б.，Н. И-ч，Н. Ив.，Ник. Ив.，Ник. Иванович，Nota-Bene)1888—1938)——1906年加入俄国社会民主工党，1908年起任党的莫斯科委员会委员。1909—1910年几度被捕，1911年从流放地逃往欧洲。在国外开始著述活动，参加欧洲工人运动，1915年为《共产党人》杂志撰稿。1917年二月革命后回国。十月革命后任《真理报》主编。1918年初反对签订布列斯特和约，是“左派共产主义者”集团的领袖。1919年起先后当选为党中央政治局候补委员和政治局委员，共产国际执行委员会委员和主席团委员。1920—1921年工会问题争论期间领导“缓冲”派。——109、111、112、138、151、168、206、213、256、258、259、260、262、269、273、275、280、283、288、290、291—293、300、304、316、317、318、320、324、336、337、338、339、343、345、346、357、363、370、371、372、382、387、393、394、400、401—403、405、410、412、420、421—426、448、450、462、463、464、471、472、525、526、527、528。

布赫尔，阿尔弗勒德(Bucher，Alfred)——瑞士青年联合会领导人之一。第一次世界大战期间是苏黎世青年组织“九柱戏球俱乐部”成员。死于20年代初。——537。

布拉戈耶夫，季米特尔(Благоев(Blagoev)，Димитр 1856—1924)——保加利亚和俄国革命运动活动家。1883—1884年(在彼得堡大学学习期间)是俄国早期社会民主主义小组“布拉戈耶夫小组”的组织者，该小组于1885年同劳动解放社建立了联系。1891年领导成立保加利亚社会民主党。该党内以他为首的革命派同改良派分子进行了坚决的斗争，并于1903年成立独立的马克思主义政党——保加利亚社会民主工党(紧密派)。第一次世界大战期间，积极揭露战争的掠夺性质和第二国际社会沙文主义者的背叛

版人。——410。

C

蔡特金,克拉拉(Zetkin,Clara 1857—1933)——德国工人运动和国际工人运动活动家,国际社会主义妇女运动领袖之一,德国共产党创建人之一。1881年加入德国社会民主党。1892—1917年任德国社会民主党主办的女工运动机关刊物《平等》杂志主编。第一次世界大战期间持国际主义立场。1916年参与组织国际派(后改称斯巴达克派和斯巴达克联盟)。1919年起为德国共产党党员,当选为中央委员。1920年起为国会议员。1921年起先后当选为共产国际执行委员会委员和主席团委员,领导国际妇女书记处。——47、119、123—124、140、148、149、150、182、183、184、253、254、613。

策列铁里,伊拉克利·格奥尔吉耶维奇(Церетели,Ираклий Георгиевич 1881—1959)——俄国孟什维克领袖之一。斯托雷平反动时期和新的革命高涨年代是取消派分子。第一次世界大战期间是中派分子。1917年二月革命后任彼得格勒苏维埃执行委员会委员、第一届中央执行委员会主席团委员,护国派分子。1917年5—7月任临时政府邮电部长,七月事变后任内务部长,极力反对布尔什维克争取政权的斗争。十月革命后是格鲁吉亚孟什维克反革命政府首脑之一。1921年格鲁吉亚建立苏维埃政权后流亡法国。——611、614。

朝圣者——见弗里多林,弗拉基米尔·尤利耶维奇。

茨·(Ц.)——378。

茨哈卡雅,米哈伊尔·格里戈里耶维奇(米哈)(Цхакая,Михаил Григорьевич(Миха)1865—1950)——1898年加入俄国社会民主工党。党的高加索联合会委员会领导人之一。参加了党的第二次代表大会的筹备工作;是高加索联合会出席党的第三次代表大会的代表。积极参加1905—1907年革命。屡遭沙皇政府迫害。1907—1917年流亡国外。1917年二月革命后随列宁回国。1917—1920年任俄国社会民主工党(布)梯弗利斯委员会委员。1920年起为格鲁吉亚共产党(布)中央委员。1921—1922年任格鲁吉亚苏维埃社会主义共和国驻俄罗斯联邦人民委员会代表,1923—1930

年任外高加索联邦中央执行委员会主席、苏联中央执行委员会主席团委员、格鲁吉亚中央执行委员会主席。1920 年起为共产国际执行委员会委员。——214、366、582、583。

D

大卫，爱德华(David,Eduard 1863—1930)——德国社会民主党右翼领袖之一，经济学家；德国机会主义者的主要刊物《社会主义月刊》创办人之一。1893 年加入社会民主党。公开修正马克思主义关于土地问题的学说，否认资本主义经济规律在农业中的作用。1903 年出版《社会主义和农业》一书，宣扬小农经济稳固，维护所谓土地肥力递减规律。第一次世界大战期间是社会沙文主义者。1919 年 2 月任魏玛共和国国民议会第一任议长。1919—1920 年任内务部长，1922—1927 年任中央政府驻黑森的代表。——108、124。

德布兹，尤金·维克多(Debs,Eugene Victor 1855—1926)——美国工人运动活动家。1897 年领导建立美国社会民主党，是 1901 年成立的美国社会党左翼领袖之一。第一次世界大战期间持国际主义立场，反对美国参战。拥护俄国十月革命。1918 年因进行反对帝国主义的宣传被判处十年徒刑，于 1921 年获赦。——217。

德莱齐，弗朗西斯(Delaisi,Francis 生于 1873 年)——法国经济学家，工团主义者和和平主义者。在自己的著作中揭露了金融寡头的统治和第一次世界大战的掠夺性质。同时坚决反对阶级斗争和国际主义，鼓吹“社会团结”论，提出了一个在工人辛迪加和资本家辛迪加之间实行阶级合作并在此基础上建立“世界合众国”以避免竞争、危机和战争的空想计划。——442。

德罗——见安贝尔-德罗，茹尔。

敦克尔，凯特(Duncker,Käte 1871—1953)——德国社会主义妇女运动活动家。1907 年起为德国女工运动机关刊物《平等》杂志撰稿。第一次世界大战期间持国际主义立场；1915 年为《国际》杂志撰稿，是国际派(后改称斯巴达克派和斯巴达克联盟)的成员。曾参加德国共产党的创建工作，1918—1919 年任该党中央委员。法西斯掌权后流亡国外，法西斯垮台后在德意志民主共和国从事科研教学工作。——149。

多尔戈列夫斯基；多尔戈列夫斯基，摩西——见布哈林，尼古拉·伊万诺维奇。

多莫夫——见波克罗夫斯基，米哈伊尔·尼古拉耶维奇。

多姆斯基（卡缅斯基），亨利希·Г.（Домский（Каменский），Генрих Г.（Domcki（Kamenski），Heinrich）1883—1937）——新闻工作者，1904年加入波兰王国和立陶宛社会民主党，1906年为该党华沙委员会委员，参加波兰社会民主党报刊的工作。1912年起为布尔什维克的《真理报》和《启蒙》杂志撰稿。1915年起任波兰王国和立陶宛社会民主党边疆区执行委员会委员，主编《我们的论坛》，参加齐美尔瓦尔德代表会议。1918年12月起为波兰共产党中央委员。——116、168。

E

恩格斯，弗里德里希（Engels，Friedrich 1820—1895）——科学共产主义创始人之一，世界无产阶级的领袖和导师，马克思的亲密战友。——369、375、402、422、441、446、460、473、474、500、501、502、507、508、512、523、607。

F

法别尔凯维奇，兹比格涅夫（格涅维奇）（Fabierkiewicz，Zbigniew（Гневич）死于1919年）——波兰工人运动活动家，波兰王国和立陶宛社会民主党党员，新闻工作者。1916年为波兰王国和立陶宛社会民主党彼得格勒小组组织者之一，参加该党机关刊物《论坛》杂志编辑部，并为俄国布尔什维克报刊撰稿。积极参加俄国十月革命。在由苏维埃俄国回国途中，被波兰白卫地主政府的奸细杀害。——375、392。

菲茨杰拉德，C.W.（Fitzgerald，C.W.）——美国社会主义宣传同盟书记。——221—222。

菲尔斯滕贝格——见加涅茨基，雅柯夫·斯坦尼斯拉沃维奇。

弗·——见科里乔纳，弗兰茨。

弗·乌·；弗·伊·；弗·伊·乌·——即列宁，弗拉基米尔·伊里奇。

弗拉基米罗夫（舍印芬克尔），米龙·康斯坦丁诺维奇（列瓦）（Владимиров（Шейнфинкель），Мирон Константинович（Лева）1879—1925）——1903年

加入俄国社会民主工党,布尔什维克。曾在彼得堡、戈梅利、敖德萨、卢甘斯克和叶卡捷琳诺斯拉夫做党的工作。参加 1905—1907 年革命,后被捕和终身流放西伯利亚,1908 年从流放地逃往国外。1911 年脱离布尔什维克,后加入出版《护党报》的普列汉诺夫派巴黎小组。第一次世界大战期间参加托洛茨基的《我们的言论报》的工作。1917 年二月革命后回国,参加区联派,在俄国社会民主工党(布)第六次代表大会上随区联派集体加入布尔什维克党。十月革命后在彼得格勒市粮食局和粮食人民委员部工作。1919 年任南方面军铁路军事特派员和粮食特设委员会主席。1921 年先后任乌克兰粮食人民委员和农业人民委员。1922—1924 年任俄罗斯联邦财政人民委员和苏联副财政人民委员。——332、462。

弗兰茨——见科里乔纳,弗兰茨。

弗兰克,路德维希(Frank,Ludwig 1874—1914)——德国社会民主党人,社会沙文主义者;职业是律师。1907 年起为帝国国会议员。1910 年在德国社会民主党马格德堡代表大会上投票赞成军事拨款。第一次世界大战爆发后以志愿兵身份入伍,死于前线。——22、104。

弗勒·——见弗勒利希,保尔。

弗勒利希,保尔(Fröhlich,Paul 1884—1953)——德国社会民主党人,新闻工作者。1912—1916 年是《不来梅市民报》编辑,不来梅《工人政治》周刊创办人之一;在昆塔尔代表会议上是不来梅左派的代表。1919—1924 年是德国共产党中央委员;以德国统一共产党代表的身份参加共产国际第三次代表大会的工作。——293、294、318。

弗雷——即列宁,弗拉基米尔·伊里奇。

弗里多林,弗拉基米尔·尤利耶维奇(朝圣者;瓦林)(Фридолин,Владимир Юльевич(Странник,Варин)1879—1942)——1904 年加入俄国社会民主工党,曾在萨马拉、乌法、彼得堡等地做党的工作。斯托雷平反动时期脱离政治活动。1910—1917 年侨居国外。第一次世界大战期间曾为托洛茨基的《我们的言论报》撰稿。1918 年起在彼得格勒从事科研教学工作。——116、118、138、143、304、318、343、345、346、357、362、370、387、394、406、407、411、412、413、430。

福法诺娃,玛格丽塔·瓦西里耶夫娜(Фофанова,Маргарита Васильевна

1883—1976)——1902 年参加俄国革命运动,1917 年 4 月加入俄国社会民主工党(布)。1917 年二月革命后是彼得格勒苏维埃代表,执行维堡区党委会委派的任务。列宁最后一次转入地下期间,曾秘密地住在她家里(彼得格勒维堡区谢尔多博尔街 1/92 号第 20 号住宅)。十月革命后至 1925 年在农业人民委员部工作。后任莫斯科畜牧学院院长。——618。

傅立叶,弗朗索瓦-玛丽,沙尔(Fourier, François-Marie Charles 1772—1837)——法国空想社会主义者。——523。

G

盖得,茹尔(**巴西尔,马蒂厄**)(Guesde, Jules(Basile, Mathieu) 1845—1922)——法国工人运动和国际工人运动活动家,法国工人党创建人之一,第二国际的组织者和领袖之一。1901 年与其拥护者建立了法兰西社会党,该党于 1905 年同改良主义的法国社会党合并,盖得为统一的法国社会党领袖之一。1920 年法国社会党分裂后,支持少数派立场,反对加入共产国际。——3、27、28、572。

高尔基,马克西姆(**彼什科夫,阿列克谢·马克西莫维奇**;"老板")(Горький, Максим(Пешков, Алексей Максимович, «Хозяин») 1868—1936)——苏联作家和社会活动家,社会主义现实主义文学的奠基人,苏联文学的创始人。——27、46、197、226—229、240—241、353、390—391、417、420、455、463、479。

戈别尔曼,米哈伊尔·李沃维奇(Гоберман, Михаил Львович 生于 1891 年)——1911 年加入俄国社会民主工党,布尔什维克。屡遭沙皇政府迫害,1913 年被驱逐出境。1914—1917 年住在瑞士。回国后在莫斯科工会中央理事会工作。十月革命和国内战争的参加者。1924 年以前在共产国际国际联络部工作。后从事经济工作。——578。

戈尔登贝格,约瑟夫·彼得罗维奇(梅什科夫斯基)(Гольденберг, Иосиф Петрович(Мешковский) 1873—1922)——俄国社会民主党人。俄国社会民主工党第二次代表大会后是布尔什维克。国外俄国社会民主党人联合会成员。1905—1907 年革命期间参加了布尔什维克所有报刊编辑部的工作,是俄国社会民主工党中央委员会负责同其他党派和组织联系的代表。

1907 年在党的第五次(伦敦)代表大会上当选为中央委员。1910 年进入中央委员会俄国局,对取消派采取调和主义态度。第一次世界大战期间是护国派分子。1917—1919 年参加新生活派。1920 年重新加入布尔什维克党。——14、27。

哥尔恩,弗·——见格罗曼,弗拉基米尔·古斯塔沃维奇。

哥尔特,赫尔曼(Gorter,Herman 1864—1927)——荷兰左派社会民主党人,诗人和政论家。1897 年加入荷兰社会民主工党。1907 年是荷兰社会民主工党左翼刊物《论坛报》创办人之一,1909 年起是荷兰社会民主党领导人之一。第一次世界大战期间是国际主义者,齐美尔瓦尔德左派的拥护者。1918 年参与创建荷兰共产党,曾参加共产国际的工作,采取极左的宗派主义立场。1921 年退出共产党,组织了荷兰共产主义工人党。1922 年脱离政治活动。——24、86、91、92—93、111、116、123、132、133、146、163、243、252、253、261、459。

格·季·——见季诺维也夫,格里戈里·叶夫谢耶维奇。

格·李·——见什克洛夫斯基,格里戈里·李沃维奇。

格拉贝,厄内斯特·保尔(Graber,Ernest-Paul 生于 1875 年)——瑞士社会民主党人。1912 年起为国民院议员。曾任瑞士社会民主党执行委员会委员。1915—1925 年任瑞士社会民主党《哨兵报》编辑。第一次世界大战初期接近国际主义派,参加瑞士左派社会民主党人的工作;曾出席齐美尔瓦尔德代表会议和昆塔尔代表会议。1917 年初转向中派和平主义立场,1918 年完全转向社会民主党右翼。1919 年起任瑞士社会民主党书记。1919—1921 年反对瑞士社会民主党加入共产国际,参与组织第二半国际。——300—301、358、367、476、487、538、582。

格莱西尔,约翰·布鲁斯(Glasier,John Bruce 1859—1920)——英国社会党人,工党创建人之一;职业是五金工人。1893 年加入独立工党,为该党全国委员会委员,1899—1900 年任该委员会主席。1900 年参与创建劳工代表委员会,1906 年该委员会改组为工党。1906—1910 年编辑独立工党机关周刊《工人领袖》,1913—1917 年编辑《社会主义评论》月刊。是独立工党驻社会党国际局代表。——108。

格雷,爱德华(Grey,Edward 1862—1933)——英国国务活动家,英国自由党

右翼领袖之一。1885 年起为下院议员。1905—1916 年任外交大臣。执行对外扩张的殖民主义政策。1915—1916 年与英国在第一次世界大战中的盟国签订了一系列关于瓜分世界的秘密协定。——101。

格里·;格里戈·;格里戈里——见季诺维也夫,格里戈里·叶夫谢耶维奇。

格里姆,罗伯特(Grimm,Robert 1881—1958)——瑞士社会民主党和第二国际领袖之一;职业是印刷工人。1909—1918 年任《伯尔尼哨兵报》主编,1919 年以前任瑞士社会民主党主席。第一次世界大战期间是中派分子,齐美尔瓦尔德代表会议和昆塔尔代表会议主席,国际社会党委员会主席。1921 年参与组织第二半国际。1911 年起为议员。——60、96、99、109、116、122、140、150、166、168、175、178、179、181、182—183、192、193、201、202、203、205、206、216、222、223、242、251、253、263、270、279、293、294、295、301、366、368、370、375、376、389、396、435、436、437、439、450、477、484、485、487、488、489—490、492、494、496、504、505、506、507、512、514、515、516、517、519、522、526、531、534、537、540、573—574、580、588、605、606、610、611。

格里沙——见别连基,格里戈里·雅柯夫列维奇。

格鲁姆巴赫,索洛蒙(霍莫)(Grumbach,Solomon(Homo)1884—1952)——德国右派社会民主党人,后为法国社会党党员。第二国际执行委员会委员。第一次世界大战期间住在瑞士。曾用笔名"霍莫"为《人道报》和《伯尔尼哨兵报》撰稿,宣传社会沙文主义。后以发表敌视苏维埃俄国的言论而闻名。——248。

格律恩贝格,卡尔(Grünberg,Karl 1861—1940)——奥地利社会民主党人,法学家、经济学家和历史学家。1910—1930 年在莱比锡出版了十五卷本的《社会主义和工人运动历史文汇》。写有一些关于经济(主要是土地)关系史以及社会主义、共产主义和工人运动史方面的著作。第一次世界大战期间持和平主义立场。同情俄国十月革命,是苏联之友协会的积极会员。——460。

格罗曼,弗拉基米尔·古斯塔沃维奇(哥尔恩,弗·)(Громан,Владимир Густавович(Горн,В.)1874—1940)——俄国社会民主党人,孟什维克。斯托雷平反动时期是取消派分子。1917 年二月革命起在彼得格勒工兵代表

俄流亡分子。——463、542、544、560、562、569、571、572、573。

果雷，保尔(Golay，Paul 1877—1951)——瑞士社会民主党人，瑞士西部区(法语区)社会民主党组织的成员，政论家。曾任洛桑社会党报纸《格吕特利盟员报》编辑。第一次世界大战初期反对第二国际中的机会主义和社会沙文主义，但当时已表现出对机会主义者的调和主义态度。列宁曾邀请他参加齐美尔瓦尔德代表会议，但他未出席，后来很快转向中派和平主义立场。——138、139、143、144、146、165、166、178、232、464、531。

H

哈阿兹，胡戈(Haase，Hugo 1863—1919)——德国社会民主党领袖之一，中派分子。1911—1917年为德国社会民主党执行委员会主席之一。1897—1907年和1912—1918年为帝国国会议员。1912年起任社会民主党国会党团主席。第一次世界大战期间持中派立场。1917年4月同考茨基等人一起建立德国独立社会民主党。1918年十一月革命期间参加所谓的人民代表委员会，支持镇压无产阶级革命运动。——3、119、124。

哈里东诺夫，莫伊塞·马尔科维奇(Харитонов，Моисей Маркович 1887—1948)——1905年加入俄国社会民主工党，布尔什维克。1912年侨居瑞士，加入布尔什维克苏黎世支部，任该支部书记，是出席布尔什维克国外支部伯尔尼代表会议(1915)的代表。1917年4月回国，任彼得格勒第二戈罗德区书记和俄国社会民主工党(布)彼得堡委员会委员。十月革命后先后在彼得格勒和基辅从事党的工作以及经济和军事工作。——115、195—196、219—221、235—236、237、238—240、270、373—374、389—390、437、587。

海德门，亨利·迈尔斯(Hyndman，Henry Mayers 1842—1921)——英国社会党人。1881年创建民主联盟(1884年改组为社会民主联盟)，担任领导职务，直至1892年。1900—1910年是社会党国际局成员。1911年参与创建英国社会党，领导该党机会主义派。第一次世界大战期间是社会沙文主义者。1916年英国社会党代表大会谴责他的社会沙文主义立场后，退出社会党。敌视俄国十月革命，赞成武装干涉苏维埃俄国。——369。

海杜凯维奇(Haidukiewich)——80。

胡贝尔,约翰奈斯(胡贝尔-罗尔沙赫;罗尔沙赫)(Huber,Johannes(Huber-Rorschach,Rorschach)1879—1948)——瑞士右派社会民主党人,律师,政论家。第一次世界大战期间是社会沙文主义者,为瑞士社会民主党右翼机关报《人民呼声报》撰稿,反对齐美尔瓦尔德运动。1919年起为国民院议员。战后反对共产主义运动。——126、431、487、488、516。

胡贝尔-罗尔沙赫——见胡贝尔,约翰奈斯。

胡斯曼,卡米耶(Huysmans,Camille 1871—1968)——比利时工人运动最早的活动家之一,比利时社会党领导人之一,语文学教授,新闻工作者。1905—1922年任第二国际社会党国际局书记。第一次世界大战期间持中派立场,实际上领导社会党国际局。多次参加比利时政府。——75、78、232、299—300、303、368、418、613。

怀恩科普,戴维(Wijnkoop,David 1877—1941)——荷兰左派社会民主党人,后为共产党人。1907年是荷兰社会民主工党左翼刊物《论坛报》创办人之一,后任该报主编。1909年参与创建荷兰社会民主党,并任该党主席。第一次世界大战期间是国际主义者,曾为齐美尔瓦尔德左派理论刊物《先驱》杂志撰稿。1918—1925年为议员。1918年参与创建荷兰共产党,并任该党主席。在共产国际第二次代表大会上当选为共产国际执行委员会委员。——24、86、91、101—103、115、116、121、122、123—125、129—130、133—136、137、146—147、149、156—157、161、163—164、201。

霍格伦,卡尔·塞特·康斯坦丁(Höglund,Carl Zeth Konstantin 1884—1956)——瑞典社会民主党人,瑞典社会民主主义运动和青年社会主义运动的左翼领袖。1908—1918年任《警钟报》编辑。第一次世界大战期间是国际主义者,参加齐美尔瓦尔德左派。1917年参与创建瑞典共产党,1917年和1919—1924年任该党主席。后因犯机会主义错误和公开反对共产国际第五次代表大会的决议,被开除出瑞典共产党。——25、107、119、120、133、146、160、164、269、300、324、357、602、622 623。

霍莫——见格鲁姆巴赫,索洛蒙。

J

基;基辅斯基;基辅斯基,彼·;基辅斯基,彼得——见皮达可夫,格奥尔吉·

列昂尼多维奇。

基辅斯基夫妇——见博什，叶夫根尼娅·波格丹诺夫娜和皮达可夫，格奥尔吉·列昂尼多维奇。

基辅斯卡娅——见博什，叶夫根尼娅·波格丹诺夫娜。

基克纳泽（斯捷普科），尼古拉·达维多维奇（Кикнадзе（Степко），Николай Давидович 1885—1951）——1903年加入俄国社会民主工党，布尔什维克，职业革命家。1906—1917年侨居瑞士。十月革命后在格鲁吉亚做党的地下工作。1921年格鲁吉亚建立苏维埃政权后历任《共产党人报》编辑、萨贺尔加米国家出版社社长、苏共中央马克思列宁主义研究院格鲁吉亚分院副院长等职。——127、132、214、433—434、457—460、466。

吉尔波，昂利（Guilbeaux，Henri 1885—1938）——法国社会党人，新闻工作者。第一次世界大战期间是中派分子，出版《明日》杂志，主张恢复国际联系。1916年参加昆塔尔代表会议。20年代初起住在德国，是《人道报》通讯员。——218、348、356、361、367、370、439、444、461、466、470、476、480、486、491、492、493、494、495、499、503、504、507、508、521、576、580、581、582、585、588、610。

吉霍米尔诺夫，维克多·亚历山德罗维奇（维克多）（Тихомирнов，Виктор Александрович（Виктор）1889—1919）——1905年加入俄国社会民主工党，曾在喀山、彼得堡和莫斯科等地积极开展革命工作，多次被捕和流放。1912年参与创办《真理报》，并为该报撰稿。第一次世界大战期间在彼得格勒和国外做党的工作，负责运送布尔什维克的书刊等。积极参加1917年二月革命，是党的第六次代表大会代表。会后被派往莫斯科，参加莫斯科的十月战斗。十月革命后任内务人民委员部部务委员。——4、6。

季费尔特（**西穆米亚什**），阿尔图尔·鲁道福维奇（Зифельдт（Siefeldt）（Симумяш），Артур Рудольфович 1889—1938）——1906年参加俄国革命运动。原为社会革命党人，后为人民社会党人；1908—1910年是无政府工团主义者。1913年起住在瑞士，一度追随普列汉诺夫派，后追随我们的言论派。1915年起是布尔什维克。作为敖德萨党组织的代表出席了俄国社会民主工党（布）第六次代表大会。十月革命后在高加索从事军事、党和苏维埃工作以及科研工作。——220、239。

季姆卡——见斯米多维奇,因娜·格尔莫格诺夫娜。

季娜——见利林娜,兹拉塔·约诺夫娜。

季诺维也夫(**拉多梅斯尔斯基**),格里戈里·叶夫谢耶维奇(格·季·;格里·;格里戈·;格里戈里)(Зиновьев(Радомысльский),Григорий Евсеевич(Г.З.,Гр.,Григ.,Григорий)1883—1936)——1901年加入俄国社会民主工党,党的第二次代表大会后是布尔什维克。1908—1917年侨居国外,参加布尔什维克《无产者报》编辑部和党的中央机关报《社会民主党人报》编辑部。斯托雷平反动时期对取消派、召回派和托洛茨基分子采取调和主义态度。1912年后和列宁一起领导中央委员会俄国局。第一次世界大战期间持国际主义立场。1917年4月回国,进入《真理报》编辑部。十月革命后任彼得格勒苏维埃主席。1919年共产国际成立后任共产国际执行委员会主席。1919年当选为党中央政治局候补委员,1921年当选为中央政治局委员。——3、6、8、58、83—84、94、96、99、104—105、106—107、109—116、117—118、121、123、130—131、132—133、137—139、140—141、142—145、149、150—151、153、158、161、168—169、175—176、179—180、181—183、186—187、189—190、191、194、202、203—204、205—206、208、209、222—223、234、243—244、246—247、249—251、263—266、268、270—272、273—279、280—282、283—285、286—289、290、293—294、295—297、298—299、301—302、303、304、308、309—311、313—319、321、322、323—324、328—329、334、335、339、343、344、345—346、347、357—358、360、361—365、366—367、369—370、371—373、375—376、377、381—382、384—386、387—388、389、391—401、403—406、407、409—412、413—414、415、423、424、426、435、436、438、444、447、448、450、455、460、462、463、466—467、470、476、492、494、498、505、507、514、538、545、557、565、570、574、578、579、581、606。

加·——见加米涅夫,列夫·波里索维奇。

加邦,格奥尔吉·阿波罗诺维奇(Гапон,Георгий Аполлонович 1870—1906)——俄国神父,沙皇保安机关奸细。1902年起和莫斯科保安处处长祖巴托夫有了联系。1903年在警察司授意下在彼得堡工人中成立了一个祖巴托夫式的组织——圣彼得堡俄国工厂工人大会。1905年1月9日挑动彼得堡

工人列队前往冬宫，向沙皇请愿，结果工人惨遭屠杀，他本人躲藏起来，逃往国外。同年秋回国，接受保安处任务，妄图潜入社会革命党的战斗组织。阴谋败露后被工人战斗队员绞死。——118、325。

加廖尔卡——见奥里明斯基，米哈伊尔·斯捷潘诺维奇。

加米涅夫(**罗森费尔德**)，列夫·波里索维奇(加·)(Каменев(Розенфельд), Лев Борисович(К.)1883—1936)——1901年加入俄国社会民主工党，党的第二次代表大会后是布尔什维克。曾在梯弗利斯、莫斯科、彼得堡从事宣传工作。1908年底出国，任布尔什维克的《无产者报》编委。斯托雷平反动时期对取消派、召回派和托洛茨基分子采取调和主义态度。1914年初回国，在《真理报》编辑部工作，曾领导第四届国家杜马布尔什维克党团。1914年11月被捕，在沙皇法庭上宣布放弃使沙皇政府在帝国主义战争中失败的布尔什维克口号。1917年二月革命后反对列宁的《四月提纲》。十月革命后历任全俄中央执行委员会主席、莫斯科苏维埃主席、国防委员会驻南方面军特派员、人民委员会副主席、劳动国防委员会主席等重要职务。1919—1925年为党中央政治局委员。——18、27、44、110、204、233、308、363、364、484、508、555、560、572、573、581、586、607、611。

加涅茨基(**菲尔斯滕贝格**)，雅柯夫·斯坦尼斯拉沃维奇(库巴)(Ганецкий (Фюрстенберг), Яков Станиславович(Куба)1879—1937)——波兰和俄国革命运动活动家。1896年加入社会民主党。1903—1909年为波兰王国和立陶宛社会民主党总执行委员会委员。1907年在俄国社会民主工党第五次(伦敦)代表大会上缺席当选为中央委员。1912年波兰王国和立陶宛社会民主党分裂后，是最接近布尔什维克的所谓分裂派的领导人之一。第一次世界大战期间参加齐美尔瓦尔德左派。1917年是俄国社会民主工党(布)中央委员会国外局成员。十月革命后历任俄罗斯联邦财政人民委员部部务委员、人民银行委员和行长。1920年5月起兼任中央消费合作总社理事会理事，6月起任对外贸易人民委员部部务委员。1920—1921年任俄罗斯联邦驻拉脱维亚全权代表和商务代表。1921—1923年任外交人民委员部部务委员。——5—6、80—81、354、552、554—555、559、566—573、575、581、586—587、589、590、594—596、597—598、603、606、609、610。

杰列夫斯基，尤·（**尤杰列夫斯基，雅柯夫·拉扎列维奇**）（Делевский，Ю.（Юделевский，Яков Лазаревич））——俄国社会革命党人。1900年从俄国移居阿根廷，后侨居法国。写有历史哲学问题的著作。——348。

金克尔（Kinkel）——瑞士社会民主党人。——115、161、162。

京斯基——见乌西耶维奇，格里戈里·亚历山德罗维奇。

K

卡·——见卡尔宾斯基，维亚切斯拉夫·阿列克谢耶维奇。

卡·拉·——见拉狄克，卡尔·伯恩哈多维奇。

卡茨列罗维奇，特里沙（塞尔维亚人）（Katzlerowitch，Trisha（Серб）1879—1964）——南斯拉夫和国际共产主义运动和工人运动活动家，职业革命家，塞尔维亚社会民主党创建人之一。在第二国际哥本哈根代表大会（1910）上结识了列宁。第一次世界大战期间是国际主义者；塞尔维亚沦陷后（1915）侨居瑞士；曾参加齐美尔瓦尔德代表会议和昆塔尔代表会议，在会上采取接近列宁的立场。俄国十月革命后主张维护苏维埃俄国。1919年回国后，积极参加南斯拉夫共产党的活动，后进入党的领导机构。在共产国际第五次代表大会上当选为共产国际执行委员会委员。——294、303、304。

卡恩，阿伯拉罕（Cahan，Abraham 1860—1951）——在纽约出版的犹太社会党报纸《前进报》的编辑。——425。

卡尔（Karl）——指谁未查明。——540。

卡尔（Карл 死于1917年）——俄国社会民主党人。——588。

卡尔宾斯基，维亚切斯拉夫·阿列克谢耶维奇（卡·；米宁；维·阿·；维·卡·；维亚切·阿列·；维亚切斯拉夫·阿列克谢耶维奇）（Карпинский，Вячеслав Алексеевич（К.，Минин，В. А.，В. К.，Вяч. Ал.，Вячеслав Алексеевич）1880—1965）——1898年加入俄国社会民主工党，布尔什维克；屡遭沙皇政府迫害。1904年侨居国外，在日内瓦结识了列宁。从此一直在党的国外组织中工作，参加布尔什维克《前进报》和《无产者报》工作，主管设在日内瓦的俄国社会民主工党中央委员会图书馆和档案库。1914—1917年为党的中央机关报《社会民主党人报》撰稿，并从事出版和

推销布尔什维克书刊的工作。1917 年 12 月回国，担任苏维埃和党的负责工作；是全俄中央执行委员会委员。1918—1922 年(有间断)任《贫苦农民报》编辑。——3—4、6—7、9—10、11、12—13、19—22、33—34、38—39、40—41、42、43、45—47、48—50、51—52、57、59—60、67—68、73—74、81、82—83、85、87、94、105—106、112、125、127、128、131—132、141—142、145、150、153—156、157、167、169、172—173、188—189、193—195、207—210、211、212、214、218—219、245、246、247、290、309、310、311、331—332、348、383—384、414、415、434、465—466、476、478、486—488、490—491、497、503—504、521、524、580—581、582—584、588、590—591、592—594、595、602。

卡尔宾斯基夫妇——见卡尔宾斯基，维亚切斯拉夫·阿列克谢耶维奇和拉维奇，索菲娅·瑙莫夫娜。

卡芬雅克，路易·欧仁(Cavaignac, Louis-Eugène 1802—1857)——法国将军，政治活动家，资产阶级共和党人。1831—1848 年参与侵占阿尔及利亚的战争，以野蛮的作战方式著称。1848 年二月革命后任阿尔及利亚总督；5 月被选入制宪议会，任陆军部长，镇压巴黎工人的六月起义。1848 年 6—12 月任法兰西第二共和国政府首脑。卡芬雅克的名字已成为军事独裁者、屠杀工人的刽子手的通称。——606。

卡京——见卡京-雅尔采夫，维克多·尼古拉耶维奇。

卡京-雅尔采夫，维克多·尼古拉耶维奇(卡京)(Катин-Ярцев, Виктор Николаевич(Катин)1876—1928)——俄国耳鼻喉科医生。1896—1897 年积极参加彼得堡工人阶级解放斗争协会的活动。曾被捕和流放。1906 年起住在彼得堡，在工人中宣传马克思主义，与社会民主党组织保持联系。第一次世界大战期间参加孟什维克-普列汉诺夫派。——420。

卡缅斯基——见多姆斯基，亨利希·Г.。

卡斯帕罗夫，弗拉基斯拉夫·米纳索维奇(Каспаров, Владислав Минасович 1884—1917)——1904 年加入俄国社会民主工党。1907—1911 年任巴库委员会委员。1913—1914 年住在柏林，俄国社会民主工党中央委员会曾通过他同国内党组织进行秘密通信联系。第一次世界大战期间移居伯尔尼，参加了俄国社会民主工党国外支部代表会议，在会上当选为国外组织

委员会委员。——96、161、162、250、265、310、408、588—589。

凯,艾伦(Key,Ellen 1849—1926)——瑞典女作家,教育读物《儿童世纪》(1900)的作者,该书在20世纪初曾风行一时。其教育观点浸透了神秘主义和个人主义。——71。

康斯坦丁诺维奇,安娜·叶夫根尼耶夫娜(安娜·叶夫根·)(Константинович,Анна Евгеньевна(Анна Евг.)1866—1939)——伊·费·阿尔曼德丈夫的姐姐,1905年参加革命运动,1913年加入俄国布尔什维克党。1908年被捕并流放沃洛格达省,1911年流亡国外。十月革命后在党的莫斯科委员会工作,后在共产国际执行委员会机关工作。——549、579。

考茨基,卡尔(Kautsky,Karl 1854—1938)——德国社会民主党和第二国际的领袖和主要理论家之一。从19世纪80年代到20世纪初写过一些宣传和解释马克思主义的著作。1883—1917年任德国社会民主党理论刊物《新时代》杂志主编。俄国社会民主工党分裂后支持孟什维克。1910年以后逐渐转到机会主义立场,成为中派领袖。第一次世界大战前夕提出超帝国主义论,大战期间打着中派旗号支持帝国主义战争。1918年后发表《无产阶级专政》等书,攻击俄国十月革命,反对无产阶级专政。——14、15、18、23—24、25、26、27、45、48、56、67、79、86、89、92、93、100、101、102、110、111、116、117、119、124、129、134、136、154—155、217、218、253、254、280、290、306、318、441、463、468、470、476、477、500、524、525、526、528、532、533、534、543、571、607。

柯巴——见斯大林,约瑟夫·维萨里昂诺维奇。

柯伦泰,亚历山德拉·米哈伊洛夫娜(亚·柯·;亚·米·;亚历·米哈·;亚历山德拉·米哈伊洛夫娜)(Коллонтай,Александра Михайловна(А.К.,А.М.,Ал.Мих.,Александра Михайловна)1872—1952)——19世纪90年代参加俄国社会民主主义运动。1906—1915年是孟什维克,1915年加入布尔什维克党。曾参加1905—1907年革命。1908—1917年侨居国外。第一次世界大战一开始即持革命的国际主义立场;受列宁委托,在斯堪的纳维亚国家和美国进行团结社会民主党国际主义左派的工作。1917年二月革命后回国。十月革命后任国家救济人民委员、党中央妇女部部长、共产国际国际妇女书记处书记等职。——23、25、32、41、47—48、50—51、54、

55、56、104、107—109、116、118—120、130、136—137、152—153、159—160、164—165、169、171、180、184—185、187、198、207、213、215、216—218、221—222、231、246、264、267—269、272—273、274、283、285—286、296、299—300、304—305、324—325、345、368—369、371、372、409、416、524—527、528、533—537、542—546、552、553、609。

柯诺瓦洛夫，亚历山大·伊万诺维奇（Коновалов，Александр Иванович 1875—1948）——俄国大纺织工厂主，资产阶级进步党领袖之一；1917年8月起为立宪民主党人。第四届国家杜马代表和首任副主席，进步同盟的组织者之一，后为同盟领袖。1915—1917年任中央军事工业委员会副主席，领导该委员会的工人部。1917年二月革命后，在头两届临时政府中任工商业部长，在最后一届临时政府中任克伦斯基的副总理兼工商业部长。十月革命后是反革命阴谋和叛乱的策划者之一，后逃往法国，积极参加各种反苏维埃组织的活动。——543。

科别茨基，米哈伊尔·韦尼阿米诺维奇（Кобецкий，Михаил Вениаминович 1881—1937）——1903年加入俄国社会民主工党，布尔什维克。曾积极参加彼得堡、巴库、库尔斯克和叶卡捷琳诺斯拉夫党组织的工作。多次被捕入狱。1908年移居丹麦，担任向俄国运送布尔什维克《无产者报》和俄国社会民主工党中央机关报《社会民主党人报》以及向列宁转送国内信件的工作。1917年回国。十月革命后担任党、苏维埃和外交部门的负责工作。1919—1923年在共产国际工作，1920—1921年任共产国际执行委员会书记，1921—1923年任共产国际执行委员会部长。——1、50—51、53—54、55。

科尔布，威廉（Kolb，Wilhelm 1870—1918）——德国社会民主党人，机会主义者和修正主义者，《人民之友报》编辑。第一次世界大战期间是社会沙文主义者。——150。

科里乔纳，弗兰茨（弗·；弗兰茨；纳金）（Koritschoner，Franz（F.，Franz，Надин）1891—1942）——奥地利共产党创建人之一（1918），该党中央委员（直至1927年）。曾编辑党的中央机关报《红旗报》。主持过奥地利革命工会理事会的工作。——393、403、409、424、427—429、613。

科斯特罗夫——见饶尔丹尼亚，诺伊·尼古拉耶维奇。

科索夫斯基,弗拉基米尔(**列文松,M.Я.**)(Косовский,Владимир(Левинсон,M.Я.)1870—1941)——崩得创建人和领袖之一。1897年参加崩得成立大会,被选入崩得中央委员会,任崩得中央机关报《工人呼声报》主编。斯托雷平反动时期和新的革命高涨年代为孟什维克取消派刊物《我们的曙光》杂志和《光线报》撰稿。第一次世界大战期间是社会沙文主义者,采取亲德立场。敌视十月革命,革命后侨居国外,在波兰的崩得组织中工作。——14、88—89。

科兹洛夫斯基,美契斯拉夫·尤利耶维奇(Козловский,Мечислав Юльевич 1876—1927)——波兰和俄国革命运动活动家,法学家。1900年加入社会民主党。曾任波兰王国和立陶宛社会民主党总执行委员会委员。1917年二月革命后任彼得格勒苏维埃执行委员会委员、第一届中央执行委员会委员和维堡区杜马主席。十月革命后任彼得格勒特别调查委员会主席、司法人民委员部部务委员和小人民委员会主席等职。——597、610。

克·莫·——见莫夫绍维奇,莫伊塞·伊兹拉伊列维奇。

克德罗夫,米哈伊尔·谢尔盖耶维奇(Кедров,Михаил Сергеевич 1878—1941)——1901年加入俄国社会民主工党,布尔什维克。1905—1908年任科斯特罗马布尔什维克委员会委员,在特维尔做党的工作。曾任负责推销革命书刊的中央代办员。1906年组建种子出版社,出版秘密书刊,包括列宁的著作。多次被捕入狱。1912—1915年侨居国外。1917年5月起任俄国社会民主工党(布)军事组织成员和全俄布尔什维克组织局成员,《士兵真理报》编辑之一。十月革命后担任负责的军事职务。——289。

克尔,查理(Kerr,Charles)——美国人,社会主义书刊的出版者。受列宁委托,亚·米·柯伦泰就出版列宁的小册子《社会主义与战争》英文版一事同他进行过谈判。——130、184、185、217、268。

克勒蒂,埃米尔(Klöti,Emil 1877—1963)——瑞士政治活动家,右派社会民主党人。1907—1928年任苏黎世市议会议员。第一次世界大战期间是社会沙文主义者。1919—1930年任国民院议员。1921—1922年任总统。——487。

克雷连柯,尼古拉·瓦西里耶维奇(阿·布·;阿布拉姆;阿布拉姆奇克)(Крыленко,Николай Васильевич(А.Б.,Абрам,Абрамчик)1885—1938)

——1904年加入俄国社会民主工党。1907年脱党。1911年又回到布尔什维克组织中工作，先后为《明星报》和《真理报》撰稿；曾被中央委员会派到社会民主党杜马党团中工作。1913年12月被捕。1914—1915年侨居国外，后在军队服役。积极参加十月革命。十月革命后参加第一届人民委员会，任陆海军事务委员会委员，1917年11月被任命为最高总司令。1918年3月起在司法部门工作。1922—1931年任全俄中央执行委员会最高革命法庭庭长、俄罗斯联邦副司法人民委员、检察长。——111、112、117、132。

克鲁普斯卡娅，娜捷施达·康斯坦丁诺夫娜（娜·康·；娜嘉；娜捷施达·康斯坦丁诺夫娜）（Крупская，Надежда Константиновна（Н. К.，Надя，Надежда Константиновна）1869—1939）——列宁的妻子和战友。1890年在彼得堡大学生马克思主义小组中开始革命活动。1895年参与组织彼得堡工人阶级解放斗争协会。1896年8月被捕，后被判处流放三年，先和列宁一起在舒申斯克服刑，后来一人在乌法服刑。1901年起侨居国外，任《火星报》编辑部秘书。曾参加俄国社会民主工党第二次代表大会的筹备工作，作为有发言权的代表出席了大会。1904年起先后任布尔什维克的《前进报》和《无产者报》编辑部秘书。曾参加党的第三次代表大会的筹备工作。1905—1907年革命期间在国内担任党中央委员会秘书。斯托雷平反动时期和新的革命高涨年代积极参加反对取消派和召回派的斗争。1911年在隆瑞莫党校工作。1912年党的布拉格代表会议后协助列宁同国内党组织保持联系。第一次世界大战期间参加国际妇女运动和布尔什维克国外支部的活动。1917年二月革命后和列宁一起回国，在党中央书记处工作，参加了十月武装起义。十月革命后任教育人民委员部部务委员，领导政治教育总委员会。——2、3、4、7、32、34、55、57、62、63、106、113、144、170、177、197、230、236、240—241、245、250、286、304、308、311、324、330、335、338、339、347、348、356、358、359、368、369、373、386、390、393、396、407、409、426、433、460、468、524、528、530、532、558、574、608。

克伦斯基，亚历山大·费多罗维奇（Керенский，Александр Федорович 1881—1970）——俄国政治活动家，资产阶级临时政府首脑。1917年3月起为社会革命党人。第四届国家杜马代表，劳动派党团领袖。第一次世界大战期

柏林，为德国左派社会民主党人的报刊撰稿。第一次世界大战期间持国际主义立场。1917 年加入俄国社会民主工党(布)。十月革命后在外交人民委员部工作。1918 年是“左派共产主义者”。1920—1924 年任共产国际执行委员会书记、委员和主席团委员。在党的第八至第十二次代表大会上当选为中央委员。——30、92、93、96、98—101、107、109、111、112、114、115、117、118、120、122—123、124、129、130、132、143、146、147—150、160—161、162、163、164、168、175、179、187、189、190、191、192—193、200、201—203、206、219、230、232、233、234、243、244、250、251、252、254、256、258、260、261、265、266、270、274、284、285、287、288、293、294、296、297、298、299、301、304、307、313、315、316、317、321、322、325、327、332、333、336、338、340、341、342、343、346、357、361、363、365、371、372、375、376、385、389、395、405、435、436、437、442、443、447—448、449—451、457、460、461、462、463、464、469、470、471、472、485、492、494、502、505、506、508、509、512、514、515、516、518、537、540—541、585、588、590、591、594—596、598、602—603、605—607、609。

拉多梅斯尔斯基——见季诺维也夫，格里戈里·叶夫谢耶维奇。

拉芬-杜然，让·皮埃尔(Raffin-Dugens, Jean Pierre 生于 1861 年)——法国社会党人；职业是教师。1910—1919 年是众议员。第一次世界大战期间持中派和平主义立场。曾参加昆塔尔代表会议，是法国齐美尔瓦尔德右派的领袖之一，为《人民报》和法国中派的其他机关报刊撰稿。1916—1917 年倾向于同公开的社会沙文主义者结盟。1921 年加入法国共产党。——303、375、476、534。

拉柯夫斯基，克里斯蒂安·格奥尔吉耶维奇(Раковский, Христиан Георгиевич 1873—1941)——生于保加利亚。从 19 世纪 90 年代初起参加保加利亚、罗马尼亚、瑞士、法国的社会民主主义运动。第一次世界大战期间是中派分子。1917 年二月革命后到彼得格勒，加入俄国社会民主工党(布)。十月革命后从事党和苏维埃的工作。1918 年起任乌克兰人民委员会主席，1923 年派驻英国和法国从事外交工作。在党的第八至第十四次代表大会上当选为中央委员。——149、152、280。

拉林，尤·(**卢里叶，米哈伊尔·亚历山德罗维奇**)(Ларин, Ю. (Лурье,

Михаил Александрович)1882—1932)——1900年参加俄国社会民主主义运动。1904年起为孟什维克。斯托雷平反动时期和新的革命高涨年代是取消派领袖之一,参加了“八月联盟”。第一次世界大战期间是中派分子。1917年二月革命后领导出版《国际》杂志的孟什维克国际主义派。1917年8月加入布尔什维克党。十月革命后在最高国民经济委员会、国家计划委员会任职。——26、90、262、595。

拉维奇,索菲娅·瑙莫夫娜(奥丽珈;奥利娅)(Равич,София Наумовна (Ольга,Оля)1879—1957)——1903年加入俄国社会民主工党,曾在哈尔科夫、彼得堡和国外做党的工作。十月革命后从事党和苏维埃工作。1921年任内务人民委员部部务委员。——4、38、39、84、93—94、106、132、143、157—159、167、173、174、177—178、191、214、218—219、223—224、244—246、249、263、264、282、290、325—326、330—332、348、356、383—384、434、444、476、478、490、491、492、494、497、499、507、508、513、520—521、524、533、556、561、564、565、578、580—581。

拉维斯泰因,威廉·万(Ravesteijn,Willem van 生于1876年)——荷兰社会党人。1900年加入荷兰社会民主工党,属该党左翼,是左翼机关报《论坛报》的创办人(1907)和编辑之一。1909年与论坛派的其他人一起被开除出党,后参与创建革命的社会民主党。1918年加入荷兰共产党。后脱离共产主义运动。——133。

拉谢奈(La Chesnais)——法国社会党人,政论家。从《人道报》创刊至1918年为该报撰稿人。——109。

莱维(哈特施坦),保尔(Levi(Hartstein),Paul 1883—1930)——德国社会民主党人;职业是律师。1915年齐美尔瓦尔德代表会议的参加者,瑞士齐美尔瓦尔德左派成员;曾参加斯巴达克联盟。在德国共产党成立大会上被选入中央委员会。共产国际第二次代表大会代表。1920年代表德国共产党被选入国会。1921年2月退出中央委员会,同年4月被开除出党。1922年又回到社会民主党。——470、514、580。

劳芬贝格,亨利希(Laufenberg,Heinrich 1872—1932)——德国左派社会民主党人,政论家。第一次世界大战期间持国际主义立场。1918年十一月革命后加入德国共产党,不久领导党内“左派”反对派,宣扬无政府工团主

义观点和所谓“民族布尔什维主义”的小资产阶级民族主义纲领。1919 年 10 月“左派”反对派被开除出共产党后，参与组织德国共产主义工人党，1920 年底被该党开除。后脱离工人运动，为一些无政府主义刊物撰稿，写过有关文化问题的文章。——149。

“老板”——见高尔基，马克西姆。

老大爷——见李维诺夫，马克西姆·马克西莫维奇。

勒宽（Lecoin）——384。

雷巴尔卡——见尤尔凯维奇，列夫。

雷恩施坦，波里斯·И.（Рейнштейн，Борис И.1866—1947）——1884 年参加俄国革命运动。侨居美国后，在美国社会主义工人党中工作，任该党驻第二国际代表。1917 年回国后，加入孟什维克国际主义派。1918 年 4 月加入布尔什维克党。主要在共产国际和红色工会国际工作。——612。

累德堡，格奥尔格（Ledebour，Georg 1850—1947）——德国工人运动活动家，德国独立社会民主党创建人和领袖之一。1900—1918 年和 1920—1924 年是国会议员。第一次世界大战期间是中派分子，主张恢复国际的联系；曾出席齐美尔瓦尔德代表会议，参加齐美尔瓦尔德右派。德国社会民主党分裂后，1916 年加入帝国国会的社会民主党工作小组，该小组于 1917 年构成德国独立社会民主党的基本核心。曾参加 1918 年十一月革命。1920—1924 年在国会中领导了一个人数不多的独立集团。——186、201、254、533。

李卜克内西，卡尔（Liebknecht，Karl 1871—1919）——德国和国际工人运动活动家，德国社会民主党左翼领袖之一。第一次世界大战期间持革命的国际主义立场，是国际派（后改称斯巴达克派和斯巴达克联盟）的组织者和领导人之一。1916 年因领导五一节反战游行示威被捕入狱。1918 年 10 月出狱，领导了 1918 年十一月革命，与卢森堡一起创办《红旗报》，同年底领导建立德国共产党。1919 年 1 月柏林工人斗争被镇压后，于 15 日被捕，当天惨遭杀害。——52、187、278、279、516、517、543。

李维诺夫，马克西姆·马克西莫维奇（老大爷；马克西莫维奇）（Литвинов，Максим Максимович（Папаша，Максимович）1876—1951）——1898 年加入俄国社会民主工党。1900 年任党的基辅委员会委员。1901 年被捕，在

313、339、344、349、372、437。

利亚·;利亚林——见皮达可夫,格奥尔吉·列昂尼多维奇。

利亚霍茨基,库·(库兹马)(Ляхоцкий,К.(Кузьма) 死于 1917 年)——乌克兰侨民,日内瓦一家不大的俄国排字印刷厂厂主。第一次世界大战初期,该厂曾排印过几号俄国社会民主工党中央机关报《社会民主党人报》和列宁的小册子《社会主义与战争》。——60、67、73、93、131、141、143、145、157、174、175、211、415。

利亚霍茨卡娅(库兹米哈)(Ляхоцкая(Кузьмиха))——库·利亚霍茨基的妻子。——93、157、158、167、174、193、194、211。

梁赞诺夫(**戈尔登达赫**),达维德·波里索维奇(Рязанов(Гольдендах),Давид Борисович 1870—1938)——1889 年参加俄国革命运动。曾在敖德萨和基什尼奥夫开展工作。1900 年出国,是著作家团体"斗争社"的组织者之一。1903 年俄国社会民主工党第二次代表大会后是孟什维克。1909 年是"前进"集团的卡普里党校的讲课人。第一次世界大战期间是中派分子,为孟什维克的《呼声报》和《我们的言论报》撰稿。1917 年二月革命后参加区联派,在俄国社会民主工党(布)第六次代表大会上随区联派集体加入布尔什维克党。十月革命后从事工会工作。1921 年参与创建马克思恩格斯研究院,担任院长直到 1931 年。——62—63、219、290、291。

两个日本人——见博什,叶夫根尼娅·波格丹诺夫娜和皮达可夫,格奥尔吉·列昂尼多维奇。

列金,卡尔(Legien,Karl 1861—1920)——德国右派社会民主党人,德国工会领袖之一。1890 年起任德国工会总委员会主席。1903 年起任国际工会书记处书记,1913 年起任主席。1893—1920 年(有间断)为德国社会民主党国会议员。第一次世界大战期间是社会沙文主义者。1918 年十一月革命期间同其他右派社会民主党人一起推行镇压革命运动的政策。——186、369。

列尼夫岑,尼·——即列宁,弗拉基米尔·伊里奇。

列诺得尔,皮埃尔(Renaudel,Pierre 1871—1935)——法国社会党右翼领袖之一。1906—1915 年任《人道报》编辑,1915—1918 年任社长。1914—1919 年和 1924—1935 年为众议员。第一次世界大战期间是社会沙文主

义者。反对社会党参加共产国际,主张社会党人参加资产阶级政府。——100、101、116、476、534、613。

列瓦——见弗拉基米罗夫,米龙·康斯坦丁诺维奇。

列文斯基,В.П.(Левинский,В.П.1880—1953)——加利西亚乌克兰社会民主工党的活动家之一。1913—1914年积极为资产阶级民族主义合法刊物《钟声》杂志撰稿。十月革命后投入反动营垒。——251。

林德哈根,卡尔·阿尔伯特(Lindhagen,Carl Albert 1860—1946)——瑞典政治活动家,1909年起为社会民主党人。1897年起为议员。1903—1930年任斯德哥尔摩市长。第一次世界大战期间是国际主义者。1917年是瑞典左派社会民主党的创建人之一,该党于1919年加入共产国际,1921年改称瑞典共产党。1921年因反对共产国际第二次代表大会,被开除出共产党,回到社会民主党。——535。

柳德米拉——见斯塔尔,柳德米拉·尼古拉耶夫娜。

龙格,让(Longuet,Jean 1876—1938)——法国社会党和第二国际领袖之一,政论家;沙尔·龙格和燕妮·马克思的儿子。19世纪末至20世纪初积极为法国和国际的社会主义报刊撰稿。第一次世界大战期间领导法国社会党中派和平主义少数派;是法国中派分子的报纸《人民报》的创办人(1916)和编辑之一。反对法国社会党加入共产国际,反对建立法国共产党。1921年起是第二半国际执行委员会委员。1923年起是社会主义工人国际领导人之一。——222、373、476、534。

卢那察尔斯基,阿纳托利·瓦西里耶维奇(Луначарский,Анатолий Васильевич 1875—1933)——19世纪90年代初参加俄国社会民主主义运动。俄国社会民主工党第二次代表大会后是布尔什维克。曾先后参加布尔什维克的《前进报》、《无产者报》和《新生活报》编辑部。斯托雷平反动时期脱离布尔什维克,参加"前进"集团;在哲学上宣扬造神说和马赫主义。第一次世界大战期间持国际主义立场。1917年二月革命后参加区联派,在俄国社会民主工党(布)第六次代表大会上随区联派集体加入布尔什维克党。十月革命后任教育人民委员、苏联中央执行委员会学术委员会主席等职。——433、476、557—558、559、609。

卢森堡,罗莎(尤尼乌斯)(Luxemburg,Rosa(Junius)1871—1919)——德国、

波兰和国际工人运动活动家，德国社会民主党和第二国际左翼领袖和理论家之一。生于波兰。1893 年参与创建波兰王国社会民主党，为党的领袖之一。1898 年移居德国，积极参加德国社会民主党的活动，反对伯恩施坦主义和米勒兰主义。曾参加俄国第一次革命(在华沙)。1907 年参加俄国社会民主工党第五次(伦敦)代表大会，在会上支持布尔什维克。斯托雷平反动时期和新的革命高涨年代对取消派采取调和主义态度。1912 年波兰王国和立陶宛社会民主党分裂后，曾谴责最接近布尔什维克的所谓分裂派。第一次世界大战期间持国际主义立场，是建立国际派(后改称斯巴达克派和斯巴达克联盟)的发起人之一。参加领导了德国 1918 年十一月革命，同年底参与领导德国共产党成立大会，作了党纲报告。1919 年 1 月柏林工人斗争被镇压后，于 15 日被捕，当天惨遭杀害。——23、264、295、299、318、338、357、368、370、385、395、472。

鲁巴金，尼古拉·亚历山德罗维奇(Рубакин，Николай Александрович 1862—1946)——俄国图书学家和作家。参加过秘密的学生组织，曾被捕。1907 年起侨居瑞士，直到去世。写有许多图书简介和俄国图书事业史方面的著作以及地理和自然科学等方面的科普论文集。主要著作是《书林概述》(1906)。列宁在国外见过鲁巴金，并使用过他的藏书。鲁巴金后来把自己珍贵的藏书(约 8 万册)遗赠给苏联。——550。

吕勒，奥托(Rühle，Otto 1874—1943)——德国左派社会民主党人，政论家和教育家。1912 年起为帝国国会议员。第一次世界大战期间持国际主义立场，在国会中投票反对军事拨款。1919 年加入德国共产党。德共分裂后，1920 年初参与创建德国共产主义工人党，后因进行破坏党的统一的活动，被开除出德国共产主义工人党，重新回到社会民主党。——244、248、253、278、279。

吕特兰，巴伦德(Luteraan，Barend 生于 1878 年)——荷兰社会民主党人，新闻工作者。第一次世界大战期间持国际主义立场。1911—1916 年参加荷兰社会民主党中央执行委员会。后为荷兰独立社会党和共产主义工人党党员。——125。

伦纳，卡尔(Renner，Karl 1870—1950)——奥地利政治活动家，奥地利社会民主党右翼领袖，“奥地利马克思主义”理论家。第一次世界大战期间是社

之一。英国社会党机关报《号召报》(1916—1920)的创办人和撰稿人之一。1920年参与创建英国共产党,同年回到俄国,是苏维埃俄国同英国进行和平谈判的代表团成员。1921—1922年为俄罗斯联邦驻伊朗全权代表。——92。

罗维奥,古斯塔夫·谢苗诺维奇(Ровио(Rovio),Густав Семенович 1887—1938)——1905年加入俄国社会民主工党;职业是旋工。1910年底起在芬兰居住和工作,加入芬兰社会民主党;1913—1915年任芬兰社会民主青年联盟中央委员会书记。1917年8—9月列宁从彼得格勒转移到芬兰后,曾住在他的家里。参加芬兰1918年革命;后来担任联共(布)中央委员会西北局芬兰支部书记、西部少数民族共产主义大学列宁格勒分校副校长。——616、617。

罗扎诺夫,弗拉基米尔·尼古拉耶维奇(Розанов,Владимир Николаевич 1876—1939)——俄国社会民主党人,孟什维克。19世纪90年代中期在莫斯科参加社会民主主义运动,1899年被逐往斯摩棱斯克。1900年加入南方工人社。是筹备召开俄国社会民主工党第二次代表大会的组织委员会委员,并代表南方工人社出席了代表大会,在会上持中派立场,会后成为孟什维克骨干分子。第一次世界大战期间持国际主义立场。1917年二月革命后是彼得格勒工兵代表苏维埃孟什维克党团成员,护国派分子。敌视十月革命,积极参加反革命组织的活动,因"战术中心"案被判刑。大赦后脱离政治活动,在卫生部门工作。——604、611。

罗兹米罗维奇,叶列娜·费多罗夫娜(**特罗雅诺夫斯卡娅**;叶·费·)(Розмирович,Елена Федоровна(Трояновская,Е.Ф.)1886—1953)——1904年加入俄国社会民主工党。因从事革命活动屡遭沙皇政府迫害。1909年被捕,1910年被驱逐出境。流亡国外期间执行党中央国外局交给的各项任务。曾参加1913年召开的有党的工作者参加的俄国社会民主工党中央委员会克拉科夫会议和波罗宁会议,会后被派回国,担任第四届国家杜马布尔什维克党团秘书和党中央委员会俄国局秘书。《真理报》编辑部成员,为《启蒙》、《女工》等杂志撰稿。1918—1922年任全俄中央执行委员会最高法庭侦查委员会主席,1922年春起任工农检查人民委员部部务委员并领导该部法律司。——110。

洛雷,路德维希(Lore,Ludwig 生于 1875 年)——德国社会民主党人。1903 年起住在美国,任社会党德国联盟书记。1919 年起为工人党德国联盟机关报《纽约人民报》的出版人,1922 年参加该联盟的领导工作。——215。

洛里欧,斐迪南(Loriot,Ferdinand 1870—1930)——法国社会党人。第一次世界大战期间是国际主义者,在昆塔尔代表会议上加入齐美尔瓦尔德左派。1920—1927 年是法国共产党党员。共产国际第三次代表大会代表。——513、613、614。

M

马尔丁诺夫,亚历山大(**皮凯尔,亚历山大·萨莫伊洛维奇**)(Мартынов,Александр(Пиккер,Александр Самойлович)1865—1935)——俄国经济派领袖之一,孟什维克著名活动家。19 世纪 80 年代初参加民意党人小组,后成为社会民主党人。1900 年侨居国外,参加经济派的《工人事业》杂志编辑部,反对列宁的《火星报》。在俄国社会民主工党第二次代表大会上是国外俄国社会民主党人联合会的代表,反火星派分子,会后成为孟什维克。斯托雷平反动时期和新的革命高涨年代是取消派分子,参加取消派的机关报《社会民主党人呼声报》编辑部。第一次世界大战期间持中派立场。1917 年二月革命后为孟什维克国际主义者。十月革命后脱离孟什维克。1923 年加入俄共(布),在马克思恩格斯研究院工作。——8、66、540。

马尔库,瓦列里乌(Marcu,Valeriu 生于 1898 年)——罗马尼亚社会民主党人。第一次世界大战期间住在瑞士,加入大学生青年组织。1916 年受列宁委派到过巴黎、莫斯科和罗马尼亚。战后住在德国,一度接近德国共产党,后脱离革命活动。——374。

马尔土什卡——见马尔托夫,尔·。

马尔托夫,尔·(**策杰尔包姆,尤利·奥西波维奇**;马尔土什卡)(Мартов,Л.(Цедербаум,Юлий Осипович,Мартушка)1873—1923)——俄国孟什维克领袖之一。1895 年参与组织彼得堡工人阶级解放斗争协会。1900 年参与创办《火星报》,为该报编辑部成员。在俄国社会民主工党第二次代表大会上领导机会主义少数派,反对列宁的建党原则;会后成为孟什维克领袖之一。斯托雷平反动时期和新的革命高涨年代是取消派分子,编辑《社会民

主党人呼声报》。参与组织“八月联盟”。第一次世界大战期间是中派分子。1917 年二月革命后领导孟什维克国际主义派。十月革命后反对镇压反革命和解散立宪会议。1919 年当选为全俄中央执行委员会委员，1919—1920 年为莫斯科苏维埃代表。1920 年 9 月侨居德国，在柏林创办和编辑孟什维克杂志《社会主义通报》。——14、18、23、25、55、66、72、83、115、203、250、255、266、270、280、284、288、294、296、297、302、304、305、323、419、437、497、515、550、557、568、595。

马卡尔——见诺根，维克多·巴甫洛维奇。

马克林，约翰(Maclean，John 1879—1923)——英国工人运动活动家；职业是教师。第一次世界大战前加入英国社会党左翼，是该党在苏格兰的领袖之一。大战期间持国际主义立场，积极进行革命的反战宣传，参与组织和领导群众游行示威和罢工(包括在军工企业组织罢工)，为此屡遭英国政府迫害。1916 年 4 月被选为英国社会党领导成员。晚年脱离政治活动。——373。

马克思，卡尔(Marx，Karl 1818—1883)——科学共产主义的创始人，世界无产阶级的领袖和导师。——34、37、61、422、441、474、512、514、607。

马克西莫维奇——见李维诺夫，马克西姆·马克西莫维奇。

马林诺夫斯基，罗曼·瓦茨拉沃维奇(Малиновский，Роман Вацлавович 1876—1918)——俄国社会民主主义运动中的奸细，莫斯科保安处密探；职业是五金工人。1906 年出于个人动机参加工人运动，后来混入俄国社会民主工党；曾任工人委员会委员和五金工会理事会书记。1907 年起主动向警察局提供情报，1910 年被录用为沙皇保安机关密探。在党内曾担任多种重要职务，1912 年在党的第六次(布拉格)全国代表会议上当选为中央委员。在保安机关暗中支持下，当选为第四届国家杜马莫斯科省工人选民团的代表，1913 年任布尔什维克杜马党团主席。1914 年辞去杜马职务，到了国外。1917 年 6 月，他同保安机关的关系被揭穿。1918 年回国，被捕后由全俄中央执行委员会最高法庭判处枪决。——21、358、363、386、387。

马钦斯基，弗拉基米尔·德米特里耶维奇(梅奇，弗·)(Мачинский，Владимир Дмитриевич(Меч，В.)1876—1951)——俄国孟什维克取消派分子；工程师。

十月革命后为无党派人士，在莫斯科高等院校和其他机关从事科研和教学工作。——465。

马斯洛夫，彼得·巴甫洛维奇（彼·巴·）（Маслов，Петр Павлович（П.П.）1867—1946）——俄国经济学家，社会民主党人。写有一些土地问题著作，修正马克思主义政治经济学原理。1896—1897年编辑合法马克思主义的《萨马拉新闻》，后去彼得堡，为《生活》、《开端》和《科学评论》等杂志撰稿。俄国社会民主工党第二次代表大会后是孟什维克。曾提出孟什维克的土地地方公有化纲领。斯托雷平反动时期和新的革命高涨年代是取消派分子。第一次世界大战期间是社会沙文主义者。十月革命后脱离政治活动，从事教学和科研工作。——14、27、50、77、80、105、111、131、466。

玛莎（Маша）——241—242。

迈耶尔，恩斯特（Meyer，Ernst 1887—1930）——德国和国际工人运动活动家。1908年加入德国社会民主党，1913年起任《前进报》政治编辑。因从事革命活动屡遭德国当局迫害。第一次世界大战期间曾代表国际派出席齐美尔瓦尔德代表会议和昆塔尔代表会议。欢迎俄国十月革命，积极参加德国十一月革命。德国共产党创建人之一，该党中央委员（略有间断）。曾作为德国共产党的代表出席共产国际第二次和第四次代表大会。——302、303。

曼，汤姆（Mann，Tom 1856—1941）——英国工人运动活动家。第一次世界大战期间持国际主义立场。1916年加入英国社会党。俄国十月革命后是“不准干涉苏俄！”运动的领导人之一。1920年是英国共产党的创建人之一。——612。

曼努伊尔斯基，德米特里·扎哈罗维奇（失业者）（Мануильский，Дмитрий Захарович（Безработный）1883—1959）——1903年加入俄国社会民主工党。1907年底流亡法国。斯托雷平反动时期参加“前进”集团。第一次世界大战期间持国际主义立场，但向中派动摇。1917年5月回国后加入布尔什维克党。1918年布列斯特和约缔结后，参加了同乌克兰中央拉达的和平谈判。1919年领导俄罗斯联邦驻法国的红十字会代表团。1919—1922年任全乌克兰革命委员会委员、乌克兰苏维埃社会主义共和国农业人民委员、乌克兰共产党（布）中央委员会书记等职。——433。

梅尔黑姆，阿尔丰斯(Merrheim，Alphonse 1881—1925)——法国工会活动家，工团主义者。1905年起为法国五金工人联合会和法国劳动总联合会的领导人之一。第一次世界大战初期是反对社会沙文主义和帝国主义战争的法国工团主义运动左翼领导人之一；曾参加齐美尔瓦尔德代表会议，属齐美尔瓦尔德右派。当时已表现动摇并害怕同社会沙文主义者彻底决裂，1916年底转向中派和平主义立场，1918年初转到公开的社会沙文主义和改良主义立场。——92、93、165、225、242、476、507、526、533—534。

梅林，弗兰茨(Mehring，Franz 1846—1919)——德国工人运动活动家，德国社会民主党左翼领袖和理论家之一，历史学家和政论家，德国共产党创建人之一。1891年加入德国社会民主党，担任党的理论刊物《新时代》杂志撰稿人和编辑，1902—1907年任《莱比锡人民报》主编，反对第二国际的机会主义和修正主义，批判考茨基主义。第一次世界大战爆发后是国际派的组织者和领导人之一。欢迎俄国十月革命，撰文驳斥对十月革命的攻击，维护苏维埃政权。在整理出版马克思、恩格斯和拉萨尔的遗著方面做了大量工作。——614。

梅奇，弗·——见马钦斯基，弗拉基米尔·德米特里耶维奇。

梅什科夫斯基——见戈尔登贝格，约瑟夫·彼得罗维奇。

美列涅夫斯基，马里安·伊万诺维奇(巴索克)(Меленевский，Мариан Иванович (Басок)1879—1938)——乌克兰小资产阶级民族主义者，孟什维克，乌克兰社会民主联盟("斯皮尔卡")的领导人之一。1912年曾参加在维也纳召开的反布尔什维克的八月代表会议。第一次世界大战期间是资产阶级民族主义组织"乌克兰解放协会"的骨干分子。十月革命后从事经济工作。——63—64。

美舍利亚科夫，尼古拉·列昂尼多维奇(Мещеряков，Николай Леонидович 1865—1942)——1885年参加俄国革命运动。1893年到比利时完成学业。1901年加入俄国革命社会民主党人国外同盟。1902年作为《火星报》代办员返回莫斯科，任俄国社会民主工党莫斯科委员会委员。十月革命后担任党和苏维埃一些机关报刊的编辑工作，1918—1922年任《真理报》编委。1920—1924年任国家出版社编辑委员会主席。——105、179。

弥勒，古斯塔夫(Müller，Gustav 1860—1921)——瑞士右派社会民主党人，

党团秘书。——178。

莫夫绍维奇,莫伊塞·伊兹拉伊列维奇(克·莫·;"沃洛佳")(Мовшович, Моисей Израилевич(К.М.,"Володя")1876—1937)——1896年参加俄国革命运动,1903年起为布尔什维克。1911年起侨居瑞士,任布尔什维克洛桑支部书记,1915年参加俄国社会民主工党国外支部代表会议。1917年5月回国。曾担任工会、苏维埃以及党的工作。——133、359。

莫尼托尔(Monitor)——1915年4月,德国社会民主党内的一个机会主义分子曾用这个笔名在《普鲁士年鉴》上发表文章,公开鼓吹要社会民主党继续保持中派主义性质,以便机会主义者能够用"左"的词句掩盖他们同资产阶级实行阶级合作的政策。——94。

姆格拉泽,弗拉斯·Д.(特里亚)(Мгеладзе, Влас Д.(Триа)生于1868年)——俄国孟什维克,1905—1907年革命的参加者。斯托雷平反动时期和新的革命高涨年代是取消派分子。1912年曾参加在维也纳召开的反布尔什维克的八月代表会议。第一次世界大战期间接近资产阶级民族主义组织"乌克兰解放协会"。1918—1920年是格鲁吉亚孟什维克反革命政府的成员。1921年格鲁吉亚建立苏维埃政权后成为白俄流亡分子。——63—64。

穆尔,卡尔(Moor, Karl生于1853年)——德国社会民主党人。第一次世界大战期间曾协助政治流亡者取得在瑞士的"居住权"。1917年住在斯德哥尔摩。俄国十月革命后住在莫斯科。——378、380、610—611。

穆拉诺夫,马特维·康斯坦丁诺维奇(Муранов, Матвей Константинович 1873—1959)——1904年加入俄国社会民主工党,布尔什维克;职业是钳工。曾在哈尔科夫做党的工作。第四届国家杜马哈尔科夫省工人代表,参加布尔什维克杜马党团。曾为布尔什维克的《真理报》撰稿。因进行反对帝国主义战争的革命活动,1914年11月被捕,1915年流放图鲁汉斯克边疆区。十月革命后从事党和苏维埃的工作,任俄共(布)中央指导员、中央监察委员。在党的第六、第八和第九次代表大会上当选为中央委员。——544、569、572、581。

N

纳德(Над)——为孟什维克报纸撰稿的某作者的笔名。——265。

纳金——见科里乔纳，弗兰茨。

纳坦松，马尔克·安德列耶维奇（Натансон，Марк Андреевич 1851—1919）——俄国革命民粹派代表人物，后为社会革命党人。1869 年参加革命运动，是土地和自由社的创建人之一。1905 年加入社会革命党，为该党中央委员。1907—1917 年十月革命前夕侨居国外。第一次世界大战期间采取不彻底的国际主义立场，向中派方面动摇。1917 年二月革命后是左派社会革命党的组织者和领袖之一。1918 年左派社会革命党人叛乱后，与该党决裂，组织"革命共产党"，主张同布尔什维克合作。曾任全俄中央执行委员会主席团委员。——302、568。

纳希姆松，米龙·伊萨科维奇（斯佩克塔托尔）（Нахимсон，Мирон Исаакович (Спектатор) 1880—1938）——俄国经济学家和政论家。1899—1921 年是崩得分子。第一次世界大战期间持中派立场。写有一些关于世界经济问题的著作。——514—515、518。

娜·康·；娜嘉；娜捷施达·康斯坦丁诺夫娜——见克鲁普斯卡娅，娜捷施达·康斯坦丁诺夫娜。

奈恩，沙尔（Naine，Charles 1874—1926）——瑞士社会民主党领袖之一；职业是律师。先后任瑞士社会民主党《哨兵报》和《人民权利报》编辑，是党的执行委员会委员。第一次世界大战初期接近国际主义派，曾出席齐美尔瓦尔德代表会议，是国际社会党委员会委员。1917 年成为中派分子，不久完全转向社会民主党右翼。1919 年主张重建第二国际。1919—1921 年参与组织第二半国际。——166、435、476、485、486、487、488、489、492、538、580、582。

尼·伊·；尼·伊·布·；尼·伊—奇；尼·伊万·——见布哈林，尼古拉·伊万诺维奇。

尼古·瓦西·——见萨波日科夫，尼古拉·约瑟福维奇。

尼古·伊万·；尼古·伊万诺维奇——见布哈林，尼古拉·伊万诺维奇。

尼古拉二世（罗曼诺夫）（Николай II(Романов) 1868—1918）——俄国最后一个皇帝，亚历山大三世的儿子。1894 年即位，1917 年二月革命时被推翻。1918 年 7 月 17 日根据乌拉尔州工兵代表苏维埃的决定在叶卡捷琳堡被枪决。——490。

尼基京，A. M.（Никитин，A. M. 生于 1876 年）——俄国孟什维克，法学家。1917 年七月事变后任临时政府邮电部长，在最后一届临时政府中任内务部长。——14。

尼科勒，埃米尔（Nikolet，Emil 1879—1921）——瑞士社会党人。第一次世界大战期间为社会爱国主义者，日内瓦议会议员；为便于俄国社会民主工党中央机关报《社会民主党人报》通过报刊检查，曾一度被列名为该报编辑。——22。

涅尔曼，图雷（Nerman，Ture 生于 1886 年）——瑞典左派社会民主党人，诗人和作家。第一次世界大战期间是国际主义者，参加齐美尔瓦尔德左派。1916—1918 年是瑞典社会民主党左派刊物《政治报》第一任编辑。1917—1929 年是瑞典共产党党员。——185、535。

“女主人”——见罗兰-霍尔斯特，罕丽达。

诺布斯，恩斯特（Nobs，Ernst 1886—1957）——瑞士社会民主党领袖之一，政论家。1912 年起为瑞士社会民主党报刊撰稿。1915 年起任党的机关报《民权报》主编。第一次世界大战初期接近国际主义派，参加瑞士左派社会民主党的工作，曾出席昆塔尔代表会议和斯德哥尔摩代表会议。1917 年转向中派和平主义立场，20 年代转向社会民主党右翼；反对瑞士共产主义运动和国际共产主义运动。——295、303、373、389、437、456—457、461、481、484、486、487、489、491、505、506、512、516、519、520、522、537、538、574—575。

诺根，维克多·巴甫洛维奇（马卡尔）（Ногин，Виктор Павлович（Макар）1878—1924）——1898 年加入俄国社会民主工党，布尔什维克。曾在国内外做党的工作，是《火星报》代办员。积极参加 1905—1907 年革命。1907 年在党的第五次（伦敦）代表大会上当选为中央委员。斯托雷平反动时期对孟什维克取消派采取调和主义态度。第一次世界大战期间在莫斯科和萨拉托夫的地方自治机关工作，为《莫斯科合作社》等杂志撰稿。1917 年二月革命后先后任莫斯科苏维埃副主席和主席。十月革命后历任工商业人民委员、副劳动人民委员、最高国民经济委员会主席团委员、纺织企业总管理委员会主席、全俄纺织辛迪加管理委员会主席、红色工会国际国际执行局成员、全俄中央执行委员会土耳其斯坦事务委员会委员等职。曾任苏

O

P

侨民；1898—1913年分别参加过一些国家的社会党和社会民主党。1916年作为葡萄牙社会党的代表出席了昆塔尔代表会议。1918—1919年参加斯巴达克联盟，后加入巴伐利亚共产党。1921年起为意大利共产党党员。1923—1924年是意大利共产党驻共产国际执行委员会的代表。1927年起作为政治侨民住在苏联。从事教学工作。——606。

皮达可夫，格奥尔吉·列昂尼多维奇（基；基辅斯基；基辅斯基，彼·；基辅斯基，彼得；利亚·；利亚林；日本人；尤·；尤尔；尤里）（Пятаков，Георгий Леонидович（Кий，Киевский，Киевский，П.，Киевский，Петр，Лял.，Лялин，Японец，Ю.，Юр.，Юрий）1890—1937）——1910年加入俄国社会民主工党。1914—1917年先后侨居瑞士和瑞典；曾参加伯尔尼代表会议，为《共产党人》杂志撰稿。1917年二月革命后任党的基辅委员会主席和基辅工人代表苏维埃执行委员会委员。十月革命后任国家银行总委员。1918年12月任乌克兰临时工农政府主席。1919年任第13集团军革命军事委员会委员，1920年曾在乌拉尔任第1劳动军革命军事委员会委员。1920年起历任顿巴斯中央煤炭工业管理局局长、国家计划委员会和最高国民经济委员会副主席、驻法国商务代表、苏联国家银行管理委员会主席、副重工业人民委员、租让总委员会主席等职。1920—1921年工会问题争论期间支持托洛茨基的纲领。——105、112、116、118、121、138、139、143、150、158、168、178、181、191、203、206、256、257、258、259—261、276、285、288、291—293、303、304、309、312、313、314—318、320、323、326、329、332、333、334、336、337、338、339、343、345、346、347、357、366、381、382—383、386、391、394、395、397、399、404、405、411、412、413、416、417、424、436、439、446、448、449、450、451、458、471、501、508、526、539、545、602。

普夫吕格尔，保尔·伯恩哈德（Pflüger，Paul Bernhard 1865—1947）——瑞士右派社会民主党人。1898—1923年是苏黎世市政局委员，1899—1920年任州议会议员，1911—1917年任国民院议员。第一次世界大战期间是社会沙文主义者。——487、488。

普拉滕，弗里德里希（弗里茨）（Platten，Friedrich（Fritz）1883—1942）——瑞士左派社会民主党人，后为共产党人；瑞士共产党的组织者之一。1912—1918年任瑞士社会民主党书记。第一次世界大战期间是国际主义者，曾

Q

届国家杜马孟什维克党团主席。第一次世界大战期间是中派分子。1917年二月革命后任国家杜马临时委员会委员、彼得格勒工兵代表苏维埃主席和第一届中央执行委员会主席，极力支持资产阶级临时政府。十月革命后是格鲁吉亚孟什维克政府——立宪会议主席。1921年格鲁吉亚建立苏维埃政权后流亡法国。——50、106、109、111、113、115、119、134、140、147、170、171、175、176、222、242、244、250、255、257、258、259、270、284、294、304、305、306、317、327、336、340、343、357、397、418、543、545、556、557、559、560、562、569、570、571、573、581、593、595、614。

契尔金，瓦西里·加甫里洛维奇（Чиркин, Василий Гаврилович 1877—1954）——俄国工人，1903年参加革命运动。1904年底参加孟什维克。斯托雷平反动时期是取消派分子。第一次世界大战期间是社会沙文主义者。1917年二月革命后是全俄苏维埃第一次和第二次代表大会代表。1918年脱离孟什维克，1920年加入布尔什维克党。1920—1922年任全俄工会中央理事会南方局主席团委员、全乌克兰中央执行委员会委员等职。后在铁路运输部门担任领导工作。——16。

契恒凯里，阿卡基·伊万诺维奇（Чхенкели, Акакий Иванович 1874—1959）——格鲁吉亚孟什维克领袖之一；职业是律师。斯托雷平反动时期和新的革命高涨年代是取消派分子。第四届国家杜马代表，参加孟什维克杜马党团。第一次世界大战期间是社会沙文主义者。1917年二月革命后是临时政府驻外高加索的代表。1918—1921年任格鲁吉亚孟什维克政府外交部长，后为白俄流亡分子。——287、294、305、543、545。

契切林，格奥尔吉·瓦西里耶维奇（奥尔纳·）（Чичерин, Георгий Васильевич (Орн.) 1872—1936）——1904年参加俄国革命运动，1905年在柏林加入俄国社会民主工党。长期在国外从事革命活动。斯托雷平反动时期是孟什维主义的拥护者，第一次世界大战期间是国际主义者，1917年底转向布尔什维主义立场，1918年加入俄共（布）。1918年初回国，先后任副外交人民委员、外交人民委员，是出席热那亚国际会议和洛桑国际会议的苏俄代表团团长。——250。

乔治——见萨法罗夫，格奥尔吉·伊万诺维奇。

切尔诺夫，维克多·米哈伊洛维奇（Чернов, Виктор Михайлович 1873—

1952)——俄国社会革命党领袖和理论家之一。1902—1905年任社会革命党中央机关报《革命俄国报》编辑。曾撰文反对马克思主义,企图证明马克思的理论不适用于农业。第一次世界大战期间持社会沙文主义立场,曾参加齐美尔瓦尔德代表会议和昆塔尔代表会议。1917年5—8月任临时政府农业部长,对夺取地主土地的农民实行残酷镇压。十月革命后参与策划反苏维埃叛乱。1920年流亡国外,继续反对苏维埃政权。——568、611。

切尔诺科夫,米哈伊尔·瓦西里耶维奇(Челноков,Михаил Васильевич 生于1863年)——俄国大企业家和房产主,立宪民主党创建人之一。1914—1917年任莫斯科市市长、城市联合会全权代表、全俄地方自治机关联合会主席。是把战争进行到"最后胜利"的狂热支持者。十月革命后在俄国南方从事反革命活动,后逃亡国外。——463。

切尔诺马佐夫,米龙·叶菲莫维奇(米龙)(Черномазов,Мирон Ефимович(Мирон)生于1882年)——俄国社会民主主义运动中的奸细,曾加入俄国社会民主工党,当过列斯纳工厂伤病互助会的秘书。1913年5月—1914年2月任《真理报》编辑部秘书,因有奸细嫌疑,党中央委员会令其停止工作。1917年查明,他在1913—1914年曾当过彼得堡保安处的密探。——363、572、574。

切列万宁,涅·(利普金,费多尔·安德列耶维奇)(Череванин,Н.(Липкин,Федор Андреевич)1868—1938)——俄国孟什维克领袖之一,取消派分子。取消派报刊的撰稿人,16个孟什维克关于取消党的"公开信"的起草人之一。1912年反布尔什维克的八月代表会议后是孟什维克领导中心——组委会成员。第一次世界大战期间是社会沙文主义者。1917年是孟什维克中央机关报《工人报》编辑之一和孟什维克中央委员会委员。敌视十月革命。——465。

"蜻蜓"("Стрекоза")——278。

丘德诺夫斯基,格里戈里·伊萨科维奇(Чудновский,Григорий Исаакович 1890—1918)——1905年参加俄国革命运动,活动初期是孟什维克。1910年因进行革命活动流放西伯利亚,1913年逃往国外。1917年5月回国,参加区联派,在俄国社会民主工党(布)第六次代表大会上随区联派集体加入

布尔什维克党。积极参加彼得格勒十月武装起义和国内战争。在乌克兰战线的一次战斗中牺牲。——604。

R

饶尔丹尼亚，诺伊·尼古拉耶维奇（阿恩；科斯特罗夫）（Жордания，Ной Николаевич（Ан，Костров）1869—1953）——俄国社会民主党人，俄国社会民主工党第二次代表大会后为高加索孟什维克的领袖。1905年编辑孟什维克的《社会民主党人报》（格鲁吉亚文）。1906年是第一届国家杜马代表。在俄国社会民主工党第五次（伦敦）代表大会上代表孟什维克当选为中央委员。斯托雷平反动时期和新的革命高涨年代形式上参加孟什维克护党派，实际上支持取消派。1914年为托洛茨基的《斗争》杂志撰稿。第一次世界大战期间是社会沙文主义者。1918—1921年是格鲁吉亚孟什维克政府主席。1921年格鲁吉亚建立苏维埃政权后成为白俄流亡分子。——113、127、132。

饶勒斯，让（Jaurès，Jean 1859—1914）——法国和国际社会主义运动活动家，法国社会党领袖，历史学家和哲学家。1902年与可能派、阿列曼派等组成改良主义的法国社会党。1905年法国社会党同盖得领导的法兰西社会党合并后，成为统一的法国社会党的主要领导人。1904年创办《人道报》，主编该报直到逝世。在理论和实践问题上往往持改良主义立场，但始终不渝地捍卫民主主义，反对殖民主义和军国主义。由于呼吁反对临近的帝国主义战争，于1914年7月31日被法国沙文主义者刺杀。——22、150、441、523。

日本女人——见博什，叶夫根尼娅·波格丹诺夫娜。

日本人——见皮达可夫，格奥尔吉·列昂尼多维奇。

茹奥，莱昂（Jouhaux，Léon 1879—1954）——法国工会运动和国际工会运动活动家。1909—1940年任法国劳动总联合会书记，1919—1940年是阿姆斯特丹工会国际右翼领袖之一。第一次世界大战期间是沙文主义者。——476、507、534。

S

萨波日科夫，尼古拉·约瑟福维奇（库兹涅佐夫，尼·瓦·；尼古·瓦西·）

(Сапожков, Николай Иосифович(Кузнецов, Н. В., Ник. Вас.) 1881—1917)——1904 年参加俄国革命运动。曾在科洛姆纳、莫斯科、雅罗斯拉夫尔做党的工作,屡遭沙皇政府迫害。1911 年底流亡巴黎。第一次世界大战期间作为志愿兵参加法军。死于前线。——14。

萨法尔奇克——见萨法罗夫,格奥尔吉·伊万诺维奇。

萨法罗夫,格奥尔吉·伊万诺维奇(乔治;萨法尔奇克;萨夫—奇克;小茶炊;叶戈罗夫)(Сафаров, Георгий Иванович(Жорж, Сафарчик, Саф-чик, Самоварчик, Егоров) 1891—1942)——1908 年加入俄国社会民主工党。曾在彼得堡和国外做党的工作。第一次世界大战期间参加齐美尔瓦尔德左派,先在法国工作,1916 年 1 月起在瑞士工作。1917 年二月革命后任俄国社会民主工党(布)彼得堡委员会委员。1917 年 9 月起任乌拉尔州工兵代表苏维埃副主席,后任州劳动委员。1921 年起为俄共(布)中央委员会土耳其斯坦局成员,1921—1922 年为共产国际执行委员会委员、共产国际东方部负责人。在党的第十次和第十一次代表大会上当选为候补中央委员。——282、295、318、343、345、357、367、370、391、399、404、410、619。

萨法罗娃,瓦连廷娜·谢尔盖耶夫娜(瓦利娅)(Сафарова, Валентина Сергеевна(Валя)生于 1891 年)——格·伊·萨法罗夫的妻子。——549、555。

萨夫—奇克——见萨法罗夫,格奥尔吉·伊万诺维奇。

萨利,赫尔曼(Sahli, Hermann 1856—1933)——医学博士,伯尔尼大学教授,著名内科专家。——372。

萨莫伊洛夫,费多尔·尼基季奇(岳母)(Самойлов, Федор Никитич(Тёща) 1882—1952)——1903 年加入俄国社会民主工党,布尔什维克;职业是纺织工人。曾积极参加俄国第一次革命,在伊万诺沃-沃兹涅先斯克做党的工作。第四届国家杜马弗拉基米尔省工人代表,参加布尔什维克杜马党团。因进行反对帝国主义战争的革命活动,1914 年 11 月被捕。1915 年流放图鲁汉斯克边疆区。十月革命后在乌克兰和莫斯科工作。1919—1920 年任全俄中央执行委员会驻巴什基尔革命委员会特派员、俄共(布)巴什基尔区域委员会委员。——4、41、544。

塞尔维亚人——见卡茨列罗维奇,特里沙。

桑巴,马赛尔(Sembat, Marcel 1862—1922)——法国社会党改良派领袖之

一,新闻工作者。1893 年起为众议员。1905 年法国社会党与法兰西社会党合并后,是统一的法国社会党的右翼领袖之一。第一次世界大战期间是社会沙文主义者。1914 年 8 月—1917 年 9 月任法国帝国主义“国防政府”公共工程部长。1915 年 2 月参加协约国社会党伦敦代表会议,会议的目的是在社会沙文主义纲领的基础上实现协约国社会党的联合。——369、572、613。

盛加略夫,安德列·伊万诺维奇(Шингарев, Андрей Иванович 1869—1918)——俄国立宪民主党人,地方自治运动活动家;职业是医生。1907 年起为立宪民主党中央委员。第二届、第三届和第四届国家杜马代表,立宪民主党杜马党团副主席。1917 年二月革命后在第一届和第二届临时政府中分别任农业部长和财政部长。——542。

失业者——见曼努伊尔斯基,德米特里·扎哈罗维奇。

施留特尔,海尔曼(Schlüter, Hermann 1854—1919)——德国历史学家,社会民主党人。1889 年移居美国,参加了当地的社会民主主义运动。写过一些英国和美国工人运动史方面的著作,如《宪章运动。英国社会政治史概论》。——269。

施略普尼柯夫,亚历山大·加甫里洛维奇(安德尔;别列·;别列宁;亚·;亚—大;亚历—大;亚历山大)(Шляпников, Александр Гаврилович(Андр, Бел., Беленин, А., А—др, Ал—др, Александр)1885—1937)——1901 年加入俄国社会民主工党。第一次世界大战期间在彼得堡和国外做党的工作,负责在党中央委员会国外局同俄国局和彼得堡委员会之间建立联系。1917 年二月革命后任党的彼得堡委员会委员、彼得格勒工兵代表苏维埃执行委员会委员和彼得格勒五金工会主席。十月革命后参加第一届人民委员会,任劳动人民委员,后领导工商业人民委员部。1918 年先后任南方面军革命军事委员会委员和里海—高加索方面军革命军事委员会主席。1919—1922 年任全俄五金工会中央委员会主席,1921 年 5 月起任最高国民经济委员会主席团委员。1920—1922 年是工人反对派的组织者和领袖。1921 年在党的第十次代表大会上当选为中央委员。——14—18、23—25、26—28、30—33、41—42、44—45、50—51、52—53、55—56、58—59、60—61、66—67、72、78—80、107、112、150、151、160、165、169、170—

171、175、176—177、196—198、206—207、212—214、246、256—262、273、274、275、276、277、283、284、285、286—287、288、295、296、301、302—305、307—308、310、311—312、313、314、315、319—322、323、326—328、329—330、332—333、334、335—338、339—344、345、347、369、372、381、387、394、399、407、409、411、412、415—420、581、586、592。

施米德，阿尔图尔(Schmid, Arthur 生于 1889 年)——瑞士经济学家，社会党党员。第一次世界大战期间为商学教员。1917—1920 年任苏黎世州议会议员，后为国民院议员，社会党州组织书记和机关报编辑。——453—455。

施米德，雅克(Schmid, Jacques 生于 1882 年)——瑞士社会民主党人。1911 年起任瑞士社会民主党《新自由报》编辑；曾任瑞士社会民主党执行委员会委员。1917 年起为国民院议员。第一次世界大战期间反对社会沙文主义，但从 1917 年初起采取中派和平主义立场，后来完全转向瑞士社会民主党右翼，顽固反对无产阶级革命和无产阶级专政。——486。

施内夫，卡尔(Schnepf, Karl)——德国侨民，职业是印刷工人。第一次世界大战期间曾参加瑞士青年的左派齐美尔瓦尔德运动。——577。

施泰因贝格，С.(Штейнберг, С.)——俄国侨民。斯德哥尔摩俄侨委员会委员，该组织是 1917 年二月革命后为帮助政治流亡者返回俄国而成立的。——595、598。

施特尔(Штер)——604。

施特勒贝尔，亨利希(Ströbel, Heinrich 1869—1945)——德国社会民主党人，中派分子。第一次世界大战初期反对社会沙文主义和帝国主义战争，属于国际派，在国际派中代表向考茨基主义方面动摇的流派。1916 年完全转向考茨基主义立场。1917 年是建立德国独立社会民主党的发起人之一。1922 年起为德国国会议员。——248、253。

什克洛夫斯基，格里戈里·李沃维奇(格·李·)(Шкловский, Григорий Львович(Г.Л.) 1875—1937)——1898 年加入俄国社会民主工党，曾在白俄罗斯一些城市和国外做党的工作。1909 年起流亡瑞士，加入布尔什维克伯尔尼支部；1915 年起任布尔什维克国外组织委员会委员。1917 年二月革命后回国，在下诺夫哥罗德和莫斯科工作。1918—1925 年主要从事

外交工作，其间曾在农业人民委员部和莫斯科市政机关短期工作。——103—104、130、173、175、179、187—188、200—201、204—205、206、215—216、265、297—298、306—307、310、375、377—378、380—381、388、467、474—475。

什克洛夫斯卡娅，德沃莎·泽利科夫娜(Шкловская，Двоша Зеликовна 1880—1956)——格·李·什克洛夫斯基的妻子。无党派人士。——4、381。

叔叔——即列宁，弗拉基米尔·伊里奇。

斯大林(**朱加施维里**)，约瑟夫·维萨里昂诺维奇(柯巴；约瑟夫·朱·)(Сталин(Джугашвили)，Иосиф Виссарионович(Коба，Иосиф Джу.)1879—1953)——1898年加入俄国社会民主工党，党的第二次代表大会后是布尔什维克。曾在梯弗利斯、巴统、巴库和彼得堡做党的工作。多次被捕和流放。1912年1月在党的第六次(布拉格)全国代表会议选出的中央委员会会议上，被缺席增补为中央委员并被选入中央委员会俄国局；积极参加布尔什维克《真理报》的编辑工作。在十月革命的准备和进行期间参加领导武装起义的彼得格勒军事革命委员会和党总部。在全俄苏维埃第二次代表大会上当选为全俄中央执行委员会委员；参加第一届人民委员会，任民族事务人民委员。1919年3月起兼任国家监察人民委员，1920年起为工农检查人民委员。国内战争时期任全俄中央执行委员会驻国防委员会代表、人民委员会驻南俄粮食特派员、共和国革命军事委员会委员和一些方面军的革命军事委员会委员。1919年起为党中央政治局委员。1922年4月起任党中央总书记。——131、167、214、581。

斯捷普卡(Степка)——格·叶·季诺维也夫和兹·约·利林娜的儿子。——349。

斯捷普科——见基克纳泽，尼古拉·达维多维奇。

斯卡雷特，斐迪南(Skaret，Ferdinand 1862—1941)——奥地利社会民主党人。1897年起和第一次世界大战期间在奥地利社会民主党内担任领导职务；曾任该党执行委员会委员和驻第二国际代表。1930年以前任奥地利共和国国民议会议员。——80—81。

斯柯别列夫，马特维·伊万诺维奇(Скобелев，Матвей Иванович 1885—1938)

——1903 年参加俄国社会民主主义运动，孟什维克；职业是工程师。第四届国家杜马代表，社会民主党杜马党团领袖之一。第一次世界大战期间是中派分子。1917 年二月革命后任彼得格勒工兵代表苏维埃副主席、第一届中央执行委员会副主席；同年 5—8 月任临时政府劳动部长。十月革命后脱离孟什维克，先后在合作社系统和对外贸易人民委员部工作。1922 年加入俄共(布)，在经济部门担任负责工作。——418、569、611、614。

斯科夫诺，阿布拉姆·安德列耶维奇(阿布拉姆)(Сковно，Абрам Андреевич (Абрам)1888—1938)——1903 年加入俄国社会民主工党，布尔什维克。1907 年从流放地逃往国外。1910 年起住在法国，加入俄国社会民主工党巴黎支部。1914 年起住在瑞士，后随同列宁一起回国。十月革命后在莫斯科做党的工作和经济工作。——8、9、250、549、579。

斯科夫诺，拉希利·安德列耶夫娜(Сковно，Рахиль Андреевна 生于 1883 年)——1905 年加入俄国社会民主工党，布尔什维克。1906—1917 年住在瑞典、丹麦和比利时，在烟草厂和缝纫厂工作，加入当地社会民主党侨民小组。后随同列宁一起回国，在莫斯科参加十月革命。后在经济部门担任领导工作。——23。

斯米多维奇，因娜·格尔莫格诺夫娜(季姆卡)(Смидович，Инна Гермогеновна (Димка))——俄国社会民主党人，火星派分子。从《火星报》创办起到 1901 年 4 月娜·康·克鲁普斯卡娅到日内瓦时一直担任编辑部秘书，后从事书报运送工作。1902 年被捕入狱，1903 年 1 月从基辅宪兵司令部逃出，不久流亡国外。1903 年参加俄国革命社会民主党人国外同盟第二次代表大会，站在孟什维克一边，任同盟领导机关的秘书。斯托雷平反动时期脱离政治活动。——219、437。

斯米尔加，伊瓦尔·捷尼索维奇(Смилга，Ивар Тенисович 1892—1938)——1907 年加入俄国社会民主工党，布尔什维克。1914—1915 年任党的彼得堡委员会委员。1917 年二月革命后任党的喀琅施塔得委员会委员，芬兰陆军、海军和工人区域执行委员会主席。十月革命后历任俄罗斯联邦人民委员会驻芬兰全权代表、共和国革命军事委员会委员，以及一些方面军的革命军事委员会委员和东南劳动军委员会主席。1921—1923 年任最高国民经济委员会副主席和燃料总管理局局长。在党的第七次和第八次代表

大会上当选为中央委员，第十一次代表大会上当选为候补中央委员。——616、617。

斯米尔诺夫，叶·——见古列维奇，埃马努伊尔·李沃维奇。

斯佩克塔托尔——见纳希姆松，米龙·伊萨科维奇。

斯切克洛夫，尤里·米哈伊洛维奇（Стеклов，Юрий Михайлович 1873—1941）——1893年参加俄国社会民主主义运动，是敖德萨第一批社会民主主义小组的组织者之一。1903年俄国社会民主工党第二次代表大会后是布尔什维克。斯托雷平反动时期和新的革命高涨年代为布尔什维克的一些报纸和杂志撰稿。1917年二月革命后当选为彼得格勒苏维埃执行委员会委员；最初持“革命护国主义”立场，后转向布尔什维克。十月革命后任全俄中央执行委员会和苏联中央执行委员会主席团委员、《全俄中央执行委员会消息报》和《苏维埃建设》杂志的编辑。——573、593。

斯塔尔，柳德米拉·尼古拉耶夫娜（柳德米拉）（Сталь，Людмила Николаевна（Людмила）1872—1939）——1897年参加俄国社会民主主义运动。曾在莫斯科、彼得堡、敖德萨等城市从事革命工作，屡遭沙皇政府迫害。1905—1907年革命期间在布尔什维克彼得堡军事组织中做了大量工作。1907—1917年侨居法国、英国和瑞典。曾在布尔什维克组织中工作。1917年二月革命后是俄国社会民主工党（布）彼得堡委员会的鼓动员和组织员，同年8月起为党的喀琅施塔得委员会委员。积极参加十月革命，国内战争时期做军事政治工作。1921年起担任党和苏维埃的负责工作。——114、115、169、204、283、288、298、378、380、397、537、543、545、561。

斯塔尔克（里亚博夫斯基），列昂尼德·尼古拉耶维奇（Старк（Рябовский），Леонид Николаевич 1889—1943）——1905年加入俄国社会民主工党。曾在彼得堡、塞瓦斯托波尔从事革命工作，遭到沙皇政府迫害。1912年被驱逐出境，追随托洛茨基集团；在维也纳居住一段时间后移居卡普里岛。曾为布尔什维克的《明星报》、《真理报》、《启蒙》杂志和孟什维克的《同时代人》杂志撰稿。第一次世界大战期间进入俄国社会民主工党彼得堡委员会执行委员会（1915—1916），为《真理报》、《年鉴》杂志撰稿，任火花出版社秘书。十月革命后先后在人民委员会报刊局、彼得格勒通讯社和罗斯塔社工作。1920—1937年从事外交工作。——363。

斯陶宁格，托尔瓦德·奥古斯特·马里努斯(Stauning,Thorvald August Marinus 1873—1942)——丹麦国务活动家，丹麦社会民主党和第二国际右翼领袖之一，政论家。1910年起任丹麦社会民主党主席和该党议会党团主席。第一次世界大战期间持社会沙文主义立场。1916—1920年任丹麦资产阶级政府不管部大臣。1924年起先后领导社会民主党政府以及资产阶级激进派和右派社会民主党人的联合政府。——613。

斯特勒姆，弗雷德里克(Ström,Fredrik 1880—1948)——瑞典左派社会民主党人，作家和政论家。1911—1916年任瑞典社会民主党书记。第一次世界大战期间是国际主义者。1918—1920年任《人民政治日报》主编。1921—1924年任瑞典共产党书记。1924年参加霍格伦机会主义集团，退出共产党。——586、622。

苏汉—夫，尼·——见苏汉诺夫，尼·。

苏汉诺夫，尼·(**吉姆美尔，尼古拉·尼古拉耶维奇**；苏汉—夫，尼·)(Суханов, Н.（Гиммер, Николай Николаевич, Сух—в, Н.）1882—1940)——俄国经济学家和政论家。早年是民粹派分子，1903年起是社会革命党人，1917年起是孟什维克。曾为《俄国财富》、《同时代人》等杂志撰稿；企图把民粹主义和马克思主义结合起来。第一次世界大战期间自称是国际主义者，为《年鉴》杂志撰稿。1917年二月革命后任彼得格勒苏维埃执行委员会委员、《新生活报》编辑之一；支持资产阶级临时政府。十月革命后在苏维埃经济机关工作。——263、264、290、295、310、364、573。

苏缅松，Е.М.(Суменсон, Е.М.)——俄国彼得格勒的一个普通居民，同俄国和国际工人运动毫无联系。检查机关把他与住在斯德哥尔摩的雅·斯·加涅茨基之间的商务通信说成是预约的密码文件，妄图以此作为诬告列宁的材料。——610。

苏瓦林，波里斯(Souvarine,Boris 生于1895年)——法国社会党人，新闻工作者。第一次世界大战期间是中派分子，托洛茨基的拥护者。1921年加入法国共产党，先后当选为共产国际执行委员会委员和主席团委员。因进行托派活动于1924年被开除出共产国际领导机构和法国共产党。后来是法国托派领袖之一。——509、513。

索柯里尼柯夫(**布里利安特**)，格里戈里·雅柯夫列维奇(小维克多)

(Сокольников (Бриллиант), Григорий Яковлевич (Викторенок) 1888—1939)——1905年加入俄国社会民主工党。1909—1917年住在国外。第一次世界大战期间为托洛茨基的《我们的言论报》撰稿。十月革命后从事苏维埃、军事和外交工作。是缔结布列斯特和约的苏俄代表团成员，后来又参加了同德国进行的经济问题谈判。1918年12月—1919年10月任南方面军革命军事委员会委员，1920年8月—1921年3月任土耳其斯坦方面军革命军事委员会委员和方面军司令、全俄中央执行委员会和俄罗斯联邦人民委员会土耳其斯坦事务委员会主席。1921年11月起先后任财政人民委员部部务委员、副财政人民委员、财政人民委员。在党的第六、第七和第十一次代表大会上当选为中央委员。——332、444、476、486、492、507、600、601。

索柯洛夫，尼古拉·德米特里耶维奇(Соколов, Николай Дмитриевич 1870—1928)——俄国社会民主党人，著名的政治诉讼案律师。曾为《生活》、《教育》等杂志撰稿。1909年在彼得堡补选第三届国家杜马代表时，被提名为俄国社会民主工党的候选人；同情布尔什维克。1917年二月革命后任彼得格勒苏维埃执行委员会委员，主张同资产阶级联合。十月革命后在一些苏维埃机关担任法律顾问。——14。

索罗金(Сорокин)——133。

索莫诺，路易莎(Saumoneau, Louise 1875—约1958)——法国女社会党人。第一次世界大战期间持国际主义立场，反对战争。1915年3月出席了伯尔尼国际妇女社会党人代表会议。曾一度为共产国际执行委员会机关刊物《共产国际》杂志撰稿，后担任社会党的宣传员。——513。

T

塔尔海默，奥古斯特(Thalheimer, August 1884—1948)——1904年加入德国社会民主党。第一次世界大战期间持国际主义立场，1914—1916年任社会民主党《人民之友报》编辑；参加国际派(后改称斯巴达克派和斯巴达克联盟)。1916—1918年曾参与出版反对帝国主义战争和社会沙文主义的秘密鼓动材料《斯巴达克通信》。1918—1923年为德国共产党中央委员和德共中央机关报《红旗报》编辑。1921年采取“左派”立场；是所谓“进攻

大战期间是亲德的社会沙文主义者。——23、24、25、26、58、134。

特罗雅诺夫斯基，亚历山大·安东诺维奇(Трояновский，Александр Антонович 1882—1955)——1907年加入俄国社会民主工党。曾在彼得堡、基辅做党的工作，屡遭沙皇政府迫害。1910年侨居瑞士、巴黎和维也纳；是俄国社会民主工党中央委员会出席巴塞尔代表大会(1912)的代表团成员，出席了有党的工作者参加的俄国社会民主工党中央委员会克拉科夫会议和波罗宁会议。1917年回国。1917—1921年是孟什维克，1923年加入俄共(布)。十月革命后从事军事和外交工作。1921年起在工农检查人民委员部工作。——511、550。

梯什卡，扬(**约吉希斯，莱奥**)(Tyszka，Jan(Jogiches，Leo)1867—1919)——波兰和德国工人运动活动家。1893年参与创建波兰王国社会民主党(1900年改组为波兰王国和立陶宛社会民主党)，1903年起为该党总执行委员会委员。曾积极参加俄国1905—1907年革命。1907年出席俄国社会民主工党第五次(伦敦)代表大会，当选为候补中央委员。斯托雷平反动时期和新的革命高涨年代谴责取消派，但往往采取调和主义态度。1912年反对布拉格代表会议的决议。第一次世界大战期间在德国，参加德国社会民主党的工作，持国际主义立场；是斯巴达克联盟的组织者和领导人之一。1916年被捕入狱，1918年十一月革命时获释。积极参与创建德国共产党，在该党成立大会上当选为中央委员会书记。1919年3月被捕，于柏林监狱遇害。——274、278、340、342、447、449、462、463、467、471。

屠拉梯，菲力浦(Turati，Filippo 1857—1932)——意大利工人运动活动家，意大利社会党创建人之一，该党右翼改良派领袖。1896—1926年为议员，领导意大利社会党议会党团。第一次世界大战期间持中派立场。敌视俄国十月革命。1922年意大利社会党分裂后，参与组织并领导改良主义的统一社会党。——470、476、509、526、533。

托洛茨基(**勃朗施坦**)，列夫·达维多维奇(Троцкий(Бронштейн)，Лев Давидович 1879—1940)——1897年参加俄国社会民主主义运动。在俄国社会民主工党第二次代表大会上是西伯利亚联合会的代表，属火星派少数派。1905年同亚·帕尔乌斯一起提出和鼓吹“不断革命论”。斯托雷平反动时期和新的革命高涨年代，打着“非派别性”的幌子，实际上采取取消

W

社会民主党人,新闻工作者。1904年进入青年组织领导机构;是瑞典社会民主党多种报刊的撰稿人,还是其中一些报刊的编辑兼出版人。1922—1940年为瑞典议会议员,1926—1936年任瑞典社会民主党执行委员会委员。——535。

维·阿·;维·卡·——见卡尔宾斯基,维亚切斯拉夫·阿列克谢耶维奇。

维德内斯,雅科布·劳伦蒂乌斯(Vidnes,Jacob Laurentius 1875—1940)——挪威社会民主党人,新闻工作者。1912—1918年任挪威《社会民主党人报》编辑;是挪威工党中央执行委员会委员,该党右翼领袖。1919—1940年任挪威外交部新闻司司长。——344、552。

维克多——见吉霍米尔诺夫,维克多·亚历山德罗维奇。

维亚切·阿列·;维亚切斯拉夫·阿列克谢耶维奇——见卡尔宾斯基,维亚切斯拉夫·阿列克谢耶维奇。

魏斯(**门德尔斯**),爱德华·弗兰克(Wise(Мендерс),Edward Frank 生于1885年)——拉脱维亚孟什维克领袖之一。1904年参加革命运动。斯托雷平反动时期和新的革命高涨年代是取消派分子。1912—1913年为拉脱维亚边疆区社会民主党孟什维克国外委员会委员。第一次世界大战期间是孟什维克国际主义者。资产阶级统治拉脱维亚时期,任第二国际机会主义政党"拉脱维亚社会民主工党"中央委员会主席。——284。

沃罗夫斯基,瓦茨拉夫·瓦茨拉沃维奇(奥尔洛夫斯基)(Воровский,Вацлав Вацлавович(Орловский)1871—1923)——1890年在大学生小组中开始革命活动。1902年侨居国外,成为列宁《火星报》的撰稿人。俄国社会民主工党第二次代表大会后是布尔什维克。1904年初受列宁委派,在敖德萨建立俄国社会民主工党中央委员会南方局;8月底出国,赞同22个布尔什维克的宣言。1905年同列宁等人一起参加《前进报》和《无产者报》编辑部,后在布尔什维克的《新生活报》编辑部工作。1907—1912年领导敖德萨的布尔什维克组织。第一次世界大战初期在彼得格勒做党的工作,1915年去斯德哥尔摩,1917年4月根据列宁提议进入党中央委员会国外局。1917—1919年任俄罗斯联邦驻斯堪的纳维亚国家的全权代表,1919—1920年领导国家出版社,1921—1923年任驻意大利全权代表。1923年5月10日在洛桑被白卫分子杀害。——606。

“沃洛佳”——见莫夫绍维奇,莫伊塞·伊兹拉伊列维奇。

乌里扬诺夫;乌里扬诺夫,弗·;乌里扬诺夫,弗·伊·;乌里扬诺夫,弗拉·——即列宁,弗拉基米尔·伊里奇。

乌里扬诺娃,玛丽亚·伊里尼奇娜(Ульянова,Мария Ильинична 1878—1937)——列宁的妹妹。早在大学时代就参加了革命运动,1898 年加入俄国社会民主工党。曾在彼得堡、莫斯科、萨拉托夫等城市以及国外做党的工作。1900 年起为《火星报》代办员。俄国社会民主工党第二次代表大会后是布尔什维克。1903 年秋起在党中央秘书处工作。1904 年在布尔什维克彼得堡组织中工作。1908—1909 年在日内瓦和巴黎居住,积极参加布尔什维克国外小组的工作。因从事革命活动多次被捕和流放。第一次世界大战期间在莫斯科和彼得格勒做宣传鼓动工作,执行列宁交办的任务,同党中央委员会国外局进行通信联系等。1917 年 3 月—1929 年春任《真理报》编委和责任秘书。曾任中央监察委员会委员、苏维埃监察委员会委员、苏联中央执行委员会委员。——591、597。

乌里扬诺娃-叶利扎罗娃,安娜·伊里尼奇娜(詹姆斯)(Ульянова-Елизарова,Анна Ильинична(Джемс)1864—1935)——列宁的姐姐。1886 年参加大学生革命运动。1898 年任俄国社会民主工党第一届莫斯科委员会委员。1900—1905 年在《火星报》组织和布尔什维克的一些秘密报刊工作,曾任《前进报》编委。积极参加列宁著作的出版工作。曾在彼得堡、莫斯科和萨拉托夫从事革命工作。1913 年起在《真理报》工作,任《启蒙》杂志秘书和《女工》杂志编委。多次被捕。1917 年二月革命后为党中央委员会俄国局成员、《真理报》编辑部秘书和《织工》杂志编辑,参加了十月革命的准备工作。1918—1921 年领导社会保障人民委员部儿童保健司,后到教育人民委员部工作。是党史委员会和列宁研究院的组织者之一。写有一些回忆列宁的作品和其他文学著作。——257、288、363、371、416、419、591。

乌西耶维奇(京斯基),格里戈里·亚历山德罗维奇(Усиевич(Тинский),Григорий Александрович 1890—1918)——1907 年加入俄国社会民主工党,布尔什维克。1914 年从流放地逃往国外。先到奥地利,1916 年起住在瑞士。1917 年 4 月同列宁一起回国,在莫斯科担任党的组织员、莫斯科苏维埃执行委员会委员,是莫斯科建立苏维埃政权斗争的领导人之一。1918

年3月起是粮食人民委员部驻西西伯利亚的代表，负责组织莫斯科的粮食供应。被白卫分子杀害。——357、364、370、371、390、391、462、473、523、530、532、540、541、556、564。

乌西耶维奇，叶列娜·费利克索夫娜(Усиевич, Елена Феликсовна 1893—1968)——国际工人运动著名活动家费·雅·柯恩的女儿；文学批评家。1915年起为俄国社会民主工党党员，曾加入布尔什维克伯尔尼支部。1917年4月同列宁一起回国。十月革命后在盖特曼统治的乌克兰做党的地下工作。1920年起在莫斯科全俄肃反委员会和最高国民经济委员会工作。后从事文学出版工作和写作。——462、523。

X

西格，让(Sigg, Jean)——瑞士社会民主党日内瓦组织的领导成员，联邦议会议员，社会爱国主义者。——12、39。

希尔奎特，莫里斯(Hillquit, Morris 1869—1933)——美国社会党创建人之一；职业是律师。起初追随马克思主义，后来倒向改良主义和机会主义。1901年参与创建美国社会党。1904年起为社会党国际局成员；曾参加第二国际代表大会的工作。第一次世界大战期间是中派分子。——217。

肖-德斯蒙德(Desmond, Shaw)——英国《工人领袖》周报记者。——108—109。

小茶炊——见萨法罗夫，格奥尔吉·伊万诺维奇。

小维克多——见索柯里尼柯夫，格里戈里·雅柯夫列维奇。

谢德曼，菲力浦(Scheidemann, Philipp 1865—1939)——德国社会民主党右翼领袖之一。1911年当选为德国社会民主党执行委员会委员，1917—1918年是执行委员会主席之一。第一次世界大战期间是社会沙文主义者。1918年十一月革命期间参加所谓的人民代表委员会，借助旧军队镇压革命。1919年2—6月任魏玛共和国联合政府总理。——148、517。

谢马——见谢姆科夫，谢苗·莫伊谢耶维奇。

谢姆柯夫斯基，谢·(**勃朗施坦，谢苗·尤利耶维奇**)(Семковский, С.(Бронштейн, Семен Юльевич)1882—1937)——俄国社会民主党人，孟什维克。曾加入托洛茨基的维也纳《真理报》编辑部，为孟什维克取消派报刊和外国社会民主

Y

亚历山德拉·米哈伊洛夫娜——见柯伦泰，亚历山德拉·米哈伊洛夫娜。

亚历山德罗维奇（德米特里耶夫斯基），弗拉基米尔·亚历山德罗维奇（Александрович（Дмитриевский），Владимир Александрович 1884—1918）——俄国左派社会革命党人。第一次世界大战期间持国际主义立场。1917年二月革命后是彼得格勒苏维埃执行委员会委员。十月革命后，当左派社会革命党人参加苏维埃政府时，被任命为全俄肃反委员会副主席。1918年7月参加了左派社会革命党人叛乱；被捕后被处决。——191、198—200。

扬松（布劳恩），扬·埃内斯托维奇（Янсон（Браун），Ян Эрнестович 1872—1917）——拉脱维亚社会民主主义运动活动家，政论家和文艺批评家；1905年拉脱维亚革命运动的领导人之一。屡遭沙皇政府迫害，1906年流亡国外。斯托雷平反动时期和新的革命高涨年代对取消派采取调和主义态度，参加"八月联盟"。曾参加拉脱维亚边疆区社会民主党国外委员会。第一次世界大战期间是国际主义者。1917年二月革命后在回国途中死去。——144。

叶·波·——见博什，叶夫根尼娅·波格丹诺夫娜。

叶·费·——见罗兹米罗维奇，叶列娜·费多罗夫娜。

叶夫根·波·；叶夫根尼娅·波格丹诺夫娜——见博什，叶夫根尼娅·波格丹诺夫娜。

叶弗列莫夫，伊万·尼古拉耶维奇（Ефремов，Иван Николаевич 生于1866年）——俄国大地主，第一届、第三届和第四届国家杜马代表。和平革新党组织者之一，后为资产阶级进步党领袖。1917年二月革命后任国家杜马临时委员会委员，七月事变后参加临时政府，任国家救济部长。——543。

叶戈尔——见波卢比诺夫。

叶戈罗夫——见萨法罗夫，格奥尔吉·伊万诺维奇。

叶利扎罗夫，马尔克·季莫费耶维奇（Елизаров，Марк Тимофеевич 1863—1919）——列宁的姐夫。1893年参加俄国社会民主主义运动，布尔什维克。曾在彼得堡、莫斯科和伏尔加河流域做党的工作。积极参加1905—1907年革命，是1905年铁路员工大罢工的领导人之一。多次被捕和流放。十月革命后历任交通人民委员、保险事务委员会主任委员、工商业人

1870—1923)——俄国社会民主党人,崩得领袖之一,后为布尔什维克。1908年12月参加俄国社会民主工党第五次代表会议的工作,在基本问题上支持孟什维克护党派的纲领,后对取消派采取调和主义态度。第一次世界大战期间加入接近中派立场的崩得国际主义派。十月革命后加入俄共(布),在党的沃佳基地区委员会工作。曾在苏俄驻柏林代表处工作。——113。

约瑟夫·朱·——见斯大林,约瑟夫·维萨里昂诺维奇。

岳母——见萨莫伊洛夫,费多尔·尼基季奇。

Z

扎斯拉夫斯基,达维德·约瑟福维奇(Заславский,Давид Иосифович 1880—1965)——苏联新闻工作者,著作家。1900年参加革命运动,1903年加入崩得。第一次世界大战期间是社会沙文主义者。1917年被选入崩得中央委员会。1917—1918年激烈反对布尔什维克。1919年改变了自己的政治观点,站到拥护苏维埃政权的立场上。——603。

泽格,约翰·弗里德里希(Seger,Johann Friedrich 1867—1928)——德国社会民主党人;职业是裁缝。莱比锡社会民主党组织领导人之一和《莱比锡人民报》编辑之一。1917年加入德国独立社会民主党。1918年十一月革命期间任莱比锡工兵苏维埃主席。1919年起是国民议会议员,后为国会议员。1922年作为分裂后的德国独立社会民主党右翼分子回到德国社会民主党。——410。

詹姆斯——见乌里扬诺娃-叶利扎罗娃,安娜·伊里尼奇娜。

Nota-Bene——见布哈林,尼古拉·伊万诺维奇。

文献索引

阿德勒,维·《希望的闪光》(Adler,V.Hoffnungsschimmer.—«Arbeiter-Zeitung»,Wien,1915,Nr.45,14.Februar.Morgenblatt,S.1—2)——89。

阿克雪里罗得,帕·《国际社会民主党的危机和任务》(Axelrod,P.Die Krise und die Aufgaben der internationalen Sozialdemokratie.Zürich,Genossenschaftsdruckerei,1915.46 S.)——195—196、203。

阿列克辛斯基,格·《俄罗斯和战争》(Alexinskiy,G.La Russie et la guerre. Paris,1915.368 p.)——118。

埃尔德曼,卡·《英国和社会民主党》(Erdmann,K.England und die Sozialdemokratie)——540。

安贝尔-德罗,茹·《向战争宣战。打倒军队。1916 年 8 月 26 日在纳沙泰尔军事法庭上的辩护词全文》(Humbert-Droz,J.Guerre à la guerre.A bas L'Armée.Plaidoirie complète devant le Tribunal Militaire à Neuchâtel le 26 août 1916.La Chaux-de-Fonds,ed.des Jeunesses socialistes romandes,[1916].47 p.)——462、464。

奥尔纳·——见契切林,格·瓦·。

奥斯特尔利茨,弗·《民族动力》(Austerlitz,F.Die nationalen Triebkräfte.—«Die Neue Zeit», Stuttgart, 1916, Jg. 34, Bd. 1., Nr. 21, 18. Februar, S. 641—648)——280。

b.b.《屠拉梯关于和平建议的演说》(b.b.Eine Rede Turatis über das Friedensangebot.—«Volksrecht», Zürich, 1916, Nr. 301, 23. Dezember, S. 2)——470。

巴枯宁,米·《巴黎公社和国家概念》(俄文版)(Бакунин,М.А.Парижская Коммуна и понятие о государственности.С письмом П.А.Кропоткина к издателям «Анархической библиотеки». Женева, Новая русская тип.,

1892.2,X,20 стр.(Анархическая б-ка.№1))——533。

—《巴黎公社和国家概念》(法文版)(Bakounine,M.La Commune de Paris et la Notion de L'État.Paris,«Temps Nouveaux»,1899.23 p.(Groupe des Etudiants Socialistes Révolutionnaires Internationalistes))——533。

巴索克——见美列涅夫斯基,马·伊·。

巴扎罗夫,弗·亚·《目前形势与前途》(Базаров,В.А.Текущий момент и перспективы.—«Летопись»,Пг.,1916,№5,стр.162—179)——417、422。

鲍威尔,奥·《民族问题和社会民主党》(Bauer,O.Die Nationalitätenfrage und die Sozialdemokratie. Wien, Brand, 1907. VIII, 576 S.(Marx-Studien. Blätter zur Theorie und Politik des wissenschaftlichen Sozialismus.Hrsg. von M.Adler und R.Hilferding.Bd.2))——186。

贝尔曼,M.Th.斯德哥尔摩,3月21日。(Behrmann,M.Th.Stockholm,21. März.—«Vossische Zeitung», Berlin, 1917, Nr. 148, 22. März. Morgen-Ausgabe,S.1.Под общ.загл.:Die Friedensforderung der russischen Sozialdemokraten)——560。

[别尔津,扬·安·]《关于拉脱维亚边疆区社会民主党在战争期间的活动》([Берзин,Я.А.]О деятельности социал-демократии Латышского края за время войны.—«Сборник Социал-Демократа», [Женева], 1916, №2, декабрь,стр.45—51.Подпись:Я.Земелис)——251。

波格丹诺夫,亚·《世界危机,和平危机和战争危机》(Богданов,А.Мировые кризисы, мирные и военные.—«Летопись», Пг., 1916, №3, стр. 139—163;№4,стр.133—153;№5,стр.113—124;№7,стр.214—238)——417。

波特列索夫,亚·尼·《战争与国际民主意识的问题》(Потресов,А.Н.Война и вопросы международного демократического сознания.Вып.I.Пг.,Кн-во бывш.М.В.Попова,1916.78 стр.)——367。

—《政论家札记》(Заметки публициста.Старый приятель.—«Дело», М., 1916,№1,август,стр.56—66)——417、422。

伯恩施坦,爱·《英国的激进主义和战争》(Bernstein, E. Der englische Radikalismus und der Krieg.—«Die Neue Zeit»,Stuttgart,1914,Jg.33, Bd.1,Nr.6,13.November,S.161—169)——32。

博尔夏特,尤·《1914年8月4日以前和以后》(Borchardt,J. Vor und nach dem 4. August 1914. Hat die deutsche Sozialdemokratie abgedankt? Berlin,«Lichtstrahlen»,1915.32 S.)——148。

布哈林,尼·伊·《给弗·伊·列宁的信》(1916年10月初)(Бухарин,Н.И. Письмо В.И.Ленину.Начало октября 1916 г.Рукопись)——421—426。

—《世界经济和帝国主义》(Мировое хозяйство и империализм.—«Коммунист», Женева,1915,№1-2,стр.4—48)——112、151。

—《新奴隶制》(Новое рабство.—«Новый Мир»,Нью-Йорк,1916,№830,11 ноября,стр.4)——463。

[布哈林,尼·]《帝国主义国家》([Bucharin,N.]Der imperialistische Staat.—«Arbeiterpolitik»,Bremen,1916,Nr.25,9.Dezember,S.193—195)——463、508。

—《帝国主义强盗国家》(Der imperialistische Raubstaat.—«Jugend-Internationale»,Zürich,1916,Nr.6,1.Dezember,S.7—8. Подпись:Notabene)——463、508、525。

布劳恩——见扬松,扬·埃·。

大卫,爱·《世界大战中的社会民主党》(David,E. Die Sozialdemokratie im Weltkrieg.Berlin,Singer,1915.192 S.)——9、108、124。

德莱齐,弗·《行将到来的战争》(Delaisi,F.La guerre qui vient.Paris,«Guerre Sociale»,1911.48 p.)——442。

迪马,沙·和拉柯夫斯基,克·《社会党人和战争》(Dumas,Ch.et Racovski,C. Les socialistes et la guerre.(Discussion entre socialistes français et socialistes roumains).Bucuresti,Cercul de editură socialistă,1915.48p.)——149、152。

恩格斯,弗·《波河与莱茵河》(德文版)(Engels,F. Po und Rhein. Berlin, Duncker,1859.64 S.)——446。

—《波河与莱茵河》(俄文版)(Энгельс,Ф. По и Рейн. Конец февраля—начало марта 1859 г.)——446。

—《德国的社会主义》(俄文版)(Социализм в Германии. Октябрь 1891 г. и январь 1892 г.)——446。

—《德国的社会主义》(法文版)(Le socialisme en Allemagne.—«Almanach du Parti Ouvrier pour 1892»,Lille,[1892],p.93—105)——508。

—《给弗·阿·左尔格的信》(1891 年 4 月 8 日)(Письмо Ф.А.Зорге.8 апреля 1891 г.)——474、500。

—《给卡·考茨基的信》(1895 年 3 月 25 日)(Письмо К.Каутскому.25 марта 1895 г.)——500。

—《给卡·考茨基的信》(1895 年 4 月 1 日)(Письмо К.Каутскому.1 апреля 1895 г.)——500。

—[《工人阶级同波兰有什么关系?》]([What have the Working classes to do with Poland?].—«Archiv für die Geschichte des Sozialismus und der Arbeiterbewegung»,Leipzig,1916,Jg.6,S.212—219,в ст.:Karl Marx und Friedrich Engels über die Polenfrage.Eingeleitet und hrsg.von N.Rjasanoff)——369、375、460。

—《卡·马克思〈1848 年至 1850 年的法兰西阶级斗争〉一书导言》(Введение к работе К.Маркса«Классовая борьба во Франции с 1848 по 1850 г.».6 марта 1895 г.)——474、500、523。

—《论住宅问题》(Zur Wohnungsfrage.Separatabdruck aus dem «Volksstaat» von 1872.2.durchges.Aufl.Hottingen—Zürich,Volksbuchh.,1887.72 S.(Sozialdemokratische Bibliothek.XIII))——512。

—《[〈论住宅问题〉一书]序言》(1887 年 1 月 10 日)(Vorwort[zum Buch:«Zur Wohnungsfrage»].10.Januar 1887.—In:Engels,F.Zur Wohnungsfrage.Separatabdruck aus dem«Volksstaat»von 1872.2.durchges.Aufl.Hottingen—Zürich,Volksbuchh.,1887,S.3—10.(Sozialdemokratische Bibliothek.XIII))——512。

—《马克思〈1848 年至 1850 年的法兰西阶级斗争〉再版导言》(Einleitung zum Neudruck von Marx'«Klassenkämpfe in Frankreich 1848—1850».—«Die Neue Zeit»,Stuttgart,1894—1895,Jg.XIII,Bd.II,Nr.27,S.5—10;Nr.28,S.36—43)——474、500、523。

傅立叶,沙·《傅立叶全集》(Fourier,Ch.Oeuvres complètes.T.1—6.2-me éd.Paris,1841—1845.6 T.)——523。

哥尔布诺夫,伊·费·《在驿站》(Горбунов,И.Ф.На почтовой станции)——525、528。

哥尔恩,弗·、梅奇,弗·和切列万尼,涅·《俄国革命中各种社会力量的斗争》(Горн, В., Меч, В. и Череванин, Н. Борьба общественных сил в русской революции.Вып.3.Крестьянство и революция.М.,1907.168 стр.)——465。

哥尔特,赫·《帝国主义、世界大战和社会民主党》(Gorter, H. Het Imperialisme, de Wereldoorlog en de Social-Democratie. Amsterdam, Brochurehandel Social-Democratische Partij, [1914]. 116 bl.)——86、111、163、253、459。

格里戈里耶夫,P.《帕·波·阿克雪里罗得论国际和战争》(Григорьев,Р.П.Б. Аксельрод об Интернационале и войне.—«Голос»,Париж,1914,№86,22 декабря,стр.1;№87,23 декабря,стр.1)——55、79。

格里姆,罗·《党的决定》(Grimm,R.Parteibeschlüsse.—«Berner Tagwacht»,1917,Nr.6,8.Januar,S.1)——484—485、487—488、489—490。

—《格里姆的声明》(Erklärung Grimm.—«Berner Tagwacht», 1916, Nr. 173,26.Juli,S.1—2.Под общ.загл.:Die zürcher Genossen und die Nationalratsfraktion)——370、375。

—《战争问题上的多数派与少数派》(载于1917年1月23—27日《伯尔尼哨兵报》第19—23号)(Mehrheit und Minderheit in der Militärfrage.—«Berner Tagwacht», 1917, Nr.19, 23.Januar, S.1; Nr.20, 24.Januar, S.1; Nr.21, 25.Januar, S.1; Nr.22, 26.Januar, S.1; Nr.23, 27.Januar, S.1)——514、517。

—《战争问题上的多数派与少数派》(载于1917年1月《新生活》杂志)(Mehrheit und Minderheit in der Militärfrage.—«Neues Leben», Bern, 1917.Jg.3, Hft.1, Januar, S.1—16)——514、517。

龚普洛维奇,路·《国家理论史》(Gumplowicz, L. Geschichte der Staatstheorien. Innsbruck, Verl. der Wagner'schen Universitäts-Buchh., 1905. XI, 592 S.)——402。

古列维奇,埃·李·《战争和欧洲民主党》(Гуревич,Э.Л.Война и европейская

демократия.—«Русские Ведомости», М., 1914, №202, 3 сентября, стр. 2—3, в отд.: На темы дня. Подпись: Е. Смирнов)——14。

果雷,保·《战后反军国主义》(Golay, P. L'antimilitarisme après la guerre. Lausanne, 1916. 23 p.)——464。

—《正在死亡的社会主义和必将复兴的社会主义》(Le socialisme qui meurt et le socialisme qui doit renaître. Conférence donnée à la Maison du Peuple de Lausanne, le 11 mars 1915. Lausanne, imp. de l'université, 1915. 22 p.)——139、143、146、464、531。

汉森,阿·《挪威现代工人运动的几个问题》(Хансен, А. Некоторые моменты современного рабочего движения в Норвегии. Борьба рабочего класса и тактические течения.—«Сборник Социал-Демократа», [Женева], 1916, №2, декабрь, стр. 40—44)——393、399、404。

亨尼施,康·《德国党对国际的"背叛"》(Haenisch, K. Der deutsche «Verrat» an der Internationale.—«Hamburger Echo», 1914, Nr. 286, 8. Dezember, S. 1—2)——50。

胡斯曼,卡·《充满活力的国际》(Huysmans, K. Die lebendige Internationale. Ein Bericht von Kamille Huysmans. Arnheim (Holland), 9. Jänner.—«Arbeiter-Zeitung», Wien, 1916, Nr. 16, 16. Jänner, S. 3—4)——303。

基尔布姆,卡·《瑞典社会民主党和世界大战》(Чильбум, К. Шведская социал-демократия и мировая война. (Борьба против войны и ее спутника—реакции).—«Сборник Социал-Демократа», [Женева], 1916, №2, декабрь, стр. 34—40)——393、399、404。

吉尔波,昂·《谈谈时局》(Guilbeaux, H. Propos actuels.—«Demain», Genève, 1916, N 7, p. 1—14)——370。

[季诺维也夫,格·叶·]《步缅施科夫的后尘》([Зиновьев, Г. Е.] По стопам Меньшикова.—«Социал-Демократ», Женева, 1914, №34, 5 декабря, стр. 2)——46。

—《德国社会民主党和未来的国际》(Германская социал-демократия и будущий Интернационал.—«Социал-Демократ», Женева, 1915, №42, 21 мая, стр. 2)——94。

—《第二国际与战争问题》(Второй Интернационал и проблемы войны. Отказываемся ли мы от наследства? —«Сборник Социал-Демократа», [Женева], 1916, №2, декабрь, стр.1—29)——385、387、396、397、399。

—《第一次国际代表会议》(Первая международная конференция. (История ее созыва, ее состав, ее идейная физиономия).—«Социал-Демократ», Женева, 1915, №45—46, 11 октября, стр.2—3)——186、210。

—《俄国社会民主党和俄国社会沙文主义》(Российская Социал-демократия и русский социал-шовинизм.—«Коммунист», [Женева], 1915, №1—2, стр.102—155)——113。

—《俄国社会民主工党中央委员会代表关于1915年7月11日就召开国际代表会议问题举行的预备会议的报告》(Отчет делегата ЦК РСДРП о предварительном совещании, состоявшемся 11 июля 1915 г. по вопросу о созыве международной конференции. До 14 июля 1915 г. Рукопись)——114—115、121、122、123。

—《给尼·伊·布哈林的信草稿》(1916年9月)(Проект письма Н.И. Бухарину. Сентябрь 1916 г. Рукопись)——403、405。

—《关于俄国社会民主工党中央委员会在战争期间的活动的工作报告》([Zinowijew, G. E.] Tätigkeitsbericht des Zentralkomitees der SDAP Rußlands während des Krieges.—«Internationale Sozialistische Kommission zu Bern. Bulletin», 1915, Nr. 2, 27. November, S. 8—9)——179、222—223。

—《关于"赦免"及其预言者们》(«Об «амнистии» и ее пророках».—«Социал-Демократ», Женева, 1915, №42, 21 мая, стр.1)——94。

—《跪着的学生界》(Студенчество на коленях.—«Социал-Демократ», Женева, 1915, №37, 1 февраля, стр.2)——46。

—《和平主义还是马克思主义》(Пацифизм или марксизм. (Злоключения одного лозунга).—«Социал-Демократ», Женева, 1915, №44, 23 августа, стр.1—2)——117—118、128、131、142、144。

—《齐美尔瓦尔德会议之后》(После Циммервальда.—«Социал-Демократ», Женева, 1916, №52, 25 марта, стр.2)——250、265。

——《齐美尔瓦尔德—昆塔尔》(第二次齐美尔瓦尔德会议)(Циммервальд—Кинталь.Вторая Циммервальдская конференция.—«Социал-Демократ»,Женева,1916,№54—55,10 июня,стр.2—4)——397。

——《取消主义是怎样变成社会沙文主义的》(Как ликвидаторство превратилось в социал-шовинизм.—«Сборник Социал-Демократа»,[Женева],1916,№1,октябрь,стр.44—50)——265。

——《"社会民主党人"陛下》(Собственные его величества«социал-демократы».—«Социал-Демократ»,Женева,1915,№44,23 августа,стр.2)——142。

——《"失败主义"的过去和现在》(«Пораженчество» прежде и теперь.—«Сборник Социал-Демократа»,[Женева],1916,№1,октябрь,стр.35—43)——362、397、410。

——《战争与俄国的革命危机》(Война и революционный кризис в России.—«Социал-Демократ»,Женева,1915,№45—46,11 октября,стр.1—2)——153、204、210。

——《战争与俄国社会民主党工人党团(在战斗岗位上)》(Война и российская социал-демократическая рабочая фракция. На боевом посту.—«Социал-Демократ»,Женева,1914,№34,5 декабря,стр.1)——43、46、48。

[加米涅夫,列·波·]《国际的破产》([Каменев,Л.Б.]Крушение Интернационала. Пг.,«Волна»,1917.24 стр.Перед загл.авт.:Ю.Каменев)——364、484、492。

杰列夫斯基,尤·《历史上的社会对抗和阶级斗争》(Делевский,Ю.Социальные антагонизмы и классовая борьба в истории. Спб.,«Общественная Польза»,1910.[8],387 стр.)——348。

卡尔宾斯基,维·阿·《给弗·伊·列宁的信》(1914年12月9日)(Карпинский,В.А.Письмо В.И.Ленину.9 декабря 1914 г.Рукопись)——51—52。

考茨基,卡·《帝国主义》(Kautsky,K.Der Imperialismus.—«Die Neue Zeit»,Stuttgart,1914,Jg.32,Bd.2,Nr.21,11.September,S.908—922)——15。

——《媾和条件》(Friedensbedingungen.—«Leipziger Volkszeitung»,1916,Nr.281,15.Dezember,S.1—2;Nr.282,16.Dezember.2.Beilage zu Nr.282,S.1—2)——476。

——《国际观点和战争》(Die Internationalität und der Krieg.—«Die Neue

Zeit»,Stuttgart,1914,Jg.33,Bd.1,Nr.8,27.November,S.225—250)——48、89。

—《和约的准备》(Die Vorbereitung des Friedens.—«Die Neue Zeit»,Stuttgart,1914,Jg.32,Bd.2,Nr.20,28.August,S.876—882)——15。

—《接受和平建议》(Die Aufnahme des Friedensangebots.—«Leipziger Volkszeitung»,1916,Nr.286,21.Dezember,S.1—2)——476。

—《马克思和恩格斯几段话的真义》(Einige Feststellungen über Marx und Engels.—«Die Neue Zeit»,Stuttgart,1908,Jg.27,Bd.1,Nr.1,2.Oktober,S.1—7)——500。

—《目前这场战争以前社会民主党人的战争观》(Sozialdemokratische Anschauungen über den Krieg vor dem jetzigen Kriege.—«Die Neue Zeit»,Stuttgart,1916,Jg.35,Bd.1,Nr.13,29.Dezember,S.841—854)——476。

—《取得政权的道路》(Der Weg zur Macht. Politische Betrachtungen über das Hineinwachsen in die Revolution. Berlin, Buchh. Vorwärts, 1909. 104 S.)——27。

—《社会革命》(Каутский, К. Социальная революция. I. Социальная реформа и социальная революция. II. На другой день после социальной революции. Пер. с нем. Н. Карпова. Под ред. Н. Ленина. Изд. Лиги русской революционной социал-демократии. Женева, тип. Лиги, 1903. 204, 4 стр. (РСДРП))——523。

—《社会民主党人对战争的新观点》(Neue sozialdemokratische Auffassungen vom Krieg.—«Die Neue Zeit», Stuttgart, 1917, Jg. 35, Bd. 1, Nr. 14, 5. Januar, S.321—334)——476。

—《世界的救星》(Der Heiland der Welt.—«Leipziger Volkszeitung», 1916, Nr.289,24.Dezember,S.1)——476。

—《新策略》(Die Neue Taktik.—«Die Neue Zeit», Stuttgart, 1912, Jg. 30, Bd.2, Nr.44, 2. August, S. 654—664; Nr.45, 9. August, S. 688—698; Nr. 46, 16. August, S.723—733)——532。

—《再论民族动力》(Noch einige Bemerkungen über nationale Triebkräfte.—«Die Neue Zeit», Stuttgart, 1916, Jg. 34, Bd. 1, Nr. 23, 3. März, S. 705—713)

——280。

—《战争》(Der Krieg.—«Die Neue Zeit», Stuttgart, 1914, Jg. 32, Bd. 2, Nr. 19, 21. August, S.843—846)——15。

—《战争时期的社会民主党》(Die Sozialdemokratie im Kriege.—«Die Neue Zeit», Stuttgart, 1914, Jg. 33, Bd. 1, Nr. 1, 2. Oktober, S. 1—8)——15、48、89。

柯伦泰，亚·米·《谁需要战争？》(Коллонтай, А.М.Кому нужна война? Изд. ЦК РСДРП.Б.м., 1916.16 стр.)——207、213。

—《为什么德国无产阶级在7月的日子里默不作声？》(Почему молчал пролетариат Германии в июльские дни? —«Коммунист», Женева, 1915, №1—2, стр.159—161.Подпись: А.К—й)——104、130。

科尔布，威·《处在十字路口的社会民主党》(Kolb, W. Die Sozialdemokratie am Scheidewege. Ein Beitrag zum Thema: Neuorientierung der deutschen Politik. [2. Aufl.]. Karlsruhe, Buchdruckerei Geck, [1915]. 67 S.)——150。

[科里乔纳，弗·]《奥地利社会民主党生活片段》([Коричонер, Ф.]Из жизни австрийской социал-демократии.—«Сборник Социал-Демократа», [Женева], 1916, №2, декабрь, стр.44—45.Подпись: Ф.)——393、403、409。

科索夫斯基，弗·《解放的臆想》(Косовский, В. Освободительная легенда.—«Информационный Листок Заграничной Организации Бунда», [Женева], 1915, №7, январь, стр.3—7)——88—89。

—《解放奇谈》(Kossowsky, W. Befreiungslegenden.—«Die Neue Zeit», Stuttgart, 1915, Jg.33, Bd.1, Nr.19, 12.Februar, S.577—583)——88—89。

克鲁普斯卡娅，娜·康·《办学的两种形式》(Крупская, Н. К. Два типа организации школьного дела.—«Свободное Воспитание», М., 1911—1912, №3, стлб.47—56)——62。

—《给母亲们的建议》(«Совет матерям».—«Свободное Воспитание», М., 1911—1912, №1, стлб.113—118)——62。

—《关于德国教师柏林代表大会上提出的劳动学校问题》(Вопрос о трудовой школе на Берлинском конгрессе немецких учителей.—

«Свободное Воспитание», М., 1912—1913, №7, стлб. 71—86)——62。
—《关于学校审判问题》(К вопросу о школьных судах.—«Свободное Воспитание», М., 1910—1911, №10, стлб. 25—32)——62。
—《关于学校自决权》(О школьном самоуправлении.—«Свободное Воспитание», М., 1911—1912, №2, стлб. 49—62)——62。
—《关于自由的学校问题》(К вопросу о свободной школе.—«Свободное Воспитание», М., 1909—1910, №7, стлб. 1—10)——62。
—《国民教育和民主》(Народное образование и демократия. Пг., «Жизнь и Знание», 1917. 103 стр. (Б-ка обществоведения. Кн. 37))——468。
—《家庭和学校》(Семья и школа.—«Свободное Воспитание», М., 1913—1914, №1, стлб. 25—38)——62。
—《男女合校》(Совместное обучение.—«Русская Школа», Спб., 1911, №7—8, стр. 1—10)——62。
—《是否应当教男孩干家务》(Следует ли обучать мальчиков бабьему делу.—«Свободное Воспитание», М., 1909—1910, №10, стлб. 55—60)——62。
—《学生中的自杀现象和自由的劳动学校》(Самоубийства среди учащихся и свободная трудовая школа.—«Свободное Воспитание», М., 1910—1911, №10, стлб. 1—10)——62。
—《阳光和儿童的自由创作》(Солнечный свет и свободное творчество детей.—«Свободное Воспитание», М., 1912—1913, №5, стлб. 1—6)——62。
—《一位法国教师看列夫·托尔斯泰》(Лев Толстой в оценке французского педагога.—«Свободное Воспитание», М., 1911—1912, №12, стлб. 91—96)——62。
库利舍尔, А.《都柏林叛乱》(Кулишер, А. Дублинский мятеж.—«Речь», Пг., 1916, №102(3485), 15(28) апреля, стр. 1—2)——321。
拉波波特, 沙·《让·饶勒斯。人。思想家。社会主义者》(Rappoport, Ch. Jean Jaurès. L'Homme—Le Penseur—Le Socialiste. Avec une préface d'Anatole France. De L'Académie Française. Un Portrait et une Lettre autographe de Jaurès. Paris, L'Émancipatrice, 1915. 434 p.)——150、169。
拉狄克, 卡·《帝国主义发展的四分之一世纪》(Радек, К. Четверть века

развития империализма.—«Коммунист»,Женева,1915,№1—2,стр.49—69)——111、304。

[拉狄克,卡·]《好景不常》([Radek,K.]Ein ausgespieltes Lied.—«Berner Tagwacht»,1916,Nr.108,9.Mai,S.1.Подпись:K.R.)——307、321、325。

—《兼并和社会民主党》(Annexionen und Sozialdemokratie.—«Berner Tagwacht»,1915,Nr.252,28.Oktober.Beilage zur«Berner Tagwacht»,S.1;Nr.253,29.Oktober.Beilage zur«Berner Tagwacht»,S.1.Подпись:Parabellum)——338。

—《民族自决权》(Das Selbstbestimmungsrecht der Völker.—«Lichtstrahlen»,Berlin,1915,Nr.3,5.Dezember,S.50—54)——365。

—[《评尼·布哈林〈帝国主义国家〉一文》](Die Anmerkung zum Artikel [«Der imperialistische Staat» von N.Bucharin].—«Arbeiterpolitik»,Bremen,1916,Nr.25,9.Dezember,S.193)——463—464。

—《三月的思想》(Die Ideen des Märzen.—«Berner Tagwacht»,1916,Nr.63,15.März,S.1)——277。

—12 月 6 日。[短文](6. Dezember. [Заметка].—«Arbeiterpolitik»,Bremen,1916,Nr.25,9.Dezember,S.199,в отд.:Aus unserem politischen Tagebuch)——462、464。

—《一个纲领性文件》(Eine Programmschrift.—«Berner Tagwacht»,1916,Nr.29,4.Februar.Beilage zur«Berner Tagwacht»,S.1)——243。

拉芬-杜然《法国社会党人少数派》(Raffin-Dugens. La minorite socialiste française.—«Demain»,Genève,1916,N 7,p.22)——375。

拉柯夫斯基——见迪马,沙·和拉柯夫斯基,克·。

拉柯夫斯基,克·《重建国际》(Racovsky,C.Das Wiedererwachen der Internationale.Rede,gehalten am internationàlen Massenmeeting vom 8.Februar 1916 im Volkshaus in Bern.Zu beziehen durch die Internationale sozialistische Kommission in Bern.Б.м.,[1916].16 S.)——280。

拉林,尤·[《在斯德哥尔摩瑞典社会民主党代表大会上以组织委员会名义发表的声明》](Ларин,Ю.[Заявление от имени ОК на съезде Шведской социал-демократической партии в Стокгольме.23(10)ноября 1914 г.].—

«Социал-Демократ», Женева, 1915, №36, 9 января, стр. 2. Под общ. загл.: На шведском с.-д. съезде. На газ. ошибочно указана дата: 12 декабря 1914 г.)——48、90。

拉谢奈，P.-G.《帝国国会的一批社会党人与宣战》(La Chesnais, P.-G. Le groupe socialiste du Reichstag et la déclaration de guerre. Paris, Colin, 1915.101,1,40 p.)——109。

莱蒙托夫，米·尤·《致亚·奥·斯米尔诺娃》(Лермонтов, М. Ю. А. О. Смирновой)——423、537—538。

朗格，奥·《推测的动机》(Lang, O. Die vermutlichen Motive.—«Berner Tagwacht», 1916, Nr. 250, 24. Oktober, S. 1)——427。

—《推测的行为动机》(Die vermutlichen Motive der Tat.—«Volksrecht», Zürich, 1916, Nr. 248, 23. Oktober, S. 2. Подпись: O. Lg.)——427。

[雷巴尔卡，列·]《乌克兰和战争》([Rybalka, L.] L'Ukraine et la guerre. Lettre ouverte adressée à la 2-me conférence socialiste internationale tenue en Hollande en mai 1916. Ed. du journal socialdémocrate ukrainien «Borotba». Lausanne, 1916. 55 p.)——302、325、409。

李卜克内西，卡·《投反对票的理由》(Liebknecht, K. Abstimmungsbegründung. (Dem Reichstagspräsidenten gemäß § 59 der Geschäftsordnung überreicht). Berlin, den 2. Dezember 1914.—In: Klassenkampf gegen den Kriegl Material zum«Fall»Liebknecht. Б. м., [1915], S. 41—42)——52。

利林娜，兹·约·《当前问题》(Лилина, З. И. Очередной вопрос.—«Сборник Социал-Демократа», [Женева], 1916, №2, декабрь, стр. 62—67)——384、391—392。

[利林娜，兹·约·]《妇女劳动问题》([Lilina, Z. I.] Das Problem der Frauenwerbsarbeit.—«Berner Tagwacht», 1916, Nr. 148, 27. Juni, S. 1. Подпись: Zina)——349。

[列宁，弗·伊·]《答彼·基辅斯基(尤·皮达可夫)》([Ленин, В. И.] Ответ П. Киевскому (Ю. Пятакову). Август—сентябрь 1916 г.)——391、404、405、411、412、423、450。

—《帝国主义和社会主义运动中的分裂》(Империализм и раскол социализма.—

«Сборник Социал-Демократа»,［Женева］,1916,№2,декабрь,стр.52—57.Подпись:Н.Ленин)——357、362、376、384、397。

—《帝国主义是资本主义的最高阶段》——见列宁,弗·伊·《帝国主义是资本主义的最新阶段》。

—《帝国主义是资本主义的最高阶段》(通俗的论述)(Империализм,как высшая стадия капитализма.Популярный очерк.Январь—июнь 1916 г.)——226、236。

—《帝国主义是资本主义的最新阶段》(通俗的论述)(Империализм,как новейший этап капитализма.(Популярный очерк).Пг.,«Жизнь и Знание»,1917.［3］,130 стр.Перед загл.авт.:Н.Ленин(Вл.Ильин))——335、353—354、360、364、365、373、377、378、379—380、420、455、463、468、473、479、488。

—《第一步》(Первый шаг.—«Социал-Демократ»,Женева,1915,№45—46,11 октября,стр.2)——186、210。

—《对俄国社会民主工党党团的审判证明了什么?》(Что доказал суд над РСДРП фракцией?—«Социал-Демократ»,Женева,1915,№40,29 марта,стр.1)——84。

—《对亚·米·柯伦泰的小册子〈谁需要战争?〉的修改意见》(Поправки к брошюре А.М.Коллонтай«Кому нужна война?»,Осень 1915 г.Рукопись)——207。

—《俄国党内斗争的历史意义》(Исторический смысл внутрипартийной борьбы в России.—«Дискуссионный Листок»,［Париж］,1911,№3,29 апреля(12 мая),стр.3—8.Подпись:Н.Ленин)——465、497。

—《俄国的休特古姆派》(Русские Зюдекумы.—«Социал-Демократ»,Женева,1915,№37,1 февраля,стр.1)——79。

—《俄国社会民主工党国外支部代表会议》(Конференция заграничных секций РСДРП.—«Социал-Демократ»,Женева,1915,№40,29 марта,стр.2)——84、119、121、123、124、129、132、143、146、147、159、259、416、458。

—《俄国社会民主工党中央国外委员会的决定》(Постановление Заграничной

коллегии ЦК РСДРП.31 марта 1917 г.)——573、578。

—《俄国社会民主工党中央委员会就国际社会党第二次代表会议议程提出的提案》(Die Stellungnahme des Zentral-Komitees des SDAP Rußlands zu der Tagesordnung der zweiten internationalen sozialistischen Konferenz.—«Internationale Sozialistische Kommission zu Bern. Bulletin», Bern,1916,Nr.4,22.April,S.2—4)——290、308、310、313。

—《俄国社会民主工党中央委员会向社会党第二次代表会议提出的提案》(Предложение Центрального Комитета РСДРП второй социалистической конференции.Конец февраля—март 1916 г.)——250、254、265、270、271、278、279、284、293、294、310。

—《革命的社会民主党在欧洲大战中的任务》(Задачи революционной социал-демократии в европейской войне. Август, не позднее 24 (6 сентября),1914 г.)——10、12、25、112。

—《革命的无产阶级和民族自决权》(Революционный пролетариат и право наций на самоопределение. Не ранее 16(29) октября 1915 г.)——142、144、153。

—《给阿·瓦·卢那察尔斯基的信》(1917 年 3 月 25 日以前)(Письмо А.В. Луначарскому. Ранее 25 марта 1917 г.)——559。

—《给波里斯·苏瓦林的公开信》(1916 年 12 月下半月)(Открытое письмо Борису Суварину. Вторая половина декабря 1916 г.)——507、513。

—《给伯尔尼国际社会党委员会委员沙尔·奈恩的公开信》(1916 年 12 月 26—27 日(1917 年 1 月 8—9 日))(Открытое письмо к Шарлю Нэну, члену Международной социалистической комиссии в Берне. 26—27 декабря 1916 г.(8—9 января 1917 г.))——485。

—《给达·波·梁赞诺夫的信》(1916 年 4 月 10 日)(Письмо Д. Б. Рязанову. 10 апреля 1916 г.)——291。

—《给戴·怀恩科普的信》(1915 年 7 月 15 日)(Письмо Д. Вайнкопу. 15 июля 1915 г.)——116、122。

—《给芬兰陆军、海军和工人区域委员会主席伊·捷·斯米尔加的信》(1917 年 9 月 27 日(10 月 10 日))(Письмо председателю областного

комитета армии，флота и рабочих Финляндии И.Т.Смилге.27 сентября (10 октября)1917 г.)——616、617。

—《给弗·米·卡斯帕罗夫的信》(1915 年 8 月 19 日)(Письмо В.М. Каспарову.19 августа 1915 г.)——161。

—《给格·列·皮达可夫的信》(1916 年 8 月 10 日和 20 日之间)(Письмо Г.Л.Пятакову.Между 10 и 20 августа 1916 г.)——381、386。

—《给格·叶·季诺维也夫的信》(1916 年 8 月 22 日以前)(Письмо Г.Е. Зиновьеву.Ранее 22 августа 1916 г.)——391、392。

—《给格·叶·季诺维也夫的信》(1916 年 8 月 22 日以后)(Письмо Г.Е. Зиновьеву.Позднее 22 августа 1916 г.)——392—393。

—《给格·叶·季诺维也夫的信》(1916 年 8 月)(Письмо Г.Е.Зиновьеву. Август 1916 г.)——399。

—《给格·叶·季诺维也夫的信》(1916 年 9 月 15 日和 10 月 5 日之间)(Письмо Г.Е.Зиновьеву.Между 15 сентября и 5 октября 1916 г.)——412。

—《给古·罗维奥的信》(1917 年 9 月 27 日(10 月 10 日))(Письмо Г. Ровио.27 сентября(10 октября)1917 г.)——617。

—《给赫·哥尔特的信》(1915 年 5 月 5 日)(Письмо Г.Гортеру.5 мая 1915 г.)——91。

—《给卡·伯·拉狄克的信》(1915 年 6 月 19 日以后)(Письмо К.Б. Радеку.Позднее 19 июня 1915 г.)——109。

—《给米·尼·波克罗夫斯基的信》(1916 年 7 月 2 日)(Письмо М.Н. Покровскому.2 июля 1916 г.)——365、379。

—《给米·尼·波克罗夫斯基的信》(1916 年 7 月 24 日)(Письмо М.Н. Покровскому.24 июля 1916 г.)——364。

—《给米·尼·波克罗夫斯基的信》(1917 年 1 月 3 日)(Письмо М.Н. Покровскому.3 января 1917 г.)——488。

—《给莫·马·哈里东诺夫的信》(1915 年 9 月 19 日)(Письмо М.М. Харитонову.19 сентября 1915 г.)——195。

—《给莫·马·哈里东诺夫的信》(1916 年 1 月 29 日)(Письмо М.М.

Харитонову.29 января 1916 г.)——238。

—《给莫·马·哈里东诺夫的信》(1916 年 1 月 30 日)(Письмо М.М. Харитонову.30 января 1916 г.)——239、240。

—《给尼·伊·布哈林的信》(1916 年 8 月底—9 月初)(Письмо Н.И. Бухарину.Конец августа—начало сентября 1916 г.)——393、403、405。

—《给尼·伊·布哈林的信》(1916 年 10 月 14 日)(Письмо Н.И. Бухарину.14 октября 1916 г.)——412。

—《给启程回俄国的布尔什维克的电报》(1917 年 3 月 6 日(19 日))(Телеграмма большевикам,отъезжающим в Россию.6(19)марта 1917 г.)——559。

—《给瑞士工人的告别信》(1917 年 3 月 26 日(4 月 8 日))(Прощальное письмо к швейцарским рабочим.26 марта(8 апреля)1917 г.)——576、588、590、594。

—《给维·阿·卡尔宾斯基的电报》(1917 年 4 月 6 日)(Телеграмма В.А. Карпинскому.6 апреля 1917 г.)——583。

—《给维·阿·卡尔宾斯基的电报》(1917 年 4 月 14 日)(Телеграмма В.А. Карпинскому.14 апреля 1917 г.)——590。

—《给维·阿·卡尔宾斯基的信》(1914 年 10 月 20 日)(Письмо В.А. Карпинскому.20 октября 1914 г.)——22。

—《给维·阿·卡尔宾斯基的信》(1915 年 8 月 11 日以前)(Письмо В.А. Карпинскому.Ранее 11 августа 1915 г.)——155、158、178。

—《给维·阿·卡尔宾斯基的信》(1915 年 9 月 19 日)(Письмо В.А. Карпинскому.19 сентября 1915 г.)——195。

—《给维·阿·卡尔宾斯基的信》(1915 年 10 月 6 日以前)(Письмо В.А. Карпинскому.Ранее 6 октября 1915 г.)——211。

—《给维·阿·卡尔宾斯基的信》(1917 年 3 月 25 日)(Письмо В.А. Карпинскому.25 марта 1917 г.)——563。

—《给维·阿·卡尔宾斯基的信》(1917 年 4 月 12 日(25 日))(Письмо В. А.Карпинскому.12(25)апреля 1917 г.)——602。

—《给〈我们的言论报〉编辑部的信》(1915 年 2 月 9 日)(Письмо редакции

«Нашего Слова».9 февраля 1915 г.)——79、89。

—《给雅·斯·加涅茨基的电报》(1917 年 3 月 30 日)(Телеграмма Я.С. Ганецкому.30 марта 1917 г.)——568。

—《给雅·斯·加涅茨基的信》(1917 年 3 月 22 日)(Письмо Я.С. Ганецкому.22 марта 1917 г.)——554。

—《给亚·加·施略普尼柯夫的信》(1914 年 11 月 28 日)(Письмо А.Г. Шляпникову.28 ноября 1914 г.)——58。

—《给亚·加·施略普尼柯夫的信》(1914 年 12 月 28 日以后)(Письмо А. Г.Шляпникову.Позднее 28 декабря 1914 г.)——58。

—《给亚·加·施略普尼柯夫的信》(1915 年 8 月 23 日)(Письмо А.Г. Шляпникову.23 августа 1915 г.)——169。

—《给亚·加·施略普尼柯夫的信》(1916 年 5 月 1 日和 13 日之间)(Письмо А.Г.Шляпникову.Между 1 и 13 мая 1916 г.)——307。

—《给亚·加·施略普尼柯夫的信》(1916 年 5 月 16 日)(Письмо А.Г. Шляпникову.16 мая 1916 г.)——312。

—《给亚·加·施略普尼柯夫的信》(1916 年 5 月 23 日)(Письмо А.Г. Шляпникову.23 мая 1916 г.)——323、327、340。

—《给亚·加·施略普尼柯夫的信》(1916 年 6 月 3 日和 6 日之间)(Письмо А.Г.Шляпникову.Между 3 и 6 июня 1916 г.)——332、334。

—《给亚·加·施略普尼柯夫的信》(1916 年 6 月 17 日)(Письмо А.Г. Шляпникову.17 июня 1916 г.)——338。

—《给亚·米·柯伦泰的信》(1915 年 7 月 11 日以后)(Письмо А.М. Коллонтай.Позднее 11 июля 1915 г.)——116。

—《给亚·米·柯伦泰的信》(1915 年 11 月 22 日)(Письмо А.М. Коллонтай.22 ноября 1915 г.)——268。

—《给伊·费·阿尔曼德的信》(1915 年 1 月 17 日)(Письмо И.Ф.Арманд. 17 января 1915 г.)——68、70、71。

—《给伊·费·阿尔曼德的信》(1916 年 1 月 13 日)(Письмо И.Ф.Арманд. 13 января 1916 г.)——231、233。

—《给伊·费·阿尔曼德的信》(1916 年 1 月 15 日)(Письмо И.Ф.Арманд.

15 января 1916 г.)——231、233。

—《给伊・费・阿尔曼德的信》(1916 年 1 月 19 日)(Письмо И.Ф.Арманд. 19 января 1916 г.)——233。

—《给伊・费・阿尔曼德的信》(1916 年 10 月 5 日)(Письмо И.Ф.Арманд. 5 октября 1916 г.)——421。

—《给伊・费・阿尔曼德的信》(1916 年 11 月 26 日以前)(Письмо И.Ф. Арманд.Ранее 26 ноября 1916 г.)——443。

—《给伊・费・阿尔曼德的信》(1916 年 11 月 30 日)(Письмо И.Ф. Арманд.30 ноября 1916 г.)——471。

—《给伊・费・阿尔曼德的信》(1916 年 12 月 23 日以后)(Письмо И.Ф. Арманд.Позднее 23 декабря 1916 г.)——471。

—《给伊・费・阿尔曼德的信》(1917 年 1 月 8 日)(Письмо И.Ф.Арманд.8 января 1917 г.)——492。

—《给伊・费・阿尔曼德的信》(1917 年 1 月 14 日)(Письмо И.Ф.Арманд. 14 января 1917 г.)——496。

—《给伊・费・阿尔曼德的信》(1917 年 2 月 2 日)(Письмо И.Ф.Арманд.2 февраля 1917 г.)——519。

—《给伊・费・阿尔曼德的信》(1917 年 3 月 2 日)(Письмо И.Ф.Арманд.2 марта 1917 г.)——539。

—《给伊・费・阿尔曼德的信》(1917 年 3 月 18 日)(Письмо И.Ф.Арманд. 18 марта 1917 г.)——549。

—《给中央委员会国外局的信》(1917 年 8 月 17 日(30 日)—8 月 25 日(9 月 7 日))(Письмо Заграничному бюро Центрального Комитета.17(30) августа—25 августа(7 сентября)1917 г.)——616。

—《共和派沙文主义者的诡计》(Проделки республиканских шовинистов.30 марта 1917 г.)——572。

—《关于俄国社会民主党内的状况》(О положении дел в российской соц.-дем-тии.—«Социал-Демократ»,Женева,1915,№43,26 июля,стр.1—2)——106、128、131。

—《关于俄国社会民主工党统一代表大会的报告》(给彼得堡工人的信)

(Доклад об Объединительном съезде РСДРП.(Письмо к петербургским рабочим).М.—Спб.,тип.«Дело»,1906.62 стр.Перед загл.авт.:Н.Ленин)——563。

—《关于伦敦代表会议》(О Лондонской конференции.—«Социал-Демократ»,Женева,1915,№39,3 марта,стр.2)——81、82。

—《关于民粹派》[有党的工作者参加的俄国社会民主工党中央委员会1913年夏季会议的决议](О народниках.[Резолюция, принятая на летнем 1913 г.совещании ЦК РСДРП с партийными работниками].—В кн.:Извещение и резолюции летнего 1913 года совещания Центрального Комитета РСДРП с партийными работниками. Изд. ЦК. [Париж, декабрь]1913,стр.23—24.(РСДРП))——197。

—《关于民族问题的决议》[有党的工作者参加的俄国社会民主工党中央委员会1913年夏季会议的决议](Резолюция по национальному вопросу,[принятая на летнем 1913 г. совещании ЦК РСДРП с партийными работниками].—В кн.: Извещение и резолюции летнего 1913 года совещания Центрального Комитета РСДРП с партийными работниками. Изд.ЦК.[Париж,декабрь]1913,стр.20—23.(РСДРП))——135、144、156、159、161、173、261、433。

—《关于农业中资本主义发展规律的新材料》(Новые данные о законах развития капитализма в земледелии.Выпуск I.Капитализм и земледелие в Соединенных Штатах Америки.1915 г.)——226、420、455、468。

—[《关于无产阶级和战争的报告》(1914年10月1日(14日)报道)]([Реферат на тему«Пролетариат и война».1(14)октября 1914 г.Газетный отчет].—«Голос», Париж, 1914, №37, 25 октября, стр. 1; №38, 27 октября,стр.1.Под общ.загл.:Вожди русской с.-д.о войне.Подпись: И. К.)——11。

—[《关于修改战争问题的决议的建议》](德文版)([Lenin, W. I. Abänderungsantrag zur Resolution über Militärfrage].—«Volksrecht»,1917 Nr.38,14.Februar,S.2,в ст.:Der Kantonale Parteitag)——522、529、534、538。

——《关于修改战争问题的决议的建议》(俄文版)(Предложение об изменениях в резолюции по военному вопросу.27—29 января(9—11 февраля)1917 г.)——522、529、534、538。

——《关于1905年革命的报告》(Доклад о революции 1905 года.Ранее 9(22) января 1917 г.)——465、490。

——《关于战争的提纲》——见列宁,弗·伊·《革命的社会民主党在欧洲大战中的任务》。

——《关于自己的政府在帝国主义战争中的失败》(О поражении своего правительства в империалистической войне.—«Социал-Демократ», Женева, 1915, №43, 26 июля, стр.1)——106、128。

——《关于自决问题的争论总结》(Итоги дискуссии о самоопределении.—«Сборник Социал-Демократа», [Женева], 1916, №1, октябрь, стр. 11—28.Подпись: Н. Ленин)——341、357、364、365、367、368、370、371、376、392、397、470、602。

——《国外组织委员会给俄国社会民主工党各支部的信》(1916年2—3月)(Письмо Комитета заграничной организации к секциям РСДРП. Февраль—март 1916 г.)——318、339、356、359、448。

——《几个要点》(Несколько тезисов. От редакции.—«Социал-Демократ», Женева, 1915, №47, 13 октября, стр.2)——213、570、571。

——《寄语〈鹰之歌〉的作者》(Автору«Песни о соколе».—«Социал-Демократ», Женева, 1914, №34, 5 декабря, стр.2)——46。

——《立宪民主党人的胜利和工人政党的任务》(Победа кадетов и задачи рабочей партии.Спб., «Наша Мысль», [1906].79 стр.Перед загл.авт.: Н. Ленин)——563。

——《论策略书》(第一封信)(Письма о тактике.Письмо 1-е.Пг., 1917, 20 стр. (РСДРП).Перед загл.авт.: Н.Ленин)——596。

——《论大俄罗斯人的民族自豪感》(О национальной гордости великороссов.—«Социал-Демократ», Женева, 1914, №35, 12 декабря, стр.2.)——46、52。

——《论俄国罢工统计》(О статистике стачек в России.—«Мысль», М., 1910, №1, декабрь, стр.12—23; 1911, №2, январь, стр.19—29)——465。

—《论"废除武装"的口号》(О лозунге«разоружения».—«Сборник Социал-Демократа»,[Женева],1916,№2,декабрь,стр.29—34.Подпись:Н.Ленин)——376、384、393、401、404、406。

—《论"和平纲领"》(О«программе мира».—«Социал-Демократ»,Женева,1916,№52,25 марта,стр.1—2)——250、264、271、277—278。

—《论加米涅夫在中央执行委员会上关于斯德哥尔摩代表会议的发言》(О выступлении Каменева в ЦИК по поводу Стокгольмской конференции.—«Пролетарий»,Пг.,1917,№3,29(16)августа,стр.2)——611。

—《论面目全非的马克思主义和"帝国主义经济主义"》(О карикатуре на марксизм и об«империалистическом экономизме».Август—октябрь 1916 г.)——414、415、416、423、434、436、439、446、458、471、501、508、526。

—《论民族自决权》(О праве наций на самоопределение.—«Просвещение»,Спб.,1914,№4,стр.34—47;№5,стр.57—71;№6,стр.33—47.Подпись:В.Ильин)——458、475。

—《论欧洲联邦口号》(О лозунге Соединенных Штатов Европы.—«Социал-Демократ»,Женева,1915,№44,23 августа,стр.2)——130、142、144、145、154、156。

—《论尤尼乌斯的小册子》(О брошюре Юниуса.—«Сборник Социал-Демократа»,[Женева],1916,№1,октябрь,стр.28—34.Подпись:Н.Ленин)——357、368、370、385。

—《论正在产生的"帝国主义经济主义"倾向》(О рождающемся направлении «империалистического экономизма».Август—сентябрь 1916 г.)——316、436。

—《马克思,卡尔》(Маркс,Карл.—В кн.:Энциклопедический словарь т-ва «Бр.А.и И.Гранат и К°».7-е.совершен.переработ.изд.под ред.Ю.С.Гамбарова и др.Т.28,М.,[1914],стлб.219—243,243—246.Подпись:В.Ильин)——5、33、34、37、61。

—《马克思主义论国家》(Марксизм о государстве.Материалы по подготовке брошюры«Государство и революция».Январь—февраль 1917 г.)——607。

—《马克思主义和修正主义》(Марксизм и ревизионизм.—В кн.:Карл Маркс(1818—1883).К 25-летию со дня его смерти(1883—1908).Спб.,тип.

Вольфа, 1908, стр. 210 — 217. На обл. загл.: Памяти Карла Маркса. Подпись: Вл. Ильин)——445。

—《评"和平"口号》(К оценке лозунга «мир». Июль—август 1915 г.)——143、144。

—《齐赫泽党团及其作用》(Фракция Чхеидзе и ее роль.—«Сборник Социал-Демократа», [Женева], 1916, №2, декабрь, стр. 69 — 70. Подпись: Н. Ленин)——357、362、397。

—《青年国际(短评)》(Интернационал Молодежи. (Заметка).—«Сборник Социал-Демократа», [Женева], 1916, №2, декабрь, стр. 76—77. Подпись: Н. Ленин)——463、508、525。

—《瑞士社会民主党对战争态度的提纲》(Тезисы об отношении швейцарской социал-демократической партии к войне. Начало декабря 1916 г.)——461、516、518。

—《瑞士社会民主党内齐美尔瓦尔德左派的任务》(Задачи левых циммервальдистов в швейцарской с.-д. партии. Конец октября—начало ноября 1916 г.)——437、439、440、449、461、466、480。

—《社会党国际的状况和任务》(Положение и задачи социалистического Интернационала.—«Социал-Демократ», Женева, 1914, №33, 1 ноября, стр. 2)——17、21。

—《社会民主党在1905—1907年俄国第一次革命的土地纲领》(Аграрная программа социал-демократии в первой русской революции 1905 — 1907 годов. Ноябрь—декабрь 1907 г.)——560、565、593、602。

—《社会主义革命和民族自决权(提纲)》(德文版)(Die sozialistische Revolution und das Selbstbestimmungsrecht der Nationen. (Thesen).—«Vorbote», [Bern], 1916, Nr. 2, April, S. 36—44)——230、244、251、252、265、269、280、281、287、317、372、460。

—《社会主义革命和民族自决权(提纲)》(俄文版)(Социалистическая революция и право наций на самоопределение. (Тезисы).—«Сборник Социал-Демократа», [Женева], 1916, №1, октябрь, стр. 1 — 6. Подпись: Редакция «С.-Д-та», Центр. Органа РСДРП)—— 287、372、400、

445、471。
—《世界政治中的转变》(Поворот в мировой политике.—«Социал-Демократ», Женева,1917,№58,31 января,стр.2)——542。
—《是分裂还是腐烂?》(Раскол или гниение? Февраль—апрель 1916 г.)——250。
—《死去的沙文主义和活着的社会主义(怎样重建国际?)》(Мертвый шовинизм и живой социализм.(Как восстановлять Интернационал?).—«Социал-Демократ»,Женева,1914,№35,12 декабря,стр.1—2)——46。
—《谈伦敦代表会议》(По поводу Лондонской конференции.—«Социал-Демократ»,Женева,1915,№40,29 марта,стр.1)——82。
—《为机会主义辩白是徒劳的》(Потуги обелить оппортунизм.—«Сборник Социал-Демократа»,[Женева],1916,№2,декабрь,стр.68—69.Подпись:Н.Ленин)——362、397。
—《无产阶级革命的军事纲领》(Военная программа пролетарской революции. Сентябрь 1916 г.)——389、393、404、406、420。
—《一个德国人对战争的评论》(Один немецкий голос о войне.—«Социал-Демократ»,Женева,1914,№34,5 декабря,стр.2)——46。
—《一位法裔社会党人诚实的呼声》(Честный голос французского социалиста.—«Коммунист»,Женева,1915,№1—2,стр.184—188.Подпись:Н.Ленин)——138、143、144。
—《1915 年 9 月 5—8 日国际社会党代表会议上的革命马克思主义者》(Революционные марксисты на международной соц.конференции 5—8. IX.1915.—«Социал-Демократ»,Женева,1915,№45—46,11 октября,стр.3)——185、186、210。
—《1917 年 3 月 4 日(17 日)的提纲草稿》(Набросок тезисов.4(17)марта 1917 г.)——545。
—《以后怎么办?(论工人政党反对机会主义和社会沙文主义的任务)》(Что же дальше? (О задачах рабочих партий по отношению к оппортунизму и социал-шовинизму).—«Социал-Демократ», Женева, 1915, №36, 9 января,стр.1.На газ.ошибочно указана дата:12 декабря 1914 г.)——66。
—《意大利的帝国主义和社会主义》(Империализм и социализм в Италии.—

«Коммунист», Женева, 1915, №1－2, стр. 188 — 192. Подпись: Н. Ленин) ——104。

—《远方来信》(第一封信)(Письма из далека. Письмо 1. Первый этап первой революции. 7(20) марта 1917 г.)——552、556、558、564、565、570、577。

—《远方来信》(第二封信)(Письма из далека. Письмо 2. Новое правительство и пролетариат. 9(22) марта 1917 г.)——552、556、558、564、565、570、577。

—《远方来信》(第三封信)(Письма из далека. Письмо 3. О пролетарской милиции. 11(24) марта 1917 г.)——559、564、565、570。

—《远方来信》(第四封信)(Письма из далека. Письмо 4. Как добиться мира? 12(25) марта 1917 г.)——564、565、570、571。

—[《在格·瓦·普列汉诺夫〈论社会党人对战争的态度〉专题报告会上的发言》]([Речь на реферате Г. В. Плеханова «Об отношении социалистов к войне». 28 сентября (11 октября) 1914 г. Краткий газетный отчет].—«Голос», Париж, 1914, №33, 21 октября, стр. 1. Под общ. загл.: Вожди русской с.-д. о войне. Подпись: И. К.)——11。

—《在瑞士社会民主党代表大会上的讲话》(Речь на съезде швейцарской социал-демократической партии. 4 ноября 1916 г.)——432、433、434、577。

—《战争和俄国社会民主党》(1914年9月28日(10月11日)以前)(Война и российская социал-демократия. Сентябрь, ранее 28 (11 октября), 1914 г.)——8、10、12、13。

—《战争和俄国社会民主党》(载于1914年11月1日《社会民主党人报》第33号)(Война и российская социал-демократия.—«Социал-Демократ», Женева, 1914, №33, 1 ноября, стр. 1)——19、20、21、25、32、34、56、59、60、112、119、124、144、146、147、154、155、158、178。

—《致国际社会党委员会》(В Интернациональную социалистическую комиссию (I.S.K.). Сентябрь, позднее 12(25), 1915 г.)——205、206。

—《致"社会主义宣传同盟"书记》(Секретарю «Лиги социалистической пропаганды». Между 31 октября и 9 ноября (13 и 22 ноября) 1915 г.)

——268、425。

—《中央委员会代表团提出的决议案》(Резолюция, предложенная делегацией ЦК.—«Социал-Демократ», Женева, 1915, №42. Приложение к №42 газеты «Социал-Демократ», 1 июня, стр. 2. Под общ. загл.: Женская международная социалистическая конференция)——150。

—《资产阶级的和平主义与社会党人的和平主义》(Пацифизм буржуазный и пацифизм социалистический. 1 января 1917 г.)——493、525。

—《组织委员会和齐赫泽党团有自己的路线吗?》(Есть ли своя линия у ОК и у фракции Чхеидзе? —«Социал-Демократ», Женева, 1916, №50, 18 февраля, стр. 2)——113。

—《左派社会民主党人为国际社会党第一次代表会议准备的决议草案》(Проект резолюции левых социал-демократов к первой международной социалистической конференции. Ранее 13(26) июля 1915 г.)——132、137、143、147、152、160、161、167、169、178、179。

[列宁,弗·伊·和季诺维也夫,格·叶·《〈《社会民主党人报》文集〉编辑部给尼·伊·布哈林的信》(1916 年 9 月底—10 月初)]([Ленин, В. И. и Зиновьев, Г. Е. Письмо редакции «Сборника Социал-Демократа» Н. И. Бухарину. Конец сентября—начало октября 1916 г.]. Рукопись)——403、405、410、423。

—《社会主义与战争(俄国社会民主工党对战争的态度)》(德文版)([Lenin, W. I. u. Zinowijew, G. E.] Sozialismus und Krieg. (Stellung der SDAP Rußlands zum Kriege). Б. м., 1915. 36 S. (SDAP). После загл. авт.: G. Zinowijew und N. Lenin)——130、161、162、184、185、191、193、203、213、215、216、221。

—《社会主义与战争(俄国社会民主工党对战争的态度)》(俄文版)(Социализм и война. (Отношение РСДРП к войне). Изд. ред. «Социал-Демократа». Женева, Chaulmontet, 1915. 48 стр. (РСДРП). Перед загл. авт.: Г. Зиновьев и Н. Ленин)——121、130、131、138、140、141、142、144、145、154、155、157、158—159、161、162、167、170、172、173、177、184、185、189、190、191、193、213、268、416、424、570。

——《社会主义与战争(俄国社会民主工党对战争的态度)》(法文版)([Lenine, V.I.et Zinowieff,G.E.]Le Socialisme et la Guerre.(Point de vue du PSDO de Russie sur la guerre).Genève,la Redaction du«Social-Démocrate»,1916.77 p.(Parti Social Démocrate Ouvrier de Russie))——267。

卢那察尔斯基,阿·瓦·《给编辑部的信》(Луначарский,А.В.Письмо в редакцию.—«Новая Жизнь»,Пг.,1917,№60,28 июня(11 июля),стр.4)——609。

[卢森堡,罗·]《社会民主党的危机》([Luxemburg,R.]Die Krise der Sozialdemokratie.Anhang:Leitsätze über die Aufgaben der internationalen Sozialdemokratie.Zürich,Verlagsdruckerei Union,1916.109 S.После загл.авт.:Junius)——264、295、299、357、368、370、472。

吕勒,奥·《论党的分裂》(Rühle,O.Zur Parteispaltung.—«Vorwärts»,Berlin,1916,Nr.11,12.Januar.Beilage zu Nr.11 des«Vorwärts»,S.2)——244、248、253、279。

伦施,保·《社会民主党,它的终结和成就》(Lensch,P.Die Sozialdemokratie,ihr Ende und ihr Glück.Leipzig,Hirzel,1916.X,218 S.)——373。

罗兰,罗·《超乎混战之上》(Rolland,R.Au—dessus de la mêlée.Paris—Neuchâtel,Ollendorff—Attinger,1915,164 p.)——214。

罗兰-霍尔斯特,罕·《模棱两可的观点》(Роланд-Гольст,Г.Двусмысленная позиция.—«Сборник Социал-Демократа»,[Женева],1916,№2,декабрь,стр.70—71)——392、403。

[罗兰-霍尔斯特,罕·]《模棱两可的观点》([Roland Holst,H.]Een dubbelzinnig standpunt.—«De Tribune»,Amsterdam,1916,No.159,23 Augustus,S.1)——392。

马尔托夫,尔·《从"民族自决权"中得出的结论是什么》(Мартов,Л.Что следует из«права на национальное самоопределение».—«Наш Голос»,Самара,1916,№3(17),17 января,стр.1—2;№4(18),24 января,стр.1)——266、323。

——《尔·马尔托夫致古斯塔夫·爱尔威的公开信》(Открытое письмо Л.Мартова к Густаву Эрве.—«Голос»,Париж,1914,№12,25 сентября,стр.

1)——14。

—《关于我的臆造出来的孤独》(给编辑部的信)(О моем мнимом одиночестве.(Письмо в редакцию).—«Голос»,Париж,1914,№87,23 декабря,стр. 2)——55。

—《和平》(Мир.—«Голос»,Париж,1914,№19,3 октября,стр.1.Подпись:Л.М.)——14。

—《〈前进报〉已经死亡》(Умер«Vorwärts».—«Голос»,Париж,1914,№23,9 октября,стр.1—2.Подпись:Л.М.)——14。

—《声明》(Заявление.—«Наше Слово»,Париж,1915,№1,29 января,стр. 1)——72。

—《在复兴的道路上》(齐美尔瓦尔德会议之后)(На пути к возрождению.(После Циммервальда).—«Известия Заграничного Секретариата Организационного Комитета Российской Социал-Демократической Рабочей Партии»,[Цюрих],1916,№3,5 февраля,стр. 1 — 2. Подпись: Л. М.)——250。

马克思,卡·《1848 年至 1850 年的法兰西阶级斗争》(Маркс,К. Классовая борьба во Франции с 1848 по 1850 г.Январь—1 ноября 1850 г.)——474、500、523。

—《哲学的贫困》(德文版)(Marx,K. Das Elend der Philosophie. Antwort auf Proudhons«Philosophie des Elends».Deutsch von E.Bernstein und K. Kautsky.Mit Vorw.und Noten von F.Engels.Stuttgart,Dietz,1885.XXXVII,209 S.)——623。

—《哲学的贫困》(俄文版)(Нищета философии.Ответ на«Философию нищеты» Прудона.С предисл. Ф. Энгельса. Пер. В. И. Засулич. Под ред. Г. В. Плеханова. Спб.,1906.[3],XXVI,142 стр.(Всеобщая б-ка Г.Ф.Львовича))——623。

马克思,卡·和恩格斯,弗·《共产党宣言》(德文版)(Marx,K. u. Engels,F. Manifest der Kommunistischen Partei. Veröffentlicht im Februar 1848. London,«Bildungs-Cesellschaft für Arbeiter»,1848.30 S.)——623。

—《共产党宣言》(1847 年 12 月—1848 年 1 月)(俄文版)(Маркс,К. и Энгельс,Ф. Манифест Коммунистической партии. Декабрь 1847 г.—

январь 1848 г.)——149、439、445。

—《共产党宣言》(格·瓦·普列汉诺夫翻译并作注,1905 年日内瓦俄文版)(Манифест Коммунистической партии.Пер.и примеч.Г.В.Плеханова.Женева,«Вперед»,1905.46 стр.(РСДРП))——623。

—《马克思和恩格斯通信集(1844—1883 年)》(Der Briefwechsel zwischen Friedrich Engels und Karl Marx.1844 bis 1883».herausgeben von A.Bebel und Ed.Bernstein.Vier Bande,Stuttgart,1913)——386。

马斯洛夫,彼·巴·《俄国土地问题》(Маслов,П.П.Аграрный вопрос в России.Т.II.Кризис крестьянского хозяйства и крестьянское движение.Спб.,тип.«Общественная Польза»,1908.VIII,457,135 стр.;4 л.карт.)——466。

—《世界大战的经济原因》(Экономические причины мировой войны.М.,тип.Сытина,1915.71 стр.)——111。

—《战争和通商条约》(Война и торговые договоры.(Письмо в редакцию).—«Русские Ведомости»,М.,1914,№207,10 сентября,стр.2,в отд.:На темы дня)——14。

马希纳泽,勃·《高加索社会民主党》(Машинадзе,Б.Кавказская социал-демократия.—«Известия Заграничного Секретариата Организационного Комитета Российской Социал-Демократической Рабочей Партии»,[Женева],1915,№2,14 июня,стр.4)——113。

美列涅夫斯基,马·伊·《给弗·伊·列宁的信》(1914 年 12 月 28 日)(Меленевский,М.И.Письмо В.И.Ленину.28 декабря 1914 г.Рукопись)——63。

[明岑贝格,威·]《论延期召开党代表大会》([Münzenberg,W.]Zur Parteitagsverschielung.—«Volksrecht»,Zürich,1917,Nr.11,13.Januar,S.2.Подпись:—g.)——490。

莫尼托尔《社会民主党和世界大战》(Monitor.Die Sozialdemokratie und der Weltkrieg.—«Preußische Jahrbücher»,Berlin,1915,Bd.160,April bis Juni,S.30—53)——94。

诺布斯,恩·《声明》(Nobs,E.Erklärung.—«Volksrecht»,Zürich,1916,Nr.262,8.November,S.2,в отд.:Aus der Partei)——437。

潘涅库克，安·《帝国主义和无产阶级的任务》(Паннекук，A.Империализм и задачи пролетариата.—«Коммунист»，Женева，1915，№1—2，стр.70—77)——140、141。

—《国际的破产》(Panneckoek，A.Der Zusammenbruch der Internationale.—«Berner Tagwacht»，1914，Nr.245，20.Oktober，S.1；Nr.246，21.Oktober，S.1；Nr.247，22.Oktober，S.1)——24、27、146、163。

—《荷兰社会民主党代表大会》(Der Jahreskongreß der SDP in Holland.—«Berner Tagwacht»，1915，Nr. 170，24. Juli. Beilage zur «Berner Tagwacht»，S.1)——133。

—《群众行动与革命》(Massenaktion und Revolution.—«Die Neue Zeit»，Stuttgart，1912，Jg.30，Bd.2，Nr.41，12.Juli，S.541—550；Nr.42，19.Juli，S.585—593；Nr.43，26.Juli，S.609—616)——532。

[皮达可夫，格·列·]《战友》([Пятаков，Г.Л.]Собрат по оружию.«Интернационал».Ежемесячник，посвященный вопросам теории и практики марксизма.Издается Розой Люксембург и Францем Мерингом.№1，15 апреля 1915 г.76 стр.—«Коммунист»，Женева，1915，№1—2，стр.182—184.Подпись：Петр Киевский)——118。

普列汉诺夫，格·瓦·《国际主义和保卫祖国》(Плеханов，Г.В.Интернационализм и защита отечества.Пг.，1916.17 стр.(Отд.оттиск из журн.«Современный Мир»))——367。

—《论战争》(О войне.Ответ товарищу З.П.Paris，1914.32 стр.)——78。

—《西皮亚金之死和我们的鼓动任务》(Смерть Сипягина и наши агитационные задачи.—«Искра»，[Мюнхен]，1902，№20，1 мая，стр.1)——428。

—《专题报告〈论社会党人对战争的态度〉》——见《俄国社会民主党的领袖们论战争》。

[契切林，格·瓦·]《关于召集社会党国际局的争论》([Чичерин，Г.В.]Споры о созыве Межд.соц.бюро.(Письмо из Англии).—«Наше Слово»，Париж，1916，№51(438)，1 марта，стр.1；№52(439)，2 марта，стр.1.Подпись：Орн.)——250。

饶勒斯，让·《新的军队》(Jaurès，J.L' Armée nouvelle.Paris，Rouff，[1911].

686 p.(L'organisation socialiste de la France))——441。

—《议会演说》(Discours parlamentaires. Recueillis et annotés par Edmond Claris. T.I.Précédé d'une introduction de L'auteur sur le socialisme et le radicalisme en 1885.Paris,Cornély,1904.906 p.)——523。

施留特尔,海·《宪章运动。英国社会政治史概论》(Schlüter, H. Die Chartistenbewegung. Ein Beitrag zur sozialpolitischen Geschichte Englands. New York,Socialist literature C°,1916.368 S.)——269。

[施略普尼柯夫,亚·加·]《工人的彼得堡与战争》(一个彼得堡工人在战争初期的观察)([Шляпников, А.Г.]Рабочий Петербург и война.(Наблюдения петербургского рабочего в начале войны).—«Коммунист», Женева, 1915, №1—2,стр.161—167.Подпись:А.Беленин)——55。

—《工人和军事工业委员会》(Рабочие и военно-промышленные комитеты.—«Социал-Демократ»,Женева,1916,№53,13 апреля,стр.1—2.Под общ.загл.: Вести из России.Подпись:А.Б.)——312。

—《战争20个月来的工人俄国》(Рабочая Россия за двадцать месяцев войны. (Личные впечатления и собранные в С.-Петербурге материалы).—«Сборник Социал-Демократа»,[Женева],1916,№1,октябрь,стр.50—67.Подпись: А. Беленин)——372、387、394、399、407、411。

施特勒贝尔,亨·《社会党危机的原因》(Ströbel, H.Die Ursachen der sozialistischen Krise.—«Die Neue Zeit»,Stuttgart,1915,Jg.34,Bd.1,Nr.12,17. Dezember,S.353—361)——248、253。

施特鲁特汉,阿·《瑞士社会民主党代表大会之后》(Struthahn, A. Nach dem Parteitage der Schweizer Sozialdemokratie.—«Arbeiterpolitik», Bremen, 1916,Nr.24,2.Dezember,S.185—187)——437。

斯米尔诺夫——见古列维奇,埃·李·。

斯佩克塔托尔《保卫祖国和社会民主党的对外政策》(Spektator. Vaterlandsverteid igung und auswärtige Politik der Sozialdemokratie.Bern,«Promachos»,1917.31 S.)——515、518。

苏汉诺夫,尼·《关于社会主义的危机》(Суханов, Н.К кризису социализма. (По поводу«военных»выступлений Г.В.Плеханова).Пг.,1916.48 стр.)

——295。

—《我们的左派团体和战争》(Наши левые группы и война. Пг., 1915. 102 стр.)——263、264、290、310。

苏瓦林,波·《致我们在瑞士的朋友们》(Souvarine, B. A nos amis qui sont en Suisse.—«Le Populaire du Centre», Limoges—Paris, 1916, N 345, 10 décembre, p.1)——509。

唐恩,费·伊·[《关于同〈我们的曙光〉杂志发生分歧的声明》](Дан, Ф.И. [Заявление о расхождении с«Нашей Зарей»].—«Наше Слово», Париж, 1915, №1, 29 января, стр.1, в ст.: Мартов, Л. Заявление)——72。

梯什卡,卡·《19世纪西欧的工资和生活费用》(Tyszka, C. Löhne und Lebenskosten in Westeuropa im 19. Jahrhundert. (Frankreich, England, Spanien, Belgien). Nebst einem Anhang: Lebenskosten deutscher und westeuropäischer Arbeiter früher und jetzt. München—Leipzig, Duncker und Humblot, 1914. VIII, 291 S. (Schriften des Vereins für Sozialpolitik. 145. Bd.))——274、278。

—《英国、德国、法国、比利时和美利坚合众国等主要工业国家中工人阶级的生活水平》(Die Lebenshaltung der arbeitenden Klassen in den bedeutenderen Industriestaaten: England, Deutschland, Frankreich, Belgien und Vereinigte Staaten von Amerika... Jena, Fischer, 1912. [4], 69 S.)——274、278。

托洛茨基,列·《革命中的俄国》(Trotzky, L. Rußland in der Revolution. Dresden, Raden, [1910]. VIII, 359 S.)——465。

[托洛茨基,列·达·]《战争和国际》([Троцкий, Л.Д.] Война и Интернационал. II.—«Голос», Париж, 1914, №79, 13 декабря, стр. 1—2. Подпись: Н. Троцкий)——55、89。

—《致〈共产党人〉杂志编辑部的一封公开信》(Открытое письмо в редакцию журнала «Коммунист».—«Наше Слово», Париж, 1915, №105, 4 июня, стр. 1—2. Подпись: Н. Троцкий)——96。

谢姆柯夫斯基,谢·《就国家建设问题纸上谈兵》(Семковский, С. Государственностроительное прожектерство.—«Наше Слово», Париж, 1915, №45, 21

Женева, 1915, №45—46, 11 октября, стр. 4. Под общ. загл.: Из отчетов, прочитанных на Международной социалистической конференции в Циммервальде)——186。

《巴尔干社会党联盟和社会党国际》(布加勒斯特代表会议决议)(Балканската соц.федерация и социалистич.Интернационал.(Резолюция на Букурещката конференция).—«Работнически Вестникъ», София, 1915,№80,16 юли,стр.1)——156。

《巴塞尔宣言》——见《国际关于目前形势的宣言》。

《"保卫祖国"或为社会革命而斗争》(«Защита отечества» или борьба за социальную революцию.—«Социал-Демократ», Женева, 1915, №39, 3 марта,стр.1)——83。

《保险问题》杂志(彼得格勒)(«Вопросы Страхования», Пг.)——180、370、385、401、407。

—1915,№3(41),25 апреля.16 стр.——113。

—1915,№4(42),15 мая.16 стр.——113。

—1915,№5(43),10 июля,стр.16.——131。

《崩得国外组织新闻小报》[日内瓦](«Информационный Листок Заграничной Организации Бунда»,[Женева])——88。

—1915,№7,январь.16 стр.——67、88、243、257—258。

《崩得中央委员会决议》——见《崩得中央委员会论战争》。

《崩得中央委员会论战争》[1914年11月崩得中央委员会会议通过的决议](Центральный комитет Бунда о войне. [Резолюция, принятая на совещании,созванном ЦК Бунда в ноябре 1914 г.].—«Информационный Листок Заграничной организации Бунда»,[Женева],1915,№7,январь, стр.3)——88。

《彼得堡和莫斯科的孟什维克论战争》(Петербургские и московские меньшевики о войне.—«Известия Заграничного Секретариата Организационного Комитета Российской Социал-Демократической Рабочей Партии», [Цюрих], 1916, №5, 10 июня, стр. 2. Подпись: Петербургская с.-д. инициативная группа. Московская группа с.-д.меньшевиков)——364。

[《彼得堡取消派对王德威尔得电报的答复》]([Ответ петербургских ликвидаторов на телеграмму Вандервельде].—«Социал-Демократ»,Женева,1914,№34,5 декабря,стр. 2,в отд.:Хроника. Под общ. загл.:С.-Петербург)——42、46、56。

《彼得格勒工兵代表苏维埃同临时政府达成的协议》——见《工兵代表苏维埃3月2日的会议记录摘要》。

《彼得格勒工兵代表苏维埃消息报》(«Известия Петроградского Совета Рабочих и Солдатских Депутатов»,1917,№4,3 марта,стр.4)——596。

《编辑部的话》(载于1916年1月24日《我们的呼声报》第4号(总第18号))(От редакции.—«Наш Голос»,Самара,1916,№4(18),24 января,стр.1)——266。

《编辑部的话》[关于彼得堡取消派对王德威尔得电报的答复](От редакции.[По поводу ответа петербургских ликвидаторов на телеграмму Вандервельде].—«Социал-Демократ», Женева, 1914, №34, 5 декабря, стр.2,.в отд.:Хроника.Под общ.загл.:С.-Петербург)——46。

《[编辑部对埃·古列维奇的信〈帕尔乌斯—科兹洛夫斯基—加涅茨基〉]的按语》(Примечание[редакции к письму Э.Гуревича«Парвус —Козловский Ганецкий»].—«Без Лишних Слов»,Пг.,1917,№2,19 июля,стр.5—6)——610。

《编委会会议的决议(1915年6月1—2日)》(Rezolucja narady kolegjum redakcyjnego,odbytej 1—2 czerwca 1915 r.—«Gazeta Robotnicza»,[Zürich],1916,Nr.25,styczeń,s.7—8)——243、257—258、321、336、340、341、342、410、447。

《波涛报》(赫尔辛福斯)(«Прибой»,Гельсингфорс)——617。

《伯尔尼代表会议上少数派的决议》——见列宁,弗·伊·《中央委员会代表团提出的决议案》。

《伯尔尼国际社会党委员会》[关于召开国际社会党第二次代表会议的文告,附会议议程和准许出席会议的条件的叙述](Internationale sozialistische Kommission zu Bern.[Обращение по поводу созыва 2-ой Международной социалистической конференции с изложением порядка дня конференции и

условий допущения на нее].—«Internationale Sozialistische Kommission zu Bern.Bulletin»,Bern,1916,Nr.3,29.Februar.S.1)——265、293。

《伯尔尼国际社会党委员会。公报》(伯尔尼)(«Internationale Sozialistische Kommission zu Bern. Bulletin», Bern, 1915, Nr. 1, 21. September. 8 S.)——202、203、205。

—1915,Nr.2,27.November.14 S.——179、222、265、294。

—1916,Nr.3,29.Februar.16 S.——249、250、253、254、265、273、277—278、293、337、449、457。

—1916,Nr.4,22.April.20 S.——270、290、308、312、313。

—1917,Nr.13,18.Juli.——611。

《伯尔尼哨兵报》(«Berner Tagwacht»)——148、251、303、346、370、375、427、488、506、512、516、580。

—1914,Nr.245,20.Oktober,S.1;Nr.246,21.Oktober,S.1;Nr.247,22.Oktober,S.1.——24、27、146、163。

—1915,Nr.152,3.Juli.Beilage zur«Berner Tagwacht»,S.1.——134、135。

—1915,Nr.170,24.Juli.Beilage zur«Berner Tagwacht»,S.1.——133。

—1915,Nr.218,18.September.4 S.——186、187、192、218。

—1915,Nr. 218. Beilage zur «Berner Tagwacht», 18. September, S. 1—2.——192。

—1915,Nr.252,28.Oktober.Beilage zur«Berner Tagwacht»,S.1;Nr.253,29.Oktober.Beilage zur«Berner Tagwacht»,S.1.——338。

—1915, Nr. 274, 23. November. Beilage zur « Berner Tagwacht », S. 1.——219。

—1916,Nr.29,4.Februar.Beilage zur«Berner Tagwacht»,S.1.——243。

—1916,Nr.32,8.Februar.Beilage zur«Berner Tagwacht»,S.1;Nr.34,10.Februar,S.1—2.——244。

—1916,Nr.49,28.Februar.Beilage zur«Berner Tagwacht»,S.1.——251。

—1916,Nr.63,15.März,S.1.——277。

—1916,Nr.106,6.Mai,S.1.——302、310、424。

—1916,Nr.108,9.Mai,S.1.——307、321、325。

—1916,Nr.148,27.Juni,S.1.——349。

—1916,Nr.166,18.Juli.Beilage zur«Berner Tagwacht»,S.1—2.——375。

—1916,Nr.168,20.Juli.Beilage zur«Berner Tagwacht»,S.1—2.——375。

—1916,Nr.173,26.Juli,S.1—2.——370、375。

—1916,Nr.176,29.Juli,S.2—3.——375。

—1916,Nr.240,12.Oktober,S.2.——427。

—1916,Nr.250,24.Oktober,S.1.——427。

—1916,Nr.250,24.Oktober.Beilage zur«Berner Tagwacht»,S.1.——427。

—1916,Nr.262,7.November,S.1.——437。

—1916,Nr. 289, 8. Dezember. 1. Beilage zur «Berner Tagwacht», S. 1.——484—485、486—487。

—1917,Nr.6,8.Januar.4 S.——484—485、487—488、489—490、494。

—1917,Nr.19,23.Januar,S.1;Nr.20,24.Januar,S.1;Nr.21,25.Januar,S.1;Nr.22,26.Januar,S.1;Nr.23,27.Januar,S.1.——514、517。

《驳保卫祖国的谎言》(«Gegen die Lüge der Vaterlandsverteidigung»,Zürich,[1917],Nr.1.8 S.)——521、528、529、530、531、538、541、577。

《不来梅派的决议》——见《德国党内反对派的发展》。

《布加勒斯特巴尔干社会党第二次代表会议》(Втората Балканска социалистическа конференция въ Букурещь.(Кореспонденции на«Работнически Вестникъ»).—«Работнически Вестникъ»,София,1915,№78,14 юли,стр.1—2)——156。

《布里宗的报告》——见《布里宗、拉芬-杜然和亚·勃朗的声明》。

《布里宗、拉芬-杜然和亚·勃朗的声明》(Déclaration de Brizon, Raffin-Dugens et A.Blanc.—«L' Humanité», Paris, 1916, N 4452, 25 juin, p.2. Под общ.загл.: Vote des douzièmes provisoires)——356。

《从彼得格勒发往国外和从国外发回的电报》(Телеграммы из Петрограда за границу и обратно.—«Без Лишних Слов», Пг., 1917, №1, 11 июля, стр. 3—4;№2,19 июля,стр.3)——610。

《答埃·王德威尔得》(Ответ Э.Вандервельду.—«Социал-Демократ», Женева, 1914,№33,1 ноября,стр.1—2.Подпись: Центральный Комитет Росс.с.-д.рабочей партии)——8、13、14、17、19、21。

《当务之急》(Das Gebot der Stunde.—«Leipziger Volkszeitung»,1915,Nr. 139,19. Juni,S. 1 — 2. Подписи: Eduard Bernstein, Hugo Haase, Karl Kautsky)——100、101、102、110、119、134。

《党的阿劳代表大会》(Der Parteitag in Aarau.—«Berner Tagwacht»,1915, Nr.274,23.November.Beilage zur«Berner Tagwacht»,S.1)——219。

《党的代表大会》(Der Parteitag.—«Berner Tagwacht»,1916,Nr.262,7.November.S.1)——437。

《党的非常代表大会》(Außerordentlicher Parteitag.Samstag und Sonntag den 10. und 11.Februar 1917 im Volkshaus in Bern.—«Berner Tagwacht»,1916,Nr. 289,8.Dezember.1.Beilage zur«Berner Tagwacht»,S.1.Под общ.загл.:Sozialdemokratische Partei der Schweiz.Подпись:Die Geschäftsleitung)——484—485、486—487。

《党的非常代表大会延期召开》(载于1917年1月9日《民权报》第7号)(Der außerordentliche Parteitag verschoben.—«Volksrecht»,Zürich,1917,Nr. 7,9.Januar,S.2,в отд.:Aus der Partei)——490。

《党的非常代表大会延期召开》(载于1917年1月10日《民权报》第8号)(Der außerordentliche Parteitag verschoben.—«Volksrecht», Zürich, 1917,Nr.8,10.Januar,S.2—3,в отд.:Aus der Partei.Подпись:—ev.)——491—492。

《党的特斯代表大会》(Der Parteitag in Töss.—«Volksrecht»,Zürich,1917, Nr.36,12.Februar,S.1)——521、529、534、538。

《党内消息》(Aus der Partei.—«Vorwärts»,Berlin,1914,Nr.319,22.November.2. Beilage des«Vorwärts»Berliner Volksblatt,S.1)——29。

《导言》(载于1915年11月《国际传单集》第1辑)(Zur Einführung.—«Internationale Flugblätter»,Zürich,1915,Nr.1,November,S.1—5.Под общ. загл.:Die Zimmerwalder Linke über die Aufgaben der Arbeiterklasse)——217。

《导言》(载于1916年1月《先驱》杂志第1期)(Zur Einführung.—«Vorbote», [Bern],1916,Nr.1,Januar,S.1—4)——234。

《德·布鲁凯尔论国际》(De Brouckère über die Internationale.—«Volksfre-

und», Braunschweig, 1916, Nr.38, 15.Februar, S.1)——299、303。

《德国党内反对派的发展》(Das Wachstum der deutschen Parteiopposition.—«Berner Tagwacht», 1916, Nr. 49, 28. Februar. Beilage zur «Berner Tagwacht», S.1, в отд.: Die Internationale und der Krieg)——251。

《德国党内反对派的和平宣言》(Ein Friedensmanifest der deutschen Parteiopposition.—«Volksrecht», Zürich, 1917, Nr. 9, 11. Januar, S. 1—2)——534。

《德国工会总委员会通讯》杂志(柏林)(«Korrespondenzblatt der Generalkommission der Gewerkschaften Deutschlands», Berlin, 1914, Nr. 47, 21. November, S.621—622)——49。

《德国同志们的建议》(Ein Vorschlag deutscher Genossen.—«Internationale Sozialistische Kommission zu Bern. Bulletin», Bern, 1916, Nr. 3, 29. Februar, S.6—7)——248、253、265、457、509。

《斗争》杂志(日内瓦)(«Боротьба», Genève, 1915, №№1—5, лютий—листопад)——251。

—1916, №6, марец.8 стор.——251。

《斗争》周刊(杜伊斯堡)(«Der Kampf», Duisburg)——614。

《对党主席的决定进行全党表决》(Das Referendum gegen den Parteivorstandsbeschluß ergriffen.—«Volksrecht», Zürich, 1917, Nr. 19, 23. Januar, S.2, в отд.: Aus der Partei)——504、505—506、507、512、513、516、517、521、526、531、534、538。

《对军事问题委员会多数派决议案的修正案》(Abänderungasntäge zu der Resolution der Mehrheit der Militärkommission.—«Vollsrecht», Zürich, 1917, Nr.34, 9. Eebruar, S.1—2)——519、522、526。

《对施图尔克伯爵的谋杀》(Attentat auf den Grafen Stürgkh.—«Arbeiter-Zeitung», Wien, 1916, Nr.293, 22. Oktober, S.1)——427。

《对战争牺牲者和受迫害者表示同情的决议》(Резолюция симпатии жертвам войны и преследуемым.—«Социал-Демократ», Женева, 1915, №45—46, 11 октября, стр.1)——210。

《多数派在哪里?》[社论](Где большинство? [Передовая].—«Наше Слово»,

Париж,1915,№42,18 марта,стр.1)——89。

俄国。柏林,3月15日。(Rußland.Berlin,15.März.—«Neue Zürcher Zeitung»,1917,Nr.458,15.März.Erstes Abendblatt,S.2,в отд.:Ausland)——541。

《俄国的国内危机》(Die innere Krise Rußlands.—«Arbeiter-Zeitung»,Wien,1915,Nr.186,7.Juli,S.3)——141。

《俄国对战争的期望》(Чего ждет Россия от войны.Сборник статей:Туган-Барановского,М.И.и др.С прилож.4-х географ.карт.[Пг.],«Прометей»,[1915].223 стр.)——98、104。

《俄国革命》(载于1917年3月16日《新苏黎世报》第462号)(Revolution in Rußland.Abdankung des Zaren. —«Neue Zürcher Zeitung»,1917,Nr.462,16.März.Erstes Mittagblatt,S.1—2)——542。

《俄国革命》(载于1917年3月17日《新苏黎世报》第470号)(Revolution in Rußland.—«Neue Zürcher Zeitung»,1917,Nr.470,17.März.Erstes Mittagblatt,S.2)——544、546。

《俄国革命》(载于1917年3月19日《新苏黎世报》第481号)(Revolution in Rußland.—«Neue Zürcher Zeitung»,1917,Nr.481,19.März.Erstes Mittagblatt,S.2)——571。

《俄国纪事》杂志(彼得格勒)(«Русские Записки»,Пг.)——384。

《俄国马克思主义社会民主党反对战争的宣言》(Manifest tegen den Oorlog van de Marxistische Sociaaldemokratie in Rusland.—«De Tribune»,Amsterdam,1914,No.26—27,31 December,S.2)——124。

《俄国社会民主党的领袖们论战争》(Вожди русской с.-д.о войне.—«Голос»,Париж,1914,№31,18 октября,стр.1;№32,20 октября,стр.1.Подпись:И.К.)——11。

《俄国社会民主党中央委员会的宣言》(Manifeste du Comité central du Parti social-démocrate ouvrier de Russie.—«La Sentinelle»,La Chaux-de-Fonds,1914,N 265,13 novembre,p.1)——30、34、40。

《俄国社会民主工党纲领(党的第二次代表大会通过)》(Программа Российской соц.-дем.рабочей партии,принятая на Втором съезде партии.—В кн.:Второй очередной съезд Росс.соц.-дем.рабочей партии.Полный текст протоколов.

Изд.ЦК.Genève，тип. партии，[1904]，стр. 1—6.(РСДРП))——133、136、137、292、433。

《俄国社会民主工党国外支部伯尔尼代表会议决议》——见列宁，弗·伊·《俄国社会民主工党国外支部代表会议》。

《俄国社会民主工党中央委员会的声明(党的代表马克西莫维奇同志提交伦敦代表会议的)》(Декларация Центрального Комитета РСДРП，представленная Лондонской конференции делегатом партии тов. Максимовичем.—«Социал-Демократ»，Женева，1915，№40，29 марта，стр.1)——84。

《俄国社会民主工党组织委员会的工作报告》(Tätigkeitsbericht des Organisationskomitees der SDAP Rußlands.—«Internationale Sozialistische Kommission zu Bern.Bulletin»，Bern，1915，Nr.2，27.November，S.6—7)——265、294。

《俄国社会民主工党组织委员会给哥本哈根代表会议的报告》(Доклад Организационного комитета РСДРП Копенгагенской конференции.—«Известия Заграничного Секретариата Организационного Комитета Российской Социал-Демократической Рабочей Партии»，[Женева]，1915，№1，22 февраля，стр.1)——90。

《俄国社会民主工党组织委员会国外书记处通报》[日内瓦—苏黎世](«Известия Заграничного Секретариата Организационного Комитета Российской Социал-Демократической Рабочей Партии»，[Женева—Цюрих])——105、106。

—1915，№1，22 февраля，стр.1.——90。

—1915，№2，14 июня.4 стр.——104、105、111、113。

—1916，№3，5 февраля.8 стр.——250、265。

—1916，№5，10 июня，стр.2.——364。

《俄国无产阶级的任务》(给俄国国内同志的信)(Задача российского пролетариата.(Письмо к товарищам в России).[Genève，Chaulmontet，1915].8 стр.(РСДРП))——204。

《俄罗斯新闻》(莫斯科)(«Русские Ведомости»，М.)——493。

—1914，№202，3 сентября，стр.2—3.——14。

—1914，№207，10 сентября，стр.2.——14。

《俄罗斯学校》杂志(圣彼得堡)(«Русская Школа»,Спб.,1911,№7－8,стр. 1—10)——62。

《俄罗斯言论报》(莫斯科)(«Русское Слово»,М.,1914,№223,28 сентября, стр.4)——27、197。

《俄罗斯意志报》(彼得格勒)(«Русская Воля»,Пг.)——610。

《20世纪初俄国的社会运动》(第1—4卷)(Общественное движение в России в начале XX-го вска. Под ред. Л. Мартова, П. Маслова и А. Потресова. Т. I—IV. Спб., тип.«Общественная Польза»,1909—1914. 5 т.)——466。

《法国革命》——见《在齐美尔瓦尔德(瑞士)召开的国际社会党代表会议上法国和德国代表团的共同宣言》。

《法兰克福报》(美因河畔法兰克福)(«Frankfurter Zeitung», Frankfurt a.M.)——560。

—1917, Nr.80, 22. März. Zweites Morgenblatt, S.1.——555、560。

《反潮流》(Против течения! —«Социал-Демократ», Женева, 1914, №33, 1 ноября, стр.1)——21。

《反对派的帝国会议》(Die Reichskonferenz der Partei-Opposition.—«Vorwärts», Berlin, 1917, Nr.8, 9. Januar. Beilage des«Vorwärts»Berliner Volksblatt, S.1—2)——526、535。

《反对挑拨,拥护和平与联盟》(布加勒斯特代表会议决议)(Противъ подстрекателствата, за мира и федерацията.(Резолюция на Букурещката конференция).—«Работнически Вестникъ», София, 1915, №80, 16 юли, стр.1)——156。

《废除国债》——见《革命社会主义者联盟……纲领草案》。

《费德里科·阿德勒的声明》(Un manifesto di Federico Adler.—«Avanti!», Milano, 1916, N.295, 23 ottobre, p.1)——427。

《风暴之夜》[社论](Der Sturm naht.[Передовая].—«Holzarbeiter-Zeitung», Zürich, 1917, Nr.4, 27. Januar, S.1)——529。

《弗里茨·阿德勒其人》(Persönliches über Dr. Fritz Adler.—«Volksrecht», Zürich, 1916, Nr. 249, 24. Oktober, S. 1. Под общ. загл.: Das Drama in Wien)——427。

рабочей партии США в апреле 1916 г.].—In:Constitution of the Socialist Labor Party of the United States of America. Adopted at the Eleventh National Convention New York, July, 1904. Amended at the National Conventions New York,1908,1912,1916.New York,[1916],p.27—29. Под общ.загл.:Resolutions)——501。

《关于出版〈共产党人〉杂志的通知》(Извещение об издании журнала«Коммунист». 20 мая 1915 г.[Отд.оттиск.Genève,1915].3 стр.)——96。

《关于出版事务委员会的声明》(Zur Erklärung der Preßkommission.—«Vorwärts»,Berlin,1914,Nr.325,28.November.1.Beilage des«Vorwärts» Berliner Volksblatt,S.1,в отд.:Aus der Partei)——49。

《关于党代表大会问题的争论》(Der Streit um den Parteitag! —«Grütlianer», Zürich,1917,Nr.5,8.Januar,S.1)——487。

《关于党的统一》[1917年俄国社会民主工党(布)第六次代表大会通过的决议](Об объединении партии.[Резолюция,принятая на VI съезде РСДРП (б).1917 г.].—«Новая Жизнь»,Пг.,1917,№98,11(24)августа,стр.4. Под общ. загл.: Резолюции съезда Российск. соц.-дем. раб. партии (большевиков))——613。

《关于帝国主义和民族压迫的提纲》(载于1916年4月《先驱》杂志第2期)(Thesen über Imperialismus und nationale Unterdrückung.—«Vorbote», [Bern],1916,Nr.2,April,S.44—51.Подпись:Redaktion der Gazeta Robotnicza,Organ des Landesvorstandes der Sozialdemokratie Russisch-Polens)——287、288、357、371、405、449、458、460、464。

《关于帝国主义和民族压迫的提纲》(载于1916年10月《〈社会民主党人报〉文集》第1辑)(Тезисы об империализме и национальном угнетении.—«Сборник Социал-Демократа»,[Женева],1916,№1,октябрь,стр.6—11. Подпись:Редакция«Газеты Работничей»)——458、460。

《关于对非无产阶级政党的态度的决议[俄国社会民主工党第五次(伦敦)代表大会通过]》(Резолюция об отношении к непролетарским партиям, [принятая на V(Лондонском)съезде РСДРП].—В кн.: Лондонский съезд Российской соц.-демокр. раб. партии (состоявшийся в 1907 г.).

Полный текст протоколов. Изд. ЦК. Paris，1909，стр. 454 — 455.(РСДРП))——197。

《关于对海牙社会党国际局的态度》[1916 年昆塔尔国际社会党代表会议通过的决议](Об отношении к Междун. соц. бюро в Гааге.[Резолюция，принятая на Международной социалистической конференции в Кинтале. 1916 г.].—«Социал-Демократ»，Женева，1916，№54—55，10 июня，стр. 1)——303、310。

[《关于和平的建议的决议》(1916 年 12 月 26 日辛迪加代表大会通过)]([La résolution suivante sur les propositions de paix. Резолюция，принятая на синдикальном конгрессе. 26 декабря 1916 г.].—«La Bataille»，Paris，1916，N 421，27 dézembre，p. 2. Под общ. загл.：La Conférence des Fédérations Corporatives des Unions de syndicats et des Bourses du Travail. La seance de nuit)——476、526、534。

《关于结束战争的决议》[法国社会党代表大会通过](La résolution sur les buts de guerre.[Резолюция，принятая на конгрессе Французской социалистической партии].—«La Bataille»，Paris，1916，N 422，28 décembre，p. 2)——476、534。

《关于民族自决权的口号》[皮达可夫、博什、布哈林的"提纲"](О лозунге права наций на самоопределение.[«Тезисы» Пятакова，Бош，Бухарина]. Ноябрь 1915 г. Рукопись)——260、292。

《关于〈世界大战和社会民主党的任务〉的决议案》(Vorschlag der Resolution über：Weltkrieg und die Aufgaben der Sozialdemokratie.—«Internationale Flugblätter»，Zürich，1915，Nr. 1，November，S. 5—7. Под общ. загл.：Die Zimmerwalder Linke über die Aufgaben der Arbeiterklasse)——217。

《关于我们的"左派"同志》(通讯)(Von unsern«Linken»Genossen.(Korrespondenz).—«Grütlianer»，Zürich，1917，Nr. 2，4. Januar，S. 2)——487。

《关于修正案》(Zur Richtigstellung.—«Vorwärts»，Berlin，1914，Nr. 323，26. November. Beilage des«Vorwärts»Berliner Volksblatt，S. 2)——49。

《关于政治形势》[1917 年俄国社会民主工党(布)第六次代表大会通过的决议](О политическом положении.[Резолюция，принятая на VI съезде

《告所属各政党和团体书》(载于1916年2月29日《伯尔尼国际社会党委员会。公报》第3号)(Rundschreiben an alle angeschlossenen Parteien und Gruppen.—«Internationale Sozialistische Kommission zu Bern.Bulletin»,Bern,1916,Nr.3,29.Februar,S.2—3.Подпись:Im Namen der Zimmerwalder Konferenz:Die ISK zu Bern)——250、265。

《告所属各政党和团体书》(载于1916年3月25日《社会民主党人报》第52号)(Ко всем примыкающим партиям и группам.—«Социал-Демократ»,Женева,1916,№52,25 марта,стр.1)——265。

《告遭破产和受迫害的人民书》(An die Völker,die man zu Grunde richtet und tötet.—«Berner Tagwacht»,1916,Nr.106,6.Mai,S.1.Под общ.загл.:Zweite internationale sozialistische Zimmerwalder Konferenz)——302、310、424。

[《哥本哈根代表会议决议》(1905年)]([Резолюции Копенгагенской конференции.1915 г.].—«Наше Слово»,Париж,1915,№4,2 февраля,стр.1.Под общ.загл.:Копенгагенская конференция.(От собственного корреспондента).Подпись:А.Коллонтай)——67。

《革命的社会民主党的暗语》(Пароль революционной социал-демократии.—«Социал-Демократ»,Женева,1914,№34,5 декабря,стр.1—2)——46。

《革命社会主义者联盟和荷兰社会民主工党纲领草案》(Ein Programmentwurf der RSV und der SDAP Hollands.—«Internationale Sozialistische Kommission zu Bern.Bulletin»,Bern,1916,Nr.3,29.Februar,S.7—8)——254、273、277—278、337、449。

《格鲁吉亚决议》——见《居住在……格鲁吉亚社会民主党人……的答复》。

《格吕特利盟员报》(苏黎世)(«Grütlianer»,Zürich)——506。

—1917,Nr.2,4.Januar.4 S.——487、494。

—1917,Nr.5,8.Januar,S.1.——487。

—1917,Nr.6,9.Januar.4 S.——494。

《给格里姆的答复草稿》——见列宁,弗·伊·《致国际社会党委员会》。

《工兵代表苏维埃3月2日的会议记录摘要》(Из протокола заседания Совета рабочих и солдатских депутатов 2-го марта.—«Известия Петроградского

《弗里茨·阿德勒是精神失常的人吗?》(War Fritz Adler ein Verrückter? —«Volksrecht»,Zürich,1916,Nr.249,24.Oktober,S.2.Под общ.загл.:Das Drama in Wien)——427。

《弗里茨·阿德勒在奥地利党中的地位》(Fritz Adlers Stellung in der österreichischen Partei.—«Volksrecht», Zürich, 1916, Nr. 249, 24. Oktober,S.1—2.Под общ.загл.:Das Drama in Wien)——427、429。

《弗里德里希·阿德勒》(载于1916年10月22日《工人报》第293号)(Friedrich Adler.—«Arbeiter-Zeitung»,Wien,1916,Nr.293,22.Oktober,S.2)——427。

《弗里德里希·阿德勒》(载于1916年10月24日《伯尔尼哨兵报》第250号)(Friedrich Adler.—«Berner Tagwacht», 1916, Nr. 250, 24. Oktober. Beilage zur«Berner Tagwacht»,S.1.Подпись:E.P.)——427。

《福斯报》(柏林)(«Vossische Zeitung», Berlin, 1917, Nr. 148, 22. März. Morgen-Ausgabe,S.1)——560。

《妇女工人运动和战争》(Женское рабочее движение и война.—«Социал-Демократ»,Женева,1914,№34,5 декабря,стр.2)——46。

《该说的话》杂志(巴黎)(«Ce qu'il faut dire...»,Paris)——368。

《纲领》——见《德国同志们的建议》。

《告工人阶级书》(An die Arbeiterklasse! —«Volksrecht»,Zürich,1916,Nr.306,30.Dezember,S.1—2.Подпись: Internationale sozialistische Kommission zu Bern)——477。

《告欧洲无产者书》[1915年齐美尔瓦尔德国际社会党代表会议通过的宣言](Пролетарии Европы! [Манифест,принятый на Международной социалистической конференции в Циммервальде. 1915 г.].—«Социал-Демократ», Женева, 1915, №45—46, 11 октября, стр. 1)——186、201、208。

《告欧洲无产者书》(载于1915年9月18日《伯尔尼哨兵报》第218号)(Proletarier Europas! —«Berner Tagwacht»,1915,Nr.218,18.September,S.1.Под общ.загл.:Internationale Sozialistische Konferenz zu Zimmerwald (Schweiz))——186、187、192、218。

《工人通报》(索非亚)(«Работнически Вестникъ», София, 1915, №78, 14 юли, стр.1—2)——156。

—1915, №79, 15 юли, стр.1.——156。

—1915, №80, 16 юли, стр.1.——156。

《工人委员会》(Les comités ouvriers.—«Le Temps», Paris, 1917, N 20347, 22 mars, p.2, в отд.: Les événements de Russie)——556、559。

《工人新闻》(彼得格勒)(«Рабочие Ведомости», Пг.)——418。

《工人在保险理事会里》(Рабочие в страховом совете.—«День», Пг., 1916, №32(1192), 2 февраля, стр.4, в отд.: Рабочая жизнь)——250。

《工人政治》杂志(不来梅)(«Arbeiterpolitik», Bremen)——372、373、399、410、437、467、514、602、609、613—614。

—1916, Nr.5, 22.Juli, S.33—40.——399、410。

—1916, Nr.7, 5.August, S.49—56.——399、410。

—1916, Nr.24, 2.Dezember, S.185—187.——437。

—1916, Nr.25, 9.Dezember, S.193—195, 199.——462、463—464、508。

《共产党人》杂志(日内瓦)(«Коммунист», Женева)——96、104、107、108、109、111、112、113、116、117、118、125、133、139、143、150、151、168、169、170、203、256、258、259、260、261、263、274、276、283、292、301、303、315、316、318、320、321、323、328、336、337、340、341、342、343、346、448、466、570。

—1915, №1—2.196 стр.——55、104、105、107、111、112、118、130、138、139、140、141、143、144、151、177、189、258、304、316、336。

《古契柯夫给米·瓦·阿列克谢耶夫将军的信》(载于1916年12月30日《社会民主党人报》第57号)(Письмо Гучкова к генералу М.В.Алексееву.—«Социал-Демократ», Женева, 1916, №57, 30 декабря, стр.1—2)——463。

《蛊惑和分裂》(Демагогия и межевательство.—«Известия Заграничного Секретариата Организационного Комитета Российской Социал-Демократической Рабочей Партии», [Женева], 1915, №2, 14 июня, стр.4)——106。

《关于备战情况》[1916年4月美国社会主义工人党代表大会通过的决议] (On Preparedness. [Резолюция, принятая на съезде Социалистической

Совета Рабочих и Солдатских Депутатов», 1917, №4, 3 марта, стр. 4) ——596。

《工兵代表苏维埃斯德哥尔摩情报局消息报》(«Известия Стокгольмского Информационного Бюро Совета Рабочих и Солдатских Депутатов»)——615。

《工兵代表苏维埃斯德哥尔摩情报局消息报》(载于1917年8月19日《中央执行委员会和彼得格勒工兵代表苏维埃消息报》第148号)(«Известия Стокгольмского Информ. Бюро С. Р. и С. Д.».—«Известия ЦИК и Петроградского Совета Рабочих и Солдатских Депутатов», 1917, №148, 19 августа, стр. 3)——615。

《工兵代表苏维埃中央执行委员会全体会议》(Пленарное заседание ЦИК С. Р. и С. Д.—«Новая Жизнь», Пг., 1917, №95, 8(21) августа, стр. 3. Под общ. загл.: Стокгольмская конференция)——611、612。

《工人报》[苏黎世](«Gazeta Robotnicza», [Zürich])——243、317、321、332、340、341、342、343、356。

—1916, Nr. 25, styczeń. 8 s.——243、257—258、321、327、336、340、341、410、447。

《工人报》(维也纳)(«Arbeiter-Zeitung», Wien)——274、362、427、428。

—1914, Nr. 309, 7. November, S. 3.——29。

—1915, Nr. 45, 14. Februar. Morgenblatt, S. 1—2.——89。

—1915, Nr. 186, 7. Juli, S. 3.——141。

—1916, Nr. 16, 16. Jänner, S. 3—4.——303。

—1916, Nr. 293, 22. Oktober, S. 1—2.——427。

《工人和士兵报》(彼得格勒)(«Рабочий и Солдат», Пг.)——614。

《工人阶级和战争与和平问题》(Kriegs-und Friedensprobleme der Arbeiterklasse. Entwurf eines Manifestes. Vorgelegt der zweiten Zimmerwalder Konferenz. Hrsg. vom Auswärtigen Sekretariat des Organisationskomitees der Sozialdem. Arbeiterpartei Rußlands. Б. м., [1916]. 25 S.)——364、366。

《工人领袖》(伦敦)(«Labour Leader», London, 1914, No. 52, December 24, p. 6)——56。

《工人生活》杂志(巴黎)(«La Vie Ouvrière», Paris)——222、279。

РСДРП(б). 1917 г.].—«Новая Жизнь», Пг., 1917, №101, 15(28) августа, стр.5. Под общ. загл.: На съезде большевиков)——613。

《光线》杂志(柏林)(«Lichtstrahlen», Berlin)——122、124、148。

—1915, Nr.3, 5. Dezember, S.50—54.——365。

《国会的开幕》(The Opening of Parliament.—«The Economist», London, 1914, No.3, 716, November 14, p.863—865)——31。

《国际传单集》(苏黎世)(«Internationale Flugblätter», Zürich, 1915, Nr.1, November, 8 S.)——217、220、231、251、267、268、272、300。

《国际的现状和俄国社会民主工党的任务》(Положение в Интернационале и задачи РСДРП. (Резолюция принята всеми голосами против одного).—«Солдатская Правда», Пг., 1917, №13, 16(3) мая. Приложение к газ. «Солдатская Правда», стр. 3. Под общ. загл.: Резолюция Всероссийской конференции РСДРП, состоявшейся 24—29 апреля 1917 г.)——602。

《国际关于目前形势的宣言[巴塞尔国际社会党非常代表大会通过]》(Manifest der Internationale zur gegenwärtigen Lage, [angenommen auf dem Außerordentlichen Internationalen Sozialistenkongreß zu Basel].—In: Außerordentlicher Internationaler Sozialistenkongreß zu Basel am 24. und 25. November 1912. Berlin, Buchh. «Vorwärts», 1912, S.23—27)——17、76、168、313。

《国际和"保卫祖国"》(Интернационал и «защита отечества».—«Социал-Демократ», Женева, 1914, №35, 12 декабря, стр.1—2)——21、46。

《国际和战争》(Интернационал и война. №1. [Цюрих], изд. Загр. секретариата Орг. к-та РСДРП, 1915. II, 148 стр. (РСДРП))——189。

《国际派的提纲》——见《德国同志们的建议》。

《国际社会主义评论》杂志(芝加哥)(«The International Socialist Review», Chicago)——369、612。

《国际通讯》杂志(柏林)(«Internationale Korrespondenz», Berlin)——172、265。

—1915, Nr.14, 2. Juli, S.162—163.——134、135。

—1916, Nr.69, 29. Februar, S.736.——255、268。

《国际》杂志(杜塞尔多夫)(«Die Internationale», Düsseldorf)——139、264。

—1915,Hft.1,15.April.78 S.——253。

《国际主义者周报》(波士顿)(«The Internationalist»,Boston)——518、535。

—1917,No.1,January 6.4 p.——518、525。

《国际左派的宣言草案》——见列宁,弗·伊·《左派社会民主党人……的决议草案》。

《国外组织代表会议的决议》——见列宁,弗·伊·《国外组织委员会给俄国社会民主工党各支部的信》。

《汉堡回声报》(«Hamburger Echo»)——140、362、386、399。

—1914,Nr.286,8.Dezember,S.1—2.——50。

《号召报》(伦敦)(«The Call»,London)——368、385、426、614。

《荷兰的新政党》(Die neue Partei in Holland.—«Berner Tagwacht»,1915,Nr.152,3.Juli,Beilage zur«Berner Tagwacht»S.1)——134、135。

《呼声报》(巴黎)(«Голос»,Париж)——13、23、55、63、66、68、72、78、247。

—1914,№12,25 сентября,стр.1.——14。

—1914,№19,3 октября,стр.1.——14。

—1914,№23,9 октября,стр.1—2.——14。

—1914,№31,18 октября,стр.1;№32,20 октября,стр.1.——11。

—1914,№33,21 октября,стр.1.——11。

—1914,№37,25 октября,стр.1;№38,27 октября,стр.1.——11。

—1914,№79,13 декабря,стр.1—2.——55、89。

—1914,№№80—86,15—22 декабря.——56。

—1914,№86,22 декабря,стр.1.——55、79。

—1914,№№87—94,23—31 декабря.——56。

—1914,№87,23 декабря,стр.1,2.——55、79。

《胡斯曼的宣言》——见胡斯曼,卡·《充满活力的国际》。

《胡斯曼论国际》(Huysmans über die Internationale.—«Volksstimme»,Chemnitz,1916,Nr.8,12.Januar.1.Beilage,S.2)——281、299—300。

《火星报》(旧的、列宁的)[莱比锡—慕尼黑—伦敦—日内瓦](«Искра»(старая,ленинская),[Лейпциг—Мюнхен—Лондон—Женева])——428。

—[Мюнхен],1902,№20,1 мая,стр.1.——428。

《〈纪念马克思〉文集》——见《卡尔·马克思(1818—1883)》。

《经济学家》杂志(伦敦)(«The Economist», London, 1914, No. 3, 716, November 14, p.863—865)——31。

《居住在日内瓦及其附近的格鲁吉亚社会民主党人——俄国社会民主工党党员对在某交战国进行活动的一个民族政治组织的答复》(Ответ грузинских социал-демократов, членов Российской социал-демократической рабочей партии, проживающих в Женеве и недалеко от нее, одной национально-политической организации, которая действует в одном из воюющих государств. Ноябрь 1914 г.)——46、49。

《局势》(La Situation.—«Le Temps», Paris, 1917, N 20349, 24 mars, p. 1, в отд.: Les événements de Russie)——559。

《决议(伯尔尼国际妇女社会党人代表会议通过)》(Резолюция, принятая на интернациональной социалистической женской конференции в Берне.—«Социал-Демократ», Женева, 1915, №42. Приложение к №42 газеты «Социал-Демократ», 1 июня, стр. 2. Под общ. загл.: Женская международная социалистическая конференция)——119、150。

《卡尔·拉狄克给波兰王国和立陶宛社会民主党党员案件调查委员会的报告》(Sprawozdanie komisji badającej sprawę cztonka SDKP i L Karola Radka. Б. м., wydawnictwo Biura Sekcji Zagranicznych Socjaldemokracja Królewstwa Polskiego i Litwy, marzec 1914. 29 s. (Socjaldemokratyczna Partja Robotnicza Rosji. Socjaldemokracja Królewstwa Polskiego i Litwy))——609。

《卡尔·马克思(1818—1883)》(Карл Маркс(1818—1883). К 25-летию со дня его смерти(1883—1908). Спб., [Кедровы], 1908. 410 стр. На обл. загл.: Памяти Карла Маркса)——445。

《开端报》(巴黎)(«Начало», Париж)——556。

《拉狄克的提纲》——见《关于帝国主义和民族压迫的提纲》。

《来自波罗的海沿岸边疆区的报道》(Нам пишут из Прибалтийского края.—«Социал-Демократ», Женева, 1915, №40, 29 марта, стр. 2, в отд.: Хроника)——87。

《来自俄国的消息》(Вести из России.—«Социал-Демократ»,Женева,1916,№53,13 апреля,стр.1—2)——312。

《莱比锡人民报》(«Leipziger Volkszeitung»)——372、385—386、614。

—1915,Nr.139,19.Juni,S.1—2.——100、101、102、110、119。

—1916,Nr.53,4.März,S.1—2.——250。

—1916,Nr.281,15.Dezember,S.1—2;Nr.282,16.Dezember.2.Beilage zu Nr.282,S.1—2.——476。

—1916,Nr.286,21.Dezember,S.1—2.——476。

—1916,Nr.289,24.Dezember,S.1.——476。

《李卜克内西的声明》——见李卜克内西,卡·《投反对票的理由》。

《列宁论乌克兰问题》(Lenin über die ukrainische Frage.—«Vorwärts»,Berlin,1914,Nr.308,10.November,S.2—3)——29、49。

[《临时政府给盟国的照会》(1917年4月18日)]([Нота Временного правительства союзным державам.18 апреля 1917 г.].—«Вестник Временного Правительства»,Пг.,1917,№35(81),20 апреля(3 мая),стр.2,в отд.:Петроград)——598。

《临时政府通报》(彼得格勒)(«Вестник Временного Правительства»,Пг.,1917,№35(81),20 апреля(3 мая),стр.2)——598。

伦敦,3月17日。[电报](London,17.März.[Телеграмма].—«Neue Zürcher Zeitung»,1917,Nr.470,17.März.Erstes Mittagblatt,S.2—3,в отд.:Ausland.Под общ.загл.:England)——544。

《论坛报》(阿姆斯特丹)(«De Tribune»,Amsterdam)——388、613。

—1914,No.26—27,31 December,S.2.——124。

—1916,No.159,23 Augustus,S.1.——392。

《罗·格里姆同志事件调查委员会声明》(Erklärung der Untersuchungskommission in der Angelegenheit des Genossen R.Grimm.—«Internationale Sozialistische Kommission zu Bern.Bulletin»,Bern,1917,Nr.13,18.Juli)——611。

《罗兰-霍尔斯特女士的原则宣言》——见《"新国际"》和《荷兰的新政党》。

《罗曼·瓦茨拉沃维奇·马林诺夫斯基》[悼文](Роман Вацлавович Малиновский.

[Некролог].—«Социал-Демократ», Женева, 1914, №33, 1 ноября, стр. 2) ——21。

《毛里茨·威斯特贝格想弄明白。质问反对派》(Mauritz Västberg vill ha klarhet. En interpellation om oppositionen.—«Politiken», Stockholm, 1916, N:r 92, 28 november, s.3)——535。

《没有废话》周刊(彼得格勒)(«Без Лишних Слов», Пг., 1917, №1, 11 июля, стр.3—4; №2, 19 июля, стр.3)——610。

—1917, №2, 19 июля, стр.5—6.——610。

《每日电讯》(伦敦—曼彻斯特)(«The Daily Telegraph», London—Manchester)——382。

《美国社会主义者宣传同盟宣言》(Manifest of the Socialist Propaganda League of America. (Adopted at a meeting held in the City of Boston, November 26, 1916).—«The Internationalist», Boston, 1917, No. 1, January 6, p.1)——518。

《民权报》(苏黎世)(«Volksrecht», Zürich)——389、427、490、506、516、526、534、574、590。

—1915, Nr.283, 3.Dezember. Beilage zum«Volksrecht», S.1—2.——427。

—1916, Nr.248, 23.Oktober, S.1, 2.——427。

—1916, Nr.249, 24.Oktober, S.1—2.——427、429。

—1916, Nr.251, 26.Oktober, S.3.——430。

—1916, Nr.262, 8.November, S.2.——437。

—1916, Nr.301, 23.Dezember, S.2.——470。

—1916, Nr.306, 30.Dezember, S.1—2.——477。

—1917, Nr.5, 6.Januar. 8 S.——484。

—1917, Nr.7, 9.Januar. 4 S.——486—487、490、491、494、519、522。

—1917, Nr.8, 10.Januar, S.2—3, 4.——490、491—492。

—1917, Nr.9, 11.Januar, S.1—2.——534。

—1917, Nr.11, 13.Januar, S.2.——490。

—1917, Nr.19, 23.Januar, S.2.——504、505—506、507、512、513、516、517、521、526、531、534、538。

—1917,Nr.34,9.Februar,S.1—2.——519、522、526。

—1917,Nr.36,12.Februar,S.1.——521、529、534、538。

—1917,Nr.38,14.Februar,S.2.——522、529、534、538。

—1917,Nr.70,23.März,S.1.——555。

—1917,Nr.76,30.März,S.2.——569。

《明日》杂志(日内瓦)(«Demain»,Genève)——313、348、610、612、613、614。

—1916,N 5,p.289—352.——311。

—1916,N 7,p.1—14,22.——370、375。

《谋杀前的阿德勒》(Adler vor dem Attentat.—«Berner Tagwacht»,1916,Nr.250,24.Oktober,S.1)——427。

《谋杀是怎样发生的》(Wie das Attentat geschah.—«Arbeiter-Zeitung»,Wien,1916,Nr.293,22.Oktober,S.1—2)——427。

《谋杀之后》(Nach dem Attentat.—«Berner Tagwacht»,1916,Nr.250,24.Oktober,S.1)——427。

《木器工人报》(苏黎世)(«Holzarbeiter-Zeitung»,Zürich,1917,Nr.4,27.Januar,S.1)——529。

《目前形势和战争》[1917年俄国社会民主工党(布)第六次代表大会通过的决议](Текущий момент и война.[Резолюция,принятая на VI съезде РСДРП(б).1917 г.].—«Новая Жизнь»,Пг.,1917,№98,11(24)августа,стр.4.Под общ.загл.:Резолюции съезда Российск.соц.-дем.раб.партии(большевиков))——613。

《年鉴》杂志(彼得格勒)(«Летопись»,Пг.)——226、353、367、402、419、420。

—1916,№3,стр.139—163;№4,стр.133—153;№5,стр.113—124;№7,стр.214—238.——417。

—1916,№5,стр.162—179.——417、422。

—1916,№7,320 стр.——431。

《女工》杂志(彼得格勒)(«Работница»,Пг.)——47。

《皮达可夫、博什、布哈林的“提纲”》——见《关于民族自决权的口号》。

《平等》杂志(斯图加特)(«Die Gleichheit»,Stuttgart,1915,26.Jg.,Nr.4,12.November,S.27—28)——248、253。

《评论报》(苏黎世)[未刊行的出版物](«Отклики», Цюрих.[Неосуществленное издание])——44。

《评讨论军事问题的青年代表会议》(Zur Konferenz der Jugendlichen über die Militärfrage.—«Berner Tagwacht», 1916, Nr. 168, 20. Juli. Beilage zur «Berner Tagwacht», S.1—2. Подпись: W.T.)——375。

《普列汉诺夫及其"伙伴"》(Плеханов и его«товарищи».—«Социал-Демократ», Женева, 1915, №45—46, 11 октября, стр.4, в отд.: Хроника)——210。

《普鲁士年鉴》(柏林)(«Preußische Jahrbücher», Berlin, 1915, Bd.160, April bis Juni, S.30—53)——94。

《700名工人被枪杀》(700 Arbeiter erschossen.—«Berner Tagwacht», 1916, Nr. 240, 12. Oktober, S. 2, в отд.: Die Internationale und der Krieg)——427。

《齐赫泽的杜马演说》(Die Dumarede Tscheidses.—«Vorwärts», Berlin, 1916. Unterhaltungsblatt des Vorwärts, Nr.55, 5. März, S.3)——255、270。

《齐赫泽及其党团是"格沃兹杰夫主义"党的帮凶》(Чхеидзе и его фракция—пособники «гвоздевск.» партии.—«Социал-Демократ», Женева, 1916, №53, 13 апреля, стр.2)——287。

《齐赫泽主张全民防御》(Tscheidse für die nationale Verteidigung.—«Volksrecht», Zürich, 1917, Nr. 76, 30. März, S. 2, в отд.: Die Revolution in Rußland)——569。

《齐美尔瓦尔德代表大会的呼声》(Das Echo der Zimmerwalder Konferenz.—«Die Gleichheit», Stuttgart, 1915, 26. Jg., Nr.4, 12. November, S.27—28)——248、253。

《齐美尔瓦尔德代表会议》[1915年阿劳瑞士社会民主党代表大会通过的决议](Zimmerwalder Konferenz.[Резолюция, принятая на съезде Социал-демократической партии Швейцарии в Аарау. 1915 г.].—In: Protokoll über die Verhandlungen des Parteitages der Sozialdemokratischen Partei der Schweiz vom 20. und 21. November 1915, abgehalten im Saalbau in Aarau. Luzern, Unionsdruckerei, 1916, S.9, 92—93)——220、454。

《齐美尔瓦尔德国际代表会议》(Il convegno internationale di Zimmerwald.—

«Avanti!»,Milano,1915,N.260,19 settembre,p.1—2)——202。

《齐美尔瓦尔德国际社会党代表会议上宣读的工作报告选》(Из отчетов,прочитанных на Международной социалистической конференции в Циммервальде.—«Социал-Демократ»,Женева,1915,№45—46,11 октября,стр.4,в отд.:Хроника)——186、210。

[《齐美尔瓦尔德国际社会党代表会议左派代表起草的声明》]([Заявление,сделанное левой группой делегатов на Международной социалистической конференции в Циммервальде].—«Социал-Демократ»,Женева,1915,№47,13 октября,стр.2.Под общ.загл.:Два заявления на международной конференции.Подписи:Н.Ленин и др.)——192、201、202。

《齐美尔瓦尔德(瑞士)国际社会党代表会议》(Интернациональная социалистическая конференция в Циммервальде(Швейцария).—«Жизнь»,Женева,1915,№15(77),26 сентября,стр.1—2)——205。

《齐美尔瓦尔德(瑞士)国际社会党代表会议(1915年9月5—8日)》(载于1915年9月18日《伯尔尼哨兵报》第218号)(Internationale sozialistische Konferenz zu Zimmerwald(Schweiz),abgehalten vom 5. bis 8. September 1915. Offizieller Verhandlungsbericht.—«Berner Tagwacht»,1915,Nr.218.Beilage zur«Berner Tagwacht»,18.September,S.1—2)——192。

《齐美尔瓦尔德(瑞士)国际社会党代表会议(1915年9月5—8日)》(载于1915年9月21日《伯尔尼国际社会党委员会。公报》第1号)(Internationale sozialistische Konferenz zu Zimmerwald(Schweiz),abgehalten vom 5.bis 8.September 1915.Offizieller Verhandlungsbericht.—«Internationale Sozialistische Kommission zu Bern.Bulletin»,Bern,1915,Nr.1,21.September,S.4—8)——203。

《齐美尔瓦尔德社会党人和战争》(Les Socialistes de Zimmerwald et la Guerre.Paris,[1916].29 p.(Comité pour la Reprise des Relations Internationales))——432、535。

《齐美尔瓦尔德左派论工人阶级的任务》(Die Zimmerwalder Linke über die Aufgaben der Arbeiterklasse.—«Internationale Flugblätter»,Zürich,1915,Nr.1,November,S.1—8)——217。

《启蒙》杂志(圣彼得堡)(«Просвещение»,Спб.,1914,№4,стр.34—47;№5,стр.57—71;№6,стр.33—47)——458、475。

《前进报》(柏林)(«Vorwärts»,Berlin)——49、112、428。

—1914,Nr.308,10.November,S.2—3.——29、49。

—1914,Nr.319,22.November.2.Beilage des«Vorwärts»Berliner Volksblatt,S.1.——29。

—1914,Nr.321,24.November,S.3.——49。

—1914,Nr.322,25.November.Beilage des«Vorwärts»Berliner Volksblatt,S.2.——49。

—1914,Nr.323,26.November.Beilage des «Vorwärts»Berliner Volksblatt,S.2.——49。

—1914, Nr. 325, 28. November. 1. Beilage des « Vorwärts » Berliner Volksblatt,S.1.——49。

—1916,Nr.11,12.Januar.Beilage zu Nr.11 des«Vorwärts»,S.2—3.——244、248、253、279。

—Unterhaltungsblatt des Vorwärts, 1916, Nr. 55, 5. März, S. 3.——255、270。

—1916,Nr. 76, 17. März. Beilage des«Vorwärts» Berliner Volksblatt,S.2.——278、279。

—1917,Nr.8,9.Januar.Beilage des«Vorwärts»Berliner Volksblatt,S.1—2.——526、535。

《前进报》(米兰)(«Avanti!»,Milano)——310、410、427、494、509、614。

—1915,N.260,19 settembre,p.1—2.——202。

—1916,N.295,23 ottobre,p.1.——427。

—1916,N.345,18 dicembre,p.1.——470、476、526。

《前进报》(纽约)(«Форвертс»,Нью-Йорк.На евр.яз.)——425。

《前进报》(日内瓦)(«Вперед»,Женева)——196。

[《〈前进报〉编辑部的回答》]([Die Antwort der Redaktion des«Vorwärts»].—«Vorwärts»,Berlin,1916,Nr.11,12.Januar.Beilage zu Nr.11 des«Vorwärts»,S.2—3)——244。

《前进》杂志(日内瓦)(«Вперед»,Женева)——189。

《青年代表会议论军事问题》(Konferenz der Jugendlichen über die Militärfrage.—«Berner Tagwacht»,1916,Nr.166,18.Juli.Beilage zur«Berner Tagwacht»,S.1—2.Подпись:B.)——375。

《青年国际》杂志(苏黎世)(«Jugend-Internationale»,Zürich)——613。

—1916,Nr.6,1.Dezember,S.7—8.——463、508、525。

《人道报》(巴黎)(«L' Humanité»,Paris)——8、100、248、431、476。

—1916,N 4452,25 juin,p.2.——356。

《人民报》(纽约)(«Volkszeitung»,New York)——216。

《人民呼声报》(开姆尼茨)(«Volksstimme»,Chemnitz,1916,Nr.8,12.Januar.1.Beilage,S.2)——281、299—300。

《人民之友报》(不伦瑞克)(«Volksfreund»,Braunschweig)——613。

—1916,Nr.38,15.Februar,S.1.——299、303。

《人民周报》(纽约)(«Weekly People»,New York)——528、614。

《日报》(彼得格勒)(«День»,Пг.,1916,№32(1192),2 февраля,стр.4)——250。

《日耳曼人(卡尔·考茨基)》(Germany.Karl Kautsky.—«Labour Leader»,London,1914,No.52,December 24,p.6.Под общ.загл.:Peace and Goodwill shall yet Reign.Messages of fraternity across the Battlefields)——56。

《日内瓦日报》(«Journal de Genève»)——188、190、194。

《瑞士人民报》(日内瓦)(«Le Peuple Suisse»,Genève,1915,N 14,14 août,p.1)——150、158。

《瑞士社会民主党1915年11月20日和21日于阿劳会堂举行的党的代表大会的会议记录》(Protokoll über die Verhandlungen des Parteitages der Sozialdemokratischen Partei der Schweiz vom 20.und 21.November 1915,abgehalten im Saalbau in Aarau.Luzern,Unionsdruckerei,1916.160 S.)——219、220、454。

《瑞士社会民主党1916年11月4日和5日于苏黎世"商人"联合会会址举行的党的代表大会的会议记录》(Protokoll über die Verhandlungen des Parteitages der Sozialdemokratischen Partei der Schweiz vom 4.und 5.

November 1916, abgehalten im Gesellschaftshaus «z. Kaufleuten» in Zürich.Б.м.и б.г.155 S.)——435—436。

《少数派的提案》(载于1917年1月9日《民权报》第7号,署名:汉·阿福尔特尔、保·格拉贝、沙·奈恩、雅·施米德)(Antrag der Mehrheit.—«Volksrecht»,Zürich,1917,Nr.7,9.Januar,S.1.Подписи:H.Affolter,P.Graber,Ch. Naine,E. Nobs,J. Schmid. Под общ. загл.:Anträge der Militärkommission)——486—487、519、522。

《少数派的提案》(载于1917年1月9日《民权报》第7号,署名:约·胡贝尔、埃·克勒蒂、古·弥勒、保·普夫吕格尔)(Antrag der Minderheit.—«Volksrecht»,Zürich,1917,Nr.7,9.Januar,S.1.Подписи:J.Huber,E.Klöti,G.Müller,P.Pflüger.Под общ.загл.:Anträge der Militärkommission)——486—487、522。

《哨兵报》(拉绍德封)(«La Sentinelle»,La Chaux-de-Fonds)——8、367、506。

—1914,N 265,13 novembre,p.1.——30、34、40。

《社会党的意见》(Il pensiero del Partito Socialista.—«Avanti!»,Milano,1916,N.345,18 dicembre,p.1)——470、476、526。

[《社会党国际局执行委员会决议》(1914年7月3日(16日))]([Резолюция Исполнительного комитета Международного социалистического бюро. 3(16) июля 1914 г.].—«Информационный Листок Заграничной Организации Бунда»,[Женева],1915,№7,январь,стр. 15. Под общ. загл.:Брюссельская с.-д.объединительная конференция)——243、257—258。

《社会党人宣言》(Ein sozialistisches Manifest.—«Volksrecht»,Zürich,1917,Nr.70,23.März,S.1,в отд.:Die Revolution in Rußland)——555。

《社会党在俄国杜马中的发言》(Eine sozialistische Rede in der russischen Duma.—«Leipziger Volkszeitung»,1916,Nr.53,4.März,S.1—2)——250。

《社会革命党人报》(赫尔辛福斯)(«Социалист-Революционер»,Гельсингфорс)——617。

《社会革命党人宣言》(Das Manifest der Sozialrevolutionäre.—«Frankfurter Zeitung»,Frankfurt a.M.,1917,Nr.80,22.März.Zweites Morgenblatt,S.1.Под общ.загл.:Die russische Revolution)——555、560。

《社会民主党和弗里德里希·阿德勒的行为》(Die Sozialdemokratie und Friedrich Adlers Tat.—«Volksrecht», 1916, Nr. 248, 23. Oktober, S. 2)——427。

《社会民主党评论》杂志[克拉科夫](«Przegląd Socjaldemokratyczny», [Kraków])——239。

《社会民主党人报》(奥斯陆)(«Sociademokraten»,Oslo)——552。

《社会民主党人报》(巴黎—日内瓦)(«Социал-Демократ»,Paris—Женева)——15、19、20、21、22、27、30、31、47、54、55、57、60、75、78、82、83、93、99、105、106、112、113、114、117、119、131、138、142、144、155、156、186、190、191、196、200、204、212、213、214、223、244、252、256、259、261、276、281、288、292、301、303、312、313、315、316、318、319、320、327、328、329、334、346、397、400、401、525、527、570。

—1913,№№31—51,15(28)июня—29 февраля 1916.——252。

—Paris,1913,№32,15(28)декабря.8 стр.——22。

—Женева,1914,№33,1 ноября.2 стр.——8、13、17、18、19、20、21、22、25、26、27、30、32、33、34、38、40、56、59、112、119、124、144、146、147、154、155、158、178。

—1914,№34,5 декабря.2 стр.——21、22、23、34、39、40、42、43、45—47、48、56、59。

—1914,№35,12 декабря.2 стр.——21、41、42、43、45—47、48、52、62。

—1915,№36,9 января.2 стр. На газ. ошибочно указана дата:12 декабря 1914 г.——51、53、56、59、62、66、67、73、89—90。

—1915,№37,1 февраля.2 стр.——46、59、66、67、72、73、79。

—1915,№38,12 февраля.2 стр.——73、74。

—1915,№39,3 марта.2 стр.——74、81、82、83。

—1915,№40,29 марта.2 стр.——83、84、85、87、114、119、123、124、129、132、143、146、147、159、233、259、416、458。

—1915,№41,1 мая,стр.2.——83。

—1915,№42,21 мая.2 стр.——94。

—1915,№42.Приложение к №42 газеты«Социал-Демократ»,1 июня,стр.

2.——119、148、150。

—1915,№43,26 июля.2 стр.——106、127、128、131、145。

—1915,№44,23 августа.2 стр.——117、128、130、131、142、143、145、153、154、155、156、157、170。

—1915,№45—46,11 октября.4 стр.——153、186、187、191、192、193、194、201、203、205、208、209—210、212、213、216、217。

《社会民主党人报》(莫斯科)(«Социал-Демократ»,M.)——598、601、614。

《社会民主党人报》(日内瓦)(«Социал-Демократ»,Женева,1915,№47,13 октября.2 стр.)——192、201、202、205、211、213、216、570、571。

—1916,№50,18 февраля,стр.2.——113。

—1916,№52,25 марта.2 стр.——250、264、265、271、277—278。

—1916,№53,13 апреля,стр.1—2.——287、312。

—1916,№54—55,10 июня.4 стр.——302、303、308、310、397、526、534。

—1916,№57,30 декабря,стр.1—2.——463。

—1917,№58,31 января,стр.2.——542。

《社会民主党人报》(斯德哥尔摩)(«Social-Demokraten»,Stockholm)——553。

《〈社会民主党人报〉文集》[日内瓦](«Сборник Социал-Демократа»,[Женева])——256、259、261、263、275、276、279、282、303、310、315、318、319、322、337、338、341、342、343、345、346、349、357、370、371、385、387、394、398、401、436、450、525、528、570。

—1916,№1,октябрь. 88 стр.——265、341、342、362、364、367、368、370、371、372、376、387、391、397、398、401、407、410、411、445、458、460、470、471—472、602。

—1916,№2,декабрь. 86 стр.——251、362、376、384、387、391、392、393、395、397、399、401、404、406、407、409、412、413、430、463、508、525。

《社会政治协会学报》(«Schriften des Vereins für Sozialpolitik»,145.Bd.3.T. [Tyszka,C.]Löhne und Lebenskosten in Westeuropa im 19.Jahrhundert (Frankreich, England, Spanien, Belgien). München—Leipzig, Duncker und Humblot,1914.VIII,291 S.)——274、278。

《社会主义工人党党纲》(Socialist Labor Party Platform.Adopted by the Na-

tional Convention of the Party, April 30, 1916.—In: Constitution of the Socialist Labor Party of the United States of America. Adopted at the Eleventh National Convention New York, July, 1904. Amended at the National Conventions New York, 1908, 1912, 1916, New York, [1916], p. 24—26)——449。

《社会主义和工人运动历史文汇》(莱比锡)(«Archiv für die Geschichte des Sozialismus und der Arbeiterbewegung», Leipzig, 1916, Jg. 6, S. 212—219)——369、375、460。

《社会主义宣传同盟。致社会党党员》(Socialist Propaganda League. To the Members of the Socialist Party. Oct. 9, 1915. [Листовка. Boston, 1915]. 4 p. Подписи: [18 членов Лиги], Committee)——221、268、425。

《社会主义月刊》(柏林)(«Sozialistische Monatshefte», Berlin)——20。

《生活报》(巴黎—日内瓦)(«Жизнь», Париж—Женева)——189。

—Женева, 1915, №15(77), 26 сентября. 4 стр.——205、210。

《生活》杂志(彼得格勒)(«Zycie», Petrograd)——375、392。

《声明》(载于1914年11月21日《德国工会总委员会通讯》杂志第47期)(Erklärung.—«Korrespondenzblatt der Generalkommission der Gewerkschaften Deutschlands», Berlin, 1914, Nr. 47, 21. November, S. 621—622, в отд.: Arbeiterbewegung)——49。

《声明》(载于1914年11月24日《前进报》第321号)(Erklärung.—«Vorwärts», Berlin, 1914, Nr. 321, 24. November, S. 3, в отд.: Aus der Partei)——49。

圣彼得堡(С.-Петербург.—«Социал-Демократ», Женева, 1914, №34, 5 декабря, стр. 2, в отд.: Хроника)——46。

圣彼得堡(一个工人的来信)(С.-Петербург. (Письмо рабочего).—«Социал-Демократ», Женева, 1914, №33, 1 ноября, стр. 2, в отд.: Хроника)——21。

[《圣彼得堡来信(10月10日)》]([Письмо из Спб. от 10 октября].—«Социал-Демократ», Женева, 1914, №35, 12 декабря, стр. 2, в отд.: Хроника. Под общ. загл.: С.-Петербург. (Письмо рабочего))——46。

[《圣彼得堡来信(10月11日)》]([Письмо из Спб. от 11 октября].—«Социал-Демократ», Женева, 1914, №35, 12 декабря, стр. 2, в отд.: Хроника. Под

《泰晤士报》(伦敦)(«The Times»,London)——555。

《通过中欧强国"解放"波兰》(Die «Befreiung»Polens durch die Zentralmächte. Zürich,Genossenschaftsdruckerei,[1916].15 S.Подпись:Die auswärtigen Vertretungen des Hauptstandes und Landesvorstandes der Sozialdemokratie des Königreichs Polen und Littauens und des Zentralkomitees der Polnischen Sozialistischen Partei)——459、502。

《屠拉梯的演说》——见《社会党的意见》。

《我们的呼声报》(萨马拉)(«Наш Голос»,Самара)——266、294、305、306。

—1916,№3(17),17 января,стр.1—2;№4(18),24 января,стр.1.——266、323。

《我们的事业》杂志(彼得格勒)(«Наше Дело»,Пг.)——119、171、180、223。

—1915,№2.112 стр.——107、111。

《我们的曙光》杂志(圣彼得堡)(«Наша Заря»,Пб.)——63、72、80、90、140、176、182、189。

《我们的言论报》(巴黎)(«Наше Слово»,Париж)——78、79、106、107、114、115、117、144、147、168、175、180、194、196、203、242、247、250、274、283、321、371、417、595。

—1915,№1,29 января.2 стр.——72。

—1915,№4,2 февраля,стр.1.——67。

—1915,№42,18 марта,стр.1.——89。

—1915,№45,21 марта,стр.2.——247。

—1915,№105,4 июня,стр.1—2.——96。

—1915,№111,11 июня,стр.2.——144。

—1915,№200,25 сентября.2 стр.——205。

—1916,№5(393),7 января.2 стр.——229、231。

—1916,№6(394),8 января.2 стр.——229、231。

—1916,№51(438),1 марта,стр.1;№52(439),2 марта,стр.1.——250。

《我们俄国的所谓国际主义者在国际代表会议上》(Наши русские тожеинтернационалисты на интернациональной конференции.—«Социал-Демократ», Женева,1915,№45—46,11 октября,стр.4,в отд.:Хроника)——

186、210。

《无产阶级对待和平问题的态度》[1916 年昆塔尔国际社会党代表会议通过的决议](Отношение пролетариата к вопросу о мире. [Резолюция, принятая на Международной социалистической конференции в Кинтале. 1916 г.].—«Социал-Демократ», Женева, 1916, №54—55, 10 июня, стр. 1)——303、310、526、534。

《无产阶级事业报》(喀琅施塔得)(«Пролетарское Дело», Кронштадт)——614。

《无产阶级与和平照会》(Das Proletariat und die Friedensnoten.—«Volksrecht», Zürich, 1917, Nr.5, 6.Januar, S.4—5)——484。

《无产者报》(彼得格勒)(«Пролетарий», Пг., 1917, №№1—7, 26(13) августа—2 сентября(20 августа))——615。

—1917, №3, 29(16) августа, стр.2.——611。

《无产者报》(日内瓦)(«Пролетарий», Женева)——196。

《无产者呼声报》(彼得格勒)(«Пролетарский Голос», Пг.)——149。

《先驱》杂志(伯尔尼)(«Vorbote», [Bern])——224、233、234、235、255、264、284、317、321、322、447、471、518、613。

—1916, Nr.1, Januar. 68 S.——230、232、234、235、298、373。

—1916, Nr.2, April. 64 S.——230、244、251、252、255、264、265、269、280、281、287、288、296、317、357、371、372、373、405、449、458、460、464。

《现代世界》杂志(圣彼得堡)(«Современный Мир», Спб.)——63。

《向理智呼吁报》(吉拉德,堪萨斯)(«Appeal to Reason», Girard, Cansas)——214、217、272、369、425。

《小巴黎人报》(«Le Petit Parisien»)——580、621。

《小报》(日内瓦)(«La Feuille», Genève)——368。

《"新国际"》(Die «neue Internationale».—«Internationale Korrespondenz», Berlin, 1915, Nr.14, 2.Juli, S.162—163, в отд.: Parteinachrichten)——134、135。

《新评论》杂志(纽约)(«New Review», New York)——255、268。

《新生活报》(彼得格勒)(«Новая Жизнь», Пг.)——611、614。

—1917, №60, 28 июня(11 июля), стр.4.——609。

—1917,№95,8(21)августа,стр.3.——611、612。

—1917,№98,11(24)августа,стр.4.——613。

—1917,№101,15(28)августа,стр.5.——613。

《新生活》杂志(伯尔尼)(«Neues Leben»,Bern)——390。

—1917,Jg.3,Hft.1,Januar,S.1—16.——514、517。

《新时报》(彼得格勒)(«Новое Время»,Пг.)——250。

《新时代》杂志(斯图加特)(«Die Neue Zeit»,Stuttgart)——15、89、92、104、106、203、344、346、367、371、376、385、614。

—1894—1895,Jg.XIII,Bd.II,Nr.27,S.5—10;Nr.28,S.36—43.——474、500、523。

—1908,Jg.27,Bd.1,Nr.1,2.Oktober,S.1—7.——500。

—1912,Jg.30,Bd.2,Nr.41,12.Juli,S.541—550;Nr.42,19.Juli,S.585—593;Nr.43,26.Juli,S.609—616.——532。

—1912,Jg.30,Bd.2,Nr.44,2.August,S.654—664;Nr.45,9.August,S.688—698;Nr.46,16.August,S.723—733.——532。

—1914,Jg.32,Bd.2,Nr.19,21.August,S.843—846.——15。

—1914,Jg.32,Bd.2,Nr.20,28.August,S.876—882.——15。

—1914,Jg.32,Bd.2,Nr.21,11.September,S.908—922.——15。

—1914,Jg.33,Bd.1,Nr.1,2.Oktober,S.1—8.——15、48、89。

—1914,Jg.33,Bd.1,Nr.6,13.November,S.161—169.——32。

—1914,Jg.33,Bd.1,Nr.8,27.November,S.225—250.——48、89。

—1915,Jg.33,Bd.1,Nr.19,12.Februar,S.577—583.——88—89。

—1915,Jg.34,Bd.1,Nr.12,17.Dezember,S.353—361.——248、253。

—1916,Jg.34,Bd.1,Nr.21,18.Februar,S.641—648.——280。

—1916,Jg.34,Bd.1,Nr.23,3.März,S.705—713.——280。

—1916,Jg.35,Bd.1,Nr.13,29.Dezember,S.841—854.——476。

—1917,Jg.35,Bd.1,Nr.14,5.Januar,S.321—334.——476。

《新世界报》(纽约)(«Новый Мир»,Нью-Йорк)——463、493、525、528。

—1916,№830,11 ноября,стр.4.——463。

—1916,№840,23 ноября.6 стр.——463。

《新苏黎世报》(«Neue Zürcher Zeitung», 1917, Nr. 458, 15. März. Erstes Abendblatt, S.2)——541。

—1917, Nr. 462, 16. März. Erstes Mittagblatt, S.1—2.——542。

—1917, Nr. 470, 17. März. Erstes Mittagblatt, S.2—3.——544、546。

—1917, Nr. 481, 19. März. Erstes Mittagblatt, S.2.——571。

《宣言草案》(载于1915年11月《国际传单集》第1辑)(Vorschlag des Manifestes.—«Internationale Flugblätter», Zürich, 1915, Nr. 1, November, S. 7—8. Под общ. загл.: Die Zimmerwalder Linke über die Aufgaben der Arbeiterklasse)——217。

《宣言草案》——见列宁,弗·伊·《给〈我们的言论报〉编辑部的信》。

《宣战》(Eine Kampfansage)—«Berner Tagwacht», 1916, Nr. 176, 29. Juli, S. 2—3)——375。

《选举工人加入保险理事会》(Выборы рабочих в страховой совет.—«Речь», Пг., 1916, №32(3415), 2(15) февраля, стр. 4)——250。

《言语报》(彼得格勒)(«Речь», Пг.)——139、168、179。

—1916, №32(3415), 2(15) февраля, стр. 4.——250。

—1916, №102(3485), 15(28) апреля, стр. 1—2.——321。

《一个修正案》(Eine Richtigstellung.—«Vorwärts» Berlin, 1914, Nr. 322, 25. November. Beilage des «Vorwärts» Berliner Volksblatt, S.2)——49。

《一位工人给我们写道……》(Ein Arbeiter schreibt uns...—«Volksrecht», Zürich, 1917, Nr. 7, 9. Januar, S. 2, в отд.: Aus der Partei. Под общ. загл.: Der außerordentliche Parteitag verschoben. Подпись: Sch.)——491。

《1892年工人党年鉴》(里尔)(«Almanach du Parti Ouvrier pour 1892», Lille, [1892], p. 93—105)——508。

《1905年12月的莫斯科》(Москва в дскабре 1905 г. М., Кохманский, 1906. 246 стр.)——466。

《1915年12月21日的少数派》(Die Minderheit des 21. Dezember 1915. Berlin, Verl. der Lichtstrahlen, 1916. 8 S. (Internationale Sozialisten Deutschlands))——280。

《1916年3月16日李卜克内西在普鲁士邦议会上的演说》——见《众议院》。

《1917年4月24—29日举行的俄国社会民主工党全国代表会议决议》(Резолюции Всероссийской конференции Российской Социал-демократической рабочей партии, состоявшейся 24—29 апреля 1917 года.—«Солдатская Правда», Пг., 1917, №13, 16(3) мая. Приложение к газ. «Солдатская Правда», стр.1—4)——613。

《用阶级斗争反对战争！关于"李卜克内西案件"的材料》(Klassenkampf gegen den Krieg! Material zum«Fall»Liebknecht.Б.м., [1915].88 S.(Als Manuskriptgedruckt!))——187。

《再论马尔托夫》(Еще о Мартове.—«Социал-Демократ», Женева, 1915, №41, 1 мая, стр.2.)——83。

《再论社会沙文主义》(Еще о социал-шовинизме.(Письмо из Нерви, Италия).—«Социал-Демократ», Женева, 1915, №38, 12 февраля, стр. 2. Подпись: Гр.)——74。

《在波旁宫举行的社会党人代表会议》(Eine Sozialistenkonferenz im Palais Bourbon.—«Volksrecht», Zürich, 1916, Nr.251, 26.Oktober, S.3, в отд.: Aus der Internationale)——430。

《在老的旗帜下》文集(Под старым знаменем.Сборник.(Статьи Б.Авилова, А. Витимского, А. Ломова, В. Павлова, И. Степанова, М. Фабричного). Саратов, 1916.95 стр.)——361、363、370、371、401。

《在齐美尔瓦尔德(瑞士)召开的国际社会党代表会议上法国和德国代表团的共同宣言》(载于1915年《生活报》第15号(总第77号))(Общая декларация французской и немецкой делегаций на Международной социалистич. конференции в Циммервальде(Швейцария).—«Жизнь», Женева, 1915, №15(77), 26 сентября, стр.2—3)——210。

《在齐美尔瓦尔德(瑞士)召开的国际社会党代表会议上法国和德国代表团的共同宣言》(载于[1915年]《生活报》第15号(总第77号)抽印本)(Общая декларация французской и немецкой делегаций на Международной социалистич.конференции в Циммервальде(Швейцария).—Отдельный оттиск из №15(77) газеты «Жизнь», [1915], стр. 2. Под общ. загл.: Интернациональная социалистическая конференция в Циммервальде(Швейцария))

——210。

《在齐美尔瓦尔德(瑞士)召开的国际社会党代表会议上法国和德国代表团的共同宣言》(载于1915年10月11日《社会民主党人报》第45—46号合刊)(Общая декларация французской и немецкой делегаций на Международной социалистич. конференции в Циммервальде (Швейцария).—«Социал-Демократ», Женева, 1915, №45—46, 11 октября, стр.1)——187、205、210。

《在瑞典社会民主党代表大会上》(На шведском с.-д. съезде.—«Социал-Демократ», Женева, 1915, №36, 9 января, стр.2. На газ. ошибочно указана дата: 12 декабря 1914 г.)——53、56、59。

《在1916年1月8—9日于阿纳姆召开的社会民主工党非常代表大会上的报告》(Verslag van het buitengewoon congres der SDAP, gehouden op 8 en 9 Januari 1916, te Arnhem. Amsterdam, «Ontwikkeling», [1916]. 36 bl.)——232。

《战斗报》(巴黎)(«La Bataille», Paris)——494。

—1916, N 421, 27 décembre, p.2.——476、525、534。

—1916, N 422, 28 décembre, p.2.——476、534。

《战争和俄国社会民主党》(Der Krieg und die russische Sozialdemokratie. Ein Vortrag Lenins.—«Arbeiter-Zeitung», Wien, 1914, Nr.309, 7. November, S.3)——29。

《战争》文集(Война. Сборник статей. При участии: И. Аксельрод и др. [Paris, «Ideal», 1915]. 107 стр.)——119、142、171。

《真理报》(彼得格勒)(«Правда», Пг.)——44、551、552、554、556、558、559、560、563、564、565、572、577、591、593、594、595、598、614。

《〈真理报〉俄国新闻简报》(斯德哥尔摩)(«Russische Korrespondenz «Prawda»», Stockholm)——602、610。

《争论专页》[巴黎](«Дискуссионный Листок», [Париж], 1911, №3, 29 апреля (12 мая), стр.3—8)——465、497。

[《政府关于逮捕国家杜马代表的通告文本》]([Текст правительственного сообщения об аресте депутатов-членов Государственной думы].—«Социал-Демократ», Женева, 1914, №34, 5 декабря, стр.1, в ст.: [Зиновьев, Г.Е.]

Война и российская социал-демократическая рабочая фракция. На боевом посту)——48、56、59。

《政治报》(斯德哥尔摩)(«Politiken», Stockholm)——526、609。

—1916, N:r 92, 28 november, s.3.——535。

《支持巴尔干工人社会民主联盟原则的决议》(Резолюцията за основаването на Балканската работническа социал-демократическа федерация.—«Работнически Вестникъ», София, 1915, №79, 15 юли, стр.1)——156。

《志愿加入法国军队的俄国社会党人宣言》[传单](Декларация российских социалистов, вступивших волонтерами во французскую армию. 21 августа 1914 г.[Листовка]. Б.м., 1914. 1 стр.)——14。

《致伯尔尼国际社会党委员会》(В Бернскую интернац. соц. к-сию. [1916. Корректурный оттиск])——263、270、296、297。

《中派的人民报》(利摩日—巴黎)(«Le Populaire du Centre», Limoges—Paris, 1916, N 345, 10 décembre, p.1)——509。

《中央机关报和新报纸(关于来自博日的、未出席代表会议的同志们)》(ЦО и новая газета(о тт. из Божи, не явившихся на конференцию). [Резолюция Бернской конференции заграничных секций РСДРП]. Рукопись)——83。

《中央执行委员会和彼得格勒工兵代表苏维埃消息报》(«Известия ЦИК и Петроградского Совета Рабочих и Солдатских Депутатов», 1917, №148, 19 августа, стр.3)——615。

《钟声》杂志(慕尼黑—柏林)(«Die Glocke», München—Berlin)——568。

《众议院》(Abgeordnetenhaus. 27. Sitzung. Donnerstag, den 16. März, vormittags 11 Uhr.—«Vorwärts», Berlin, 1916, Nr. 76, 17. März. Beilage des «Vorwärts» Berliner Volksblatt, S.2)——278、279。

《自卫》(彼得格勒)(«Самозащита», Пг., 1916, №1. 143 стр.)——249、265、284、294。

《自由教育》杂志(莫斯科)(«Свободное Воспитание», М., 1909—1910, №7, стлб.1—10)——62。

—1909—1910, №10, стлб.55—60.——62。

—1910—1911, №10, стлб.1—10, 25—32.——62。

—1911—1912,№1,стлб.113—118.——62。

—1911—1912,№2,стлб.49—62.——62。

—1911—1912,№3,стлб.47—56.——62。

—1911—1912,№12,стлб.91—96.——62。

—1912—1913,№5,стлб.1—6.——62。

—1912—1913,№7,стлб.71—86.——62。

—1913—1914,№1,стлб.25—38.——62。

《左派代表(俄国社会民主工党中央委员会、波兰反对派、拉脱维亚边疆区社会民主党、瑞典人和挪威人、一名德国代表和一名瑞士人)提交代表会议的宣言草案》(Проект манифеста, внесенный на конференцию левой группой делегатов(ЦК РСДРП, польская оппозиция, с.-д. Лат. края, швед и норвежец, 1 немецкий делегат и 1 швейцарец).—«Социал-Демократ», Женева, 1915, №45 — 46, 11 октября, стр. 4)—— 186、210、217。

[《左派代表同罗兰-霍尔斯特和托洛茨基在齐美尔瓦尔德国际社会党代表会议上对累德堡最后通牒的抗议书》]([Заявление-протест против ультиматума Ледебура, сделанное левой группой делегатов совместно с Роланд-Гольст и Троцким на Международной социалистической конференции в Циммервальде].—«Социал-Демократ», Женева, 1915, №47, 13 октября, стр. 2. Под общ. загл.: Два заявления на международной конференции)——201。

《作家、艺术家和演员的抗议书》[呼吁书](От писателей, художников и артистов. [Воззвание].—«Русское Слово», М., 1914, №223, 28 сентября, стр.4, в отд.: По поводу войны)——27、197。

编入本版相应时期著作卷的信件和电报的索引

致国际社会党委员会(I.S.K.)(不晚于1915年9月12日〔25日〕)——见第27卷第36—41页。

致"社会主义宣传同盟"书记(1915年10月31日和11月9日〔11月13日和22日〕之间)——见第27卷第86—92页。

论法国反对派的任务(给萨法罗夫同志的信)(1916年1月28日〔2月10日〕)——见第27卷第249—253页。

国外组织委员会给俄国社会民主工党各支部的信(1916年2—3月)——见第27卷第290—293页。

给意大利社会党代表大会的贺词(1916年10月上半月)——见第28卷第184—187页。

给伯尔尼国际社会党委员会委员沙尔·奈恩的公开信(1916年12月26—27日〔1917年1月8—9日〕)——见第28卷第268—277页。

给波里斯·苏瓦林的公开信(1916年12月)——见第28卷第302—312页。

给启程回俄国的布尔什维克的电报(1917年3月6日〔19日〕)——见第29卷第8页。

告被俘同志书(1917年3月中旬)——见第29卷第77—83页。

给瑞士工人的告别信(1917年3月中旬)——见第29卷第84—93页。

告士兵和水兵书(1917年4月11日和14日〔24日和27日〕之间)——见第29卷第209—211页。

给编辑部的信(1917年5月1日〔14日〕)——见第30卷第4页。

给工厂和团队选出的工兵代表苏维埃代表的委托书(1917年5月7日〔20日〕以前)——见第30卷第38—40页。

给全俄农民代表大会代表的公开信(1917年5月7日〔20日〕)——见第30

卷第41—45页。

给编辑部的信(1917年5月19日〔6月1日〕)——见第30卷第126页。

给俄国社会民主工党(布尔什维克)彼得格勒组织各区委员会的一封信(1917年5月31日〔6月13日〕)——见第30卷第205—208页。

给编辑部的信(1917年6月12日〔25日〕)——见第30卷第305页。

给《新生活报》编辑部的信(1917年7月6日或7日〔19日或20日〕)——见第30卷第402—403页。

给《无产阶级事业报》编辑部的信(1917年7月9日和14日〔22日和27日〕之间)——见第30卷第415—416页。

论加米涅夫在中央执行委员会上关于斯德哥尔摩代表会议的发言(1917年8月16日〔29日〕)——见第32卷第66—68页。

就印发《关于里加沦陷的传单》所写的一封信(1917年8月下旬)——见第32卷第82—85页。

给俄国社会民主工党中央委员会的信(1917年8月30日〔9月12日〕)——见第32卷第115—118页。

布尔什维克应当夺取政权(给俄国社会民主工党(布)中央委员会、彼得格勒委员会、莫斯科委员会的信)(1917年9月12—14日〔25—27日〕)——见第32卷第232—234页。

马克思主义和起义(给俄国社会民主工党(布)中央委员会的信)(1917年9月13—14日〔26—27日〕)——见第32卷第235—241页。

给芬兰陆军、海军和工人区域委员会主席伊·捷·斯米尔加的信(1917年9月27日〔10月10日〕)——见第32卷第258—263页。

告工人、农民、士兵书(1917年9月30日〔10月13日〕以后)——见第32卷第279—281页。

给中央委员会、莫斯科委员会、彼得堡委员会以及彼得格勒、莫斯科苏维埃布尔什维克委员的信(1917年10月1日〔14日〕)——见第32卷第332—334页。

给彼得格勒市代表会议的信(供在秘密会议上宣读)(1917年10月7日〔20日〕)——见第32卷第340—343页。

给参加北方区域苏维埃区域代表大会的布尔什维克同志的信(1917年10月

8日〔21日〕)——见第32卷第376—382页。

给同志们的信(1917年10月17日〔30日〕)——见第32卷第390—408页。

给布尔什维克党党员的信(1917年10月18日〔31日〕)——见第32卷第411—414页。

给俄国社会民主工党(布)中央委员会的信(1917年10月19日〔11月1日〕)——见第32卷第415—419页。

给雅·米·斯维尔德洛夫的信(1917年10月22日或23日〔11月4日或5日〕)——见第32卷第429页。

给中央委员的信(1917年10月24日〔11月6日〕)——见第32卷第430—431页。

《列宁全集》第二版第47卷编译人员

译文校订：徐纪忠

资料编写：杨祝华　张瑞亭　刘方清　阎殿铎

编　　辑：许易森　李京洲　薛春华　门三姗

译文审订：张慕良　何宏江

《列宁全集》第二版增订版编辑人员

李京洲　高晓惠　翟民刚　张海滨　赵国顺　任建华　刘燕明
孙凌齐　门三姗　韩　英　侯静娜　彭晓宇　李宏梅　付　哲
戢炳惠　李晓萌

审　　定：韦建桦　顾锦屏　柴方国

本卷增订工作负责人：侯静娜　孙凌齐

项目统筹：崔继新
责任编辑：孔　欢
装帧设计：石笑梦
版式设计：周方亚
责任校对：马　婕

图书在版编目(CIP)数据

列宁全集.第47卷/(苏)列宁著;中共中央马克思恩格斯列宁斯大林著作编译局编译.
—2版(增订版)-北京:人民出版社,2017.3
ISBN 978-7-01-017132-6
Ⅰ.①列… Ⅱ.①列… ②中… Ⅲ.①列宁著作-全集 Ⅳ.①A2
中国版本图书馆CIP数据核字(2016)第316455号

书　　名　列宁全集
LIENING QUANJI
第四十七卷
编 译 者　中共中央马克思恩格斯列宁斯大林著作编译局
出版发行　人民出版社
(北京市东城区隆福寺街99号　邮编 100706)
邮购电话　(010)65250042　65289539
经　　销　新华书店
印　　刷　北京新华印刷有限公司
版　　次　2017年3月第2版增订版　2017年3月北京第1次印刷
开　　本　880毫米×1230毫米 1/32
印　　张　28.5
插　　页　1
字　　数　749千字
印　　数　0,001—3,000册
书　　号　ISBN 978-7-01-017132-6
定　　价　68.00元